Michael Blaha
et James Rumbaugh

Modélisation et conception orientées objet avec UML 2

2e édition

Relecteurs techniques : Maude Manouvrier, laboratoire LAMSADE (université Paris-Dauphine) et Michel Zam, laboratoire LAMSADE (université Paris-Dauphine)

Traducteurs : Marie-Cécile Baland, Emmanuelle Burr et Luc Carité

PEARSON
Education

Le présent ouvrage est la traduction de *Applying Object-Oriented Modeling and Design with UML, Second Edition*, de Michael Blaha et James Rumbaugh, publié par Prentice Hall, © 2005 Pearson Education, Inc.

Publié par Pearson Education France
47 bis, rue des Vinaigriers
75010 PARIS
Tél. : 01 72 74 90 00

Mise en pages : TyPAO

ISBN : 2-7440-7083-1

Table des matières

Partie 1
Concepts de modélisation

Partie 3
Implémentation

Partie 4
Génie logiciel

Préface

Bienvenue à la deuxième édition de *Modélisation et conception orientées objet*. La situation a beaucoup évolué depuis la parution de la première édition, en 1991. À l'époque, la technologie orientée objet (OO) était considérée comme nouvelle. En dépit de l'excitation et de l'enthousiasme, on se demandait si celle-ci était réellement applicable ou s'il ne s'agissait que d'une mode passagère. Voici ce qui a changé :

- **Langages OO.** C++ est maintenant bien établi et Java est également très répandu. Les langages de programmation dominants sont maintenant OO.
- **Bases de données OO.** De façon quelque peu surprenante, les bases de données OO se sont démodées, mais les bases de données relationnelles incorporent maintenant quelques caractéristiques OO.
- **Modélisation OO.** Le standard UML (*Unified Modeling Language*) de l'*Object Management Group* a unifié les multiples notations jusque-là concurrentes.
- **Méthodologie OO.** Les méthodologies de développement incorporent maintenant systématiquement les idées et les concepts orientés objet.

La technologie OO est réellement une composante à part entière du courant principal en informatique, et elle a cessé d'être une exception pour devenir la pratique habituelle.

Contenu de l'ouvrage

Cet ouvrage présente une approche orientée objet du développement logiciel, qui s'appuie sur la modélisation des objets du monde réel, puis sur l'utilisation du modèle pour bâtir une conception indépendante des langages, organisée autour de ces objets. La modélisation et la conception orientées objet facilitent la compréhension des exigences et permettent d'obtenir des conceptions plus saines et des systèmes plus faciles à maintenir. Nous décrivons un ensemble de concepts orientés objet et une notation graphique indépendante de tout langage que l'on peut utiliser pour analyser les exigences du problème, concevoir une solution à ce problème puis implémenter cette solution dans un langage de programmation ou une base de données. Notre approche autorise l'emploi des mêmes concepts et de la même notation tout au long du processus de développement logiciel. Le développeur n'a plus besoin d'adopter une nouvelle notation à chaque stade du développement.

Nous expliquons comment employer les concepts orientés objet tout au long du cycle de vie du logiciel – de l'analyse à l'implémentation en passant par la conception.

Cet ouvrage n'accorde pas la priorité aux langages orientés objet ni au codage. Bien au contraire, il insiste sur l'idée que le codage ne constitue que la dernière étape d'un processus de développement qui inclut l'énoncé d'un problème, la compréhension de ses exigences, l'élaboration d'une solution et l'implémentation d'un programme dans un langage particulier. Une bonne technique de conception diffère les détails de l'implémentation jusqu'aux derniers stades de la conception afin de conserver de la souplesse. Les erreurs commises au début du processus de développement ont un impact important sur le produit final et sur le temps nécessaire pour son achèvement. Nous décrivons l'implémentation des conceptions OO dans les langages orientés objet et les bases de données relationnelles.

Cet ouvrage met l'accent sur le fait que la technologie orientée objet représente bien plus qu'une façon de programmer. Plus important encore, c'est une façon de penser abstraitement un problème en utilisant des concepts du monde réel plutôt que des concepts informatiques. Nous nous sommes rendu compte que cette transition était difficile pour certains. Les ouvrages qui insistent sur la programmation objet n'aident souvent pas les programmeurs à penser de façon abstraite. Nous avons constaté qu'une notation graphique aidait les développeurs à visualiser un problème sans recourir prématurément à une implémentation.

Nous démontrons que la technologie objet fournit une méthode de développement pratique et productive pour la plupart des applications, indépendamment du langage d'implémentation final. Nous adoptons ici une démarche informelle : pas de preuves, de définitions formelles ni de symboles grecs. Notre but est de promouvoir une approche pragmatique de la résolution de problèmes en faisant appel à la compréhension intuitive que permet la technologie orientée objet et en fournissant une notation et une méthodologie pour l'appliquer de façon systématique à des problèmes réels. Nous proposons également des conseils et des exemples de bonnes et de mauvaises conceptions afin d'aider le développeur à éviter des pièges courants.

À qui s'adresse ce livre ?

Cet ouvrage est destiné aussi bien aux développeurs professionnels qu'aux étudiants. Le lecteur apprendra comment appliquer les concepts orientés objet à tous les stades du cycle de vie du développement logiciel. Aucune connaissance préalable des concepts orientés objet n'est nécessaire. Les concepts de base de l'informatique sont en revanche supposés acquis, mais aucune formation formelle considérable n'est requise. Même les informaticiens qui programment déjà en langages objet tireront parti de cette lecture qui leur permettra d'apprendre à concevoir des programmes de façon systématique : ils seront peut-être surpris de découvrir que certaines pratiques courantes de codage OO enfreignent les principes d'une bonne conception.

Le concepteur de bases de données trouvera également le livre d'un grand intérêt. Bien que les langages orientés objet aient reçu la plus grande attention, la conception orientée objet des bases de données est également captivante et applicable immédiatement.

Nous avons inclus un chapitre entier pour décrire comment implémenter un modèle orienté objet en utilisant des bases de données relationnelles.

Ce livre peut être utilisé comme manuel dans un cours de fin de premier cycle ou de deuxième cycle en génie logiciel ou en technologie orientée objet. Il peut également servir de manuel complémentaire dans un cours sur les bases de données ou les langages de programmation. Les prérequis comprennent une familiarité avec les langages de programmation modernes et une connaissance des termes et des concepts de base de l'informatique, tels que syntaxe, sémantique, récursion, ensemble, procédure, graphe et état, sans qu'une formation formelle et approfondie ne soit requise.

Nos priorités diffèrent de celles de la communauté du développement orienté objet, mais sont en accord avec celles du monde de la modélisation de l'information et des méthodologies de conception. Nous mettons l'accent sur les concepts orientés objet en tant que représentations modélisant des entités réelles, et non en tant que techniques de programmation. Nous élevons les relations entre objets au même niveau sémantique que les classes au lieu de les cacher sous forme de pointeurs à l'intérieur des objets. Nous insistons moins sur l'héritage et les méthodes et nous minimisons l'importance des détails précis des mécanismes d'héritage. Nous nous prononçons fortement en faveur du typage, des classes, de la modélisation et de la planification. Nous montrons également comment appliquer les concepts orientés objet aux machines à état.

Cet ouvrage est composé de quatre parties. La première présente les concepts orientés objet à un haut niveau, indépendamment des langages de programmation. Ces concepts sont fondamentaux pour le reste du livre, mais les concepts plus avancés peuvent être omis en première lecture. La notation UML est présentée dans cette première partie et utilisée tout au long de l'ouvrage. La deuxième partie décrit pas à pas une méthodologie de développement logiciel orientée objet, qui part de l'énoncé du problème, passe par l'analyse, la conception du système et la conception des classes. Tous les stades de la méthodologie, sauf les derniers, sont indépendants des langages. La troisième partie aborde l'implémentation des concepts orientés objet dans des langages objet et des bases de données relationnelles. Elle décrit les considérations applicables à différents environnements, sans vouloir se substituer aux ouvrages consacrés à la programmation orientée objet. La quatrième partie présente les pratiques de génie logiciel nécessaires à la réussite d'un développement logiciel orienté objet.

Nous utilisons maintenant depuis de nombreuses années l'analyse, la conception et la programmation orientées objet et la modélisation de bases de données dans le cadre d'une vaste gamme d'applications. Inconditionnels de l'approche orientée objet, nous avons constaté qu'elle convenait à pratiquement n'importe quel type d'application. Nous avons également constaté que l'application des concepts OO, ainsi que celle d'une notation graphique et d'une méthodologie de développement, est à même d'améliorer grandement la qualité, la souplesse et la compréhensibilité des logiciels. Nous espérons que cet ouvrage pourra aider à faire passer ce message.

Le livre présente une riche variété d'exercices qui couvrent un large éventail de domaines d'application et d'objectifs d'implémentation. Nous vous suggérons d'essayer de les effectuer au fur et à mesure de votre lecture. Somme toute, la technologie OO ne s'apprend pas en lisant, mais en s'efforçant de la mettre en pratique. De nombreuses solutions se trouvent en fin d'ouvrage.

Spécificités de cet ouvrage

Il existe sur le marché de nombreux livres qui abordent la technologie orientée objet. Celui-ci diffère de la plupart d'entre eux au sens où il enseigne comment penser la modélisation objet au lieu de se contenter de présenter les mécanismes d'un langage de programmation ou d'une notation de modélisation.

La plupart des ouvrages orientés objet disponibles sont consacrés à des questions de programmation, souvent du point de vue d'un seul langage. Certains d'entre eux abordent certes des problèmes de modélisation, mais demeurent néanmoins centrés sur la programmation, et peu se focalisent sur l'analyse ou la conception OO. Nous montrons que les concepts orientés objet peuvent et doivent être appliqués tout au long du cycle de vie du logiciel.

De plus, un certain nombre d'ouvrages présentent les concepts d'UML. Celui-ci est différent, principalement parce qu'il ne se borne pas à présenter les concepts mais qu'il expose leur finalité fondamentale et montre comment les appliquer pour construire des logiciels. Nous ne décrivons pas chaque concept ni chaque nuance, mais nous nous efforçons d'expliquer le noyau d'UML – suffisamment pour vous aider à apprendre comment l'utiliser pour développer de meilleurs logiciels.

Changements par rapport à la première édition

Il y a quatorze ans que nous avons achevé la première édition de ce livre. Dans l'intervalle, il y a eu de nombreuses avancées technologiques qui ont conduit à de nombreux remaniements dans cette deuxième édition.

- **Notation.** Nous avons remplacé la notation OMT par la notation UML, plus spécifiquement UML 2.0. UML est devenu le langage dominant et standard pour la modélisation OO.
- **Processus.** Cette deuxième édition accorde une place plus importante au processus de développement logiciel. Nous distinguons maintenant l'analyse du domaine de l'analyse de l'application, et nous avons ajouté la modélisation de l'implémentation. C'est intentionnellement que nous avons maintenu le processus simple et « léger », afin qu'il soit accessible aux étudiants. Celui que nous présentons peut être considéré comme un sous-ensemble d'un processus de catégorie « poids lourd », tel que le RUP (*Rational Unified Process)* d'IBM.

- **Les trois modèles.** Nous avons conservé l'accent mis dans la première édition sur les trois modèles parce que nous sommes convaincus qu'ils constituent une aide à l'enseignement et à l'apprentissage de la modélisation OO. Toutefois, nous avons abandonné le modèle fonctionnel qui ne s'est pas montré aussi utile que nous l'avions espéré. Nous l'avons remplacé par le modèle d'interactions, afin d'incorporer les cas d'utilisation et les diagrammes de séquence et de fournir une vision plus holistique du comportement résultant de l'interaction de plusieurs objets.
- **Génie logiciel.** La quatrième partie aborde plusieurs sujets importants du génie logiciel, notamment le développement itératif, la gestion des modèles et le traitement des systèmes patrimoniaux (*legacy systems*).
- **Langages de programmation.** Les langages de programmation ont connu des changements spectaculaires au cours de ces quinze dernières années. Smalltalk s'est démodé, tandis que l'importance de C et de Fortran a diminué. C++ et Java sont maintenant les langages de programmation OO dominants, et nous leur avons en conséquence consacré un chapitre.
- **Bases de données.** Les modèles OO fournissent une base saine pour la programmation de code, mais aussi pour les bases de données. Ce livre contient un chapitre entier qui explique comment construire des bases de données correctes, efficaces et extensibles à partir de modèles UML.
- **Études de cas.** Lors de la publication de la première édition, nous éprouvions le besoin de justifier la technologie OO et nous avions inclus plusieurs études de cas. Dans cette édition, une étude de cas unique est mise en œuvre pour illustrer les concepts décrits.

Dans cette deuxième édition, nous avons tenté de conserver le style de la première, ainsi que l'accent mis sur les idées pratiques, de nombreux exemples et de nombreux exercices.

Remerciements

Au fil des années, nous avons travaillé avec un grand nombre de personnes. Elles nous ont expliqué leur métier, nous ont donné l'occasion de tester nos idées et nous ont aidé à apprendre au cours de ce processus. Nous aimerions toutes les remercier, depuis nos anciens managers au Centre de recherche et développement de General Electric jusqu'à nos récents partenaires et clients.

Seuls deux d'entre nous ont écrit cette deuxième édition, mais la première comptait trois autres auteurs : William Premerlani, Fred Eddy et William Lorensen. Nous les remercions de leur contribution passée sur laquelle cette édition s'appuie. Nous les remercions également de nous avoir soutenus et encouragés lors de la rédaction de cette nouvelle édition.

Chris Kesley a joué dans la deuxième édition un rôle important qui mérite une mention spéciale. Elle est l'auteur principal du chapitre 18 sur les langages de programmation OO et elle a également été une relectrice active.

Nous exprimons également notre reconnaissance à nos autres relecteurs – Mikael Berndtsson, Peter Chang, William Premerlani et John Putnam – pour avoir pris le temps de relire notre manuscrit et d'exprimer des critiques judicieuses.

Enfin, nous souhaitons remercier nos familles et nos collègues pour nos nombreuses distractions et diversions alors que nous écrivions ce livre.

Michael Blaha
Chesterfield, Missouri
blaha@computer.org

James Rumbaugh
Cupertino, Californie

Préface à l'édition française

Vous tenez entre vos mains la deuxième édition de la *Modélisation et conception orientées objet*, actualisée, complétée et compatible avec UML 2.0. Un ouvrage récent, pourtant déjà célèbre de par la portée de la précédente édition. Tout autre livre qui se respecte en la matière le cite, y fait référence et s'en inspire profondément, directement ou indirectement. Mais aucun autre n'adresse les aspects qui sont vraiment essentiels à la compréhension et au raisonnement objet avec autant de finesse, de précision et avec si peu de prérequis formels.

Lorsque j'ai accepté de participer avec Maude Manouvrier, ma collègue du LAMSADE, à la validation technique de l'édition française de cet ouvrage, j'ai trouvé l'opportunité idéale de restituer une partie de mon expertise et de contribuer, même modestement, à une diffusion aussi large que possible des trésors pédagogiques de la précédente édition, dont j'ai tant bénéficié. Cette préface à l'édition française explicite et argumente l'apport essentiel de la modélisation objet en général et de cet ouvrage en particulier.

Aujourd'hui, l'environnement économique, professionnel et même universitaire est de plus en plus exigeant. Il faut savoir faire face aux nombreux problèmes de complexité croissante dans un laps de temps de plus en plus court. Que vous soyez étudiant, programmeur, chef de projet, chercheur ou architecte, si vous devez analyser des problèmes métier ou techniques, élaborer des solutions robustes et communiquer avec vos clients ou avec vos pairs, vous devez maîtriser UML. En réalité, au-delà de la notation graphique, il faut savoir raisonner par la modélisation pour assumer de façon rationnelle votre responsabilité : prouver à l'aide de modèles que les exigences métier sont satisfaites efficacement. Moyen de décomposition des énoncés des problèmes complexes, le modèle est ainsi vu comme un mécanisme de simulation et de preuve de l'application cible, à l'image des calculs de résistance des ponts dans le génie civil.

Les spécifications officielles d'UML – indispensables pour la définition de la norme, mais par ailleurs très techniques, arides et souvent critiquées – donnent tous les détails sur l'architecture des modèles, la représentation des symboles graphiques et la sémantique des concepts associés. En revanche, vous n'y trouverez pas de repère pédagogique et – à moins d'avoir suivi l'historique complet de la norme – vous aurez du mal à en dégager un chemin d'apprentissage et d'application valables, tant les concepts sont fortement liés entre eux. Heureusement, vous trouverez des repères très forts dans cet ouvrage.

La démarche proposée par Blaha et Rumbaugh part des exigences exprimées en termes de comportements interactifs du système cible, introduits par les cas d'utilisation.

Le mécanisme redoutable de décomposition des problèmes est composé de trois sous-modèles, chacun représentant un aspect complémentaire :

- modèle des classes, destiné à structurer les objets qui représentent les pièces de votre mécanisme de preuve et prévoir leur connectivité en vue d'une collaboration potentielle ;
- modèle d'interactions, qui illustre la matérialisation du comportement global à travers la collaboration des objets et qui permet de répartir la responsabilité de chacun ;
- modèle d'états, qui incorpore la part de responsabilité de chaque objet en accordant son comportement aux stimuli extérieurs, comme la contribution d'un bon citoyen à l'harmonie collective.

La constitution du modèle global se fait progressivement. La démarche méthodologique proposée par l'équipe de Rumbaugh définit trois étapes clés : l'analyse, la conception du système et la conception des classes. L'édition actuelle enrichit quelque peu ce noyau dur, tout en restant fidèle au mode de décomposition en modèles complémentaires, les différents diagrammes étant utilisés de façon adéquate à l'étape en cours.

En conclusion, Blaha et Rumbaugh nous livrent un remarquable travail sur la modélisation et la conception objet, une référence absolue qui, comme aucune autre :

- introduit les concepts strictement indispensables à la modélisation objet, sans prérequis formels ;
- apprend à raisonner sur les modèles en donnant les clés de l'élaboration de diagrammes corrects, cohérents entre eux et conformes aux exigences, sans avoir recours à une théorie lourde ;
- propose une démarche méthodologique compréhensible, adaptée aux projets de toute échelle, tout en vous évitant l'explosion terminologique.

Si vous souhaitez apprendre ou approfondir vos compétences de modélisation et de conception objet, c'est l'ouvrage qui influencera sans doute durablement votre capacité à comprendre et bâtir des modèles objet et dont vous vous souviendrez longtemps.

Michel ZAM,
Cofondateur et directeur technique de KarmicSoft
Professeur associé à l'université Paris Dauphine
Chercheur associé au LAMSADE
Membre d'IEEE Computer Society
et fier propriétaire de la bicyclette de la figure 1.1

1

Introduction

La modélisation et la conception orientées objet constituent une façon de penser les problèmes en appliquant des modèles organisés autour de concepts du monde réel. Le concept fondamental est l'objet, qui combine à la fois une structure de données et un comportement. Les modèles orientés objet permettent de comprendre des problèmes, de communiquer avec des experts du domaine d'application, de modéliser le métier d'une entreprise, de préparer la documentation et de concevoir des programmes et des bases de données. Cet ouvrage présente un processus orienté objet et la notation correspondante, allant de l'analyse à l'implémentation en passant par la conception. La même notation s'applique à tous les stades du processus, au fur et à mesure que le développement progresse.

1.1 Qu'est-ce que l'orienté objet ?

Le terme ***orienté objet*** (OO) signifie que vous organisez un logiciel sous la forme d'une collection d'objets indépendants qui incorporent à la fois une structure de données et un comportement. Cette approche contraste avec les précédentes approches de programmation, qui n'associaient que faiblement les structures de données au comportement. Les caractéristiques exactes requises par une approche orientée objet sont quelque peu controversées, mais, d'une manière générale, elles sont au nombre de quatre : identité, classification, héritage et polymorphisme.

L'***identité*** signifie que les données sont organisées en entités discrètes et distinguables nommées ***objets***. Le *premier paragraphe de ce chapitre*, ma *station de travail* et la *reine blanche d'un jeu d'échecs* sont des exemples d'objets. La figure 1.1 en présente d'autres. Un objet peut être concret, par exemple un *fichier* dans un système de fichiers, ou abstrait, comme une *stratégie d'ordonnancement des processus* dans un système d'exploitation multitâche. Chaque objet possède une identité intrinsèque. Autrement dit, deux objets sont distincts, même si toutes les valeurs de leurs attributs (nom et taille, par exemple) sont identiques.

Dans le monde réel, un objet se contente d'exister. Dans un langage de programmation, chaque objet possède un identifiant[1] unique qui permet de le référencer. Les langages implémentent ces identifiants de différentes façons : grâce à une adresse, un indice de tableau ou un nombre artificiel (par exemple, un nombre incrémenté automatiquement à chaque création d'objet). De telles références sont uniformes et indépendantes du contenu des objets, ce qui permet de créer des collections hétérogènes, tels des répertoires qui contiennent à la fois des fichiers ordinaires et des sous-répertoires.

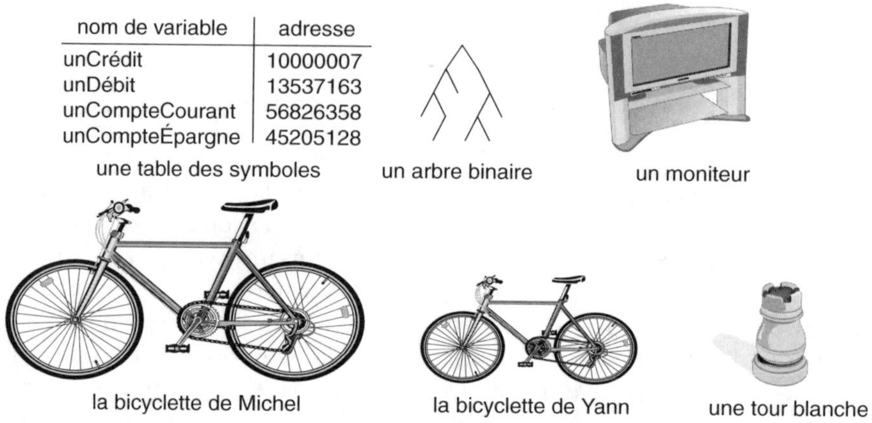

Figure 1.1 • Objets. Les objets sont au cœur de la technologie orientée objet.

La ***classification*** signifie que les objets possédant la même structure de données (***attributs***) et le même comportement (***opérations***) sont des représentants d'une même classe. *Paragraphe*, *Moniteur* et *PièceÉchec* sont des exemples de classes. Une ***classe*** est une abstraction qui décrit les propriétés pertinentes pour une application et ignore le reste. Le choix des classes est arbitraire et dépend de l'application.

Chaque classe décrit un ensemble d'objets individuels potentiellement infini. On dit que chaque objet est une ***instance*** d'une classe. Chacun de ses attributs possède sa propre valeur, mais l'objet partage les noms de ses attributs et de ses opérations avec les autres instances de sa classe. La figure 1.2 présente deux classes, ainsi qu'un certain nombre de leurs instances respectives. Un objet contient une référence implicite à sa classe : il sait ce qu'il est.

L'***héritage*** est le partage des attributs et des opérations (***propriétés***[2]) entre classes sur la base d'une relation hiérarchique. Une ***super-classe*** possède des informations générales que les ***sous-classes*** spécialisent et décrivent en détail. Chaque sous-classe incorpore implicitement (ou hérite de) toutes les propriétés de sa super-classe en y

1. *Handle* en anglais. NdT.
2. Le terme *propriété*, utilisé dans cet ouvrage, correspond à *feature* dans la version originale. Il ne s'agit pas des propriétés des classes Java. NdT.

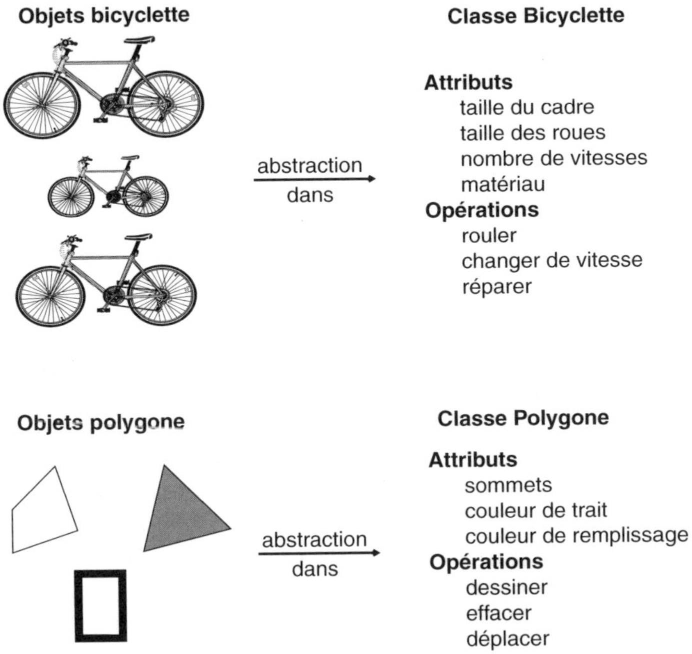

Figure 1.2 • Objets et classes. Chaque classe décrit un ensemble potentiellement infini d'objets.

ajoutant les siennes propres. Les sous-classes n'ont pas besoin de répéter les propriétés de la super-classe. Par exemple, *FenêtreDéfilante* et *FenêtreFixe* sont deux sous-classes de *Fenêtre*. Ces sous-classes héritent des caractéristiques de *Fenêtre*, notamment la zone visible à l'écran. *FenêtreDéfilante* ajoute un « ascenseur » qui permet le défilement. La possibilité de factoriser les propriétés communes à plusieurs classes dans une super-classe permet de réduire considérablement les répétitions lors de la conception et dans les programmes et constitue l'un des principaux avantages de la technologie objet.

Le polymorphisme signifie que la même opération peut se comporter différemment dans des classes différentes. Dans un jeu d'échecs par exemple, l'opération *déplacer* n'est pas identique lorsqu'elle s'applique à un pion ou à une reine. Une ***opération*** est une action qu'un objet exécute ou une transformation qu'il subit. *alignerÀDroite*, *afficher* et *déplacer* sont des exemples d'opérations de la classe *Fenêtre*. L'implémentation d'une opération par une classe se nomme une ***méthode***. Puisqu'une opération OO est polymorphe, plusieurs méthodes peuvent l'implémenter – une méthode par classe d'objets.

Dans le monde réel, une opération est simplement une abstraction d'un comportement analogue partagé par différents types d'objets. Chaque objet « sait comment » exécuter ses propres opérations. En revanche, un langage de programmation objet sélectionne la bonne méthode pour réaliser une opération en fonction du nom de celle-ci et de l'objet sur lequel elle opère. L'utilisateur d'une opération n'a pas besoin de savoir combien il existe de méthodes qui la réalisent pour implémenter une opération polymorphe donnée. Le développeur peut ajouter de nouvelles classes sans modifier le code existant, tant qu'elles fournissent les méthodes nécessaires pour chaque opération applicable.

1.2 Qu'est-ce que le développement orienté objet ?

Cet ouvrage aborde le développement orienté objet comme une façon de penser le logiciel en s'appuyant sur un ensemble d'abstractions qui existent aussi bien dans le monde réel que dans les programmes. Dans ce contexte, le terme ***développement*** désigne une partie du cycle de vie du logiciel : analyse, conception et implémentation. L'essence du développement OO réside dans l'identification et l'organisation des concepts d'une application, et non dans la façon dont ils seront finalement représentés dans un langage de programmation. Brooks observe que la partie délicate du développement est la manipulation de son *essence*, en raison de la complexité inhérente au problème, plutôt que les *accidents* de sa traduction dans un langage particulier [Brooks-95].

Nous n'aborderons pas ici explicitement l'intégration, la maintenance et l'optimisation, mais une conception claire représentée par une notation précise qui fluidifie le cycle de vie du logiciel. Les concepts orientés objet et la notation employée pour exprimer la conception fournissent aussi une documentation très utile.

1.2.1 Modéliser des concepts et non les implémenter

La communauté OO s'est largement focalisée sur les langages de programmation, la littérature mettant beaucoup plus l'accent sur l'implémentation que sur l'analyse et la conception. Il est vrai que les langages objet ont permis de se défaire de la rigidité des langages de programmation traditionnels. Mais, dans un sens, ce phénomène a constitué un pas en arrière pour le génie logiciel, en accordant une importance excessive aux mécanismes d'implémentation par rapport aux processus de réflexion sous-jacents.

Les résultats effectifs proviennent des solutions conceptuelles élaborées en amont, plutôt que des détails d'implémentation. Les défauts de conception qui émergent durant l'implémentation sont beaucoup plus coûteux à rectifier que ceux qui sont découverts plus tôt. Se concentrer prématurément sur l'implémentation limite les choix de conception et aboutit souvent à un produit de qualité inférieure. L'approche orientée objet incite les développeurs à travailler et à penser en termes de l'application tout au long du cycle de vie du logiciel. Ce n'est que lorsque les concepts propres à l'application sont identifiés, organisés et maîtrisés, qu'il est possible de traiter efficacement les détails des structures de données et des fonctions.

Le développement orienté objet est un processus conceptuel, indépendant de tout langage de programmation, et ce jusqu'aux stades finaux. Il s'agit avant tout d'un mode de pensée, et non d'une technique de programmation. Ses principaux avantages proviennent du fait qu'il aide les spécificateurs, les développeurs et les clients à exprimer des concepts abstraits de façon claire et à mieux communiquer. Outre la programmation, il peut servir d'instrument pour les spécifications, l'analyse, la documentation et la définition d'interfaces.

1.2.2 La méthodologie orientée objet

Nous présentons ici un processus pour une méthode de développement orientée objet et la notation graphique associée pour représenter les concepts OO. Ce processus consiste à construire un modèle d'un domaine d'application, puis à le détailler durant la conception. La même notation homogène est employée tout au long du cycle de vie. De la sorte, aucune information ne se perd ou n'a besoin d'être traduite lorsque vous passez d'une étape à la suivante. La méthodologie comprend les étapes suivantes :

- **Spécification initiale du système.** Le développement logiciel commence au moment où les analystes métier et les utilisateurs élaborent les spécifications d'une application et expriment des exigences provisoires.

- **Analyse.** L'analyste étudie et reformule avec rigueur les besoins issus de la conception du système en construisant des modèles. Il doit collaborer avec les clients pour comprendre le problème, car son énoncé est rarement complet ou correct. Le modèle d'analyse est une abstraction concise et précise de l'*objectif* du système à développer, et non de la *façon* dont il sera construit : ce modèle ne doit contenir aucune décision d'implémentation. Par exemple, une classe *Fenêtre* destinée au système de fenêtrage d'une station de travail est décrite en termes d'attributs et d'opérations visibles.

  Le modèle d'analyse est constitué de deux parties : le ***modèle du domaine***, en l'occurrence une description des objets du monde réel manipulés dans le système, et le ***modèle de l'application***, qui décrit les parties du système visibles par l'utilisateur. Les objets du domaine d'une application de courtage sont par exemple des actions, des obligations, des transactions et des commissions. Les objets de l'application peuvent contrôler l'exécution des transactions financières et présenter des résultats. Les experts de l'application qui ne sont pas programmeurs sont en mesure de comprendre et de critiquer un bon modèle.

- **Conception du système.** L'équipe de développement met au point une stratégie de haut niveau – l'***architecture du système*** – pour résoudre le problème posé par l'application. Elle établit également des politiques qui serviront par défaut lors d'étapes de conception ultérieures plus détaillées. Le concepteur du système doit décider quelles sont les caractéristiques de performances à optimiser, choisir une manière d'aborder le problème et effectuer des allocations prévisionnelles de ressources. Il peut décider que le rafraîchissement de l'écran de la station de travail doit être rapide et sans à-coups, même si les fenêtres sont déplacées ou fermées, et choisir une stratégie de gestion de la mémoire et un protocole de communication appropriés.

- **Conception des classes.** Le concepteur des classes ajoute des détails au modèle d'analyse en accord avec la stratégie de conception du système. Il élabore à la fois les objets du domaine et ceux de l'application en employant les mêmes concepts OO et la même notation, bien que ces objets existent sur des plans conceptuels différents. Il se concentre sur les structures de données et les algorithmes nécessaires pour implémenter chaque classe. Par exemple, lors de cette étape, le concepteur détermine quels sont les structures de données et les algorithmes nécessaires à chaque opération de la classe *Fenêtre*.
- **Implémentation.** Les développeurs chargés de l'implémentation transposent les classes et les relations définies durant la conception en concepts propres à un langage, à une base de données ou à une plate-forme. La programmation doit être simple, car toutes les décisions difficiles sont normalement déjà prises. Durant l'implémentation, il est important d'appliquer de bonnes pratiques de génie logiciel, pour que la traçabilité ascendante soit claire et que le système demeure souple et extensible. Par exemple, les développeurs codent les classes dans un langage de programmation donné, en utilisant des appels au système graphique propres à la station de travail.

Les concepts OO s'appliquent tout au long du cycle de développement, de l'analyse à l'implémentation en passant par la conception. Vous pouvez conserver les mêmes classes d'un stade à l'autre sans changer de notation, bien qu'elles soient de plus en plus détaillées au fil des étapes. Par exemple, les modèles d'analyse et d'implémentation de la classe *Fenêtre* sont tous deux corrects, mais leurs objectifs sont différents et ils ne représentent pas le même niveau d'abstraction. Les mêmes concepts OO – identité, classification, héritage et polymorphisme – s'appliquent d'un bout à l'autre du développement.

Attention : nous ne suggérons pas un processus de développement en cascade, qui consisterait à définir d'abord les besoins, puis à réaliser l'analyse, la conception et enfin l'implémentation. Pour n'importe quelle partie particulière d'un système, les développeurs doivent effectuer ces différentes étapes dans l'ordre, mais ils n'ont pas besoin de développer toutes les composantes du système de façon synchrone. Nous préconisons un processus itératif qui consiste à développer chaque partie d'un système en plusieurs phases et de manière incrémentale.

Certaines classes ne font pas partie de l'analyse mais sont introduites lors de la conception ou de l'implémentation. Par exemple, des structures de données comme les arbres, les tables de hachage et les listes chaînées sont rarement présentes dans le monde réel et ne sont pas visibles par les utilisateurs. Les concepteurs les introduisent pour prendre en charge des algorithmes particuliers. De tels objets n'existent qu'en interne dans la machine et ne sont pas directement observables.

Nous ne considérons pas les tests comme une étape distincte. Les tests sont importants, et doivent faire partie d'une philosophie globale de qualité qui imprègne l'ensemble du cycle de vie. Les développeurs doivent mettre les modèles d'analyse à l'épreuve de la réalité. Ils doivent vérifier les modèles de conception par rapport à différents types d'erreurs et tester les implémentations. Faire du contrôle de qualité une phase séparée est plus coûteux et moins efficace.

1.2.3 Trois modèles

Nous utilisons trois modèles pour décrire un système à partir de différents points de vue : le modèle de classes, pour les objets du système et leurs relations, le modèle d'états, pour retracer l'historique des objets, et le modèle d'interactions, pour les interactions entre objets. Chaque modèle s'applique à tous les stades et s'affine à mesure que le développement progresse. Ces trois modèles (et points de vue) sont nécessaires pour décrire complètement un système.

Le ***modèle de classes*** décrit la structure statique des objets d'un système et de leurs relations. Il définit le contexte du développement logiciel – l'univers du discours. Ce modèle contient des diagrammes de classes. Un ***diagramme de classes*** est un graphe dont les nœuds sont des classes et les arcs des relations entre ces classes.

Le ***modèle d'états*** décrit les états successifs d'un objet au cours du temps. Il spécifie et implémente les aspects de contrôle du système au moyen de diagrammes d'états. Un ***diagramme d'états*** est un graphe dont les sommets sont des états et les arcs des transitions entre états déclenchées par des événements.

Le ***modèle d'interactions*** décrit la façon dont les objets d'un système coopèrent pour obtenir un résultat. Il commence par les cas d'utilisation, qui sont ensuite détaillés grâce à des diagrammes de séquence et des diagrammes d'activités. Un ***cas d'utilisation*** est axé sur une fonctionnalité – autrement dit sur ce que le système apporte à ses utilisateurs. Un ***diagramme de séquence*** représente les objets qui interagissent et l'ordonnancement de leurs interactions. Un ***diagramme d'activités*** détaille les étapes importantes du traitement.

Ces trois modèles, bien qu'étant des parties distinctes de la description d'un système complet, sont interdépendants. Le modèle de classes est le plus fondamental, parce qu'il est nécessaire de décrire *ce qui* change ou se transforme avant de décrire *quand* et *comment* les changements ont lieu.

1.3 Thèmes de l'orienté objet

Plusieurs thèmes définissent la technologie objet. S'ils ne sont pas propres aux systèmes OO, ces derniers les prennent particulièrement bien en charge.

1.3.1 Abstraction

L'abstraction permet de s'attacher aux aspects essentiels d'une application sans entrer dans les détails, autrement dit de se concentrer sur ce que représente un objet et sur son comportement avant de décider de la façon de l'implémenter. On conserve la liberté de prendre des décisions aussi tard que possible en évitant de s'engager prématurément dans une étude détaillée. La plupart des langages modernes permettent l'abstraction des données, mais l'héritage et le polymorphisme leur apportent de nouvelles possibilités. La capacité d'abstraire est probablement l'aptitude la plus importante pour le développement orienté objet.

1.3.2 Encapsulation

L'encapsulation (ou masquage de l'information) sépare les aspects externes d'un objet, accessibles aux autres objets, des détails d'implémentation internes, qui leur sont cachés. Elle empêche l'aggravation de l'interdépendance des portions de programme telle qu'une modification, même minime, aurait des répercussions massives, en effet d'onde (*ripple effect*). De nombreuses raisons justifient la modification de l'implémentation d'un objet : l'amélioration des performances, la correction d'un « bogue », la consolidation du code ou la portabilité. L'encapsulation permet d'apporter ces modifications aux objets sans affecter les applications qui les utilisent. Elle n'est pas l'apanage des langages objet, mais la possibilité qu'elle offre de combiner une structure de données et un comportement en une seule entité rend l'encapsulation plus saine et plus puissante que dans des langages plus anciens tels que Fortran, Cobol ou C.

1.3.3 Regroupement des données et du comportement

Lorsque vous faites appel à une opération, vous n'avez pas besoin de connaître le nombre d'implémentations disponibles. Le polymorphisme transfère la charge de décider quelle implémentation utiliser à la hiérarchie de classes. Par exemple, un programme non OO qui affiche le contenu d'une fenêtre doit distinguer le type de chaque figure – polygone, cercle, etc. – puis appeler la procédure adéquate pour l'afficher. Un programme OO se contente d'invoquer l'opération *dessiner* de chaque figure, chaque objet déterminant implicitement, en fonction de sa classe d'appartenance, quelle procédure utiliser. La maintenance est facilitée, puisqu'il n'est pas nécessaire de modifier le code appelant lors de l'ajout d'une nouvelle classe. Dans un système orienté objet, la hiérarchie des structures de données correspond à la hiérarchie d'héritage des opérations (voir figure 1.3).

1.3.4 Partage

Les techniques OO encouragent le partage à différents niveaux. Le fait d'hériter à la fois des structures de données et du comportement permet aux sous-classes de partager des portions de code communes. Ce partage *via* l'héritage est l'un des principaux avantages des langages objet. Il permet d'économiser du code. Plus important encore, il apporte une clarté conceptuelle mettant en évidence que différentes opérations ne représentent, en réalité, qu'un seul et même traitement. Cette propriété réduit le nombre de cas nécessaires à analyser.

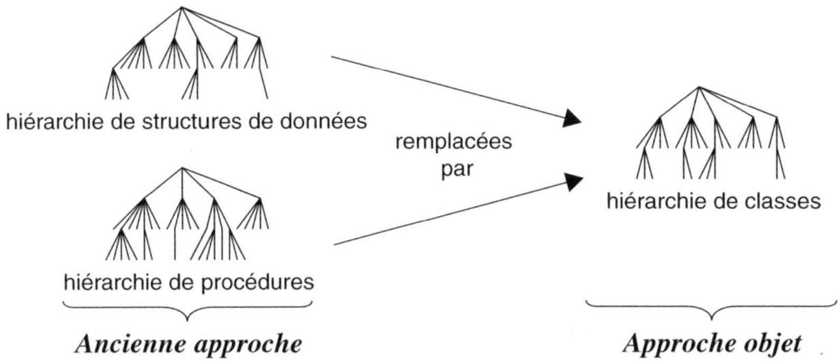

Figure 1.3 • Approche OO vs approche traditionnelle non OO. Une approche OO a une seule hiérarchie unifiée pour les données et les comportements.

Le développement OO ne permet pas seulement de partager des informations au sein d'une application : il offre également la possibilité de réutiliser des éléments de conception et de code dans des projets ultérieurs. L'abstraction, l'encapsulation et l'héritage permettent de construire des bibliothèques de composants réutilisables. La réutilisation, qui a servi à justifier les technologies objet, ne va pas sans quelques efforts : les développeurs doivent la planifier en réfléchissant au-delà de l'application immédiate et en investissant dans une conception plus globale.

1.3.5 Mise en évidence de la nature intrinsèque des objets

L'approche objet met l'accent sur ce qu'*est* un objet, et non sur la façon dont il est *utilisé.* Les utilisations d'un objet dépendent des détails de l'application et changent souvent en cours de développement. À mesure que les exigences évoluent, les fonctionnalités fournies par un objet deviennent plus stables que les façons de l'utiliser : par conséquent, les systèmes bâtis sur des structures d'objets sont eux aussi plus stables à long terme. La technologie orientée objet insiste plus sur les structures de données et moins sur les structures des procédures, contrairement aux méthodologies basées sur la décomposition fonctionnelle. À cet égard, le développement OO est similaire aux techniques de modélisation de l'information employées en conception de bases de données, même s'il ajoute le concept de comportement dépendant des classes.

1.3.6 Synergie

Identité, classification, héritage et polymorphisme caractérisent les langages objet. Si chacun de ces concepts peut être appliqué isolément, ils sont complémentaires et forment une synergie lorsqu'ils sont combinés. Les avantages d'une approche OO sont nombreux. L'accent mis sur les propriétés essentielles d'un objet oblige le développeur à réfléchir plus soigneusement et plus en profondeur à ce que représente l'objet et à son comportement. Le système résultant a tendance à être plus équilibré et plus « propre », plus général et plus robuste qu'il ne le serait si vous vous préoccupiez uniquement de l'utilisation des données et des opérations.

1.4 Intérêts du développement orienté objet

Nos travaux sur le développement orienté objet ont commencé avec des applications internes au Centre de recherche et développement de General Electric. Nous avons employé des techniques OO pour développer des compilateurs, des interfaces graphiques, des interfaces utilisateur, des bases de données, un langage orienté objet, des systèmes de CAO, des simulateurs, des métamodèles, des systèmes de contrôle et d'autres applications. Nous avons utilisé des modèles OO pour documenter des programmes mal structurés et difficiles à comprendre. Nos cibles d'implémentation allaient des langages OO aux bases de données en passant par les langages non OO. Nous avons enseigné cette approche avec succès, et elle nous a permis de communiquer avec les experts des applications concernées.

Depuis le milieu des années 90, nous avons étendu notre pratique à des entreprises du monde entier. Lorsque nous avons écrit la première version de cet ouvrage, l'orienté objet et la modélisation OO étaient des approches relativement nouvelles et leurs applications étaient encore restreintes. Aujourd'hui, il n'est plus possible de considérer la technologie objet comme une mode ou une démarche purement spéculative. Elle fait maintenant partie de la tendance dominante en informatique et en génie logiciel.

Les conférences annuelles, à savoir OOPSLA (*Object-Oriented Programming Systems, Languages and Applications*), ECOOP (*European Conference on Object-Oriented Programming*) et TOOLS (*Technology of Object-Oriented Languages and Systems*), sont des forums importants qui permettent de propager de nouvelles idées et de communiquer des résultats. Les actes de ces conférences décrivent de nombreuses applications qui ont tiré parti d'une approche OO. Des articles sur les systèmes OO sont également parus dans des publications majeures comme *IEEE Computer* et *Communications of the ACM*.

1.5 Historique de la modélisation objet

Nos travaux au centre de R&D de General Electric nous ont conduits à développer OMT (*Object Modeling Technique*) que nous avons présenté dans une première édition de cet ouvrage publiée en 1991. OMT connut un succès, mais ce fut également le cas d'autres méthodes. La popularité de la modélisation OO entraîna l'apparition d'un nouveau problème : une pléthore de notations différentes. Ces dernières exprimaient des idées similaires, mais au moyen de symboles différents, semant la confusion chez les développeurs et rendant difficile la communication.

En conséquence, la communauté du développement logiciel s'est concentrée sur l'unification des différentes notations.

En 1994, James Rumbaugh rejoignit Rational (qui fait maintenant partie d'IBM) et commença à travailler avec Grady Booch sur la fusion des notations OMT et Booch. En 1995, Ivar Jacobson rejoignit également Rational et intégra Objectory à ce travail d'unification.

En 1995, l'OMG (*Object Management Group*) sollicita des propositions pour une notation standard de modélisation objet. Les propositions concurrentes furent finalement fusionnées. Rational était le chef de file de la proposition finale, à savoir UML, dans laquelle Booch, Rumbaugh et Jacobson étaient étroitement impliqués. En novembre 1997, l'OMG accepta UML à l'unanimité comme standard. Les entreprises participantes lui en ayant transféré les droits, l'OMG est devenue propriétaire de la marque et de la spécification UML et contrôle désormais son développement.

UML rencontre depuis un grand succès et remplace les autres notations dans la plupart des publications. La majorité des auteurs des autres méthodes l'ont adopté, de bon gré ou sous la pression du marché. UML a mis fin à la guerre des langages de modélisation : c'est maintenant *la* notation adoptée pour la modélisation objet. Nous avons en conséquence utilisé le standard UML dans cet ouvrage.

En 2001, des membres de l'OMG ont révisé la spécification initiale, en lui ajoutant les fonctionnalités qui lui manquaient et en résolvant les problèmes mis à jour dans le cadre de l'utilisation d'UML 1. Ce livre est fondé sur UML 2.0, version approuvée en 2004. Pour accéder à la spécification officielle, le lecteur est invité à visiter le site Web de l'OMG à l'adresse **www.omg.org**.

1.6 Plan de l'ouvrage

La suite de cet ouvrage est organisée en quatre parties : les concepts de modélisation, l'analyse/conception, l'implémentation et le génie logiciel. Le lecteur trouvera en annexe un glossaire des termes, les solutions de certains exercices et un résumé de la notation employée.

La partie 1 explique les concepts de l'orienté objet et présente une notation graphique permettant de les exprimer. Le chapitre 2 présente la modélisation, avec les modèles de classes, d'états et d'interactions. Les chapitres 3 et 4 décrivent le modèle de classes, qui développe les aspects structurels des « données » d'un système. Ils constituent le cœur de la partie 1, la maîtrise de ce modèle étant essentielle à la réussite d'un développement OO. Les chapitres 5 et 6 présentent le modèle d'états, qui concerne les aspects de contrôle d'un système. Les chapitres 7 et 8 décrivent le modèle d'interactions, qui capture les interactions entre les différents objets d'un système. Le chapitre 9 résume les trois modèles et les relations qu'ils entretiennent. Les concepts abordés dans la partie 1 imprègnent l'ensemble du cycle de développement, et s'appliquent aussi bien à l'analyse et à la conception qu'à l'implémentation. La notation décrite dans cette partie est employée tout au long de l'ouvrage.

La partie 2 montre comment préparer un modèle OO et comment l'utiliser pour analyser et concevoir un système. Le chapitre 10 résume le processus et le chapitre 11 aborde la spécification initiale du système, autrement dit la genèse d'une application. Les chapitres 12 et 13 traitent de l'analyse – le processus qui consiste à comprendre et à décrire l'application. L'analyse commence quand le client énonce un problème. L'analyste incorpore ensuite les informations fournies par le client et sa connaissance des applications pour construire des modèles du domaine et de l'application. Le chapitre 14 aborde la conception du système, tâche qui consiste avant tout à partitionner un système en sous-systèmes et à prendre des décisions de stratégie globale. Le chapitre 15 présente la conception des classes, qui enrichit le modèle d'analyse par des décisions de conception : spécification des algorithmes, affectation de fonctionnalités aux objets et optimisation. Le chapitre 16 résume le processus.

La partie 3 traite de l'implémentation, le chapitre 17 commençant par aborder des problèmes indépendants du langage cible. Les chapitres 18 et 19 concernent les langages Java, C++ et les bases de données. Le chapitre 20 énonce un certain nombre de principes permettant d'améliorer la lisibilité, d'augmenter la réutilisabilité et de faciliter la maintenance grâce à l'application d'un bon style de programmation OO.

La partie 4 est axée sur le génie logiciel. Même si la partie 2 présente les différents stades selon un ordre linéaire, nous ne pensons pas que le développement doive se dérouler selon une approche « en cascade ». Le chapitre 21 décrit le développement itératif, dans lequel vous répétez les étapes du processus à plusieurs reprises afin de construire le système dans sa totalité. Le chapitre 22 fournit des conseils sur la gestion des modèles. Bien qu'il soit plus facile de comprendre et d'appliquer le développement OO dans le contexte d'un nouveau système, on n'a pas toujours ce luxe : le chapitre 23 décrit les problèmes associés à la modification de systèmes existants.

La plupart des chapitres contiennent des exercices, dont certaines solutions figurent en fin d'ouvrage. Nous vous recommandons de les effectuer au fur et à mesure de votre lecture, même si vous n'êtes pas étudiant. Ils mettent en évidence de nombreux points intéressants, permettent de s'exercer à la technologie OO et peuvent servir de tremplin à des applications.

abstraction	encapsulation	modèle d'interactions
analyse	héritage	modèle de classes
classification	identité	orienté objet (OO)
conception de système	implémentation	polymorphisme
conception des classes	modèle d'états	

Figure 1.4 • Concepts clés du chapitre 1.

Notes bibliographiques

[Taylor-98] fournit une vue d'ensemble de la technologie OO. [Meyer-97] constitue également une source d'informations, même s'il s'agit avant tout d'un article consacré aux langages objet. [Love-93] présente des exemples de projets réalisés dans l'industrie à l'aide d'une technologie objet.

L'objectif de cet ouvrage est d'enseigner les concepts et la pensée OO, non de servir de manuel de référence d'UML (pour cela, le lecteur se référera à [Rumbaugh-05]). Un manuel doit mettre l'accent sur les notions importantes, non sur les moindres détails. C'est pourquoi nous ne présentons ici que les aspects les plus courants d'UML. Vous apprendrez plus vite en vous concentrant sur l'essentiel. Nous avons par ailleurs condensé la présentation du processus de développement. Celui que nous décrivons est simple, adapté aux petits et moyens projets et s'inspire du Processus Unifié (*Unified Process* – voir [Jacobson-99] pour plus de détails).

UML utilise le concept de ***classificateur***, une forme de classe plus générale qui constitue une abstraction des différentes sortes d'entités modélisées. Dans la plupart des cas, une classe et un classificateur se différencient peu. Dans cet ouvrage, nous utilisons le mot *classe* plutôt que *classificateur*, parce que les modélisateurs travaillent essentiellement avec des classes.

Références

[Brooks-95] Frederick P. Brooks Jr., *The Mythical Man-Month, Anniversary Edition.* Boston, Addison-Wesley, 1995. Traduction française : *Le Mythe du mois-homme : essai sur le génie logiciel,* Paris, International Thomson Publishing, 1996.

[Jacobson-99] Ivar Jacobson, Grady Booch, James Rumbaugh, *The Unified Software Development Process,* Boston, Addison-Wesley, 1999. Traduction française : *Le processus unifié de développement logiciel.* Paris, Eyrolles, 2000.

[Love-93] Tom Love, *Object Lessons : Lessons Learned in Object-Oriented Development Practices,* New York, SIGS Books, 1993.

[Meyer-97] Bertrand Meyer, *Object-Oriented Software Construction,* Second edition, Hertfordshire, England, Prentice Hall International, 1997. Traduction française : *Conception et programmation orientées objet.* Paris, Eyrolles, 2000.

[Rumbaugh-05] James Rumbaugh, Ivar Jacobson, Grady Booch, *The Unifed Modeling Language Reference Manual,* second edition, Boston, Addison-Wesley, 2005. Traduction française : *UML 2.0, Guide de référence,* Paris, CampusPress, 2004.

[Taylor-98] David A. Taylor, *Object Technology : A Manager's Guide,* second edition, Boston, Addison-Wesley, 1998.

Exercices

Le nombre entre parenthèses figurant à côté de chaque énoncé indique le niveau de difficulté : de 1 (facile) à 10 (très difficile).

1.1 (3) Quels problèmes majeurs avez-vous rencontrés au cours de projets de développement logiciel ? Estimez le pourcentage de temps que vous avez consacré à l'analyse, à la conception, au codage et au processus de test, débogage et correction. Comment procédez-vous pour évaluer l'effort qu'un projet nécessitera ?

1.2 (3) Décrivez brièvement un système que vous avez créé. Quels obstacles avez-vous rencontrés lors de la conception ? Quelle méthodologie de génie logiciel avez-vous éventuellement adoptée ? Quelles ont été vos raisons de choisir ou d'exclure une méthodologie ? Êtes-vous satisfait du système tel qu'il existe ? Est-il aisé de lui ajouter des fonctionnalités ? Est-il facile à maintenir ?

1.3 (3) Décrivez un projet important de développement logiciel récent qui a dépassé les délais ou le budget prévus, ou dont les objectifs n'ont pas été atteints. Quels sont les facteurs à incriminer ? Comment auriez-vous pu éviter cet échec ?

1.4 (3) En adoptant un point de vue d'utilisateur, critiquez un système matériel ou logiciel présentant un défaut qui vous semble particulièrement pénalisant. Par exemple, sur certains modèles de voitures, il faut démonter le pare-chocs pour remplacer un feu de position. Décrivez le système et le défaut. Comment auriez-vous pu l'éviter avec un peu plus de réflexion lors de la conception ?

1.5 (5) Tous les objets ont une identité et sont distinguables. Toutefois, quand il s'agit de grandes collections d'objets, il n'est pas toujours facile de trouver un procédé permettant de les distinguer. De plus, un tel procédé peut dépendre de l'objectif de cette distinction. Pour chacune des collections d'objets suivantes, décrivez une façon possible d'établir la distinction entre les objets.

a. Toutes les personnes du monde, dans le but de leur envoyer du courrier.

b. Toutes les personnes du monde, dans le but d'enquêter sur des crimes.

c. Tous les clients possédant un coffre dans une banque donnée.

d. Tous les téléphones du monde, dans le but de passer des appels.

e. Tous les clients d'un opérateur téléphonique donné, dans le but d'éditer des factures.

f. Toutes les adresses électroniques du monde.

g. Tous les employés d'une entreprise, dans le but de contrôler l'accès pour des raisons de sécurité.

1.6 (4) Préparez une liste des classes que les systèmes suivants devraient gérer :

a. Un programme de mise en pages d'un journal.

b. Un programme de calcul et de mémorisation des scores de bowling.

c. Un système de messagerie vocale, avec des options permettant de délivrer les messages, les faire suivre et de gérer des listes de groupes de diffusion de messages.

d. Un système de contrôle de magnétoscope.

e. Un système de prise de commandes pour une entreprise de vente par correspondance.

1.7 (6) Vous trouverez ci-après une liste de classes et d'opérations. Pour chaque classe, sélectionnez l'opération qui a un sens pour les objets de cette classe. Vous pouvez placer une opération dans plusieurs classes. Décrivez le comportement de chaque opération.

Classes :

tableau de taille variable : collection ordonnée d'objets, indexés par un entier, dont la taille peut varier au moment de l'exécution.

table de symboles : table qui associe des mots-clés textuels à des descripteurs.

ensemble : collection non ordonnée d'objets sans doublons.

Opérations :

ajouter : ajouter des objets à la fin d'une collection.

copier : effectuer une copie d'une collection.

compter : retourner le nombre d'éléments d'une collection.

supprimer : supprimer un objet dans une collection.

indexer : extraire d'une collection un objet occupant une position donnée.

intersection : déterminer les éléments communs à deux collections.

insérer : placer un objet dans une collection à une position donnée.

mettre à jour : ajouter un élément à une collection, en écrasant celui qui s'y trouvait déjà.

1.8 (4) Analysez ce que les classes de chacune des listes suivantes ont en commun. Vous pouvez ajouter des classes supplémentaires à chaque liste.

a. microscope à balayage électronique, lunettes de vue, télescope, viseur d'une arme, jumelles.

b. tuyau, clapet antiretour, robinet, filtre, manomètre.

c. bicyclette, voilier, voiture, camion, avion, hydroglisseur, motocyclette, cheval.

d. clou, vis, boulon, rivet.

e. tente, caverne, appentis, garage, grange, maison, gratte-ciel.

Partie 1

Concepts de modélisation

La partie 1 décrit les concepts et la notation de la modélisation orientée objet. Ces concepts et cette notation s'appliquent aussi bien à l'analyse et à la conception qu'à l'implémentation.

Le chapitre 2 aborde la modélisation en général, puis présente trois types de modèles orientés objet : le modèle de classes, le modèle d'états et le modèle d'interactions.

Le chapitre 3 présente le modèle de classes qui décrit la structure statique d'un système. Il fournit le contexte des deux autres types de modèles. Le chapitre 4 traite de concepts avancés de la modélisation des classes, que vous pouvez omettre en première lecture.

Le chapitre 5 explique le modèle d'états qui décrit les aspects évolutifs d'un système au cours du temps ainsi que le flux de contrôle du comportement du système. Le chapitre 6 traite de concepts avancés de la modélisation des états, que vous pouvez omettre en première lecture.

Le chapitre 7 présente le modèle d'interactions et termine l'étude des trois modèles. Le modèle d'interactions décrit la façon dont les objets collaborent pour obtenir des résultats globaux. Le chapitre 8 traite de concepts avancés de la modélisation des interactions, que vous pouvez omettre en première lecture.

Le chapitre 9 résume brièvement les trois types de modèles et les relations qu'ils entretiennent.

Après avoir lu la partie 1, vous comprendrez les concepts orientés objet et la notation UML qui permet de les exprimer. Vous serez alors prêt à appliquer ces concepts au développement logiciel abordé dans les autres parties de ce livre.

2

La modélisation comme technique de conception

Un ***modèle*** est une abstraction d'une entité du monde réel qui permet de la comprendre avant de la construire. Puisque le modèle omet les détails superflus, il est plus facile à manipuler que l'entité d'origine. L'abstraction est une aptitude humaine fondamentale qui permet de gérer la complexité. Ingénieurs, artistes et artisans ont construit de tout temps des modèles pour tester leurs idées avant de les réaliser. Le développement de systèmes matériels et logiciels ne fait pas exception à la règle. Pour construire un système complexe, le développeur doit abstraire différentes vues du système, construire des modèles en appliquant une notation précise, vérifier que ces modèles satisfont les besoins et leur ajouter progressivement des détails pour les transformer en implémentation.

2.1 Modélisation

Les concepteurs élaborent différents types de modèles pour des raisons variées avant d'en venir à l'implémentation proprement dite. Il peut s'agir de prototypes d'architecture qui seront présentés à des clients, de maquettes d'avion pour effectuer des essais en soufflerie, d'esquisses au crayon préparatoires à une peinture à l'huile, de schémas de pièces de machines, de storyboards de clips publicitaires, de tables des matières de livres, etc. Les modèles ont plusieurs objectifs :

- **Tester une entité physique avant de la construire.** Les maçons du Moyen-Âge ne connaissaient pas la physique moderne, mais ils construisaient des modèles réduits des cathédrales gothiques pour tester les forces qui s'appliquaient sur la structure. Les ingénieurs testent en soufflerie ou en bassin des maquettes d'avion, de voiture et de bateau afin d'améliorer l'aéro- ou l'hydrodynamisme. Les récents progrès accomplis par l'informatique permettent de simuler de nombreuses structures physiques sans qu'il soit nécessaire de les construire. Non seulement la simulation est moins coûteuse, mais elle fournit des informations qui, sur des modèles physiques, seraient trop éphémères ou trop inaccessibles pour être mesurées. Qu'ils soient physiques ou informatiques, les modèles reviennent généralement moins cher que la construction de systèmes complets et permettent de corriger précocement les défauts.

- **Communiquer avec les clients.** Les architectes et les concepteurs de produits construisent des modèles pour les présenter à leurs clients. Les prototypes ou maquettes sont des produits de démonstration qui imitent tout ou partie du comportement externe d'un système.
- **Visualiser.** Les storyboards de films, de programmes télévisés et de clips publicitaires permettent à leurs rédacteurs de visualiser l'enchaînement de leurs idées. Ils peuvent ainsi modifier les transitions malhabiles, les chutes maladroites et les scènes inutiles avant d'entreprendre l'écriture détaillée du script final. Les esquisses permettent aux artistes d'ébaucher leurs idées et de leur apporter des modifications avant de les concrétiser sur la toile ou de travailler la pierre.
- **Réduire la complexité.** La principale raison de modéliser, qui incorpore toutes les précédentes, est sans doute de comprendre des systèmes trop complexes pour être maîtrisés tels quels. L'esprit humain ne peut traiter simultanément qu'une quantité d'informations limitée. Les modèles réduisent la complexité en extrayant un petit nombre d'éléments importants qui pourront ainsi être traités intégralement.

2.2 Abstraction

Abstraire signifie mener un examen sélectif de certains aspects d'un problème. Le but de l'abstraction est d'isoler les aspects qui sont importants pour une raison donnée en ignorant ceux qui ne le sont pas. L'abstraction doit toujours avoir une finalité précise, car c'est cette finalité qui permet de mettre en évidence ce qui est important et ce qui ne l'est pas. De nombreuses abstractions d'une même entité sont possibles, en fonction de l'objectif poursuivi.

Toute abstraction est incomplète et inexacte. La réalité est un tout cohérent. Tout ce que nous énonçons à son propos, toutes les descriptions que nous en faisons, sont des raccourcis. Tous les mots et tous les langages humains sont des abstractions, c'est-à-dire des descriptions incomplètes du monde réel, ce qui ne remet pas en cause leur utilité. La raison d'être de l'abstraction est de circonscrire l'univers afin de le comprendre. Lorsque nous construisons des modèles, il n'est donc pas question de rechercher une vérité absolue, mais une adéquation par rapport à un objectif donné. Il n'existe pas de modèle « correct » et universel d'une situation donnée : il n'y a que des modèles adéquats ou inadéquats.

Un bon modèle capture les aspects cruciaux d'un problème tout en omettant les autres. La plupart des langages informatiques, par exemple, modélisent de manière médiocre les algorithmes, parce qu'ils obligent à spécifier des détails d'implémentation sans intérêt par rapport à ces algorithmes. Un modèle qui contient des détails superflus restreint inutilement les choix de conception et distrait l'attention des problèmes réels.

2.3 Les trois modèles

Il nous semble utile de modéliser un système de trois points de vue apparentés et néanmoins distincts. Chacun d'eux capture des aspects importants du système et tous trois sont nécessaires à sa description complète. Le ***modèle de classes*** représente les aspects statiques et structurels, c'est-à-dire les aspects orientés « données » du système. Le ***modèle d'états*** en représente les aspects temporels, comportementaux et de « contrôle » du système. Le ***modèle d'interactions*** représente, quant à lui, les collaborations entre les différents objets, les aspects associés aux « interactions » du système. Une procédure logicielle type incorpore ces trois aspects : elle utilise des structures de données (modèle de classes), ordonnance les opérations dans le temps (modèle d'états) et distribue les données et le contrôle entre les objets (modèle d'interactions). Chaque modèle contient des références à des entités appartenant aux autres modèles. Par exemple, le modèle de classes attache des opérations aux classes, tandis que les modèles d'états et d'interactions élaborent ces opérations.

Ces trois modèles décomposent un système en vues distinctes. Ils ne sont pas totalement indépendants les uns des autres – un système est plus qu'une collection de composants indépendants – mais chacun d'eux peut être, dans une large mesure, observable et compréhensible. Ils ont des interconnexions restreintes et explicites. Bien entendu, il est toujours possible de créer de mauvaises conceptions, dans lesquelles les trois modèles sont tellement intriqués qu'il est impossible de les séparer ; mais une bonne conception isole les différents aspects d'un système et limite le couplage entre eux.

Chacun de ces trois modèles évolue au cours du développement. Tout d'abord, les analystes construisent un modèle de l'application sans se préoccuper de l'implémentation finale. Puis les concepteurs ajoutent à ce modèle des constructions propres au domaine de la solution. Enfin, les développeurs, chargés de l'implémentation, codent les constructions associées au modèle de l'application et à la solution. Deux dimensions sont associées au terme *modèle* : une vue d'un système (modèle de classes, d'états ou d'interactions) et un stade du développement (analyse, conception ou implémentation). La signification est généralement claire en fonction du contexte.

2.3.1 Le modèle de classes

Le ***modèle de classes*** décrit la structure des objets d'un système : leur identité, leurs relations avec les autres objets, leurs attributs et leurs opérations. Il fournit un contexte pour les modèles d'états et d'interactions. Parler de modifications ou d'interactions n'a pas de sens si l'on ne précise pas le sujet de la modification ou du changement.

Les objets sont les unités dans lesquelles nous décomposons le monde, en d'autres termes les molécules des modèles.

Lorsque nous construisons un modèle de classes, l'objectif est de capturer les concepts du monde réel qui sont pertinents pour une application. Si nous modélisons un problème d'ingénierie, le modèle de classes doit contenir des termes familiers aux ingénieurs. S'il s'agit d'un problème commercial, la terminologie sera celle du commerce, et le vocabulaire sera celui du domaine de l'application si nous modélisons une interface utilisateur. Un modèle d'analyse ne doit pas contenir de termes techniques informatiques sauf si l'application modélisée concerne un problème purement informatique, par exemple le développement d'un compilateur ou d'un système d'exploitation. En revanche, le modèle de conception décrit la façon de résoudre un problème et peut contenir des aspects techniques.

Les diagrammes de classes permettent d'exprimer le modèle de classes. La généralisation permet aux classes de partager une structure et un comportement. Les associations relient les classes. Les classes définissent les attributs de chaque objet, et les opérations que chaque objet exécute ou qu'il subit.

2.3.2 Le modèle d'états

Le ***modèle d'états*** décrit les aspects temporels des objets et l'ordonnancement des opérations qui les font passer d'un état à un autre : événements qui marquent des changements, états qui définissent le contexte d'événements et organisation de ces états et de ces événements. Il modélise le ***contrôle***, c'est-à-dire l'aspect du système qui décrit les séquences d'opérations, indépendamment de ce qu'elles font, de ce sur quoi elles opèrent et de la façon dont elles sont implémentées.

Le modèle d'états est représenté par des diagrammes d'états. Chaque diagramme représente les séquences d'états et d'événements permises au sein d'un système pour une classe donnée, et fait référence aux autres modèles. Dans un diagramme d'états, les actions et les événements deviennent des opérations sur les objets du modèle de classes. Les références entre les diagrammes d'états deviennent des interactions dans le modèle d'interactions.

2.3.3 Le modèle d'interactions

Le ***modèle d'interactions*** décrit les interactions entre les objets – la façon dont ils collaborent et qui détermine le comportement global du système. Les modèles d'états et d'interactions décrivent différents aspects du comportement, et sont complémentaires.

Ce sont les cas d'utilisation, les diagrammes de séquence et les diagrammes d'activités qui documentent le modèle d'interactions. Les cas d'utilisation décrivent les grands thèmes des interactions entre le système et les acteurs extérieurs. Les diagrammes de séquence représentent la séquence des interactions entre les objets dans le temps. Les diagrammes d'activités illustrent le flux de contrôle entre les étapes d'un traitement.

2.3.4 Relations entre les modèles

Chaque modèle décrit un seul aspect d'un système, mais contient des références aux autres modèles. Le modèle de classes décrit la structure des données sur lesquelles les modèles d'états et d'interactions opèrent. Les opérations du modèle de classes correspondent aux événements et aux actions. Le modèle d'états décrit les structures de contrôle des objets. Il met en évidence les décisions qui dépendent des valeurs des objets et provoquent des actions qui modifient les valeurs et les états de ces objets. Le modèle d'interactions est axé sur les échanges entre objets et fournit une vue globale du fonctionnement d'un système.

Le choix du modèle dans lequel placer une information donnée est parfois ambigu. Ceci est tout à fait naturel, puisque toute abstraction n'est qu'une approximation grossière de la réalité. Par conséquent, certains éléments se trouvent forcément à cheval sur deux modèles. Par ailleurs, certaines propriétés d'un système sont parfois insuffisamment « captées » par les trois modèles. Cela est également normal, puisque aucune abstraction n'est parfaite : le but est de simplifier la description du système sans le surcharger de constructions qui deviendraient un fardeau et non une aide. Pour tous les éléments qu'un modèle a du mal à capturer, le langage naturel ou une notation propre à l'application sont acceptables.

Résumé

Les modèles sont des abstractions construites pour comprendre un problème avant de mettre en œuvre une solution. Toutes les abstractions sont des sous-ensembles d'une réalité choisis en fonction d'une finalité donnée.

Nous recommandons trois modèles. Le modèle de classes décrit la structure statique d'un système en termes de classes et de relations entre ces classes. Le modèle d'états décrit la structure de contrôle du système en termes d'événements et d'états. Enfin, le modèle d'interactions décrit la façon dont les objets collaborent pour reproduire le comportement global du système. Selon les problèmes, les poids de ces modèles varient.

abstraction	modèle de classes
modèle d'états	modélisation
modèle d'interactions	relations entre modèles

Figure 2.1 • Concepts clés du chapitre 2.

Notes bibliographiques

La première édition de cet ouvrage proposait également trois modèles (objets, dynamique et fonctionnel), mais organisés différemment.

Le modèle d'objets était identique au modèle de classes présenté ici. Nous l'avons rebaptisé *modèle de classes* pour insister sur le fait que les entités de la modélisation sont des descriptions (classes et relations entre classes) et non des instances (objets et liens entre objets). Nous abordons aussi dans cette nouvelle édition la modélisation des ***contraintes***, notion qui était absente précédemment.

De même, le modèle dynamique de la première édition est identique au modèle d'états de celle-ci. Nous avons adopté le terme *modèle d'états* pour éviter toute confusion avec d'autres représentations du comportement dynamique. UML contient de nombreux types de modèles qui se chevauchent à différents degrés, et nous abordons les plus importants dans cet ouvrage.

En outre, nous avons abandonné le modèle fonctionnel. Certes, le logiciel final possédera bien des fonctionnalités, mais nous ne les capturons plus avec des diagrammes de flux de données comme nous le préconisions alors. Nous n'avons inclus ce type de diagramme que pour assurer une continuité avec l'ancienne approche d'analyse et de conception. Le modèle fonctionnel n'étant pas aussi utile que prévu, nous y avons renoncé.

À la place du modèle fonctionnel, la présente édition introduit le modèle d'interactions. Les diagrammes d'états expriment pleinement le comportement dynamique, mais sont souvent difficiles à vérifier. Chaque diagramme d'états est centré sur une seule classe. Lorsque de nombreuses classes ont un diagramme d'états significatif, le système global peut être difficile à comprendre. Le modèle d'interactions est axé sur les collaborations et fournit au développeur une meilleure vue d'ensemble que les diagrammes d'états seuls.

Exercices

2.1 (1) Un pneu d'automobile présente plusieurs caractéristiques : taille, matériau, structure interne (carcasse diagonale, carcasse radiale, par exemple), forme des sculptures, coût, durée de vie et poids. Quels sont les facteurs importants à prendre en compte pour décider quel pneu acheter pour votre voiture ? Pour simuler les performances d'un système anti-patinage assisté par ordinateur ? Pour construire une balançoire pour vos enfants ?

2.2 (2) Supposez que le lavabo de votre salle de bains est bouché. Vous décidez de le déboucher en enfonçant un fil électrique dans la canalisation. Vous possédez plusieurs types de fils, certains isolés, d'autres non. Quelles sont les caractéristiques à prendre en compte pour choisir un fil pour cette tâche. Justifiez vos réponses.

a. Isolation des parasites électriques.

b. Couleur de l'isolant.
c. Résistance de l'isolant à l'eau salée.
d. Résistance de l'isolant au feu.
e. Coût.
f. Rigidité.
g. Facilité de dénudation.
h. Poids.
i. Disponibilité.
j. Robustesse.
k. Résistance aux températures élevées.
l. Résistance à l'étirement.

2.3 (3) Les applications suivantes utilisent des fils. Pour chaque application, préparez une liste de caractéristiques pertinentes et justifiez leur importance.

a. Choisir du fil pour un lien transatlantique.
b. Choisir du fil pour créer un tableau décoratif.
c. Concevoir le système électrique d'un avion.
d. Suspendre une mangeoire à oiseaux dans un arbre.
e. Concevoir un piano.
f. Concevoir le filament d'une ampoule électrique.

2.4 (3) Si vous deviez concevoir un protocole permettant de transférer des fichiers entre ordinateurs *via* une ligne téléphonique, quels sont, parmi les critères suivants, ceux que vous considéreriez comme pertinents ? Expliquez pourquoi.

a. Parasites électriques sur les lignes de communication.
b. Vitesse à laquelle les données série sont transmises.
c. Disponibilité d'une base de données.
d. Disponibilité d'un bon éditeur de texte pleine page.
e. Mise en cache et contrôle de flux, par exemple un protocole XON/XOFF pour réguler le flux de données entrant.
f. Nombre de pistes et de secteurs sur un disque dur.
g. Interprétation des caractères, par exemple le traitement spécifique des caractères de contrôle.
h. Organisation des fichiers, par exemple flux linéaire d'octets *vs* fichiers d'enregistrement.
i. Coprocesseur mathématique.

2.5 (2) L'analyse et la conception de moteurs électriques utilisent plusieurs modèles. Un modèle électrique concerne le voltage, les courants, les champs électromagnétiques, l'inductance et la résistance. Un modèle mécanique prend en compte la rigidité, la densité, le mouvement, les forces et les couples. Un modèle thermique traite de la dissipation et des transferts de chaleur. Un modèle des fluides décrit la circulation de l'air de refroidissement.

Quels sont les modèles qui peuvent répondre aux questions suivantes ? Justifiez vos conclusions.

a. Quelle est la puissance nécessaire pour faire tourner un moteur ? Quelle est la proportion gaspillée en chaleur ?

b. Combien pèse un moteur ?

c. Quelle est la température que peut atteindre un moteur ?

d. Quelle est la quantité de vibrations créées par un moteur ?

e. Combien faut-il de temps pour que les roulements s'usent ?

2.6 (3) Déterminez quel est le modèle (classes, états, interactions) approprié pour les aspects suivants d'un programme d'échecs. Un écran vidéo affiche l'échiquier et les cases. Un curseur contrôlé par une souris indique les mouvements du joueur humain. Dans certains cas, plusieurs modèles peuvent s'appliquer. Justifiez vos réponses.

a. L'interface utilisateur, qui affiche les coups de l'ordinateur et accepte ceux du joueur.

b. La représentation de la configuration des pièces sur l'échiquier.

c. Le traitement d'une séquence de mouvements de pièces autorisés.

d. La validation d'un déplacement de pièce demandé par un joueur.

3

Modélisation des classes

Un modèle de classes capture la structure statique d'un système en caractérisant les objets de ce système, leurs relations, les attributs et les opérations de chaque classe d'objets. C'est le plus important des trois modèles. Nous mettons l'accent sur le développement d'un système à partir d'objets, et non de fonctionnalités, car un système orienté objet correspond plus étroitement au monde réel et est donc plus robuste par rapport au changement. Les modèles de classes procurent une représentation graphique intuitive d'un système et facilitent la communication avec les clients.

Ce chapitre aborde les concepts fondamentaux de la modélisation des classes utilisés tout au long de cet ouvrage : les objets, les classes, les associations, les liens, la généralisation et l'héritage. Nous définissons chaque concept, présentons la notation UML correspondante et fournissons des exemples. Vous devez maîtriser les notions de ce chapitre avant de poursuivre votre lecture.

3.1 Concepts d'objet et de classe

3.1.1 Objets

La finalité de la modélisation des classes est de décrire des objets. Par exemple, *Bernard Martin*, la *société Simplex*, le *processus numéro 7648* et la *fenêtre principale* sont des objets.

Un ***objet*** est un concept, une abstraction ou une entité qui a une signification pour une application. Les objets apparaissent souvent sous forme de noms propres ou de références spécifiques dans les descriptions de problèmes et les discussions avec les utilisateurs. Certains d'entre eux ont une contrepartie dans le monde réel (Albert Einstein et l'entreprise General Electric) tandis que d'autres sont des entités conceptuelles (l'exécution de la simulation 1234 et la formule pour résoudre une équation du second degré). D'autres encore (l'arbre binaire 634 et le tableau désigné par la variable *t*) sont introduits pour les besoins de l'implémentation et n'ont pas de contrepartie dans la réalité physique. Le choix des objets dépend de votre jugement et de la nature du problème : de nombreuses représentations correctes peuvent exister.

Tous les objets ont une identité et sont distinguables. Deux pommes de la même couleur, de la même forme et de la même texture sont toujours deux pommes distinctes : une personne peut manger l'une, puis l'autre par la suite. De même, deux jumeaux monozygotes sont deux personnes distinctes, même si elles ne diffèrent pas en apparence. Le terme ***identité*** signifie que les objets se distinguent par leur existence intrinsèque, et non par les propriétés descriptives qu'ils peuvent posséder.

3.1.2 Classes

Un objet est une ***instance*** – ou occurrence – d'une classe. Une ***classe*** décrit un groupe d'objets qui possèdent les mêmes propriétés (attributs), le même comportement (opérations), les mêmes types de relations et la même sémantique. Par exemple, *personne*, *société*, *processus* et *fenêtre* sont des classes. Chaque personne a un nom et une date de naissance et peut occuper un emploi. Chaque processus a un propriétaire, une priorité et une liste de ressources requises. Les classes apparaissent souvent sous forme de noms communs ou de groupes nominaux dans les descriptions de problèmes et les discussions avec les utilisateurs.

Les objets d'une classe donnée ont les mêmes attributs et les mêmes formes de comportement. La plupart des objets dérivent leur individualité de différences dans les valeurs de leurs attributs et des relations spécifiques qu'ils entretiennent avec d'autres objets. Mais des objets dont les attributs ont la même valeur et dont les relations sont identiques peuvent exister. Le choix des classes est affaire de jugement et dépend de la nature et du périmètre d'une application.

Les objets d'une même classe partagent une finalité sémantique qui va au-delà des attributs et du comportement communs. Une écurie et un cheval peuvent tous deux avoir un âge et un coût. Si vous considérez l'écurie et le cheval comme des actifs purement financiers, ils peuvent appartenir à la même classe. En revanche, si vous prenez en considération le fait qu'une personne repeint l'écurie et donne à manger au cheval, il faut les modéliser comme deux classes distinctes. L'interprétation de la sémantique est une question de jugement et dépend de l'objectif de l'application.

Chaque objet « sait » à quelle classe il appartient. La plupart des langages de programmation OO peuvent déterminer la classe d'un objet au moment de l'exécution. La classe d'un objet est une propriété implicite de cet objet.

Si les objets sont le point central de la modélisation, pourquoi se préoccuper de classes ? La notion d'abstraction est le cœur du sujet. En groupant les objets dans des classes, vous abstrayez un problème. C'est l'abstraction qui fournit à la modélisation sa puissance et sa capacité à généraliser à partir de quelques cas spécifiques une foule de cas similaires. Les définitions communes (comme le nom de la classe et celui des attributs) sont données une fois pour toutes au sein d'une classe, et non dans chaque instance. Il est possible d'écrire une seule fois les opérations pour chaque classe car tous les objets bénéficient de la réutilisation du code. Par exemple, toutes les ellipses partagent les mêmes procédures qui permettent de les tracer, de calculer leur surface et de tester leur intersection avec une ligne. Mais les polygones ont un ensemble séparé de procédures. Même les cas particuliers, tels les cercles et les carrés, peuvent utiliser les procédures générales, bien que des opérations plus efficaces soient possibles en ce qui les concerne.

3.1.3 Diagrammes de classes

Nous avons commencé ce chapitre en présentant des concepts de modélisation fondamentaux, en particulier ceux d'objet et de classe. Nous avons décrit ces concepts et fourni des exemples. Cette approche est néanmoins vague et ne suffit pas à traiter toute la complexité des applications. Nous avons besoin d'un moyen d'exprimer les modèles qui soit cohérent, précis et facile à formuler. Deux types de modèles de structure existent : les diagrammes de classes et les diagrammes d'objets.

Les ***diagrammes de classes*** fournissent une notation graphique permettant de modéliser les classes et leurs relations, et par là de décrire les objets possibles. Ils sont utiles pour la modélisation abstraite aussi bien que pour la conception de programmes réels. Ils sont concis, simples à comprendre et fonctionnent bien dans la pratique. Nous emploierons des diagrammes de classes tout au long de cet ouvrage pour représenter la structure des applications.

Nous utiliserons également à l'occasion des diagrammes d'objets. Un ***diagramme d'objets*** représente les objets individuels et leurs relations. Ils sont utiles pour documenter des cas de tests et analyser des exemples. Un diagramme de classes correspond à un ensemble infini de diagrammes d'objets.

La figure 3.1 représente une classe (à gauche) et les instances qu'elle décrit (à droite). Les objets *BernardMartin* et *JeanneDupont* et une personne anonyme sont des instances de la classe *Personne*. Le symbole UML d'un objet est une boîte contenant un nom d'objet suivi d'un deux-points (:) et du nom de la classe. Le nom de la classe et le nom de l'objet sont tous deux soulignés et, par convention, ils viennent en gras.

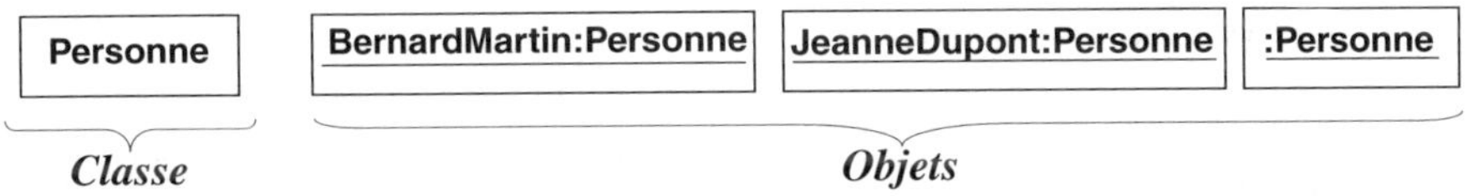

Figure 3.1 • Une classe et des objets. Les objets et les classes sont au cœur de la modélisation des classes.

Le symbole UML d'une classe est également une boîte. Par convention, le nom de la classe vient en gras, au centre de la boîte, avec comme initiale une lettre capitale ; de plus, il est au singulier.

Par ailleurs, quand un nom (de classe, d'objet ou autre) est composé de plusieurs mots, comme *BernardMartin*, nous les accolons en intercalant des capitales. Nous pourrions également employer des espaces (*Bernard Martin*) ou des underscores (*Bernard_Martin*). La bicapitalisation est répandue dans le monde objet, mais elle n'est pas obligatoire en UML.

3.1.4 Valeurs et attributs

Une ***valeur*** est une donnée. On trouve les valeurs en étudiant les exemples dans la documentation du problème. Un ***attribut*** est une propriété nommée d'une classe qui décrit le type d'une valeur contenue dans chaque objet de la classe. On trouve les attributs en recherchant des adjectifs ou en abstrayant les valeurs type. On peut appliquer l'analogie suivante : un objet est à une classe ce qu'une valeur est à un attribut. Les constructions structurelles – autrement dit les classes et leurs relations – sont dominantes dans les modèles de classes. Les attributs sont de moindre importance et servent à détailler les classes et leurs relations.

Par exemple, *nom*, *dateDeNaissance* et *poids* sont des attributs des objets de la classe *Personne. couleur*, *modèle* et *poids* sont des attributs des objets de la classe *Voiture.* Chaque attribut a une valeur pour chaque objet. Par exemple, l'attribut *dateDeNaissance* a la valeur « 21 octobre 1983 » pour l'objet *BernardMartin*. En d'autres termes, Bernard Martin est né le 21 octobre 1983. Différents objets peuvent avoir des valeurs différentes ou identiques pour un attribut donné. Chaque nom d'attribut est unique dans une même classe, mais peut être identique dans plusieurs classes. Ainsi, la classe *Personne* et la classe *Voiture* peuvent toutes deux posséder un attribut nommé *poids.*

Ne confondez pas les valeurs avec les objets. Un attribut doit décrire des valeurs, pas des objets. À la différence des objets, les valeurs n'ont pas d'identité. Par exemple, les différentes occurrences de l'entier « 17 » ne sont pas distinguables, tout comme celles de la chaîne de caractères « Canada ». Le Canada est un objet dont l'attribut *nom* a la valeur « Canada » (la chaîne de caractères).

La figure 3.2 présente la notation utilisée pour les attributs et leurs valeurs. La classe *Personne* a les attributs *nom* et *dateDeNaissance. nom* est une chaîne de caractères et *dateDeNaissance* est une date. Un objet de la classe *Personne* a la valeur « Bernard Martin » pour l'attribut *nom* et la valeur « 21 octobre 1983 » pour l'attribut *dateDeNaissance.* Un autre objet a la valeur « Jeanne Dupont » pour l'attribut *nom* et la valeur « 16 mars 1950 » pour l'attribut *dateDeNaissance.*

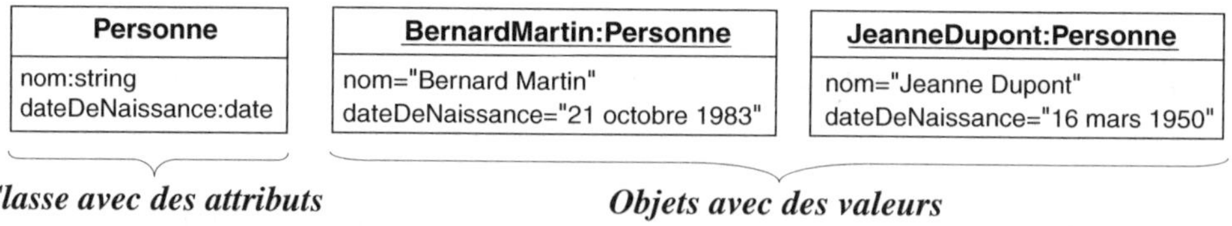

Figure 3.2. • Attributs et valeurs. Les attributs détaillent les classes.

La notation UML liste les attributs dans le deuxième compartiment de la boîte de classe. Des détails optionnels, comme le type et la valeur par défaut, peuvent suivre chaque attribut. Le type est précédé d'un deux-points (:) et la valeur par défaut du symbole « égal » (=). Par convention, le nom de l'attribut vient avec une initiale en minuscule, aligné à gauche dans la boîte.

Vous pouvez également inclure des valeurs d'attribut dans le deuxième compartiment des boîtes d'objet. La notation consiste à lister chaque nom d'attribut suivi du symbole « égal » (=) puis de sa valeur. Par convention, les noms sont alignés à gauche et n'ont pas d'enrichissement.

Certaines formes d'implémentation requièrent que les objets aient un identifiant unique. Ces identifiants sont implicites dans un modèle de classes : leur mention explicite n'est pas nécessaire. La figure 3.3 illustre ce point. De nombreux langages OO génèrent automatiquement des identifiants qui serviront à référencer les objets. Vous pouvez aussi en créer facilement pour les bases de données. Les identifiants sont des artefacts informatiques et n'ont pas de signification intrinsèque.

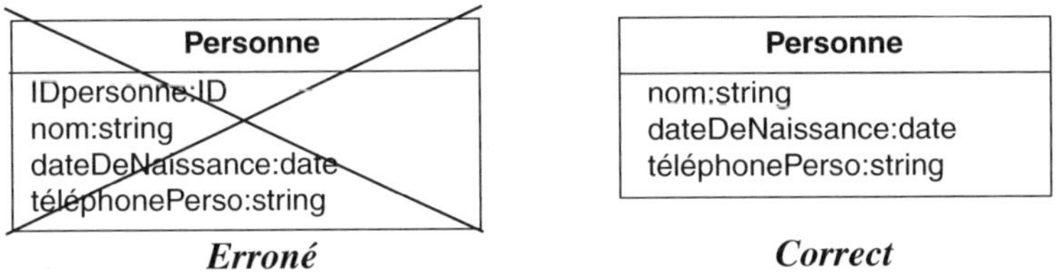

Figure 3.3 • Identifiants d'objet. Ne listez pas explicitement les identifiants : ils sont implicites dans les modèles.

Ne confondez pas les identifiants internes avec les attributs du monde réel. Les identifiants n'existent que pour les besoins de l'application et ils n'ont pas de sémantique propre. En revanche, un numéro de contribuable, un numéro minéralogique ou un numéro de téléphone ne sont pas des identifiants internes parce qu'ils ont une contrepartie dans le monde réel : ce sont des attributs légitimes.

3.1.5 Opérations et méthodes

Une ***opération*** est une fonction ou une procédure qui peut être appliquée aux objets ou par les objets d'une classe. Par exemple, *embaucher, renvoyer* et *payerDesDividendes* sont des opérations de la classe *Société. ouvrir, fermer, masquer* et *rafraîchir* sont des opérations de la classe *Fenêtre*. Tous les objets d'une même classe partagent les mêmes opérations.

Chaque opération a un objet cible comme argument implicite. Le comportement de l'opération dépend de la classe de sa cible. Un objet « connaît » sa classe, et donc la bonne implémentation de l'opération.

La même opération peut s'appliquer à de nombreuses classes différentes. On dit dans ce cas qu'elle est ***polymorphe***. Autrement dit, elle prend différentes formes dans différentes classes. Une ***méthode*** est l'implémentation d'une opération pour une classe donnée. Par exemple, la classe *Fichier* peut avoir une opération *imprimer*. Vous pouvez implémenter différentes méthodes pour imprimer des fichiers ASCII, des fichiers binaires et des fichiers d'images numérisées. Toutes ces méthodes effectuent logiquement la même tâche : elles impriment un fichier. À une opération générique *imprimer* que vous appelez pour cette tâche correspondent donc des portions de code différentes qui implémentent chaque méthode.

Outre son objet cible, une opération peut avoir des arguments explicites. Les arguments peuvent servir à transmettre des valeurs ou d'autres objets. Le choix d'une méthode dépend entièrement de la classe de l'objet cible, et non des arguments qu'une opération peut avoir. (Quelques langages OO, CLOS[1] en particulier, permettent que le choix d'une méthode dépende d'un nombre quelconque d'arguments, mais une telle généralité entraîne une complexité sémantique considérable que nous n'aborderons pas dans cet ouvrage.)

Lorsqu'une opération a des méthodes dans plusieurs classes, il importe que ces méthodes aient toutes la même ***signature*** : le nombre et le type des arguments et le type de la valeur de retour. Par exemple, *imprimer* ne doit pas avoir *nomDeFichier* comme argument dans une méthode et *pointeurDeFichier* dans une autre. Le comportement de toutes les méthodes d'une opération doit être cohérent. Mieux vaut éviter d'utiliser le même nom pour deux opérations différentes du point de vue sémantique, même si elles s'appliquent à des ensembles de classes distincts. Par exemple, il serait peu judicieux de nommer *inverser* l'opération qui consiste à inverser une matrice et celle qui permet de faire pivoter une figure géométrique sur son axe horizontal. Dans un projet de grande taille, une forme de restriction sur la visibilité des noms s'avère nécessaire pour gérer les éventuels conflits de nommage, mais il est préférable d'éviter toute possibilité de confusion.

À la figure 3.4, la classe *Personne* a les attributs *nom* et *dateDeNaissance* et les opérations *changerDEmploi* et *changerDAdresse*. *nom*, *dateDeNaissance*, *changerDEmploi* et *changerDAdresse* sont les propriétés d'une *Personne*. ***Propriété*** est un terme générique pour désigner un attribut ou une opération. La classe *Fichier* a une opération *imprimer*. La classe *ObjetGéométrique* a les opérations *déplacer*, *sélectionner* et *pivoter*. L'opération *déplacer* a un argument *delta* de type *Vector*, l'opération *sélectionner* a un argument *p* de type *Point* et retourne un *Boolean* et l'opération *déplacer* a un argument *angle* qui a une entrée de type *float*, avec pour valeur par défaut « 0.0 ».

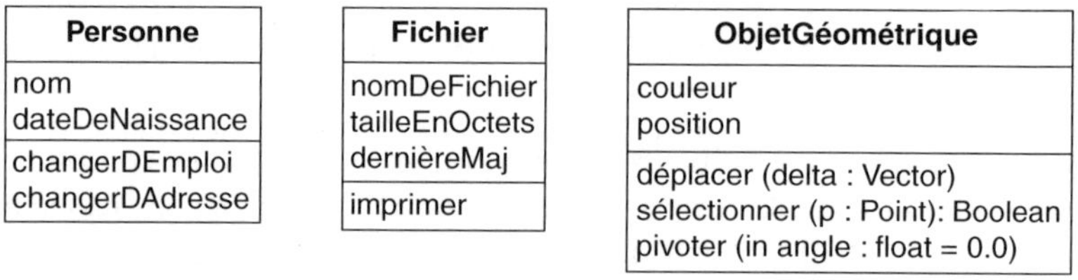

Figure 3.4 • Opérations. Une opération est une fonction ou une procédure qui peut être appliquée aux objets ou par les objets d'une classe.

1. *Common Lisp Object System*. NdT.

La notation UML consiste à lister les opérations dans le troisième compartiment de la boîte de classe. Par convention, le nom de la méthode vient avec une initiale en minuscule, aligné à gauche dans la boîte. Des informations optionnelles, comme une liste d'arguments et le type du résultat, peuvent suivre chaque nom d'opération. Les arguments sont entre parenthèses et séparés par des virgules. Le type retour est précédé par le caractère deux-points (:). Une liste d'arguments vide entre parenthèses signifie explicitement qu'il n'y a pas d'arguments, sinon vous ne pouvez pas tirer de conclusions. Nous ne listons pas les opérations pour les objets, parce qu'elles ne varient pas pour les objets d'une même classe.

3.1.6 Résumé de la notation des classes

La figure 3.5 résume la notation des classes. Une boîte représente une classe et peut avoir au plus trois compartiments. Les compartiments contiennent, de haut en bas : le nom de la classe, la liste des attributs et la liste des opérations. Des détails optionnels tels que le type et la valeur par défaut peuvent suivre chaque nom d'attribut. De même, une liste d'arguments et le type du résultat peuvent optionnellement suivre chaque nom d'opération.

NomDeClasse
nomAttribut1 : typeDeDonnées1 = valeurParDéfaut1 nomAttribut2 : typeDeDonnées2 = valeurParDéfaut2 • • •
nomOpération1 (listeDArguments1) : typeDuRésultat1 nomOpération2 (listeDArguments2) : typeDuRésultat2 • • •

Figure 3.5 • Résumé de la notation des classes. Une boîte représente une classe et peut avoir au plus trois compartiments.

La figure 3.6 montre que chaque argument peut avoir un sens de flux (*direction* en anglais), un nom, un type et une valeur par défaut. Un sens de flux indique si un argument est une entrée (*in* – paramètre d'entrée non modifiable), une sortie (*out* – paramètre de sortie modifiable) ou une entrée modifiable (*inout*). Le type est précédé d'un deux-points (:) et la valeur par défaut est précédée du symbole « égal » (=). La valeur par défaut est utilisée si aucune autre valeur n'est fournie.

sensDeFlux nomArgument : type = valeurParDéfaut

Figure 3.6 • Notation utilisée pour l'argument d'une opération. Le sens de flux, le type et la valeur par défaut sont optionnels. Le sens de flux peut être *in*, *out* ou *inout*.

Les compartiments destinés aux attributs et aux opérations sont optionnels et vous pouvez les représenter ou non. L'absence de compartiment contenant des attributs signifie que ceux-ci ne sont pas spécifiés. De même, l'absence de compartiment contenant des opérations signifie que celles-ci ne sont pas spécifiées. En revanche, un compartiment vide signifie que les attributs ou les opérations sont spécifiés et qu'il n'y en a aucun.

3.2 Concepts de lien et d'association

Les liens et les associations sont les concepts qui permettent d'établir des relations entre objets et entre classes.

3.2.1 Liens et associations

Un ***lien*** est une connexion physique ou conceptuelle entre des objets. Par exemple, Bernard Martin *TravaillePour* la société Simplex. La plupart des liens relient deux objets, mais certains relient trois objets ou plus. Ce chapitre n'aborde que les associations binaires : nous étudierons les associations n-aires au chapitre 4. Sur le plan mathématique, on définit un lien comme un uplet, autrement dit une liste d'objets. Un lien est une instance d'une association.

Une ***association*** est une description d'un groupe de liens qui partagent une structure et une sémantique communes. Par exemple, une personne *TravaillePour* une société. Les liens d'une association connectent des objets des mêmes classes. Une association décrit un ensemble potentiel de liens de la même façon qu'une classe décrit un ensemble potentiel d'objets. Liens et associations apparaissent souvent sous forme de verbes dans l'énoncé d'un problème.

La figure 3.7 est un extrait d'un modèle d'une application financière. Les entreprises de courtage ont besoin d'effectuer des tâches telles qu'enregistrer la propriété des différentes actions, effectuer le suivi des dividendes, alerter les clients des modifications du marché et calculer des marges. La portion supérieure de la figure représente un diagramme de classes tandis que la portion inférieure représente un diagramme d'objets.

Dans ce diagramme de classes, une personne peut posséder des actions de zéro ou de plusieurs sociétés, et une société peut avoir plusieurs personnes qui possèdent ses actions. Le diagramme d'objets montre quelques exemples. Jean, Marie et Anne possèdent des actions de General Electric. Anne et Alice possèdent des actions d'IBM. Paul ne possède aucune action d'aucune société et n'a donc aucun lien. L'astérisque (*) est le symbole de la multiplicité. La ***multiplicité*** représente le nombre d'instances d'une classe qui peuvent être liées à une instance d'une autre classe (voir section 3.2.2).

La notation UML d'un lien est une ligne droite entre les objets. Une ligne peut être constituée de plusieurs segments. Lorsque le lien est nommé, son nom est indiqué au-dessus de la ligne qui le symbolise. Par exemple, Jean possède des actions de GE. Une association connecte des classes. Elle est également représentée par une ligne (éventuellement composée de plusieurs segments). Par exemple, des personnes possèdent des actions dans des sociétés. Par convention, les noms de lien et d'association viennent en italique et les segments de droite sont alignés sur une grille rectiligne.

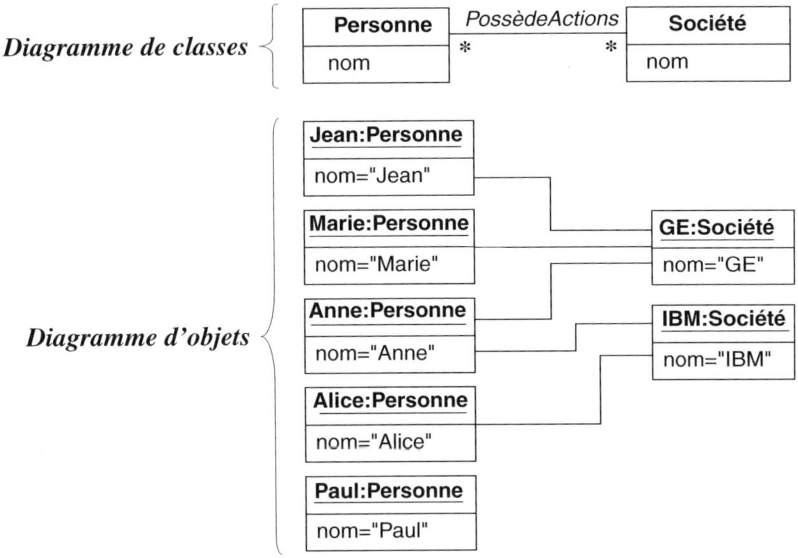

Figure 3.7 • Association « plusieurs-à-plusieurs ». Une association décrit un ensemble potentiel de liens de la même façon qu'une classe décrit un ensemble potentiel d'objets.

Il est judicieux d'agencer les classes participant à une association afin de lire, si possible, l'association de gauche à droite.

Les noms d'association sont optionnels si le modèle est dépourvu d'ambiguïté. L'ambiguïté survient quand un modèle présente plusieurs associations entre les mêmes classes (par exemple, une personne travaille pour une société et une personne possède des actions de société). Dans ce cas, vous devez nommer les associations ou les extrémités d'association (voir section 3.2.3) pour lever l'ambiguïté.

Les associations sont intrinsèquement bidirectionnelles. Le nom d'une association binaire, bien que traversée dans les deux sens, se lit généralement dans une direction donnée. Par exemple, *TravaillePour* relie une personne à une société. Nous pourrions nommer *Emploie* l'inverse de *TravaillePour*, ce qui connecterait une société à une personne. En réalité, les deux directions sont aussi significatives l'une que l'autre et réfèrent à la même association sous-jacente : ce n'est que le choix des noms qui détermine le sens de lecture de l'association.

Les développeurs implémentent souvent les associations sous forme de références d'un objet à un autre. Une ***référence*** est un attribut d'un objet qui se réfère un autre objet. Par exemple, une structure de données de *Personne* pourrait contenir un attribut *employeur* qui se référerait à un objet *Société*, tandis qu'un objet *Société* contiendrait un attribut *employés* se référant à un ensemble d'objets *Personne*. Implémenter les associations comme des références est parfaitement acceptable, mais vous ne devez pas les modéliser ainsi.

Un lien est une relation entre des objets. Modéliser un lien comme une référence masque le fait que le lien en lui-même ne fait partie d'aucun des deux objets : il dépend entièrement des deux ensembles. Une société n'est pas une partie d'une personne et, inversement, une personne n'est pas une partie d'une société. Modéliser une paire de références correspondantes, comme la référence de *Personne* à *Société* et la référence de *Société* à un ensemble de *Personne*, occulte le fait que les deux références dépendent l'une de l'autre. En conséquence, vous devez modéliser toutes les connexions entre classes sous forme d'associations, même lors de la conception des programmes.

La littérature OO met l'accent sur l'encapsulation, qui spécifie que les détails de l'implémentation doivent demeurer privés au sein d'une classe – et nous sommes assurément d'accord avec ce point de vue. Les associations sont importantes, précisément parce qu'elles brisent l'encapsulation. Elles ne peuvent pas être privées au sein d'une classe parce qu'elles transcendent les classes. Ne pas traiter les associations sur un pied d'égalité avec les classes peut conduire à écrire des programmes contenant des hypothèses et des dépendances cachées. De tels programmes sont difficiles à étendre, et leurs classes sont difficiles à réutiliser.

Même si en modélisation, les associations sont bidirectionnelles, vous n'avez pas besoin de les implémenter dans les deux sens. Vous pouvez implémenter sans problème les associations sous forme de références si elles ne sont traversées que dans une seule direction. Le chapitre 17 aborde certains facteurs à prendre en compte lors de l'implémentation d'associations.

3.2.2 Multiplicité

La ***multiplicité*** spécifie le nombre d'instances d'une classe qui peuvent être liées à une seule instance d'une classe associée. Elle contraint le nombre d'objets liés. La littérature décrit souvent la multiplicité comme étant « un » ou « plusieurs », mais, plus généralement, elle correspond à un ensemble (potentiellement infini) d'entiers non négatifs. Dans un diagramme UML, on représente explicitement la multiplicité à la fin des lignes d'associations. UML spécifie la multiplicité par un intervalle, comme *1* (exactement un), *1..** (un ou plus) ou *3..5* (de trois à cinq, exclusivement). Le symbole spécial * est un raccourci qui signifie « plusieurs » (zéro ou plus).

La figure 3.7 illustre la multiplicité « plusieurs-à-plusieurs ». Une personne peut posséder des actions de plusieurs sociétés. Une société peut avoir plusieurs personnes qui possèdent des actions. Dans cet exemple, Jean et Marie possèdent des actions de la société GE ; Alice possède des actions d'IBM ; Anne possède des actions des deux sociétés ; Paul ne possède rien. Les actions de GE sont possédées par trois personnes, les actions d'IBM par deux.

La figure 3.8 présente une association « un-à-un » avec les liens correspondants. Chaque pays a une seule capitale. Une capitale n'administre qu'un pays. (En fait, certains pays comme les Pays-Bas et la Suisse ont plus d'une capitale, chacune ayant des fonctions différentes. Si ce fait était important à modéliser, nous pourrions modifier le modèle en changeant la multiplicité ou en créant une association séparée pour chaque type de capitale.)

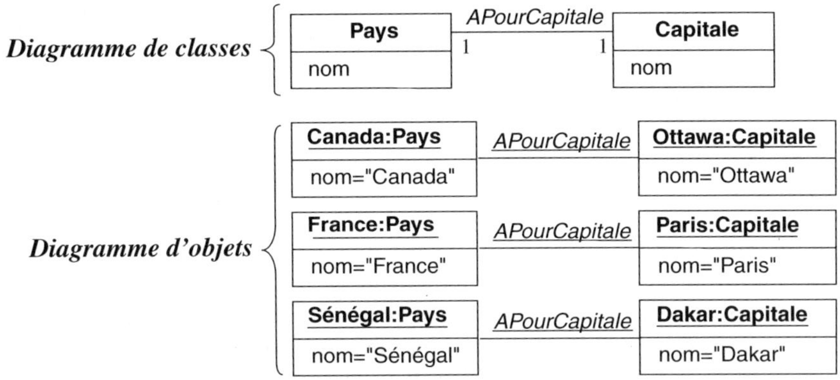

Figure 3.8 • Association « un-à-un ». La multiplicité spécifie le nombre d'instances d'une classe qui peuvent être liées à une seule instance d'une classe associée.

La figure 3.9 illustre la multiplicité « zéro-ou-un ». L'interface d'une station de travail peut avoir une de ses fenêtres désignée comme console de réception des messages d'erreur généraux. Il est néanmoins possible qu'aucune fenêtre console n'existe. (Le mot *console* dans le diagramme est une extrémité d'association, notion abordée à la section 3.2.3.)

Figure 3.9 • Multiplicité « zéro-ou-un ». La participation d'un objet à une association peut être optionnelle.

Ne confondez pas « multiplicité » et « cardinalité »[1]. La multiplicité est une *contrainte* sur la taille d'une collection. La cardinalité est le *nombre* d'éléments que contient réellement la collection. En conséquence, la multiplicité est une contrainte sur la cardinalité.

La multiplicité « plusieurs » spécifie qu'un objet peut être associé à plusieurs autres objets. Mais, pour chaque association, il y a au plus un lien entre une paire d'objets donnée (sauf pour les *bags* et les séquences, voir section 3.2.5). Comme le montrent les figures 3.10 et 3.11, vous devez créer deux associations si vous voulez deux liens entre les mêmes objets.

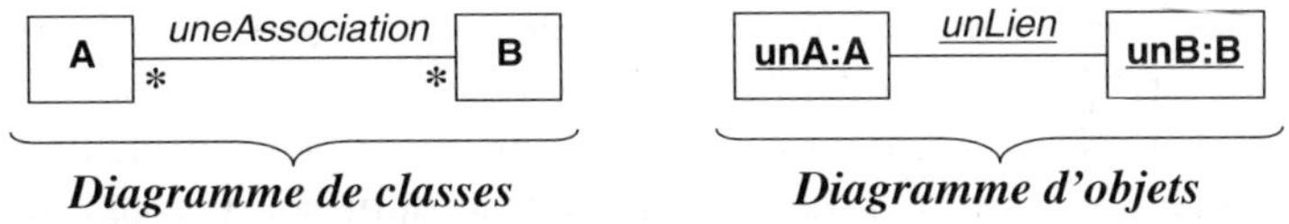

Figure 3.10 • Association vs lien. Une paire d'objets peut être instanciée au plus une fois par association (excepté pour les bags et les séquences).

1. Le terme *cardinalité* employé en modélisation Entité/Association [Chen-76] ou en modélisation Merise correspond à la définition de *multiplicité* en modélisation UML.

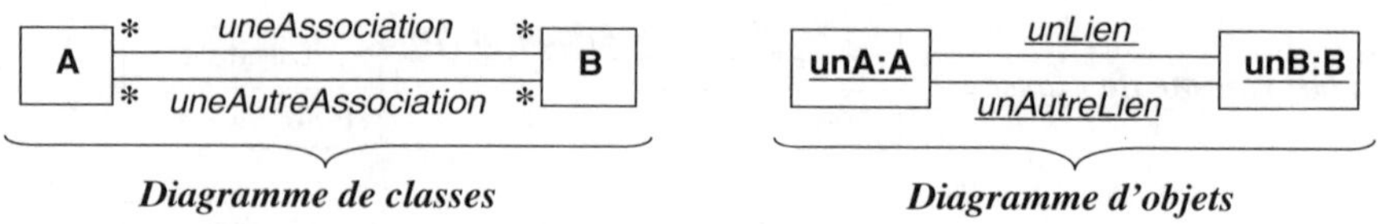

Figure 3.11 • Association vs lien. Vous pouvez utiliser plusieurs associations pour modéliser plusieurs liens entre les mêmes objets.

La multiplicité dépend d'un certain nombre d'hypothèses et de la façon dont vous définissez les limites d'un problème. Des exigences vagues rendent souvent la multiplicité incertaine. Ne vous souciez pas outre mesure de la multiplicité en début de développement. Commencez par déterminer les classes et les associations, puis décidez de la multiplicité. Si vous omettez de noter la multiplicité dans un diagramme, elle est considérée comme non spécifiée.

La multiplicité révèle souvent que des hypothèses implicites se cachent dans le modèle. Par exemple, l'association *TravaillePour* entre *Personne* et *Société* a t-elle une multiplicité « un-à-plusieurs » ou « plusieurs-à-plusieurs » ? La réponse à cette question dépend du contexte. Une application destinée à l'administration fiscale permettrait à une personne de travailler pour plusieurs employeurs. En revanche, une application de gestion des adhérents à un syndicat pourrait considérer les emplois secondaires comme non pertinents. Les diagrammes de classes aident à expliciter ces hypothèses cachées, en les rendant visibles et en permettant de les étudier.

En termes de multiplicité, la distinction la plus importante se trouve entre les multiplicités « un » et « plusieurs ». Sous-estimer la multiplicité peut restreindre la souplesse d'une application. Par exemple, de nombreux programmes sont incapables de gérer plusieurs numéros de téléphone pour une même personne. En revanche, surestimer la multiplicité impose une surcharge et oblige l'application à fournir des informations supplémentaires pour permettre de distinguer les membres d'un ensemble « pluriel ». Dans une véritable organisation hiérarchique, mieux vaut représenter « patron » avec une multiplicité « zéro-ou-un » que d'avoir à gérer les combinaisons illicites par une matrice des responsabilités.

3.2.3 Noms d'extrémité d'association[1]

Dans notre présentation de la multiplicité, nous nous sommes référés implicitement aux extrémités d'association. Une association de multiplicité « un-à-plusieurs » a deux extrémités : une extrémité dont la multiplicité est « un » et une extrémité dont la multiplicité est « plusieurs ». La notion d'***extrémité d'association*** est un concept important d'UML. Non seulement vous pouvez affecter une multiplicité à une extrémité d'association, mais vous pouvez également la nommer. (Le chapitre 4 aborde d'autres propriétés des extrémités d'association.)

1. Les noms d'extrémité d'association en UML 2.0 correspondent aux rôles en OMT et UML 1. NdT

Les extrémités d'association apparaissent souvent sous forme de noms dans les descriptions de problèmes. À la figure 3.12, un nom apparaît à chaque extrémité de l'association. Les classes *Personne* et *Société* participent à l'association *TravaillePour*. Une personne est un *employé* par rapport à une société et une société est un *employeur* par rapport à une personne. Les noms d'extrémité d'association sont optionnels, mais ils facilitent souvent la lecture et permettent d'éviter des confusions puisqu'ils complètent ou peuvent même remplacer les noms d'association.

employé	employeur
Paul Lenoir	Simplex
Marie Lebrun	Simplex
Jean Leblanc	Multiplex

Figure 3.12 • Noms d'extrémité d'association. Chaque extrémité d'association peut être nommée.

Les noms d'extrémité sont particulièrement pratiques pour traverser les associations, parce que vous pouvez traiter chacun d'eux comme un pseudo-attribut. Chaque extrémité d'une association binaire renvoie à un objet ou à un ensemble d'objets associé à un objet source. Du point de vue de l'objet source, la traversée de l'association est une opération qui génère les objets associés. Nommer les extrémités permet de traverser une association sans la mentionner explicitement. La section 3.5 aborde plus en détail la traversée des modèles de classes.

Les noms d'extrémité sont nécessaires pour les associations entre deux objets d'une même classe. À la figure 3.13, les noms d'extrémité *conteneur* et *contenu* distinguent les deux usages de la classe *Répertoire* pour l'association réflexive. Un répertoire peut contenir plusieurs sous-répertoires et être éventuellement lui-même contenu dans un autre répertoire. Les noms d'extrémité d'association permettent également de distinguer plusieurs associations entre la même paire de classes. Chaque répertoire de la figure 3.13 a exactement un utilisateur qui est son propriétaire et plusieurs utilisateurs qui sont autorisés à l'utiliser. Lorsqu'il n'y a qu'une association entre une paire de classes distinctes, les noms de classe suffisent souvent et vous pouvez omettre de nommer les extrémités.

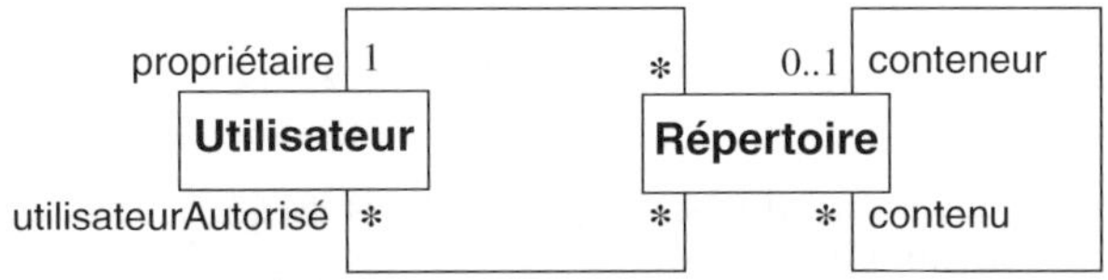

Figure 3.13 • Noms d'extrémité d'association. Les noms d'extrémité sont nécessaires pour les associations entre deux objets de la même classe. Ils peuvent également permettre de distinguer plusieurs associations entre une même paire de classes.

Les noms d'extrémité d'association permettent d'unifier plusieurs références à la même classe. Lorsque vous construisez des diagrammes de classes, veillez à utiliser à bon escient des noms d'extrémité au lieu d'introduire une classe séparée pour chaque référence, comme le montre la figure 3.14. Dans le modèle incorrect, deux classes sont représentées : une classe pour modéliser les parents et une autre classe pour modéliser les enfants. Dans le modèle correct, une association lie des instances de la même classe *Personne* : une personne peut avoir plusieurs enfants et un enfant a entre zéro et deux parents. (Dans le modèle correct, nous devons représenter un enfant comme ayant un parent optionnel pour que la récursion puisse se terminer.)

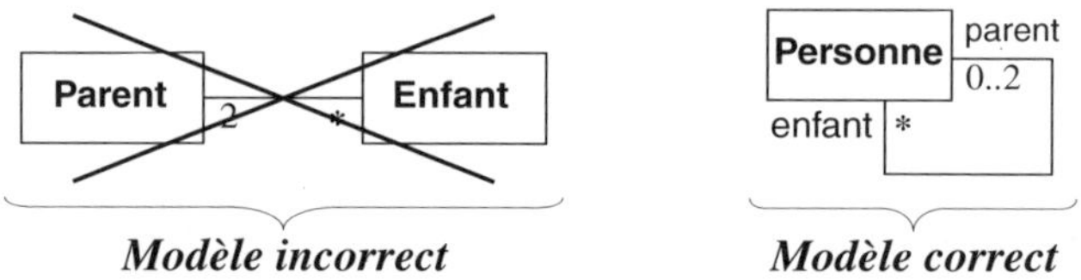

Figure 3.14 • Noms d'extrémité d'association. Nommez les extrémités pour modéliser plusieurs références à la même classe.

Comme les noms d'extrémité d'association permettent de distinguer les objets, ils doivent être uniques. Bien que le nom apparaisse à côté de l'objet destination d'une association, c'est en réalité un pseudo-attribut de la classe source et il doit être unique à l'intérieur de celle-ci. Pour la même raison, aucun nom d'extrémité d'association ne doit être identique à un nom d'attribut de la classe source.

3.2.4 Ordonnancement

Souvent, les objets situés à l'extrémité d'une association de multiplicité « plusieurs » n'ont pas d'ordre explicite, et peuvent être vus comme un ensemble. Néanmoins, les objets doivent parfois être explicitement ordonnés. La figure 3.15 présente un écran de station de travail doté d'un certain nombre de fenêtres qui se chevauchent. Chaque fenêtre a au moins une occurrence. Les fenêtres ont un ordre explicite : seule la fenêtre active doit être intégralement visible. L'ordonnancement fait intrinsèquement partie de l'association. Vous pouvez indiquer un ensemble ordonné d'objets en écrivant *{ordered}* du côté de l'extrémité appropriée.

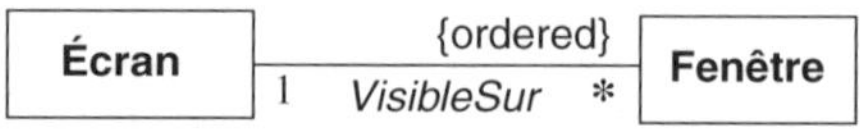

Figure 3.15 • Ordonner les objets d'une extrémité d'association. La mention de l'ordre est parfois nécessaire pour la multiplicité « plusieurs ».

3.2.5 *Bags* et séquences

D'ordinaire, une association binaire a au plus un lien pour une paire d'objets donnée. Toutefois, vous pouvez autoriser plusieurs liens en annotant une extrémité d'association avec *{bag}* ou *{sequence}*. Un ***bag*** (sac) est une collection non ordonnée dans laquelle les doublons sont autorisés. Une ***séquence*** est une collection ordonnée dans laquelle les doublons sont autorisés. À la figure 3.16, un itinéraire correspond à une séquence d'aéroports, un même aéroport pouvant être visité plusieurs fois. Comme pour *{ordered}*, *{bag}* et *{sequence}* ne sont autorisés que pour les associations binaires.

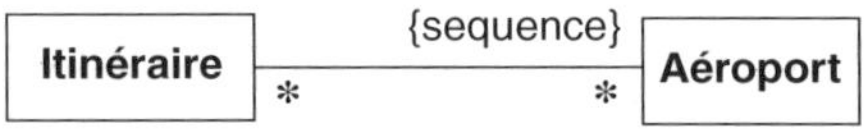

Figure 3.16 • Exemple de séquence. Un itinéraire peut passer par plusieurs aéroports. Vous devez donc utiliser *{sequence}*, et non *{ordered}*.

UML 1 n'autorisait pas plusieurs liens pour une paire d'objets. Certains modélisateurs ont mal compris cette restriction sur les extrémités d'association ordonnée et ont construit des modèles incorrects, en supposant qu'il s'agissait de liens multiples. Avec UML 2, l'intention du modélisateur est maintenant claire. Si vous spécifiez *{bag}* ou *{sequence}*, il peut y avoir plusieurs liens pour une paire d'objets ; sinon, l'association a au plus un lien.

Notez que les annotations *{ordered}* et *{sequence}* sont analogues, sauf que la première interdit les doublons tandis que la seconde les autorise. Une séquence est un *bag* ordonné, alors qu'une association ordonnée *{ordered}* est un ensemble ordonné, donc sans doublon.

3.2.6 Classes-associations

Tout comme vous pouvez décrire les objets d'une classe avec des attributs, vous pouvez décrire les liens d'une association avec des attributs. UML représente ce type d'information par une classe-association. Une ***classe-association*** est une association qui est également une classe. Comme les liens d'une association, les instances d'une classe-association dérivent leur identité des instances des classes constituantes. Comme une classe ordinaire, une classe-association peut avoir des attributs et des opérations et participer à des associations. Vous trouverez les classes-associations en recherchant les adverbes dans l'énoncé d'un problème ou en abstrayant des valeurs connues.

À la figure 3.17, *habilitation* est un attribut de la classe-association *AccessiblePar*. L'échantillon de données au bas de la figure représente la valeur de chaque lien. La notation UML d'une classe-association est une boîte (de classe) reliée à l'association par une ligne pointillée.

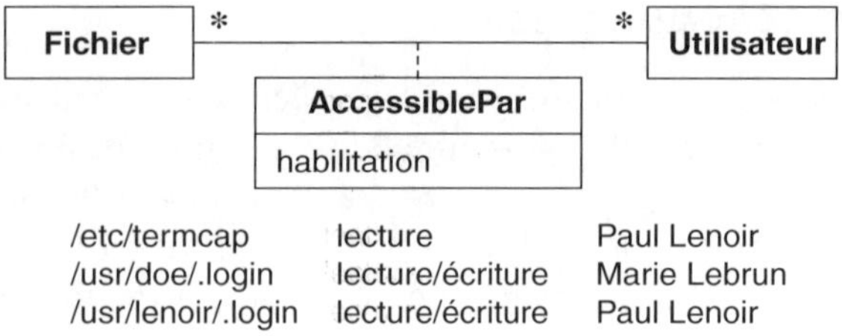

Figure 3.17 • Une classe-association. Les liens d'une association peuvent posséder des attributs.

Les associations de multiplicité « plusieurs-à-plusieurs » nécessitent logiquement la définition de classes-associations. Les attributs de telles associations appartiennent sans erreur possible au lien et ne peuvent être attribués à aucun objet. À la figure 3.17, l'attribut *habilitation* est une propriété conjointe des classes *Fichier* et *Utilisateur* et ne peut être attribué exclusivement ni à *Fichier* ni à *Utilisateur* sans perte d'information.

La figure 3.18 présente les attributs de deux associations de multiplicité « un-à-plusieurs ». Chaque personne travaillant pour une société reçoit un salaire et a un intitulé de poste. Le patron évalue les performances de chaque employé. Les associations de multiplicité « un-à-un » peuvent également avoir des attributs.

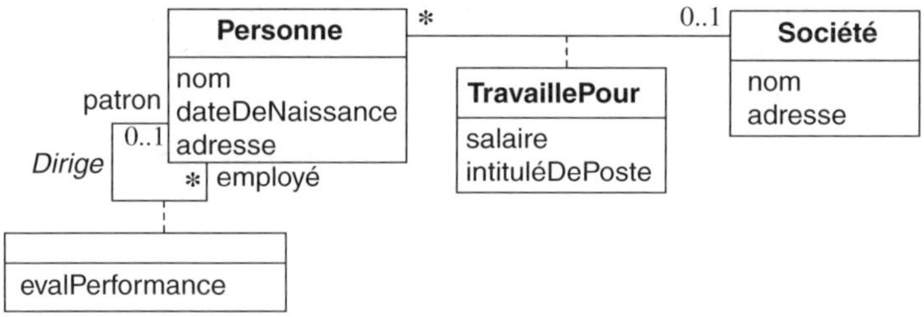

Figure 3.18 • Classes associations. Il peut y avoir des attributs dans les associations de multiplicité « un-à-plusieurs » et « un-à-un ».

La figure 3.19 montre comment il est possible, pour les associations de multiplicité « un-à-un » et « un-à-plusieurs », de placer les attributs dans la classe située à l'opposé de l'extrémité de multiplicité « un ». Ce n'est pas possible pour les associations de multiplicité « plusieurs-à-plusieurs ». En règle générale, vous ne devez pas placer de tels attributs dans une classe parce que la multiplicité de l'association pourrait changer. Les deux formes de la figure 3.19 expriment une association de multiplicité « un-à-plusieurs », mais seule la forme contenant une classe-association demeure correcte si la multiplicité de *TravaillePour* devient « plusieurs-à-plusieurs ».

La figure 3.20 représente une classe-association participant à une association. Des utilisateurs peuvent être autorisés à accéder à plusieurs stations de travail. Chaque autorisation comprend une priorité et des privilèges d'accès. Un utilisateur a un répertoire principal (*home directory*) pour chaque station autorisée, mais un même répertoire principal peut être partagé entre plusieurs stations ou par plusieurs utilisateurs.

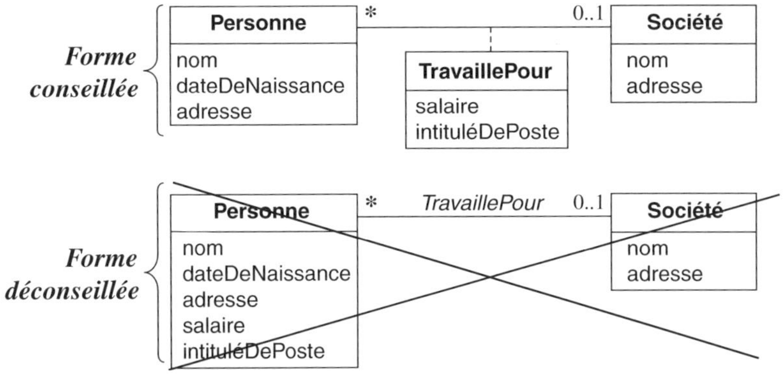

Figure 3.19 • Usage correct des classes-associations. Ne placez pas les attributs d'une association dans une classe.

Les classes-associations constituent un aspect important de la modélisation des classes parce qu'elles permettent de spécifier précisément l'identité et les chemins de navigation.

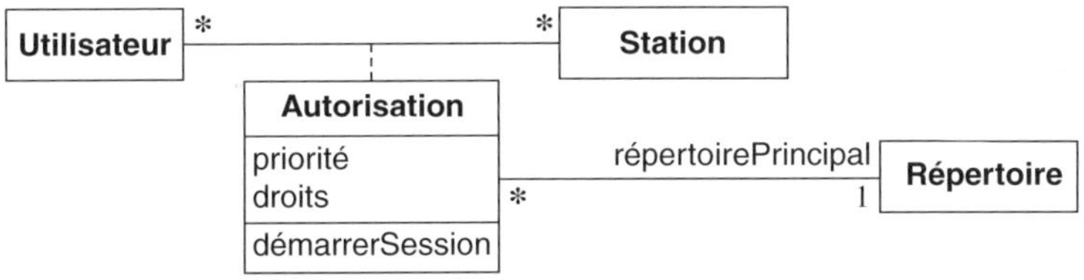

Figure 3.20 • Classe-association participant à une association. Les classes-associations permettent de spécifier précisément l'identité et les chemins de navigation.

Ne confondez pas une classe-association avec une association qui a été promue au rang de classe. La figure 3.21 souligne la différence. La classe-association n'a qu'une seule occurrence pour chaque paire de *Personne* et de *Société*. En revanche, il peut y avoir un nombre quelconque d'occurrences d'*Achat* pour chaque *Personne* et chaque *Société*. Chaque achat est distinct et possède une quantité, une date et un coût qui lui sont propres.

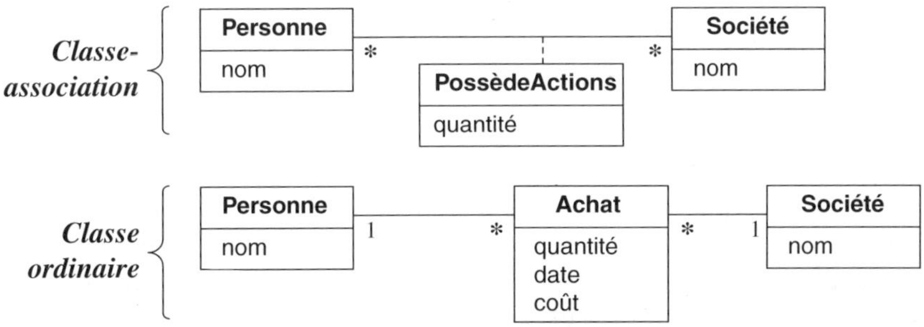

Figure 3.21 • Classe-association vs classe ordinaire. Une classe-association est très différente d'une classe ordinaire.

3.2.7 Associations qualifiées

Une ***association qualifiée*** est une association dans laquelle un attribut nommé ***qualificateur*** désambiguïse les objets situés à l'extrémité de multiplicité « plusieurs ». Il est possible de définir des qualificateurs pour les associations de multiplicités « un-à-plusieurs » et « plusieurs-à-plusieurs ». Un qualificateur opère une sélection entre les objets cibles et réduit la multiplicité effective de « plusieurs » à « un ». Les associations qualifiées avec une multiplicité cible « un » ou « zéro-ou-un » spécifient un chemin précis pour trouver l'objet cible à partir de l'objet source.

La figure 3.22 illustre l'usage le plus courant d'un qualificateur : le cas des associations dont la multiplicité est « un-à-plusieurs ». Une banque gère de nombreux comptes. Un compte appartient à une seule banque. Un numéro de compte permet d'identifier un compte unique dans une banque donnée ; un numéro de compte est relatif à une banque. *Banque* et *Compte* sont des classes et *numéroDeCompte* est le qualificateur. La qualification réduit la multiplicité effective de « un-à-plusieurs » à « un-à-un ».

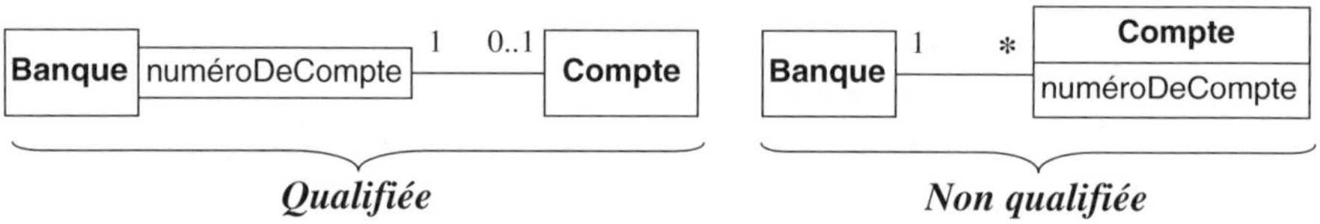

Figure 3.22 • Association qualifiée. La qualification accroît la précision du modèle.

Les deux modèles sont acceptables, mais le modèle qualifié contient une information supplémentaire. Il ajoute une contrainte de multiplicité : la combinaison d'une banque et d'un numéro de compte génère au plus un compte. Le modèle qualifié véhicule la signification du numéro de compte lors de la navigation à travers le modèle, ainsi que les méthodes le refléteront. On trouve d'abord la banque, puis on spécifie le numéro de compte pour trouver le compte.

La notation d'un qualificateur est une petite boîte située à l'extrémité de la ligne d'association près de la classe source. Elle peut se trouver de n'importe quel côté (en haut, en bas, à droite ou à gauche) de la classe source. La classe source plus le qualificateur produisent la classe cible. À la figure 3.22, *Banque* + *numéroDeCompte* produisent un *Compte* : *numéroDeCompte* figure donc dans une boîte contiguë à *Banque*.

La figure 3.23 fournit un autre exemple de qualification. Une Bourse cote de nombreuses sociétés, mais elle ne cote qu'une société avec un symbole donné. Une société peut être cotée par plusieurs Bourses, éventuellement avec des codes émetteur différents. (Nous supposons que cette information est vraie. Si toutes les Bourses avaient chacune le même code émetteur, nous ferions de codeÉmetteur un attribut de *Société*).

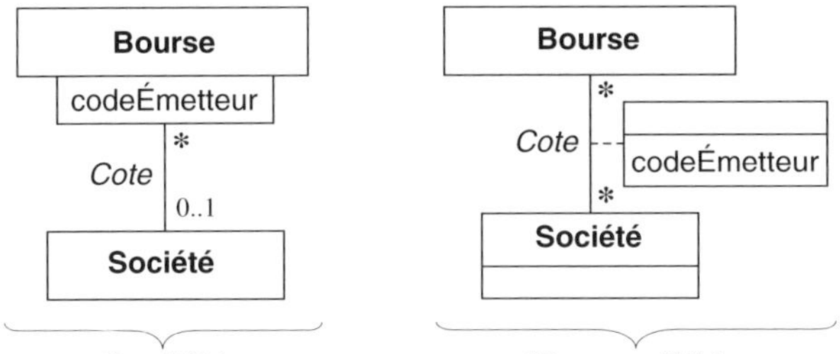

Figure 3.23 • Association qualifiée. La qualification facilite également la traversée des modèles de classes.

3.3 Généralisation et héritage

3.3.1 Définition

La ***généralisation*** est une relation hiérarchique entre une classe (la ***super-classe***) et une ou plusieurs variantes de cette classe (les ***sous-classes***). Elle organise les classes en fonction de leurs similarités et de leurs différences, structurant ainsi la description des objets. La super-classe contient les opérations, les associations et les attributs communs, les sous-classes ajoutant des opérations, des associations et des attributs spécifiques. On dit que chaque sous-classe ***hérite*** des propriétés de sa super-classe. On qualifie parfois la généralisation de relation « est-un », parce que chaque instance d'une sous-classe est également une instance de la super-classe.

La généralisation simple organise les classes en hiérarchie : chaque sous-classe n'a qu'une super-classe immédiate. (Le chapitre 4 aborde une forme de généralisation plus complexe dans laquelle une sous-classe peut avoir plusieurs super-classes immédiates – on parle d'héritage multiple.) Il peut exister plusieurs niveaux de généralisation.

La figure 3.24 montre plusieurs exemples de généralisations pour des équipements. Chaque équipement est une pompe, un échangeur thermique ou un réservoir. Plusieurs types de pompes existent : centrifuge, à membrane ou à immersion. Plusieurs sortes de réservoirs sont disponibles : sphérique, pressurisé ou à toit flottant. Le fait que les classes spécialisées de *Réservoir* soient dessinées sous les classes spécialisées de *Pompe* n'est pas significatif. Plusieurs objets figurent au bas du diagramme. Chaque objet hérite des propriétés d'une seule classe à chaque niveau de la généralisation. Ainsi, la pompe de nom *P101* incorpore les propriétés d'un équipement, d'une pompe et d'une pompe à membrane. De même, l'échangeur nommé *E302* possède les propriétés d'un équipement et d'un échangeur thermique.

La notation utilisée pour représenter la généralisation est un triangle isocèle placé sous la super-classe. Vous pouvez connecter directement la super-classe à chaque sous-classe, mais on préfère généralement grouper les sous-classes et tracer une arborescence. Pour des raisons pratiques, vous pouvez faire pivoter le triangle et le placer sur un côté quelconque, mais vous devez dessiner si possible la super-classe en haut et les sous-classes en dessous. Les commentaires en UML sont représentés entre accolades. Par exemple, le commentaire de la figure 3.24 indique l'existence des sous-classes supplémentaires que le diagramme ne représente pas.

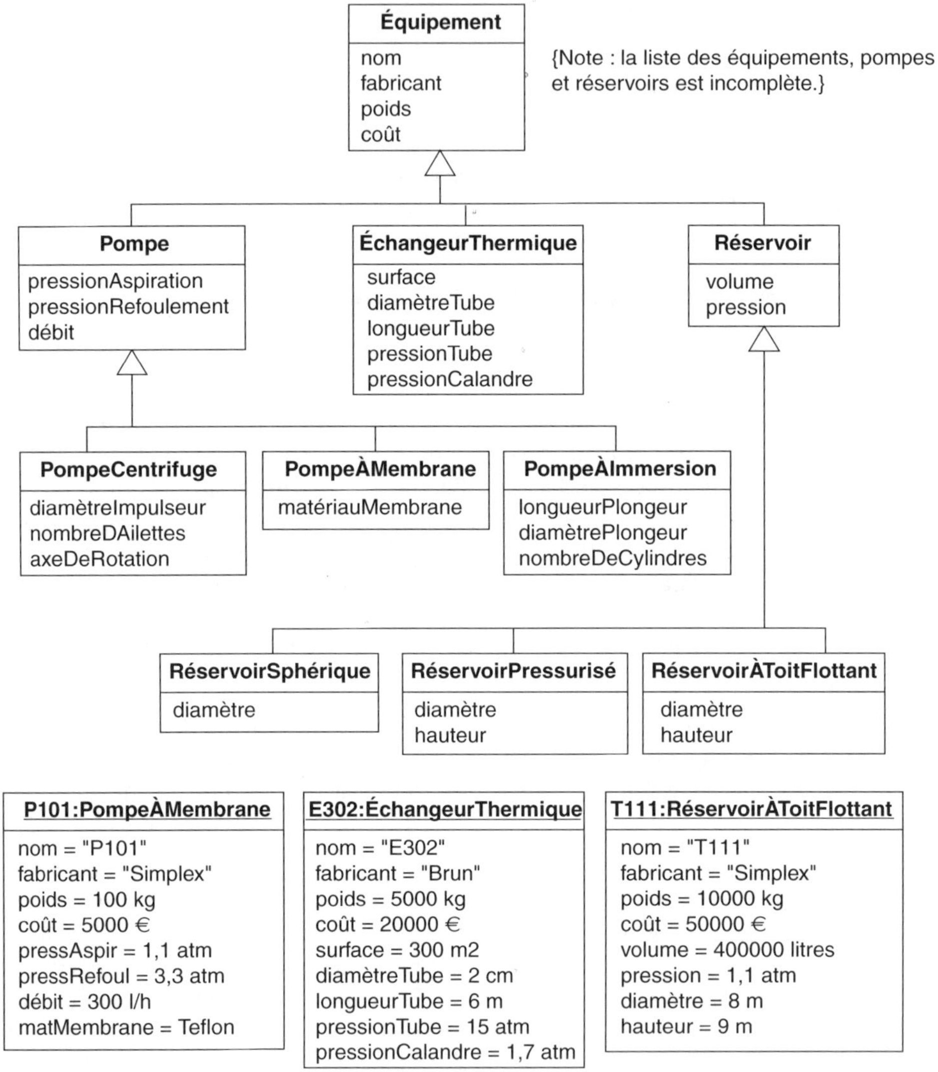

Figure 3.24 • Hiérarchie d'héritage multiniveau avec instances. La généralisation organise les classes en fonction de leurs similarités et de leurs différences, structurant ainsi la description des objets.

La généralisation est transitive à travers un nombre arbitraire de niveaux. Les termes ***ancêtre*** et ***descendant*** renvoient à la généralisation des classes sur plusieurs niveaux.

Une instance d'une sous-classe est aussi instance de tous ses ancêtres. Elle contient une valeur pour chaque attribut de chaque classe ancêtre. Elle peut appeler une opération de n'importe quel ancêtre. Non seulement chaque sous-classe hérite des propriétés de tous ses ancêtres, mais elle leur ajoute les siennes propres. La classe *Pompe* ajoute les attributs *pressionAspiration*, *pressionRefoulement* et *débit* que les autres types d'équipements ne partagent pas.

La figure 3.25 représente des classes de figures géométriques. Cet exemple a un « parfum de programmation » plus prononcé et met l'accent sur l'héritage des opérations. *déplacer*, *sélectionner*, *pivoter* et *afficher* de la classe *Figure* sont des opérations dont toutes les sous-classes héritent. En revanche, l'opération *modifierTaille* ne s'applique qu'aux figures uni- et bidimensionnelles et *remplir* ne s'applique qu'aux figures bidimensionnelles.

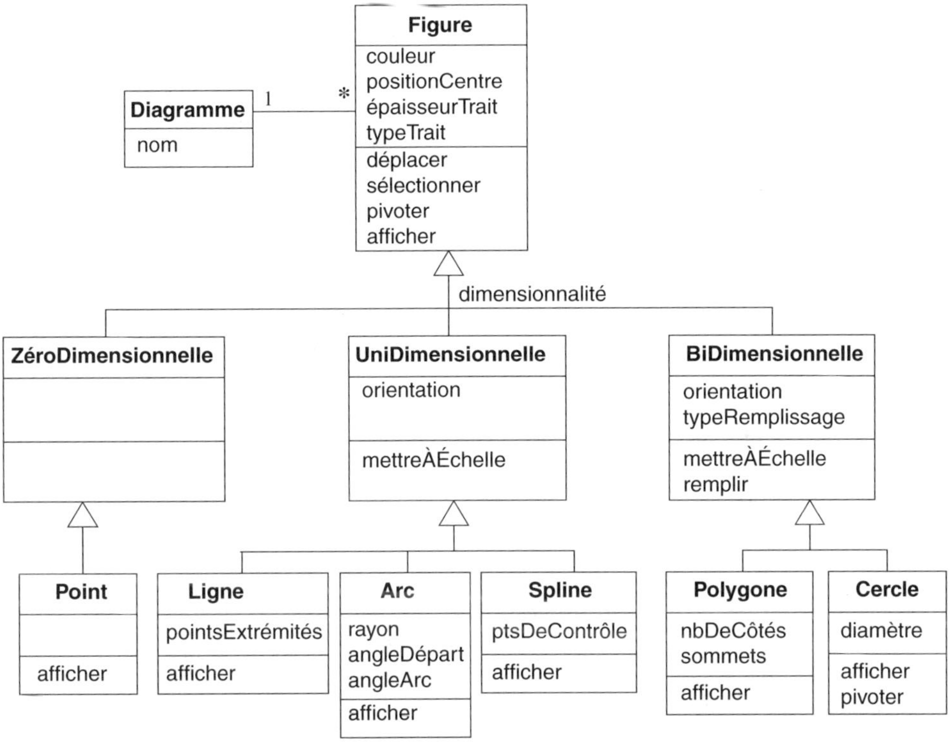

Figure 3.25 • Hiérarchie d'héritage de figures géométriques. Chaque sous-classe hérite des attributs, des opérations et des associations de ses super-classes.

Le mot *dimensionnalité* figurant à côté de la ligne de généralisation est un nom d'ensemble de généralisation. Un ***nom d'ensemble de généralisation*** est un attribut de type énuméré qui indique quel aspect d'un objet a été rendu abstrait par une généralisation particulière. Vous ne devez généraliser qu'un seul aspect à la fois. Par exemple, pour la classe *Véhicule*, les moyens de propulsion (vent, carburant, force animale, gravité) et l'environnement d'évolution (terre, air, eau, espace) sont deux aspects distincts. Les valeurs des ensembles de généralisation se trouvent intrinsèquement dans une correspondance « un-à-un » avec les sous-classes d'une généralisation. Le nom de l'ensemble de généralisation est optionnel.

Ne construisez pas des hiérarchies de classes trop profondes. De telles hiérarchies peuvent être difficiles à comprendre, tout comme les blocs de code profondément imbriqués dans un langage procédural. Une réflexion méthodique et un peu de restructuration permettent souvent de réduire la profondeur d'une hiérarchie exagérément étendue. Dans la pratique, la profondeur de la hiérarchie dépend du jugement du concepteur et des spécificités du problème. Vous pouvez appliquer la règle empirique suivante : deux ou trois niveaux de profondeur sont assurément acceptables, dix sont probablement excessifs, cinq à six niveaux peuvent être appropriés ou non, selon les cas.

3.3.2 Utilisation de la généralisation

La généralisation a trois objectifs :

- **Prendre en charge le polymorphisme.** Vous pouvez appeler une opération au niveau de la super-classe : le compilateur du langage OO résout automatiquement l'appel en choisissant la méthode qui correspond à la classe de l'objet appelant. Le polymorphisme apporte un surcroît de souplesse au logiciel : une sous-classe ajoutée hérite nécessairement du comportement des super-classes. De plus, la nouvelle sous-classe ne perturbe pas le code existant. Comparez l'approche OO au code procédural dans lequel l'ajout d'un nouveau type peut avoir des répercussions en chaîne.

- **Structurer la description des objets.** Lorsque vous généralisez, vous produisez un énoncé conceptuel : vous formez une taxonomie et vous organisez les objets en fonction de leurs similarités et de leurs différences. Procéder ainsi est beaucoup plus significatif que modéliser chaque classe individuellement, en l'isolant des autres classes.

- **Permettre la réutilisation du code.** Vous pouvez aussi bien hériter du code au sein de l'application en cours de développement que du code de projets antérieurs (par exemple d'une bibliothèque de classes). Réutiliser est plus productif que récrire en permanence le même code *ex nihilo*. La généralisation permet également d'adapter le code, là où cela s'avère nécessaire, afin d'obtenir précisément le comportement souhaité. La réutilisation est une motivation importante de l'héritage, bien que ses avantages aient été exagérés (voir chapitre 14).

Les termes ***généralisation***, ***spécialisation*** et ***héritage*** renvoient tous à des aspects de la même notion. Généralisation et spécialisation concernent des relations entre classes envisagées de deux points de vue différents : celui de la super-classe ou celui des sous-classes. La généralisation dérive du fait que la super-classe généralise les sous-classes (ou représente les propriétés communes/générales des sous-classes). La spécialisation renvoie au fait que les sous-classes affinent ou spécialisent la super-classe.

L'héritage est le mécanisme qui permet de partager attributs, opérations et associations *via* la relation de généralisation/spécialisation. Dans la pratique, le danger de confusion entre les termes est peu probable.

3.3.3 Redéfinition des propriétés

Une sous-classe peut ***redéfinir*** une propriété d'une super-classe en définissant une propriété du même nom. La redéfinition (dans la sous-classe) spécialise et remplace la propriété initiale (celle définie dans la super-classe). Les motifs d'une redéfinition de propriété sont variés : spécialiser un comportement qui dépend de la sous-classe, affiner la spécification d'une propriété ou améliorer les performances. Par exemple, à la figure 3.25, chaque sous-classe feuille doit implémenter l'opération *afficher*, même si celle-ci est définie dans la classe *Figure*. La classe *Cercle* permet d'améliorer les performances en redéfinissant l'opération *pivoter* qui devient une opération nulle.

Vous pouvez redéfinir les méthodes et les valeurs par défaut des attributs. Mais vous ne devez jamais redéfinir la ***signature***, ou forme, d'une propriété. Une redéfinition doit préserver le type des attributs, le nombre et le type des arguments des opérations ainsi que leur type de retour. Contraindre le type d'un attribut ou d'un argument d'opération au type d'une sous-classe du type d'origine est une forme de restriction qu'il faut effectuer avec prudence. On optimise couramment les performances en redéfinissant une méthode générale par une méthode spécialisée qui tire parti d'informations spécifiques, sans modifier la sémantique de l'opération (par exemple l'opération *Cercle.pivoter* à la figure 3.25).

Vous ne devez jamais redéfinir une propriété de sorte qu'elle soit incohérente avec la propriété héritée d'origine. Une sous-classe *est* un cas particulier de sa super-classe et doit être compatible avec elle à tout point de vue. Une pratique courante, mais malheureuse, en programmation objet consiste à créer une nouvelle classe à partir d'une classe existante en changeant ou en ignorant certaines de ses propriétés, même si la nouvelle classe n'est pas réellement un cas particulier de la classe d'origine. Cette technique peut entraîner une confusion conceptuelle et introduire des hypothèses cachées dans les programmes.

3.4 Exemple de modèle de classes

La figure 3.26 représente le modèle de classes d'un système de gestion des fenêtres d'une station de travail. Ce modèle est très simplifié – le modèle réel demanderait plusieurs pages – mais il illustre de nombreux concepts importants de modélisation et montre comment ils s'emboîtent.

La classe *Fenêtre* définit les paramètres communs à tous les types de fenêtres, notamment une limite rectangulaire définie par les attributs *x1*, *x2*, *y1* et *y2*, et des opérations telles ouvrir, fermer, placer au premier plan ou à l'arrière-plan.

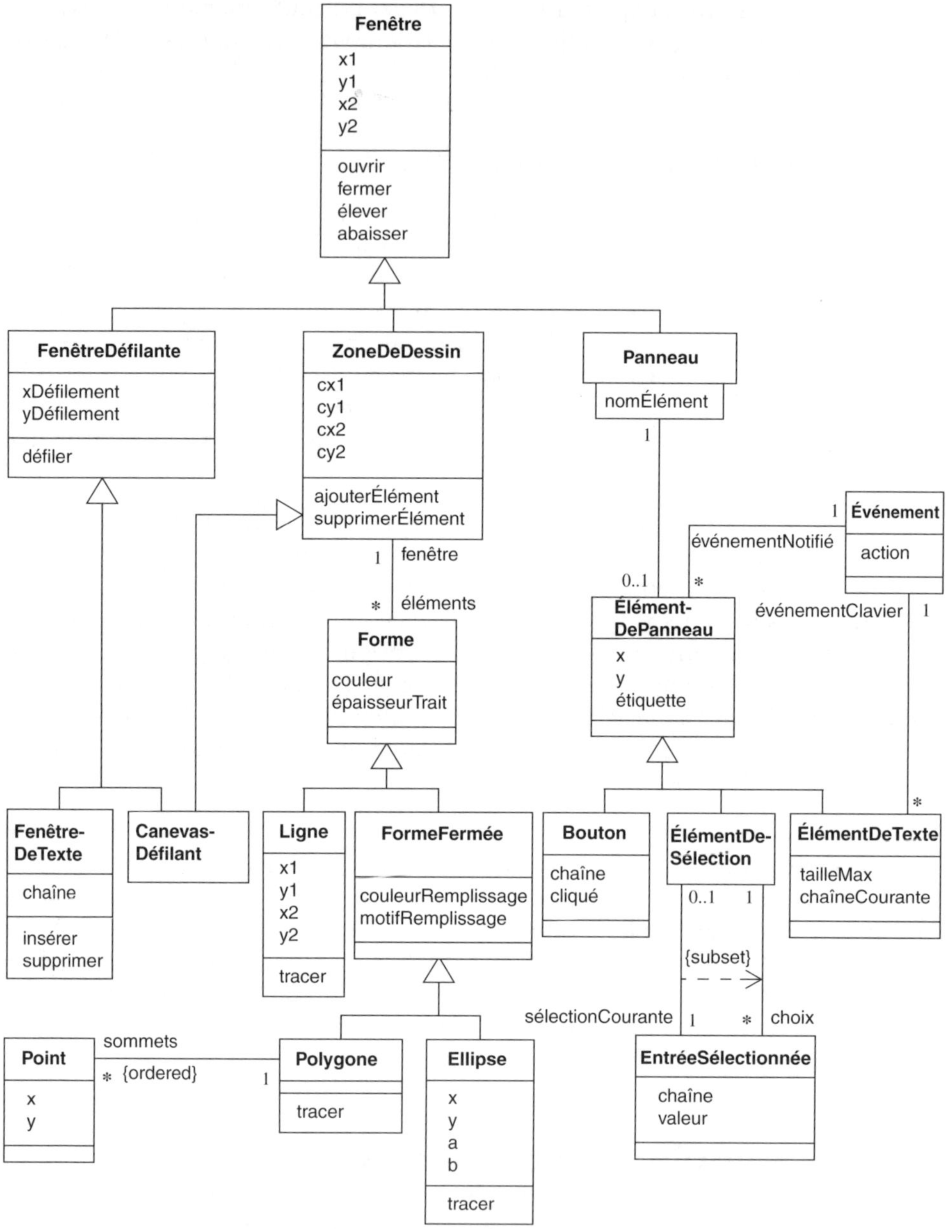

Figure 3.26 • Modèles de classes d'un système de gestion de fenêtres.

Un canevas est une fenêtre qui permet de tracer des éléments graphiques. Il hérite de la limite rectangulaire de *Fenêtre* et ajoute les dimensions de la région sous-jacente définies par les attributs *cx1*, *cx2*, *cy1* et *cy2*. Une zone de dessin contient un ensemble d'éléments, représentés par l'association de multiplicité « un-à-plusieurs » avec la classe *Forme*. Toutes les formes ont une couleur et une épaisseur de trait. Il peut s'agir de lignes, d'ellipses ou de polygones, chacun possédant ses propres paramètres. Un polygone consiste en une liste de sommets. Ellipses et polygones sont des formes fermées qui ont une couleur et un motif de remplissage. Les lignes sont unidimensionnelles et ne peuvent être remplies. Les zones de dessin ont des opérations particulières permettant d'ajouter et de supprimer des éléments.

FenêtreDeTexte est une sorte de *FenêtreDéfilante* dotée d'une opération *défiler* et de deux attributs, *xDéfilement* et *yDéfilement*, définissant le décalage de défilement bidimensionnel. Une fenêtre de texte contient une chaîne de caractères et possède des opérations permettant d'insérer et de supprimer des caractères. *CanevasDéfilant* est un type particulier de *Canevas* qui supporte le défilement ; c'est à la fois un *Canevas* et une *FenêtreDéfilante*, un exemple d'***héritage multiple*** (voir chapitre 4).

Un *Panneau* contient un ensemble d'objets *ÉlémentDePanneau*, chacun étant identifié par un *nomDÉlément* unique dans un panneau donné, comme le montre l'association qualifiée. Chaque élément de panneau appartient à un seul panneau. Il s'agit d'une icône prédéfinie avec laquelle un utilisateur peut interagir. Il en existe de trois sortes : boutons, éléments de sélection et éléments de texte. Un bouton est doté d'une chaîne de caractères qui s'affiche ; l'utilisateur pouvant cliquer sur un bouton, celui-ci dispose d'un attribut *cliqué*. Un élément de sélection contient une chaîne qui est affichée et une valeur qui est retournée si l'entrée est sélectionnée. Deux associations lient *ÉlémentDeSélection* et *EntréeSélectionnée* : une association de multiplicité « un-à-plusieurs » définit l'ensemble des choix possibles et une association de multiplicité « un-à-un » permet d'identifier la sélection courante. La sélection courante doit être l'un des choix possibles, si bien qu'une association est un sous-ensemble de l'autre, comme le montre la flèche étiquetée *{subset}* qui les relie. C'est là un exemple de contrainte (voir chapitre 4).

La sélection d'un élément de panneau par un utilisateur génère un *Événement*, un signal indiquant que quelque chose s'est produit ainsi qu'une action à exécuter. Tous les types d'éléments de panneau ont une association *ÉvénementNotifier*. Chaque élément n'a qu'un seul événement, mais un même événement peut être partagé par plusieurs éléments. Les éléments de texte ont un second type d'événement, qui est généré quand un caractère est saisi au clavier pendant qu'un élément de texte est sélectionné. L'association qui a pour nom d'extrémité *événementClavier* représente ces événements. Les éléments de texte héritent également de l'événement *événementNotifié* de la super-classe *ÉlémentDePanneau*. Celui-ci est généré quand l'ensemble de l'élément de texte est sélectionné avec la souris.

Ce modèle présente plusieurs défauts de conception. Nous devrions définir un type *Rectangle* qui servirait à tracer les limites des fenêtres et des canevas, au lieu d'avoir deux ensembles similaires d'attributs pour les coordonnées. Peut-être pourrions-nous aussi voir une ligne comme un cas particulier d'une « polyligne » (une suite de segments de ligne connectés), auquel cas *Polyligne* et *Polygone* pourraient être des sous-classes d'une nouvelle super-classe qui définirait une liste de points. De nombreux attributs, opérations et associations devraient être ajoutés dans le cadre d'une description d'un système réel. Les fenêtres doivent avoir des associations entre elles, pour gérer par exemple les chevauchements. Néanmoins, ce modèle simple donne une bonne idée du processus de modélisation des classes. Comme il est précis, il peut être affiné et servir de base à un modèle plus complet.

3.5 Navigation dans les modèles de classes

Jusqu'ici, nous avons montré comment les modèles de classes pouvaient exprimer la structure d'une application. Nous allons maintenant voir comment ils permettent d'exprimer l'aptitude à naviguer entre les classes. La navigation est importante parce qu'elle permet de valider un modèle et de découvrir défauts et omissions. Vous pouvez naviguer manuellement (technique informelle), ou écrire des expressions de navigation (comme nous allons l'expliquer dans cette section).

Considérez le modèle simple de gestion de comptes de cartes de crédit présenté à la figure 3.27. Une institution peut émettre des comptes de cartes de crédit, chacun identifié par un numéro de compte. Chaque compte a une limite de crédit, un solde courant et une adresse postale. Un compte appartient à un ou plusieurs clients qui résident à l'adresse en question. L'institution émet périodiquement un relevé de chaque compte. Celui-ci liste la date à laquelle le paiement est dû, les frais financiers et le paiement minimum. Il détaille les différentes transactions qui ont eu lieu pendant la période de facturation : facilités de trésorerie, intérêts facturés, achats, frais de tenue de compte et ajustements du compte. Le nom du fournisseur est imprimé pour chaque achat.

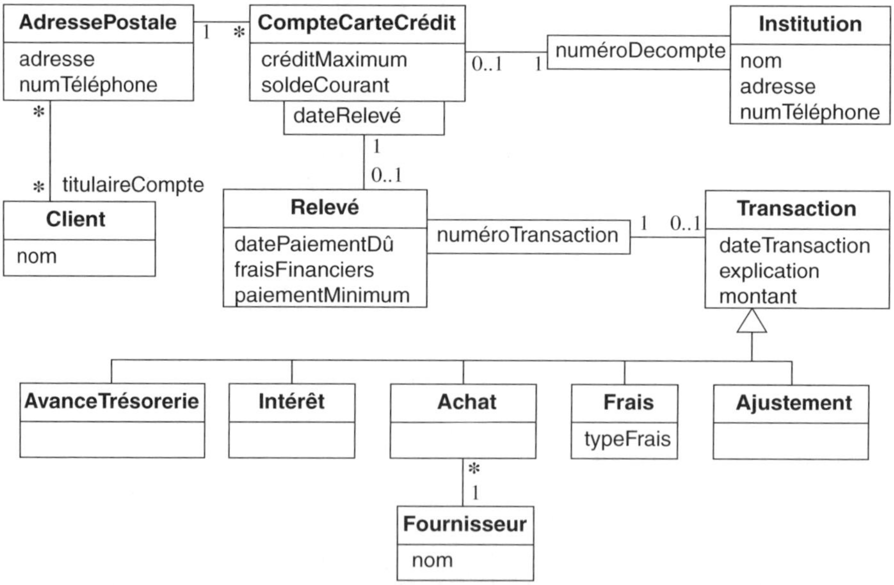

Figure 3.27 • Modèle de classes pour gérer des comptes de cartes de crédit.

Nous pouvons nous poser différentes questions par rapport à ce modèle :

- Quelles sont les transactions survenues sur un compte pendant une période donnée ?
- Quel volume de transactions une institution a-t-elle géré l'année dernière ?
- Quels clients ont-ils effectué un achat chez un fournisseur avec une carte de crédit quelconque ?
- Combien de cartes de crédit un client possède-t-il actuellement ?
- Quel est le crédit total maximum d'un client, tous ses comptes confondus ?

UML dispose d'un langage capable d'exprimer ce type de question : ***OCL*** (*Object Constraint Language*) [Warner-99]. Les deux prochaines sections présentent OCL et la section 3.5.3 exprime les questions précédentes sur les cartes de crédit en OCL. Nous n'aborderons pas la totalité d'OCL, mais nous nous limiterons aux portions pertinentes par rapport à la navigation dans les modèles de classes.

3.5.1 Constructions OCL pour naviguer dans les modèles de classes

Le langage OCL permet de naviguer à travers les modèles de classes et d'en atteindre les différents concepts :

- **Attributs.** Vous pouvez accéder à la valeur d'un attribut. La syntaxe OCL est successivement le nom de l'objet source, un point (.), le nom de l'attribut. Par exemple, l'expression *unCompteCarteCrédit.créditMaximum* prend un objet *CompteCarteCrédit* et trouve la valeur de l'attribut *créditMaximum* (par convention, nous préfixerons l'article *un* ou *une* à un nom de classe pour désigner un objet). De même, vous pouvez accéder à un attribut de chaque objet d'une collection et retourner la collection des valeurs d'attribut. De plus, vous pouvez accéder à une valeur d'attribut d'un lien ou à une collection de valeurs d'attribut d'une collection de liens.
- **Opérations.** Vous pouvez invoquer une opération pour un objet ou une collection d'objets. La syntaxe est successivement le nom de l'objet ou de la collection d'objets source, un point (.), le nom de l'opération. Une opération est suivie d'une paire de parenthèses, même si elle n'a pas d'arguments (vous ne la confondrez pas ainsi avec un attribut). Vous pouvez invoquer des opérations de votre modèle de classes ou des opérations prédéfinies intégrées à OCL.

  OCL possède des opérations spéciales qui opèrent sur des collections entières (et non sur chaque objet d'une collection). Vous pouvez par exemple compter les objets d'une collection (opération *count*) ou sommer une collection de valeurs numériques (opération *sum*). La syntaxe d'une opération sur une collection est successivement le nom de la collection source, les caractères ->, le nom de l'opération.

- **Associations simples.** Le symbole « . » est utilisé dans un 3e cas, lorsqu'on navigue à travers une association jusqu'à une extrémité cible. Cette dernière peut être indiquée par un nom d'extrémité d'association, ou, en l'absence d'ambiguïté, par un nom de classe. Dans l'exemple, l'expression *unClient.AdressePostale* génère l'ensemble des adresses d'un client (l'extrémité cible a la multiplicité « plusieurs »). En revanche, l'expression *unCompteCarteCrédit.AdressePostale* génère une seule adresse (l'extrémité cible a la multiplicité « un »).
- **Associations qualifiées.** Un qualificateur permet une traversée plus précise. L'expression *unCompteCarteCrédit.Relevé[30 novembre 1999]* trouve, pour un compte donné, le relevé émis le 30 novembre 1999. Le qualificateur doit être entre crochets. Vous pouvez également ignorer le qualificateur et traverser une association qualifiée comme si c'était une association simple. Ainsi, l'expression *unCompteCarteCrédit.Relevé* trouve les multiples relevés d'un compte donné (la multiplicité est « plusieurs » quand le qualificateur est omis).
- **Classes-associations.** Étant donné un lien d'une classe-association, vous pouvez trouver les objets constituants. De même, étant donné un objet constituant, vous pouvez trouver les multiples liens d'une classe-association.
- **Généralisations.** La traversée d'une hiérarchie de généralisation est implicite pour la notation OCL.
- **Filtres.** On a souvent besoin de filtrer les objets d'un ensemble. OCL possède plusieurs types de filtres, dont le plus courant est l'opération *select*. L'opération *select* applique un prédicat à chaque élément d'une collection et retourne les éléments qui satisfont le prédicat. Par exemple, l'instruction *unRelevé.Transaction->select(montant>100 €)* retourne les transactions qui excèdent cent euros dans un relevé donné.

3.5.2 Construction d'expressions OCL

La véritable puissance du langage OCL provient de la combinaison de constructions primitives en expressions. Par exemple, une expression OCL peut concaténer plusieurs traversées d'associations et contenir plusieurs qualificateurs, filtres et opérateurs.

En OCL, la traversée depuis un objet *via* une association simple génère un singleton ou un ensemble (ou un *bag* si l'association est annotée *{bag}* ou *{sequence}*). Comme la traversée de plusieurs associations peut générer un *bag* (selon les multiplicités), vous devez utiliser les expressions OCL avec prudence. Un ensemble est une collection non ordonnée d'éléments sans doublon. Un *bag* est une collection non ordonnée dans laquelle les doublons sont permis.

L'exemple de la figure 3.28 illustre la façon dont une expression OCL peut générer un *bag*. Une société peut souhaiter envoyer un seul publipostage à chaque adresse d'actionnaire. En commençant par la société GE, nous traversons l'association *PossèdeActions* et nous obtenons un ensemble de trois personnes. En commençant par ces trois personnes et en traversant vers l'adresse postale, nous obtenons un *bag* contenant deux fois l'adresse *45 rue de la Paix*.

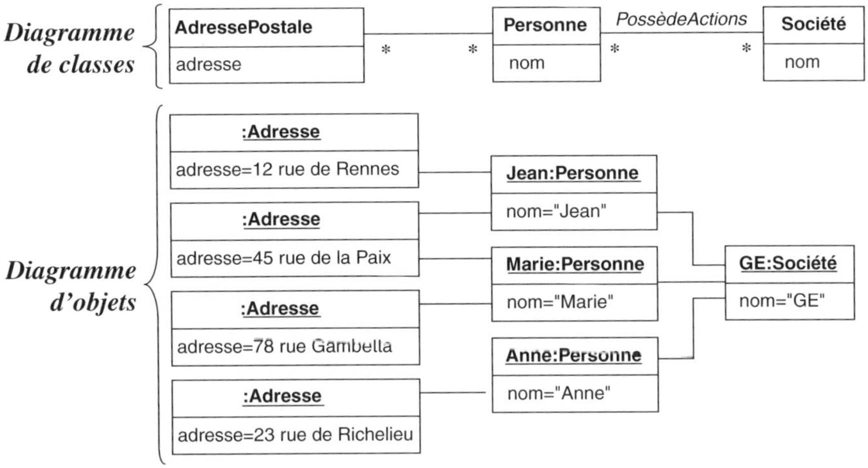

Figure 3.28 • Extrait d'un modèle et exemples d'objets. La traversée de plusieurs associations peut générer un bag.

Les auteurs de [Warner-99] ne mentionnent pas les valeurs *null* puisqu'ils n'abordent la spécification des contraintes que pour un système correctement implémenté. (*null* est une valeur spéciale qui indique que la valeur d'un attribut est inconnue ou qu'elle n'est pas applicable.) Le traitement des exceptions et des erreurs à l'exécution dépasse également la portée de leur ouvrage.

Cela dit, l'objectif de ce chapitre n'est pas de spécifier des contraintes, mais d'analyser la navigation dans les modèles de classes. Lorsque les contraintes sont valides et exprimées correctement, les valeurs nulles sont absentes alors qu'elles sont généralement nécessaires lors de la navigation dans les modèles, par exemple lorsqu'une personne n'a pas d'adresse postale. Pour pouvoir les gérer, on étend la signification des expressions OCL : une traversée peut générer une valeur nulle et une expression OCL est évaluée à *null* si l'objet source est *null*.

3.5.3 Exemples d'expressions OCL

Nous pouvons maintenant utiliser OCL pour répondre aux questions concernant les cartes de crédit :

- Quelles sont les transactions survenues sur un compte pendant une période donnée ?

```
unCompteCarteCrédit.Relevé.Transaction->select(uneDateDébut
<= dateTransaction and dateTransaction <= uneDateFin)
```

L'expression part d'un objet *CompteCarteCrédit* vers *Relevé* puis vers *Transaction* et retourne un ensemble de transactions. (La traversée des deux associations retourne un ensemble, non un *bag*, parce que les deux associations ont une multiplicité « un-à-plusieurs ».) L'opérateur *select* (un opérateur sur les collections) est utilisé pour trouver toutes les transactions survenues dans la période bornée par *une-DateDébut* et *uneDateFin*.

- Quel volume de transactions une institution a-t-elle géré l'année dernière ?

```
uneInstitution.CompteCarteCredit.Releve.Transaction->
select(uneDateDebut <= dateTransaction and dateTransaction
<= uneDateFin).montant->sum()
```

L'expression part d'un objet *Institution* vers *CompteCarteCrédit* puis vers *Relevé* et enfin vers *Transaction*. (La traversée retourne un *set*, non un *bag*, parce que les trois associations ont une multiplicité « un-à-plusieurs ».) L'opérateur *select* trouve toutes les transactions survenues dans la période bornée par *uneDateDébut* et *uneDateFin*. (Nous choisissons une période plus générale que l'*année dernière*.) Puis nous trouvons le montant de chaque transaction et nous calculons le total au moyen de l'opérateur *sum* (un opérateur sur les collections).

- Quels sont les clients qui ont effectué un achat chez un fournisseur avec une carte de crédit quelconque ?

```
unFournisseur.Achat-> select(uneDateDebut <= dateTransaction and
dateTransaction <= uneDateFin).Releve.CompteCarteCrédit.
AdressePostale.Client->asSet()
```

L'expression part d'un objet *Fournisseur* vers *Achat*. L'opérateur *select* trouve toutes les transactions survenues dans la période bornée par *uneDateDébut* et *uneDateFin*. (La traversée d'une généralisation, telle que celle d'*Achat* vers *Transaction*, est implicite en OCL.) Pour ces transactions, vous naviguez ensuite vers *Relevé*, puis vers *CompteCarteCrédit* puis vers *AdressePostale* et finalement vers *Client*. L'association d'*AdressePostale* vers *Client* ayant une multiplicité « plusieurs-à-plusieurs », l'expression retourne un *bag*. L'opérateur *asSet* convertit le *bag* de clients en un ensemble (*set*), ce qui répond à notre question.

- Combien de cartes de crédit un client possède-t-il actuellement ?

```
unClient.AdressePostale.CompteCarteCrédit->size()
```

Étant donné un objet *Client*, nous trouvons un ensemble d'objets *AdressePostale*. Puis, étant donné l'ensemble d'objets *AdressePostale*, nous trouvons un ensemble d'objets *CompteCarteCrédit*. (Cette traversée retourne un ensemble, non un *bag*, parce que chaque compte est associé à une seule adresse postale.) Pour l'ensemble des objets *CompteCarteCrédit*, nous appliquons l'opérateur *size*, qui retourne la cardinalité de l'ensemble.

- Quel est le crédit total maximum d'un client, tous ses comptes confondus ?

```
unClient.AdressePostale.CompteCarteCrédit.CréditMaximum->sum()
```

L'expression part d'un objet *Client* vers *AdressePostale* puis vers *CompteCarteCrédit* et retourne un ensemble d'objets *CompteCarteCrédit*. Pour chacun de ces objets, nous trouvons la valeur de *CréditMaximum* et nous calculons le total au moyen de l'opérateur *sum*.

Notez que ces types de questions permettent de tester un modèle et de détecter des erreurs et des omissions qu'il est alors possible de corriger. Par exemple, la requête sur le nombre de cartes de crédit suggère que nous devrions différencier les comptes passés des comptes actuels.

Si OCL a été conçu à l'origine comme un langage d'expression de contraintes (voir chapitre 4), il permet également de naviguer dans les modèles, comme le montrent ces exemples.

3.6 Conseils pratiques

Nous avons glané les astuces suivantes en construisant des modèles de classes pour nos applications. Nombre d'entre elles ont déjà été mentionnées dans ce chapitre.

- **Périmètre.** Ne commencez pas à modéliser en vous contentant de tracer rapidement des classes, des associations et une hiérarchie d'héritage. Vous devez d'abord comprendre le problème à résoudre. Le contenu d'un modèle est guidé par la pertinence de la solution. Vous devez exercer votre jugement et déterminer quels objets représenter et lesquels ignorer. Un modèle ne décrit que les aspects appropriés d'un problème (voir section 3.1.1).
- **Simplicité.** Efforcez-vous de garder un modèle simple. Un modèle simple est plus facile à comprendre et demande moins d'efforts de développement. Utilisez un minimum de classes, clairement définies et non redondantes. Méfiez-vous des classes qui sont difficiles à définir : vous devez peut-être les reconsidérer et restructurer le modèle.
- **Agencement des diagrammes.** Tracez vos diagrammes de manière à faciliter la symétrie. Un problème a souvent une superstructure extérieure à la notation. Positionnez dans la mesure du possible les classes importantes pour qu'elles soient visuellement évidentes dans le diagramme. Évitez de croiser les lignes.
- **Nommage.** Choisissez soigneusement les noms. Ils sont importants et véhiculent des connotations puissantes. Ils doivent être descriptifs, précis et ne pas prêter à confusion. Ne biaisez pas les noms pour ne refléter qu'un seul aspect d'un objet. Bien choisir les noms est l'une des composantes les plus délicates de la modélisation des classes. Les noms de classe doivent être au singulier.
- **Références.** N'introduisez pas des références d'objet en tant qu'attributs. Modélisez-les sous forme d'associations. Cette pratique apporte plus de clarté et permet de capturer l'intention réelle et non les choix d'implémentation (voir section 3.2.1).

- **Multiplicité.** Vérifiez les extrémités d'association dont la multiplicité est « un ». L'objet correspondant est souvent optionnel et une multiplicité « zéro-ou-un » pourrait être plus appropriée. Parfois, une multiplicité « plusieurs » est nécessaire (voir section 3.2.2).
- **Noms d'extrémité d'association.** Soyez vigilant en cas d'utilisations multiples d'une même classe. Utilisez des noms d'extrémité d'association pour unifier les références à la même classe (voir section 3.2.3).
- ***Bags* et séquences.** Une association binaire ordinaire a au plus un lien pour une paire d'objets. Mais vous pouvez autoriser plusieurs liens en annotant une extrémité d'association avec *{bag}* ou *{sequence}* (voir section 3.2.5).
- **Attributs des associations.** Durant l'analyse, ne regroupez pas les attributs des associations dans l'une des classes associées. Les modèles doivent décrire directement les objets et les liens. Lors de la conception et de l'implémentation, vous pourrez toujours combiner les informations pour optimiser l'exécution (voir section 3.2.6).
- **Associations qualifiées.** Vérifiez les extrémités d'association dont la multiplicité est « plusieurs ». Un qualificateur améliore souvent la précision d'une association et met en valeur les chemins de navigation importants (voir section 3.2.7).
- **Niveaux de généralisation.** Évitez dans la mesure du possible les hiérarchies trop profondes (voir section 3.3.1).
- **Redéfinition des propriétés.** Vous pouvez redéfinir les méthodes et les valeurs par défaut des attributs. En revanche, vous ne devez jamais redéfinir une propriété de façon incohérente avec la signature ou la sémantique de la propriété héritée (voir section 3.3.3).
- **Révisions.** Demandez à d'autres personnes de revoir vos modèles. Attendez-vous à ce qu'ils nécessitent une révision. Dans le cas des modèles de classes, cette étape permet de clarifier les noms, d'améliorer l'abstraction, de corriger des erreurs, d'ajouter des informations et de mieux capturer les contraintes structurelles. Presque tous nos modèles ont nécessité plusieurs révisions.
- **Documentation.** Documentez toujours vos modèles. Un diagramme spécifie la structure d'un modèle mais n'en décrit pas la justification. Une explication écrite guide le lecteur et lui explique les raisons précises pour lesquelles un modèle a été construit d'une façon particulière.

Résumé

Les modèles de classes définissent les structures de données statiques des objets et les relations qu'ils entretiennent. Le contenu d'un modèle est affaire de jugement et il est piloté par les besoins d'une application. Un objet est un concept, une abstraction, ou une entité qui possède une identité et a une signification pour une application. Une classe décrit un ensemble d'objets dotés des mêmes attributs, du même comportement, des mêmes types de relations et de la même sémantique. Un attribut est une propriété nommée d'une classe qui décrit une valeur contenue par chaque objet de la classe. Une opération est une fonction ou procédure qui peut être appliquée à ou par chaque objet d'une classe.

Un lien est une connexion conceptuelle ou physique entre des objets. C'est une instance d'association. Une association est la description d'un groupe de liens dont la structure et la sémantique sont communes. Elle décrit un ensemble potentiel de liens de la même manière qu'une classe décrit un ensemble potentiel d'objets. Une association est un concept logique, que l'on peut implémenter sous forme de références. Mais outre les références, d'autres moyens d'implémenter les associations existent.

Vous pouvez vous référer à une extrémité d'association et lui attribuer un nom et une multiplicité. La multiplicité spécifie le nombre d'instances d'une classe pouvant être reliées à une seule instance d'une classe associée. Une classe-association est une association qui est aussi une classe : elle peut avoir des attributs, des opérations, et participer à d'autres associations. Une association qualifiée est une association telle que les objets situés à l'extrémité « plusieurs » sont partiellement ou totalement désambiguïsés par un attribut nommé qualificateur. Le qualificateur opère une sélection entre les objets cibles, réduisant la multiplicité effective de « plusieurs » à « un ». Les noms sont souvent des qualificateurs.

La généralisation est la relation qui existe entre une classe (la super-classe) et une ou plusieurs de ses variantes (les sous-classes). Elle organise les classes en fonction de leurs similarités et de leurs différences et structure la description des objets. Une sous-classe hérite des attributs, des opérations et des associations de ses super-classes. L'héritage permet à une sous-classe de réutiliser les propriétés d'une super-classe ou de les redéfinir. Une sous-classe peut ajouter de nouvelles propriétés.

La généralisation est un concept important, tant pour la modélisation conceptuelle que pour l'implémentation. Durant la modélisation conceptuelle, elle permet au développeur d'organiser les classes en fonction de similarités et de différences. Lors de l'implémentation, elle facilite la mise en œuvre du polymorphisme et rend plus aisée la réutilisation du code. La hiérarchie d'héritage peut avoir un nombre arbitraire de niveaux, chaque niveau représentant un aspect d'un objet. Un objet cumule les attributs, les opérations et les associations de chaque niveau de la hiérarchie de généralisation.

Les modèles de classes ne servent pas uniquement à représenter les structures de données. En particulier, la navigation dans ces modèles permet d'exprimer un certain comportement. De plus, la navigation permet de tester un modèle et de découvrir les erreurs et les omissions, qui peuvent être ainsi corrigées ou évitées. UML dispose du langage OCL (*Object Constraint Language*) qui peut servir à la navigation.

Les différents concepts de la modélisation des classes sont nécessaires pour décrire un système complexe avec précision, comme le montre le modèle du système de gestion de fenêtres présenté dans ce chapitre. Une fois un modèle disponible, même basique, vous pouvez le comparer aux exigences de l'application, le critiquer et l'améliorer.

ancêtre	extrémité d'association	nom d'ensemble	séquence
association	généralisation	de généralisation	signature
association qualifiée	héritage	objet	sous-classe
attribut	identité	opération	spécialisation
bag	instance	ordonnancement	super-classe
classe	lien	polymorphisme	valeur
classe-association	méthode	propriété	valeur par défaut
descendant	modèle de classes	qualificateur	
diagramme d'objets	multiplicité	redéfinition	
diagramme de classes	navigation	sens de flux	

Figure 3.29 • Concepts clés du chapitre 3.

Notes bibliographiques

La démarche de modélisation des classes décrite dans cet ouvrage s'appuie sur la notation OMT proposée à l'origine dans [Loomis-87], dont le successeur est UML [Booch-99] [Rumbaugh-05] [UML]. Le modèle de classes UML correspond à la notation OMT présentée dans [Loomis-87]. [Blaha-98] aborde également la notation des modèles de classes UML en mettant l'accent sur les concepts pertinents pour les applications de bases de données.

La notation de modélisation des classes est l'une des nombreuses approches dérivées du modèle entité-association (E/A en français, ER en anglais – *Entity-Relationship*) de [Chen-76] qui a fait autorité. Tous ses descendants ont tenté d'améliorer l'approche ER pour différentes raisons. Son efficacité ayant été prouvée pour la modélisation des bases de données, il lui fallait être plus puissante pour répondre à des besoins plus larges. Par ailleurs, la modélisation ER ne s'applique qu'aux bases de données, et non à la programmation. Les extensions du modèle ER son trop nombreuses pour être évoquées ici.

Un aspect remarquable de la notation OMT et de son successeur UML est l'accent mis sur les associations. Comme l'héritage, les associations sont importantes pour la modélisation conceptuelle et pour l'implémentation. [Rumbaugh-87] est la source des idées concernant les associations. Le terme *relation* dans [Rumbaugh-87] est synonyme d'*association* dans cet ouvrage.

Dans les notations de modélisation de données, comme E/A (ER) et IDEF1X[1], une association binaire a au plus un lien pour une paire d'objets. UML 1 applique cette convention et limite également une association binaire à un lien au plus par

1. NdT IDEF1x (*Integration DEFinition for information modeling eXtended*) est un langage de modélisation de bases de données. Pour plus d'informations, voir **www.idef.com/idef1x.html** ou Bruce Thomas. *Designing Quality Databases with IDEF1X Information Models*. New York, Dorset House, 1992 ou M. Bouazza. *La norme STEP*. Paris, Hermès, 1995.

paire d'objets. UML 2 définit une exception à ce comportement. En UML 2, une association binaire annotée par *{bag} ou {sequence}* peut avoir plusieurs liens pour une paire d'objets.

[Khoshafian-86] définit le concept d'identité des objets et son importance pour les langages de programmation et les systèmes de bases de données.

[Warmer-99] est la référence pour le langage OCL *(Object Constraint Language)* qui fait partie d'UML. Nous avons utilisé OCL dans ce chapitre pour naviguer dans les modèles de classes.

[Rayside-00] compare les concepts OO à la philosophie. Ses auteurs insistent sur l'importance de la précision des noms et de la clarté de la pensée.

Vous pouvez également lire [Chonoles-03], [Fowler-00] et [Larman-02] pour apprendre UML. Nous remercions Michael Chonoles pour les exemples des figures 3.10 et 3.11 qui clarifient le fait que chaque association a au plus un lien entre deux objets donnés (en dehors des *bags* et des séquences).

Références

[Blaha-98] Michael Blaha, William Premerlani, *Object-Oriented Modeling and Design for Database Applications*, Upper Saddle River, NJ, Prentice Hall, 1998.

[Booch-99] Grady Booch, James Rumbaugh, Ivar Jacobson, *The Unified Modeling Language User Guide*, Boston, Addison-Wesley, 1999. Traduction française : *Le guide Utilisateur d'UML*, Eyrolles, 1999.

[Chen-76] P.P.S. Chen, "The Entity-Relationship mode l – toward a unified view of data". *ACM Transactions on Database Systems 1*, 1 (mars 1976), 9-36.

[Chonoles-03] Michael Jesse Chonoles, James A. Schardt, *UML 2 for Dummies*, New York, Wiley, 2003.

[Fowler-00] Martin Fowler, *UML Distilled,* second edition, Boston, Addison-Wesley, 2000. Traduction française : *UML 2.0*, CampusPress, 2004.

[Khoshafian-86] S.N. Khoshafian, G.P. Copeland, "Object identity", *OOPLSA'86 as ACM SIGPLAN 21*, 11 (novembre 1986), 406-416.

[Larman-02] Craig Larman, *Applying UML and Patterns : An Introduction to Object-Oriented Analysis and Design and the Unified Process*, Upper Saddle River, NJ, Prentice Hall, 2002. Traduction française : *UML 2 et les design patterns,* deuxième édition, Pearson Education France, 2005.

[Loomis-87] Mary E.S. Loomis, Ashwin V. Shah, James E. Rumbaugh, "An object modeling technique for conceptual design", *European Conference on Object-Oriented Programming*, Paris, France, juin 15-17, 1987, publié dans *Lecture Notes in Computer Science, 276*, Springer-Verlag, 192-202.

[Rayside-00] Derek Rayside, Gerard Campbell, "An Aristotelian understanding of object-oriented programming", *OOPLSA'00 as ACM SIGPLAN 35*, 10 (octobre 2000), 337-353.

[Rumbaugh-87] James E. Rumbaugh, "Relations as semantic constructs in an object-oriented language", *OOPSLA'87 as ACM SIGPLAN 22*, 12 (december 1987), 466-481.

[Rumbaugh-05] James Rumbaugh, Ivar Jacobson, Grady Booch, *The Unified Modeling Language Reference Manual,* second edition, Boston, Addison-Wesley, 2005. Traduction française : *UML 2.0, Guide de référence*, Paris, CampusPress, 2004.

[UML] **www.uml.org**.

[Warmer-99] Jos Warmer, Anneke Kleppe, *The Object Constraint Language*, Boston, Addison-Wesley, 1999.

Exercices

3.1 (3) Tracez un diagramme de classes à partir du diagramme d'objets de la figure E3.1.

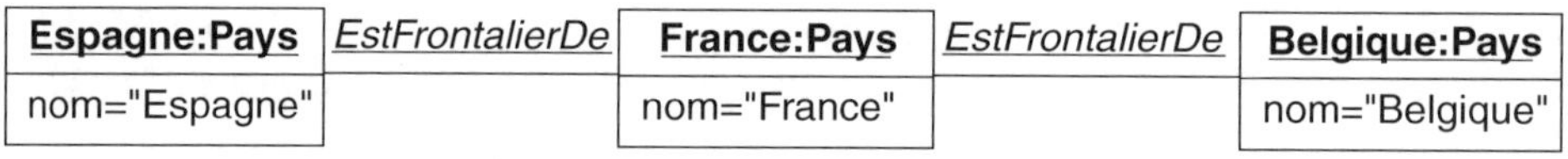

Figure E3.1 • Diagramme d'objets pour une partie de l'Europe.

3.2 (5) Préparez un diagramme de classes à partir du diagramme d'objets de la figure E3.2. Justifiez vos décisions concernant la multiplicité. Chaque point a une coordonnée en abscisse *x* et en ordonnée *y*. Quel est le plus petit nombre de points nécessaires pour construire un polygone ? Cela fait-il une différence qu'un point soit partagé par plusieurs polygones ? Pouvez-vous exprimer le fait que les points sont ordonnés ?

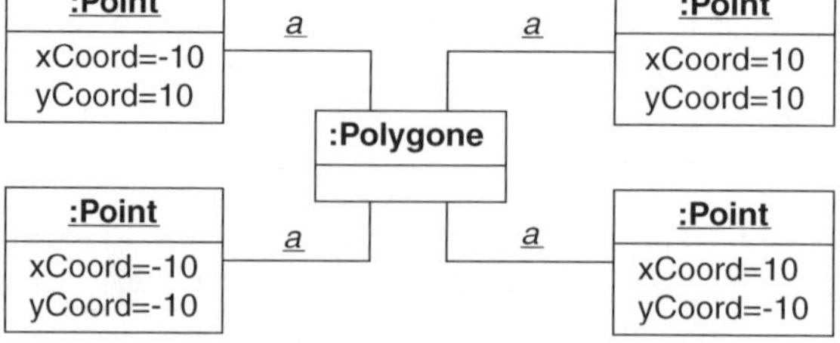

Figure E3.2 • Diagramme d'objets d'un polygone qui s'avère être un carré.

3.3 (5) En vous aidant de votre diagramme de classes de l'exercice 3.2, tracez un diagramme d'objets pour deux triangles comportant un côté commun dans les conditions suivantes :

a. Un point appartient exactement à un polygone.

b. Un point appartient à un ou à plusieurs polygones.

3.4 (5) Préparez un diagramme de classes à partir du diagramme d'objets de la figure E3.3. Comment votre diagramme exprime-t-il le fait que les points sont ordonnés ? Supposez qu'un point appartient à au plus un polygone.

3.5 (2) Rédigez une description du diagramme de classes des exercices 3.2 et 3.4.

3.6 (6) Préparez un diagramme de classes à partir du diagramme d'objets de la figure E3.4.

3.7 (5) Préparez un diagramme de classes à partir du diagramme d'objets modélisant un document contenant des figures géométriques de la figure E3.5. Ce document précis compte quatre pages. La première page contient un point rouge et un carré jaune. La deuxième contient une ligne et une ellipse. Un arc, un cercle et un rectangle apparaissent sur les deux dernières pages. En préparant votre diagramme, employez une ou plusieurs généralisations.

3.8 (4) La figure E3.6 est un diagramme de classes incomplet pour un système de transport aérien. Les symboles de multiplicité ne sont pas représentés. Ajoutez-les au diagramme. Argumentez vos décisions. Démontrez comment les décisions prises concernant la multiplicité dépendent de votre perception du monde

3.9 (3) Ajoutez les noms d'association aux associations non nommées de la figure E3.6.

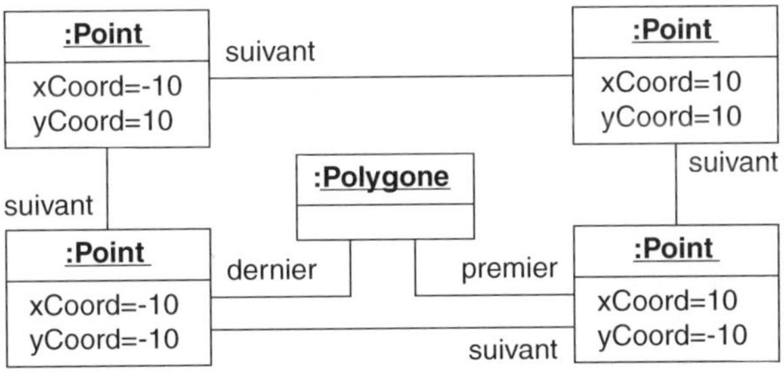

Figure E3.3 • Un autre diagramme d'objets d'un polygone qui s'avère être un carré.

3.10 (3) Ajoutez les noms d'extrémité d'association absents de la figure E3.6. N'ajoutez que des noms que vous jugez pertinents et qui sont différents des noms de classe. Vous pouvez ajouter au moins six noms d'extrémité d'association au diagramme.

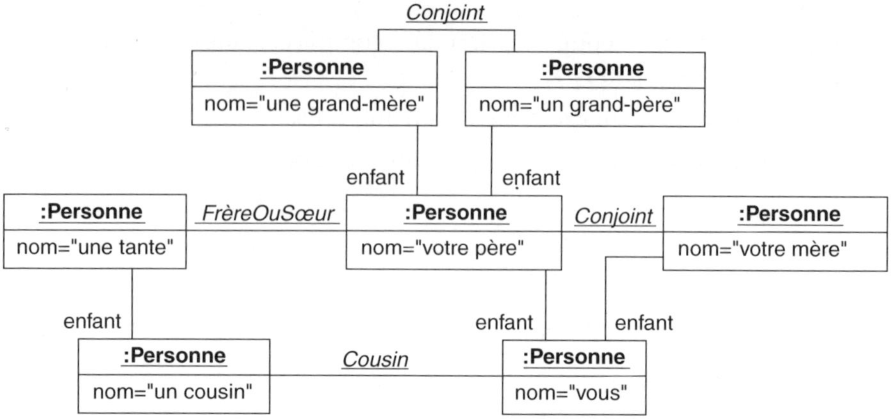

Figure E3.4 • Diagramme d'objets pour une partie de votre arbre généalogique.

3.11 (2) Ajoutez les opérations suivantes au diagramme de la figure E3.6 : chauffer, louer, lancer, faire le plein, réserver, nettoyer, dégivrer, décoller, atterrir, réparer, annuler, reporter. Il est autorisé d'ajouter une opération à plus d'une classe.

3.12 (4) Tracez un diagramme d'objets pour un aller-retour imaginaire que vous avez effectué le week-end dernier à Londres. Incluez au moins une instance de chaque classe. Heureusement, des vols directs en avion supersonique étaient programmés. Un de vos amis vous a accompagné, mais il a décidé de rester quelque temps et se trouve toujours à Londres. Le commandant Martin était votre pilote à l'aller et au retour. Vous avez eu une place différente sur chaque vol, mais vous avez noté qu'il s'agissait du même appareil en raison d'un signe distinctif sur la queue de l'appareil. Les valeurs inconnues seront indiquées par un point d'interrogation (*?*).

3.13 Tracez un diagramme de classes pour chacun des groupes de classes suivants. Incluez au moins dix relations (associations et généralisations) à chaque diagramme. Nommez les associations et leurs extrémités là où c'est nécessaire. Employez également des associations qualifiées et représentez les symboles de multiplicité. Vous n'avez pas besoin d'inclure les attributs et les opérations. Vous pouvez ajouter des classes supplémentaires. Assurez-vous de pouvoir justifier vos choix.

a. (6) École, cours de récréation, directeur, conseil d'administration, salle de classe, livre, élève, enseignant, cafétéria, toilettes, ordinateur, bureau, chaise, règle, porte, balançoire.

b. (4) Automobile, moteur, roue, frein, feu de stop, porte, batterie, silencieux, pot d'échappement.

c. (4) Château, fossé, pont-levis, tour, fantôme, escalier, donjon, plancher, couloir, salle, fenêtre, pierre, seigneur, dame, cuisinier.

d. (8) Expression, constante, variable, fonction, liste d'arguments, opérateur relationnel, terme, facteur, opérateur arithmétique, instruction, programme.

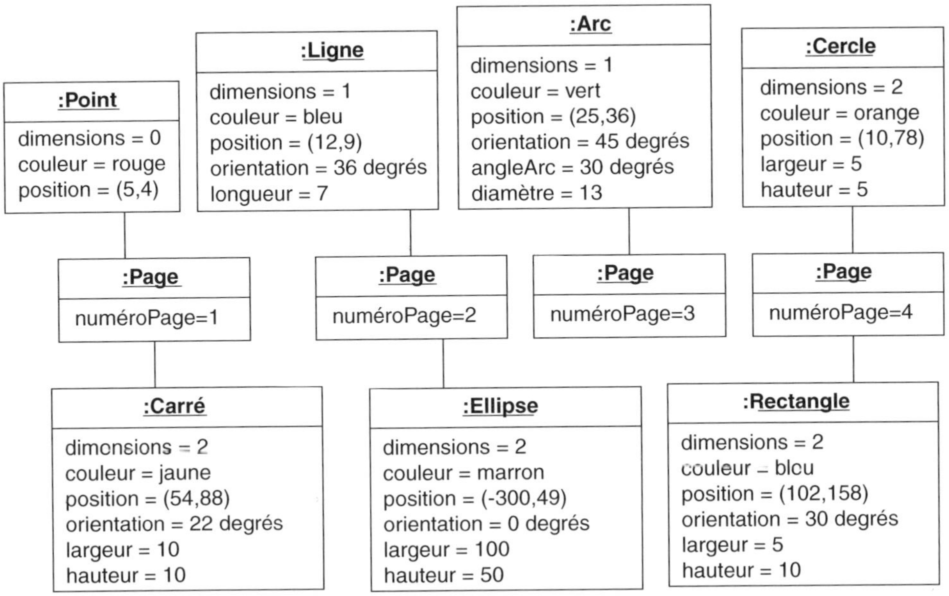

Figure E3.5 • Diagramme d'objets pour un document contenant des figures géométriques.

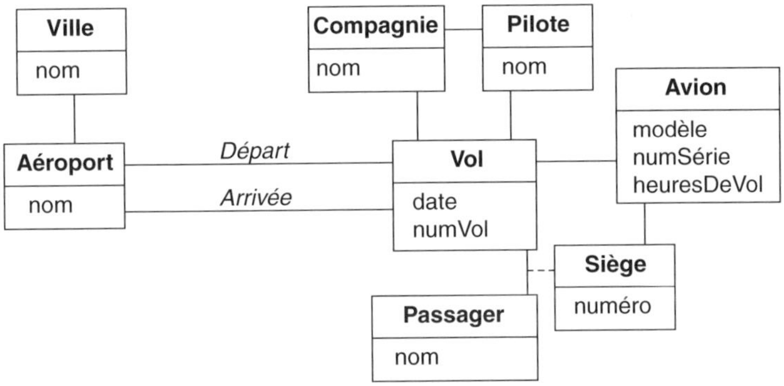

Figure E3.6 • Diagramme de classes partiel pour un système de transport aérien.

e. (6) Système de fichiers, fichier, fichier ASCII, fichier binaire, répertoire, disque, lecteur, piste, secteur.

f. (4) Chaudière à gaz, soufflerie, moteur de soufflerie, thermostat d'ambiance, thermostat de chaudière, humidificateur, capteur d'humidité, contrôle de gaz, contrôle de soufflerie, conduit d'air chaud.

g. (7) Pièce de jeu d'échecs, rangée, ligne, carré, échiquier, coup, séquence de coups.

h. (4) Évier, congélateur, réfrigérateur, table, lampe, interrupteur, fenêtre, détecteur de fumée, détecteur d'intrusion, buffet, pain, fromage, glace, porte, cuisine.

3.14 (4) Ajoutez au moins dix attributs et cinq méthodes à chacun des diagrammes de classes que vous avez réalisés dans l'exercice précédent.

3.15 (6) La figure E3.7 est une partie d'un diagramme de classes pour un programme de jeux de cartes. Paquet, donne, défausse et pot sont des collections de cartes. Le nombre de cartes d'une donne dépend du type de jeu. Chaque carte possède une couleur et une valeur. Ajoutez les opérations suivantes au diagramme : *afficher, battre, donner, initialiser, trier, sommetDePile, basDePile, insérer, supprimer* et *défausser*. Certaines opérations peuvent apparaître dans plus d'une classe. Pour chaque classe dans laquelle une opération apparaît, décrivez les arguments de l'opération et ce qu'elle doit réaliser pour chaque instance de cette classe.

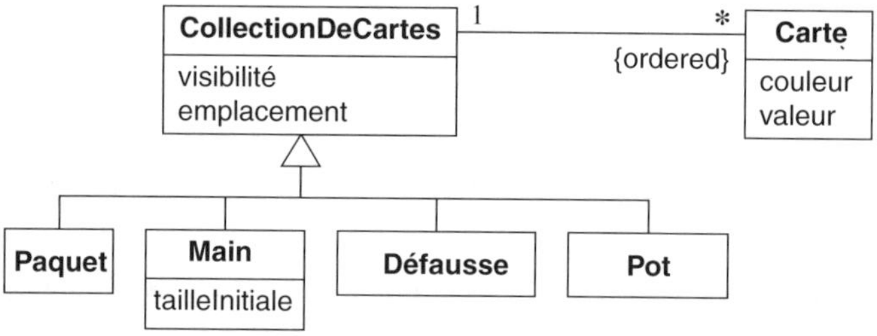

Figure E3.7 • Portion d'un diagramme de classes pour un programme de jeux de cartes.

3.16 (5) La figure E3.8 est une portion de diagramme de classes pour un système de mise en pages assistée par ordinateur. Le système traite plusieurs pages qui peuvent contenir notamment des colonnes de texte. L'utilisateur peut modifier la largeur et la hauteur de la colonne, la déplacer dans la page ou la transférer d'une page à une autre. Comme on le constate, une colonne est affichée sur exactement une page.

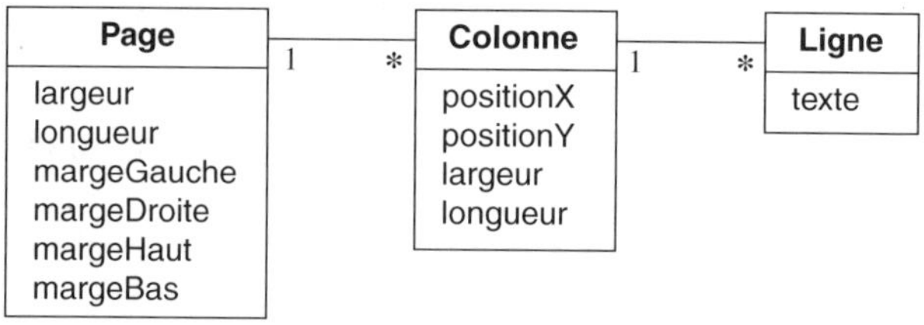

Figure E3.8 • Portion d'un diagramme de classes pour un système de mise en pages de journal.

Modifiez le diagramme de classes de sorte que des portions de la même colonne puissent apparaître sur plus d'une page. Si l'utilisateur modifie le texte dans une page, les modifications doivent apparaître automatiquement dans les autres pages. Vous devez convertir les coordonnées *x* et *y* en attributs d'une association.

3.17 (6) La figure E3.9 est un diagramme de classes pouvant être employé pour développer un système destiné à simplifier l'organisation et la notation de compétitions sportives telles que la gymnastique, le plongeon ou le patinage artistique. Plusieurs épreuves existent auxquelles plusieurs concurrents peuvent concourir. Chaque concurrent peut participer à plusieurs épreuves et chaque épreuve réunit plusieurs concurrents.

Chaque épreuve a plusieurs juges qui notent subjectivement les performances des concurrents. Un juge note chaque concurrent lors d'une épreuve. Dans certains cas, un juge peut noter plus d'une épreuve.

Le classement de la compétition s'effectue sur l'ensemble des essais. À chaque essai, le concurrent tente de réaliser la meilleure performance de l'épreuve. Les essais sont notés par un panel de juges pour cette épreuve et un résultat global est calculé. Ajoutez les symboles de multiplicité au diagramme.

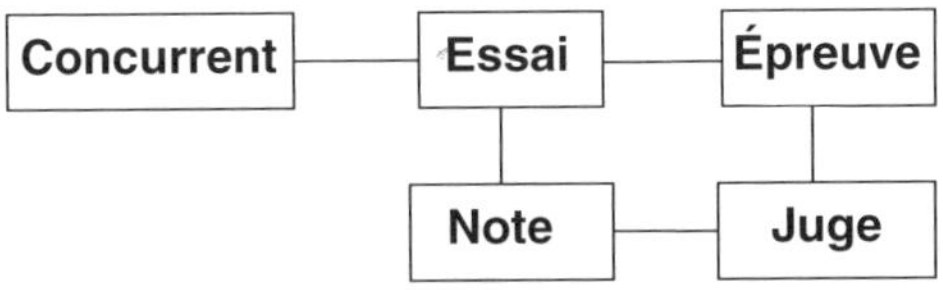

Figure E3.9 • Portion de diagramme de classes pour un système de notation d'épreuves sportives.

3.18 (3) Ajoutez les attributs suivants à la figure E3.9 : adresse, âge, facteur de difficulté, note, nom. Dans certains cas, vous pouvez employer le même attribut dans plus d'une classe.

3.19 (3) Ajoutez une association au diagramme de classes de la figure E3.9 pour permettre de déterminer les épreuves auxquelles un concurrent a l'intention de participer avant le début des essais.

3.20 (6) Tracez un modèle de classes pour décrire un graphe non orienté. Un graphe non orienté est constitué d'un ensemble de sommets et d'arêtes. Les arêtes relient des paires de sommets. Votre modèle ne doit capturer que la structure du graphe (autrement dit la connexité) et n'a pas besoin de représenter des détails tels que la position des sommets ou la longueur des arêtes. La figure E3.10 est un exemple de graphe non orienté.

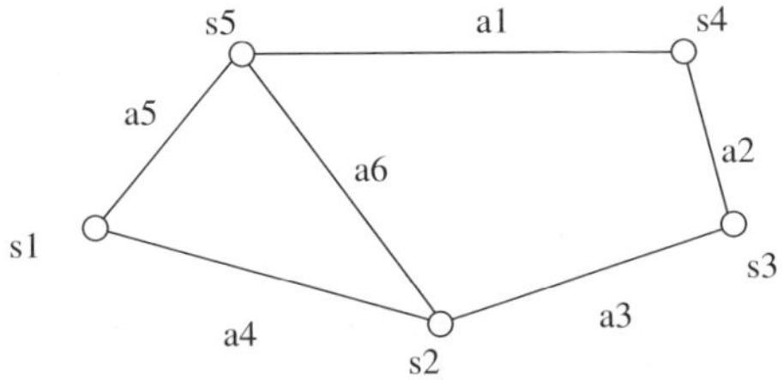

Figure E3.10 • Exemple de graphe non orienté.

3.21 (4) Tracez un diagramme d'objets pour la figure E3.10. (Note pour les enseignants : vous pouvez éventuellement fournir aux étudiants la solution de l'exercice 3.20.)

3.22 (5) Étendez le diagramme de classes que vous avez construit à l'exercice 3.20 pour rendre compte des détails de disposition, y compris la position des sommets et les étiquettes (c'est-à-dire les noms d'arête et de sommet). (Note pour les enseignants : vous pouvez éventuellement fournir aux étudiants la solution de l'exercice 3.20.)

3.23 (7) Préparez un modèle de classes pour représenter des graphes orientés. Un graphe orienté est similaire à un graphe non orienté, excepté que les arêtes sont orientées (et ont donc une extrémité initiale et une extrémité finale) et sont appelées « arcs ». La figure E3.11 est un exemple de graphe orienté.

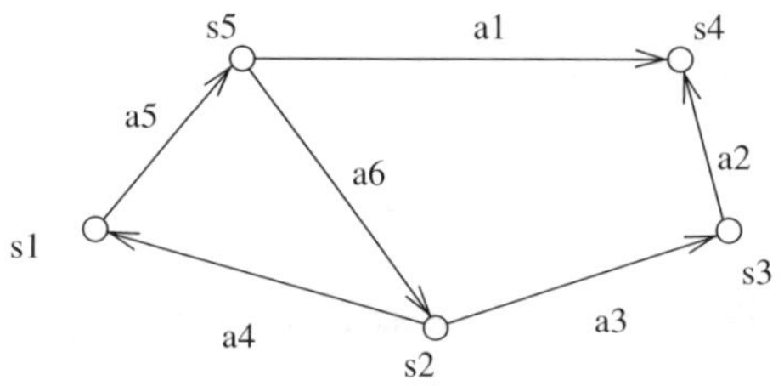

Figure E3.11 • Exemple de graphe orienté.

3.24 (4) Préparez un diagramme d'objets pour la figure E3.11. (Note pour les enseignants : vous pouvez éventuellement fournir aux étudiants la solution de l'exercice 3.23.)

3.25 (7) Plusieurs classes présentées à la figure E3.12 possèdent des attributs qui sont en réalité des références vers d'autres classes et qui pourraient être remplacés par des associations. Une personne peut avoir jusqu'à trois sociétés pour employeurs. Chaque personne possède un identificateur (ID). Un ID est affecté à chaque voiture. Les voitures peuvent être possédées par des personnes, des sociétés ou des banques. L'ID du propriétaire d'une voiture est celui de la personne, de la société ou de la banque qui possède la voiture. Un prêt peut être impliqué dans l'achat d'une voiture.

Représenter les liaisons vers d'autres objets comme des références est une façon incorrecte de construire un modèle. Tracez un diagramme de classes dans lequel les ID sont remplacés par des associations ou par des relations de généralisation. Définissez les multiplicités des associations. Vous devrez peut-être ajouter une ou plusieurs classes.

3.26 (4) Un problème survient lorsque plusieurs systèmes indépendants doivent identifier le même objet. Par exemple, le service des cartes grises, une compagnie d'assurances, une banque et la police peuvent souhaiter identifier un

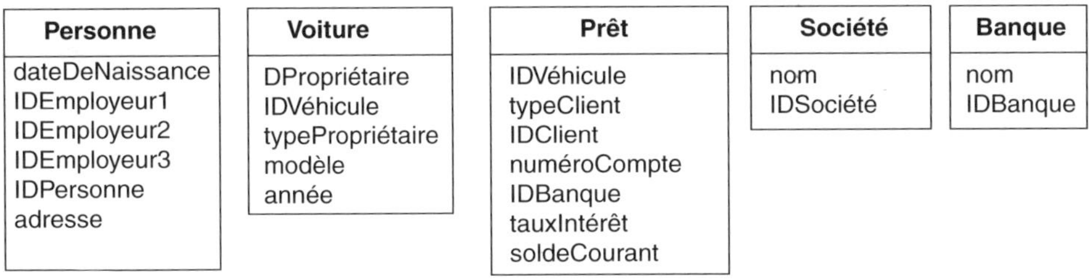

Figure E3.12 • Classes avec des attributs représentant en réalité des références.

véhicule à moteur donné. Analysez les mérites relatifs des méthodes d'identification suivantes :

a. Identification par le propriétaire.

b. Identification par des attributs comme le fabricant, le modèle et l'année.

c. Emploi du numéro de série affecté à la voiture par son fabricant.

d. Emploi d'ID propres à chaque organisation concernée.

3.27 (7) Préparez un modèle de classes qui puisse servir à détecter les pannes d'une tondeuse à gazon équipée d'un moteur à quatre temps. Employez trois diagrammes pour le modèle, avec un diagramme pour chacun des trois paragraphes suivants :

La puissance est développée dans un tel moteur par un mélange d'air et d'essence aspirés par un piston. Le piston se meut de haut en bas dans un cylindre. Une bielle articulée au piston et au vilebrequin permet de transformer le mouvement en rotation. Quand le piston descend, une soupape d'admission s'ouvre, permettant au piston d'aspirer un mélange d'essence et d'air dans le cylindre. En bas du cycle, la soupape se ferme. En remontant, le piston comprime le mélange. Les segments rainurés du piston frottent contre la paroi du cylindre, fournissant l'obturation nécessaire à la compression et à la dispersion de l'huile. Au sommet du cycle, une étincelle électrique émise par la bougie provoque l'explosion du mélange. En se dilatant, le gaz développe la puissance pendant le cycle descendant. En bas du cycle, une soupape d'échappement s'ouvre. Lors du cycle montant suivant, les gaz d'échappement sont expulsés.

L'essence est mélangée à l'air dans un carburateur. Les poussières et autres corps étrangers qui pourraient causer une usure mécanique sont retenus par un filtre à air. Le ratio air-essence optimal est réglé en ajustant une vis. Un papillon contrôle la quantité de mélange aspirée dans le cylindre. Le papillon est, quant à lui, contrôlé au moyen de ressorts par un opérateur et un régulateur, dispositif mécanique qui stabilise la vitesse du moteur en fonction des différentes charges mécaniques. Les soupapes d'admission et d'échappement sont maintenues fermées par les ressorts et sont ouvertes au moment opportun par un arbre à cames commandé par le vilebrequin.

L'énergie électrique des bougies est fournie et régulée par un électroaimant, une bobine, un condensateur et des interrupteurs normalement fermés nommés « vis platinées ». La bobine possède un circuit primaire à basse tension connecté aux vis platinées et un circuit secondaire à haute tension connecté aux bougies. L'électroaimant est monté sur un volant. En tournant autour de la bobine, il induit un courant dans le circuit primaire. Les vis platinées sont ouvertes au moment opportun par une came sur le vilebrequin. Avec l'aide du condensateur, elles interrompent le courant dans le circuit primaire, induisant une impulsion à haute tension dans le circuit secondaire.

3.28 (6) Préparez un diagramme de classes pour le problème du dîner des philosophes. Il y a cinq philosophes autour d'une table ronde et cinq fourchettes sur la table. Chaque philosophe a accès à deux fourchettes situées de chaque côté de son assiette. Chaque fourchette est partagée par deux philosophes. Chacune peut être soit posée sur la table, soit utilisée par l'un des philosophes. Un philosophe doit avoir deux fourchettes pour manger.

3.29 (7) Le jeu des tours de Hanoi est un problème fréquemment employé dans l'enseignement des techniques de programmation récursives. Le but du jeu est de déplacer une pile de disques (percés en leur centre) d'un piquet (représentant une tour) à un autre en utilisant un troisième piquet pour réaliser l'opération. Les disques ont des tailles différentes. Ils peuvent être déplacés un par un depuis le sommet d'une pile située sur un piquet vers le sommet d'une autre pile située sur un autre piquet, pourvu que le disque ne soit jamais placé sur un disque plus petit que lui. Les détails de l'algorithme pour lister la suite des déplacements requis dépendent de la structure du diagramme de classes. Tracez un diagramme de classes pour chacune des descriptions suivantes. Représentez les classes et les associations. Ne représentez ni les attributs ni les opérations.

a. Une tour est constituée de trois piquets. Plusieurs disques sont empilés dans un certain ordre sur chaque piquet.

b. Une tour est constituée de trois piquets. Les disques sur les piquets sont organisés en sous-ensembles appelés « piles ». Une pile est un ensemble ordonné de disques. Chaque disque est sur exactement un piquet. Un piquet peut avoir plusieurs piles, dans l'ordre.

c. Une tour est constituée de trois piquets. Les disques sur les piquets sont organisés en sous-ensembles appelés « piles » comme en (b), plusieurs piles se trouvant sur un piquet. Toutefois, la structure d'une pile est récursive. Une pile se compose d'un disque (le disque qui se trouve physiquement au sommet de la pile) et de zéro ou d'une pile (le reste de la pile), selon la hauteur de la pile.

d. Identique à (c), excepté qu'une seule pile est associée à un piquet. D'autres piles du piquet sont associées à une liste chaînée.

3.30 (8) L'algorithme récursif pour produire la séquence des déplacements décrite à l'exercice précédent se focalise sur une pile de disques. Pour déplacer une pile de taille N (pile de N disques), où $N > 1$, on déplace d'abord la pile de taille $N-1$ (c'est-à-dire, les $N-1$ plus petits disques) vers un piquet libre en employant un appel récursif. Puis on déplace le disque du haut vers le piquet désiré. Enfin, on déplace la pile depuis le piquet libre vers le piquet voulu. La récursivité se termine, car déplacer une pile de hauteur 1 est trivial. Parmi les diagrammes de classes réalisés à l'exercice précédent, lequel est le plus adapté à cet algorithme ? Expliquez pourquoi. Ajoutez les attributs et les opérations au diagramme. Quels sont les arguments de chaque opération ? Décrivez ce que chaque opération est censée faire pour chaque classe où elle est définie.

3.31 (6) Observez la figure E3.6. Écrivez une expression OCL permettant d'accéder à l'ensemble des noms des compagnies aériennes sur lesquelles une personne voyage une année donnée. Supposez que vous disposez d'une fonction *getAnnée(date)* qui extrait l'année à partir d'une date donnée. (Note pour les enseignants : vous pouvez fournir aux étudiants la solution de l'exercice 3.10.)

3.32 (6) Observez la figure E3.6. Écrivez une expression OCL pour trouver les vols sans escale entre *uneVille1* et *uneVille2*. (Note pour les enseignants : vous pouvez fournir aux étudiants la solution de l'exercice 3.10.)

3.33 (6) Observez la figure E3.9. Écrivez une expression OCL permettant de calculer la somme des notes qu'un juge a données à un concurrent. (Note pour les enseignants : vous pouvez fournir aux étudiants la solution de l'exercice 3.18.)

3.34 (6) Comparez les modèles de classes de la figure E3.13. Le modèle de gauche représente *Abonnement* comme une classe-association ; le modèle de droite le représente sous la forme d'une classe ordinaire.

Une personne peut être abonnée à plusieurs magazines. Un magazine peut avoir de nombreux abonnés. Pour chaque abonnement, il est important de connaître la date et le montant de chaque règlement ainsi que la date d'expiration de l'abonnement.

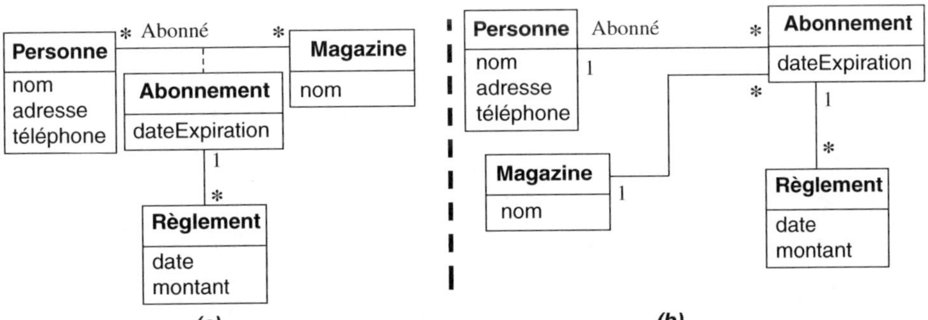

Figure E3.13 • Deux diagrammes de classes possibles pour modéliser la gestion des abonnements à un magazine.

4

Modélisation des classes – concepts avancés

Ce chapitre approfondit les concepts nécessaires à la modélisation des classes et traite de sujets avancés. Il présente des aspects subtils permettant d'améliorer la modélisation. Vous pouvez l'ignorer en première lecture.

4.1 Concepts de classe et d'objet avancés

4.1.1 Énumérations

Un type de donnée, tels les nombres, les chaînes de caractères, les énumérations, décrit des valeurs. Une ***énumération*** est un type de donnée qui a un ensemble fini de valeurs. Par exemple, l'attribut *habilitation* de la figure 3.17 est une énumération dont les valeurs possibles sont notamment *lecture* et *lecture-écriture.* La figure 3.25 présente également des énumérations que la figure 4.1 illustre. *Figure.typeTrait* est une énumération qui inclut *continu, grandsTirets* et *petitsTirets. BiDimensionnel.typeRemplissage* est une énumération dont les valeurs possibles sont *noir, gris, lignesHorizontales* et *lignesVerticales.*

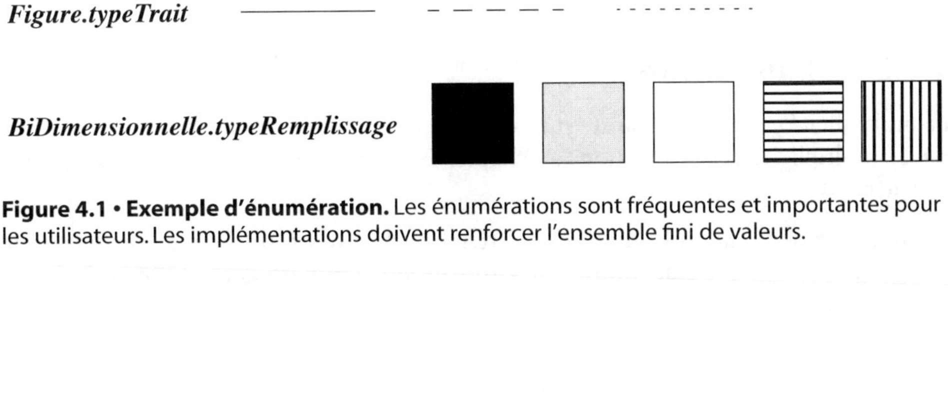

Figure 4.1 • Exemple d'énumération. Les énumérations sont fréquentes et importantes pour les utilisateurs. Les implémentations doivent renforcer l'ensemble fini de valeurs.

Lors de la construction d'un modèle, vous devez noter soigneusement les énumérations, parce qu'elles sont fréquentes et importantes pour les utilisateurs. Elles sont également significatives pour une implémentation ; vous pouvez afficher les valeurs possibles dans une liste et vous devez restreindre les éléments listés aux valeurs autorisées.

N'utilisez pas de généralisation pour capturer les valeurs d'un attribut énuméré. Une énumération n'est rien d'autre qu'une liste de valeurs, alors que la généralisation est un moyen de structurer la description des objets. Vous ne devez introduire la généralisation que si une sous-classe a des opérations, des associations ou des attributs significatifs qui ne s'appliquent pas à la super-classe. Comme le montre la figure 4.2, la généralisation n'est pas indiquée pour *Carte*, car la majorité des jeux de cartes ne différencient pas le comportement des cœurs, des trèfles, des piques et des carreaux.

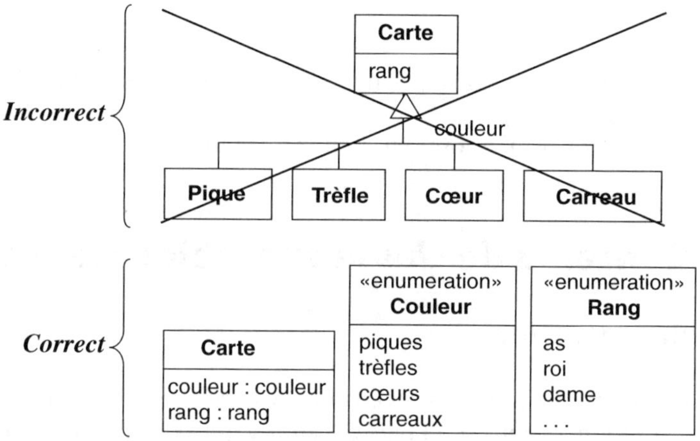

Figure 4.2 • Modélisation des énumérations. N'utilisez pas de généralisation pour capturer les valeurs d'un attribut énuméré.

En UML, l'énumération est un type de donnée. Vous pouvez déclarer une énumération en plaçant le mot-clé *enumeration* entre guillemets (« ») au-dessus du nom de l'énumération dans le compartiment supérieur de la boîte de classe. Le second compartiment énumère la liste des valeurs.

4.1.2 Multiplicité

La multiplicité est une contrainte sur la cardinalité d'un ensemble. Nous avons expliqué la multiplicité des associations au chapitre 3. La multiplicité s'applique également aux attributs.

La spécification de la multiplicité d'un attribut est souvent utile, en particulier pour les applications de bases de données. La ***multiplicité d'un attribut*** spécifie le nombre de valeurs possibles pour chacune de ses instanciations. Les spécifications les plus courantes sont une seule valeur obligatoire [*1*], une seule valeur optionnelle [0..1] et plusieurs valeurs [*]. La multiplicité précise si un attribut est obligatoire ou non (en termes de base de données, si une valeur peut être *null*). Elle indique également si un attribut est monovalué ou peut être une collection. En l'absence de spécification, un attribut est par défaut monovalué ([*1*]). À la figure 4.3, une personne a une ou plusieurs adresses, zéro ou plusieurs numéros de téléphone et une seule date de naissance.

Personne
nom : string [1] adresse : string [1..*] numéroDeTéléphone : string [*] dateDeNaissance : date [1]

Figure 4.3 • Multiplicité des attributs. Vous pouvez spécifier si un attribut est mono- ou multivalué, obligatoire ou optionnel.

4.1.3 Portée

Nous avons présenté au chapitre 3 les propriétés des objets individuels. Mais les propriétés peuvent aussi valoir pour des classes entières. La ***portée*** indique si une propriété s'applique à un objet (par défaut) ou à une classe. Les propriétés dont la portée est la classe (statiques) sont soulignées alors que celles dont la portée est l'objet ne le sont pas. Par convention, les attributs et les opérations statiques sont listés au sommet de leurs compartiments respectifs.

Il est acceptable d'utiliser un attribut statique pour contenir l'***extension*** d'une classe (l'ensemble d'objets de la classe) : c'est une pratique courante dans le domaine des bases de données. Sinon, vous devez éviter les attributs de classe, parce qu'ils compromettent la qualité du modèle. Mieux vaut modéliser explicitement les collections dans des classes dédiées et leur confier la même information sous forme d'attributs non statiques. Par exemple, la partie supérieure de la figure 4.4 présente un modèle simplifié de messagerie vocale. Chaque message a une boîte vocale propriétaire, une date d'enregistrement, une heure d'enregistrement, une priorité, un contenu et un indicateur qui signale qu'il a été reçu. Chaque boîte vocale a aussi un numéro de téléphone, un code secret et une annonce d'accueil. Pour la classe *MessageVocal*, nous pouvons mémoriser la durée maximale du message et le nombre de jours pendant lequel il est conservé. Pour la classe *BoîteVocale*, nous pouvons mémoriser le nombre maximum de messages pouvant être stockés.

Toutefois, le premier modèle est de moins bonne qualité, parce que la durée maximale, le nombre maximum de jours et le nombre maximum de messages ont une valeur unique pour l'ensemble du système de messagerie. Dans le second modèle, ces limites peuvent différer en fonction de la catégorie d'utilisateurs, ce qui confère plus de souplesse et d'extensibilité au système.

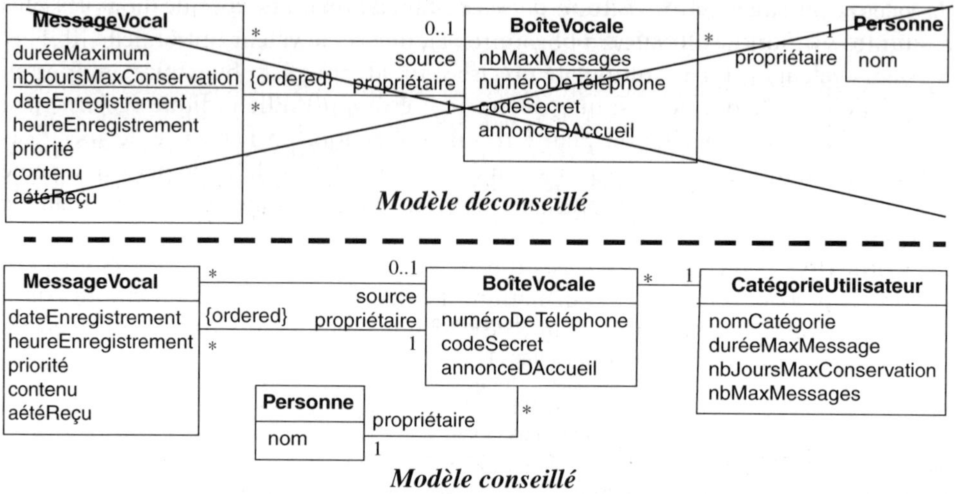

Figure 4.4 • Portée d'un attribut. Au lieu d'affecter des attributs aux classes, modélisez explicitement des collections.

En revanche, il est acceptable de définir des opérations de classe. Leur utilisation la plus courante est de permettre de créer de nouvelles instances d'une classe. Il est parfois utile de définir des opérations de classe pour accéder à des données regroupées. Vous devez cependant définir les opérations de classe avec prudence pour les applications distribuées.

4.1.4 Visibilité

La ***visibilité*** désigne l'aptitude d'une méthode à référencer une propriété depuis une autre classe et ses valeurs possibles sont *public* (publique), *protected* (protégée), *private* (privée) et *package* (package). La signification précise de ces différentes visibilités dépend du langage de programmation (voir chapitre 18). Toute méthode peut accéder librement aux propriétés ***publiques***. En revanche, les propriétés ***protégées*** d'une classe sont uniquement visibles par les méthodes de la classe et de ses sous-classes. (En Java, les propriétés protégées ont aussi une visibilité de type *package*.). Les propriétés ***privées*** ne sont visibles que par les méthodes de la classe où elles sont définies. Enfin, les méthodes définies dans le même package que la classe cible peuvent accéder aux propriétés de visibilité ***package***.

UML note la visibilité par un préfixe. Le caractère « + » précède les propriétés publiques. Le caractère « # » précède les propriétés protégées. Le caractère « – » précède les propriétés privées et le caractère « ~ » précède les propriétés de visibilité *package*. L'absence de préfixe ne révèle aucune information sur la visibilité.

Plusieurs critères sont à prendre en compte lorsqu'il s'agit de choisir la visibilité :

- **Compréhension.** Vous devez comprendre toutes les propriétés publiques pour comprendre les capacités d'une classe. En revanche, vous pouvez ignorer les propriétés privées, protégées et de visibilité *package* : elles ne représentent que des propriétés propres à l'implémentation.

- **Extensibilité.** Comme de nombreuses classes peuvent dépendre des méthodes publiques, une modification de leur signature (nombre d'arguments, types des arguments et type de la valeur de retour) peut être perturbatrice. Comme le nombre de classes qui dépendent des méthodes privées, protégées et de visibilité *package* est moindre, vous disposez de plus de latitude pour les modifier.
- **Contexte.** Les méthodes privées, protégées et de visibilité *package* peuvent dépendre de préconditions ou d'informations d'état créées par d'autres méthodes de la classe. Appliquée en dehors d'un contexte, une méthode privée peut calculer des résultats erronés ou provoquer une exception.

4.2 Extrémités d'association

Comme son nom l'indique, une ***extrémité d'association*** désigne l'une des extrémités d'une association. Une association binaire a deux extrémités, une association ternaire (voir section 4.3) en a trois et ainsi de suite. Nous avons vu au chapitre 3 les propriétés suivantes :

- **Nom d'extrémité d'association.** Une extrémité d'association peut être nommée. Les noms lèvent l'ambiguïté sur les références multiples à une classe et facilitent la navigation. L'emploi de noms significatifs est fréquent et il est judicieux de choisir des noms appropriés au contexte.
- **Multiplicité.** On peut spécifier une multiplicité pour chaque extrémité d'association. Les multiplicités les plus courantes sont *1* (exactement 1), *0..1* (un au plus) et * (plusieurs – zéro ou plus).
- **Ordre.** Les objets d'une extrémité « plusieurs » forment généralement un ensemble non ordonné. Mais parfois, ils ont un ordre explicite.
- ***Bags* et séquences.** Les objets d'une extrémité « plusieurs » peuvent former des *bags* et des séquences.
- **Qualification.** Un ou plusieurs attributs qualificateurs peuvent lever l'ambiguïté sur les objets d'une extrémité « plusieurs ».

Les extrémités d'association présentent des propriétés supplémentaires :

- **Agrégation.** Une extrémité d'association peut être un agrégat ou un constituant agrégé (voir section 4.4). Seule une association binaire peut être une agrégation : l'une de ses extrémités doit être l'agrégat et l'autre doit être un constituant agrégé.
- **Modifiablité.** Cette propriété spécifie le potentiel de mise à jour d'une extrémité d'association. Une extrémité d'association peut être mise à jour si la valeur de cette propriété est *changeable*, et elle peut uniquement être initialisée si la valeur est *readonly*.

- **Navigabilité.** Sur le plan conceptuel, une association peut être traversée dans n'importe quelle direction. Toutefois, une implémentation peut ne prendre en charge qu'une seule direction. UML représente la navigabilité par une flèche pointant sur l'extrémité de l'association attachée à la classe cible. Les flèches peuvent être attachées à zéro, une ou deux extrémités d'une association.
- **Visibilité.** Comme les attributs et les opérations (voir section 4.1.4), les extrémités d'association peuvent être publiques (*public*), privées (*private*), protégées (*protected*) ou avoir la visibilité *package*.

4.3 Associations n-aires

Au chapitre 3, nous avons présenté les associations binaires (associations entre deux classes). Mais vous pouvez rencontrer à l'occasion des ***associations n-aires*** (associations entre trois classes ou plus). Dans la mesure du possible, évitez-les : la plupart d'entre elles peuvent être décomposées en associations binaires, avec des qualificateurs et des attributs. La figure 4.5 représente une association qui peut sembler n-aire à première vue, mais qu'il est facile de reformuler sous forme d'associations binaires.

Une association n-aire non atomique – une personne fait l'acquisition d'une action d'une société…

Peut se reformuler…

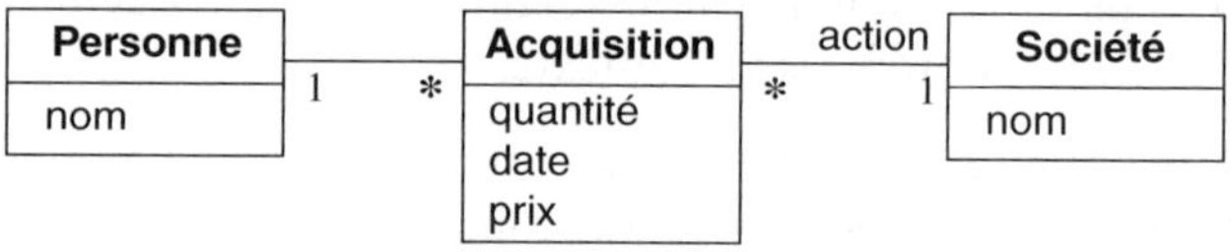

Figure 4.5 • Reformulation d'une association n-aire. Vous pouvez décomposer la plupart des associations n-aires en associations binaires.

La figure 4.6 représente une authentique association n-aire (ternaire) : des programmeurs utilisent des langages de programmation dans des projets. Cette association ternaire est une unité atomique et ne peut être subdivisée en associations binaires sans perte d'information. Un programmeur peut connaître un langage et travailler sur un projet, mais ne pas utiliser ledit langage dans le projet. Le symbole UML de l'association n-aire est un losange connecté par des lignes aux classes associées. Si l'association a un nom, celui-ci est écrit en italique à côté du losange.

Comme le montre la figure 4.6, les extrémités d'une association n-aire peuvent être nommées, tout comme celles d'une association ternaire. Les noms sont nécessaires si une classe participe plusieurs fois à l'association n-aire. Comme vous ne pouvez pas traverser les associations n-aires d'une extrémité à l'autre – alors que les associations binaires le permettent – les noms d'extrémité ne représentent pas des pseudo-attributs des classes participantes. OCL [Warner-99] ne définit pas de notation pour la navigation dans les associations n-aires.

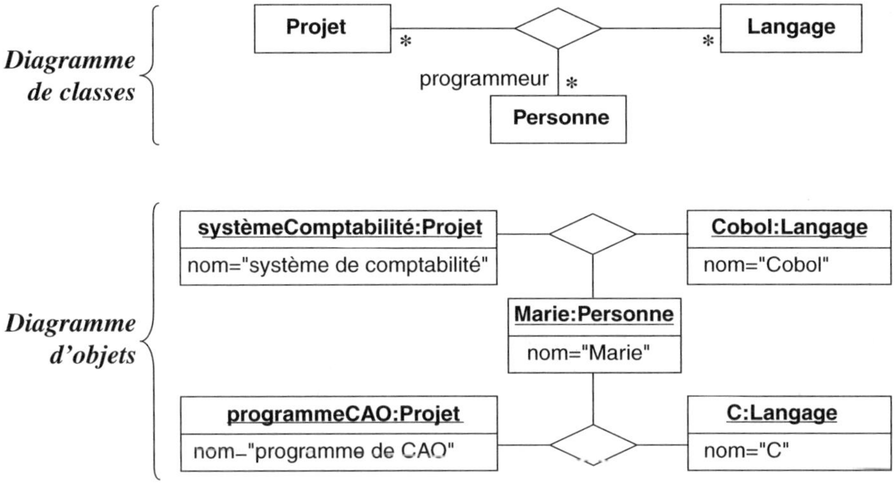

Figure 4.6 • Association ternaire et liens. Une association n-aire peut avoir des extrémités nommées, tout comme une association binaire.

La figure 4.7 représente une autre association ternaire. Un professeur dispense un cours prévu pendant un semestre. Le cours dispensé qui en résulte a un numéro de salle et un nombre quelconque de polycopiés y est distribué.

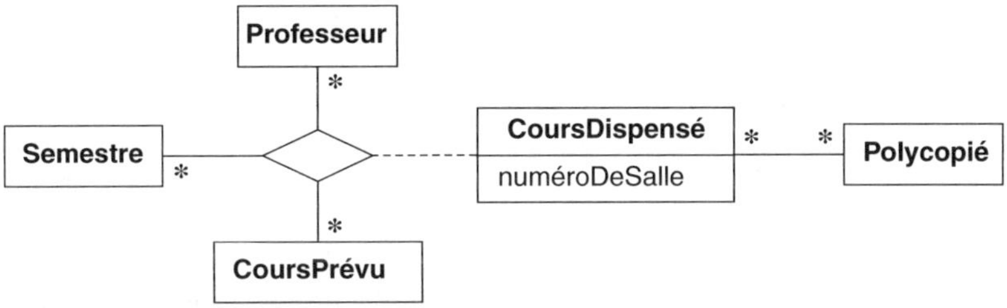

Figure 4.7 • Une autre association ternaire. Les associations n-aires sont des associations à part entière et peuvent avoir des classes-associations.

Les langages de programmation classiques ne permettent pas d'exprimer une association n-aire. Si vous programmez, vous devrez donc transformer les associations pour la classe *CoursDispensé,* comme le montre la figure 4.8. Sachez que vous modifiez la signification d'un modèle quand vous transformez une association n-aire en classe. Une association n-aire stipule qu'au plus un lien existe pour chaque combinaison : à la figure 4.7, il n'y a qu'un *CoursDispensé* pour chaque combinaison de *Professeur, Semestre* et *CoursPrévu.* En revanche, une classe autorise un nombre quelconque de liens. Pour chaque combinaison de *Professeur, Semestre* et *CoursPrévu* de la figure 4.8, il peut y avoir plusieurs *CoursDispensé.* Si vous implémentiez le modèle de la figure 4.8, le code spécifique à l'application devrait garantir l'unicité de *Professeur + Semestre + CoursPrévu.*

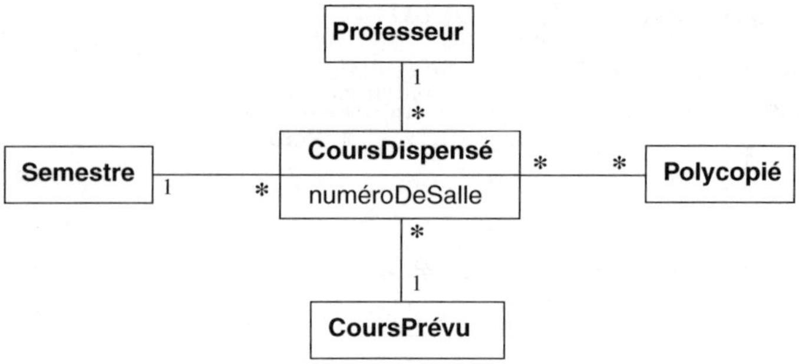

Figure 4.8 • Transformation d'une association n-aire en classe. Les langages de programmation ne permettant pas d'exprimer d'associations n-aires, vous devez les transformer en classes.

4.4 Agrégation

L'***agrégation*** en UML est une forme d'association forte dans laquelle un objet agrégat est *constitué de* constituants agrégés. Les constituants agrégés *font partie de* l'agrégat. Du point de vue sémantique, l'agrégat est un objet traité comme une unité dans de nombreuses opérations, bien qu'il soit physiquement constitué de plusieurs objets de « rang inférieur ».

Nous définissons une agrégation comme une association qui relie une classe représentant un assemblage à *une seule* classe représentant un constituant de celui-ci. Un assemblage constitué de plusieurs sortes de constituants correspond à plusieurs agrégations. Par exemple, une *TondeuseÀGazon* est constituée d'une *Lame*, d'un *Moteur*, de plusieurs *Roues* et d'un *Carter*. *TondeuseÀGazon* est l'assemblage et les autres parties sont les constituants. *TondeuseÀGazon* à *Lame* est une agrégation, *TondeuseÀGazon* à *Moteur* est une autre agrégation, et ainsi de suite. En définissant chaque assemblage comme une agrégation, il est possible de spécifier la multiplicité de chaque constituant au sein du tout. Cette définition souligne le fait que l'agrégation est un cas particulier d'association binaire.

La propriété la plus significative de l'agrégation est la ***transitivité*** : autrement dit, si *A* fait partie de *B* et que *B* fait partie de *C*, alors *A* fait partie de *C*. L'agrégation est également ***asymétrique*** : si *A* fait partie de *B*, *B* ne fait pas partie de *A*. De nombreuses opérations d'agrégation comprennent une fermeture transitive[1] et opèrent à la fois sur les parties directes et les parties indirectes.

1. La *Fermeture transitive* d'un graphe contient l'ensemble des paires de sommets (S1, S2) du graphe tels qu'il existe un arc ou un chemin (une suite d'arcs) menant de S1 à S2. Si *A* représente un arc, que *S* représente un sommet et que *P* soit l'ensemble de toutes les paires de sommets connectés par un arc, alors P^+ (la fermeture transitive de *P*) est l'ensemble de toutes les paires de sommets connectés directement ou indirectement par une suite d'arcs. P^+ contient donc tous les sommets directement connectés, les sommets connectés par deux arcs, les sommets connectés par trois arcs, etc.

4.4.1 Agrégation vs association

L'agrégation est une forme d'association spécifique, et non un concept indépendant. L'agrégation ajoute des connotations sémantiques. Si deux objets sont étroitement liés par une relation constitué-constituant, il s'agit d'une agrégation. Si ces deux objets sont habituellement considérés comme indépendants, même s'ils sont souvent liés, il s'agit d'une association. Les questions suivantes peuvent servir de test :

- Peut-on utiliser l'expression *fait partie de* ?
- Les opérations appliquées à l'objet constitué s'appliquent-elles automatiquement à ses constituants ?
- Les valeurs des attributs de l'objet constitué se propagent-elles à tous ses constituants ou à certains d'entre eux ?
- L'association présente-t-elle une asymétrie intrinsèque, dans laquelle une classe est subordonnée à une autre ?

Les agrégations comprennent les nomenclatures, les décompositions et les développements d'objets en parties constituantes. L'agrégation est représentée comme une association, excepté qu'un petit losange vide indique l'extrémité du côté de l'assemblage. À la figure 4.9, une tondeuse à gazon est constituée d'une lame, d'un moteur, de plusieurs roues et d'un carter. Le processus de fabrication étant souple et combinant des composants standard, lames, moteurs, roues et carters peuvent faire partie des plans de plusieurs tondeuses.

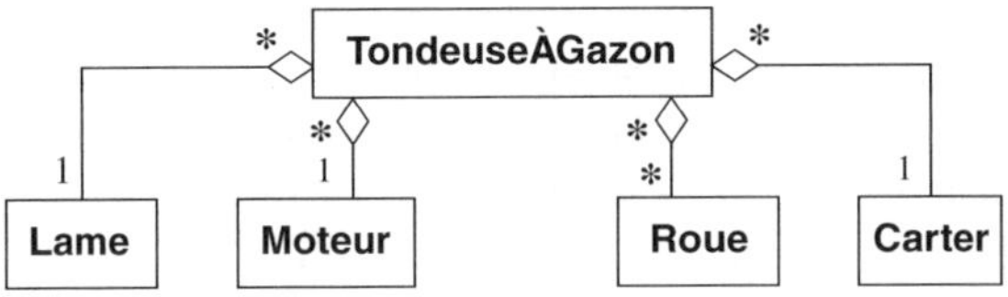

Figure 4.9 • Agrégation. L'agrégation est une sorte d'association dans laquelle un objet agrégat est constitué de constituants.

La décision d'utiliser l'agrégation est affaire de jugement et peut être arbitraire. Il n'est pas toujours évident de savoir s'il faut modéliser une association sous forme d'agrégation. À plus d'un titre, ce genre d'incertitude est typique de la modélisation et peu de règles absolues existent en la matière. L'expérience a montré que, à condition d'user de prudence et de cohérence, la distinction imprécise entre agrégation et association ordinaire ne pose pas de problème dans la pratique.

4.4.2 Agrégation et composition

UML possède deux formes de relations « tout-partie » : une forme générale nommée *agrégation* et une forme plus restrictive nommée *composition*.

La ***composition*** est une forme d'agrégation qui implique deux contraintes supplémentaires. Une partie constituante ne peut pas appartenir à plus d'un assemblage.

De plus, une fois une partie constituante affectée à un assemblage, sa durée de vie coïncide avec celle de ce dernier. La composition implique donc que l'objet constitué possède ses constituants. Cette propriété peut être commode en programmation : la destruction d'un objet déclenche celle de tous les objets qui le constituent *via* la composition. La notation de la composition est un petit losange *noir* accolé à la classe qui représente l'assemblage (contrairement au losange blanc qui indique la forme générale de l'agrégation).

À la figure 4.10, une entreprise est composée de divisions, qui sont à leur tour composées de services. Une entreprise n'est pas une composition de ses employés, puisque entreprise et personne sont des objets indépendants de statut égal.

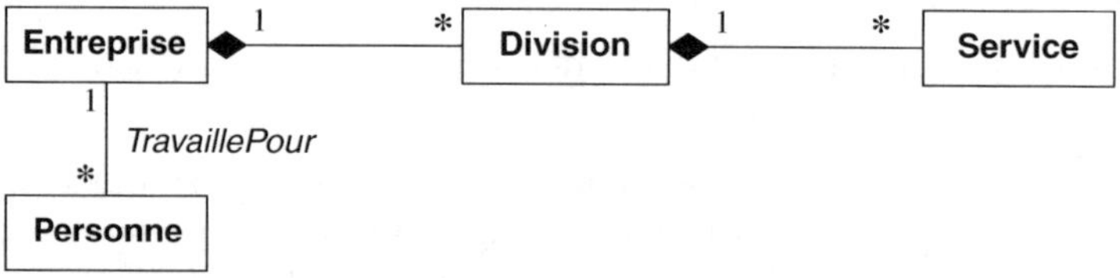

Figure 4.10 • Composition. Dans la composition, une partie constituante appartient à un assemblage au plus, et leurs durées de vie coïncident.

4.4.3 Propagation des opérations

La ***propagation*** (également nommée ***déclenchement***) est l'application automatique d'une opération à un réseau d'objets à partir d'un objet initial quelconque [Rumbaugh-88][1]. Par exemple, le fait de déplacer un agrégat déplace ses parties ; l'opération « déplacer » se propage aux parties. La propagation des opérations aux parties est souvent un bon indicateur d'une agrégation.

La figure 4.11 représente un exemple de propagation. Une personne possède plusieurs documents. Chaque document est constitué de paragraphes qui sont à leur tour constitués de caractères. L'opération « copier » se propage du document aux paragraphes, puis aux caractères. Copier un paragraphe, c'est également copier les caractères qu'il contient. L'opération ne se propage pas en sens inverse : vous pouvez copier un paragraphe sans copier le document entier. De même, copier un document, c'est copier le lien qui associe le document à son propriétaire, sans toutefois créer de copie de ce propriétaire.

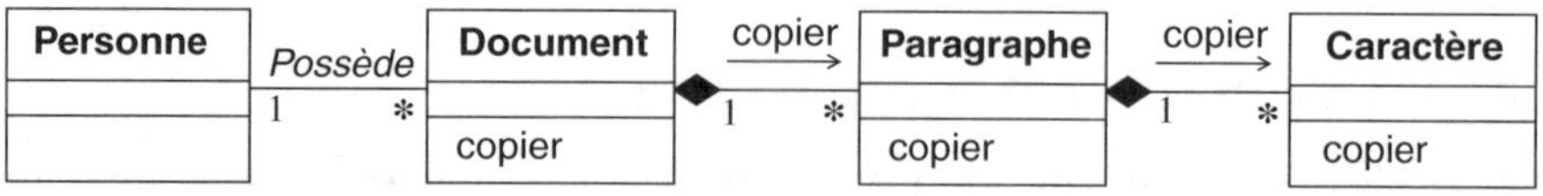

Figure 4.11 • Propagation. Agrégation et composition permettent de propager les opérations.

1. Le terme *association* employé dans cet ouvrage est synonyme du mot *relation* utilisé dans [Rumbaugh-88].

Dans la plupart des autres approches, on a le choix entre « tout » et « rien » : on copie tout le réseau (copie en profondeur) ou bien l'objet de départ sans copier aucun objet associé (copie superficielle). Le concept de propagation des opérations fournit un moyen concis et puissant de spécifier un *continuum* de comportement. C'est comme si une opération partait d'un objet initial et passait d'un objet à l'autre objet en suivant les règles de la propagation. La propagation est possible pour d'autres opérations, notamment sauvegarder/restaurer, supprimer, imprimer, verrouiller et afficher.

Dans les modèles de classes, la propagation est représentée par une petite flèche indiquant la direction et un nom d'opération à côté de l'association affectée. La notation lie donc la propagation à une association (ou à une agrégation), à une direction et à une opération. Cette notation spéciale ne fait pas partie d'UML.

4.5 Classes abstraites

Une ***classe abstraite*** est une classe qui ne peut pas être instanciée en tant que telle mais dont les sous-classes peuvent l'être. Une ***classe concrète*** est, quant à elle, instanciable et peut donc avoir des instances directes. Elle peut avoir des sous-classes abstraites (mais elles doivent à leur tour avoir des descendantes concrètes). Seules les classes concrètes peuvent être des classes feuilles dans une hiérarchie d'héritage.

Toutes les professions représentées à la figure 4.12 sont des classes concrètes. *Boucher*, *Boulanger* et *FabricantDeBougies* sont des classes concrètes parce qu'elles ont des instances directes. *Artisan* est également une classe concrète parce que certaines professions peuvent ne pas être spécifiées.

Figure 4.12 • Classes concrètes. Une classe concrète est instanciable, autrement dit, elle peut avoir des instances directes.

La classe *Employé* de la figure 4.13 est un exemple de classe abstraite. Tous les employés doivent travailler à plein temps ou à temps partiel. *EmployéÀPleinTemps* et *EmployéÀTempsPartiel* sont des classes concrètes, parce qu'elles peuvent être instanciées directement. En UML, le nom d'une classe abstraite vient en italique. Vous pouvez également placer le mot-clé *{abstract}* en dessous du nom de la classe ou à côté de celui-ci.

Vous pouvez utiliser des classes abstraites pour définir des méthodes dont des sous-classes pourront hériter. Une classe abstraite peut également définir la signature d'une opération sans fournir la méthode correspondante. On parle alors d'***opération abstraite***. (Rappel : une opération spécifie le prototype d'une fonction ou d'une procédure, alors qu'une méthode en est l'implémentation réelle.) Une opération abstraite définit une signature pour laquelle chaque sous-classe concrète doit fournir sa propre implémentation. Une classe concrète ne peut pas contenir d'opérations abstraites car, sinon, des opérations des objets de ladite classe seraient indéfinies.

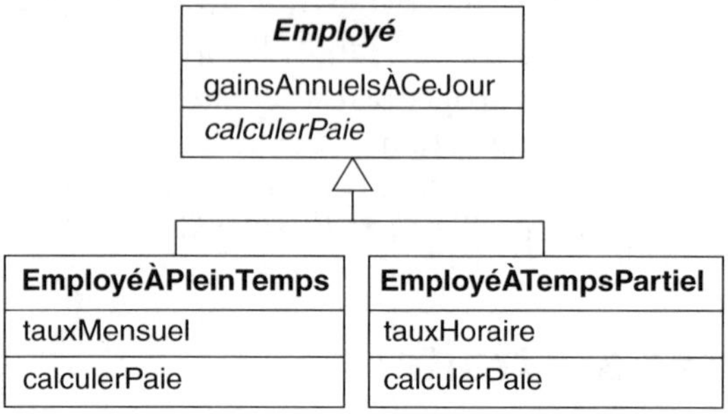

Figure 4.13 • Classe abstraite et opération abstraite. Une classe abstraite n'a pas d'instances directes.

La figure 4.13 représente une opération abstraite. Le nom d'une opération abstraite vient en italique ou est indiqué par le mot-clé *{abstract}*. *calculerPaie* est une opération abstraite de la classe *Employé* : sa signature est définie, mais son implémentation ne l'est pas. Chaque sous-classe doit fournir une méthode pour cette opération.

Notez que la nature abstraite d'une classe est toujours provisoire et dépend du point de vue adopté. Vous pouvez toujours décomposer une classe concrète en sous-classes, la rendant ainsi abstraite. Réciproquement, une classe abstraite peut devenir concrète si la différence entre ses sous-classes n'a plus d'importance.

Du point de vue du style, il est préférable d'éviter les super-classes concrètes. Ainsi, la nature abstraite ou concrète d'une classe est immédiatement évidente : toutes les super-classes sont abstraites et toutes les sous-classes feuilles sont concrètes. En outre, cette pratique évite les situations malsaines dans lesquelles une super-classe concrète doit à la fois spécifier le prototype d'une opération pour les classes dérivées et fournir une implémentation pour ses propres instances concrètes. Il est toujours possible d'éliminer une super-classe concrète en introduisant une sous-classe *Autres* (voir figure 4.14).

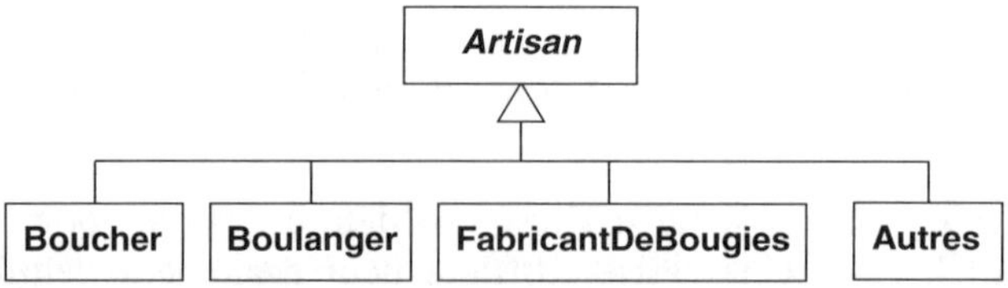

Figure 4.14 • Évitez les super-classes concrètes. Vous pouvez toujours éliminer une super-classe concrète en introduisant une sous-classe *Autres*.

4.6 Héritage multiple

L'***héritage multiple*** permet à une classe d'avoir plusieurs super-classes et d'hériter des propriétés de tous ses parents. On incorpore en ce cas des informations provenant de deux sources ou plus. C'est une forme de généralisation plus complexe que l'héritage simple, qui induit une hiérarchie de classes sous forme d'arbre. L'héritage multiple permet une spécification des classes plus fine et favorise la réutilisation. Ses inconvénients tiennent à la complexité conceptuelle et aux difficultés d'implémentation qu'elle entraîne.

Le terme *héritage multiple* est employé de façon quelque peu imprécise : il signifie soit une relation conceptuelle entre deux classes, soit un mécanisme du langage qui implémente cette relation. Chaque fois que cela s'avère possible, nous nous efforçons de distinguer la généralisation (la relation conceptuelle) de l'héritage (le mécanisme du langage), mais on emploie plus couramment le terme *héritage multiple* que *généralisation multiple*.

4.6.1 Types d'héritages multiples

La forme la plus courante d'héritage multiple provient d'ensembles de classes disjointes. Chaque sous-classe hérite d'une classe de chaque ensemble. À la figure 4.15, *CollaborateurÀPleinTemps* est à la fois un *EmployéÀPleinTemps* et un *Collaborateur*, et il combine leurs propriétés. *EmployéÀPleinTemps* et *EmployéÀTempsPartiel* sont des classes disjointes : chaque employé doit nécessairement appartenir à une seule d'entre elles. De même, *Manager et Collaborateur* sont disjoints, et chaque employé doit posséder l'un des statuts ou l'autre. Vous pourriez définir trois autres combinaisons : *ManagerÀPleinTemps*, *ManagerÀTempsPartiel* et *CollaborateurÀTempsPartiel*, les combinaisons pertinentes dépendant des besoins de l'application.

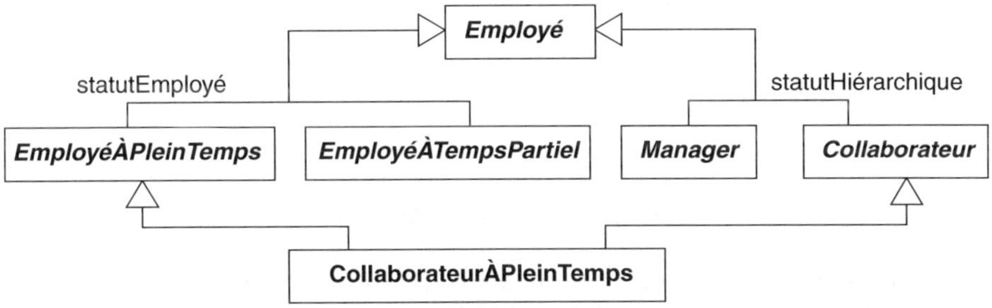

Figure 4.15 • Héritage multiple entre classes disjointes. C'est la forme d'héritage multiple la plus courante.

Toute généralisation ne doit concerner qu'un seul aspect. Vous devez utiliser la généralisation multiple si une classe peut être spécialisée selon plusieurs aspects distincts et indépendants. À la figure 4.15, la classe *Employé* est spécialisée séparément selon le statut de l'employé et le statut hiérarchique. En conséquence, le modèle a deux ensembles de généralisation séparés.

Une sous-classe n'hérite qu'une seule fois d'une propriété d'une classe ancêtre se trouvant sur plusieurs chemins menant à cette sous-classe : c'est la même propriété. À la figure 4.15, *CollaborateurÀPleinTemps* hérite des propriétés d'*Employé via* deux chemins : *statutEmployé* et *statutHiérarchique.* Mais chaque *CollaborateurÀPleinTemps* ne possède qu'un seul exemplaire des propriétés d'*Employé.*

Les conflits entre définitions parallèles créent des ambiguïtés que les implémentations doivent résoudre. En pratique, vous devez éviter de tels conflits dans les modèles ou les résoudre explicitement, même si un langage particulier dispose d'une règle de résolution prioritaire. Supposons par exemple que *EmployéÀPleinTemps* et *Collaborateur* aient tous deux un attribut nommé *nom. EmployéÀPleinTemps.nom* peut désigner le nom de famille de la personne tandis que *Collaborateur.nom* peut représenter son titre. En principe, vous ne disposez d'aucun moyen évident de résoudre de tels conflits. La meilleure solution consiste à s'efforcer de les éviter en renommant les attributs *EmployéÀPleinTemps.nom* et *Collaborateur.titre.*

Il peut également y avoir héritage multiple entre classes qui se recouvrent. À la figure 4.16, *VéhiculeAmphibie* est à la fois un *VéhiculeTerrestre* et un *VéhiculeAquatique. VéhiculeTerrestre* et *VéhiculeAquatique* se recouvrent parce que certains véhicules se déplacent aussi bien sur terre que sur l'eau. UML utilise une contrainte (voir section 4.9) pour indiquer un ensemble de généralisation avec recouvrement ; la notation est une ligne pointillée coupant les lignes des généralisations affectées, avec des mots-clés entre accolades. Dans cet exemple, *overlapping* (recouvrement) signifie qu'un véhicule peut appartenir à plus d'une sous-classe ; *incomplete* signifie que toutes les sous-classes de véhicules possibles n'ont pas été explicitement indiquées.

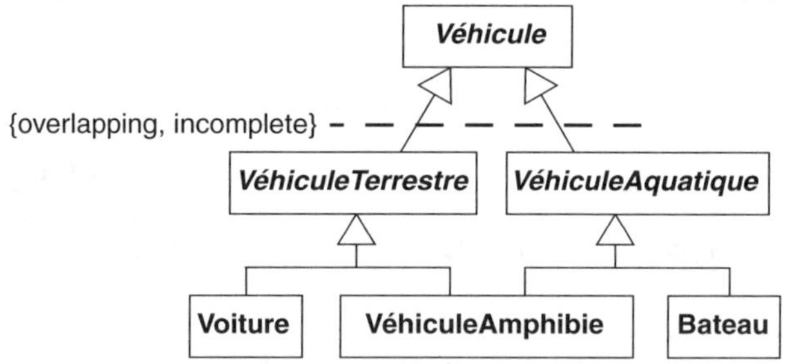

Figure 4.16 • Héritage multiple avec recouvrement. Cette forme d'héritage multiple est moins courante que l'héritage multiple entre classes disjointes.

4.6.2 Classification multiple

Une instance d'une classe est par nature une instance de toutes ses classes ancêtres. Par exemple, un professeur peut être à la fois enseignant et étudiant. Mais qu'en est-il d'un professeur de Harvard suivant un cours au MIT ? Aucune classe ne décrit cette combinaison (et ce serait artificiel d'en créer une). Il s'agit d'un exemple de classification multiple dans lequel une seule instance se trouve participer à deux classes qui se recouvrent.

UML permet de représenter la classification multiple, mais la plupart des langages la gèrent mal. Comme le montre la figure 4.17, la meilleure approche avec les langages conventionnels consiste à traiter *Personne* comme un objet composé de plusieurs objets *MembreUniversité*. Cette solution remplace l'héritage avec délégation (abordé à la section suivante). Elle n'est pas totalement satisfaisante en raison de la perte d'identité des différents rôles, mais les autres solutions impliquent des modifications radicales dans de nombreux langages de programmation [McAllester-86].

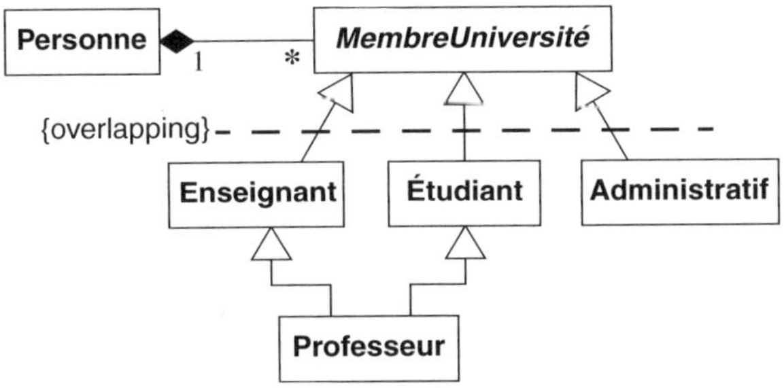

Figure 4.17 • Solution alternative pour une classification multiple. Les langages OO gérant mal la classification multiple, vous devez user d'une solution alternative.

4.6.3 Solutions alternatives

Le traitement de l'absence d'héritage multiple est un problème d'implémentation, mais la restructuration précoce du modèle est souvent la solution la plus simple à mettre en œuvre. Nous décrivons ci-après certaines techniques de restructuration. Deux des approches suivantes font appel à la ***délégation***, mécanisme d'implémentation par lequel un objet redirige une opération vers un autre objet pour que celui-ci l'exécute. Vous trouverez au chapitre 15 une analyse détaillée de la délégation.

- **Délégation utilisant la composition.** Vous pouvez remanier une super-classe présentant des généralisations multiples indépendantes sous forme de composition dans laquelle chaque partie constituante remplace une généralisation. Cette approche est similaire au traitement de la classification multiple de la section 4.6.2. Elle remplace un objet ayant un identifiant unique par un groupe d'objets liés qui forment un objet composite. L'héritage des opérations *via* la composition n'est pas automatique. L'objet composite doit implémenter les opérations et déléguer leur traitement effectif au composant approprié.

  Par exemple, à la figure 4.18, *Disponibilité* devient une super-classe d'*EmployéÀ-PleinTemps* et d'*EmployéÀTempsPartiel*. *Management* devient une super-classe de *Manager* et de *Collaborateur*. Vous pouvez alors modéliser *Employé* comme une composition de *Disponibilité* et de *Management*. Une opération transmise à un objet *Employé* doit être redirigée vers *Disponibilité* ou vers *Management* par la classe *Employé*.

Dans cette approche, il est inutile de créer des classes explicites pour les différentes combinaisons (comme *CollaborateurÀPleinTemps*). Toutes les combinaisons de sous-classes des différentes généralisations sont possibles.

- **Héritage de la classe la plus importante et délégation du reste.** La figure 4.19 préserve l'identité et l'héritage *via* la généralisation la plus importante. On rétrograde les généralisations restantes en compositions et on délègue les opérations comme dans la solution précédente.

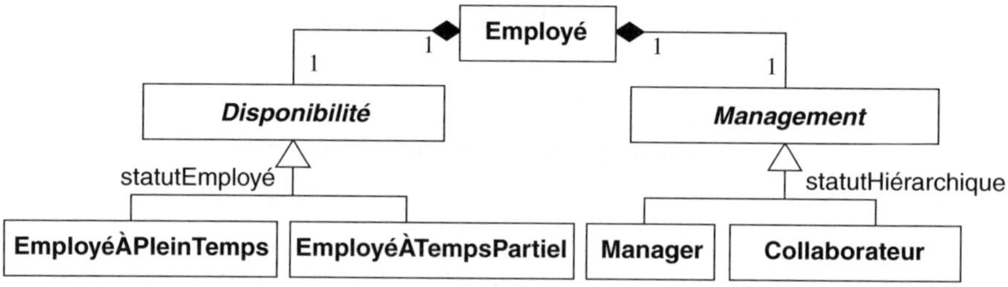

Figure 4.18 • Solution alternative pour l'héritage multiple – délégation.

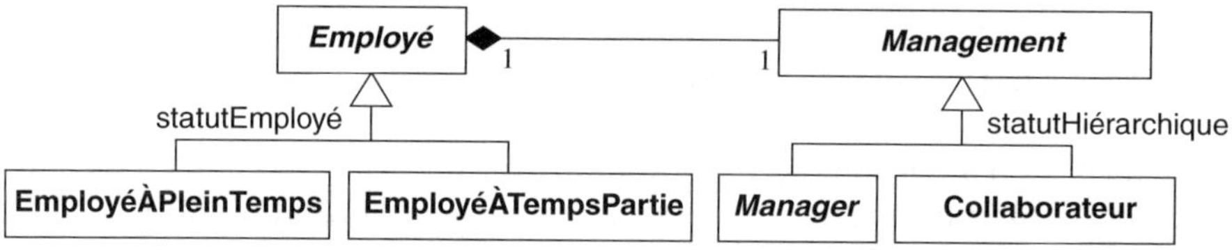

Figure 4.19 • Solution alternative pour l'héritage multiple – héritage et délégation.

- **Généralisation imbriquée.** On factorise d'abord sur une généralisation, puis sur l'autre. Cette approche permet d'obtenir toutes les combinaisons possibles. Par exemple, à la figure 4.20, sous chaque classe *EmployéÀPleinTemps* et *EmployéÀTempsPartiel* s'ajoutent deux sous-classes pour les managers et les collaborateurs. Cette technique préserve l'héritage mais conduit à dupliquer les déclarations et contredit l'esprit de la programmation objet.

Toutes ces solutions alternatives peuvent fonctionner, mais elles compromettent la structure logique et la maintenabilité. Voici quelques critères à prendre en compte pour sélectionner la plus adaptée :

- **Super-classes d'importance égale.** Si une sous-classe a plusieurs super-classes, d'importance égale, on peut préférer utiliser la délégation (voir figure 4.18) et préserver la symétrie du modèle.

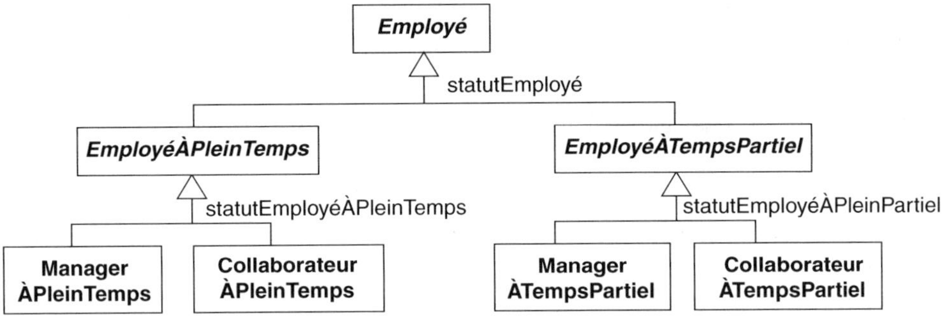

Figure 4.20 • Solution alternative pour l'héritage multiple – généralisation imbriquée.

- **Super-classe dominante.** Si une super-classe est clairement dominante et que les autres soient moins importantes, préservez l'héritage (voir figures 4.19 ou 4.20).
- **Petit nombre de sous-classes.** Si le nombre de combinaisons est restreint, envisagez la généralisation imbriquée (voir figure 4.20). Si le nombre de combinaisons est important, évitez-la.
- **Ordre des ensembles de généralisation.** Si vous utilisez la généralisation imbriquée (voir figure 4.20), factorisez d'abord sur le critère le plus important puis sur le deuxième, et ainsi de suite.
- **Gros volumes de code.** Dans la mesure du possible, évitez les généralisations imbriquées (voir figure 4.20) si vous devez dupliquer une grande quantité de code.
- **Identité.** Considérez l'importance du maintien d'une identité stricte. Seules les généralisations imbriquées (voir figure 4. 20) permettent de la préserver.

4.7 Métadonnées

Une ***métadonnée*** est une donnée qui en décrit d'autres. Par exemple, une définition de classe est une métadonnée. Les modèles sont par nature des métadonnées, puisqu'ils décrivent les entités modélisées (au lieu d'*être* les entités). De nombreuses applications du monde réel utilisent des métadonnées, tels les catalogues de pièces, les plans et les dictionnaires ; les implémentations informatiques les utilisent aussi largement.

La figure 4.21 est un exemple de donnée et de métadonnée. Un modèle de voiture a un nom de modèle, une année, un prix de base et un constructeur. Un nom de modèle peut être par exemple Ford Mustang 1969 ou Volkswagen Rabbitt 1975. Une voiture physique a un numéro de série, une couleur, des options et un propriétaire. Bernard Martin peut posséder une Ford bleue dont le numéro de série est 1FABFP et une Volkswagen rouge dont le numéro est 7E81F. Un modèle de voiture décrit plusieurs voitures physiques et contient les données qui leur sont communes. C'est une métadonnée, par rapport à une voiture physique qui est une donnée.

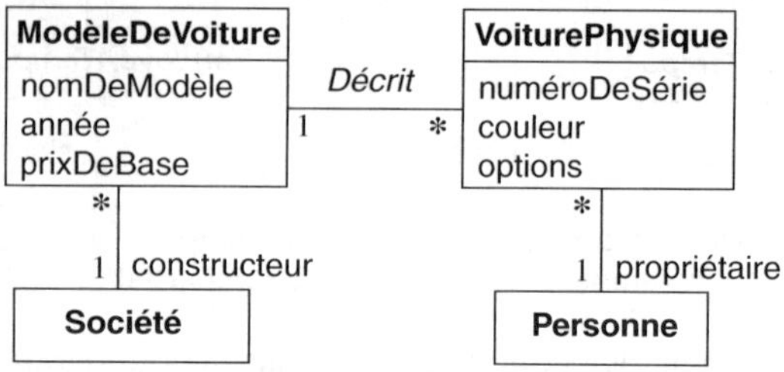

Figure 4.21 • Exemple de métadonnée. Les applications contiennent souvent des métadonnées.

Vous pouvez aussi considérer les classes comme des objets, mais ce sont des méta-objets, non des objets du monde réel. Les objets descripteurs de classes ont des propriétés, et ils ont à leur tour leurs propres classes nommées ***métaclasses***. Tout traiter comme un objet permet une implémentation plus uniforme et offre plus de fonctionnalités pour résoudre des problèmes complexes. L'accessibilité des métadonnées varie d'un langage à l'autre. Certains, comme Lisp et Smalltalk, autorisent les programmes à lire et à modifier les métadonnées au moment de l'exécution. D'autres, comme C++ et Java, ne traitent pas les métadonnées lors de la compilation mais les rendent explicitement disponibles lors de l'exécution.

4.8 Réification

La ***réification*** consiste à promouvoir une entité qui n'est pas un objet au rang d'objet. Elle constitue une technique utile pour les méta-applications parce qu'elle permet de changer de niveau d'abstraction. À l'occasion, il est également intéressant de transformer les attributs, les méthodes, les contraintes et les informations de contrôle en objets pour pouvoir les décrire et les manipuler comme des données.

À titre d'exemple, considérons un gestionnaire de bases de données. Un développeur peut écrire du code pour chaque application de sorte qu'elle puisse lire et écrire dans les fichiers directement. En revanche, pour de nombreuses applications, mieux vaut réifier la notion de services de données et utiliser un gestionnaire de bases de données. Celui-ci possède en effet des fonctionnalités abstraites qui offrent une solution plus généraliste permettant à plusieurs utilisateurs d'accéder rapidement et de manière fiable aux données.

Un autre exemple est le diagramme d'états-transitions (voir les chapitres 5 et 6). Vous pouvez utiliser un diagramme d'états-transitions pour spécifier le contrôle puis l'implémenter. Vous pouvez également élaborer un métamodèle et stocker le modèle d'états-transitions sous forme de données. Un interpréteur généraliste lira le contenu du métamodèle et exécutera les tâches requises.

La figure 4.22 transforme l'attribut *nomDeSubstance* en classe afin de capturer la relation « plusieurs-à-plusieurs » entre *Substance* et *nomDeSubstance*. Une substance chimique peut avoir plusieurs alias. Par exemple, le propylène est nommé indistinctement *propylène* ou C_3H_6. De plus, un alias peut concerner plusieurs substances chimiques : différents mélanges d'éthylène glycol et d'additifs divers peuvent être désignés par le terme générique *antigel*.

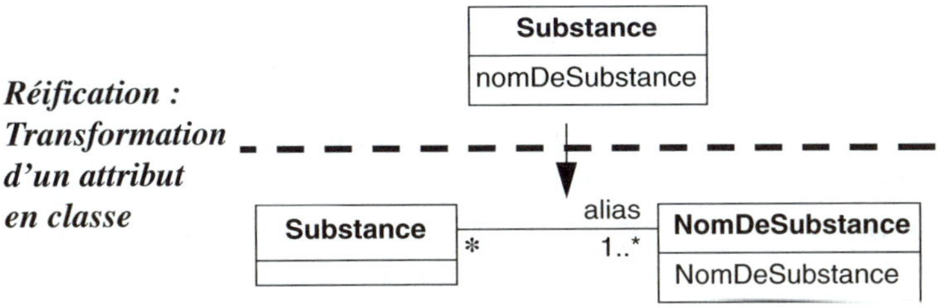

Figure 4.22 • Réification. La réification consiste à transformer une entité qui n'est pas un objet en objet. Elle peut être utile dans les méta-applications.

4.9 Contraintes

Une ***contrainte*** est une condition booléenne qui s'applique aux éléments d'un modèle tels que les objets, les classes, les attributs, les associations et les ensembles de généralisation. Elle restreint les valeurs que les éléments peuvent prendre. On peut exprimer les contraintes en langage naturel ou dans un langage formel tel qu'**OCL** (*Object Constraint Language*) [Warner-99].

4.9.1 Contraintes sur les objets

La figure 4.23 présente un certain nombre de contraintes. Le salaire d'un employé ne doit jamais dépasser celui de son patron (contrainte simultanée entre deux entités). Le rapport entre la hauteur et la largeur d'une fenêtre ne peut jamais être inférieur à 0,8 ni supérieur à 1,5 (contrainte entre attributs d'un même objet). La priorité d'une tâche ne doit pas augmenter (contrainte sur le même objet dans le temps). Vous pouvez placer des contraintes simples dans les modèles de classes.

Figure 4.23 • Contraintes sur les objets. La structure d'un modèle exprime de nombreuses contraintes, mais il est parfois utile de les spécifier explicitement.

4.9.2 Contraintes sur les ensembles de généralisation

Par leur structure même, les modèles de classes capturent de nombreuses contraintes. La sémantique de la généralisation, par exemple, implique certaines contraintes structurelles. En cas d'héritage simple, les sous-classes sont mutuellement exclusives. De plus, chaque instance d'une super-classe abstraite correspond exactement à une instance de sous-classe. Chaque instance d'une super-classe concrète correspond au plus à une instance de sous-classe.

Les figures 4.16 et 4.17 utilisent une contrainte pour contribuer à exprimer l'héritage multiple. UML définit les mots-clés suivants pour les ensembles de généralisation :

- ***Disjoint.*** Les sous-classes sont mutuellement exclusives. Chaque objet appartient à exactement une des sous-classes.
- ***Overlapping*** (recouvrement). Les sous-classes qui se recouvrent peuvent partager des objets. Chaque objet peut appartenir à plus d'une sous-classe.
- ***Complete.*** La généralisation énumère toutes les sous-classes possibles.
- ***Incomplete.*** Certaines sous-classes peuvent être absentes de la généralisation.

4.9.3 Contraintes sur les liens

La multiplicité est une contrainte sur la cardinalité d'un ensemble. Pour une association, elle restreint le nombre d'objets liés à un objet donné. Pour un attribut, elle spécifie le nombre de valeurs possibles pour chaque instanciation de cet attribut.

La qualification exerce également une contrainte sur les associations. Un attribut qualificateur ne se limite pas à décrire les liens d'une association : il est également déterminant dans la résolution des objets situés à une extrémité d'association de multiplicité « plusieurs ».

Une classe-association implique une contrainte. Une classe-association est une classe à part entière : elle peut par exemple avoir des attributs et des opérations, et participer à des associations et à des généralisations. En revanche, elle a une contrainte qu'une classe ordinaire ne possède pas : elle dérive son identité des instances des classes associées.

Une association ordinaire ne suppose pas que les objets de l'extrémité « plusieurs » sont ordonnés de manière particulière. La contrainte *{ordered}* indique que les éléments de l'extrémité « plusieurs » ont un ordre explicite qui doit être préservé.

La figure 4.24 représente une contrainte explicite qui ne fait pas partie de la structure du modèle. Le président d'un comité doit être membre de ce comité ; l'association *PrésidentDe* est un sous-ensemble (*subset*) de l'association *MembreDe*.

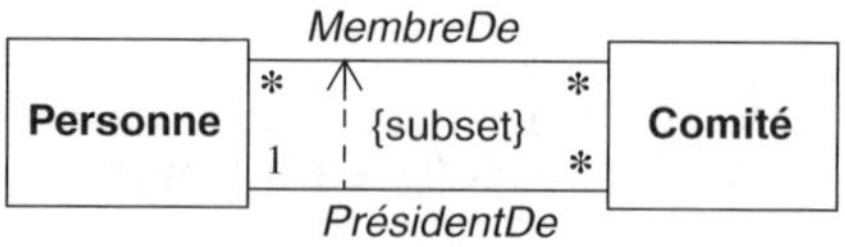

Figure 4.24 • Contrainte de sous-ensemble *{subset}* entre deux associations.

4.9.4 Utilisation des contraintes

Nous préconisons d'exprimer les contraintes sous forme déclarative. Une déclaration permet d'énoncer la finalité d'une contrainte sans supposer une implémentation. En général, il faut convertir les contraintes sous forme procédurale avant de pouvoir les implémenter dans un langage de programmation, mais cette conversion est habituellement assez simple.

Les contraintes fournissent un critère qui permet de mesurer la qualité d'un modèle de classes. Un « bon » modèle de classes capture de nombreuses contraintes à travers sa structure. Il faut souvent plusieurs itérations pour intégrer dans la structure d'un modèle les points de vue des contraintes. En outre, dans la pratique, on ne peut pas intégrer systématiquement toutes les contraintes dans la structure du modèle, mais on doit s'efforcer de le faire pour les plus importantes.

UML dispose de deux notations pour les contraintes. Vous pouvez les délimiter par des accolades ou les placer dans une note « à coin corné » (voir figure 4.26). Dans les deux cas, positionnez-les si possible près des éléments qu'elles affectent. Vous pouvez employer une ligne pointillée pour relier les éléments qui font partie de la contrainte. Une flèche pointillée peut connecter un élément à l'élément dont il dépend.

4.10 Données dérivées

Un ***élément dérivé*** est une fonction (au sens mathématique) d'un ou de plusieurs éléments qui peuvent à leur tour être dérivés. L'élément dérivé est redondant, parce que les autres éléments le déterminent complètement. Au bout du compte, l'arbre de dérivation se termine par les éléments de base. Les classes, les associations et les attributs peuvent être dérivés. La notation d'un élément dérivé est une barre oblique (/) placée devant le nom de l'élément. On doit également représenter la contrainte qui détermine la dérivation.

La figure 4.25 représente un attribut dérivé. L'âge peut être dérivé de la date de naissance et de la date courante.

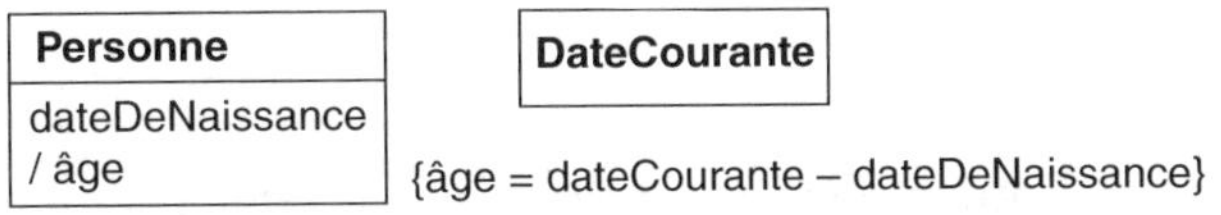

Figure 4.25 • Attribut dérivé. Un attribut dérivé est une fonction d'un ou de plusieurs éléments.

À la figure 4.26, une machine est constituée de plusieurs assemblages constitués eux-mêmes de pièces. Un assemblage a une position géométrique relative par rapport aux coordonnées de la machine. Chaque pièce a une position relative par rapport aux coordonnées de l'assemblage. Nous pouvons définir pour chaque pièce un système de coordonnées dérivées des coordonnées de la machine, des coordonnées relatives de l'assemblage et de celles de la pièce. On peut représenter ce système de coordonnées comme une classe dérivée nommée *Décalage* liée à chaque pièce par une association dérivée nommée *DécalageNet*.

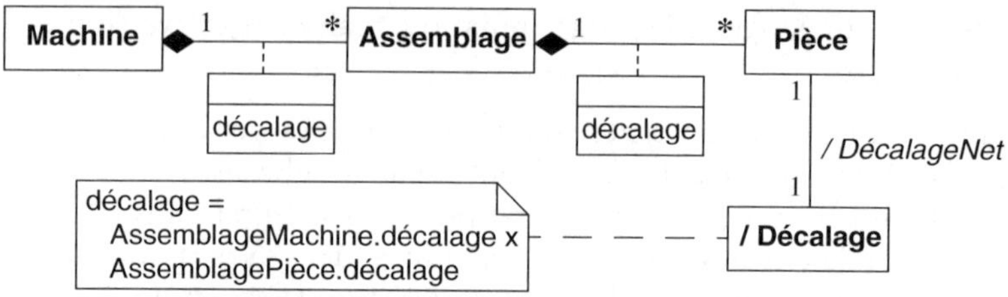

Figure 4.26 • Objet et association dérivés. Les données dérivées pouvant compliquer l'implémentation, ne les utilisez que si elles sont réellement pertinentes.

Il est utile de distinguer les opérations ayant des effets de bord de celles qui se limitent à calculer une valeur fonctionnelle sans modifier l'état des objets. Ce dernier type d'opération se nomme une requête. Vous pouvez considérer les requêtes n'ayant aucun argument hormis l'objet cible comme des attributs dérivés. Vous pouvez, par exemple, calculer la largeur d'un rectangle à partir de la position de ses côtés. Dans bien des cas, un objet possède un ensemble d'attributs dont les valeurs sont liées entre elles, et dont on ne peut choisir indépendamment qu'un certain nombre de valeurs. Un modèle de classes doit généralement différencier les *attributs de base (*qui sont indépendants) des *attributs dérivés (*qui sont dépendants). Le choix des attributs de base est arbitraire, mais il doit être fait de façon à éviter de sur-spécifier l'état de l'objet.

Certains développeurs ont tendance à abuser des éléments dérivés. Cette pratique est généralement inutile et encombre le modèle. La cohérence entre les éléments dérivés et les données de base peut, en outre, être difficile à maintenir. N'utilisez d'éléments dérivés que s'ils sont réellement importants pour l'application ou s'ils facilitent substantiellement l'implémentation.

4.11 Packages

Vous pouvez faire tenir un modèle de classes dans une seule page lorsque les problèmes sont petits ou de taille moyenne. Mais il est souvent difficile de saisir l'intégralité d'un modèle de grande taille. Nous recommandons de partitionner les grands modèles, afin de les rendre plus faciles à comprendre.

Un ***package*** est un groupe d'éléments (classes, associations, généralisations et autres packages plus petits) partageant un thème commun. Un package partitionne un modèle et le rend plus compréhensible et plus facile à gérer. De grosses applications peuvent nécessiter plusieurs niveaux de packages. Les packages forment une arborescence dans laquelle l'abstraction augmente en s'approchant de la racine, qui correspond à l'application elle-même, considérée comme le package de plus haut niveau. Comme le montre la figure 4.27, la notation du package est une boîte munie d'un onglet (ce qui suggère qu'elle renferme un contenu, à l'instar d'un dossier à onglet).

Figure 4.27 • Notation des packages. Les packages permettent d'organiser les grands modèles afin qu'ils soient plus faciles à comprendre.

Différents thèmes permettent de former des packages : classes dominantes, relations dominantes, aspects de fonctionnalité majeurs et symétrie. Par exemple, de nombreux systèmes de gestion ont un package *Client* et un package *Article*. *Client* et *Article* sont des classes dominantes importantes pour l'activité d'une entreprise et apparaissent dans de nombreuses applications. Dans une application de CAO, nous avons utilisé une relation dominante, une généralisation de nombreuses sortes d'équipements, pour diviser un modèle de classes en packages. L'équipement était le centre d'intérêt du modèle, et les attributs et les relations variaient énormément d'un type d'équipement à l'autre. Vous pouvez diviser le modèle de classes d'un compilateur en packages pour l'analyse lexicale, grammaticale et sémantique, la génération de code et l'optimisation. Une fois les packages définis, la symétrie peut en suggérer d'autres.

Nous vous proposons les conseils suivants pour la conception des packages :

- **Délimiter soigneusement le périmètre de chaque package.** Les limites précises d'un package sont affaire de jugement. Comme d'autres aspects de la modélisation, la définition du périmètre d'un package requiert planification et organisation. Vérifiez que les noms d'association et de classe sont uniques au sein de chaque package et utilisez autant que possible des noms cohérents pour les éléments qui se retrouvent dans plusieurs packages.

- **Définir chaque classe dans un seul package.** Le package de définition d'une classe doit faire apparaître le nom de classe, les attributs et les opérations. Les autres packages qui se réfèrent à une classe peuvent utiliser une icône de classe – une boîte ne contenant que le nom de la classe. Cette convention facilite la lecture des modèles de classes, parce que la classe est saillante dans le package où elle est définie. Le lecteur n'est pas distrait par des définitions éventuellement incohérentes ni troublé par l'oubli d'une définition de classe antérieure. Cette pratique facilite également le développement parallèle de packages.

- **Rendre les packages cohésifs.** Les associations et les généralisations doivent normalement apparaître dans un seul package. Mais certaines classes peuvent apparaître dans plusieurs packages, sans toutefois abuser de cette pratique. En général, le pourcentage maximum de classes susceptibles de figurer dans plusieurs packages se situe entre 20 % et 30 %.

4.12 Conseils pratiques

Voici quelques conseils pour construire des modèles de classes, en complément de ceux du chapitre 3 :

- **Énumérations.** Lors de la construction d'un modèle, vous devez déclarer les énumérations et leurs valeurs, parce qu'elles sont récurrentes et importantes pour les utilisateurs. Ne créez pas de généralisations inutiles pour les attributs qui sont des énumérations. Ne spécialisez une classe que lorsque les sous-classes ont des opérations, des associations ou des attributs distincts. (Voir section 4.1.1.)

- **Attributs de classe (statiques).** Il est acceptable d'utiliser un attribut dont la portée est la classe pour éviter l'extension d'une classe. Sinon, n'employez pas les attributs de classe parce qu'ils peuvent compromettre la qualité du modèle. Vous pouvez améliorer un modèle en modélisant explicitement des collections et en leur affectant des attributs. (Voir section 4.1.3.)

- **Associations n-aires.** Évitez si possible les associations n-aires. La plupart d'entre elles peuvent être décomposées en associations binaires. (Voir section 4.3.)

- **Super-classes concrètes.** Du point de vue du style, mieux vaut éviter les super-classes concrètes. De la sorte, classes abstraites et concrètes sont immédiatement visibles : les super-classes sont abstraites et les sous-classes feuilles sont concrètes. Vous pouvez toujours éliminer les super-classes concrètes en introduisant une sous-classe *Autre*. (Voir section 4.5.)

- **Héritage multiple.** Limitez l'héritage multiple à ce qui est essentiel pour le modèle. (Voir section 4.6.)

- **Contraintes.** Vous devez pouvoir restructurer un modèle afin d'améliorer sa clarté et capturer des contraintes supplémentaires. (Voir section 4.9.)

- **Éléments dérivés.** Vous devez toujours indiquer si un élément est dérivé. Employez ces derniers avec parcimonie. (Voir section 4.10.)

- **Grand modèles.** Utilisez des packages pour organiser les grands modèles afin d'en faciliter la compréhension. Le lecteur étudiera un sous-ensemble du modèle à la fois au lieu de l'aborder dans son intégralité. (Voir section 4.11.)

- **Définition des classes.** Définissez chaque classe dans un seul package dans lequel vous représenterez ses propriétés. Les autres packages qui se réfèrent à la classe doivent utiliser une boîte ne contenant que le nom de la classe. Cette convention facilite la lecture des modèles de classes ainsi que le développement en parallèle. (Voir section 4.11.)

Résumé

Ce chapitre traite des concepts avancés de la modélisation des classes. Vous n'en aurez pas besoin pour les modèles simples, mais ils peuvent être importants pour des applications complexes. Souvenez-vous que les besoins de l'application doivent piloter le contenu de tout modèle. N'employez les concepts avancés de ce chapitre que s'ils ajoutent réellement de la valeur à votre application, soit parce qu'ils en améliorent la clarté, soit parce qu'ils renforcent des contraintes structurelles ou qu'ils permettent d'exprimer des idées complexes.

Un type de donnée est la description d'une valeur. Vous devez affecter un type de donnée à chaque attribut avant de pouvoir implémenter un modèle. L'énumération est un type de donnée spécial qui limite les valeurs possibles. Les valeurs énumérées sont souvent importantes dans les interfaces utilisateur.

La multiplicité est une contrainte sur la cardinalité d'un ensemble. Elle s'applique aux attributs aussi bien qu'aux associations. La multiplicité d'un attribut spécifie le nombre de valeurs possibles pour chacune de ses instanciations.

Dans la mesure du possible, évitez les associations n-aires : transformez la plupart d'entre elles en associations binaires. N'utilisez d'associations n-aires que si elles sont atomiques et indécomposables. Sachez que la majorité des langages de programmation vous obligeront à transformer les associations n-aires en classes.

L'agrégation est une forme forte d'association dans laquelle un objet agrégat est constitué de composants. La transitivité et l'asymétrie sont les propriétés qui la différencient d'une association ordinaire. Les opérations sur un agrégat se propagent souvent à ses composants.

La composition est une forme d'agrégation qui implique deux contraintes supplémentaires. Une partie constituante ne peut appartenir à plus d'un assemblage. De plus, une fois une partie constituante affectée à un assemblage, sa durée de vie coïncide avec la durée de vie dudit assemblage. La composition implique que l'assemblage est propriétaire de ses parties.

Les classes abstraites ne sont pas directement instanciables, contrairement aux classes concrètes. Elles peuvent définir des méthodes à un seul endroit, qui seront utilisées par plusieurs sous-classes. Elles peuvent également définir la signature d'une opération, en laissant le soin de les implémenter à chacune de leurs sous-classes

L'héritage multiple permet à une sous-classe d'hériter des propriétés de plus d'une super-classe. Chaque généralisation ne doit traiter qu'un seul aspect. Vous devez organiser les sous-classes en plusieurs généralisations si leur super-classe généralise plusieurs aspects. Une sous-classe peut combiner des classes de différentes généralisations ou des classes d'une même généralisation qui se recouvrent, mais elle ne peut pas combiner des classes disjointes d'une même généralisation.

Les métadonnées sont des données qui décrivent d'autres données. Les classes sont des métadonnées, puisqu'elles décrivent des objets. Les métadonnées constituent un concept utile pour deux raisons : elles existent dans le monde réel et elles représentent un outil puissant pour implémenter des systèmes complexes. Elles peuvent toutefois être difficiles à modéliser, parce qu'elles occultent la distinction entre descripteur et référent. La réification, qui consiste à transformer en objet une entité qui n'en est pas un, est une technique utile pour les méta-applications.

Des contraintes explicites sur les classes, les associations et les attributs peuvent augmenter la précision d'un modèle. Généralisation et multiplicité sont des exemples de contraintes implicites intégrées dans la matière constitutive de la modélisation des classes. Des éléments dérivés peuvent apparaître dans un modèle mais n'ajoutent pas d'informations essentielles.

Un package est un groupe de classes, d'associations, de généralisations et de packages de niveau inférieur. Il partitionne un modèle et le rend plus facile à comprendre et à gérer.

agrégation	contrainte	généralisation	package
association n-aire	délégation	héritage multiple	portée
classe abstraite	élément dérivé	métadonnée	propagation
classe concrète	énumération	multiplicité (d'un attribut)	réification
composition	extrémité d'association	opération abstraite	visibilité

Figure 4.28 • Concepts clés du chapitre 4.

Notes bibliographiques

[Rumbaugh-05] explique de nombreuses subtilités d'UML, dont certaines sont abordées dans ce chapitre.

[Warmer-99] est la référence qui fait autorité en ce qui concerne OCL (*Object Constraint Language*).

Références

[McAllester-86] David McAllester, « Ramin Zabih. Boolean classes », *OOPSLA'87 in SIGPLAN 22*, 12 (décembre 1987), 417-424.

[Rumbaugh-88] James E. Rumbaugh, « Controlling propagation of operations using attributes on relations », *OOPSLA_88 in ACM SIGPLAN 23*, 11 (novembre 1988), 285-296.

[Rumbaugh-05] James Rumbaugh, Ivar Jacobson, Grady Booch, *The Unified Modeling Language Reference Manual,* second edition, Boston, Addison-Wesley, 2005. Traduction française : *UML 2.0, guide de référence*, Paris, CampusPress, 2004.

[Warmer-99] Jos Warmer, Anneke Kleppe, *The Object Constraint Language*, Boston, Addison-Wesley, 1999.

Exercices

4.1 (3) Le diagramme de classes de la figure E4.1 est une représentation partielle de la structure d'une automobile. Améliorez-le en transformant certaines associations en agrégations.

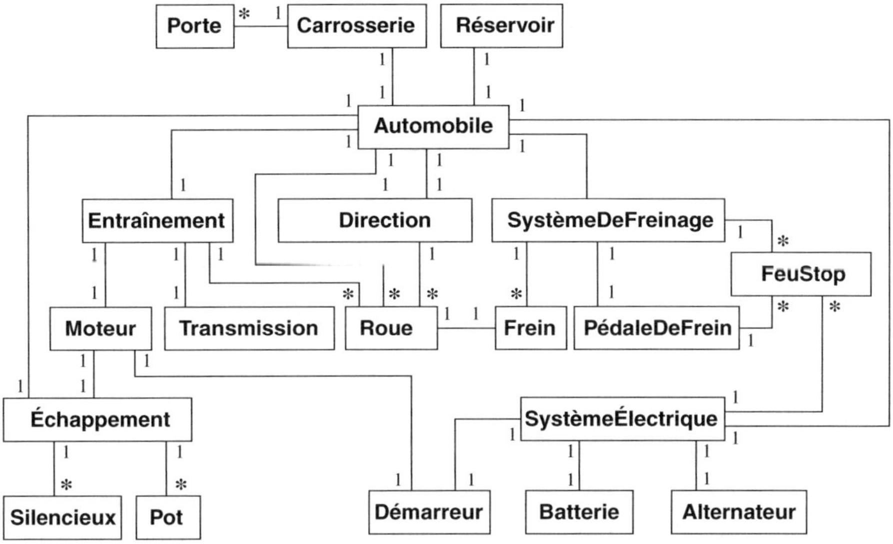

Figure E4.1 • Portion de diagramme de classes pour la hiérarchie d'assemblage d'une automobile.

4.2 (4) La figure E4.2 présente un diagramme de classes partiel pour un éditeur de diagrammes interactif. Une page est une collection de lignes et de boîtes. Un lien est une suite de segments de ligne qui connectent deux boîtes. Chaque segment de ligne est spécifié par deux points. Un point peut être partagé par un segment vertical et un segment horizontal sur la même ligne. Une sélection est une collection de lignes et de boîtes sélectionnées en vue d'une opération d'édition. Un *buffer* est une collection de lignes et de boîtes qui ont été coupées ou copiées.

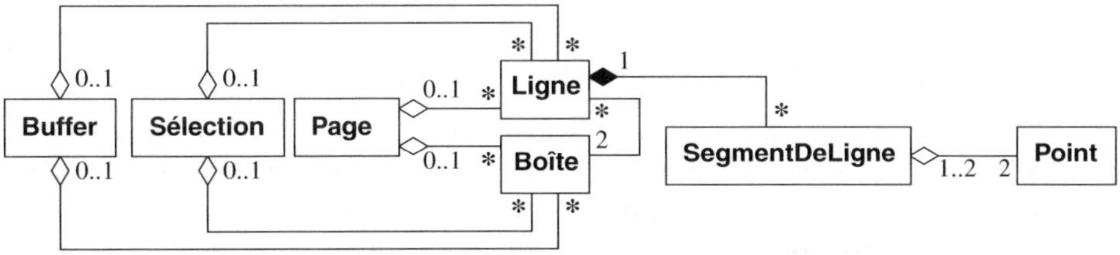

Figure E4.2 • Portion de diagramme de classes pour un éditeur de diagrammes simplifié.

Tel qu'il se présente, le diagramme n'exprime pas la contrainte selon laquelle une ligne ou une boîte appartiennent exactement à un *buffer*, à une sélection ou à une page. Révisez le diagramme de classes et employez la généralisation pour exprimer cette contrainte en créant une super-classe pour les classes *Buffer*, *Sélection* et *Page*. Justifiez les avantages de cette révision.

4.3 (3) Déterminez si les relations suivantes relèvent d'une généralisation, d'une agrégation ou d'une association. Attention : la liste pouvant contenir des relations n-aires, ne supposez pas que toute relation impliquant trois classes ou plus est une généralisation. Justifiez vos réponses.

a. Un pays possède une capitale.
b. Un philosophe qui mange se sert d'une fourchette.
c. Un fichier est un fichier ordinaire ou un répertoire.
d. Un fichier contient des enregistrements.
e. Un polygone est constitué d'un ensemble ordonné de points.
f. Un objet graphique est une zone de texte, un objet géométrique ou un groupe.
g. Une personne utilise un langage de programmation pour un projet.
h. Modems et claviers sont des périphériques d'entrée/sortie.
i. Les classes peuvent avoir plusieurs attributs.
j. Une personne joue dans une équipe durant une année donnée.
k. Une route relie deux villes.
l. Un étudiant suit le cours d'un professeur.

4.4 (7) Tracez un diagramme de classes pour un éditeur de documents graphiques qui dispose d'une fonction de groupage. Supposez qu'un document se compose de plusieurs pages. Chaque page contient des objets graphiques : zones de texte, objets géométriques et groupes. Un groupe est un ensemble d'objets graphiques, incluant éventuellement d'autres groupes. Un groupe doit contenir au moins deux objets graphiques. Un objet graphique ne peut appartenir directement à plus d'un groupe. Les objets géométriques sont les cercles, les ellipses, les rectangles, les lignes et les carrés.

4.5 (7) La description suivante est une taxonomie partielle pour des machines électriques à mouvement rotatif. Pour les besoins de l'analyse, on peut les classer en machines à courant alternatif (CA) et en machines à courant continu (CC). Certaines fonctionnent sur CA, d'autres sur CC et d'autres encore sur les deux. Parmi les machines électriques figurent les gros moteurs synchrones, les petits moteurs à induction, les moteurs universels et les moteurs à aimants permanents. La plupart des moteurs des appareils ménagers sont à induction ou universels.

Une machine fonctionnant sur CA peut être synchrone ou à induction. On utilise généralement des moteurs universels quand une vitesse élevée est nécessaire, comme dans un mixeur ou un aspirateur. Ils fonctionnent sur CA ou sur CC. On emploie des moteurs à aimants permanents dans les jouets et ils ne fonctionnent que sur CC.

Tracez un diagramme de classes montrant comment ces catégories et ces machines sont reliées les unes aux autres. Employez l'héritage multiple lorsqu'il est approprié.

4.6 (7) Révisez le modèle de classes de l'exercice 4.5 pour éliminer tous les emplois de l'héritage multiple.

4.7 (8) Construisez un métamodèle qui prenne en charge les concepts UML suivants : classe, attribut, association, extrémité d'association, nom de classe et nom d'attribut. N'utilisez que ces constructions pour bâtir votre métamodèle.

4.8 (8) Préparez un diagramme d'objets du métamodèle que vous avez élaboré à l'exercice 4.7. Traitez le métamodèle comme un diagramme de classes qui peut être représenté par des instances des classes du métamodèle.

4.9 (5) Utilisez la généralisation pour réviser votre réponse à l'exercice 4.7 afin qu'un attribut appartienne à une classe ou à une association, mais pas aux deux.

4.10 (7) La figure E4.3 est une portion d'un métamodèle qui décrit la généralisation. Une généralisation est associée à plusieurs rôles de généralisation. Il s'agit des rôles que les classes jouent dans ce contexte, à savoir celui de sous-classe ou de super-classe. Ce modèle prend-il en charge l'héritage multiple ? Justifiez votre réponse.

4.11 (8) Expliquez comment trouver quelle classe est la super-classe d'une généralisation en vous basant sur le métamodèle de la figure E4.3. Révisez le métamodèle pour simplifier la requête. Expliquez comment déterminer la super-classe d'une généralisation grâce au métamodèle révisé. Assurez-vous que votre nouvelle version du métamodèle prend en charge l'héritage multiple. Pour la figure E4.3 et pour votre métamodèle, écrivez des requêtes OCL permettant de trouver une super-classe étant donné une généralisation.

Figure E4.3 • Métamodèle d'une généralisation.

4.12 (7) Dans quelle mesure le métamodèle de la figure E4.3 respecte-t-il la contrainte selon laquelle chaque généralisation a exactement une super-classe ? Révisez-le pour améliorer le respect de cette contrainte.

4.13 (7) La figure E4.3 est un métamodèle qui décrit des modèles de classes tels que celui de la figure E4.4. Tracez un diagramme d'objets utilisant les classes du métamodèle pour décrire le modèle de la figure E4.4.

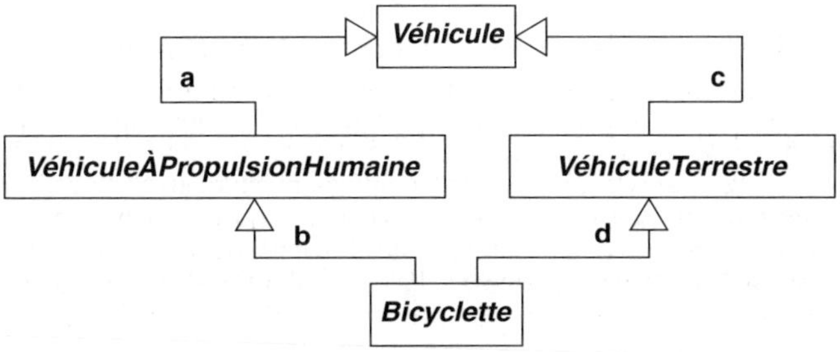

Figure E4.4 • Diagramme de classes avec héritage multiple.

4.14 (7) Préparez une portion de diagramme de classes du système de contrôle des prêts d'une bibliothèque, dans lequel la pénalité de retard pour un ouvrage qui aurait dû être rendu est un attribut dérivé.

4.15 (10) Préparez un métamodèle des représentations de Backus-Naur (BNF) des langages informatiques. Un compilateur de compilateurs, tel le programme YACC (*Yet Another Compiler Compiler*) sous UNIX, pourrait utiliser le modèle. Un compilateur de compilateurs accepte en entrée ces représentations sous forme graphique et produit un compilateur pour le langage représenté.

La figure E4.5 représente un exemple de BNF acceptée par le compilateur de compilateurs. Les rectangles représentent des éléments non terminaux, et les cercles ou les rectangles aux coins arrondis indiquent des éléments terminaux. Les caractères uniques sont dans des cercles et les séquences de caractères dans des rectangles aux coins arrondis. Les flèches indiquent la direction du flux dans le diagramme. Lorsque plusieurs chemins orientés divergent, il est possible de choisir n'importe lequel d'entre eux. Le nom de l'élément non terminal décrit apparaît au début de sa représentation.

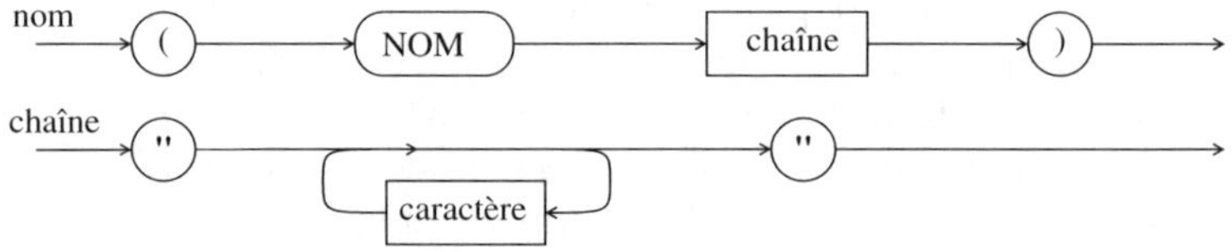

Figure E4.5 • Portion d'un diagramme BNF.

4.16 (7) Tracez un diagramme de classes simple et suffisant pour représenter des recettes. Appuyez-vous sur la recette de la figure E4.6. Cet exercice est un exemple de réification. En un sens, les tâches nécessaires pour réaliser une recette pourraient être des opérations ; dans un autre sens, elles pourraient être des données dans un modèle de classes.

Lasagnes

3 cuillers à soupe d'huile
1 gros oignon haché
1 gousse d'ail
500 grammes de bœuf haché
2 cuillers à café de sel
1 grande boîte de tomates pelées
1 cuiller à café d'origan
1 demi-boîte de pâtes à lasagnes
500 grammes de ricotta
1 tasse de mozzarella coupée en petit dés
1 demi-tasse de parmesan
2 petites boîtes de concentré de tomates

Faites revenir l'oignon, la gousse d'ail, le bœuf haché et une cuiller à café de sel dans l'huile jusqu'à ce que la viande soit dorée. Ajoutez les tomates, le concentré, 1 cuiller à café de sel et mélangez. Couvrez et laissez cuire à petit feu une demi-heure jusqu'à ce que le mélange épaississe. Faites cuire les pâtes dans l'eau 10 minutes jusqu'à ce qu'elles soient tendres. Rincez et égouttez. Beurrez un grand plat rectangulaire et déposez-y en couches les pâtes, la sauce, la mozzarella, la ricotta et le parmesan. Faites cuire à 180 degrés pendant 30 à 45 mn.

Figure E4.6 • Une recette simple.

4.17 (9) Étendez le modèle de classes de l'exercice 4.16 pour pouvoir gérer d'autres ingrédients. Par exemple, certaines recettes de lasagnes proposent de substituer du gruyère râpé au parmesan.

4.18 (8) La NASAA (*North American Securities Administrators Association*), **www.nasaa.org**, a pour objectif de protéger les investisseurs et de leur apprendre à effectuer des transactions boursières. Elle leur recommande de prendre des notes lorsqu'ils parlent avec un courtier en utilisant le formulaire de la figure E4.7. (Ils doivent utiliser plusieurs formulaires quand le courtier émet plusieurs recommandations au cours d'un seul appel.) Supposons qu'on souhaite informatiser le traitement de ce formulaire. Tracez le diagramme de classes correspondant au formulaire.

Date ____________ Heure ____________

❑ Appel émis ❑ Appel reçu ❑ Rendez-vous Lieu ____________

Nom du courtier ____________ Téléphone ____________

Firme du courtier ____________ Téléphone ____________

N° fichier central ____________ ❑ Rapport fichier central

Investissement recommandé

❑ Achat ❑ Vente

Nom de la Bourse ____________

Raisons de la recommandation ____________

En quoi cette transaction correspond-elle à mes objectifs d'investissement ? ____________

Quels sont les risques ? ____________

J'ai demandé à recevoir une documentation écrite avant de prendre ma décision.

❑ Oui ❑ Non

Je recevrai :

❑ un prospectus

❑ un récapitulatif de l'offre

❑ le dernier rapport annuel

❑ les derniers rapports annuels ou intermédiaires

❑ des rapports d'études

❑ autres informations

Transaction proposée

Nombre d'actions/unités ____________

Prix de l'action $ ____________

Coût total $ ____________

commission ____________

Mes instructions

❑ Rien ❑ Acheter ❑ Vendre

Nombre Prix ____________

$ ____________

Notes ____________

Notes prises par : ____________

Figure E4.7 • Formulaire de la NASAA.

4.19 (9) Préparez un modèle pour les mots d'un dictionnaire. Il doit inclure : les variantes orthographiques, les antonymes, les dates d'apparition des mots, la catégorie grammaticale (nom, verbe, adjectif, adverbe), l'étymologie, la césure des mots, la signification, les commentaires divers, le classement par fréquence d'emploi, la prononciation et les synonymes.

Voici quelques exemples de définitions (d'après le *Petit Robert*) :

- **COMPORTER.** *v. tr. et pron.* (lat. *comportare*, « transporter » ; « supporter »). **1°** *v. tr.* Permettre d'être, aller avec ; inclure en soi ou être la condition de. **V. Admettre, Contenir, Emporter, Impliquer, Inclure**. **2°** (*Concret*) Comprendre en soi. **3°** SE COMPORTER. *v. pron.* Se conduire, agir d'une certaine manière.
- **DAURADE** ou **DORADE.** *n. f.* (1556, prov. *daurada*, « doré »). Poisson téléostéen à reflets dorés ou argentés, des mers chaudes ou tempérées. *Spécialt.* Poisson de la famille des *Sparidés* estimé en cuisine.
- **ESPAGNOL, OLE.** *adj. et nom.* (*Espan*, 1080 ; lat. *Spanus* de *Hispanus)* **1°** *Adj.* De l'Espagne. **V. Hispanique, Ibérique**. **2°** *N.* Habitant de l'Espagne. *N. m.* Langue romane parlée en Espagne.
- **KUMQUAT.** *n. m.* (du chinois *kin-ku* « orange d'or »). Fruit d'un citrus « citronnier du Japon », très petite orange qui se mange souvent confite. Arbuste qui porte ce fruit.

La figure E4.8 représente une solution partielle de ce problème en montrant les classes et les relations. Ajoutez les attributs et ordonnez les associations quand c'est approprié.

Les associations *MotApparenté*, *Synonyme* et *Antonyme* ne sont pas tout à fait exactes et présentent un problème. Expliquez pourquoi.

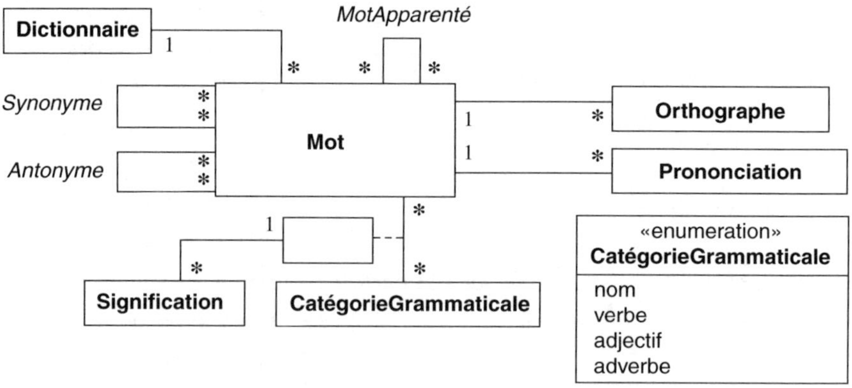

Figure E4.8 • Modèle partiel d'un dictionnaire.

5

Modélisation des états

Un système peut être mieux compris si on examine en premier lieu sa structure statique, autrement dit la structure de ses objets et les relations que ces derniers entretiennent à un moment donné (le modèle de classes). Il est ensuite préférable d'étudier les modifications des objets et de leurs relations au fil du temps (le modèle d'états). Le modèle d'états décrit la séquence des opérations réalisées en réponse à des stimuli externes, par opposition à ce que font ces opérations, ce sur quoi elles opèrent et la façon dont elles sont implémentées.

Le modèle d'états est constitué de plusieurs diagrammes d'états, un pour chaque classe dotée d'un comportement temporel significatif pour l'application. Le diagramme d'états est un concept informatique standard (une représentation graphique des automates à états finis) qui relie des événements et des états. Les événements représentent les stimuli externes et les états représentent les valeurs des objets. La maîtrise des concepts de ce chapitre est nécessaire à la bonne compréhension du reste de l'ouvrage.

5.1 Événements

Un ***événement*** est une occurrence ou un fait qui a lieu à un moment donné ; il s'agit d'une modification intervenue dans l'environnement. Par exemple, *l'utilisateur appuie sur le bouton de gauche* ou *le vol 123 part de Chicago*. Les événements correspondent souvent à des participes passés (*électricité allumée*, *alarme enclenchée*) ou au moment où une condition commence à être vérifiée (*la corbeille à papiers devient vide*, *la température passe en dessous de zéro*). Par définition, un événement se produit instantanément par rapport à l'échelle temporelle de l'application. Bien entendu, rien n'est réellement instantané ; un événement est simplement une occurrence qu'une application considère comme atomique et ponctuelle. Le moment auquel il se produit est un attribut implicite de l'événement. Les phénomènes temporels qui durent un certain intervalle de temps doivent être modélisés par des états.

Un événement peut logiquement en précéder ou en suivre un autre, ou deux événements peuvent ne pas être liés. Le vol 123 doit partir de Chicago avant de pouvoir arriver à San Francisco : ces deux événements sont liés par une relation de causalité. En revanche, le vol 123 peut partir avant que le vol 456 ne parte de Rome ou après : il n'existe aucune relation de causalité entre ces deux événements. Deux événements sans relation de causalité sont dits ***concurrents*** : ils n'ont aucun effet l'un sur l'autre. Si le délai de communication entre deux emplacements où des événements se produisent est plus important que la différence de temps séparant ces événements, ils doivent être considérés comme concurrents car ils ne peuvent pas s'influencer mutuellement. Même lorsque la localisation physique de deux événements est proche, considérez-les comme concurrents dès qu'ils n'ont aucune influence l'un sur l'autre. Lorsque vous modélisez un système, il n'est pas nécessaire d'ordonner les événements concurrents puisqu'ils peuvent survenir dans n'importe quel ordre.

Outre les occurrences normales, les événements peuvent également correspondre à la vérification de conditions d'erreur. Par exemple, *moteur noyé*, *transaction annulée* et *délai dépassé* sont des événements liés à des conditions d'erreur classiques. Un événement correspondant à une erreur ne diffère en rien d'un autre événement : seule votre interprétation en fait une « erreur ».

Le terme *événement* est souvent employé de façon ambiguë. Un événement désigne parfois une instance, d'autres fois une classe. Dans la pratique, cette ambiguïté ne pose généralement pas de problème et la signification précise se déduit facilement du contexte. Si nécessaire, vous pouvez préciser *occurrence d'événement* ou *type d'événement* pour lever l'ambiguïté.

Plusieurs sortes d'événements existent. Les types les plus courants sont les signaux, les événements de changement et les événements temporels.

5.1.1 Événements de signal

Un ***signal*** est une transmission d'information explicite et unidirectionnelle d'un objet à un autre. Il diffère d'un appel de sous-programme retournant une valeur. Un objet qui envoie un signal à un autre objet peut attendre une réponse, mais cette réponse est un signal séparé, sous le contrôle du second objet, qui peut choisir ou non de l'envoyer.

Un ***événement de signal*** est un événement qui consiste à émettre ou à recevoir un signal. En général, on s'intéresse plus à la réception d'un signal, parce qu'il provoque un effet sur l'objet récepteur. Notez la différence entre *signal* et *événement de signal* : un signal est un message entre objets alors que l'événement de signal en est une occurrence dans le temps.

Chaque transmission de signal est une occurrence unique, mais nous groupons les signaux dans des *classes de signaux* et nous nommons chaque classe pour indiquer une structure et un comportement communs. Par exemple, *le départ du vol 123 d'United Airlines de Chicago le 10 janvier 2001* est une instance de la classe de signaux *DépartDeVol*. Certains signaux sont de simples occurrences, mais la plupart des classes de signaux possèdent des attributs indiquant les valeurs acheminées. Par exemple, comme le montre la figure 5.1, la classe *DépartDeVol* possède les attributs *compagnie*, *numéroDeVol*, *ville* et *date*. La notation UML est le mot-clé *signal* entre guillemets (« ») placé dans le compartiment supérieur de la boîte de classe. Le second compartiment énumère les attributs.

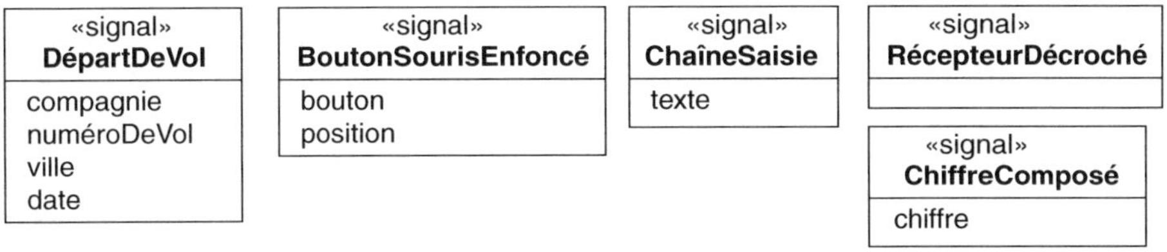

Figure 5.1 • Classes de signaux et leurs attributs. Un signal est une transmission d'information explicite et unidirectionnelle d'un objet à un autre.

5.1.2 Événements de changement

Un ***événement de changement*** est causé par la satisfaction d'une expression booléenne. L'objectif d'un événement de changement est que l'expression booléenne correspondante soit testée en permanence : chaque fois que l'expression passe de faux à vrai, l'événement se produit. Naturellement, une application ne vérifie pas vraiment les conditions des événements *en permanence*, mais elle doit le faire suffisamment souvent pour que le processus semble continu du point de vue de l'application.

La notation UML de ce type d'événement est le mot-clé *when* (quand) suivi d'une expression booléenne entre parenthèses. La figure 5.2 fournit plusieurs exemples.

- when (température de la pièce < température de déclenchement du chauffage)
- when (température de la pièce > température de déclenchement de la climatisation)
- when (charge de la batterie < limite inférieure)
- when (pression du pneu < pression minimale)

Figure 5.2 • Événements de changement. Un événement de changement est causé par la satisfaction d'une expression booléenne.

5.1.3 Événements temporels

Un ***événement temporel*** est causé par l'occurrence d'un temps absolu ou par l'écoulement d'une durée. Comme le montre la figure 5.3, la notation UML d'un temps absolu est le mot-clé *when* suivi d'une expression temporelle entre parenthèses, tandis que celle d'un intervalle est le mot-clé *after* (après) suivi d'une expression entre parenthèses évaluant une durée.

- when (date = 01/01/2000)
- after (10 secondes)

Figure 5.3 • Événements temporels. Un événement temporel est causé par l'occurrence d'un temps absolu ou par l'écoulement d'une durée.

5.2 États

Un ***état*** est une abstraction des valeurs et des liens d'un objet. Des ensembles de valeurs et de liens sont groupés dans un état conformément au comportement global de l'objet. Par exemple, l'état d'une banque est solvable ou insolvable, selon que ses actifs excèdent ou non ses dettes. Les états correspondent souvent à des participes présents (*Attendant*, *Numérotant*)[1] ou à la stabilité d'une condition (*Allumé*, *InférieurÀZéro*).

La figure 5.4 représente la notation UML des états : une boîte aux coins arrondis contenant optionnellement le nom de l'état. Par convention, le nom de l'état vient en gras, centré en haut de la boîte, et commence par une lettre capitale.

Figure 5.4 • États. Un état est une abstraction des valeurs et des liens d'un objet.

Lorsque nous définissons des états, nous ignorons les attributs qui n'affectent pas le comportement de l'objet et nous regroupons dans un même état toutes les combinaisons de valeurs et de liens qui représentent les mêmes réponses aux événements. Naturellement, tout attribut a un effet sur le comportement, sinon il n'aurait pas de sens. Mais souvent, des attributs n'affectent pas la séquence de contrôle et vous pouvez les considérer comme de simples valeurs de paramètre au sein d'un état. Souvenez-vous que la modélisation a pour finalité de se concentrer sur les qualités pertinentes pour la solution d'un problème et de faire abstraction des autres. Les trois modèles d'UML (classes, états et interactions) présentent différentes vues d'un système pour lesquelles le choix des attributs et des valeurs ne revêt pas la même importance. Par exemple, à l'exception des chiffres initiaux (0 ou 1), les chiffres composés n'affectent pas le contrôle de la ligne téléphonique, et nous pouvons les résumer dans l'état *Numérotant* et considérer le numéro de téléphone sous forme de paramètre. Cela dit, quand le nombre de valeurs possibles d'un attribut est réduit, elles sont toutes importantes.

Les objets d'une classe ont un nombre fini d'états possibles – allant de un à un nombre potentiellement très grand. Chaque objet ne peut se trouver que dans un seul état à un instant donné. Mais, les objets peuvent passer par plusieurs états au cours de leur vie. À un moment donné, les différents objets, instances d'une même classe, peuvent se trouver dans des états différents.

Un état spécifie la réponse d'un objet aux événements d'entrée. Tous les événements sont ignorés, sauf ceux pour lesquels un comportement est indiqué explicitement.

1. Ou en français à la locution correspondante, *EnAttente* par exemple. NdT.

La réponse peut comprendre l'invocation d'un comportement et/ou un changement d'état. Par exemple, si un chiffre est composé alors que la ligne téléphonique est dans l'état *Tonalité*, la tonalité est interrompue et la ligne téléphonique entre dans l'état *Numérotant* ; si le combiné est raccroché, la ligne est coupée et passe de l'état *Tonalité* à l'état *Inexploité*.

Une certaine symétrie entre les événements et les états existe, comme le montre la figure 5.5. Les événements représentent des moments précis dans le temps et les états représentent des intervalles de temps. Un état correspond à l'intervalle séparant la réception de deux événements par un objet. Par exemple, après que le combiné a été décroché et avant que le premier chiffre n'ait été composé, la ligne est dans l'état *Tonalité*. L'état d'un objet dépend des événements passés, qui sont en définitive, dans la plupart des cas, masqués par des événements ultérieurs. Par exemple, les événements survenus avant que le téléphone ne soit raccroché n'affectent pas le comportement futur : l'état *Inactif* « oublie » tous les événements reçus avant l'événement de signal *raccroché*.

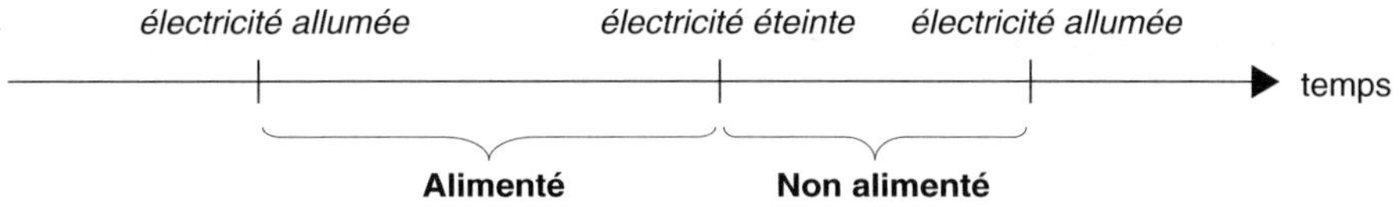

Figure 5.5 • Événement vs État. Les événements représentent un moment précis dans le temps. Les états représentent des intervalles de temps.

Les événements et les états dépendent du niveau d'abstraction. Par exemple, un agent de voyage planifiant un itinéraire traitera chaque étape comme un seul événement. Le tableau d'état des vols dans un aéroport différenciera les départs des arrivées. Un système de contrôle du trafic aérien décomposera également chaque vol en plusieurs zones géographiques.

Vous pouvez caractériser un état de diverses façons, comme le montre l'état *Alarme-Sonnant* d'une montre de la figure 5.6. L'état porte un nom évocateur et sa finalité est décrite en langage naturel. La séquence d'événements qui provoque l'état *Alarme-Sonnant* comprend l'initialisation de l'alarme, toute suite d'événements ne comprenant pas l'annulation de l'alarme et le passage à l'heure cible. Une condition déclarative de l'état est donnée en termes de paramètres, comme *heure actuelle* et *heure cible*. La sonnerie cesse au bout de vingt secondes. Enfin, un tableau stimulus-réponse montre l'effet des événements *heure actuelle* et *bouton pressé*, y compris l'action et le passage à l'état suivant. Les différentes descriptions d'un état peuvent se recouper.

Les liens peuvent-ils avoir un état ? Oui, dans la mesure où on peut les considérer comme des objets. Dans la pratique, on se contente généralement d'associer des états à des objets.

État : *AlarmeSonnant*

Description : L'alarme de la montre se déclenche pour indiquer l'heure cible.

Séquence d'événements qui produit l'état :

alarmeRéglée (*heureCible*)
toute séquence d'événements sauf *alarmeDésactivée*
when (*heureActuelle* = *heureCible*)

Condition qui caractérise l'état :

alarme = en marche, alarme positionnée sur *heureCible*, *heureCible* ≤ *heureActuelle* ≤ *heureCible* + 20 secondes et aucun bouton n'a été enfoncé depuis *heureCible*

Événements acceptés dans l'état :

événement	action	état suivant
when (*heure actuelle* = *heureCible* + 20)	*réinitialiserAlarme*	*normal*
boutonEnfoncé (n'importe lequel)	*réinitialiserAlarme*	*normal*

Figure 5.6 • Différentes caractérisations d'un état. Un état spécifie la réponse d'un objet à des événements entrants.

5.3 Transitions et conditions

Une ***transition*** est le passage instantané d'un état à un autre. Par exemple, lorsque vous prenez un appel, la ligne effectue une transition : elle passe de l'état *Sonnant* à l'état *Connecté*. On dit que la transition ***est franchie*** lors du passage de l'état source à l'état cible. L'origine et la cible d'une transition sont généralement deux états différents, mais il peut s'agir du même état. Une transition est franchie quand l'événement correspondant survient (à moins qu'une condition de franchissement de la transition ne conduise à l'ignorer). Le choix de l'état cible de la transition dépend à la fois de l'état source et de l'événement reçu. ≤

Un événement peut provoquer la transition de plusieurs objets. Du point de vue conceptuel, ces transitions sont concurrentes.

Une ***condition de franchissement*** (*guard condition*) est une expression booléenne qui doit être vraie pour que la transition soit franchie. Par exemple, un feu de signalisation placé à une intersection peut ne changer de couleur que si des véhicules attendent sur une voie donnée (voir figure 5.7). Une transition associée à une telle condition est franchie quand son événement associé a lieu, mais seulement si la condition de franchissement associée est vraie. Par exemple, quand vous sortez le matin (événement), si la température est inférieure à zéro (condition), mettez des gants (état suivant). Une condition de franchissement n'est vérifiée qu'une fois, au moment où l'événement se produit, et la transition n'est franchie que si la condition est vraie. Si la condition devient vraie plus tard, la transition n'est pas pour autant franchie. Notez qu'une condition de franchissement est différente d'un événement de changement : elle n'est évaluée qu'une seule fois (avant le franchissement d'une transition) alors que l'événement de changement est évalué en permanence.

La figure 5.7 représente les transitions associées à une condition de franchissement pour les feux tricolores situés à une intersection. Une paire de capteurs électroniques surveille les voies nord/sud tournant vers la gauche ; une autre surveille les voies est/ouest tournant vers la gauche. S'il n'y a pas de voiture sur les voies en question, le système de contrôle est suffisamment intelligent pour éviter la portion du cycle qui concerne ces voies.

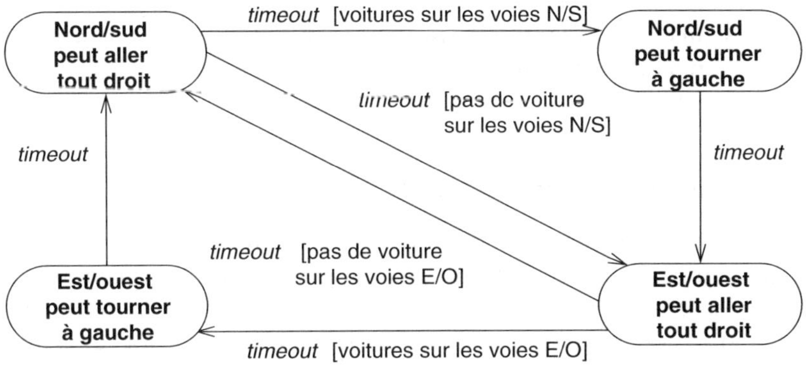

Figure 5.7 • Transitions franchies (guarded transitions). Une transition est le passage instantané d'un état à un autre. Une condition de franchissement est une expression booléenne qui doit être vraie pour que la transition soit franchie.

La notation UML d'une transition est une ligne joignant l'état d'origine et l'état cible, une flèche pointant vers l'état cible. La ligne peut être constituée de plusieurs segments. Un événement peut être associé aux transitions et suivi d'une condition de franchissement optionnelle entre crochets. Par convention, les segments sont alignés sur une grille rectiligne. Le nom de l'événement vient en italique et la condition vient sans enrichissement.

5.4 Diagrammes d'états

Un ***diagramme d'états*** est un graphe orienté dont les nœuds sont des états et les arcs des transitions entre les états. Il spécifie les successions d'états provoqués par des successions d'événements. Les noms d'état doivent être uniques dans un même diagramme. Tous les objets d'une classe exécutent le diagramme d'états de cette classe, ce qui modélise leur comportement commun. Vous pouvez implémenter les diagrammes d'états en les interprétant directement ou en convertissant leur sémantique en un code équivalent.

Le ***modèle d'états*** est constitué de plusieurs diagrammes d'états – un diagramme par classe ayant un comportement temporel significatif. Les interfaces des diagrammes d'états doivent correspondre au regard des événements et des conditions de franchissement. Les différents diagrammes d'états individuels interagissent en transmettant les événements et en tenant compte des conditions de franchissement. Certains événements et conditions de franchissement apparaissent dans un seul diagramme d'états, d'autres sont présents dans plusieurs diagrammes afin d'assurer leur coordination. Ce chapitre n'aborde que les diagrammes d'états individuels. Nous étudierons au chapitre 6 les modèles d'états et les interactions entre diagrammes d'états.

Une classe ayant plus d'un état a un comportement temporel significatif. Il en est de même d'une classe ayant un seul état avec plusieurs réponses aux événements. Vous pouvez représenter simplement les classes à un seul état sous une forme non graphique, à l'aide d'un tableau stimulus-réponse énumérant les événements, les conditions de franchissement et le comportement qui s'ensuit.

5.4.1 Exemple de diagramme d'états

La figure 5.8 représente un diagramme d'états d'une ligne téléphonique. Ce diagramme concerne une ligne téléphonique, et non l'utilisateur qui appelle ou celui qui est appelé. Il contient des séquences associées à des appels normaux et des séquences anormales, comme un dépassement de temporisation lors de la numérotation ou une ligne occupée. La notation UML d'un diagramme d'états est un rectangle dont le nom figure dans une petite étiquette pentagonale placée dans le coin supérieur gauche. Les états et les transitions qui le constituent sont représentés dans le rectangle.

Au début de l'appel, la ligne téléphonique est inexploitée. Quand l'utilisateur qui appelle décroche le combiné de son support, il émet une tonalité et accepte la composition d'un numéro. Si ce numéro est valide, le système entreprend d'établir la connexion et d'acheminer l'appel. La connexion peut échouer si la ligne de l'utilisateur appelé est occupée ou si le réseau est saturé. Si la connexion réussit, le poste appelé commence à sonner. Si la personne appelée répond, une conversation peut avoir lieu. Lorsque la personne appelée raccroche, l'utilisateur qui appelle est déconnecté et le téléphone retourne à l'état *Inexploité*.

Notez que la réception du signal *raccroché* provoque une transition d'un état quelconque vers l'état *Inexploité* (le groupe de transitions aboutissant à *Inexploité*). Au chapitre 6, nous verrons une notation plus générale pour représenter les événements applicables à des groupes d'états avec une seule transition.

Les états ne définissent pas totalement toutes les valeurs d'un objet. Par exemple, l'état *Numérotant* inclut toutes les séquences de numéros de téléphone incomplets. Il est inutile de modéliser les différents numéros comme étant des états séparés puisqu'ils ont tous le même comportement ; en revanche, le numéro réellement composé doit être mémorisé sous forme d'attribut.

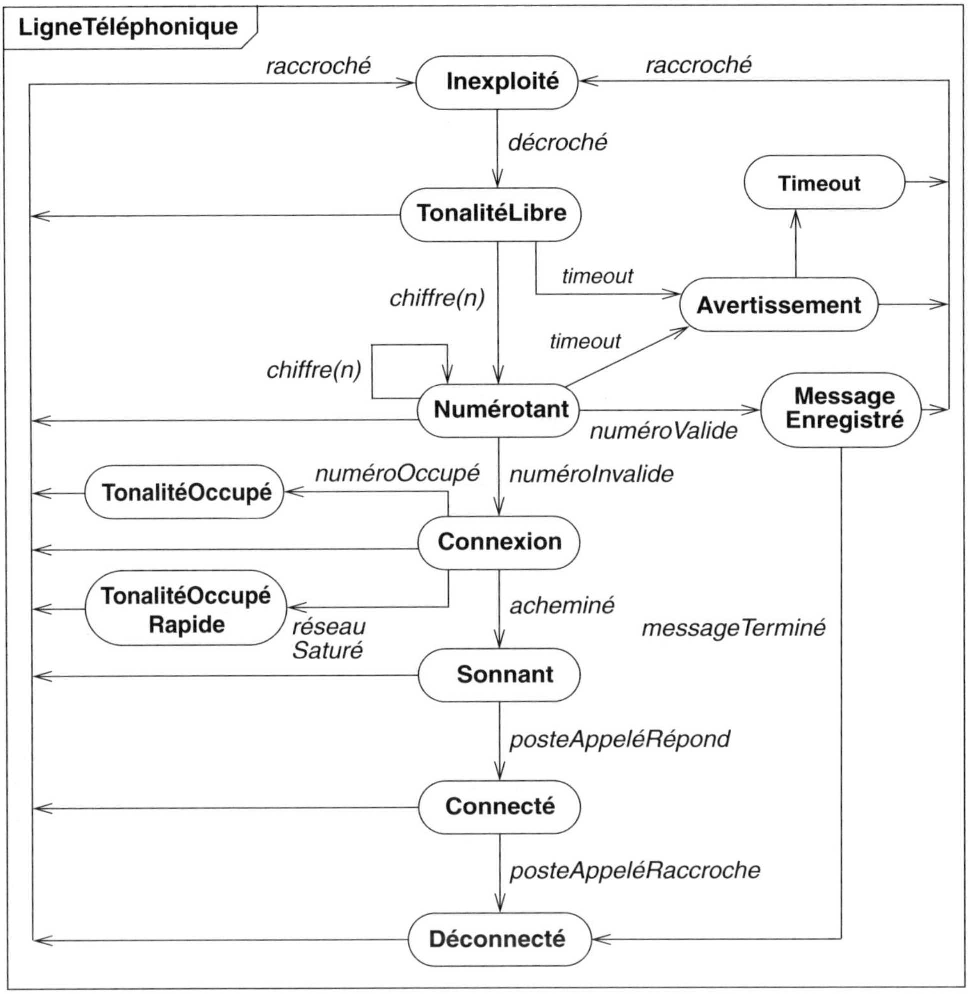

Figure 5.8 • Diagramme d'états d'une ligne téléphonique. Un diagramme d'états spécifie les états et les changements d'états provoqués par des événements successifs.

Si un état a plus d'une transition sortante, le premier événement qui se produit provoque le franchissement de la transition correspondante. Si un événement a lieu et qu'aucune transition ne lui corresponde, l'événement est ignoré. Si plusieurs transitions correspondent à un événement, une seule transition est franchie, mais le choix de la transition franchie est non déterministe.

5.4.2 Diagrammes d'états irréversibles

Les diagrammes d'états peuvent représenter des cycles de vie en boucle infinie ou irréversibles. Le diagramme de la ligne téléphonique est une boucle infinie. Quand nous décrivons l'usage ordinaire du téléphone, nous ne savons pas comment la boucle a commencé, et cela nous indiffère. (Si nous décrivions l'installation de nouvelles lignes, l'état initial serait important.)

Les diagrammes d'états irréversibles (*one-shot diagrams*) représentent les objets dont la durée de vie est finie et qui possèdent un état initial et un état final. L'objet entre dans l'état initial à sa création ; l'entrée dans l'état final implique la destruction de l'objet. La figure 5.9 représente le cycle de vie simplifié d'une partie d'échecs, avec un état initial par défaut (cercle noir plein) et un état final par défaut (cercle blanc avec un point noir au milieu).

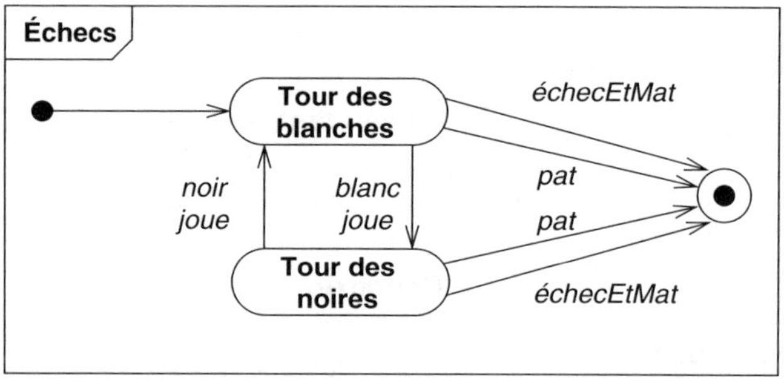

Figure 5.9 • Diagramme d'états d'une partie d'échecs. Les diagrammes d'états irréversibles représentent des objets dont la durée de vie est finie.

Vous pouvez également indiquer les états initiaux et finaux *via* des points d'entrée et de sortie. À la figure 5.10, le point d'entrée *Début* mène au premier tour du joueur ayant les pièces blanches, et la partie d'échecs se termine par l'un des trois résultats possibles. Les points d'entrée (cercles vides) et les points de sortie (cercles avec un x inscrit) apparaissent sur le périmètre du diagramme et peuvent être nommés.

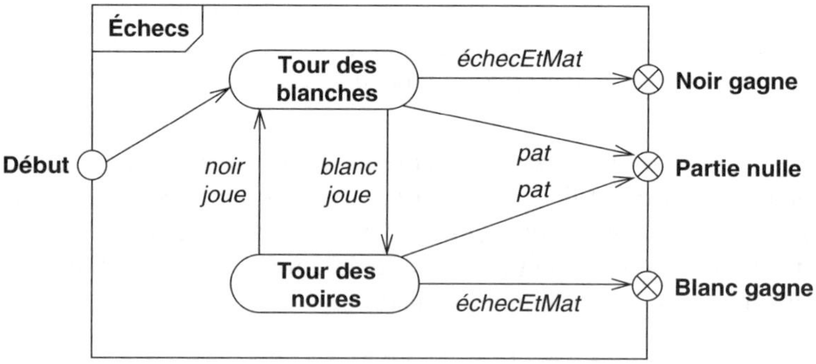

Figure 5.10 • Diagramme d'états d'une partie d'échecs. Dans les diagrammes d'états irréversibles, vous pouvez également employer des points d'entrée et de sortie.

5.4.3 Résumé de la notation de base des diagrammes d'états

La figure 5.11 résume la notation de base des diagrammes d'états.

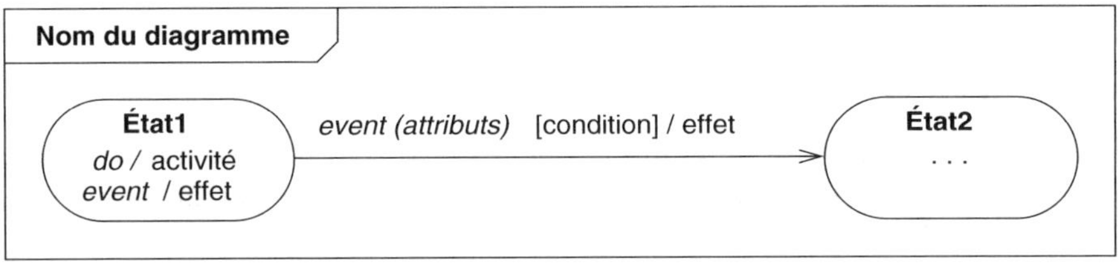

Figure 5.11 • Résumé de la notation de base des diagrammes d'états.

- **État.** Un état est représenté par une boîte aux coins arrondis contenant optionnellement un nom. UML dispose d'une notation spéciale pour les états initiaux (un cercle plein) et les états finaux (un cercle contenant un point ou un x).
- **Transition.** Une transition est représentée par une ligne allant de l'état d'origine à l'état cible. Une flèche pointe vers l'état cible. La ligne est composée d'un ou de plusieurs segments.
- **Événement.** Un événement de signal est représenté sous forme d'étiquette accolée à une transition, et peut être suivi d'attributs entre parenthèses. Un événement de changement est représenté par le mot-clé *when* (quand) suivi d'une expression booléenne entre parenthèses. Un événement temporel est représenté par le mot-clé *when* suivi d'une expression entre parenthèses indiquant un moment précis ou par le mot-clé *after* (après) suivi d'une expression entre parenthèses exprimant une durée.
- **Diagramme d'états.** Un diagramme d'états est contenu dans un cadre rectangulaire, le nom du diagramme figurant dans une petite étiquette pentagonale située dans le coin supérieur gauche.
- **Condition de franchissement.** Une condition de franchissement est listée optionnellement entre crochets après un nom d'événement.
- **Effets** (voir section 5.5). Les effets peuvent être attachés à une transition ou à un état et sont listés après une barre oblique (/). Les effets multiples sont séparés par des virgules et exécutés simultanément. (Vous pouvez créer des états intermédiaires si vous voulez que plusieurs effets soient exécutés séquentiellement.)

Nous recommandons également quelques conventions de style : le nom d'un état vient en gras, avec une capitale initiale ; les noms d'événement viennent en italique, l'initiale étant une minuscule ; les conditions de franchissement viennent sans enrichissement et leur initiale est également une minuscule ; les segments de ligne des transitions sont alignés sur une grille rectiligne.

5.5 Diagrammes d'états et comportements

L'utilité des diagrammes d'états serait limitée s'ils se bornaient à décrire des événements. La description complète d'un objet doit spécifier ce qu'il fait en réponse aux événements.

5.5.1 Effets et activités

Un ***effet*** est une référence à un comportement exécuté en réponse à un événement. Une ***activité*** est le comportement réel qui peut être invoqué par un nombre quelconque d'effets. Par exemple, *déconnecterLigne* pourrait être une activité exécutée en réponse à un événement *raccroché* (voir figure 5.8). Une activité peut être effectuée suite à une transition, à l'entrée ou à la sortie d'un état, ou suite à un autre événement au sein d'un état.

Les activités peuvent également représenter des opérations de contrôle internes, comme l'affectation d'une valeur à un attribut ou la génération d'un autre événement. De telles activités n'ont pas de contrepartie dans le monde réel, mais constituent des mécanismes qui permettent de structurer le flux de contrôle dans une implémentation. Un programme peut par exemple incrémenter un compteur interne chaque fois qu'un événement donné survient.

La notation d'une activité est une barre oblique (/) suivie du nom (description) de l'activité, le tout placé après le nom de l'événement qui provoque l'activité. Le mot-clé *do* (exécuter) est réservé pour indiquer une activité continue (expliquée plus loin) et ne peut être employé pour nommer un événement. La figure 5.12 représente le diagramme d'états d'un menu contextuel sur une station de travail. Quand le bouton droit est enfoncé, le menu est affiché. Quand il est relâché, le menu est effacé. Tant que le menu est visible, l'élément de menu sélectionné est mis en surbrillance en fonction de la position du curseur.

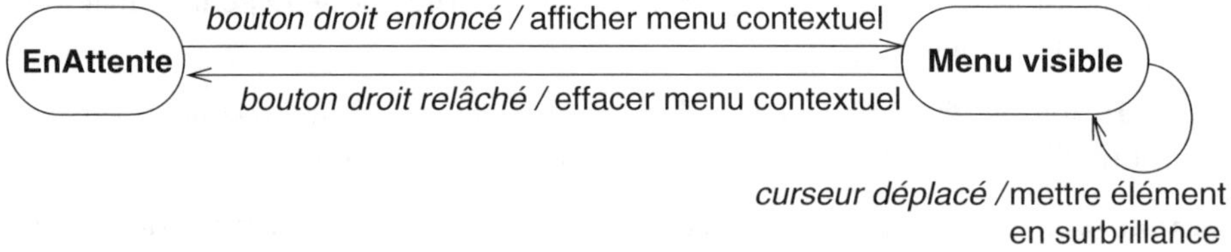

Figure 5.12 • Les activités d'un menu contextuel. Une activité est un comportement qui peut être exécuté en réponse à un événement.

5.5.2 Activités associées au mot-clé do

Une ***activité associée au mot-clé do*** (***activité-do***) a lieu pendant une durée significative. Par définition, une telle activité ne peut se produire que dans un état et ne peut être attachée à une transition. Par exemple, une alarme peut clignoter tant qu'une photocopieuse est dans l'état *Bourrage papier* (voir figure 5.13). Les activités-*do* représentent aussi bien des activités continues, comme l'affichage d'un film sur un écran de télévision, que des opérations séquentielles qui se terminent après une période donnée, comme la fermeture d'une valve.

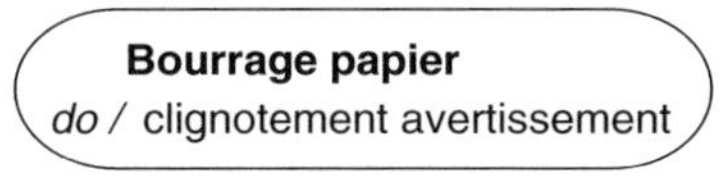

Figure 5.13 • Activité-do d'une photocopieuse. Une activité-do a une durée significative.

La notation *do /* indique une activité-*do* qui peut être effectuée sur tout ou partie de la durée pendant laquelle un objet est dans un état. Elle peut être interrompue par un événement reçu durant son exécution ; un tel événement peut ou non provoquer une transition hors de l'état qui contient l'activité-*do*. Par exemple, un robot qui déplace une pièce peut rencontrer une résistance, ce qui provoque l'arrêt du mouvement.

5.5.3 Activités d'entrée et de sortie

Au lieu de représenter des activités sur des transitions, vous pouvez les lier à l'entrée ou à la sortie d'un état. Les deux notations ont le même pouvoir expressif. Mais comme il est fréquent que toutes les transitions vers un état exécutent la même activité, il est plus concis de rattacher l'activité à l'état.

Par exemple, la figure 5.14 présente le contrôle de l'ouverture d'une porte de garage. L'utilisateur génère les événements *bouton appuyé* à l'aide d'un bouton-poussoir pour ouvrir et fermer la porte. Chaque événement inverse la position de la porte, mais, pour des raisons de sécurité, la porte doit être complètement ouverte avant qu'il soit possible de la refermer. Le contrôle génère les activités *moteur en position descente* et *moteur en position montée* pour le moteur. Le moteur génère les événements *porte ouverte* et *porte fermée* quand le mouvement est terminé. Les deux transitions vers l'état *Ouvrant* provoquent l'ouverture de la porte.

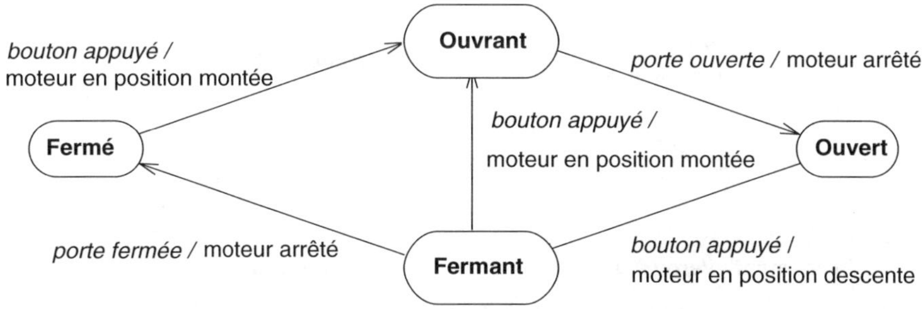

Figure 5.14 • Activités sur une transition. Une activité peut être liée à un événement qui provoque une transition.

La figure 5.15 représente le même modèle avec des activités à l'entrée dans les états. Une activité d'entrée est représentée dans la boîte d'état, précédée par le mot-clé *entry* (entrée) et une barre oblique (/). Chaque fois qu'on entre dans l'état par une transition entrante, l'activité d'entrée est exécutée. C'est comme si l'activité était liée à chaque transition entrante. Si une transition entrante possède déjà une activité, cette dernière est exécutée d'abord.

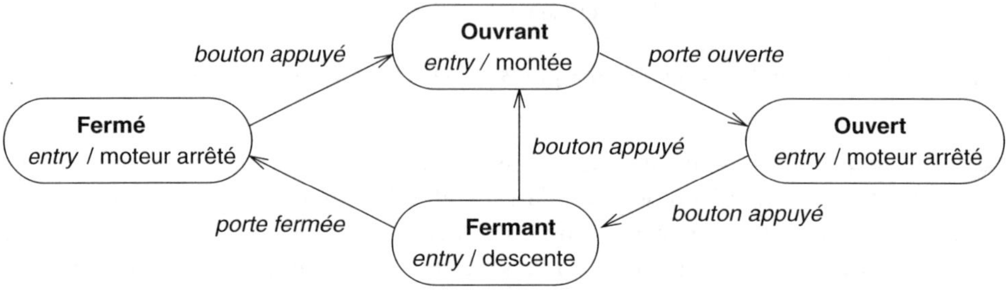

Figure 5.15 • Activités liées à l'entrée dans un état. Une activité peut également être liée à un événement qui se produit à l'intérieur d'un état.

Les activités de sortie sont moins courantes que les activités d'entrée, mais elles peuvent s'avérer utiles. Une activité de sortie est représentée dans la boîte d'état, précédée par le mot-clé *exit* (sortie) et une barre oblique (/). Chaque fois qu'on quitte l'état par une transition quelconque, l'activité de sortie est la première à être exécutée.

Si un état a plusieurs activités, elles sont exécutées dans l'ordre suivant : les activités sur la transition entrante, les activités d'entrée, les activités-*do*, les activités de sortie, les activités sur la transition sortante. Les événements provoquant des transitions hors de l'état peuvent interrompre les activités-*do*. Mais dans ce cas, l'activité de sortie est quand même exécutée.

En général, tout événement peut survenir à l'intérieur d'un état et provoquer l'exécution d'une activité. *entry* et *exit* ne sont que deux exemples d'événements qui peuvent se produire. Comme le montre la figure 5.16, un événement survenant dans un état se distingue d'une auto-transition : seule l'auto-transition provoque l'exécution des activités d'entrée et de sortie.

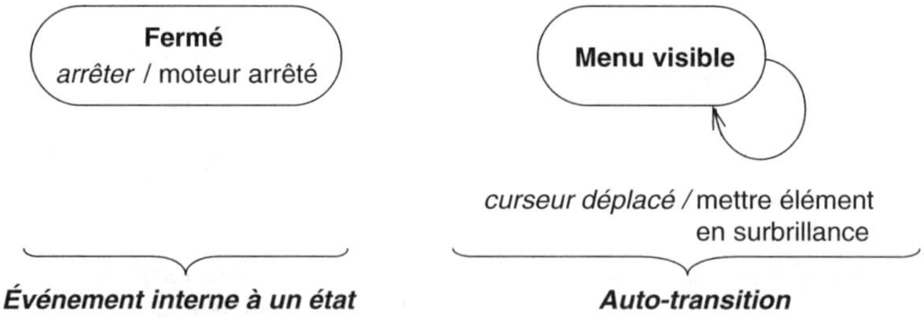

Figure 5.16 • Événement à l'intérieur d'un état vs auto-transition. Contrairement à un événement survenant à l'intérieur d'un état, une auto-transition peut provoquer l'exécution d'activités d'entrée et de sortie.

5.5.4 Transitions d'achèvement

Le seul but d'un état consiste souvent à exécuter une activité séquentielle. Quand l'activité est achevée, une transition vers un autre état est franchie. Une flèche sans nom d'événement indique une transition automatique, franchie quand l'activité associée à l'état source est achevée. De telles transitions non nommées sont appelées ***transitions d'achèvement***, parce qu'elles sont provoquées par l'achèvement de l'activité dans l'état source.

Une condition de franchissement n'est testée qu'une fois, lorsque l'événement se produit. Si un état possède une ou plusieurs transitions d'achèvement mais qu'aucune condition de franchissement ne soit satisfaite, il demeure actif et peut se « bloquer » : l'événement d'achèvement ne se produit pas une seconde fois et aucune transition d'achèvement n'est franchie pour entraîner le changement d'état. Si un état a des transitions d'achèvement, les conditions de franchissement doivent normalement prévoir tous les cas possibles de sortie des transitions. Vous pouvez utiliser la condition spéciale *else* (sinon), qui s'applique si toutes les autres conditions sont fausses. N'utilisez pas de condition de franchissement avec une transition d'achèvement pour modéliser l'attente d'un changement de valeur ; modélisez l'attente comme un événement de changement.

5.5.5 Envoi de signaux

Un objet peut exécuter une activité consistant à envoyer un signal à un autre objet. Un système d'objets interagit en échangeant des signaux.

L'activité *send cible.S(attributs)* envoie le signal S avec le ou les attributs indiqués à l'objet (ou aux objets) cible(s). Par exemple, la ligne téléphonique envoie le signal *connecter(numéro)* au commutateur quand un numéro de téléphone complet a été composé. Un signal peut être dirigé vers un ensemble d'objets ou vers un seul objet. Si la cible est un ensemble d'objets, chacun d'eux reçoit simultanément une copie du signal, le traite indépendamment et détermine s'il faut franchir une transition. Si le signal est toujours dirigé vers le même objet, la cible peut être omise dans le diagramme (mais elle doit, bien entendu, être fournie dans l'implémentation).

Si un objet peut recevoir des signaux de plusieurs objets, l'ordre dans lequel les signaux concurrents sont reçus peut affecter l'état final. C'est ce que l'on nomme ***condition de concurrence critique*** (*race condition*). À la figure 5.15, la porte peut ou non rester ouverte si le bouton est enfoncé au moment où elle s'ouvre complètement. Une condition de concurrence n'est pas nécessairement une erreur de conception, mais les systèmes concurrents contiennent souvent des conditions de concurrence indésirables qu'une conception soigneuse permet d'éviter. Exiger que deux signaux soient reçus simultanément n'est jamais une condition effective dans le monde réel, puisque de légères variations de la vitesse de transmission sont inhérentes à tout système réparti.

5.5.6 Exemple de diagramme d'états avec activités

La figure 5.17 ajoute des activités au diagramme d'états de la figure 5.8.

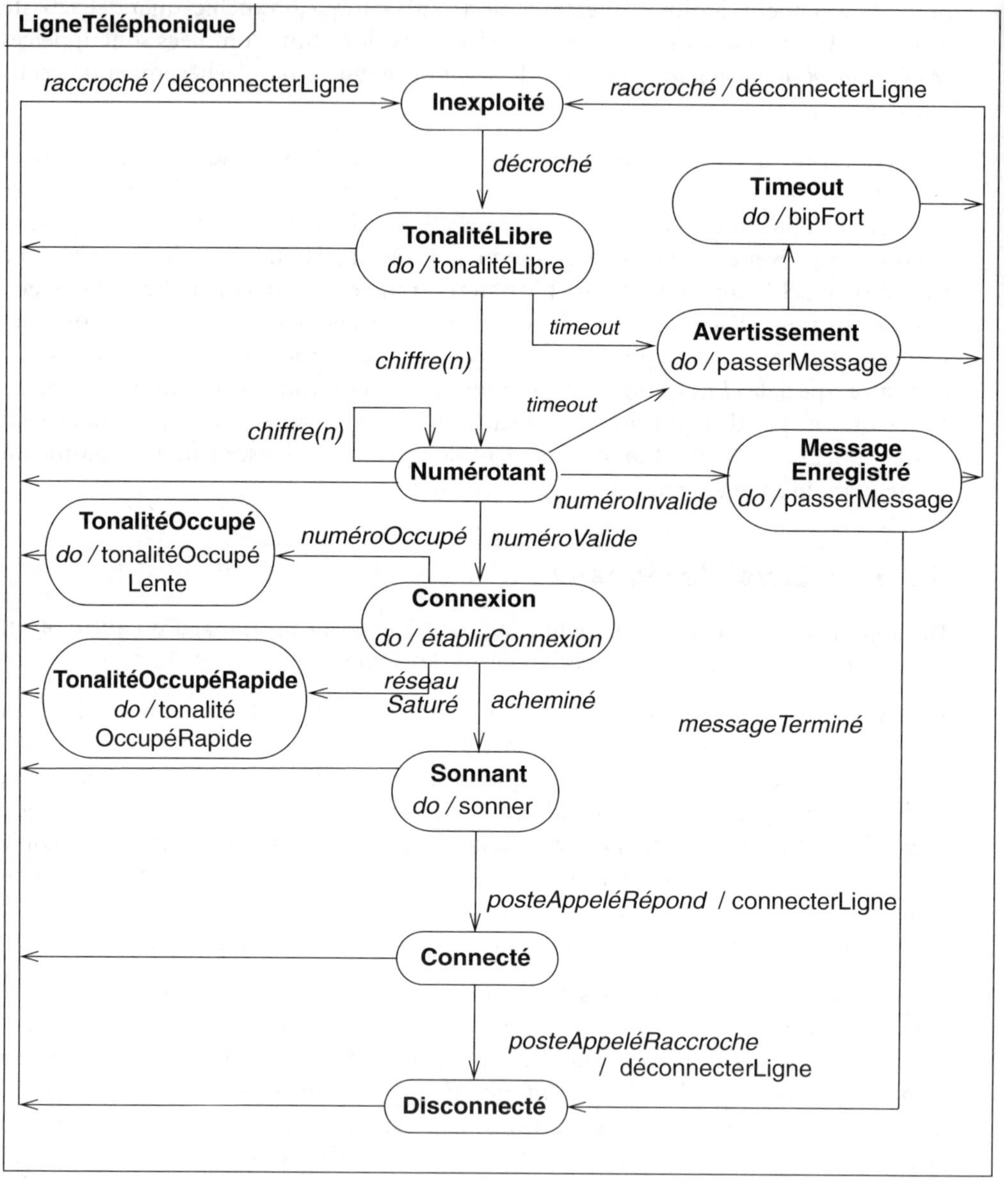

Figure 5.17 • Diagramme d'états avec activités pour une ligne téléphonique. Les diagrammes d'états permettent d'exprimer ce que font les objets en réponse aux événements.

5.6 Conseils pratiques

Le contenu précis de tout modèle dépend des besoins de l'application. Nous avons déjà mentionné les conseils suivants dans ce chapitre, mais nous les résumons ici par commodité :

- **Abstraire les valeurs dans des états.** Ne considérez que les attributs *pertinents* pour définir un état. Les diagrammes d'états n'utilisent pas nécessairement tous les attributs représentés dans un modèle de classes. (Voir section 5.2.)
- **Paramètres.** Considérez comme des paramètres les données secondaires qui n'affectent pas le flux de contrôle. (Voir section 5.2.)
- **Granularité des événements et des états.** Considérez les besoins de l'application quand vous prenez des décisions concernant la granularité des événements et des états. (Voir section 5.2.)
- **Quand utiliser des diagrammes d'états ?** Ne construisez de diagrammes d'états que pour les classes ayant un comportement temporel significatif. Une classe a un comportement temporel important si elle répond différemment à différents événements ou si elle a plus d'un état. Toutes les classes ne nécessitent pas un modèle d'états. (Voir section 5.4.)
- **Activités d'entrée et de sortie.** Quand un état a plusieurs transitions entrantes et qu'elles provoquent toutes l'occurrence de la même activité, utilisez une activité *entry* (entrée) à l'intérieur de l'état au lieu de répéter ladite activité sur chaque transition. Procédez de même pour les activités *exit* (sortie). (Voir section 5.5.3.)
- **Conditions de franchissement.** Concevez soigneusement les conditions de franchissement pour qu'un objet ne reste pas « bloqué » dans un état. (Voir section 5.5.4.)
- **Conditions de concurrence.** Attention aux conditions de concurrence indésirables dans les diagrammes d'états ! Elles interviennent souvent quand un état peut recevoir des signaux de plus d'un objet. (Voir section 5.5.5.)

Résumé

Les événements et les états sont les deux concepts élémentaires de la modélisation des états. Un événement survient à un moment précis. Un état est une abstraction des valeurs et des liens d'un objet. Les événements représentent des points dans le temps, les états représentent des intervalles. Un objet peut répondre à certains événements lorsqu'il se trouve dans certains états. Tous les événements sont ignorés dans un état, excepté ceux dont le comportement est explicitement spécifié pour cet état. Le même événement peut avoir différents effets (ou aucun) dans différents états.

Plusieurs sortes d'événements existent : les événements de signal, les événements de changement et les événements temporels. Un événement de signal correspond à l'émission ou à la réception d'une information communiquée entre objets. Un événement de changement est causé par la satisfaction d'une expression booléenne. Un événement temporel est causé par l'occurrence d'un temps absolu ou par l'écoulement d'un temps relatif.

Une transition est le passage instantané d'un état à un autre, causé par l'occurrence d'un événement. Une condition de franchissement optionnelle peut conduire à ignorer l'événement. Une condition de franchissement est une expression booléenne qui doit être vraie pour qu'une transition se produise.

Un effet est une référence à un comportement exécuté par des objets en réponse à un événement. Une activité est le comportement réel qui peut être invoqué par un nombre quelconque d'effets. Une activité peut être effectuée suite à une transition, ou suite à un événement à l'intérieur d'un état. Une activité-*do* correspond à un comportement susceptible d'être interrompu et qui a une durée significative. En conséquence, elle ne peut se produire que dans un état et ne peut être attachée à une transition.

Un diagramme d'états est un graphe orienté dont les nœuds sont des états et les arcs des transitions entre états. Il spécifie les états possibles et les transitions entre états. Il représente aussi les événements qui déclenchent les transitions et les comportements exécutés en réponse aux événements. Il décrit les comportements communs des objets d'une classe. Chaque objet a non seulement ses propres valeurs et ses propres liens, mais également son propre état (position) dans le diagramme d'états. Le modèle d'états se compose de plusieurs diagrammes d'états – un diagramme par classe ayant un comportement temporel significatif. Les interfaces des diagrammes d'états doivent correspondre au regard des événements et des conditions de franchissement.

activité	déclenchement	événement	transition
activité-do	(d'une transition)	de changement	transition
concurrence	diagramme d'états	événement de signal	d'achèvement
condition de concurrence	effet	événement temporel	
condition de franchissement	état	modèle d'états	
contrôle	événement	signal	

Figure 5.18 • Concepts clés du chapitre 5.

Notes bibliographiques

[Wieringa-98] compare de manière exhaustive différentes façons de spécifier un logiciel, y compris le comportement dynamique des systèmes.

Les automates à état finis sont un concept informatique de base et sont décrits dans tous les ouvrages standard sur la théorie des automates, tels que [Hoperoft-01].

On les utilise souvent pour reconnaître ou générer des langages formels. Les automates à états finis de base ont un pouvoir expressif limité. Ils ont été étendus avec des variables locales et enrichis par l'emploi du formalisme ATN (*Augmented Transition Networks*) [Wodds-70] et le modèle RTN (*Recursive Transition Networks*). Ces extensions augmentent l'éventail de langages formels qu'ils peuvent exprimer, mais ne résolvent pas le problème de l'explosion combinatoire qui rend leur utilisation maladroite pour les problèmes pratiques de contrôle (cette question est abordée au chapitre 6).

Les automates à états finis traditionnels ont été traités d'un point de vue synchrone. Les réseaux de Petri [Reisig-85] formalisent la concurrence et la synchronisation de systèmes ayant une activité répartie sans avoir recours à une notion de temps global. Malgré leur efficacité en tant que modèles conceptuels abstraits, ils sont de trop bas niveau et insuffisamment expressifs pour permettre de spécifier de grands systèmes.

La nécessité de spécifier des interfaces utilisateur interactives a donné lieu à plusieurs techniques de spécification du contrôle. Ce travail s'oriente vers la recherche de notations capables d'exprimer des types d'interactions puissants et faciles à implémenter. Consultez [Green-86] pour une comparaison de certaines de ces techniques.

La première édition de cet ouvrage établissait une distinction entre les actions (comportements instantanés) et les activités (comportements prolongés). UML 2 a redéfini ces deux termes et nous avons modifié notre explication en conséquence. UML définit maintenant une *activité* comme la spécification d'un comportement exécutable et une *action* comme une activité primitive prédéfinie. En réalité, la nouvelle définition résume l'action et l'activité de l'ancienne édition.

Références

[Green-86] Mark Green, "A survey of three dialogue models", *ACM Transactions on Graphics 5*, 4 (juillet 1986), 244-275.

[Hoperoft-79] J.E. Hoperoft, J.D. Ullman, *Introduction to Automata Theory, Languages, and Computation*, Reading, Mass., Addison-Wesley, 1979.

[Reisig-92]. Wolfgang Reisig, *A Primer in Petri Net Design*, New York, Springer-Verlag, 1992.

[Wieringa-98] Roel Wieringa, "A survey of structured and object-oriented software specification methods and techniques", *ACM Computing Surveys 30*, 4 (décembre 1998), 459-527.

[Woods-70] W.A, « Woods. Transition network grammars for neural language analysis », *Communications of ACM 3*, 10 (octobre 1970), 591-606.

Exercices

5.1 (6) Une rallonge d'échelle possède une corde, une poulie et un loquet qui permettent de la monter, de la baisser et de la verrouiller. Lorsque le loquet est bloqué, la rallonge est soutenue mécaniquement et on peut monter à l'échelle en toute sécurité. Pour libérer le loquet, on monte légèrement la rallonge avec la corde. On peut alors monter ou descendre la rallonge librement. Le loquet produit un claquement en passant sur les barreaux de l'échelle. On peut le réengager pendant que l'on monte la rallonge en inversant la direction au moment précis où il passe sur un barreau. Tracez le diagramme d'états correspondant.

5.2 (4) Une montre digitale simple possède un cadran et deux boutons de réglage, nommés *A* et *B*. Elle a deux modes de fonctionnement : affichage de l'heure et réglage de l'heure. En mode affichage, elle affiche l'heure et les minutes, séparées par le caractère deux-points qui clignote.

Le mode de réglage a deux sous-modes : réglage de l'heure et réglage des minutes. Le bouton *A* sélectionne le mode. Chaque fois que l'on appuie dessus, le mode avance selon la séquence suivante : affichage, réglage de l'heure, réglage des minutes, affichage, etc. Dans un sous-mode, le bouton *B* avance les heures ou les minutes chaque fois que l'on appuie dessus. Les boutons doivent être relâchés avant de pouvoir générer un autre événement. Tracez le diagramme d'états correspondant.

5.3 (4) La figure E5.1 est le diagramme d'états partiel et simplifié du contrôle d'un répondeur téléphonique. Le répondeur détecte un appel entrant à la première sonnerie et répond à l'appel avec une annonce préenregistrée. Quand l'annonce est terminée, le répondeur enregistre le message de l'utilisateur qui appelle. Quand ce dernier raccroche, le répondeur raccroche et s'arrête. Placez les éléments suivants dans le diagramme : appel détecté, réponse à l'appel, diffusion de l'annonce, enregistrement du message, raccrochage de l'utilisateur qui appelle, fin de l'annonce.

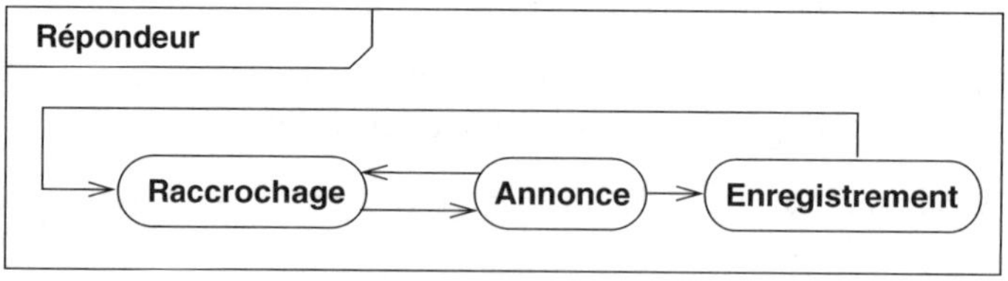

Figure E5.1 • Diagramme d'états partiel d'un répondeur.

5.4 (7) Le répondeur de l'exercice précédent se déclenche à la première sonnerie. Révisez le diagramme d'états pour que le répondeur décroche à la cinquième sonnerie. Si la personne appelée répond avant la cinquième sonnerie, le répondeur ne doit rien faire. Faites la distinction entre cinq appels auxquels ladite personne répond à la première sonnerie un seul appel auquel elle ne répond pas après cinq sonneries

5.5 (3) Dans un ordinateur personnel, on emploie généralement un contrôleur de disque pour transférer un flux d'octets depuis une disquette vers un tampon en mémoire à l'aide d'un hôte tel que l'unité centrale (UC) ou d'un contrôleur d'accès direct à la mémoire (DMA). La figure E5.2 est un diagramme d'états partiel et simplifié du contrôle de transfert de données.

Chaque fois qu'un octet est disponible, le contrôleur le signale à l'hôte. La donnée doit être lue et mémorisée avant qu'un autre octet ne soit prêt. Lorsque le contrôleur de disque sait que la donnée a été lue, il indique qu'elle n'est plus disponible. Si un octet quelconque n'a pas été lu avant l'arrivée du suivant, le contrôleur de disque émet un signal de perte de donnée jusqu'à ce que le contrôleur soit réinitialisé. Ajoutez les éléments suivants au diagramme : initialisation, indication de donnée non disponible, indication de donnée disponible, donnée lue par l'hôte, nouvelle donnée prête, indication de donnée perdue.

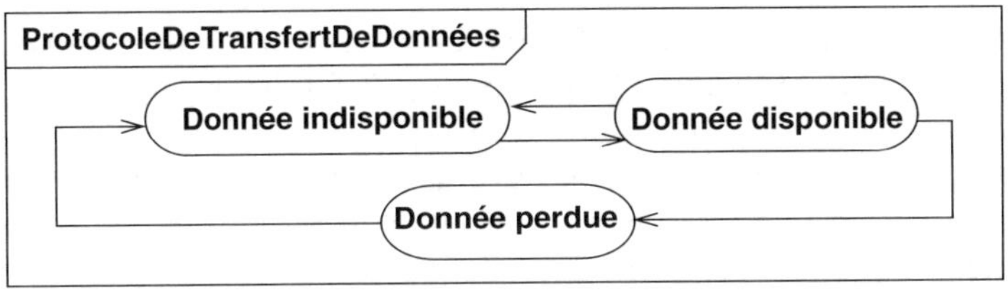

Figure E5.2 • Diagramme d'états partiel d'un protocole de transfert de données.

5.6 (5) La figure E5.3 est un diagramme d'états partiel d'un type de contrôle de moteur couramment employé dans les appareils ménagers. Une commande séparée détermine quand le moteur doit être en marche et envoie en permanence le message « en marche » (*on*) à la commande du moteur lorsque celui-ci doit tourner.

Quand « en marche » est émis, la commande du moteur doit démarrer celui-ci et le faire tourner. En ce sens, un courant est appliqué à la fois aux bobines *démarrer* et *tourner*. Un capteur nommé *relais de démarrage* détermine le moment où le moteur a démarré. À ce moment-là, la bobine *démarrer* est coupée et seule la bobine *tourner* reste sous tension. Les deux bobines sont coupées lorsque « en marche » n'est pas émis.

Ce type de moteur peut être endommagé par une surchauffe s'il y a une surcharge ou un échec au démarrage. Pour le protéger des dommages dus à la chaleur, on inclut souvent un capteur de température. Si le moteur est trop chaud, le système de contrôle coupe le courant aux deux bobines et ignore tout message « en marche » jusqu'à ce que l'on presse un bouton de réinitialisation et que le moteur ait refroidi.

Ajoutez les éléments suivants au diagramme. Activités : appliquer le courant à la bobine *démarrer*, appliquer le courant à la bobine *tourner*. Événements : moteur en surchauffe, « en marche » émis, moteur en marche, réinitialisation. Condition : pas de surchauffe.

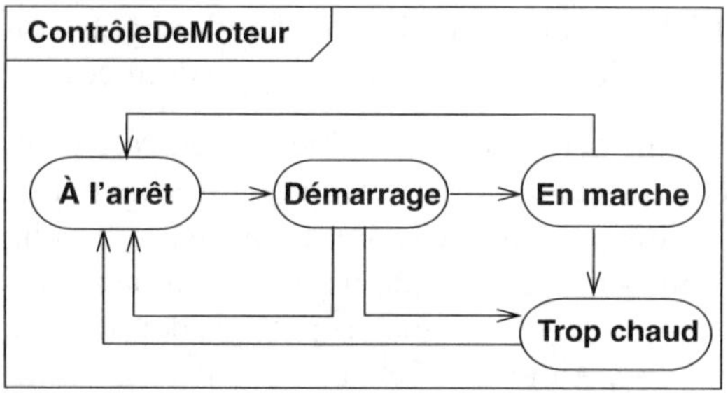

Figure E5.3 • Diagramme d'états partiel d'un contrôle de moteur.

5.7 (6) À l'exercice 5.6, une seule entrée est continuellement active. Un autre type de contrôle courant comprend deux boutons : l'un pour le *démarrage*, l'autre pour l'*arrêt*. Pour démarrer le moteur, l'utilisateur appuie sur le bouton *démarrage*. Le moteur continue à tourner après que le bouton *démarrage* a été relâché. Pour arrêter le moteur, l'utilisateur appuie sur le bouton *arrêter*. Le bouton *arrêter* a la priorité sur le bouton *démarrer*, pour que le moteur ne tourne pas quand on appuie sur les deux boutons.

Si l'utilisateur appuie sur les deux boutons puis les relâche, le fait que le moteur démarre ou non dépend de l'ordre dans lequel les boutons sont relâchés. Si le bouton *arrêter* est relâché en premier, le moteur démarre. Sinon, il ne démarre pas. Modifiez le diagramme d'états de l'exercice 5.6 pour gérer les boutons *démarrer* et *arrêter*.

5.8 (5) Préparez un diagramme d'états pour sélectionner et faire glisser des objets dans l'éditeur de diagrammes de l'exercice 4.2.

Un pointeur est commandé par une souris à deux boutons. Si le bouton de gauche est enfoncé alors que le pointeur se trouve sur un objet (une boîte ou une ligne), l'objet est sélectionné, remplaçant tout autre objet précédemment sélectionné. Déplacer la souris tout en maintenant le bouton gauche enfoncé fait glisser l'objet sélectionné.

5.9(6) Étendez le diagramme de l'exercice 5.8. Si l'utilisateur clique sur un objet avec le bouton gauche en maintenant la touche Maj enfoncée, l'objet est ajouté à la sélection. Déplacer la souris tout en maintenant le bouton gauche enfoncé fait glisser les objets sélectionnés.

5.10 (5) La figure E5.4 représente le diagramme d'états d'une photocopieuse. Initialement, la photocopieuse est arrêtée. Quand elle est mise sous tension, elle se trouve dans un état par défaut : une seule copie, contraste automatique et taille normale. Pendant que la photocopieuse chauffe, la diode « prêt » clignote. Quand le test interne est terminé, la diode cesse de clignoter et reste allumée. La photocopieuse est alors prête à fonctionner.

Quand la machine est prête, l'opérateur peut modifier les paramètres. Il peut incrémenter ou décrémenter le nombre de copies, modifier la taille, basculer entre contraste automatique et manuel et modifier la valeur de ce paramètre lorsque le mode automatique est désactivé. Quand les paramètres sont définis, l'opérateur appuie sur le bouton « démarrer » pour faire ses photocopies. Généralement, le processus se poursuit jusqu'à ce que toutes les copies soient réalisées. Parfois, un bourrage se produit ou du papier vient à manquer. En cas de bourrage, l'opérateur ôte les feuilles coincées et l'appareil recommence à fonctionner. Il en va de même lorsque l'opérateur remet du papier.

Étendez le diagramme pour prendre en compte les observations suivantes. La photocopieuse ne fonctionne pas correctement. Quand un bourrage se produit, l'opérateur doit d'abord retirer le papier à l'origine du bourrage puis éteindre la machine avant qu'elle puisse fonctionner de nouveau. Si la machine est éteinte et remise sous tension sans que la feuille en cause soit éliminée, le bourrage persiste.

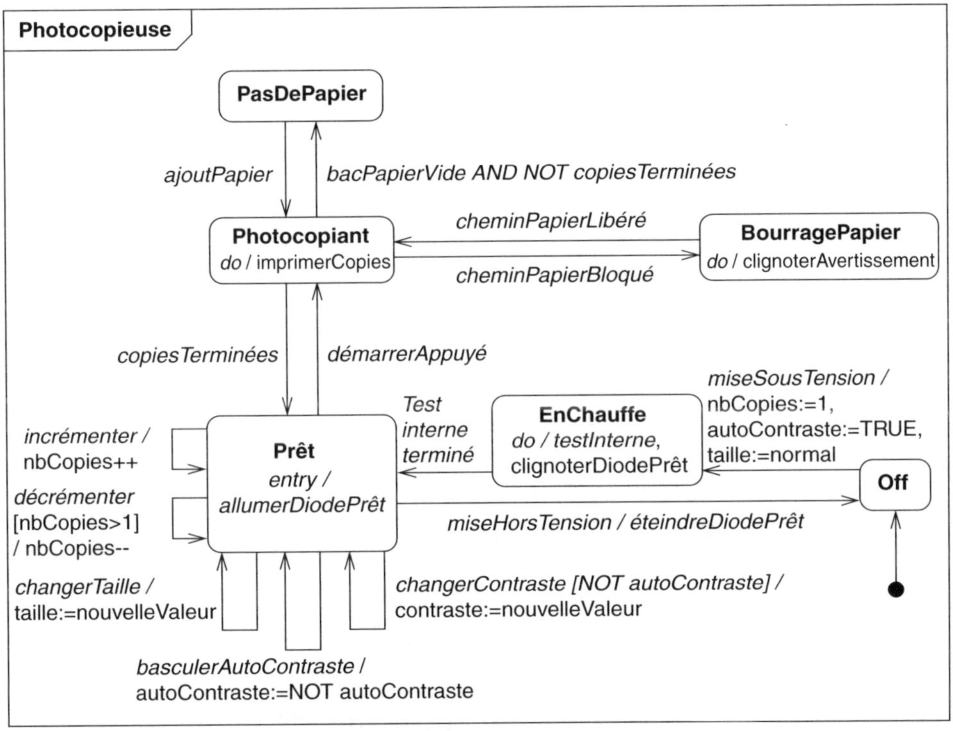

Figure E5.4 • Diagramme d'états d'une photocopieuse.

5.11 (7) Vous explorez un vieux château avec un ami et vous découvrez une bibliothèque que vous soupçonnez être l'entrée d'un passage secret. Tandis que vous examinez la bibliothèque, votre ami ôte une bougie d'un chandelier et découvre que celui-ci est la commande de l'entrée. La bibliothèque effectue un demi-tour sur elle-même, vous pousse dans le passage et vous sépare de votre ami. Votre ami repose la bougie. Cette fois, la bibliothèque fait un tour complet et vous laisse derrière elle.

Votre ami ôte de nouveau la bougie. La bibliothèque recommence à effectuer un tour complet, mais vous l'arrêtez juste avant qu'elle n'ait fini en la bloquant avec votre corps. Votre ami vous donne la bougie et, à deux, vous obligez la bibliothèque à faire un demi-tour en arrière. Mais votre compagnon est maintenant derrière elle alors que vous êtes devant. Vous reposez la bougie. Quand la bibliothèque recommence à tourner, vous retirez la bougie et la bibliothèque s'arrête au bout d'un quart de tour. Vous, et votre compère, entrez alors pour continuer votre exploration.

Tracez un diagramme d'états cohérent avec le scénario précédent. Qu'auriez-vous dû faire en premier pour pouvoir entrer avec moins de difficultés ?

6

Modélisation des états – concepts avancés

Les diagrammes d'états conventionnels sont suffisants pour décrire des systèmes simples mais nécessitent des moyens d'expression supplémentaires pour pouvoir traiter des problèmes plus importants. Vous pouvez modéliser de façon plus riche des systèmes complexes en employant des diagrammes d'états imbriqués, des états imbriqués, la généralisation des signaux et la concurrence.

Ce chapitre traitant de sujets avancés, vous pouvez l'ignorer en première lecture.

6.1 Diagrammes d'états imbriqués

6.1.1 Problèmes des diagrammes d'états non structurés

Les diagrammes d'états ont souvent été critiqués pour être prétendument malcommodes dans le cas de problèmes de grande taille. Ces reproches sont fondés dans le cas des diagrammes d'états non structurés, à plat (« *flat state diagrams* »). Considérons un objet avec n attributs booléens indépendants qui agissent sur le contrôle. Représenter un tel objet avec un seul diagramme d'états à plat nécessiterait 2^n états. Si l'on partitionne l'état en n diagrammes d'états indépendants, seuls $2n$ états sont nécessaires.

Considérez maintenant le diagramme d'états de la figure 6.1, dans lequel n^2 transitions sont nécessaires pour connecter chaque état à tous les autres. Si vous pouvez reformuler ce modèle en utilisant une structure, le nombre de transitions peut être réduit à n. Les systèmes complexes contiennent généralement de nombreuses redondances que des mécanismes structurants peuvent simplifier.

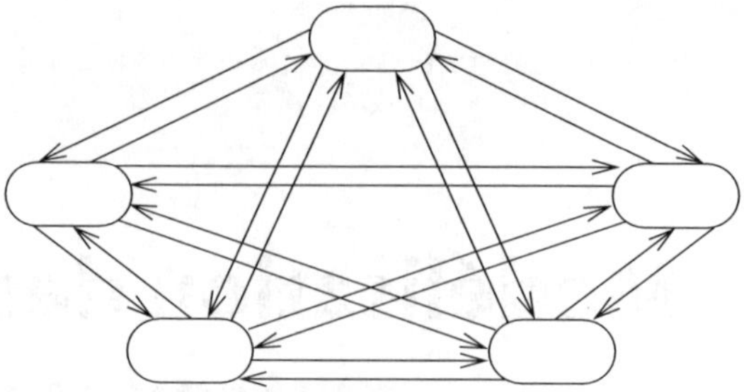

Figure 6.1 • Explosion combinatoire des transitions dans un diagramme d'états à plat. Les diagrammes d'états à plat sont inadaptés aux problèmes complexes.

6.1.2 États développés

Une possibilité pour structurer un modèle consiste à tracer un diagramme de haut niveau avec des sous-diagrammes qui développent certains états. Il s'agit d'une démarche semblable à celle de la substitution de macros dans un langage de programmation. La figure 6.2 présente un diagramme d'états d'un distributeur automatique. Initialement, le distributeur est en attente. Lorsqu'un acheteur insère des pièces de monnaie, le distributeur cumule le montant correspondant avec celui des pièces déjà insérées. Après avoir mis un montant suffisant, un acheteur peut sélectionner un article. Si le montant est insuffisant pour l'article choisi ou si celui-ci n'est pas disponible, le distributeur attend une nouvelle sélection. Dans le cas contraire, le distributeur fournit l'article souhaité et rend la monnaie si nécessaire.

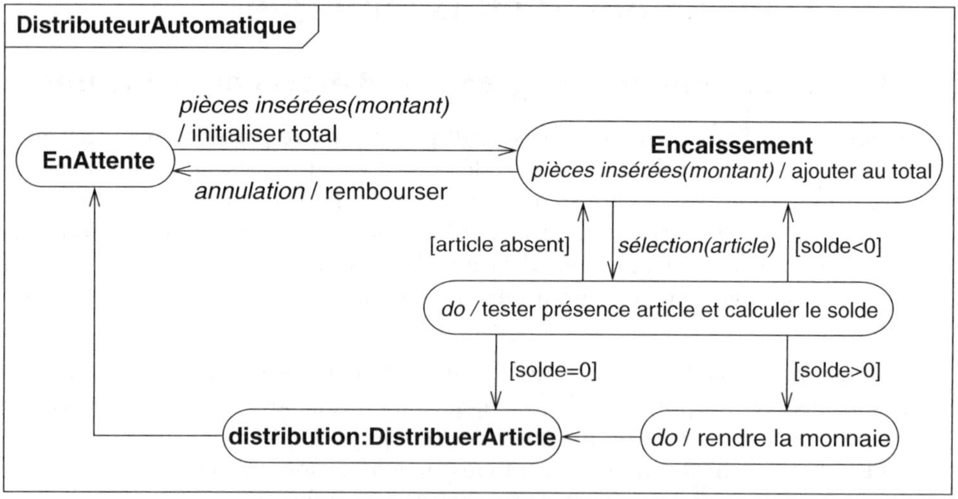

Figure 6.2 • Diagramme d'états d'un distributeur automatique. Vous pouvez simplifier un diagramme d'états en employant des sous-diagrammes.

La figure 6.3 explicite l'état *DistribuerArticle* par un diagramme d'états de plus bas niveau nommé sous-automate. Un ***sous-automate*** est un diagramme d'états qui peut être invoqué comme partie d'un autre diagramme d'états. La notation UML pour invoquer un sous-automate consiste à faire suivre le nom d'un état local par le caractère deux-points et le nom du sous-automate. Conceptuellement, le diagramme d'états du sous-automate se substitue à l'état local. En effet, un sous-automate est une « sous-routine » d'un diagramme d'états.

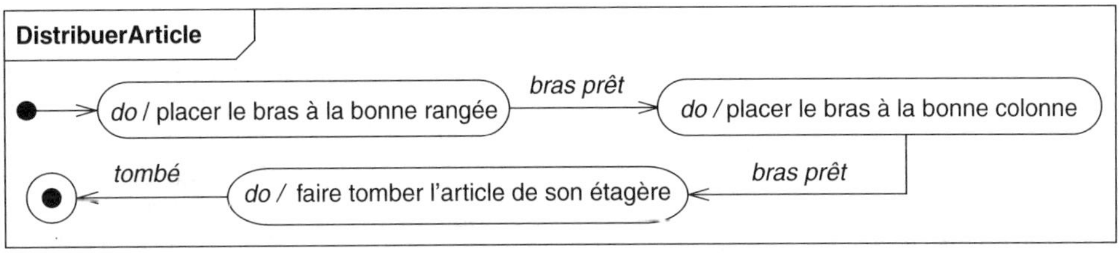

Figure 6.3 • Sous-automate *DistribuerArticle* d'un distributeur automatique.
Un diagramme d'états de plus bas niveau peut détailler un état.

6.2 États imbriqués

Vous pouvez vous contenter de remplacer un état par un sous-automate, mais vous pouvez aussi structurer les états de manière plus approfondie qu'en vous contentant de remplacer un état par un sous-automate. Vous pouvez en effet imbriquer des états pour montrer leurs points communs et les comportements qu'ils partagent. (En conformité avec UML2, nous évitons l'emploi de la *généralisation* avec les états. Voir les notes bibliographiques pour une explication.)

La figure 6.4 simplifie le modèle de la ligne téléphonique du chapitre 5 : une simple transition d'*Active* à *Inexploité* remplace les transitions de chacun des états vers l'état *Inoccupé*. L'occurrence de l'événement *raccroché* dans n'importe quel état imbriqué provoque une transition vers l'état *Inoccupé*.

Le nom de l'***état composite*** est associé au contour qui entoure entièrement les états imbriqués. Ainsi, *Active* est un état composite au regard des états imbriqués que sont *TonalitéLibre*, *Timeout*, *Numérotant*, etc. Vous pouvez imbriquer des états à une profondeur illimitée. On considère qu'un état imbriqué dispose implicitement des transitions sortantes de son état composite. (Par nécessité, seules les transitions entrantes avec un état imbriqué spécifié peuvent être partagées, sinon il y aurait ambiguïté.)

La figure 6.5 présente un diagramme d'états d'une transmission automatique. La transmission peut être dans les états *MarcheArrière*, *PointMort* ou *MarcheAvant*. Si elle est en marche avant, elle peut être en première, en deuxième ou en troisième. Les états *Première*, *Deuxième* et *Troisième* sont des sous-états de *MarcheAvant*.

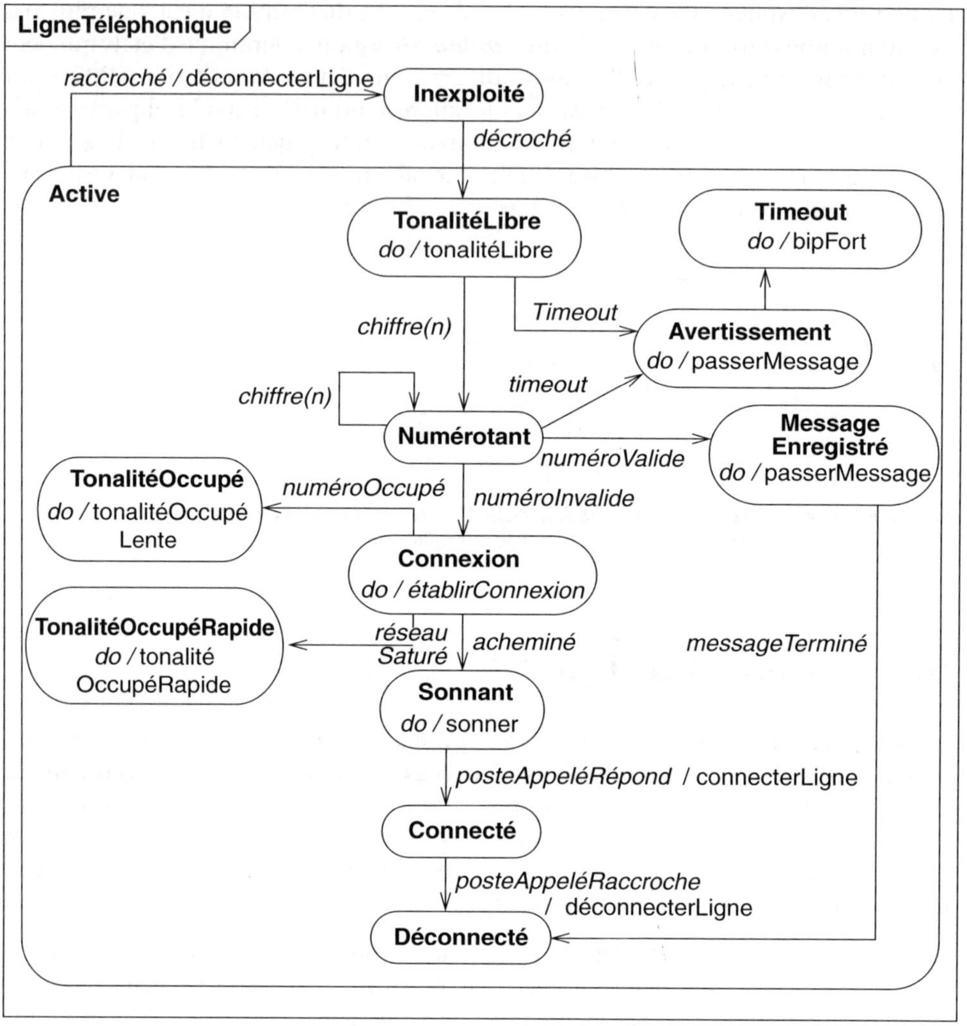

Figure 6.4 • États imbriqués d'une ligne téléphonique. Un état imbriqué dispose implicitement des transitions sortantes de l'état qui l'englobe.

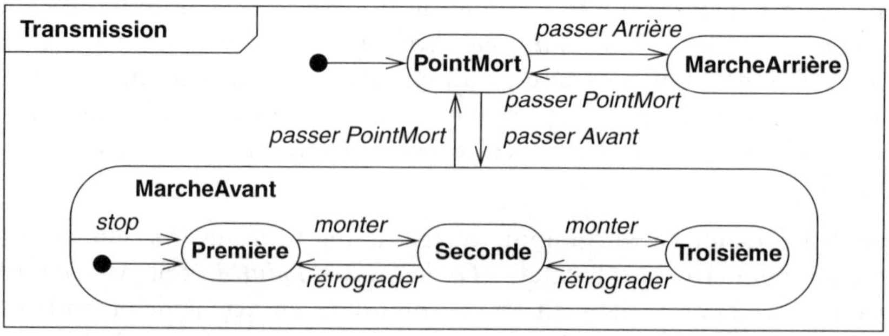

Figure 6.5 • États imbriqués. La profondeur de l'imbrication des états n'est pas limitée.

Chacun des états imbriqués « reçoit » les transitions sortantes de son état composite. Sélectionner *PasserPointMort* depuis *Première*, *Deuxième* ou *Troisième* provoque une transition vers le point mort. La transition de *MarcheAvant* vers *PointMort* implique trois transitions, une à partir de chaque vitesse de marche avant vers le point mort. Choisir *PasserAvant* dans l'état *PointMort* provoque une transition vers *MarcheAvant*. À l'intérieur de l'état *MarcheAvant*, l'état imbriqué *Première* est l'état initial par défaut, représenté par la transition non étiquetée partant du cercle noir situé à l'intérieur du contour de *MarcheAvant*. *MarcheAvant* n'est qu'un état abstrait ; le contrôle doit être dans un état réel, comme *Première*.

Les trois états imbriqués partagent la transition sur l'événement *stop* du contour de *MarcheAvant* à l'état *Première*. Pour chaque vitesse de marche avant, l'arrêt de la voiture provoque une transition vers *Première*.

Il est possible de représenter des situations plus compliquées, comme une transition explicite d'un état imbriqué vers un état situé en dehors du contour ou une transition explicite à l'intérieur du contour. Dans de tels cas, tous les états doivent apparaître dans le même diagramme. Dans les cas plus simples où aucune interaction n'intervient, à l'exception de l'initialisation et de la terminaison, vous pouvez représenter les états imbriqués dans des diagrammes séparés et les référencer en incluant un sous-automate, comme dans l'exemple du distributeur automatique de la figure 6.2.

Pour des problèmes simples, vous pouvez implémenter les états imbriqués en les ramenant à des diagrammes à plat. Une autre possibilité consiste à faire de chaque état une classe, mais vous devez être particulièrement attentif pour éviter de perdre l'identité des objets. En Smalltalk, l'opération *becomes* permet à un objet de changer de classe sans perte d'identité, ce qui facilite la promotion d'un état en classe. Cependant, la surcharge entraînée par ce type d'opération peut devenir un véritable problème si les changements d'états sont nombreux. La promotion d'un état en classe n'est pas réalisable en C++, sauf à employer des techniques avancées, telles que celles décrites par [Coplien-92]. De ce point de vue, Java est comparable à C++.

Les activités d'entrée et de sortie des états sont particulièrement utiles dans les diagrammes d'états imbriqués parce qu'elles permettent d'exprimer un état (voire tout un sous-diagramme) en termes de couples d'activités entrée-sortie, sans avoir à se préoccuper de ce qui se passe avant que l'état soit actif ou après. Les transitions entrantes ou sortantes d'un état imbriqué peuvent provoquer l'exécution de plusieurs activités d'entrée ou de sortie, si la transition traverse plusieurs niveaux d'imbrication. Les activités d'entrée sont exécutées de l'extérieur vers l'intérieur, et les transitions de sortie sont exécutées en sens inverse. Cela permet des comportements comparables aux appels de sous-routines imbriquées.

6.3 Généralisation de signaux

Les signaux peuvent être organisés en une hiérarchie de généralisation avec héritage des attributs. La figure 6.6 présente une partie de l'arbre des événements d'entrée pour une station de travail. Les signaux *BoutonSouris* et *CaractèreClavier* sont deux sortes d'entrées utilisateur. Les deux événements héritent de l'attribut *périphérique* du signal *EntréeUtilisateur* (la racine de la hiérarchie). *BoutonAppuyé* et *BoutonRelâché* héritent de *position* de *BoutonSouris*. Les caractères du clavier peuvent être divisés en caractères de contrôle et en caractères graphiques. En fin de compte, chaque signal réel peut être vu comme une feuille d'un arbre de généralisation des signaux. Dans un diagramme d'états, la réception d'un signal déclenche les transitions qui sont définies pour tous les types de signaux ancêtres. Par exemple, saisir un « a » doit provoquer une transition sur le signal *Alphanumérique* aussi bien que sur le signal *Caractère-Clavier*. Nous vous conseillons de rendre les super-signaux abstraits, comme nous préconisons de rendre les super-classes abstraites dans le cadre de la généralisation des classes.

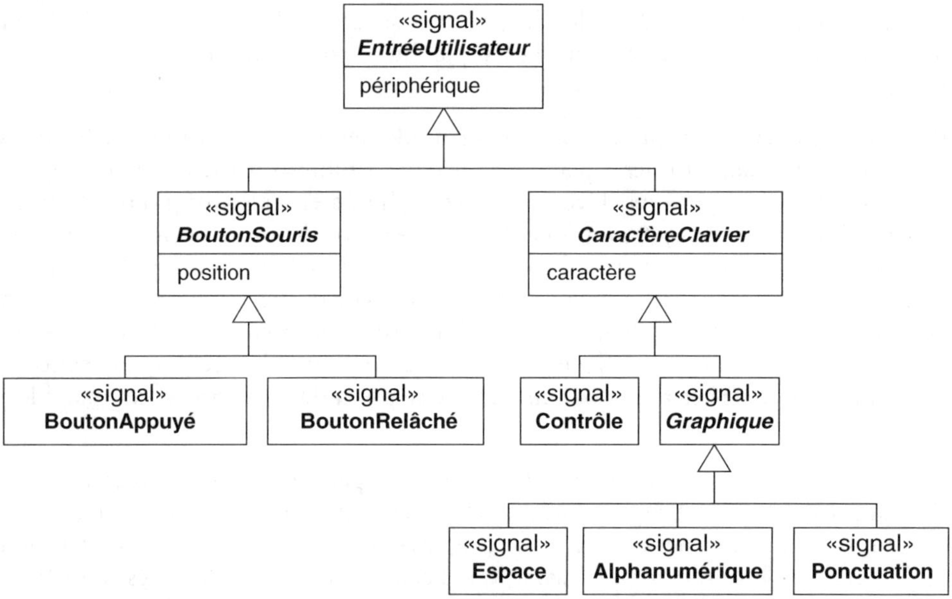

Figure 6.6 • Représentation partielle de la hiérarchie des signaux en provenance de l'utilisateur. Vous pouvez employer la généralisation pour organiser les signaux.

Une hiérarchie de signaux permet d'utiliser différents niveaux d'abstraction dans un modèle. Par exemple, dans certains états, tous les caractères saisis seront traités de la même façon ; dans d'autres, les caractères de contrôle et les caractères imprimables seront traités différemment ; d'autres encore peuvent avoir des activités différentes pour des caractères particuliers.

6.4 Concurrence

Le modèle d'états prend implicitement en charge la concurrence. En général, les objets sont des entités autonomes qui peuvent agir et changer d'état indépendamment les uns des autres. Toutefois, il n'est pas nécessaire que les objets soient totalement indépendants : ils peuvent partager des contraintes, ce qui entraîne certaines correspondances lors de leurs changements d'états.

6.4.1 Concurrence d'agrégation

Le diagramme d'états d'un assemblage est une collection de diagrammes d'états – un diagramme par sous-partie. L'état de l'agrégat correspond à la combinaison des états de l'ensemble de ses parties. L'agrégation exprime la « relation-et ». L'état agrégé est un état du premier diagramme *et* un état du deuxième diagramme *et* un état de tout autre diagramme de la collection. Dans les cas les plus intéressants, les états des sous-parties interagissent. Les transitions d'un objet peuvent dépendre de l'état d'un autre objet. Cela permet une interaction entre les diagrammes d'états, tout en préservant leur modularité.

La figure 6.7 présente l'état d'une *Voiture* comme une agrégation des états de ses sous-parties : *Contact*, *Transmission*, *Accélérateur* et *Frein* (plus d'autres objets non mentionnés). L'état de la voiture comprend un état pour chacun de ses composants. Chaque composant subit des transitions parallèlement à tous les autres. Les diagrammes d'états des composants sont presque indépendants, mais pas tout à fait : la voiture ne démarrera pas sans être au point mort. Cela est mis en évidence par l'expression de franchissement (*guard expression*) *Transmission au PointMort* sur la transition de *Arrêt* à *Marche*.

6.4.2 Concurrence à l'intérieur d'un objet

Il est possible de partitionner des objets en sous-ensembles d'attributs ou de liens, chacun d'eux ayant son propre sous-diagramme. Un objet a un état pour chaque sous-diagramme. Les sous-diagrammes ne sont pas nécessairement indépendants ; le même événement peut provoquer des transitions dans plus d'un sous-diagramme. UML représente la concurrence à l'intérieur d'un objet en partitionnant l'état composite en différentes régions séparées par des lignes pointillées. Afin d'éviter des confusions avec les régions concurrentes, indiquez le nom de l'état composite dans un onglet séparé.

La figure 6.8 présente le diagramme d'un robre de bridge. Lorsqu'un camp gagne une manche, il devient « vulnérable » ; le premier camp à gagner deux manches gagne le robre. L'état d'un robre en cours se compose d'un état par sous-diagramme. Quand on entre dans l'état composite *Jouant un robre*, les deux sous-diagrammes sont dans leurs états respectifs par défaut : *Non vulnérable*. Chaque région peut passer, indépendamment l'une de l'autre, dans l'état *Vulnérable* si son camp gagne une manche.

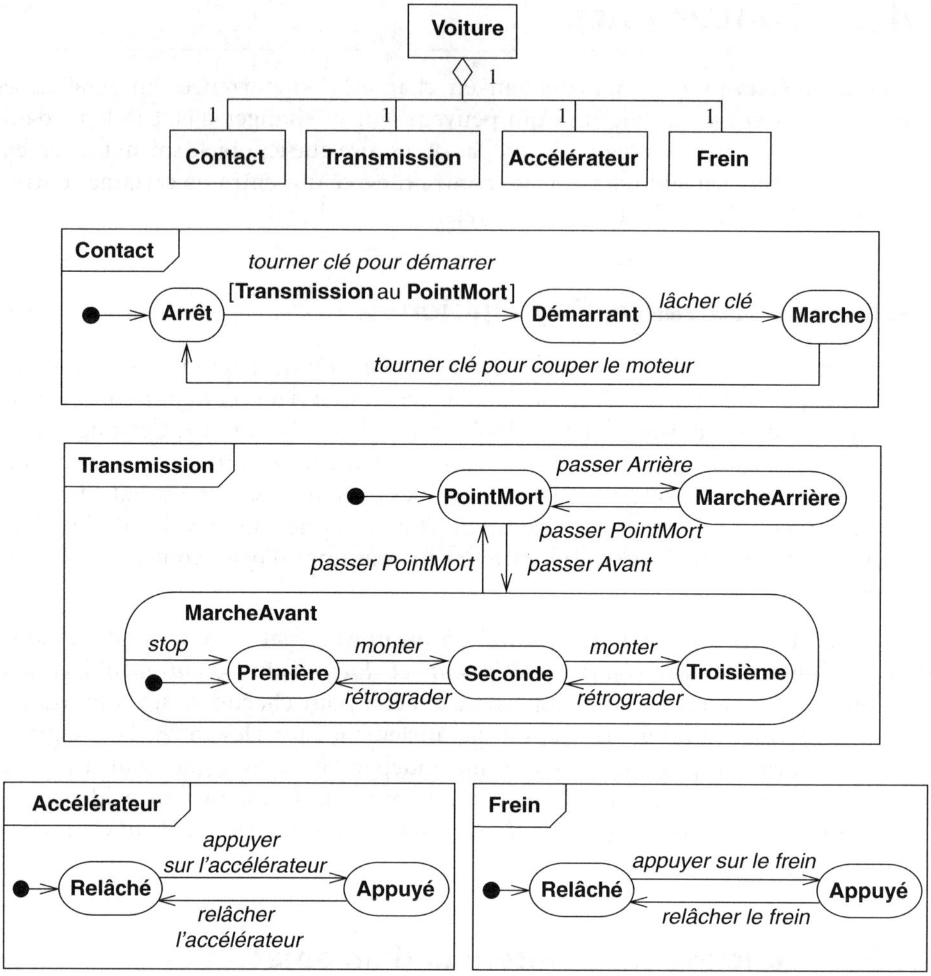

Figure 6.7 • Une agrégation et ses diagrammes d'états concurrents. Le diagramme d'états pour un assemblage est une collection de diagrammes d'états, un pour chacune de ses sous-parties.

Quand un camp gagne une deuxième manche, une transition provoque le passage à l'état *Robre gagné*. Cette transition termine les deux diagrammes concurrents parce qu'ils appartiennent au même état composite *Jouant un robre*, et ne sont actifs que lorsque le diagramme de plus haut niveau est dans cet état.

De nombreux langages de programmation ne gèrent pas intrinsèquement la concurrence. Il est possible d'utiliser des bibliothèques, des appels système, ou un SGBD dans ce but. Durant l'analyse, il faut considérer tous les objets comme concurrents. Lors de la conception, il faut choisir le meilleur compromis ; de nombreuses implémentations ne nécessitent pas la mise en œuvre de la concurrence, et un seul thread de contrôle suffit.

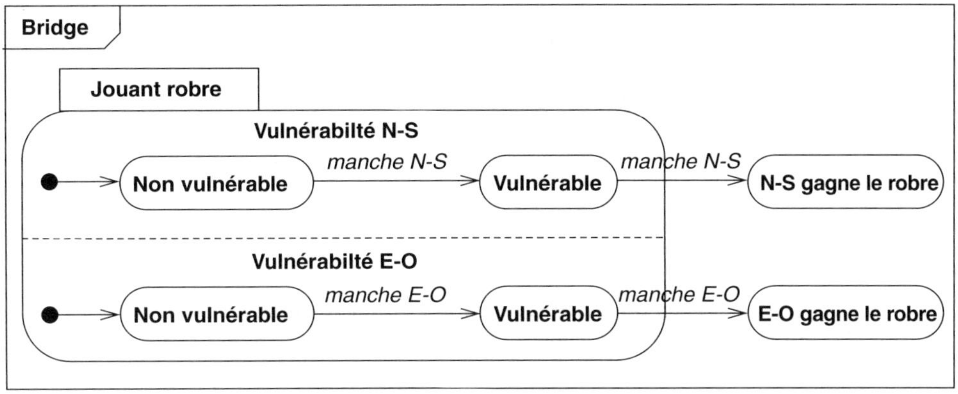

Figure 6.8 • Jeu de bridge : états concurrents. On peut partitionner des objets en sous-ensembles d'attributs et de liens, chacun d'eux disposant de son propre sous-diagramme.

6.4.3 Synchronisation des activités concurrentes

Parfois, un objet doit exécuter deux (ou plusieurs) activités concurremment. Les étapes internes de ces activités ne sont pas synchronisées, mais les deux activités doivent être achevées avant que l'objet ne puisse passer dans l'état suivant. Par exemple, un distributeur automatique remet des billets à un utilisateur et lui rend sa carte à la fin de la transaction. Le distributeur ne doit pas se réinitialiser tant que l'utilisateur n'a pas pris sa carte et ses billets, mais celui-ci peut les prendre dans un ordre quelconque, voire simultanément. Ce n'est pas l'ordre dans lequel ils sont pris qui importe, mais le fait qu'ils soient retirés. C'est un exemple de *division du contrôle* en activités concurrentes et de *synchronisation du contrôle.*

La figure 6.9 présente un diagramme d'états concurrents de l'activité d'émission de billets. Le nombre d'états concurrents actifs varie durant l'exécution de un à deux et revient ensuite de nouveau à un. Comme nous l'avons vu, UML représente les activités concurrentes à l'intérieur d'une activité composite en partitionnant un état en régions séparées par des lignes pointillées. Chaque région est un sous-diagramme qui représente une activité concurrente à l'intérieur de l'activité composite. L'activité composite consiste en exactement un état pour chaque sous-diagramme.

Une flèche de transition qui se dédouble indique la division du contrôle en deux parties concurrentes. Une barre épaisse avec une flèche entrante et deux ou plusieurs flèches sortantes représentent le point de division (*fork*). Un événement et une éventuelle condition de franchissement sont associés à l'événement d'entrée, ce qui n'est pas le cas pour les flèches de sortie. Chaque flèche de sortie se dirige vers un état dans des sous-diagrammes concurrents différents. Quand cette transition est franchie, deux ***sous-états*** concurrents deviennent actifs et s'exécutent indépendamment.

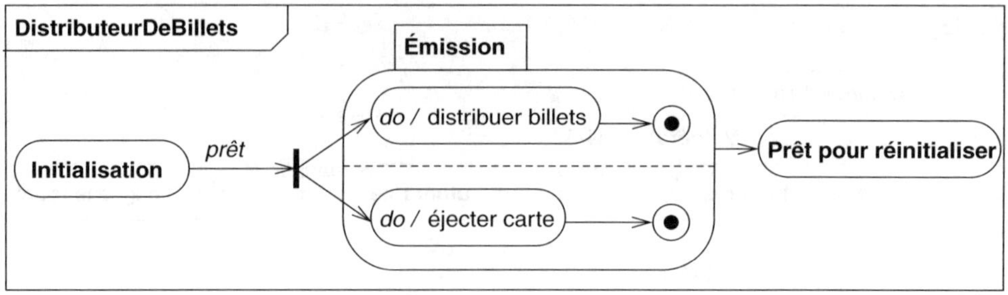

Figure 6.9 • Synchronisation du contrôle. Le contrôle peut être divisé en activités concurrentes qui se synchronisent ensuite.

Toute transition vers un état avec des sous-diagrammes concurrents active chacun des sous-diagrammes. Si des sous-diagrammes sont omis de la transition, ils débutent dans leur état initial par défaut. Dans cet exemple, un dédoublement n'est pas réellement nécessaire. Vous pouvez tracer une transition vers l'état *Émission*, chaque sous-diagramme ayant un état initial par défaut.

UML représente explicitement la synchronisation de contrôles concurrents par une ou plusieurs flèches se dirigeant vers une barre (non représentée à la figure 6.9) à laquelle est associée une flèche sortante. L'événement déclencheur et la condition de franchissement optionnelle sont placés à proximité de la barre de synchronisation. L'état cible devient actif lorsque tous les états sources sont actifs et que l'événement déclencheur se produit. Notez que la transition ne requiert qu'un seul événement, et non pas un événement par flèche d'entrée. S'il existe dans l'état composite des sous-diagrammes qui ne font pas partie de la synchronisation, ils se terminent automatiquement lorsque la synchronisation se déclenche. En conséquence, la transition d'un seul état imbriqué concurrent vers un état extérieur au composite provoque la terminaison de tous les autres états concurrents. Ce comportement est en quelque sorte une forme dégradée de synchronisation n'impliquant qu'un seul état.

Une transition non étiquetée (achevée) d'un état extérieur au composite vers un autre état indique une synchronisation implicite du contrôle concurrent (voir figure 6.9). Une transition est effective lorsque l'activité dans l'état source est terminée. Un état concurrent composite est, quant à lui, terminé lorsque tous ses états imbriqués concurrents le sont, autrement dit lorsque chacun d'eux a atteint son état final. Tous les sous-états doivent être terminés pour que la transition de sortie ait lieu et que l'état composite se termine lui aussi. Dans l'exemple, ce n'est que lorsque les deux activités ont été effectuées et que les deux états imbriqués sont dans leur état final que la transition de synchronisation a lieu et que l'état *Prêt pour réinitialiser* devient actif. Tracer une transition séparée de chaque état imbriqué vers l'état cible aurait une signification différente ; l'une ou l'autre des transitions pourrait terminer l'autre sous-diagramme sans attendre la terminaison de celui-ci. Le franchissement de la transition de synchronisation, qu'elle soit explicite ou implicite, déclenche les activités de sortie (s'il en existe) de tous les sous-diagrammes, aussi bien dans les synchronisations explicites qu'implicites.

6.5 Exemple de modèle d'états

Nous allons présenter un exemple de modèle d'états d'un appareil réel (un thermostat programmable « hebdomadaire ») afin de montrer comment les diverses constructions de modélisation se combinent. Nous avons construit le modèle de ce thermostat en lisant le mode d'emploi et en réalisant des expériences avec l'appareil réel. Celui-ci a pour fonction de contrôler un système de chauffage et de climatisation en fonction d'attributs temporels que le propriétaire saisit à l'aide d'un clavier.

En fonctionnement, le thermostat actionne le chauffage ou la climatisation pour maintenir la température courante au niveau de la température cible. Celle-ci est lue dans une table de valeurs au début de chaque période. La table spécifie la température cible et l'heure de début pour huit périodes différentes, en l'occurrence quatre heures pour les jours de semaine et quatre autres heures pour les week-ends. L'utilisateur peut redéfinir la température cible.

L'utilisateur programme le thermostat à l'aide d'un clavier équipé de dix boutons-poussoirs et de trois interrupteurs, et visualise les paramètres sur un écran alphanumérique. Chaque bouton déclenche un événement chaque fois qu'il est pressé. Nous affectons un événement d'entrée à chaque bouton :

AUGMENTER TEMPÉRATURE	Augmente la température cible ou programmée.
DIMINUER TEMPÉRATURE	Diminue la température cible ou programmée.
AVANCER HEURE	Avance l'heure horloge ou l'heure programmée.
RECULER HEURE	Recule l'heure horloge ou l'heure programmée.
RÉGLER HORLOGE	Règle l'heure courante du jour.
RÉGLER JOUR	Règle le jour courant de la semaine.
ACTIVER PROGRAMME	Quitte les modes configuration ou programmation et active le programme.
AFFICHER PROGRAMME	Entre en mode programmation pour que l'utilisateur visualise et modifie la programmation des huit périodes et règle la température.
MAINTENIR TEMPÉRATURE	Maintient la température courante sans tenir compte du programme.
BOUTON F-C	Permet l'alternance de l'affichage de la température entre degrés Fahrenheit et degrés Celsius.

Chaque interrupteur fournit une valeur de paramètre choisie parmi deux ou trois possibilités. Nous modélisons chaque interrupteur sous la forme d'un sous-diagramme concurrent, avec un état par configuration possible. Bien que nous affections des noms d'événement à un changement d'état, c'est l'état de chaque interrupteur qui nous intéresse. Les interrupteurs et leurs configurations sont les suivants :

ÉCLAIRAGE	Éclaire l'afficheur alphanumérique. Valeurs : lampe allumée, lampe éteinte.
SAISON	Spécifie le type d'appareil contrôlé par le thermostat. Valeurs : chaud (chauffage), froid (climatiseur), arrêt (aucun).
VENTILATEUR	Spécifie le fonctionnement du ventilateur. Valeurs : actif (fonctionne en continu), automatique (ne fonctionne que lorsque le chauffage ou la climatisation fonctionnent).

Le thermostat contrôle les relais d'alimentation du chauffage, de la climatisation et du ventilateur. Nous modélisons ce contrôle par les activités *activer chauffage*, *activer climatisation* et *activer ventilateur*.

Le thermostat possède un capteur de température lu en permanence, que nous modélisons sous la forme d'un paramètre externe *température*. Le thermostat possède également une horloge interne lue et affichée en permanence. Nous la modélisons comme un autre paramètre externe *temps*, puisque nous ne souhaitons pas construire de modèle d'états de l'horloge. Lors de la construction d'un modèle d'états, il importe de n'inclure que les états qui affectent le flux de contrôle et de modéliser les autres informations comme des paramètres ou des variables. Nous introduisons une variable d'état interne *température cible* pour représenter la température que le thermostat a pour fonction de maintenir. Certaines activités lisent cette variable d'état tandis que d'autres la modifient ; cette variable permet la communication entre les différentes parties du modèle.

La figure 6.10 présente le diagramme d'états de haut niveau du thermostat programmable. Il contient sept sous-diagrammes concurrents. En raison de sa taille, l'interface utilisateur est représentée séparément (voir figure 6.11). Le diagramme inclut des sous-diagrammes pour les interrupteurs saison et ventilateur. Les quatre autres sous-diagrammes représentent la sortie du thermostat : les relais du chauffage, de la climatisation et de l'indicateur de fonctionnement. Chacun de ces sous-diagrammes contient un état *En Marche* et un état *Arrêt*. L'état de chaque sous-diagramme est totalement déterminé par les paramètres d'entrée et l'état des autres sous-diagrammes, tels que les interrupteurs saison ou ventilateur. L'état des quatre sous-diagrammes de droite est totalement dérivé et ne contient aucune information supplémentaire.

La figure 6.11 présente le sous-diagramme de l'interface utilisateur. Le diagramme contient trois sous-diagrammes concurrents, un pour l'affichage interactif, un pour le mode de température et un pour l'éclairage. Ce dernier étant contrôlé par un interrupteur physique, un état initial par défaut ne présente pas d'intérêt : sa valeur est déterminée directement. Le mode d'affichage de la température est contrôlé par un seul bouton, qui bascule entre Fahrenheit et Celsius. Un état initial par défaut est nécessaire ; quand le thermostat est mis en marche, l'unité de mesure initiale est le degré Fahrenheit.

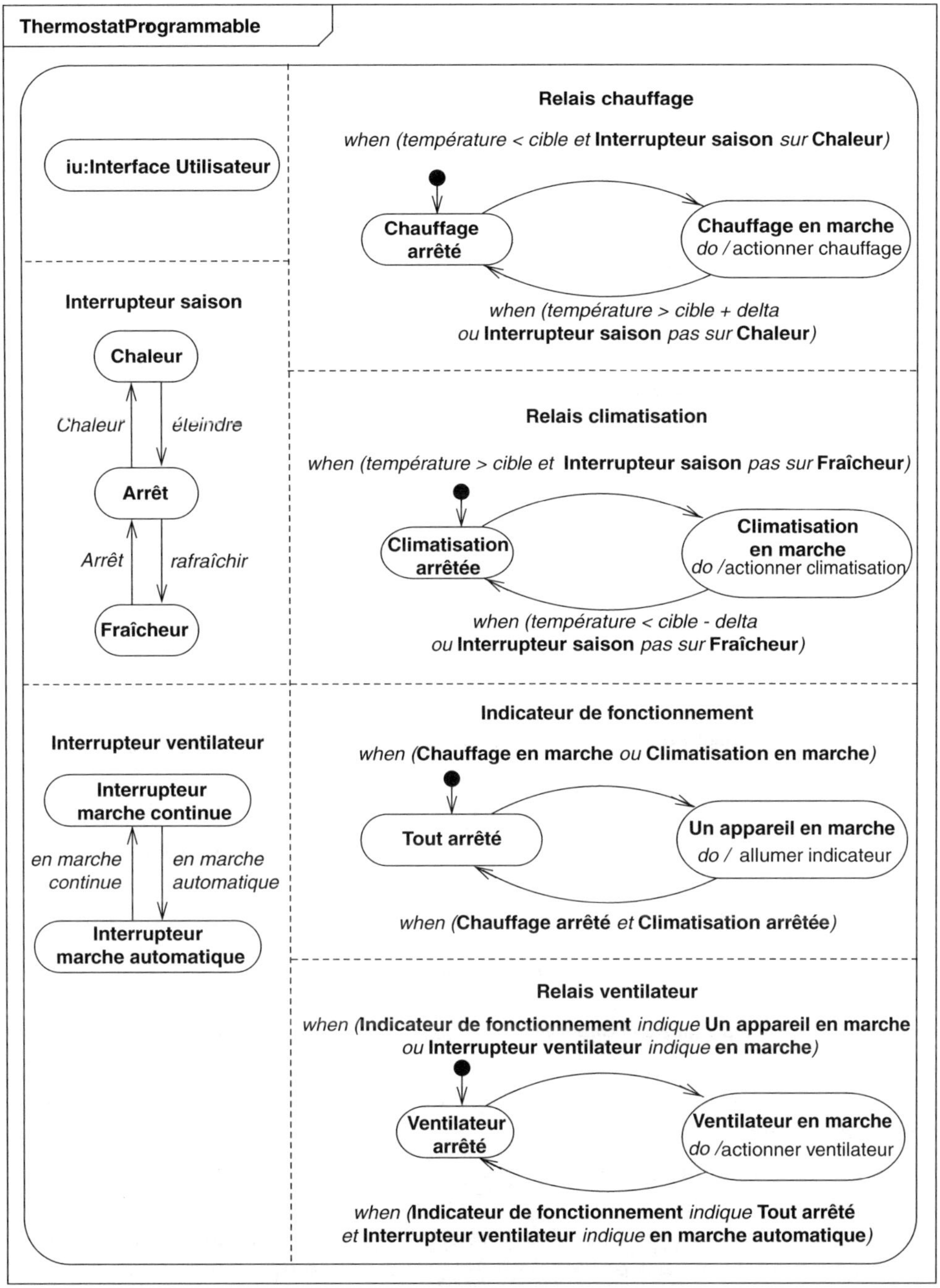

Figure 6.10 • Diagramme d'états d'un thermostat programmable.

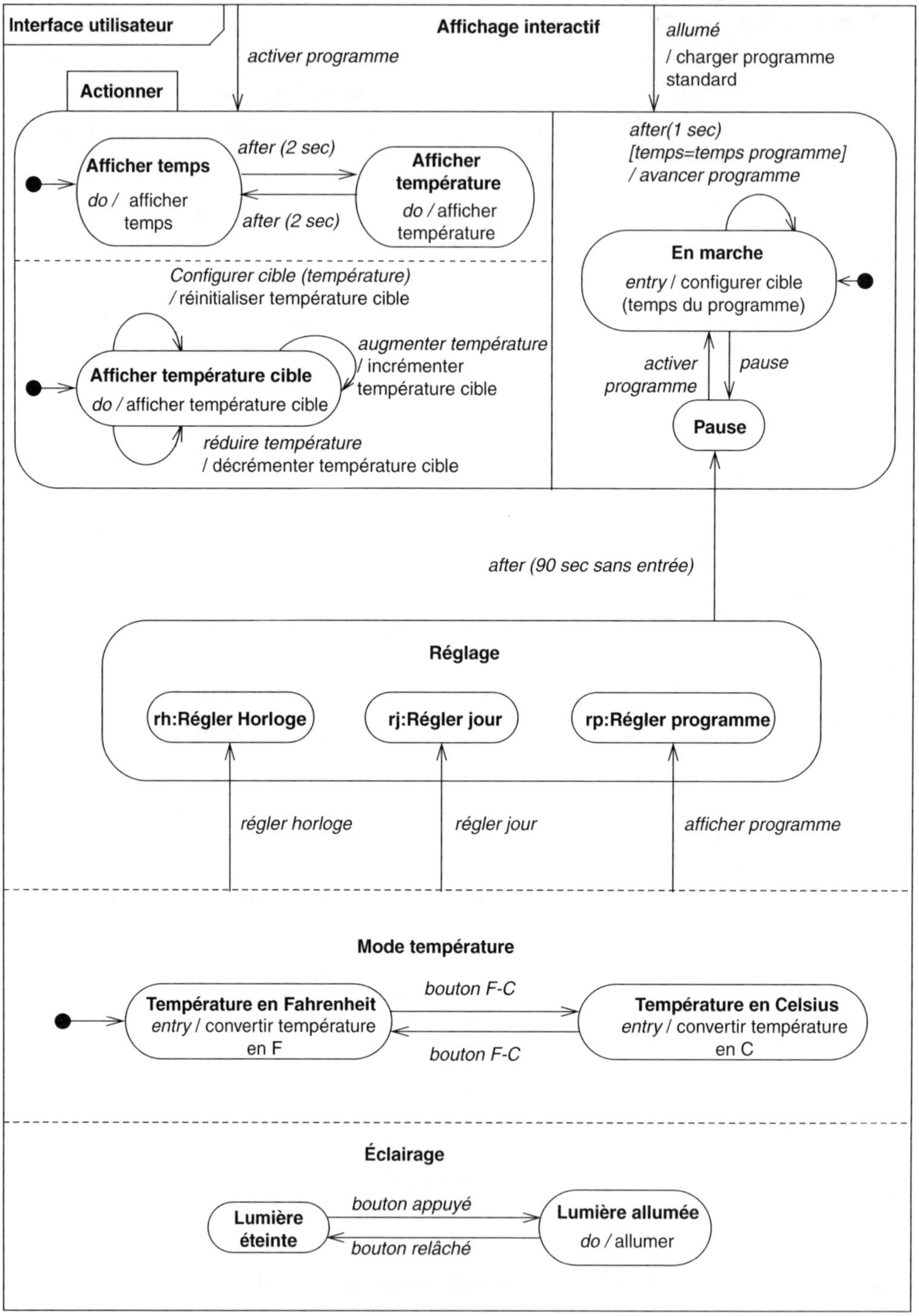

Figure 6.11 • Sous-diagramme de l'interface utilisateur du thermostat.

Le sous-diagramme de l'affichage interactif est plus intéressant. L'appareil est soit en fonctionnement, soit en cours de configuration. L'état *Actionner* a trois sous-états concurrents : le premier inclut *En Marche* et *Pause*, le deuxième contrôle l'affichage de la température cible et le troisième contrôle l'affichage de l'heure et de la température courantes. Toutes les deux secondes, l'affichage alterne entre l'heure courante et la température courante. La température cible est affichée en permanence et modifiée par les boutons *augmenter température* et *réduire température*, et l'événement *configurer cible* n'est généré que dans l'état *En Marche*. Notez que le paramètre *température cible* qui figure dans ce sous-diagramme est celui qui contrôle les relais de sortie.

À chaque seconde de l'état *En Marche*, l'heure courante est comparée aux heures programmées dans la table des programmes ; si elles sont identiques, le programme passe à la période programmée suivante et l'on entre à nouveau dans l'état *En Marche*. On entre aussi dans l'état *En Marche* lorsque le bouton *activer programme* est pressé, quel que soit l'état courant, comme le montrent la transition venant du contour et se dirigeant vers l'état *Actionner* et la transition initiale par défaut vers l'état *En Marche*. Chaque fois que l'on entre dans l'état *En Marche*, l'activité d'entrée dans l'état réinitialise la température cible à partir de la table des programmes.

Tant que le programme est dans l'état *Pause*, la température programmée ne peut pas être augmentée automatiquement, mais elle peut toujours être modifiée directement par les boutons *augmenter température* et *réduire température*. Si l'interface est dans l'un des états de configuration pendant 90 secondes sans action de l'utilisateur, le système entre dans l'état *Pause*. L'entrée dans l'état *Pause* force également l'entrée dans les états initiaux par défaut des deux autres sous-diagrammes concurrents d'*Actionner*. L'état *Réglage* n'est inclus dans le modèle que pour regrouper les trois états imbriqués de configuration pour la transition déclenchée par le *timeout* de 90 secondes. Notez une petite anomalie de l'appareil : le bouton *pause* n'a aucun effet à l'intérieur de l'état *Réglage*, bien que l'on puisse entrer dans l'état *Pause* en attendant 90 secondes.

Les trois sous-diagrammes de configuration sont présentés à la figure 6.12. Appuyer sur le bouton *régler horloge* provoque l'entrée dans l'état imbriqué initial par défaut *Régler minutes*. Les pressions suivantes sur *régler horloge* provoquent un basculement entre les états imbriqués *Régler heure* et *Régler minutes*. Les boutons *avancer heure* et *reculer heure* modifient l'heure programmée. Appuyer sur *régler jour* provoque l'entrée dans l'état imbriqué *Régler jour* et affiche le jour de la semaine. Les pressions ultérieures incrémentent le jour directement.

Appuyer sur le bouton *afficher programme* provoque l'entrée dans l'état imbriqué *Régler programme*, qui a trois sous-diagrammes concurrents contrôlant respectivement l'affichage de l'heure programmée, de la température programmée et de la période pro-grammée. L'état *Régler programme* commence toujours par la première période programmée, tandis que les événements *afficher programme* suivants bouclent sur les huit périodes programmées. L'événement *afficher programme* est représenté dans les trois sous-diagrammes. Notez que les événements *avancer heure* et *reculer heure* modifient

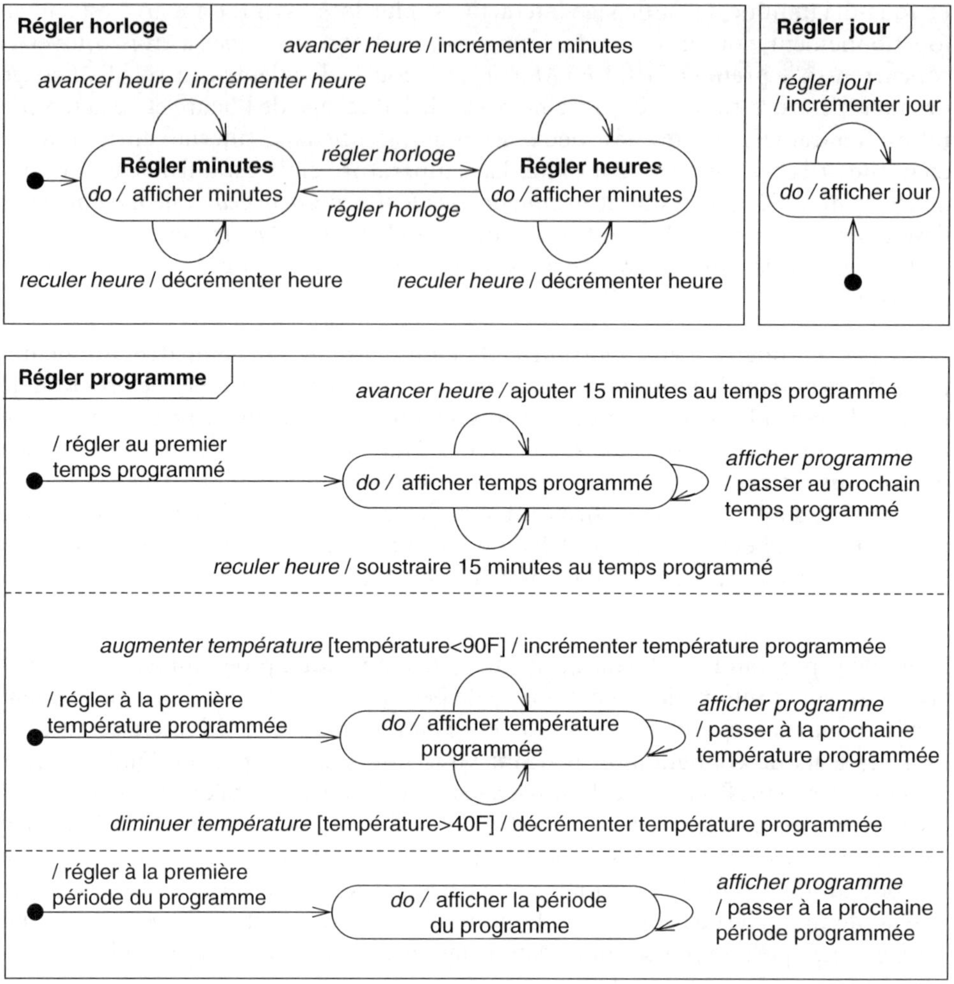

Figure 6.12 • Sous-diagrammes de l'interface utilisateur du réglage du thermostat.

l'heure par incréments de quinze minutes, à la différence des mêmes événements dans l'état *Régler horloge*. Notez aussi que les transitions *augmenter température* et *diminuer température* ont des conditions de franchissement permettant de maintenir la température dans une plage fixée.

Aucun des états imbriqués d'*Afficheur interactif* n'a de transition de sortie explicite. Chacun d'eux se termine implicitement par une transition vers un autre état imbriqué à partir du contour principal d'*Afficheur interactif*.

6.6 Relations entre modèle de classes et modèle d'états

Le modèle d'états spécifie les séquences possibles de modification des objets du modèle de classes. Un diagramme d'états décrit tout ou partie du comportement des objets d'une classe donnée. Les états sont des classes d'équivalence des valeurs et des liens d'un objet.

La structure du modèle d'états est liée à la structure du modèle de classes et contrainte par celle-ci. Un état imbriqué affine les valeurs et les liens qu'un objet peut avoir. La généralisation des classes et l'imbrication des états partitionnent l'ensemble des valeurs possibles d'un objet. Un même objet peut avoir différents états dans le temps – l'objet préserve son identité – mais il ne peut pas appartenir à différentes classes. Les différences intrinsèques entre les objets sont donc correctement modélisées sous la forme de classes différentes, tandis que les différences temporaires sont modélisées comme les différents états d'une même classe.

Un état composite est une agrégation de plusieurs états imbriqués concurrents. Trois sources de concurrences interviennent à l'intérieur d'un modèle de classes :

- **L'agrégation d'objets.** Chaque partie de l'agrégation a ses propres états indépendants et l'état de l'assemblage est la combinaison des états de toutes ses parties.
- **L'agrégation à l'intérieur d'un objet.** Les attributs et les liens d'un objet sont ses parties et des groupes d'attributs et de liens définissent des sous-états imbriqués concurrents de l'état de l'objet composite.
- **Le comportement concurrent d'un objet** (voir figure 6.9).

Ces trois sources de concurrences sont généralement interchangeables. Par exemple, un objet peut contenir un attribut indiquant qu'il exécute une activité donnée.

Les sous-classes héritent du modèle d'états de leur classe ancêtre. Plus précisément, elles héritent à la fois des états et des transitions de leur ancêtre. Elles peuvent avoir leur propre diagramme d'états. Mais comment les diagrammes d'états des super-classes et des sous-classes peuvent-ils interagir ? Si les diagrammes d'états de la super-classe et de la sous-classe traitent d'ensembles disjoints d'attributs, aucun problème ne se pose – la sous-classe possède un état composite constitué de diagrammes d'états concurrents.

En revanche, si le diagramme d'états de la sous-classe implique certains attributs du diagramme d'états de la super-classe, un conflit potentiel existe. Le diagramme d'états de la sous-classe doit alors résulter de l'affinement du diagramme d'états de la super-classe. Tout état du diagramme d'états parent peut être détaillé par imbrication ou scindé en parties concurrentes, mais de nouveaux états ou de nouvelles transitions ne peuvent pas être introduits directement dans ledit diagramme parent, puisque celui-ci doit être une projection du diagramme enfant. Bien que l'affinement des diagrammes d'états hérités soit possible, le diagramme d'états d'une sous-classe doit généralement être un ajout indépendant, orthogonal et concurrent du diagramme d'états hérité de la super-classe, défini sur des ensembles différents d'attributs (généralement ceux ajoutés à la sous-classe).

La hiérarchie de signaux est indépendante de la hiérarchie des classes pour les classes s'envoyant des signaux, sinon en théorie, du moins en pratique. Les signaux peuvent être définis à travers différentes classes. Ils sont plus fondamentaux que les états et plutôt parallèles aux classes. Les états sont définis par l'interaction d'objets et d'événements. Les transitions peuvent souvent être implémentées comme des opérations sur des objets, le nom de l'opération correspondant au nom du signal. Cependant, les signaux sont plus expressifs que les opérations, car l'effet d'un événement ne dépend pas seulement de la classe de l'objet mais aussi de son état.

6.7 Conseils pratiques

Les conseils pratiques suivants ont été mentionnés tout au long du chapitre, mais nous les résumons ici par commodité :

- **Diagrammes d'états structurés.** Employez-les pour des modèles ayant plus de dix à quinze états. (Voir section 6.1.)
- **États imbriqués.** Employez l'imbrication d'états lorsque la même transition s'applique à plusieurs états. (Voir section 6.2.)
- **Super-signaux concrets.** De même que pour la généralisation des classes, il est préférable d'éviter les super-signaux concrets. La différence entre signaux abstraits et concrets apparaît alors d'emblée : les super-signaux sont abstraits et les signaux feuilles sont concrets. Il est toujours possible de supprimer les super-signaux concrets en introduisant un signal *Autre*. (Voir section 6.3.)
- **Concurrence.** La plupart des concurrences résultent de l'agrégation d'objets et n'ont pas besoin d'être explicitement représentées dans les diagrammes d'états. Employez des états composites pour montrer les aspects indépendants du comportement d'un même objet. (Voir section 6.4.)
- **Cohérence des diagrammes.** Vérifiez la cohérence des différents diagrammes d'états concernant les événements partagés, afin que le modèle d'états global soit correct. (Voir section 6.5.)
- **Modélisation des états et héritage de classes.** Dans la mesure du possible, rendez les diagrammes d'états des sous-classes indépendants des diagrammes d'états de leurs super-classes. Les diagrammes d'états des sous-classes ne doivent traiter que des attributs propres aux sous-classes. (Voir section 6.6.)

Résumé

Un modèle de classes décrit les objets, les valeurs et les liens qui peuvent exister dans un système. Les valeurs et les liens détenus par un objet constituent ce que l'on nomme son état. Les objets se stimulent mutuellement, ce qui provoque une série de changements d'états, et répondent à l'occurrence d'événements à des moments donnés. La réponse à un événement dépend de l'état de l'objet qui le reçoit, et peut consister en un changement d'état ou en l'envoi d'un signal à l'émetteur d'origine ou à un autre objet.

Les combinaisons d'états, d'événements et de transitions pour une classe donnée peuvent être synthétisées et représentées dans un diagramme d'états. Un diagramme d'états est un réseau d'états et d'événements, tout comme un diagramme de classes est un réseau de classes et de relations. Le modèle d'états est constitué de plusieurs diagrammes d'états, un pour chaque classe dont le comportement dynamique est important, et représente le comportement possible d'un système entier. Chaque objet exécute indépendamment le diagramme d'états de sa classe. Les diagrammes d'états des différentes classes communiquent *via* les événements partagés.

Il est possible de développer les états et les événements pour les représenter plus en détail. Les états imbriqués partagent les transitions de leurs états composites. Les signaux peuvent être organisés en hiérarchies d'héritage. Les sous-signaux déclenchent les mêmes transitions que leurs super-signaux.

Les objets sont intrinsèquement concurrents et chacun d'eux a son propre état. Les diagrammes d'états représentent la concurrence sous forme d'agrégation d'états concurrents, chacun opérant indépendamment. Les objets concurrents interagissent en échangeant des événements et en évaluant les conditions d'autres objets, notamment leurs états. Les transitions peuvent diviser ou synchroniser le flux de contrôle.

Les activités d'entrée et de sortie permettent de couvrir toutes les transitions entrant dans l'état ou en sortant. Elles rendent les diagrammes d'états autonomes, utilisables dans différents contextes. Les activités internes représentent les transitions qui ne quittent pas l'état.

Une sous-classe hérite des diagrammes d'états de ses ancêtres, qui seront concurrents avec tout diagramme d'états qu'elle définit. Il est également possible d'affiner un diagramme d'états hérité en développant les états en états imbriqués ou en sous-diagrammes concurrents.

Un modèle réaliste d'un thermostat programmable occupe trois pages et illustre des subtilités de comportement qui ne sont pas évidentes à la lecture de son mode d'emploi ou lors de son fonctionnement quotidien.

agrégation de signaux	état composite	région
concurrence	état imbriqué	sous-automate
contrôle	généralisation de signaux	synchronisation
diagramme d'états imbriqués	modèle d'états	

Figure 6.13 • Concepts clés du chapitre 6.

Notes bibliographiques

La majeure partie de ce chapitre s'appuie sur les travaux de David Harel, qui a formalisé ses concepts dans une notation nommée *state charts* [Harel-87]. C'est la tentative la plus réussie à ce jour de structurer les machines à états finis et d'éviter l'inconvénient des explosions combinatoires qu'ils généraient. Harel décrit sa notation des diagrammes d'états basée sur les contours comme un cas particulier d'une notation générale qu'il nomme *higraphs* [Harel-88].

La première édition de cet ouvrage incluait la *généralisation d'états*, mais UML 2 n'a pas repris ce concept. Le métamodèle d'UML 2 restreint la généralisation aux classificateurs et un état n'est pas un classificateur. Cela dit, la généralisation de classes et l'imbrication d'états montrent des similitudes…

La modélisation des états avec UML 2 présente de nombreux points délicats. Lisez [Rumbaugh-05] pour plus d'informations.

Nous remercions Mikael Berndtsson de nous avoir suggéré l'exercice 6.12.

Références

[Coplien-92] James O. Coplien, *Advanced C++ : Programming Styles and Idioms*, Boston, Addison-Wesley, 1992. Traduction française : *Programmation avancée en C++ : styles et idiomes*, Paris, Addison-Wesley, 1992.

[Harel-87] David Harel, "Statecharts : a visual formalism for complex systems", *Science of ComputerProgramming 8*, (1987), 231-274.

[Harel-88] David Harel, "On visual formalisms", *Communications of ACM 31,* 5 (mai 1988), 514-530.

[Rumbaugh-05] James Rumbaugh, Ivar Jacobson, Grady Booch, *The Unified Modeling Language Reference Manual,* second edition, Boston, Addison-Wesley, 2005. Traduction française : *UML 2.0, guide de référence*, Paris, CampusPress, 2004.

Exercices

6.1 (3) Le contrôle de la direction de certains des premiers trains électriques miniatures s'effectuait en coupant l'alimentation. Tracez un diagramme d'états pour le feu avant et les roues du train, correspondant à la séquence d'événements suivante :

Le courant est coupé, le train ne bouge pas.

Le courant est rétabli, le train avance et le feu avant est allumé.

Le courant est coupé, le train s'arrête et le feu avant s'éteint.

Le courant est rétabli, le feu avant est allumé et le train ne bouge pas.

Le courant est coupé, le feu avant s'éteint.

Le courant est rétabli, le train recule et le feu avant est allumé.

Le courant est coupé, le train s'arrête et le feu avant s'éteint.

Le courant est rétabli, le feu avant est allumé et le train ne bouge pas.

Le courant est coupé, le feu avant s'éteint.

Le courant est rétabli, le train avance et le feu avant est allumé.

6.2 (6) Révisez le diagramme d'états de l'exercice 5.2 pour régler l'heure plus rapidement en appuyant sur le bouton B et en maintenant la pression. Si l'utilisateur appuie sur le bouton et maintient la pression pendant plus de cinq secondes dans le mode réglage, l'heure ou les minutes (selon le sous-mode) s'incrémentent toutes les demi-secondes. (Note pour les enseignants : vous pouvez fournir la solution de l'exercice 5.2 comme base de travail.)

6.3 (5) Révisez le diagramme d'états de l'exercice 5.6 en notant les points communs des états « démarrage » et « marche ». Une transition s'opère depuis l'état « Démarrage » ou depuis l'état « En marche » vers l'état « À l'arrêt » quand « Démarrage » n'est pas désiré. (Note pour les enseignants : vous pouvez fournir la solution de l'exercice 5.6 comme base de travail.)

6.4 (6) Les moteurs à induction triphasés tournent soit dans le sens horaire soit dans le sens opposé en fonction des connexions à l'alimentation électrique. Dans les applications nécessitant que les moteurs fonctionnent dans les deux sens, on peut employer deux contacteurs séparés (relais) pour réaliser les connexions, un pour chaque sens. Dans certaines applications, le moteur démarre à l'aide d'un transformateur qui réduit la puissance de l'alimentation électrique. Le transformateur est ensuite relayé par un troisième contacteur quand le moteur a eu le temps d'atteindre sa vitesse. Trois requêtes sont possibles : demande de marche avant, demande de marche arrière ou arrêt. Quand le moteur est arrêté, les requêtes de marche avant ou arrière provoquent un démarrage du moteur dans la direction requise. Une requête de marche arrière est ignorée si le moteur est en cours de démarrage ou en marche avant et vice-versa. Une requête d'arrêt stoppe le moteur à tout moment.

La figure E6.1 est un diagramme d'états d'un contrôle de moteur possible. Ce diagramme n'a qu'un état. Convertissez-le en un diagramme à deux états concurrents, un pour commander le sens du moteur et l'autre pour commander le démarrage.

6.5 (3) Le contrôle de l'exercice 6.4 ne fournit pas de protection thermique.

a. Modifiez le diagramme d'états de la figure E6.1 pour arrêter le moteur quel que soit le moment où une condition de surchauffe est détectée.

b. Modifiez le diagramme d'états concurrent de l'exercice 6.4 pour arrêter le moteur quel que soit le moment où une condition de surchauffe est détectée.

6.6 (3) Placez les classes de signaux suivantes dans une hiérarchie de généralisation : sélection, saisie de caractères, sélection de ligne, sélection de cercle, sélection de boîte, sélection de texte, signal.

6.7 (7) Un système domestique de chauffage à air chaud pulsé alimenté au gaz maintient en hiver la température et le taux d'hygrométrie grâce à un système de contrôle décentralisé. Le confort des différentes pièces est contrôlé de façon relativement indépendante. En fonction de la température mesurée et de la température réelle de chaque pièce, un signal est envoyé à la chaudière si le décalage des températures le justifie. Quand une ou plusieurs pièces doivent être chauffées, la chaudière est mise en marche. Lorsque la température de la chaudière est suffisamment élevée, une soufflerie est mise en marche pour distribuer l'air chaud dans les conduits. Si la température de la chaudière dépasse une limite de sécurité donnée, la chaudière est arrêtée tandis que la soufflerie continue à fonctionner. Des volets situés dans les conduits sont commandés par le système pour ne fournir de chaleur que dans les pièces qui le nécessitent. Lorsque plus aucune pièce ne réclame d'être chauffée, la chaudière est arrêtée, mais la soufflerie continue à délivrer de l'air chaud jusqu'à ce que la chaudière ait refroidi.

Le taux d'humidité est également maintenu selon une stratégie reposant sur le taux souhaité, le taux constaté et la température extérieure. Le taux d'humidité souhaité est indiqué par l'utilisateur pour la demeure entière. L'humidité de l'air frais revenant à la soufflerie est mesurée. Lorsque le système détermine que le taux d'humidité est insuffisant, un humidificateur est mis en marche dans la chaudière, si la soufflerie est elle-même en marche, pour humidifier l'air quittant la soufflerie.

Partitionnez le contrôle de ce système en deux diagrammes d'états concurrents. Décrivez le fonctionnement de chaque diagramme sans réellement entrer dans les détails des états ou des activités.

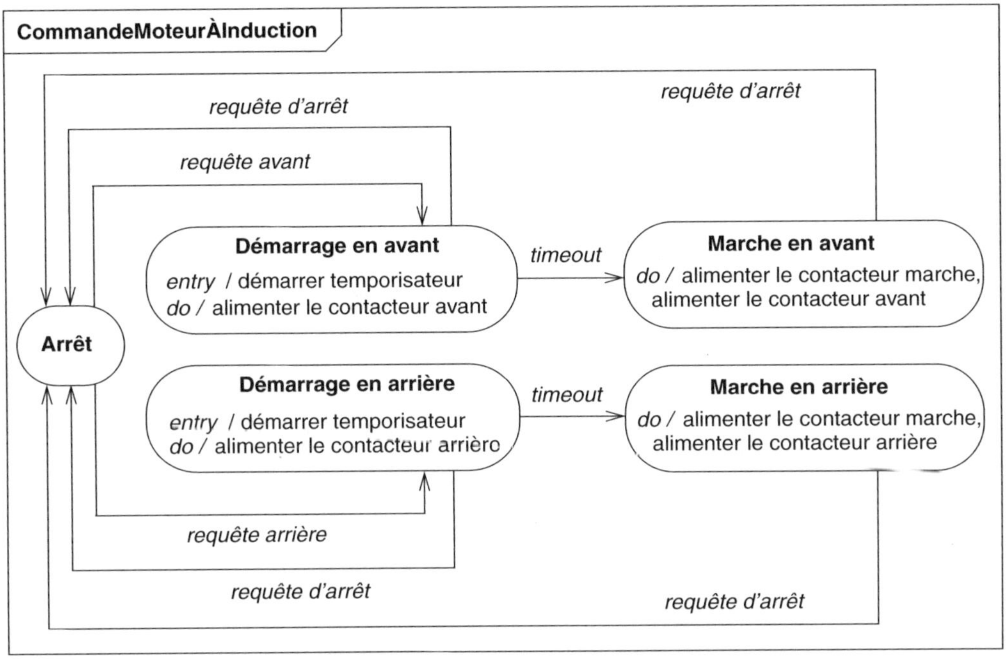

Figure E6.1 • Diagramme d'états du contrôle d'un moteur à induction.

6.8 La figure E6.2 est une partie d'un diagramme d'états de la commande d'un magnétoscope. Le magnétoscope possède plusieurs boutons, dont *sélection*, *marche/arrêt* et *position*, qui permettent de régler l'horloge et de programmer le démarrage et l'arrêt automatiques, *auto*, qui active l'enregistrement automatique, *source*, qui court-circuite le magnétoscope, et *durée*, qui permet de régler la durée d'enregistrement par tranches de quinze minutes. Plusieurs événements de la figure E6.2 correspondent à une pression sur les boutons de même nom. Certains boutons opèrent comme des bascules. Par exemple, une pression sur *source* active la bascule entre télévision et magnétoscope. Plusieurs boutons servant à la commande manuelle du magnétoscope ne sont pas pris en compte à la figure E6.2, comme *lecture*, *enregistrer*, *avance rapide*, *rembobiner*, *pause* et *éjecter*. Ces boutons ne sont valides que dans l'état *Manuel*. Effectuez les tâches suivantes :

a. (2) Listez les événements et les activités en les décrivant brièvement.

b. (7) Préparez le mode d'emploi du magnétoscope.

c. (7) En ajoutant des états, étendez le diagramme d'états afin de prendre en charge un minuteur marche-arrêt pour un second canal.

d. (7) De nombreuses points communs figurent dans la solution du problème précédent. Par exemple, l'heure peut être réglée dans plusieurs contextes avec des résultats similaires. Expliquez comment on pourrait réduire les duplications.

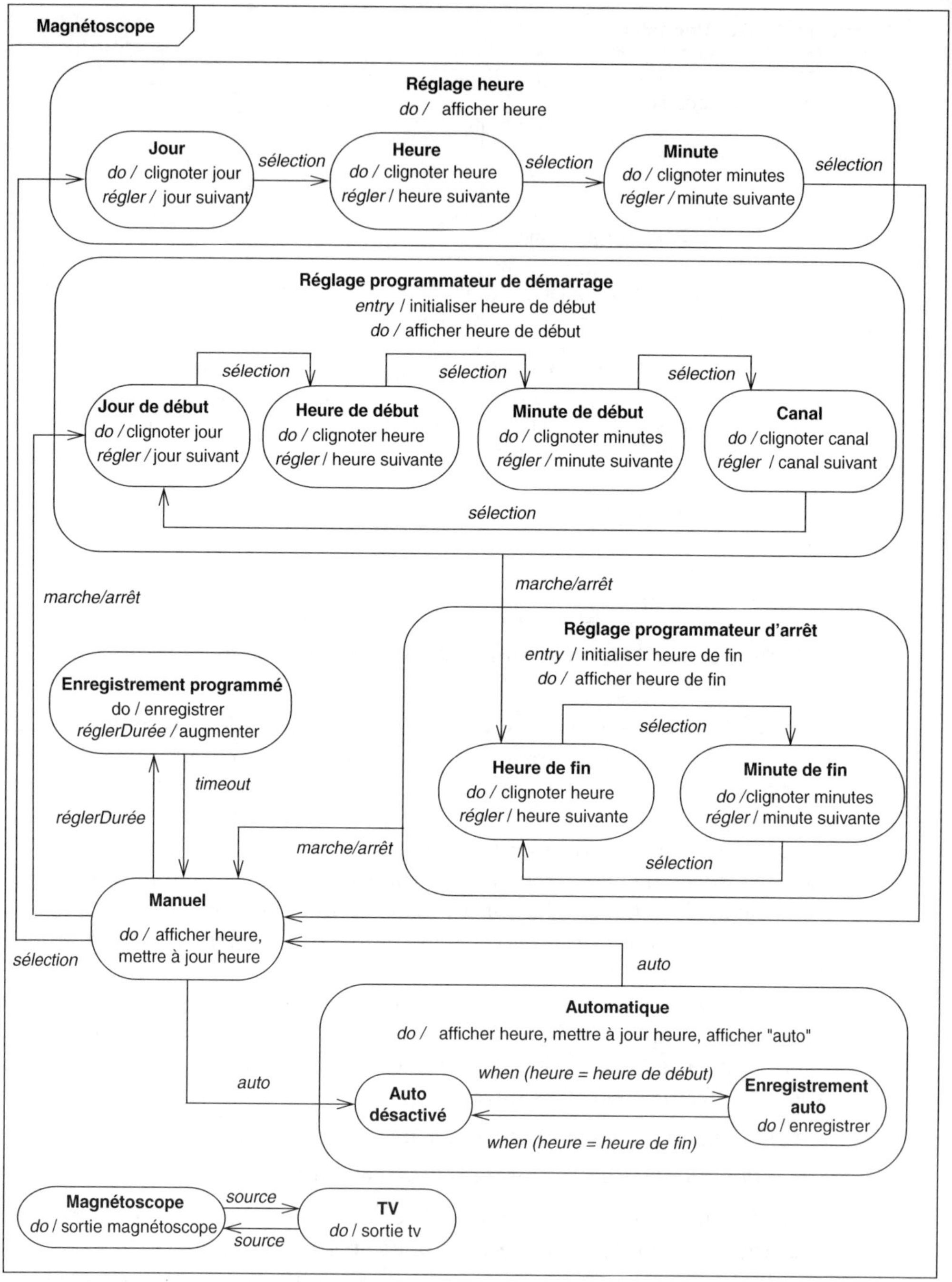

Figure E6.2 • Partie d'un diagramme d'états d'un magnétoscope.

6.9 (6) Il y a dans le diagramme de la figure E5.4 une omission majeure. L'alimentation peut être interrompue à n'importe quel moment et la transition a lieu vers l'état *Arrêt*. Vous pourriez ajouter une transition depuis chaque état vers l'état *Arrêt*, mais cela rendrait le diagramme difficile à lire. Remédiez à cet inconvénient en employant des états imbriqués.

6.10 (6) La figure E6.3 présente un diagramme de classes d'une partie de tennis de table entre deux joueurs. Construisez un diagramme d'états correspondant à ce diagramme de classes.

Les règles du tennis de table sont les suivantes. Au début de la partie, les deux joueurs jouent pour déterminer quel sera le premier à servir – autrement dit ils s'envoient la balle au-dessus du filet en la faisant rebondir plusieurs fois. Le gagnant sert en premier.

Le premier à servir le fait cinq fois. C'est ensuite au tour de son adversaire de servir cinq fois lui aussi. Cette alternance au service se poursuit jusqu'à ce que l'un des joueurs gagne.

La partie se termine si l'un des joueurs marque 11 points alors que son adversaire n'en a marqué aucun (11-0) ou lorsque l'un des joueurs a atteint 21 points avec une différence de points au moins égale à 2. Si le score arrive à 20-20, les joueurs servent alors chacun leur tour jusqu'à ce que 2 points les séparent.

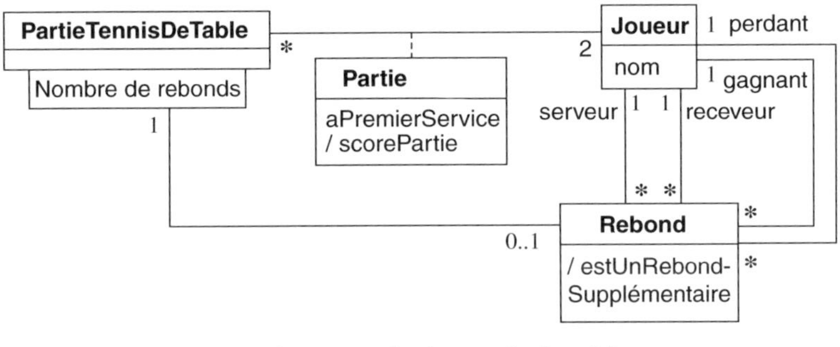

Figure E6.3 • Modèle de classes d'une partie de tennis de table.

6.11 (10) Il est parfois utile d'employer la réification – promouvoir en objet quelque chose qui n'en est pas un. La réification est une technique particulièrement adaptée pour les méta-applications car elle permet d'élever le niveau d'abstraction. En cette occasion, il est utile de promouvoir en objets des attributs, des méthodes, des contraintes et des informations de contrôle, pour les décrire et les manipuler comme des données.

Construisez un modèle de classes qui réifie et prend en charge les concepts de modélisation d'états suivants : événement, état, transition, activité, événement de signal, événement de changement et attribut de signal.

6.12 (7) Reprenez le modèle de la figure 6.5 et supprimez l'imbrication. Autrement dit, construisez un diagramme d'états à plat doté d'une sémantique équivalente.

7

Modélisation des interactions

Dernier des trois piliers de la modélisation, le modèle d'interactions décrit les interactions qui ont lieu au sein d'un système. Le modèle de classes représente les objets et leurs relations, le modèle d'états décrit le cycle de vie des objets. Le modèle d'interactions, quant à lui, exprime la façon dont les objets interagissent pour produire des résultats utiles à l'application. Il représente une vue holistique du comportement du système à travers plusieurs objets alors que le modèle d'états est une vue réductionniste qui examine chaque objet individuellement. Ces deux modèles sont nécessaires pour décrire l'intégralité du comportement. Ils se complètent en présentant le comportement de deux points de vue différents.

On peut modéliser les interactions à différents niveaux d'abstraction. Au niveau le plus élevé, les cas d'utilisation décrivent comment un système interagit avec les acteurs extérieurs. Chaque cas d'utilisation représente une partie des fonctionnalités que le système fournit à ses utilisateurs. Les cas d'utilisation sont utiles pour capturer les exigences de façon informelle.

Les diagrammes de séquence fournissent plus de détails et représentent les messages que s'échange un ensemble d'objets au fil du temps. Les messages comprennent à la fois les signaux asynchrones et les appels de procédures. Les diagrammes de séquence sont bien adaptés pour représenter les séquences de comportements perçues par les utilisateurs d'un système.

Enfin, les diagrammes d'activités fournissent des détails supplémentaires et représentent le flux de contrôle entre les étapes d'un traitement. Ils montrent aussi bien des flux de données que des flux de contrôle. Ils décrivent également les étapes nécessaires à l'implémentation d'une opération ou d'un processus métier référencé dans un diagramme de séquence.

7.1 Modèles de cas d'utilisation

7.1.1 Acteurs

Un ***acteur*** est un utilisateur externe direct du système : un objet ou un ensemble d'objets qui communique directement avec le système sans en faire partie. Chaque acteur représente les objets qui se comportent d'une façon donnée par rapport au système. Par exemple, un *client* et un *technicien de maintenance* sont des acteurs différents d'un distributeur automatique. Les acteurs d'une agence de voyages sont *voyageur, agent, compagnie aérienne*, etc. et ceux d'un système de bases de données sont entre autres *utilisateur* et *administrateur.* Les acteurs peuvent être des personnes, des équipements et d'autres systèmes – tout ce qui interagit directement avec le système.

Un objet est lié à plusieurs acteurs si son comportement présente différentes facettes. Par exemple, les objets Sylvie, Bruno et Paul sont les clients d'un distributeur automatique, mais Paul est également un technicien qui entretient l'appareil.

Un acteur a un unique objectif, bien défini. En revanche, les objets et les classes combinent souvent plusieurs objectifs différents. Dans ses interactions avec le système, un acteur représente un aspect particulier du comportement des objets. Le même acteur peut représenter des objets de différentes classes qui interagissent de manière similaire avec un système. Par exemple, même si différentes personnes utilisent un distributeur, leurs interactions avec l'appareil peuvent être résumées par les acteurs *client* et *technicien de maintenance.* Chaque acteur représente un ensemble cohérent de capacités pour les objets qu'il représente.

La modélisation des acteurs aide à définir un système car elle permet d'identifier les objets à l'intérieur du système et ceux qui sont à ses frontières. Un acteur est directement connecté au système. Un objet indirectement connecté n'est pas un acteur et ne doit pas être inclus dans le modèle du système. Toute interaction avec un objet indirectement connecté au système doit être modélisée à travers des acteurs. Par exemple, l'employé de la société de maintenance qui distribue les tâches aux techniciens n'est pas un acteur : seul le technicien interagit directement avec le distributeur. S'il est nécessaire de modéliser les interactions entre des objets directs et indirects, il faut construire le modèle d'un système plus vaste comprenant l'environnement lui-même. Par exemple, il pourrait être intéressant de construire un modèle de service de maintenance avec, comme acteurs, les répartiteurs, les techniciens et les distributeurs automatiques, mais ce serait un modèle différent de celui du distributeur.

7.1.2 Cas d'utilisation

Les différentes interactions des acteurs avec le système sont décrites dans les cas d'utilisation. Un ***cas d'utilisation*** est une partie cohérente des fonctionnalités qu'un système peut fournir en interagissant avec les acteurs. Par exemple, un *client* peut *acheter une boisson* à un distributeur automatique. Le client insère de la monnaie dans le distributeur, effectue une sélection et reçoit par la suite une boisson.

De même, un *technicien de maintenance* peut *effectuer une maintenance de routine* sur un distributeur. La figure 7.1 résume plusieurs cas d'utilisation d'un distributeur.

- **Acheter une boisson.** Le distributeur délivre une boisson après que le client l'a sélectionnée et payée.
- **Effectuer une maintenance de routine.** Un technicien de maintenance effectue sur le distributeur l'entretien périodique nécessaire pour le maintenir en bon état de fonctionnement.
- **Effectuer une réparation.** Un technicien de maintenance effectue sur le distributeur le service ponctuel nécessaire pour réparer un dysfonctionnement.
- **Recharger des articles.** Un employé au stock ajoute dans le distributeur des articles pour réapprovisionner son stock de boissons.

Figure 7.1 • Résumé des cas d'utilisation d'un distributeur automatique. Un cas d'utilisation est une partie cohérente des fonctionnalités qu'un système peut fournir en interagissant avec des acteurs.

Chaque cas d'utilisation implique un ou plusieurs acteurs ainsi que le système lui-même. Le cas d'utilisation *acheter une boisson* implique l'acteur *client* et le cas d'utilisation *effectuer une maintenance de routine* implique l'acteur *technicien de maintenance*. Dans un système téléphonique, le cas d'utilisation *passer un appel* implique deux acteurs : un *appelant* et un *appelé*. Les acteurs ne sont pas nécessairement des êtres humains. Le cas d'utilisation *réaliser une transaction* sur un site de courtage en ligne implique un acteur *client* et un acteur *Bourse*. Le système de courtage a besoin de communiquer avec eux deux pour réaliser une transaction.

Un cas d'utilisation comprend une séquence de messages échangés entre le système et ses acteurs. Par exemple, dans le cas d'utilisation *acheter une boisson*, le client commence par insérer une pièce et le distributeur affiche le montant inséré. Cette séquence peut se répéter plusieurs fois. Puis, le client appuie sur un bouton pour sélectionner sa boisson. Le distributeur délivre alors la boisson choisie et il rend la monnaie si cela s'avère nécessaire.

Certains cas d'utilisation ont une séquence fixe de messages. Mais le plus souvent, la séquence de messages présente des variations. Par exemple, dans le cas d'utilisation *acheter une boisson*, un client insère un nombre variable de pièces. Selon le montant inséré et l'article sélectionné, la machine rend ou non de la monnaie. Vous pouvez représenter une telle variabilité en donnant plusieurs exemples de séquences de comportements distinctes. En règle générale, vous devez définir dans un premier temps une séquence de comportements standard, puis dans un second temps, les sous-séquences, les répétitions et autres variantes optionnelles.

Les conditions d'erreur font également partie d'un cas d'utilisation. Par exemple, si le client sélectionne une boisson qui n'est pas disponible, le distributeur affiche un message d'avertissement. De même, l'opération d'achat peut être annulée. Le client est libre à tout moment d'appuyer sur la touche Annulation avant que la sélection n'ait été acceptée : le distributeur rend alors les pièces et la séquence des comportements décrite par le cas d'utilisation est terminée. Du point de vue de l'utilisateur, certains comportements peuvent être considérés comme des erreurs. Toutefois, le concepteur doit prévoir toutes les séquences possibles. Du point de vue du système, les erreurs de l'utilisateur ou les échecs dus aux ressources ne sont que des types de comportements supplémentaires qu'un système robuste est capable de gérer.

Un cas d'utilisation rassemble tous les comportements significatifs pour une fonctionnalité donnée du système. Il inclut le comportement principal standard et ses variations possibles, les exceptions, les conditions d'erreur et les abandons. La figure 7.2 détaille le cas d'utilisation *acheter une boisson*. Le fait de grouper, au sien d'un même cas d'utilisation, les comportements normaux et anormaux aide à garantir que toutes les conséquences d'une interaction avec le système sont prises en compte.

Cas d'utilisation : Acheter une boisson.

Résumé : Le distributeur délivre une boisson après que le client l'a sélectionnée et payée.

Acteurs : Client.

Préconditions : Le distributeur est en attente de l'insertion de pièces.

Description : Le distributeur commence dans l'état « en attente » dans lequel il affiche le message « Insérez de la monnaie ». Un client insère des pièces dans le distributeur. Le distributeur affiche le montant total inséré et allume les boutons correspondant aux articles pouvant être achetés avec ce montant. Le client appuie sur un bouton. Le distributeur délivre l'article correspondant et rend la monnaie si le coût de la boisson est inférieur au montant inséré.

Exceptions :
Annulation : Si le client appuie sur le bouton Annulation avant de sélectionner un article, le montant qu'il a inséré lui est rendu et le distributeur se remet dans l'état « en attente ».
Épuisé : Si le client appuie sur le bouton d'un article épuisé, le message « Article momentanément indisponible » est affiché. Le distributeur continue à accepter des pièces ou une sélection.
Somme insuffisante : Si le client appuie sur le bouton d'un article dont le montant est plus élevé que la somme insérée, le distributeur affiche le message « Vous devez insérer *nn,nn* € de plus », où *nn,nn* est le montant manquant. Le distributeur continue à accepter des pièces ou une sélection.
Pas de monnaie : Si le client a inséré suffisamment de pièces pour acheter l'article et que la machine ne soit pas en mesure de rendre la monnaie correcte, le message « Impossible de rendre la monnaie » est affiché et le distributeur continue à accepter des pièces ou une sélection.

Postconditions : Le distributeur est en attente de l'insertion de pièces.

Figure 7.2 • Description de cas d'utilisation. Un cas d'utilisation regroupe tous les comportements pertinents pour une tranche fonctionnelle du système.

Dans un modèle complet, les cas d'utilisation partitionnent les fonctionnalités d'un système. Mais il est souhaitable qu'ils se situent tous au même niveau d'abstraction. Par exemple, les cas d'utilisation *passer un appel* et *enregistrer un message vocal* sont de niveau comparable, et *augmenter le volume du micro* est de plus bas niveau. Mieux vaudrait nommer ce dernier *ajuster le volume du micro* (la sélection du volume faisant partie du cas d'utilisation), ou peut-être simplement *régler les paramètres du téléphone* et y regrouper les réglages du volume, de l'affichage, de l'heure, etc.

7.1.3 Diagrammes de cas d'utilisation

Un système implique un ensemble de cas d'utilisation et un ensemble d'acteurs. Chaque cas d'utilisation représente une tranche de fonctionnalités fournie par le système. L'ensemble des cas d'utilisation représente l'ensemble des fonctionnalités du système à un niveau de détails donné. De même, l'ensemble des acteurs représente l'ensemble complet des objets en interaction avec le système. Les objets regroupent les comportements de tous les systèmes avec lesquels ils interagissent en tant qu'acteurs.

UML propose une notation graphique des cas d'utilisation et la figure 7.3 en est un exemple. Un rectangle contient les cas d'utilisation d'un système, les acteurs étant listés à l'extérieur. Le nom du système peut figurer à proximité de l'un des côtés du rectangle. Un nom dans une ellipse représente un cas d'utilisation. L'icône d'un « bonhomme en fil de fer » représente un acteur, dont le nom peut être placé à côté ou en dessous de l'icône. Des lignes pleines connectent les cas d'utilisation aux acteurs qui y participent.

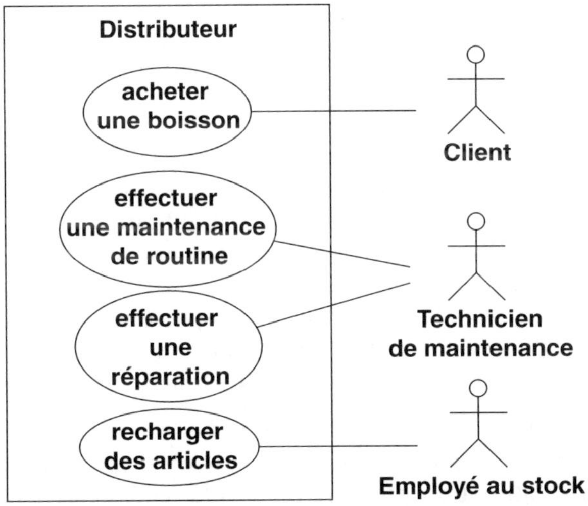

Figure 7.3 • Diagramme du cas d'utilisation d'un distributeur automatique. Un système implique un ensemble de cas d'utilisation et un ensemble d'acteurs.

À la figure 7.3, l'acteur *technicien de maintenance* participe à deux cas d'utilisation, les autres à un seul. Plusieurs acteurs peuvent participer à un même cas d'utilisation, même si, dans cet exemple vous n'avez qu'un acteur par cas d'utilisation.

7.1.4 Conseils pratiques

Les cas d'utilisation identifient les fonctionnalités d'un système et les organisent selon le point de vue des utilisateurs. En revanche, les listes traditionnelles d'exigences peuvent inclure des fonctionnalités qui sont vagues pour les utilisateurs ou négliger des fonctionnalités utilitaires telles que l'initialisation ou la terminaison. Les cas d'utilisation décrivent des transactions complètes et risquent donc moins d'occulter des étapes nécessaires. Les listes traditionnelles d'exigences sont toujours utiles pour décrire des contraintes globales et d'autres fonctionnalités telles que la durée moyenne de fonctionnement avant défaillance (MTTF, *Mean Time To Failure*) ou les performances globales, mais il est préférable de capturer la majorité des interactions par des cas d'utilisation. La finalité principale d'un système se trouve presque toujours dans les cas d'utilisation, les listes d'exigences ne fournissant que des contraintes d'implémentation supplémentaires. Voici quelques conseils pour bien construire les modèles de cas d'utilisation :

- **Limites du système à determiner avant tout.** Il est impossible d'identifier les acteurs ou les cas d'utilisation si les limites du système ne sont pas clairement fixées.
- **Identification des acteurs.** Chaque acteur doit avoir un objectif unique et cohérent. Si un objet du monde réel a plusieurs objectifs, capturez-les dans des acteurs séparés. Par exemple, le propriétaire d'un ordinateur personnel peut installer des logiciels, gérer une base de données et envoyer du courrier électronique. Ces fonctions diffèrent beaucoup quant à leur impact sur le système et à leur potentialité de l'endommager. Vous pouvez les décomposer en trois acteurs : *administrateur système*, *administrateur de base de données* et *utilisateur*. Rappel : un acteur est défini par rapport à un système, non en tant que concept autonome.
- **Cas d'utilisation complet.** Un cas d'utilisation doit représenter une transaction complète, qui apporte une valeur aux utilisateurs. Il ne doit pas être défini trop étroitement. Par exemple, *composer un numéro de téléphone* n'est pas un bon cas d'utilisation d'un système téléphonique et ne constitue pas une transaction complète en soi : il fait simplement partie du cas d'utilisation *passer un appel*. Ce dernier consiste en effet à numéroter, à parler et à terminer l'appel. En définissant des cas d'utilisation complets, nous nous centrons sur la finalité de la fonctionnalité fournie par le système au lieu de passer trop rapidement à des décisions d'implémentation. Les détails viendront plus tard. Souvent, il est possible d'implémenter de plusieurs façons d'implémenter une même fonctionnalité.
- **Lien entre les acteurs et les cas d'utilisation.** Chaque cas d'utilisation doit posséder au moins un acteur et chaque acteur doit participer à au moins un cas d'utilisation. Un cas d'utilisation peut impliquer plusieurs acteurs et un acteur peut participer à plusieurs cas d'utilisation.
- **Cas d'utilisation informels.** Ne soyez pas obsédé par le formalisme lorsque vous spécifiez des cas d'utilisation. Ne les considérez pas comme un outil de modélisation formel mais plutôt comme un moyen d'identifier et d'organiser les fonctionnalités du système d'un point de vue centré sur l'utilisateur. Il est acceptable qu'ils

soient tout d'abord un peu vagues : vous les préciserez plus tard lorsque vous les détaillerez et implémenterez.

- **Cas d'utilisation structurés.** Pour de nombreuses applications, vous élaborerez des cas d'utilisation complètement distincts, mais si vous modélisez un grand système, vous pouvez les construire à partir de fragments plus petits en employant des relations (voir chapitre 8).

7.2 Modèles de séquence

Le modèle de séquence précise les thèmes fonctionnels introduits par les cas d'utilisation. Deux types de modèles de séquence existent : les scénarios et un format plus structuré nommé *diagramme de séquence*.

7.2.1 Scénarios

Un ***scénario*** est une séquence d'événements qui ont lieu lors du fonctionnement du système, par exemple l'exécution d'un cas d'utilisation. La portée d'un scénario peut varier : soit il comprend tous les événements du système, soit il n'inclut que ceux qui affectent certains objets ou qui sont générés par eux. Un scénario peut correspondre à l'historique de l'exécution d'un système réel ou représenter un prototype d'exécution d'un système envisagé.

Un scénario peut être une liste de déclarations textuelles, comme le montre la figure 7.4. Dans cet exemple, Bernard Martin se connecte à un système de courtage en ligne, émet un ordre d'achat d'actions de General Electric et se déconnecte. Après l'opération d'achat, un compte rendu de la transaction boursière est transmis au système de courtage en ligne. Bernard Martin verra le résultat lors de sa prochaine connexion, mais cela ne fait pas partie du scénario.

Bernard Martin se connecte.
Le système établit une connexion sécurisée.
Le système affiche les informations concernant le portefeuille.
Bernard Martin saisit un ordre d'achat pour 100 actions de GE au prix du marché.
Le système vérifie que les fonds sont suffisants pour la réalisation de la transaction.
Le système affiche un écran de confirmation avec le coût estimé.
Bernard Martin confirme l'achat.
Le système passe l'ordre à la bourse.
Le système affiche le numéro d'ordre de la transaction.
Bernard Martin se déconnecte.
Le système établit une connexion non sécurisée.
Le système affiche un écran de remerciement.
Un compte-rendu de la transaction est réalisé et transmis au système de courtage en ligne.

Figure 7.4 • Scénario d'une session d'un système de courtage en ligne. Un scénario est une séquence d'événements qui se produisent lors d'une exécution particulière d'un système.

Ce scénario exprime l'interaction à un niveau fonctionnel, où certains détails sont absents. Par exemple, l'étape *Bernard Martin se connecte* nécessite probablement l'échange de plusieurs messages entre Bernard Martin et le système. Mais la finalité essentielle de cette étape est la requête de connexion et la saisie des informations d'identification nécessaires : les détails peuvent être spécifiés séparément. En début de développement, il est préférable de définir des scénarios purement fonctionnels ; à un stade ultérieur, les messages exacts doivent être représentés. La détermination des messages détaillés est l'une des composantes du développement.

Un scénario contient les messages entre les objets et les activités réalisées par les objets. Chaque message transmet une information d'un objet à un autre. Par exemple, *Bernard Martin se connecte* transmet un message de Bernard Martin au système de courtage. La première étape de la rédaction d'un scénario consiste à identifier les objets qui échangent des messages. Vous devez ensuite déterminer l'émetteur et le récepteur de chacun desdits messages ainsi que la séquence de ces derniers. Enfin, vous pouvez ajouter les activités pour les traitements internes, quand les scénarios sont traduits en code.

7.2.2 Diagrammes de séquence

Un format textuel convient à la rédaction, mais il ne permet pas de représenter clairement l'émetteur et le récepteur de chaque message, surtout vous distinguez plus de deux objets. Un ***diagramme de séquence*** représente les participants à une interaction et la séquence des messages qu'ils échangent. Il montre comment un système et ses acteurs interagissent afin d'exécuter tout ou partie d'un cas d'utilisation.

La figure 7.5 présente le diagramme de séquence correspondant au scénario du système de courtage précédent. Les acteurs et le système sont représentés par des lignes verticales nommées ***lignes de vie*** et chaque message est symbolisé par une flèche horizontale allant de l'émetteur au récepteur. Le temps s'écoule sur l'axe vertical, du haut vers le bas, mais l'échelle de temps n'est pas significative : le diagramme ne montre que les séquences de messages, pas leur minutage exact. (Les systèmes temps réel imposent des contraintes temporelles sur les séquences d'événements, mais cela nécessite une notation supplémentaire.) Notez que les diagrammes de séquence peuvent contenir des signaux concurrents – le *système de courtage* envoie simultanément des messages au *client* et à la Bourse. Par ailleurs, vous n'avez pas besoin d'alterner les signaux des différents participants – le *système de courtage* envoie *sécuriser communication* suivi d'*afficher portefeuille.*

La description du comportement de chaque cas d'utilisation nécessite plusieurs diagrammes de séquence. Chacun d'eux représente une séquence de comportements particulière du cas d'utilisation. Mieux vaut représenter une portion spécifique d'un cas d'utilisation et ne pas essayer d'être trop général. Même s'il est possible de représenter des constructions conditionnelles dans un diagramme de séquence, il est d'ordinaire plus clair de tracer un diagramme de séquence distinct pour chaque flux de contrôle.

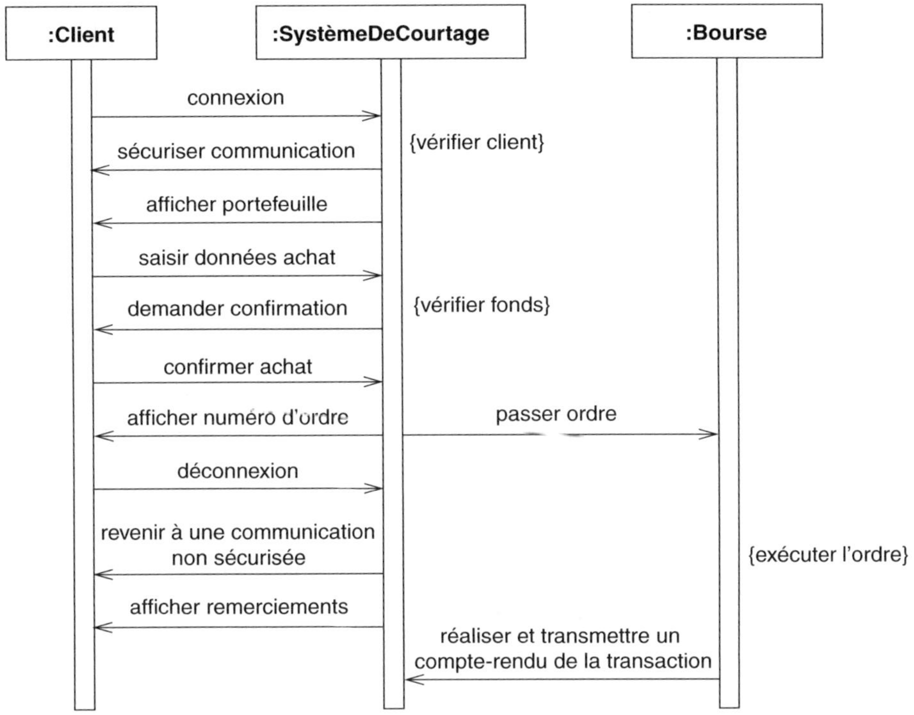

Figure 7.5 • Diagramme de séquence d'une session d'un système de courtage en ligne. Un diagramme de séquence représente les participants à une interaction et la séquence des messages qu'ils échangent.

Les diagrammes de séquence peuvent représenter des interactions à grande échelle, comme une session entière avec le système de courtage, mais de telles interactions contiennent souvent de nombreuses tâches indépendantes qui peuvent être combinées de différentes façons. Pour éviter les répétitions, vous pouvez tracer un diagramme de séquence séparé pour chaque tâche. Par exemple, les figures 7.6 et 7.7 présentent le diagramme de séquence d'un ordre d'achat et celui de la cotation d'une action. Ces tâches (ainsi que d'autres qui ne sont pas représentées ici) peuvent correspondre à des sous-tâches d'une session avec le système de courtage en ligne.

Vous devez également tracer un diagramme de séquence pour chaque condition d'exception que contient le cas d'utilisation. La figure 7.8 présente une variante dans laquelle le client ne dispose pas des fonds suffisants pour passer son ordre. Dans cet exemple, le client annule l'ordre. Dans une autre variante (non représentée), le client réduirait le nombre d'actions achetées et l'ordre serait accepté.

Comme le nombre de scénarios est illimité dans la plupart des systèmes, il est impossible de tous les représenter. Mais vous devez essayer de détailler tous les cas d'utilisation et de décrire tous les types de comportements possibles avec des diagrammes de séquence. Par exemple, un système de courtage peut intercaler achats, ventes et demandes de cotations de façon arbitraire. Il est inutile de représenter toutes les combinaisons d'activités possibles une fois le schéma de base établi.

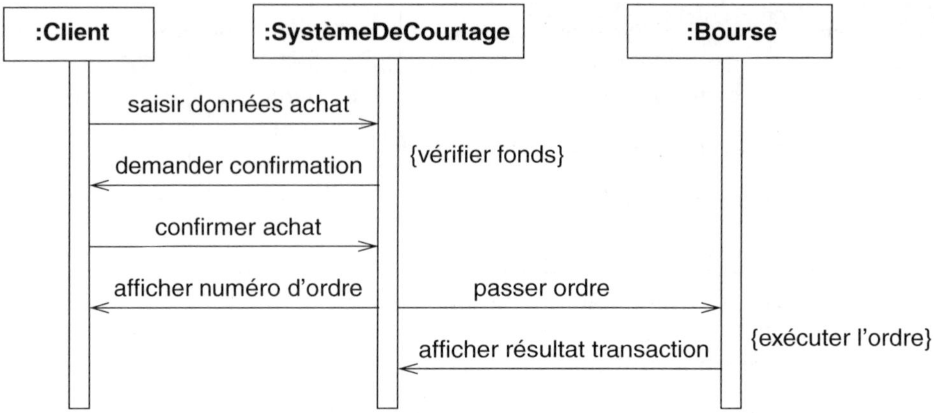

Figure 7.6 • Diagramme de séquence de l'achat d'une action. Les diagrammes de séquence peuvent représenter des interactions à grande échelle, ainsi que des sous-tâches plus restreintes.

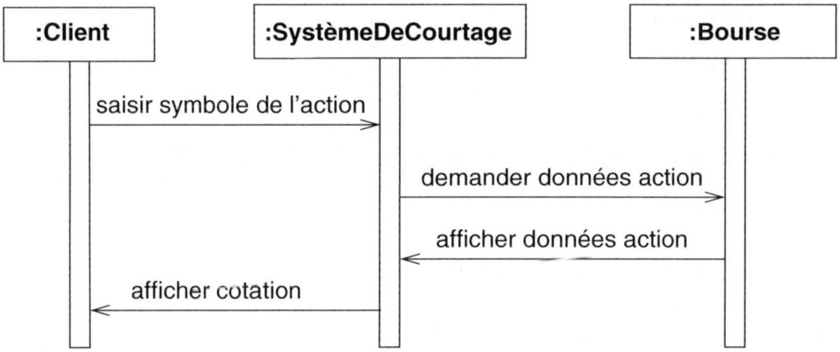

Figure 7.7 • Diagramme de séquence de la cotation d'une action.

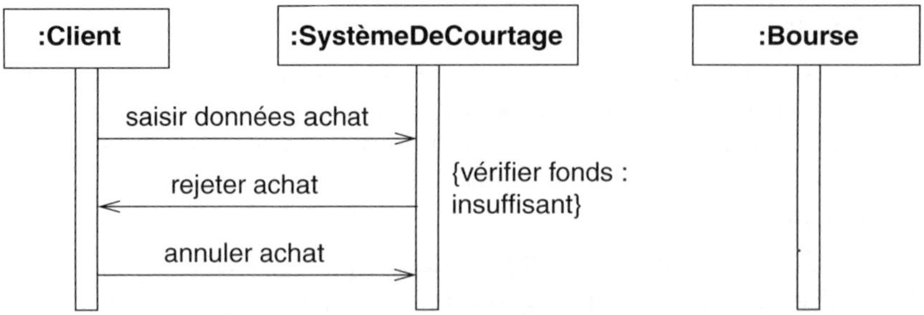

Figure 7.8 • Diagramme de séquence d'un achat d'action qui échoue.

7.2.3 Conseils pratiques

Le modèle de séquence ajoute des détails et précise la description informelle des cas d'utilisation. Deux sortes de modèles de séquence existent. Les scénarios décrivent une séquence d'événements sous forme textuelle. Les diagrammes de séquence décrivent également la séquence d'événements, mais ils représentent plus clairement les acteurs impliqués. Les conseils suivants vous aideront à construire des modèles de séquence.

- **Au moins un scénario par cas d'utilisation.** Les étapes d'un scénario doivent être des commandes logiques, non de simples clics sur un bouton. Plus tard, lors de l'implémentation, vous pourrez spécifier la syntaxe exacte de l'entrée. Commencez par l'interaction principale la plus simple : pas de répétition, une activité principale et des valeurs types pour tous les paramètres. si des interactions principales substantiellement différentes existent, écrivez un scénario pour chacune d'entre elles.
- **Scénarios synthétisés sous forme de diagrammes de séquence.** Il est important de séparer la contribution de chaque acteur et de la représenter sous forme de diagramme de séquence car c'est le prélude à l'organisation du comportement des objets.
- **Interactions complexes subdivisées.** Décomposez les interactions de grande taille en sous-tâches et tracez un diagramme de séquence pour chacune d'elles.
- **Un diagramme de séquence par condition d'erreur.** Représentez la réponse du système à la condition d'erreur.

7.3 Modèles d'activités

Un ***diagramme d'activités*** représente la suite d'étapes qui constituent un processus complexe, par exemple un algorithme ou un workflow (flux de travaux). Il exprime le flux de contrôle, comme un diagramme de séquence, mais en se concentrant sur les opérations plutôt que sur les objets. Les diagrammes d'activités sont particulièrement utiles durant les premiers stades de la conception des algorithmes et des workflows.

La figure 7.9 présente un diagramme d'activités du traitement d'un ordre de transaction reçu par un système de courtage en ligne. Les boîtes aux coins arrondis représentent les activités et les flèches leur séquencement. Le losange indique un point de décision et les barres en gras représentent la scission ou la fusion de fils d'exécution (*threads*) concurrents.

Le système de courtage en ligne commence par vérifier que l'ordre est compatible avec le compte du client, puis il l'exécute. Si l'ordre est exécuté avec succès, le système réalise simultanément trois opérations : envoyer un courrier de confirmation au client, mettre à jour le portefeuille en ligne pour qu'il reflète les résultats de la transaction et conclure la transaction auprès de l'autre partie en transférant des liquidités ou des actions.

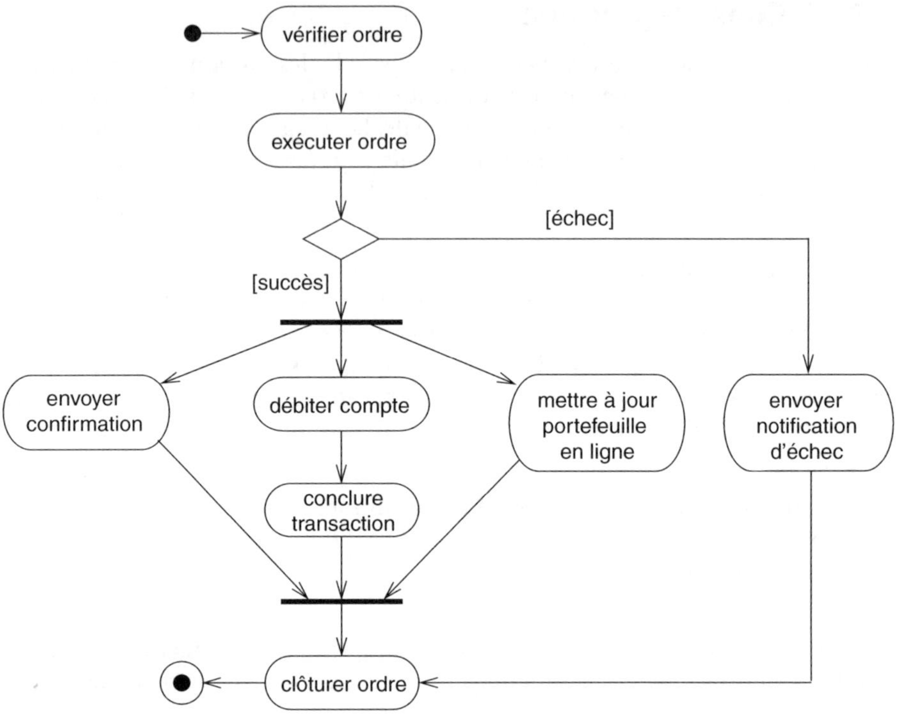

Figure 7.9 • Diagramme d'activités du traitement d'un ordre de transaction. Un diagramme d'activités représente la suite d'étapes qui constituent un processus complexe.

Quand tous les *fils d'exécution* concurrents se terminent, le système fusionne le contrôle dans un seul fil et il clôture l'ordre. Si l'exécution de l'ordre échoue, le système envoie une notification d'échec au client et il clôture aussi l'ordre dans ce cas.

Un diagramme d'activités ressemble à un organigramme traditionnel au sens où il représente toutes les étapes du flux de contrôle. Mais, à la différence d'un organigramme, il peut représenter à la fois des flux de contrôle séquentiels et des flux de contrôle concurrents. La distinction est importante pour un système réparti. On utilise souvent des diagrammes d'activités pour modéliser des organisations humaines parce qu'elles impliquent de nombreux objets – personnes et unités organisationnelles – qui exécutent des opérations en parallèle.

7.3.1 Activités

Les étapes d'un diagramme d'activités sont les opérations, plus spécifiquement les activités décrites dans le modèle d'états. L'objectif d'un diagramme d'activités est de représenter les étapes d'un processus complexe et les contraintes de séquencement.

Certaines activités se déroulent en continu jusqu'à ce qu'un événement extérieur ne les interrompe, mais la plupart finissent par achever leur travail et s'interrompre d'elles-mêmes. La fin d'une activité est un événement d'achèvement et indique généralement que l'activité suivante peut être commencée. Dans un diagramme d'activités, une flèche dépourvue d'étiquette reliant deux activités indique que la première doit être terminée avant que la seconde ne puisse débuter.

Une activité peut se décomposer en activités plus fines. Par exemple, la figure 7.10 développe l'activité *exécuter ordre* de la figure 7.9. Il importe que le niveau de détails des activités d'un même diagramme soit identique. C'est le cas des activités *exécuter ordre* et *conclure transaction* de la figure 7.9 : toutes deux expriment une opération de haut niveau sans montrer les mécanismes sous-jacents. Si l'une de ces activités était représentée dans le diagramme par des étapes plus détaillées, les autres devraient également être affinées par souci d'équilibre. On peut également préserver cet équilibre en détaillant les activités dans des diagrammes séparés.

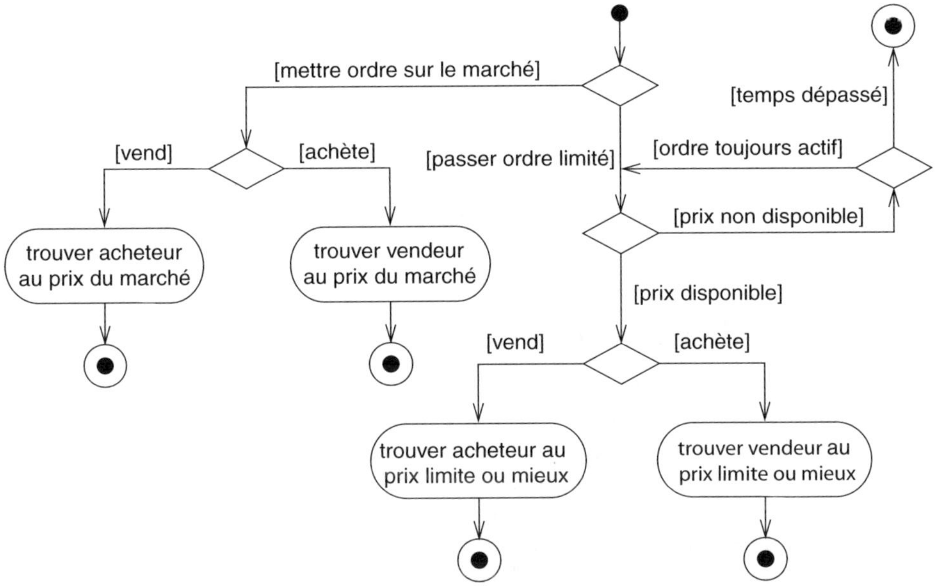

Figure 7.10 • Diagramme d'activités d'*exécuter ordre*. Une activité peut se décomposer en activités plus fines.

7.3.2 Branchements conditionnels

Si une activité a plus d'un successeur, chaque flèche doit porter une étiquette avec une condition entre crochets, par exemple *[échec]*. Toutes les conditions subséquentes sont testées quand une activité se termine. Si une condition est satisfaite, la flèche correspondante indique la prochaine activité à exécuter. Si aucune condition n'est satisfaite, le diagramme est mal construit et le système plantera à moins d'être interrompu à un plus haut niveau. Pour éviter ce danger, vous pouvez utiliser la condition *else* (sinon) : elle est satisfaite si aucune autre condition ne l'est. Si plusieurs conditions sont satisfaites, une seule activité s'exécute, mais aucune garantie n'existe en ce qui concerne le choix de cette activité. Ce type de non-déterminisme est parfois souhaitable, mais il indique souvent une erreur. Vérifiez si un recouvrement des conditions peut se produire et s'il est correct.

Pour la commodité de la notation, un losange indique un branchement vers plusieurs successeurs et est équivalent à des flèches qui quittent directement le symbole de l'activité. À la figure 7.9, le losange a une flèche entrante et deux flèches sortantes, chacune d'elles représentant une condition. Une exécution donnée choisira un seul chemin de contrôle.

Si plusieurs flèches arrivent à une activité, les chemins d'exécution alternatifs fusionnent. Un losange peut aussi avoir plusieurs flèches entrantes et une seule sortante, ce qui indique une fusion.

7.3.3 Point de départ et point d'achèvement

Un cercle plein avec une flèche sortante représente le point de départ d'un diagramme d'activités. Quand un diagramme d'activités est activé, le contrôle commence à partir de ce point et se poursuit par la flèche qui pointe vers les premières activités. Une cible (un cercle plein entouré d'un cercle vide) représente le point d'achèvement du diagramme et peut avoir des flèches entrantes. Quand le contrôle atteint une cible, l'activité globale se termine et l'exécution du diagramme d'activités s'arrête.

7.3.4 Activités concurrentes

À la différence des organigrammes traditionnels, les organisations et les systèmes informatiques peuvent exécuter plus d'une activité à la fois. Le rythme des activités peut changer avec le temps. Une activité peut être suivie d'une autre activité (contrôle séquentiel) puis se scinder en plusieurs activités concurrentes qui finissent par se combiner dans une seule activité (fusion). Les parallélisations et les fusions sont représentés par une barre de synchronisation – une ligne en gras avec une ou plusieurs flèches entrantes et une ou plusieurs flèches sortantes. En cas de synchronisation, le contrôle passe à toutes les activités entrantes et à toutes les activités sortantes.

La figure 7.9 illustre à la fois une parallélisation et une fusion du contrôle. Une fois un ordre exécuté, une parallélisation s'opère : plusieurs tâches doivent avoir lieu, et ce dans n'importe quel ordre. Le système doit envoyer une confirmation au client, débiter son compte et mettre à jour son portefeuille en ligne. Une ces trois tâches concurrentes terminées et la transaction achevée, une fusion s'établit et l'exécution passe à l'activité suivante, la clôture de l'ordre.

7.3.5 Diagrammes d'activités exécutables

Non seulement les diagrammes d'activités définissent les étapes d'un processus complexe, mais ils montrent également la progression du contrôle durant l'exécution.

On peut placer un ***jeton d'activité*** sur le symbole de l'activité pour indiquer qu'elle est en train de s'exécuter. Quand elle se termine, le jeton est retiré et placé sur la flèche sortante. Dans le cas le plus simple, le jeton passe à l'activité suivante.

Si plusieurs flèches sortantes sont accompagnées de conditions, lesdites conditions sont évaluées pour que soit déterminée l'activité suivante. Un seul successeur peut recevoir le jeton, même si plusieurs conditions sont vraies. Si aucune condition n'est satisfaite, le diagramme est mal formé.

Il peut y avoir plusieurs jetons en cas de concurrence. Si une activité en cours d'exécution est suivie d'une scission du contrôle, son achèvement augmente éventuellement le nombre de jetons – un par activité concurrente. De son côté, une fusion du contrôle peut diminuer ce nombre quand les jetons migrent des activités d'entrée vers les activités de sortie. Toutes les activités d'entrée doivent être terminées avant que la fusion puisse avoir lieu.

7.3.6 Conseils pratiques

Les diagrammes d'activités précisent les détails du traitement, décrivant ainsi les étapes nécessaires pour implémenter une opération ou un processus métier. De plus, ils peuvent aider les développeurs à comprendre des traitements complexes en représentant sous forme graphique la progression à travers des étapes d'exécution intermédiaires. Voici quelques conseils pour construire des modèles d'activités :

- **Du bon usage des diagrammes d'activités.** Ces diagrammes détaillent les cas d'utilisation et les modèles de séquence afin que les développeurs puissent étudier les algorithmes et les workflows (flux de travail). Ils complètent l'aspect orienté objet des diagrammes UML. Vous ne devez pas vous en servir comme des organigrammes pour développer des logiciels.
- **Diagrammes d'activités équilibrés.** Le niveau de détails des activités doit être cohérent dans un même diagramme. Si une activité nécessite des détails supplémentaires, tracez un diagramme séparé.
- **Branchements conditionnels et conditions conçus avec soin.** Si vous définissez des conditions, au moins l'une d'elles doit être satisfaite quand une activité se termine. Utilisez une condition *else* (sinon) au besoin. Dans les modèles non déterministes, plusieurs conditions sont parfois satisfaites, sinon c'est une condition d'erreur.
- **Prudence avec les activités concurrentes.** La concurrence signifie que les activités peuvent se terminer dans un ordre quelconque tout en continuant à générer un résultat acceptable. Avant qu'une fusion puisse avoir lieu, toutes les activités entrantes doivent d'abord se terminer.
- **Diagrammes d'activités exécutables.** Les diagrammes d'activités exécutables peuvent aider les développeurs à mieux appréhender un système. Les utilisateurs peuvent s'en servir pour comprendre le déroulement d'un processus.

Résumé

Le modèle d'interactions fournit une vue holistique du comportement : il représente la façon dont les objets interagissent et échangent des messages. À un niveau fonctionnel, les cas d'utilisation partitionnent un système en fonctionnalités discrètes significatives pour les acteurs (situés à l'extérieur du système). Vous pouvez détailler le comportement des cas d'utilisation avec des scénarios et des diagrammes de séquence. Les diagrammes de séquence représentent clairement les objets qui participent à une interaction et les messages qu'ils émettent et reçoivent. Les diagrammes d'activités spécifient le détail d'un traitement.

Les modèles de classes, d'états et d'interactions impliquent tous les mêmes concepts, à savoir les données, les séquences et les opérations, mais chaque modèle se concentre sur un aspect particulier sans traiter les autres. Les trois modèles sont nécessaires pour maîtriser totalement un problème, même si leur importance respective varie en fonction du type d'application. Ils sont associés dans l'implémentation des méthodes, qui impliquent des données (objet cible, arguments et variables), un flux de contrôle (constructions de séquencement) et des interactions (messages, appels et séquences).

acteur	diagramme d'activités	jeton d'activité	scénario
activité	diagramme de cas d'utilisation	ligne de vie	thread
cas d'utilisation	diagramme de séquence	message	
concurrence	frontières du système	modèle d'interactions	

Figure 7.11 • Concepts clés du chapitre 7.

Notes bibliographiques

Jacobson a introduit le premier les cas d'utilisation [Jacobson-92]. La première édition de cet ouvrage mentionnait les scénarios et les diagrammes de trace d'événements. Ces derniers sont équivalents à des diagrammes de séquence simples.

Références

[Jacobson-92] Ivar Jacobson, Magnus Christerson, Patrik Jonsson, Gunnar Övergaard, *Object-Oriented Software Engineering : A Use Case Driven Approach*, Wokingham, United Kingdom, Addison-Wesley, 1992.

Exercices

7.1 Considérez une librairie physique, celle d'un centre commercial par exemple.

a. (2) Énumérez trois acteurs impliqués dans la conception d'un système de gestion de la caisse. Expliquez la pertinence de chaque acteur.

b. (2) L'un des cas d'utilisation est l'achat d'articles. Adoptez le point de vue d'un consommateur et citez un autre cas d'utilisation dont le niveau d'abstraction est comparable. Résumez la finalité de chaque cas d'utilisation en une phrase.

c. (4) Tracez un diagramme de cas d'utilisation du système de gestion de la caisse d'une librairie physique.

d. (3) Rédigez un scénario standard pour chaque cas d'utilisation. Rappel : un scénario est un exemple et n'a pas besoin de représenter toutes les fonctionnalités d'un cas d'utilisation.

e. (3) Rédigez un scénario d'exception pour chaque cas d'utilisation.

f. (5) Tracez un diagramme de séquence pour chaque scénario de (d).

7.2 Considérez un système de messagerie électronique.

a. (2) Énumérez trois acteurs et expliquez la pertinence de chacun.

b. (2) L'un des cas d'utilisation est la récupération du courrier. Citez quatre autres cas d'utilisation dont le niveau d'abstraction est comparable. Résumez la finalité de chaque cas d'utilisation en une phrase.

c. (4) Tracez le diagramme de cas d'utilisation du système.

d. (3) Rédigez un scénario standard pour chaque cas d'utilisation. Rappel : un scénario est un exemple et n'a pas besoin de mettre en œuvre les fonctionnalités d'un cas d'utilisation.

e. (3) Rédigez un scénario d'exception pour chaque cas d'utilisation.

f. (5) Tracez un diagramme de séquence pour chaque scénario de (d).

7.3 Considérez un système de réservation aérienne en ligne. Au besoin, visitez le site Web d'une compagnie pour vous donner des idées.

a. (2) Énumérez deux acteurs et expliquez la pertinence de chacun.

b. (2) L'un des cas d'utilisation est la réservation d'une place sur un vol. Citez quatre autres cas d'utilisation dont le niveau d'abstraction est comparable. Résumez la finalité de chaque cas d'utilisation en une phrase.

c. (4) Tracez le diagramme de cas d'utilisation du système.

7.4 Considérez un système de gestion des prêts dans une bibliothèque publique.

a. (2) Énumérez quatre acteurs et expliquez la pertinence de chacun.

b. (2) L'un des cas d'utilisation est l'emprunt d'un article. Citez trois autres cas d'utilisation dont le niveau d'abstraction est comparable. Résumez la finalité de chaque cas d'utilisation en une phrase.

c. (4) Tracez le diagramme de cas d'utilisation du système.

7.5 (3) Identifiez au moins dix cas d'utilisation de l'Explorateur Windows. Listez-les simplement sous forme de texte et résumez la finalité de chacun d'eux en une ou deux phrases.

7.6 (3) Écrivez des scénarios pour les situations suivantes :

a. Vous faites traverser une rivière en bateau à un loup, une chèvre et un chou. Seul l'un des trois peut se trouver à un moment donné sur le bateau. Si la chèvre reste seule avec le chou, le chou est mangé. Si la chèvre reste seule avec le loup, la chèvre est mangée. Rédigez deux scénarios. Dans le premier, la chèvre ou le chou est mangé. Dans le second, tous les trois arrivent sains et saufs sur l'autre rive.

b. Vous vous préparez à aller faire un tour en voiture. Supposez la voiture équipée d'une transmission automatique. Pensez à mettre votre ceinture de sécurité et à desserrer le frein à main.

c. Un ascenseur monte au dernier étage.

d. Fonctionnement du système de pilotage automatique d'une voiture. Incluez l'arrivée dans un embouteillage qui nécessite que vous débrayiez et repreniez le contrôle.

7.7 (4) Certaines baignoires ont deux robinets et un levier qui permet de choisir si l'eau coule de la pomme de douche ou directement dans la baignoire. La première fois que l'on ouvre les robinets, l'eau coule directement dans la baignoire. Quand on tire le levier, une valve se ferme et dirige l'eau vers la pomme de douche. Pour passer de la position douche à la position bain, il faut pousser le levier. La fermeture des robinets libère le levier : la prochaine fois qu'on les ouvrira, l'eau coulera directement dans la baignoire. Écrivez le scénario d'une douche interrompue par un appel téléphonique.

7.8 (4) Tracez un diagramme d'activités pour calculer une addition de restaurant aux USA. Tout article servi est facturé. Le montant total est assujetti à la TVA et il faut ajouter 18 % de service pour tout groupe de six personnes ou plus. Si le groupe est plus petit, l'entrée « service » est en blanc et laissée à la discrétion du client. Tout coupon ou chèque-cadeau remis par le client doit être soustrait.

7.9 (4) Tracez un diagramme d'activités d'un programme « grand voyageur ». Par le passé, la TWA offrait à ses clients un minimum de 750 miles à l'occasion de chaque vol à valoir pour un futur voyage. Les porteurs de cartes rouges ou or recevaient un minimum de 1 000 miles par vol, les cartes or recevant en outre un bonus de 25 % et les cartes rouges un bonus de 50 %.

7.10 (5) Tracez un diagramme d'activités qui détaille une connexion à une messagerie électronique. Peu importe dans quel ordre sont saisis le nom d'utilisateur et le code secret.

8

Modélisation des interactions – concepts avancés

Le modèle d'interactions présente plusieurs caractéristiques avancées qui peuvent se révéler utiles. Vous pouvez ignorer ce chapitre lors de la première lecture de cet ouvrage.

8.1 Relations entre cas d'utilisation

Les cas d'utilisation indépendants sont suffisants pour les applications simples. Lorsqu'une application est plus importante, il peut être utile de structurer les cas d'utilisation. Vous pouvez construire des cas d'utilisation complexes à partir de composants plus petits grâce aux relations *extend* et *include* et à la généralisation.

8.1.1 Relation include

La relation ***include*** insère un cas d'utilisation dans la séquence de comportements d'un autre cas d'utilisation. Un cas d'utilisation inclus est comparable à une sous-routine : il représente un comportement qu'il faudrait sinon décrire à plusieurs reprises. Le fragment est souvent une unité de comportement significative pour les acteurs, mais ce n'est pas absolument nécessaire. Les cas d'utilisation inclus sont éventuellement utilisables isolément.

La notation UML d'une relation *include* est une flèche pointillée partant du cas d'utilisation source (incluant) et pointant vers le cas d'utilisation cible (inclus). Le mot-clé «*include*» accompagne la flèche. La figure 8.1 présente un exemple issu d'un système de courtage en ligne. Une partie de l'établissement d'une session sécurisée est constituée par la validation du code secret de l'utilisateur. Le système de courtage valide aussi le mot de passe pour chaque achat ou vente d'actions. Les cas d'utilisation *sécuriser session* et *réaliser transaction* incluent tous les deux le cas d'utilisation *valider code secret*.

Un cas d'utilisation peut également être inséré dans une description textuelle grâce à la notation *include nom-du-cas-d-utilisation*. Un cas d'utilisation est inclus à une position spécifique dans la séquence de comportements du cas d'utilisation plus vaste, tout comme une sous-routine est appelée à partir d'un emplacement spécifique dans une autre sous-routine.

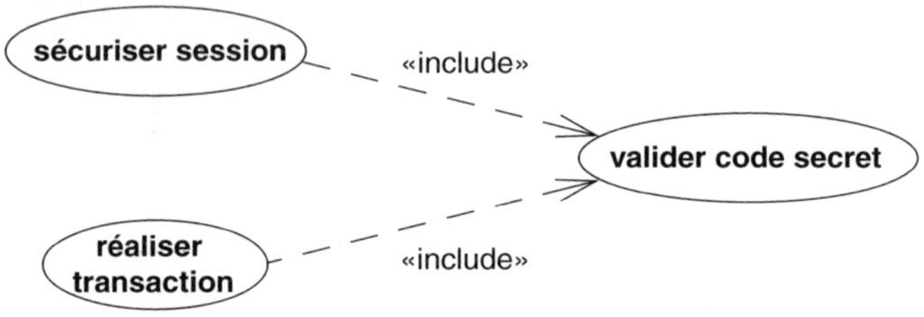

Figure 8.1 • Inclusion d'un cas d'utilisation. La relation *include* autorise un cas d'utilisation de base à incorporer le comportement d'un autre cas d'utilisation.

N'utilisez pas de relations *include* pour structurer les moindres détails du comportement. La modélisation des cas d'utilisation a pour but d'identifier les fonctionnalités du système et le flux de contrôle global entre les acteurs et le système. Factoriser un cas d'utilisation est approprié quand les fragments représentent des unités de comportement significatives.

8.1.2 Relation extend

La relation ***extend*** ajoute un comportement incrémental à un cas d'utilisation. Elle est comparable à une relation *include* du côté opposé, dans laquelle l'extension s'ajoute à la base au lieu que la base incorpore explicitement l'extension. Elle représente la situation fréquente dans laquelle une capacité initiale est définie, puis complétée par des caractéristiques ajoutées de façon modulaire. Les relations *extend* et *include* ajoutent toutes deux un comportement à un cas d'utilisation de base.

Par exemple, un système de courtage peut avoir un cas d'utilisation *négocier des actions* qui permet à un client d'acheter des actions avec les liquidités dont il dispose sur son compte. Le cas d'utilisation *effectuer des opérations sur marge* ajoute la possibilité de demander un prêt pour acheter des actions si le compte est insuffisamment provisionné. Il est toujours possible d'acheter des actions cash, mais si la provision est insuffisante, le système propose de continuer la négociation après avoir vérifié que le client souhaite effectuer une opération sur marge. Le comportement supplémentaire est inséré au point où le montant des actions est comparé au solde du compte.

La figure 8.2 présente le cas de base *négocier des actions* d'un système de courtage. La notation UML d'une relation *extend* est une flèche pointillée allant de l'extension au cas de base. Le mot-clé «*extend*» accompagne la flèche. Le cas d'utilisation de base permet simplement d'acheter et de vendre des actions au prix du marché. Le système de courtage ajoute trois possibilités : acheter une action sur marge, vendre une action à découvert et imposer une limite au montant d'une transaction (ordre à cours limité). Le cas d'utilisation *négocier des options* a également une extension qui impose une limite au montant de la transaction.

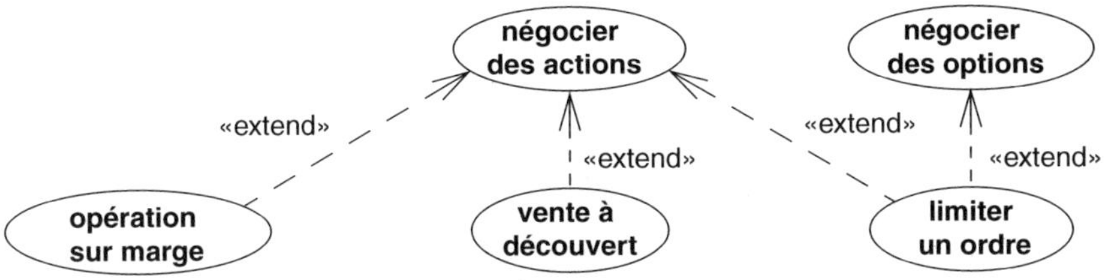

Figure 8.2 • Extension d'un cas d'utilisation. La relation *extend* est comparable à une relation include vue du côté opposé. L'extension s'ajoute elle-même à la base.

La relation *extend* connecte une extension à un cas d'utilisation de base. L'extension est souvent un fragment ; autrement dit, elle ne peut pas apparaître seule en tant que séquence de comportements. En revanche, le cas d'utilisation de base doit être valide en l'absence de toute extension. La relation *extend* peut spécifier un point d'insertion dans la séquence de comportements du cas de base : l'emplacement peut être une seule étape de la séquence de base ou un ensemble d'étapes. La séquence de comportements du cas d'utilisation d'extension intervient au point donné de la séquence dans le cas de base. Dans la plupart des cas, une condition est associée à la relation *extend*. Le comportement de l'extension n'a lieu que si la condition est vraie lorsque le contrôle atteint le point d'insertion.

8.1.3 Généralisation

La ***généralisation*** permet de représenter les variantes spécifiques d'un cas d'utilisation général, de façon analogue à la généralisation de classes. Un cas d'utilisation parent représente une séquence de comportements générale. Les cas d'utilisation enfants spécialisent le parent en insérant des étapes supplémentaires ou en affinant certaines étapes. UML représente la généralisation par une flèche partant de l'enfant dont la pointe triangulaire est dirigée vers le parent. Il s'agit de la même notation que celle utilisée pour les classes.

Par exemple, à la figure 8.3, le cas d'utilisation *réaliser une transaction* est spécialisé en *négocier des actions*, *négocier des obligations* et *négocier des options*. Le cas d'utilisation parent effectue les opérations nécessaires à tout type de transaction, comme la saisie du code secret. Chaque cas d'utilisation enfant contient les étapes supplémentaires spécifiques à un type de transaction donné, comme la saisie de la date d'expiration d'une option.

Un cas d'utilisation parent peut être abstrait ou concret – un cas d'utilisation abstrait n'est pas utilisable directement. Comme pour le modèle de classes, nous recommandons de ne considérer que des parents abstraits et d'éviter les parents concrets.

Le modèle est alors plus symétrique et les cas d'utilisation parents ne sont pas encombrés par le traitement des cas particuliers. Les cas d'utilisation peuvent également illustrer le polymorphisme – un cas d'utilisation enfant peut se substituer à un parent, par exemple en tant qu'inclusion dans un autre cas d'utilisation. À bien des égards, la généralisation des cas d'utilisation et celle des classes sont similaires.

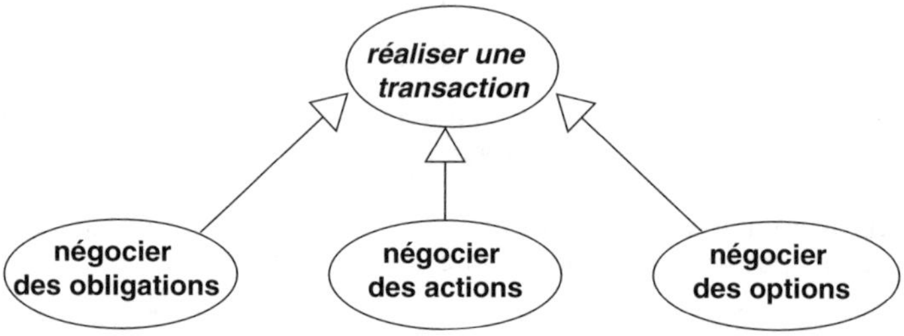

Figure 8.3 • Généralisation de cas d'utilisation. Un cas d'utilisation parent indique le comportement commun et les cas d'utilisation enfants ajoutent des variantes, comme dans une généralisation de classes.

Toutefois, un aspect rend la généralisation des cas d'utilisation plus complexe que la généralisation des classes. Une sous-classe ajoute des attributs à la classe parente, mais leur ordre est sans importance. Un cas d'utilisation enfant ajoute des étapes de comportement, mais elles doivent apparaître à la position appropriée dans la séquence de comportements du parent. Ce processus est comparable à la redéfinition d'une méthode dont hérite une sous-classe et dans laquelle on insère de nouvelles instructions à différents endroits de la méthode héritée de la classe parente. L'approche la plus simple consiste à lister toute la séquence de comportements du cas d'utilisation enfant, y compris les étapes héritées du parent. Une démarche plus générale consiste à affecter des emplacements symboliques dans la séquence du parent et à indiquer la position où s'insèrent les ajouts et les remplacements. En général, un enfant peut réviser les sous-séquences de comportement à différents points de la séquence du parent.

Si l'héritage multiple des classes est possible, nous n'autorisons pas une telle complexité pour les cas d'utilisation. Dans la pratique, les relations *include* et *extend* rendent inutile l'héritage multiple.

8.1.4 Combinaisons de relations entre cas d'utilisation

Un seul diagramme peut combiner plusieurs types de relations entre cas d'utilisation. La figure 8.4 présente un diagramme de cas d'utilisation d'un système de courtage. Le cas d'utilisation *sécuriser session* inclut le comportement des cas d'utilisation *valider code secret*, *réaliser une transaction* et *gérer un compte*. *Réaliser une transaction* est un parent abstrait qui a trois enfants : *négocier des actions*, *négocier des obligations* et *négocier des options*. Le cas d'utilisation *réaliser une transaction* inclut également le comportement de *valider code secret*. Le système valide le code secret une fois par session et une fois par transaction.

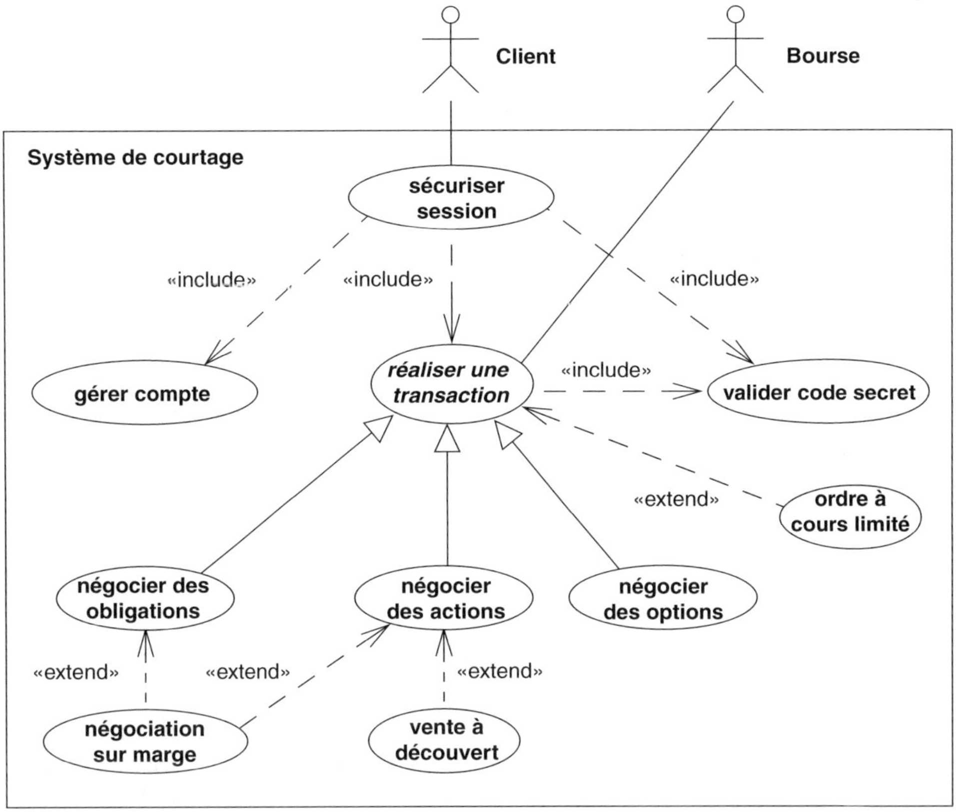

Figure 8.4 • Relations entre cas d'utilisation. Un seul diagramme peut combiner plusieurs types de relations entre cas d'utilisation.

Le cas d'utilisation *effectuer une opération sur marge* étend à la fois *négocier des actions* et *négocier des obligations* : un client peut acheter des actions et des obligations sur marge, mais pas des options. Le cas d'utilisation *placer un ordre à cours limité* étend le cas d'utilisation abstrait *réaliser une transaction* : les ordres à cours limité s'appliquent aussi bien aux actions qu'aux obligations et aux options. Nous supposons qu'une *vente à découvert* est permise pour les actions, mais pas pour les obligations ni pour les options.

Notez que l'acteur *Client* n'est connecté qu'au cas d'utilisation *sécuriser session*. Le système de courtage invoque tous les autres cas d'utilisation indirectement par inclusion, spécialisation ou extension. L'acteur *Bourse* est connecté au cas d'utilisation *réaliser une transaction*. Cet acteur n'initie pas de cas d'utilisation mais il est appelé durant l'exécution.

8.1.5 Conseils pratiques

Ne compliquez pas les relations entre cas d'utilisation à l'extrême, car il ne s'agit pas ici de programmation. Les cas d'utilisation ont pour but de clarifier les exigences. Vous pourrez les implémenter de nombreuses façons et vous ne devez pas vous engager dans une approche avant d'avoir compris le problème. Voici quelques conseils supplémentaires :

- **Généralisation.** Si un cas d'utilisation présente plusieurs variantes, modélisez le comportement commun dans un cas d'utilisation abstrait puis spécialisez-le en créant des variantes. N'utilisez pas la généralisation uniquement pour partager un fragment de comportement ; en ce cas, employez une relation *include.*
- **Inclusion.** Si un cas d'utilisation comprend un fragment de comportement bien défini susceptible d'être utile dans d'autres situations, définissez un cas d'utilisation pour ce fragment de comportement et incluez-le dans le cas d'utilisation d'origine. Dans la plupart des cas, vous devez considérer le cas d'utilisation inclus comme une activité significative, non comme une fin en soi. Par exemple, la validation d'un code secret est significative pour un utilisateur mais n'a de finalité que dans un contexte plus large.
- **Extension.** Si vous pouvez définir un cas d'utilisation significatif ayant des caractéristiques optionnelles, modélisez le comportement de base comme un cas d'utilisation et ajoutez des fonctionnalités avec la relation *extend.* Cette pratique permet de tester et de déboguer le système sans les extensions, qui pourront être ajoutées ultérieurement. Utilisez une relation *extend* lorsqu'un système est susceptible d'être déployé sous plusieurs configurations, certaines avec les fonctionnalités supplémentaires et d'autres sans.
- **Relation *extend vs* relation *include.*** *extend* et *include* peuvent toutes deux factoriser le comportement en unités plus restreintes. Toutefois, la relation *include* implique que le comportement inclus fait nécessairement partie d'un système configuré (même si le comportement n'est pas déclenché à chaque fois) alors que la relation *extend* sous-entend qu'un système dépourvu du comportement ajouté serait toujours significatif (même s'il n'y a pas de raison de le configurer de cette manière).

8.2 Modèles de séquence procédurale

Au chapitre 7, nous avons vu des diagrammes de séquence contenant des objets indépendants qui étaient tous actifs simultanément. Un objet demeure actif après avoir envoyé un message et peut répondre à d'autres messages sans attendre de réponse. Cette représentation est appropriée pour les modèles de haut niveau. En revanche, la plupart des implémentations sont procédurales et limitent le nombre d'objets qui peuvent effectuer des tâches simultanément. La syntaxe UML des diagrammes de séquence dispose d'une notation dédiée qui permet d'illustrer des appels de procédures.

8.2.1 Diagramme de séquence avec objets passifs

Dans un code procédural, tous les objets ne sont pas constamment actifs. La plupart d'entre eux sont passifs et n'ont pas leur propre thread de contrôle. Un objet passif n'est pas activé tant que l'un de ses comportements n'a pas été déclenché. Une fois que l'exécution d'une opération se termine et que le contrôle retourne à l'appelant, l'objet passif devient inactif.

La figure 8.5 présente le calcul d'une commission pour une transaction boursière. L'objet *transaction* reçoit une requête de calcul de sa commission. Il obtient le niveau de service du client de la table des clients puis demande à la table des taux de calculer la commission en fonction du niveau de service, après quoi il retourne la valeur de la commission à l'appelant.

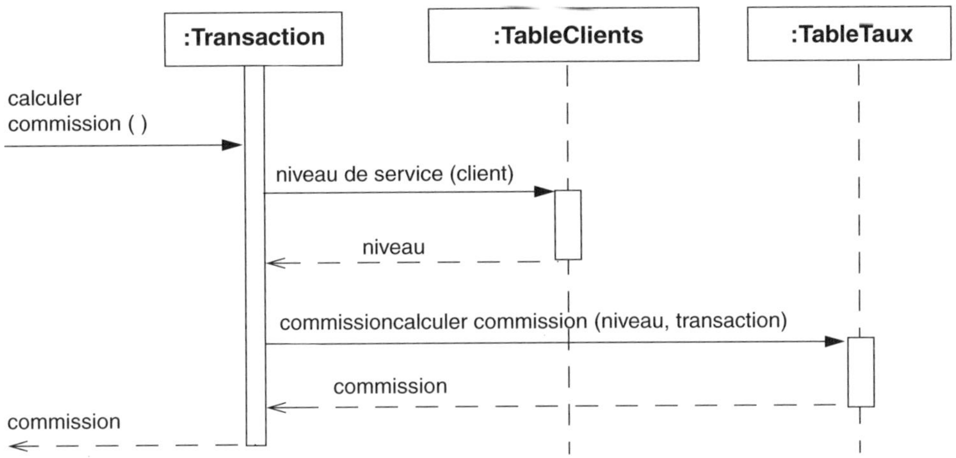

Figure 8.5 • Diagramme de séquence avec objets passifs. Les diagrammes de séquence peuvent représenter des implémentations d'opérations.

UML représente une période de temps pour l'exécution d'une opération d'un objet par un étroit rectangle. C'est ce que l'on nomme ***activation*** ou ***période d'activation***. Une activation représente la période pendant laquelle un appel de méthode est traité, y compris le moment où la méthode appelée a invoqué une autre opération. La période pendant laquelle un objet existe mais n'est pas actif est indiquée par une ligne pointillée. La période entière durant laquelle l'objet existe est appelée ***ligne de vie***, puisqu'elle montre la durée de vie de l'objet.

8.2.2 Diagramme de séquence avec objets temporaires

Le diagramme de la figure 8.6 présente une notation supplémentaire. *ObjetA* est un objet actif qui initie une opération. Comme il est actif, son rectangle d'activation couvre la totalité du temps représenté dans le diagramme. *ObjetB* est un objet passif qui existe durant tout le temps représenté dans le diagramme, mais qui n'est pas actif en permanence. UML représente son existence par une ligne pointillée (la ligne de vie) qui couvre l'ensemble de la période. La ligne de vie d'*ObjetB* se transforme en rectangle d'activation quand il traite un appel. Durant une partie du temps, il exécute une opération récursive, comme le montre le double rectangle d'activation entre l'appel par *objetC* d'*OpérationE* et le retour de la valeur résultante. *ObjetC* étant créé et détruit pendant le temps représenté dans le diagramme, sa ligne de vie ne couvre pas l'ensemble du diagramme.

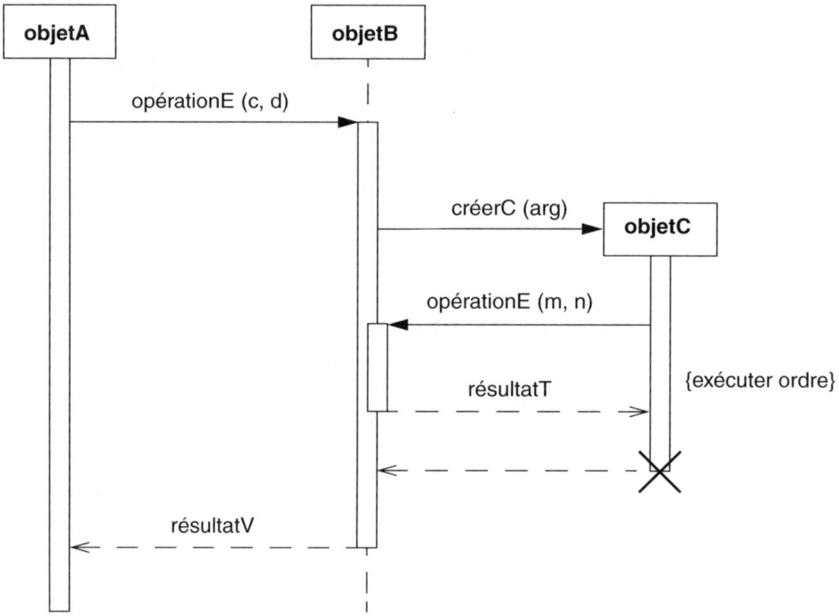

Figure 8.6 • Diagramme de séquence avec objets temporaires. De nombreuses applications contiennent des objets actifs et passifs. Elles créent et détruisent des objets.

La notation d'un appel est une flèche partant du rectangle de l'activation appelante et allant jusqu'à l'activation créée par l'appel. La pointe de la flèche est alignée sur le sommet du rectangle de l'activation nouvellement créée, parce que l'appel crée l'activation. La flèche pleine indique un appel, contrairement à la flèche « bâton », qui indique un signal asynchrone (voir chapitre 7).

UML représente un retour par une flèche pointillée partant du bas de l'activation appelée et allant vers l'activation appelante. Toutes les flèches de retour n'ont pas une valeur résultante – c'est par exemple le cas du retour de *objetC* vers *objetB*. Une activation est donc dotée d'une flèche d'appel arrivant à son sommet et d'une flèche de retour partant de sa base. Entre les deux, elle peut avoir des flèches provenant de ou allant vers les activations subordonnées qu'elle appelle. Vous pouvez supprimer les flèches de retour, car leur position à la base de l'activation est implicite, mais s'il le faut, mieux vaut les représenter pour améliorer la lisibilité.

Si un objet n'existe pas au début du diagramme de séquence, il doit être créé durant celui-ci. Pour représenter une création en UML, placez le symbole de l'objet créé à la pointe de la flèche correspondant à l'appel qui crée ledit objet. Par exemple, l'appel *createC* crée *objetC*. Le nouvel objet peut ou non rester actif après qu'il a été créé. Dans cet exemple, *objetC* est actif, comme le montre le rectangle d'activation qui commence immédiatement en dessous du rectangle de l'objet.

Un grand X marque la fin de vie d'un objet détruit durant l'exécution du diagramme de séquence. Le X est placé à la pointe de la flèche de l'appel qui détruit l'objet. Toutefois, si l'objet se détruit lui-même et renvoie le contrôle à un autre objet, le X est placé sur la ligne de la flèche de retour. Dans l'exemple, *objetC* se détruit lui-même et retourne le contrôle à *objetB*. La ligne de vie d'un objet ne commence pas avant sa création et ne va pas au-delà de sa destruction.

UML représente l'appel d'une deuxième méthode sur le même objet (y compris un appel récursif de la même méthode) par une flèche partant du rectangle d'activation et aboutissant au sommet d'un rectangle supplémentaire superposé au premier, décalé horizontalement de sorte qu'ils soient tous deux visibles. Par exemple, le deuxième appel d'*opérationE* sur *objetB* est récursif et imbriqué dans le premier appel d'*opérationE*. Le nombre de rectangles superposés indique le nombre d'activations du même objet.

Vous pouvez également représenter des conditions dans les diagrammes de séquence, mais leur complexité dépasse la portée de cet ouvrage. Pour de plus amples informations, consultez [Rumbaugh-05].

8.2.3 Conseils pratiques

D'autres conseils s'appliquent aux modèles de séquence procédurale, outre celles mentionnées au chapitre 7.

- **Objets actifs *vs* objets passifs.** Différenciez les objets actifs des objets passifs. La plupart des objets sont passifs et n'ont pas leur propre thread de contrôle. Par définition, les objets actifs sont toujours activés et possèdent leur propre période d'activation.
- **Notation avancée.** Des éléments de notation avancés peuvent illustrer l'implémentation des diagrammes de séquence. Soyez prudent avec ces éléments avancés. Ne représentez les détails d'implémentation que pour les diagrammes difficiles ou particulièrement importants.

8.3 Notations spéciales des modèles d'activités

Les diagrammes d'activités disposent d'une notation supplémentaire qui s'avère utile pour les applications complexes et de grande taille.

8.3.1 Émission et réception de signaux

Considérez une station de travail qui est mise sous tension. Elle entame une séquence de démarrage, puis demande à l'utilisateur de se connecter. Après la saisie du nom d'utilisateur et du mot de passe, la station demande au réseau de valider l'utilisateur. Après la validation, la station termine le processus de démarrage. La figure 8.7 présente le diagramme d'activités correspondant.

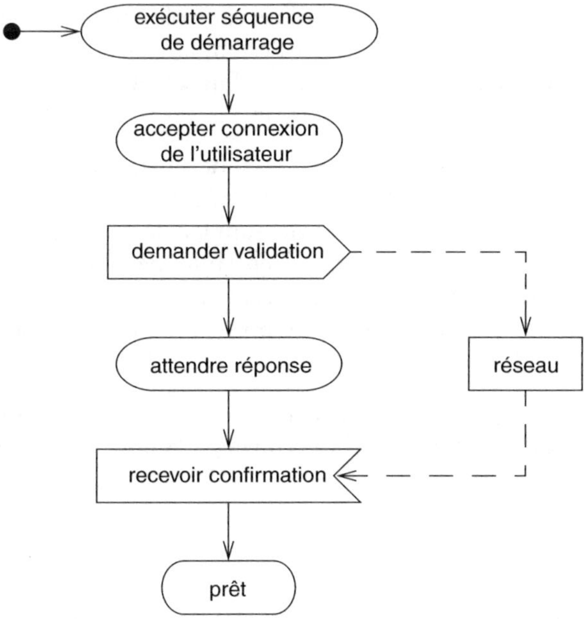

Figure 8.7 • Diagramme d'activités avec signaux. Les diagrammes d'activités peuvent préciser finement le contrôle à l'aide de l'émission et de la réception de signaux.

UML représente l'émission d'un signal sous la forme d'un pentagone convexe. Quand l'activité précédente se termine, le signal est envoyé et l'activité suivante débute. La réception d'un signal est représentée par un pentagone concave. Quand l'activité précédente se termine, le symbole de réception montre l'attente du signal. Lors de la réception de celui-ci, l'activité suivante s'exécute.

8.3.2 Couloirs d'activités

Dans un modèle métier, il est souvent utile de savoir quelles entités de l'organisation humaine sont responsables d'une activité. Les services ventes, comptabilité, marketing et achats sont des exemples d'entités organisationnelles. Quand la conception d'un système est terminée, l'activité est attribuée à une personne, mais, dans l'abstrait, il suffit de répartir les activités aux entités organisationnelles.

Vous pouvez représenter un tel partitionnement avec un diagramme d'activités en le subdivisant en colonnes et en lignes. On appelle ***couloir d'activité*** chaque colonne, par analogie avec les couloirs de natation séparés par les lignes d'eau d'une piscine. Placer une activité dans un ***couloir d'activité*** particulier indique qu'elle est effectuée par une ou plusieurs personnes de l'organisation. Les lignes qui traversent les frontières des couloirs d'activités indiquent les interactions entre les différentes organisations, qu'il convient généralement de traiter avec plus de soin que les interactions à l'intérieur d'une organisation. L'agencement horizontal des couloirs d'activités n'a pas de signification intrinsèque, bien que dans certaines situations, l'ordre a de l'importance.

La figure 8.8 présente un exemple d'entretien d'un avion. Le personnel de bord doit nettoyer, le personnel au sol doit faire le plein et le service de restauration doit réapprovisionner l'avion en nourriture et en boissons. L'appareil sera alors prêt pour le prochain vol.

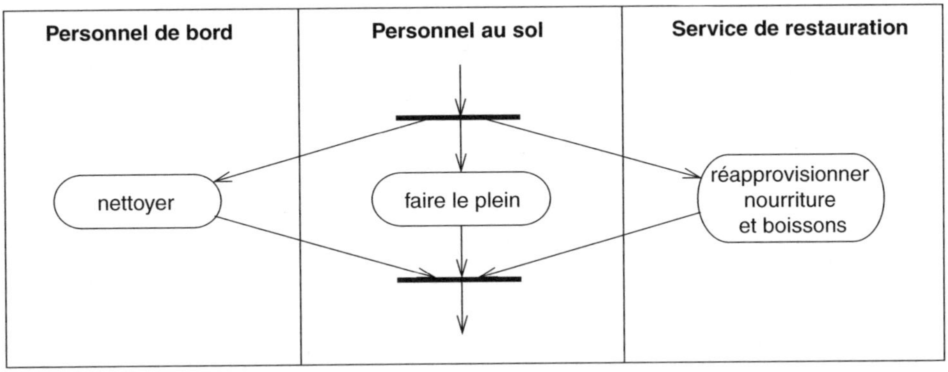

Figure 8.8 • Diagramme d'activités avec couloirs d'activités. Les couloirs d'activités représentent les responsables organisationnels de chaque activité.

8.3.3 Flux d'objets

Il est parfois utile de visualiser les relations entre une opération et les objets qui sont les valeurs de ses arguments ou ses résultats. Un diagramme d'activités peut représenter les objets qui constituent les entrées ou les sorties d'une activité. Une flèche d'entrée ou de sortie impliquant un flux de contrôle, il est inutile de tracer une flèche pour le représenter là où se trouve un flux d'objets.

Souvent, un même objet passe par différents états durant l'exécution d'un diagramme d'activités. Il peut être une entrée ou une sortie de plusieurs activités, mais un examen plus attentif révèle qu'une activité produit ou utilise généralement un objet qui se trouve dans un état particulier. Pour représenter en UML le fait qu'un objet se trouve dans un état particulier, indiquez le nom de l'état entre crochets à la suite du nom de l'objet. Si des noms d'état sont associés aux objets, le diagramme d'activités représente à la fois le flux de contrôle et la transition de l'objet d'un état à l'autre à mesure que les activités agissent sur lui. À la figure 8.9, un avion traverse plusieurs états quand il décolle, vole puis atterrit.

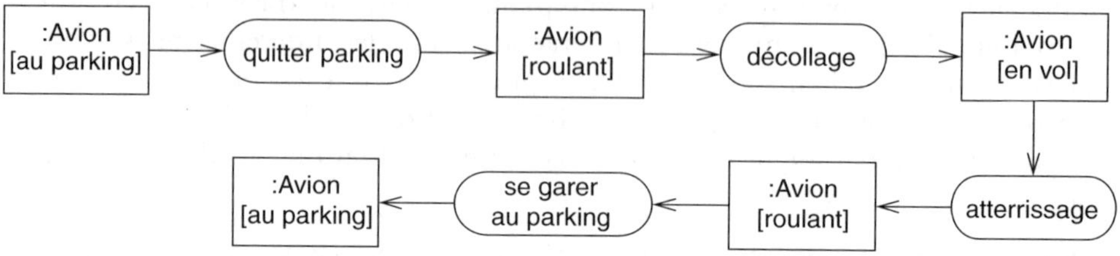

Figure 8.9 • Diagramme d'activités avec flux d'objets. Un diagramme d'activités peut représenter les objets impliqués en entrée ou en sortie d'activités.

Un diagramme d'activités représentant les flux d'objets entre les différents états des objets offre la plupart des avantages d'un diagramme de flux de données sans en avoir les inconvénients. Il unifie notamment le flux de données et le flux de contrôle, tandis que les diagrammes de flux de données les séparent le plus souvent.

Résumé

Des cas d'utilisation indépendants suffisent pour les applications simples. Lorsque celles-ci sont plus complexes, il peut être utile de structurer les cas d'utilisation en utilisant des relations d'inclusion, d'extension et de généralisation. La relation *include* incorpore un cas d'utilisation dans la séquence de comportements d'un autre cas d'utilisation, de façon comparable à appel de sous-routine. La relation *extend* ajoute un comportement incrémental à un cas d'utilisation de base. La généralisation peut représenter des variantes spécifiques d'un cas d'utilisation générique, à l'instar de la généralisation des classes. N'abusez pas de ces relations. Les cas d'utilisation ont vocation à rester informels : les relations ne doivent servir qu'à organiser les principales unités de comportement.

Les modèles de séquence ne sont pas seulement utiles pour incarner les interactions entre les cas d'utilisation : ils servent également à représenter des détails d'implémentation. Tous les objets d'un modèle de séquence n'ont pas besoin d'exister ou d'être actifs pendant toute la durée du traitement. Certains objets sont passifs et n'ont pas de flux de contrôle propre. D'autres sont temporaires et peuvent n'exister que pendant une partie d'une opération.

Les modèles d'activités disposent d'une notation supplémentaire, utile pour les applications complexes. Vous pouvez affiner la représentation d'un flux de contrôle en mettant en évidence l'émission et la réception d'événements qui interagissent avec d'autres objets qui ne sont pas au cœur d'un diagramme d'activités. Vous pouvez affiner un diagramme d'activités au moyen de couloirs d'activités qui représentent les organisations responsables des différentes activités. De plus, vous pouvez montrer l'évolution des états d'un objet et la façon dont ils s'intercalent dans le flux des activités.

activation	extension de cas d'utilisation	objet passif
cas d'utilisation	généralisation de cas d'utilisation	objet provisoire
couloir d'activité	inclusion de cas d'utilisation	période d'activation
diagramme d'activités	ligne de vie	
diagramme de séquence	modèle d'interactions	

Figure 8.10 • Concepts clés du chapitre 8.

Références

[Rumbaugh-05] James Rumbaugh, Ivar Jacobson, Grady Booch, *The Unified Modeling Language Reference Manual*, second edition, Boston, Addison-Wesley, 2004. Traduction française : *UML 2, Guide de référence*, Paris, CampusPress, 2004.

Exercices

8.1 Considérez un achat de carburant à une pompe à essence électronique.

a. (4) Tracez un diagramme de cas d'utilisation. Normalement, le client règle cash un achat de carburant. Ajoutez des relations *extend* pour gérer le comportement incrémental consistant à payer par carte de crédit à l'extérieur ou à l'intérieur. Ajoutez une relation *include* pour représenter l'achat optionnel d'une carte de lavage.

b. (2) Énumérez chaque acteur et expliquez son importance.

c. (2) Résumez en une phrase la finalité de chaque cas d'utilisation.

8.2 (5) Vous interagissez avec une agence de voyages en ligne et vous rencontrez les cas d'utilisation suivants. Tracez un diagramme de cas d'utilisation en utilisant des relations d'inclusion et de généralisation.

- **Acheter un billet.** Réserver un vol et fournir les informations concernant le règlement et les adresses.
- **Fournir les informations sur le règlement.** Fournir une carte de crédit pour régler la facture.
- **Fournir des adresses.** Fournir une adresse postale et une adresse de résidence.
- **Louer une voiture.** Réserver une voiture et fournir les informations concernant le règlement et les adresses.

- **Acheter un séjour à l'hôtel.** Réserver une chambre d'hôtel et fournir les informations concernant le règlement et les adresses.
- **Effectuer un achat.** Acheter un voyage et fournir les informations concernant le règlement et les adresses.

8.3 (7) Considérez un programme en ligne destiné aux « grands voyageurs ». Certains cas d'utilisation sont listés ci-après. Tracez un diagramme de cas d'utilisation et incluez les relations appropriées. Vous pouvez introduire un parent abstrait pour chaque généralisation de cas d'utilisation.

- **Visualiser les crédits.** Voir les points « grand voyageur » actuellement disponibles sur le compte.
- **Demander crédit manquant.** Demander un crédit pour une activité qui n'a pas été créditée.
- **Changer une adresse.** Soumettre une nouvelle adresse postale.
- **Changer un nom d'utilisateur.** Changer le nom d'utilisateur pour un compte.
- **Changer un code secret.** Changer le code secret pour un compte.
- **Réserver un vol gratuit.** Utiliser des points « grand voyageur » pour obtenir un vol gratuit.
- **Réserver un hôtel gratuit.** Utiliser des points « grand voyageur » pour obtenir un hôtel gratuit.
- **Réserver une voiture gratuite.** Utiliser des points « grand voyageur » pour obtenir une location de voiture gratuite.
- **Demander une carte grand voyageur.** Remplir un formulaire de demande de carte pour collecter les points « grand voyageur » accordés en bonus.
- **Consulter tarifs et itinéraires.** Trouver les itinéraires possibles et les prix correspondants pour un vol payant.
- **Vérifier la disponibilité d'un vol gratuit.** Vérifier la possibilité d'un voyage gratuit sur un vol spécifié.

8.4 (8) Considérez un logiciel qui gère des fichiers de morceaux de musique. Certains cas d'utilisation sont listés ci-après. Tracez un diagramme de cas d'utilisation et incluez les relations appropriées. Vous pouvez introduire un parent abstrait pour chaque généralisation de cas d'utilisation.

- **Jouer un morceau.** Ajouter le morceau à la fin de la file d'attente des morceaux à jouer.
- **Jouer une bibliothèque.** Ajouter les morceaux de la bibliothèque à la fin de la file d'attente.
- **Ordonner aléatoirement.** Réorganiser les morceaux de la file d'attente en ordre aléatoire.
- **Supprimer un morceau.** Supprimer un morceau d'une bibliothèque.
- **Détruire un morceau.** Supprimer un morceau de toutes les bibliothèques et effacer le fichier correspondant.
- **Ajouter un morceau.** Ajouter un fichier à une bibliothèque.

- **Créer une bibliothèque.** Créer une nouvelle bibliothèque ne contenant aucun morceau.
- **Supprimer une bibliothèque.** Supprimer la bibliothèque.
- **Détruire une bibliothèque.** Effacer tous les morceaux de la bibliothèque puis supprimer la bibliothèque.
- **Copier un CD.** Numériser la musique d'un CD analogique.
- **Créer un CD.** Graver un CD analogique à partir d'une liste de morceaux numériques.
- **Voir les morceaux par titre.** Afficher les morceaux d'une bibliothèque triés par titre.
- **Voir les morceaux par artiste.** Afficher les morceaux d'une bibliothèque triés par artiste.
- **Voir les morceaux par genre.** Afficher les morceaux d'une bibliothèque triés par genre.
- **Voir les morceaux par album.** Afficher les morceaux d'une bibliothèque triés par album.
- **Démarrer.** Commencer à jouer les morceaux présents dans la file d'attente. Si l'écoute a été précédemment interrompue, recommencer à la dernière position, sinon commencer au début de la file.
- **Arrêter.** Suspendre la diffusion de la musique.

8.5 (8) Considérez un système de paie simple. Certains cas d'utilisation sont listés ci-après. Tracez un diagramme de cas d'utilisation et incluez les relations appropriées. Vous pouvez introduire un parent abstrait pour chaque généralisation de cas d'utilisation.

- **Ajouter une déduction.** Ajouter un nouveau type de déduction pour un employé et l'incorporer aux fiches de paie suivantes.
- **Supprimer une déduction.** Supprimer le type de déduction pour un employé.
- **Sommer les revenus.** Totaliser tous les revenus pour une fiche de paie.
- **Sommer les déductions.** Totaliser toutes les déductions pour une fiche de paie.
- **Calculer le salaire net.** Calculer le revenu total moins le total des déductions pour une fiche de paie.
- **Calculer cotisations maladie.** Calculer les cotisations sociales pour une fiche de paie.
- **Calculer cotisations retraite.** Calculer les cotisations de retraite pour une fiche de paie.
- **Calculer contribution sociale.** Calculer la contribution sociale pour une fiche de paie.
- **Calculer autres déductions.** Calculer le total de toutes les déductions autres que les cotisations maladie, retraite et la contribution sociale.
- **Changer un nom d'employé.** Modifier le nom d'un employé.
- **Changer une adresse d'employé.** Modifier l'adresse postale d'un employé.

- **Calculer le salaire de base.** Calculer le salaire de base d'un employé pour une fiche de paie.
- **Calculer les heures supplémentaires.** Calculer les heures supplémentaires de l'employé pour une fiche de paie.
- **Calculer autres éléments de paye.** Calculer les revenus autres que le salaire de base et le paiement des heures supplémentaires pour une fiche de paie.
- **Changer de méthode de règlement.** Modifier la méthode de règlement de la fiche de paie : espèces, virement ou chèque.

8.6 (4) Considérez un système de gestion d'actions qui enregistre toutes les transactions intervenant sur un portefeuille. Par exemple, des actions peuvent être achetées et vendues. Des dividendes peuvent être perçus. Des situations complexes peuvent se présenter, par exemple des divisions de la valeur des titres.

Le contenu actuel d'un portefeuille peut être déterminé par consultation du journal des transactions. Le portefeuille a un contenu initial et toutes les modifications subséquentes sont enregistrées dans le journal des transactions. Les modifications du journal sont alors appliquées à la date visée pour la détermination du contenu courant.

Construisez un diagramme de séquence procédurale pour représenter le calcul du contenu d'un portefeuille à une date donnée. Limitez les détails à quatre flux de messages.

8.7 (5) Calculez la valeur d'un portefeuille d'actions à une date donnée. Calculez d'abord le contenu du portefeuille (exercice précédent) puis multipliez le nombre de chaque action par sa valeur à la date spécifiée pour déterminer la valeur globale du portefeuille.

8.8 (7) Calculez de nouveau la valeur d'un portefeuille d'actions à une date donnée. Pour cet exercice, un portefeuille peut contenir des actions et d'autres portefeuilles de niveau inférieur. Pour simplifier, supposez qu'un portefeuille a au plus trois niveaux de profondeur.

Par exemple, le portefeuille *patrimoine* peut contenir les portefeuilles *plan d'épargne en actions* et *compte titres*. Les portefeuilles *fonds de pension* et *compte titres* ne contiennent que des actions.

8.9 (6) Une cliente décide de mettre à niveau son PC et d'acheter un lecteur de DVD. Elle commence par appeler le service des ventes du fournisseur de PC qui lui dit d'appeler le service clients. Elle appelle alors le service clients qui la met en attente le temps d'appeler le service technique. Enfin, le service clients annonce à la cliente que son ordinateur est compatible avec plusieurs lecteurs de DVD. La cliente en choisit un et elle est livrée par le service d'expéditions. Elle reçoit le lecteur de DVD, l'installe avec succès et envoie son règlement à la comptabilité.

Construisez un diagramme d'activités pour ce processus. Utilisez des couloirs d'activités pour représenter les différentes interactions.

8.10 (6) Une entreprise fabrique un nouveau produit et doit coordonner plusieurs services. Tout commence par une idée de marketing brute, qui est ensuite transmise au bureau d'études. Le bureau d'études simule la fonction du produit et prépare un modèle. La fabrication révise le modèle et l'ajuste pour qu'il soit conforme aux machines existantes. Le bureau d'études approuve les révisions et le service après-vente étudie le modèle : un bon produit doit être réparable rapidement. Le bureau d'études approuve les propositions du service après-vente et vérifie que le modèle résultant correspond toujours aux fonctionnalités ciblées.

Construisez un diagramme d'activités de ce processus. Utilisez des couloirs d'activités pour représenter les différentes interactions. Mettez en évidence les changements d'états de la conception à mesure que le diagramme d'activités progresse.

9

Résumé des concepts

Il nous semble judicieux de modéliser un système à partir de trois points de vue apparentés mais différents : le ***modèle de classes***, qui décrit les objets d'un système et les relations qu'ils entretiennent, le ***modèle d'états***, qui décrit le cycle de vie des objets, et le ***modèle d'interactions***, qui décrit la façon dont les objets interagissent. Une description n'est pas complète sans la présence de ces trois modèles, l'importance de chacun pouvant différer en fonction du problème à traiter. Ils s'appliquent tous trois à tous les stades du processus de développement et s'étoffent à mesure que celui-ci progresse.

9.1 Modèle de classes

Le ***modèle de classes*** décrit la structure statique des objets d'un système : leur identité, leurs relations avec les autres objets, leurs attributs et leurs opérations. Il fournit le cadre fondamental dans lequel les modèles d'états et d'interactions peuvent s'insérer. Les changements d'états et les interactions n'ont aucun sens tant qu'il n'y a rien à changer ou avec quoi interagir. Le monde est décomposé en unités de base, les objets, qui représentent les « molécules » des modèles.

Les concepts les plus importants du modèle de classes sont les classes, les associations et les généralisations. Une classe décrit un ensemble d'objets similaires. Une association décrit un ensemble de liens similaires entre objets. La généralisation structure la description des objets en organisant leurs classes selon leurs similarités et leurs différences. Les attributs et les opérations sont secondaires et servent à élaborer la structure fondamentale fournie par les classes, les associations et les généralisations.

9.2 Modèle d'états

Le ***modèle d'états*** décrit les aspects temporels d'un objet : les événements qui marquent des changements et les états qui définissent le contexte des événements. Les événements représentent des stimuli externes et les états représentent les valeurs des objets. Au cours du temps, les objets se stimulent mutuellement, provoquant ainsi une suite de changements de leurs états. Le modèle d'états est constitué de plusieurs diagrammes d'états – un par classe possédant un comportement temporel significatif. Les diagrammes d'états doivent correspondre à travers leurs interfaces, en l'occurrence à travers les événements et les conditions de franchissement.

Chaque diagramme d'états représente les séquences d'états et d'événements autorisés pour une classe d'objets donnée. Il spécifie les états possibles, les transitions autorisées entre les états, les stimuli qui déclenchent les transitions et les opérations exécutées en réponse à ces stimuli. Il décrit le comportement générique des objets d'une classe. Tout objet a, non seulement ses propres valeurs et ses propres liens, mais aussi son propre état ou sa propre position dans le diagramme d'états.

9.3 Modèle d'interactions

Le ***modèle d'interactions*** décrit la façon dont les objets collaborent pour obtenir des résultats. Il constitue une vue holistique du comportement de plusieurs objets, alors que le modèle d'états est une vue réductionniste, qui examine chaque objet individuellement. Ces deux modèles sont nécessaires pour décrire exhaustivement le comportement selon deux perspectives différentes : ils se complètent.

Les interactions peuvent être modélisées à différents niveaux d'abstraction. À un haut niveau, les cas d'utilisation décrivent la façon dont un système interagit avec les acteurs situés à l'extérieur du système. Les cas d'utilisation représentent des fonctionnalités et sont utiles pour capturer les besoins de façon informelle. Les diagrammes de séquence fournissent plus de détails et représentent les interactions entre objets et la façon dont elles se succèdent dans le temps. Les diagrammes d'activités détaillent encore plus finement les interactions en mettant en évidence le flux de contrôle entre les différentes étapes d'un traitement.

9.4 Relations entre les modèles

Les modèles de classes, d'états et d'interactions impliquent tous trois les mêmes concepts – données, séquencement et opérations – mais chacun met l'accent sur un aspect particulier du problème. Les trois modèles sont nécessaires pour parvenir à vos fins, bien que l'importance relative de chacun d'eux varie selon le type d'application. Ils se rejoignent dans l'implémentation des méthodes, qui impliquent des données (objet cible, arguments et variables), un contrôle (constructions de séquencement) et des interactions (messages et appels).

Chaque modèle décrit un aspect d'un système mais contient des références aux autres modèles. Le modèle de classes décrit la structure des données sur lesquelles les modèles d'états et d'interactions opèrent. Les opérations du modèle de classes correspondent aux événements, aux conditions et aux activités. Le modèle d'états décrit la structure du contrôle des objets. Il représente les décisions qui dépendent des valeurs des objets, qui entraînent des modifications de ces valeurs et qui provoquent les changements d'états. Le modèle d'interactions se concentre sur les échanges entre objets et fournit une vue globale du fonctionnement d'un système.

La généralisation et l'agrégation sont des relations transversales aux modèles, et nous allons maintenant étudier leur usage.

9.4.1 Généralisation

La ***généralisation*** apparaît dans les trois modèles. C'est la « relation-ou », qui permet de représenter les variantes particulières d'une situation générale. En UML 2.0, l'héritage s'applique aux classificateurs, à savoir aux classes, aux signaux et aux cas d'utilisation.

- **Généralisation de classes.** La généralisation organise les classes en fonction de leurs similarités et de leurs différences. Une sous-classe hérite des attributs, des opérations, des associations et des diagrammes d'états de ses super-classes. Les sous-classes peuvent réutiliser les propriétés d'une super-classe ou les redéfinir, et ajouter de nouvelles propriétés.

  Une sous-classe hérite des diagrammes d'états de ses ancêtres indépendamment de tout diagramme d'états qu'elle définit. Elle hérite à la fois des états de ses ancêtres et de leurs transitions. Pour éviter toute confusion, respectez la règle suivante : le diagramme d'états d'une sous-classe doit être une addition orthogonale au diagramme d'états de la super-classe.

  Le modèle de classes prend en charge l'héritage multiple, une classe pouvant hériter de plusieurs super-classes. Pour simplifier, nous n'autorisons généralement pas l'héritage multiple des signaux et des cas d'utilisation lorsque nous modélisons un système.

- **Généralisation de signaux.** Une hiérarchie de généralisation peut également organiser les signaux grâce à l'héritage d'attributs de signaux. Vous pouvez considérer chaque signal réel comme une feuille d'un arbre de généralisation de signaux. Un signal entrant entraîne le franchissement des transitions associées à ses signaux ancêtres.

- **Généralisation de cas d'utilisation.** La généralisation s'applique également aux cas d'utilisation. Un cas d'utilisation parent représente une séquence générale de comportements. Les cas d'utilisation enfants spécialisent le cas d'utilisation parent en insérant des étapes supplémentaires ou en redéfinissant des étapes existantes. D'un certain point de vue, la généralisation de cas d'utilisation est plus complexe que la généralisation de classes. Une sous-classe ajoute des attributs à une super-classe, mais leur ordre n'a pas d'importance. Un cas d'utilisation enfant ajoute des étapes de comportement, mais celles-ci doivent apparaître à l'emplacement approprié dans la séquence de comportements du cas d'utilisation parent.

Avec l'héritage, un classificateur parent peut être abstrait ou concret. Toutefois, nous recommandons de n'envisager que des classificateurs parents abstraits et d'éviter les classificateurs parents concrets. De la sorte, tous les super-classificateurs seront abstraits et tous les sous-classificateurs feuilles seront concrets. Les classificateurs permettent aussi la mise en œuvre du polymorphisme, dans lequel un enfant peut se substituer librement à un parent.

La première édition de cet ouvrage abordait également l'héritage des états, qu'UML 2 n'a pas repris parce que les états ne sont pas des classificateurs. Cela dit, la généralisation des classificateurs et l'imbrication des états présentent des similarités...

9.4.2 Agrégation

L'***agrégation*** est la « relation-et », qui décompose un assemblage en éléments orthogonaux ayant une interaction limitée.

- **Agrégation d'objets.** L'agrégation est une forme d'association spéciale qui présente des propriétés supplémentaires, notamment la transitivité et l'asymétrie. UML possède deux formes d'agrégation d'objets : une forme générale nommée *agrégation* (un élément constituant est réutilisable et peut exister en dehors de l'agrégat) et une forme plus restrictive nommée *composition* (l'élément constituant ne peut appartenir qu'à un élément composé et leurs durées de vie coïncident).

Le diagramme d'états d'un agrégat est la collection des diagrammes d'états de chacun de ses éléments constituants. L'état agrégé correspond à la combinaison des états de tous les éléments constituants. Il correspond à un état du premier diagramme *et* à un état du deuxième diagramme *et* à un état de tout autre diagramme de la collection. Dans les cas les plus intéressants, les états des constituants interagissent.

- **Agrégation d'états.** Certains états peuvent être partitionnés en états plus petits, chacun opérant indépendamment et possédant son propre sous-diagramme. L'état de l'objet comprend un état de chaque sous-diagramme.

Partie 2
Analyse et conception

La partie 1 abordait des *concepts*, plus spécifiquement les concepts et la notation des modèles de classes, d'états et d'interactions. Dans les parties 2 et 3, nous changeons de perspective et nous présentons un *processus pour créer des modèles*. La partie 1 étudie *ce qui* constitue un modèle. Les parties 2 et 3 expliquent *comment* le formuler. Notre approche du processus est indépendante des langages et s'applique aussi bien aux langages orientés objet qu'aux langages non OO et aux bases de données.

Le chapitre 10 fournit une vue d'ensemble du processus de construction de modèles et met l'accent sur le fait que le processus est normalement itératif et qu'il est rarement une suite rigide d'étapes.

Le chapitre 11 présente la première étape du développement – la spécification initiale du système – au cours de laquelle un visionnaire conçoit une application et en vend l'idée à une entreprise.

Une fois qu'on dispose du concept d'une application, on l'élabore et on le raffine en construisant des modèles, comme l'expliquent les chapitres 12 et 13. On développe d'abord un modèle du domaine qui se concentre sur les entités du monde réel véhiculant la sémantique de l'application. Puis l'on bâtit un modèle de l'application qui traite des aspects informatiques de l'application visibles par les utilisateurs.

Les modèles d'analyse permettent de comprendre en profondeur une application. L'étape suivante consiste à traiter les aspects pratiques de la réalisation des modèles. Le chapitre 14 aborde la conception du système, au cours de laquelle on met au point une stratégie de haut niveau afin de construire une solution. Le chapitre 15 traite de la conception des classes, qui permet d'étoffer les détails des classes, des associations et des opérations.

Le chapitre 16 conclut la partie 2 en résumant les parties de l'analyse et de la conception abordées lors du processus de développement.

Après avoir lu la partie 2, vous comprendrez les bases de la préparation de modèles OO. Vous ne serez pas un expert, mais vous disposerez d'un bon point de départ pour apprendre une technique de développement logiciel de valeur. Vous serez également prêt à étudier dans les deux dernières parties les questions d'implémentation et de génie logiciel.

10

Vue d'ensemble du processus

Un ***processus de développement logiciel*** fournit une base – une collection de techniques et de notations prédéfinies – pour la production organisée de logiciels. Le processus proposé dans cet ouvrage commence par la formulation du problème, et se poursuit avec l'analyse, la conception et l'implémentation. La présentation des différents stades est linéaire, mais le processus réel l'est rarement.

10.1 Stades du développement

Le développement logiciel comprend une suite de stades bien définis, ayant chacun un objectif, une entrée et une sortie distinctes.

- **Spécification initiale du système.** Définir une application et formuler des exigences provisoires.
- **Analyse.** Comprendre les exigences en profondeur en construisant des modèles. Le but de l'analyse est de spécifier le *quoi* – ce qui doit être réalisé – et non le *comment* – la façon de le réaliser. Vous devez comprendre le problème avant d'essayer de lui trouver une solution.
- **Conception du système.** Mettre au point une stratégie de haut niveau – l'architecture – pour résoudre le problème de l'application. Instaurer des politiques pour guider la conception des classes.
- **Conception des classes.** Augmenter et ajuster les modèles du monde réel obtenus par l'analyse pour qu'ils soient compatibles avec une implémentation informatique. Déterminer les algorithmes pour réaliser les opérations.
- **Implémentation.** Traduire la conception en code et en structures de bases de données.
- **Tests.** Vérifier que l'application est réellement utilisable et qu'elle correspond vraiment aux exigences.
- **Formation.** Permettre aux utilisateurs de maîtriser la nouvelle application.

- **Déploiement.** Mettre l'application en production et remplacer élégamment les applications existantes.
- **Maintenance.** Préserver la pérennité de l'application.

Le déroulement du processus dans son ensemble est continu. Les modèles sont élaborés et optimisés en permanence à mesure que l'on passe de l'analyse à la conception puis à l'implémentation. Les mêmes concepts et les mêmes notations s'appliquent tout au long du développement. La seule différence réside dans le changement de point de vue : les premiers stades mettent l'accent sur les exigences métier alors que les stades ultérieurs insistent sur les ressources informatiques.

Une approche OO déplace une grande partie de l'effort de développement vers l'analyse et la conception. Le temps consacré à l'analyse et à la conception est plus long comparativement aux autres approches, mais la contrepartie est une implémentation plus simple et plus rapide. Comme les modèles de conception résultants sont plus sains et plus adaptables, les modifications ultérieures sont grandement facilitées.

La partie 2 aborde les quatre premiers stades et la partie 3 traite de l'implémentation. Nous mettons ici l'accent sur le développement proprement dit et n'évoquons que brièvement les tests, la formation, le déploiement et la maintenance. Ces quatre derniers stades, bien qu'importants, dépassent la portée de cet ouvrage.

10.1.1 Spécification initiale du système

La ***spécification initiale du système*** correspond à la genèse d'une application. À l'origine, quelqu'un imagine une nouvelle application, prépare un exemple de cas métier et vend l'idée à une entreprise. L'innovateur doit comprendre à la fois les exigences métier et les capacités de la technologie.

10.1.2 Analyse

L'***analyse*** se concentre sur la création de modèles. Les analystes capturent et étudient attentivement les exigences en construisant des modèles. Ils spécifient le *quoi* – ce qui doit être réalisé – non le *comment* – la façon de le réaliser. L'analyse est une tâche difficile en soi. Les développeurs doivent maîtriser le problème avant d'aborder les complexités supplémentaires de la conception. Des modèles clairs sont la condition préalable d'une application extensible, efficace, fiable et correcte. Des correctifs d'implémentation (patchs), quelle que soit leur envergure, ne peuvent réparer une application incohérente ni compenser un manque d'anticipation.

Pendant l'analyse, les développeurs considèrent les sources d'informations disponibles (documents, entretiens, applications apparentées) et résolvent les ambiguïtés. Souvent, les experts du domaine ne sont pas sûrs des exigences précises et doivent les affiner en collaboration avec l'équipe de développement. La modélisation favorise la coopération entre experts et développeurs, parce qu'il est beaucoup plus rapide de travailler avec plusieurs itérations des modèles qu'avec de multiples implémentations du code. Les modèles mettent en évidence omissions et incohérences afin de permettre de les résoudre. À mesure que les développeurs élaborent et affinent un modèle, celui-ci devient progressivement cohérent.

L'analyse comprend deux stades intermédiaires : l'analyse du domaine et l'analyse de l'application. L'***analyse du domaine*** est centrée sur des éléments du monde réel dont la sémantique est capturée par l'application. Un vol, par exemple, est un objet du monde réel qu'un système de réservations aériennes doit représenter. Les objets du domaine existent indépendamment de l'application et sont significatifs pour les experts métier. On les découvre durant l'analyse ou bien l'on en a une connaissance préalable. Les objets du domaine véhiculent des informations sur les objets du monde réel et sont généralement passifs – l'analyse du domaine met l'accent sur les concepts et les relations, une grande partie des fonctionnalités étant implicite dans le modèle de classes. Le travail de construction d'un modèle du domaine consiste principalement à décider quelles informations capturer et comment les représenter.

L'analyse du domaine est suivie de l'***analyse de l'application***, qui traite des aspects informatiques visibles par les utilisateurs. Par exemple, un écran de réservation de vols fait partie d'un système de réservations aériennes. Les objets de l'application n'existent pas dans le domaine du problème et ne sont significatifs que dans celui de la solution. Toutefois, les objets de l'application ne correspondent pas uniquement à des décisions de conception internes, parce que les utilisateurs les voient et doivent valider leur pertinence. Le modèle de l'application ne préconise rien quant à l'implémentation de l'application. Il décrit la façon dont l'application apparaît de l'extérieur – la vision en boîte noire. Vous ne trouverez pas les classes de l'application pendant l'analyse du domaine, mais vous pourrez souvent réutiliser celles d'applications antérieures. Sinon, vous devez affiner des objets de l'application durant l'analyse en intégrant les interfaces entre ladite application et les autres systèmes existants et la façon dont elle interagit avec les utilisateurs.

10.1.3 Conception du système

Durant la ***conception du système***, le développeur prend des décisions stratégiques qui auront des conséquences importantes. Il doit formuler une architecture et choisir des stratégies et des politiques globales pour guider les stades suivants et les stades plus détaillés de la conception. L'***architecture*** est le plan de haut niveau adopté pour résoudre le problème posé par l'application. Pour la choisir, appuyez-vous à la fois sur les exigences et sur l'expérience du passé. Si possible, l'architecture doit comporter un squelette exécutable et testable. Le concepteur du système doit comprendre comment le nouveau système interagira avec les autres systèmes. L'architecture doit également prévoir l'évolution future de l'application.

Lorsque le problème est simple, la préparation de l'architecture suit l'analyse. Mais, pour des problèmes de grande taille et complexes, les deux activités sont intercalées. L'architecture aide à établir le périmètre des modèles. Les modèles, à leur tour, révèlent des problèmes de stratégie importants à résoudre. Si l'application est complexe et de grande taille, les interférences entre les modèles et l'architecture sont nombreuses, et il convient de les construire ensemble.

10.1.4 Conception des classes

Durant la ***conception des classes***, les développeurs augmentent et optimisent les modèles d'analyse, et leur centre d'intérêt passe des concepts de l'application aux concepts informatiques. Ils choisissent les algorithmes pour implémenter les grandes fonctions du système, mais ils doivent ignorer provisoirement les particularités spécifiques des langages de programmation.

10.1.5 Implémentation

L'***implémentation*** est le stade pendant lequel le code est réellement écrit. Les développeurs traduisent les éléments de la conception en programmes et en bases de données. Des outils permettent souvent de générer une partie du code à partir des modèles de conception.

10.1.6 Tests

À l'issue de l'implémentation, l'application est terminée, mais elle doit être soigneusement testée avant d'être considérée valide pour une mise en service. Les idées qui ont inspiré le projet d'origine ont dû être nourries au cours des stades antérieurs par l'utilisation des modèles. Les testeurs revoient de nouveau les exigences métier d'origine et vérifient que le système offre les fonctionnalités prévues. Les tests permettent également de détecter des erreurs (bogues) accidentellement introduites. Si une application doit être opérationnelle sur plusieurs plates-formes matérielles et/ou logicielles, elle doit être testée sur chacune d'entre elles.

Les développeurs doivent tester un programme à différents niveaux. Les tests unitaires vérifient de petites portions de code, des méthodes par exemple ou éventuellement des classes entières. Ils permettent de détecter des problèmes locaux et nécessitent souvent d'intégrer une instrumentation supplémentaire au code. Les tests du système traitent un sous-système majeur ou une application entière. Comparativement aux tests unitaires, ils mettent en évidence des failles de traitement des spécifications d'une plus grande ampleur. Tests unitaires et tests système sont nécessaires. N'attendez pas que la totalité de l'application soit codée pour les réaliser. Ils doivent être planifiés dès le départ et nombre d'entre eux doivent être effectués durant l'implémentation.

10.1.7 Formation

Une entreprise doit former les utilisateurs afin qu'ils puissent tirer pleinement parti de la nouvelle application. La formation accélère la courbe d'apprentissage de l'utilisation du logiciel. Une équipe séparée doit préparer la documentation utilisateur durant l'effort de développement. Le contrôle qualité peut alors vérifier le logiciel par rapport à la documentation pour garantir que le produit répond aux exigences d'origine.

10.1.8 Déploiement

Le système final doit fonctionner sur le terrain, sur différentes plates-formes et dans des configurations variées. Des interactions inattendues peuvent survenir lorsque le système est déployé dans l'environnement des clients. Les développeurs doivent optimiser le système dans des conditions de charges variées, écrire des scripts et des procédures d'installation. Certains clients demanderont une personnalisation du logiciel. L'équipe doit également traduire et adapter le produit en fonction des différentes langues et paramètres géographiques. Le résultat est la livraison d'une application utilisable.

10.1.9 Maintenance

Une fois le développement terminé et le système déployé, il faut le maintenir pour qu'il continue à fonctionner de façon satisfaisante. Plusieurs types de maintenances existent. Les bogues qui demeurent dans le système d'origine apparaîtront au fur et à mesure de son utilisation et devront être corrigés. Une application réussie fsera l'objet de demandes d'améliorations et une application durable devra être occasionnellement restructurée.

Les modèles facilitent la maintenance et les passations de connaissances en cas de changement de personnel. Un modèle exprime la finalité métier d'une application qui a été traduite dans le code, l'interface utilisateur et la structure de la base de données.

10.2 Le cycle de vie du développement

Une approche OO du développement logiciel est compatible avec plusieurs styles de cycles de vie. Vous pouvez adopter une approche « en cascade », en réalisant les phases d'analyse, de conception et d'implémentation de façon strictement séquentielle pour l'ensemble du système. Toutefois, nous recommandons en général une stratégie de développement itératif. Nous résumons cette distinction dans cette section et nous la développerons au chapitre 21.

10.2.1 Développement en cascade

L'approche en cascade exige que les différents stades du développement logiciel suivent une séquence linéaire et rigide qui n'admet pas de retours en arrière. Les développeurs commencent par recueillir les exigences, puis ils construisent un modèle d'analyse et réalisent la conception du système. Ils conçoivent ensuite les classes puis passent à l'implémentation, au développement, aux tests et au déploiement. Chaque stade est intégralement terminé avant que le suivant puisse débuter.

L'approche en cascade convient aux applications bien comprises, quand les résultats de l'analyse et de la conception sont prévisibles, mais de telles applications sont rares.

Trop souvent, les organisations tentent d'adopter une telle approche alors que les exigences ne sont pas stabilisées. Les conséquences sont bien connues : les développeurs se plaignent des changements de spécifications et l'équipe métier déplore la rigidité du processus de développement. De plus, une approche en cascade ne permet pas de livrer un système utilisable avant sa finalisation. Il est donc plus difficile d'évaluer qu'un projet dérape et de le remettre éventuellement sur la bonne voie.

10.2.2 Développement itératif

Le développement itératif offre plus de souplesse. On commence par développer le noyau du système en suivant les stades habituels – analyse, conception, implémentation, tests – et vous livrez du code opérationnel. Puis on élargit le périmètre du système en ajoutant des propriétés et des comportements aux objets existants ainsi que de nouveaux types d'objets. Plusieurs itérations ont lieu à mesure que le système évolue pour déboucher sur le livrable final.

Chaque itération comprend un ensemble complet de stades : analyse, conception, implémentation et tests. À la différence de l'approche en cascade, qui suit une séquence stricte, le développement itératif peut intercaler les différents stades et n'a pas besoin de construire le système dans son intégralité en une seule fois. Certaines parties peuvent être terminées tôt, tandis que d'autres, moins cruciales, seront achevées ultérieurement. Chaque itération aboutit à un système exécutable qui peut être intégré et testé. On peut alors évaluer avec précision la progression et apporter les ajustements de planification nécessaires en fonction du *feedback* des premières itérations. Si un problème se présente, vous pouvez revenir à un stade antérieur et retravailler.

Le développement itératif constitue le meilleur choix pour la plupart des applications, parce qu'il répond élégamment au changement et réduit les risques d'échec. De plus, le management et les utilisateurs reçoivent un *feedback* précoce sur la progression.

Résumé

Un processus de développement logiciel fournit une base pour la production organisée de logiciels. Il comprend une suite de stades bien définis que vous pouvez appliquer à chaque partie d'un système. Par exemple, des équipes de développement peuvent développer en parallèle la structure de la base de données, les principaux algorithmes et l'interface utilisateur. Un développement itératif est souple et capable de répondre à l'évolution des exigences. Il préconise de préparer le noyau du système, puis d'étendre progressivement son périmètre jusqu'à obtention du système final désiré.

analyse	conception du système	implémentation
analyse de l'application	cycle de vie	maintenance
analyse du domaine	déploiement	spécification initiale du système
architecture2	développement en cascade	tests
conception des classes	développement itératif	
conception du logiciel	formation	

Figure 10.1 • Concepts clés du chapitre 10.

Notes bibliographiques

Le stade *conception des objets* de l'édition précédente a été renommé *conception des classes.*

Exercices

10.1 (2) Souvent, on ne prend pas suffisamment de temps pour bien exécuter une tâche du premier coup, mais on en trouve toujours pour la refaire. Expliquez comment l'approche présentée dans ce chapitre permet de surmonter cette tendance du comportement humain. Quels sont les types d'erreurs que vous commettez si vous vous précipitez dans la phase d'implémentation d'un projet logiciel ? Comparez l'effort nécessaire pour prévenir les erreurs avec celui qu'il faut déployer pour les détecter et les corriger.

10.2 (4) Cet ouvrage explique comment employer les techniques OO pour implémenter des programmes et des bases de données. Expliquez comment ces techniques pourraient être appliquées à d'autres domaines, par exemple à la conception de langages, à la représentation des connaissances ou à la conception de matériels.

11

Spécification initiale du système

La ***spécification initiale du système*** concerne la genèse d'une application. À l'origine, une personne qui connaît à la fois les exigences métier et la technologie a l'idée d'une application. Les développeurs doivent alors étudier cette idée afin de comprendre les besoins et d'imaginer des solutions possibles. L'objectif de la spécification initiale du système est de s'en forger une image globale en différant les détails : à quels besoins le système doit-il répondre, peut-il être développé à un coût raisonnable et la demande justifie-t-elle le coût de son développement ?

Ce chapitre présente une étude de cas, un guichet automatique de banque (GAB) qui servira de fil conducteur dans la suite de cet ouvrage.

11.1 Imaginer un concept de système

La plupart des idées de nouveaux systèmes sont des extensions d'idées existantes. Par exemple, un service de relations humaines peut disposer d'une base de données des modalités d'intéressement des mises à jour par un employé donné du service. Une extension évidente consiste à permettre aux employés de visualiser et de saisir eux-mêmes les mises à jour les concernant. Dans ce cas, de nombreux problèmes sont à résoudre (sécurité, fiabilité, confidentialité…), mais la nouvelle idée est une simple extension d'un concept existant.

De temps à autre, un nouveau système constitue une rupture radicale avec le passé. Par exemple, un système d'enchères en ligne automatise une ancienne idée : des acheteurs enchérissent les uns contre les autres lors de l'achat des produits. Mais les premiers systèmes d'enchères en ligne étaient des programmes entièrement nouveaux. La faisabilité est venue du fait de l'essor d'Internet, de l'explosion de l'accès aux ordinateurs personnels et du développement de serveurs fiables. La large base de clientèle et le faible coût unitaire dû à l'automatisation ont modifié la nature des enchères : il est maintenant possible de vendre un article aux enchères en ligne tout en continuant à réaliser un bénéfice. De plus, les systèmes en ligne ont rendu le processus simultané et réparti.

Voici quelques façons de trouver de nouveaux concepts de systèmes :

- **Nouvelle fonctionnalité.** Ajouter une fonctionnalité à un système existant.
- **Restructuration.** Supprimer des restrictions ou généraliser le fonctionnement d'un système.
- **Simplification.** Permettre à tout un chacun de réaliser des tâches précédemment affectées à des spécialistes.
- **Automatisation.** Automatiser des processus manuels.
- **Intégration.** Combiner des fonctionnalités issues de systèmes différents.
- **Analogies.** Rechercher des analogies dans d'autres domaines d'application et voir si elles génèrent des idées utiles.
- **Globalisation.** Voyager dans d'autres pays et observer leurs cultures et leurs façons de travailler.

11.2 Élaborer un concept

La plupart des systèmes commencent par des idées vagues qui ont besoin d'être étoffées. Un bon concept de système doit répondre aux questions suivantes :

- **À qui l'application est-elle destinée ?** Déterminez clairement quelles personnes et quelles entreprises sont les parties prenantes du nouveau système. Parmi ces parties prenantes, deux des plus importantes sont les investisseurs et les utilisateurs finaux.

  Les investisseurs sont importants parce que ce sont eux qui vont payer le nouveau système. Ils s'attendent à ce que le projet soit terminé dans le respect du budget et des délais. Amenez-les à se mettre d'accord sur une mesure du succès. Vous devez savoir quand le système est achevé et répond à leurs attentes.

  Les utilisateurs sont également des parties prenantes, mais dans un autre sens. Ce sont eux qui déterminent en dernière analyse le succès (ou l'échec) de l'application quand leur productivité et leur efficacité augmentent (ou diminuent). Ils peuvent vous aider s'ils sont réceptifs et vous fournissent des commentaires critiques. Ils vous permettent d'améliorer le système en vous faisant part des lacunes et des éléments susceptibles d'être améliorés. En règle générale, les utilisateurs se soucient peu d'un nouveau logiciel, à moins d'y voir un intérêt évident d'un point de vue personnel ou professionnel. Intéressez-les à votre projet afin de pouvoir obtenir leur adhésion. Si vous n'y parvenez pas, remettez en question l'utilité du projet et envisagez éventuellement de l'abandonner.

- **Quels problèmes l'application résoudra-t-elle ?** Délimitez clairement la portée de l'effort et établissez son périmètre. Déterminez également les fonctionnalités qui feront partie de la nouvelle application et celles qui en seront absentes. Vous devez atteindre différents types d'utilisateurs, appartenant à différentes organisations et possédant leurs propres points de vue et leurs propres motivations politiques.

Il vous revient de décider des fonctionnalités qui seront appropriées et d'obtenir l'accord des décideurs.

- **Quelles seront les conditions d'utilisation de l'application ?** À ce stade précoce, il est utile de se faire une idée générale de la façon dont le nouveau système pourra être utilisé. Déterminez si celui-ci est vital pour la mission de l'organisation, s'il s'agit d'un logiciel expérimental ou encore d'une nouvelle fonctionnalité qu'il est possible de déployer sans déranger le *workflow* (flux de travail) existant. Vous devez avoir une notion approximative de la façon dont le nouveau système complétera les systèmes existants. Il importe de savoir si le logiciel sera utilisé localement ou réparti sur un réseau. S'il s'agit d'un produit commercial, caractérisez la base de la clientèle.
- **Quand l'application est-elle attendue ?** Deux aspects temporels sont importants. Le premier est celui de la ***faisabilité***, le temps pendant lequel le système peut être développé dans le cadre des contraintes budgétaires et des ressources disponibles. Le second est celui de la ***nécessité***, le moment où le système est requis pour répondre à des objectifs métier. Vous devez veiller à ce que les prévisions de temps liées à la faisabilité technique et celles liées aux exigences métier soient cohérentes. En cas de divergence, instaurez un dialogue entre les techniciens et les experts métier afin de rechercher une solution.
- **Pourquoi l'application est-elle attendue ?** Au besoin, préparez une étude de rentabilité (*business plan*) du nouveau système si personne ne l'a déjà réalisée. L'étude de rentabilité contient la justification financière du nouveau système, y compris le coût, les bénéfices tangibles et intangibles, les risques et les solutions de rechange envisagées. Assurez-vous que vous avez bien compris la finalité du système proposé. L'étude de rentabilité vous permettra de connaître les attentes des parties prenantes et elle vous fournira une indication approximative du périmètre du projet, voire des informations qui inspireront vos modèles. S'il s'agit d'un produit commercial, estimez le nombre d'unités susceptibles d'être vendues et déterminez un prix de vente raisonnable : le revenu doit couvrir les coûts et apporter un bénéfice.
- **Comment l'application fonctionnera-t-elle ?** Réfléchissez à la faisabilité du problème. S'il s'agit d'un grand système, considérez les mérites respectifs de différentes architectures. L'objectif à ce stade n'est pas de choisir une solution mais de s'assurer que le problème peut être raisonnablement résolu. Des prototypes et des expériences de programmation peuvent s'avérer nécessaires.

11.2.1 Étude de cas d'un guichet automatique de banque (GAB)

La figure 11.1 présente le concept du système d'un guichet automatique de banque (GAB). Nous posons un certain nombre de questions de haut niveau afin d'élaborer le concept initial.

Développez un logiciel qui permettent aux clients d'accéder aux ordinateurs d'une banque et effectuer leurs propres transactions financières sans recourir à un employé.

Figure 11.1 • Concept du système d'un guichet automatique de banque.

- **À qui l'application est-elle destinée ?** Un certain nombre de sociétés proposent des guichets automatiques. En conséquence, seul un fournisseur ou une importante compagnie financière est en mesure de justifier le coût et l'effort nécessaires à la réalisation d'un tel logiciel.

  Un fournisseur rencontre une concurrence pour s'assurer une clientèle sur un marché établi. Un grand fournisseur peut certainement pénétrer un tel marché, mais aussi instaurer un partenariat avec un fournisseur existant ou l'acheter. Un petit fournisseur doit proposer des fonctionnalités spécifiques pour se différencier de la masse et attirer l'attention.

  Une compagnie financière ne peut probablement pas justifier le développement d'un logiciel de GAB pour son seul usage, parce qu'il est certainement plus coûteux de le développer que d'en acquérir un. Si elle désire des fonctionnalités spécifiques, elle peut établir un partenariat avec un fournisseur. Elle peut aussi décider de créer une société séparée chargée de construire le logiciel, de le vendre à la compagnie commanditaire puis de le mettre sur le marché pour d'autres clients potentiels.

  Pour cette étude de cas, nous supposerons que vous êtes un fournisseur qui construit le logiciel. Vous développerez un produit ordinaire, puisque les complexités du domaine des guichets automatiques dépassent la portée de cet ouvrage.

- **Quels problèmes l'application résoudra-t-elle ?** Le logiciel du GAB a pour but de servir à la fois la banque et les clients. En ce qui concerne la banque, il accroît l'automatisation et réduit le traitement manuel des imprimés administratifs. Du point de vue des clients, le GAB est omniprésent et disponible en permanence, autorisant les transactions réglementaires quand et où ils le désirent. Le logiciel doit être pratique et facile à utiliser, afin d'inciter les clients à l'employer et par là même de diminuer la charge de travail des employés de la banque. Il doit être fiable et sûr, puisqu'il manipulera des espèces.

- **Où l'application sera-t-elle utilisée ?** Les logiciels de GAB sont devenus essentiels pour les institutions financières. Le client tient pour acquis qu'une banque disposera d'un guichet automatique. Ces guichets sont également disponibles dans de nombreux magasins, sur les lieux des rencontres sportives, et dans d'autres lieux publics du monde entier.

- **Quand l'application est-elle attendue ?** Tout effort de développement logiciel est une proposition financière. L'investissement correspondant doit au final procurer un flux de revenus. D'un point de vue économique, il est souhaitable de minimiser l'investissement, de maximiser le revenu et d'en avoir l'usage dès que possible.

Une modélisation soigneuse et l'emploi de techniques OO doivent permettre d'aller dans ce sens.

- **Pourquoi l'application est-elle attendue ?** Pour de nombreuses raisons, un fournisseur peut décider de construire un produit logiciel. Si d'autres entreprises réalisent des bénéfices avec des produits comparables, il s'agit d'une motivation économique. Un produit innovant peut permettre de devancer la concurrence. Les entreprises commandent des développements internes de produits technologiques difficiles à acquérir et qui sont vitaux pour elles. Quant à nous, nous n'avons pas de réelle motivation à développer un logiciel de GAB, si ce n'est le désir d'apprendre à utiliser un certain nombre de techniques !
- **Comment l'application fonctionnera-t-elle ?** Nous adopterons une architecture à trois niveaux (*three-tier architecture*) pour séparer l'interface utilisateur de la logique de programmation, et la logique de programmation de la base de données. Il s'agit en réalité d'une architecture à *n* niveaux, parce qu'il peut y avoir un nombre quelconque de niveaux de programmation intermédiaires qui communiquent les uns avec les autres. Nous aborderons l'architecture plus en détail au chapitre consacré à la *conception du système*.

11.3 Préparer un énoncé du problème

Une fois que vous avez étoffé l'idée brute en répondant à ces questions de haut niveau, vous êtes prêt à rédiger un énoncé des exigences qui résument les buts et l'approche générale du système proposé.

Tout au long du développement, vous devez distinguer les exigences de la conception et de l'implémentation. Les exigences décrivent la façon dont un système se comporte du point de vue de l'utilisateur. Le système est considéré comme une boîte noire : seul importe ici son comportement externe. Si nous prenons l'exemple d'une voiture, les exigences stipuleront qu'elle doit aller plus vite quand on appuie sur la pédale de l'accélérateur et qu'elle doit ralentir quand on appuie sur celle des freins. Les décisions de conception sont les choix des ingénieurs qui permettront d'obtenir le comportement spécifié. Il peut s'agir par exemple de décisions concernant la liaison entre les différents organes du véhicule, le contrôle du moteur ou le type de plaquettes de freins. L'implémentation concerne la réalisation finale, la façon dont l'application sera codée.

Les clients mélangent fréquemment les exigences proprement dites et les décisions de conception. C'est généralement une mauvaise idée. Si vous séparez les exigences des décisions de conception, vous préservez votre liberté de modifier les éléments de conception. Généralement, il est possible de concevoir un système de plusieurs façons. Vous devez différer le choix de la solution tant que vous n'avez pas pleinement compris le problème.

Un document énonçant le concept d'un système peut comprendre un exemple d'implémentation. Cet exemple a pour objectif de montrer comment vous pourriez implémenter le système à un coût raisonnable en vous appuyant sur la technologie actuelle. C'est une preuve de faisabilité. Précisez bien qu'il ne s'agit là que d'une possibilité et que le système final sera éventuellement réalisé autrement.

Par exemple, dans les années 60, le plan d'origine du programme Apollo – l'envoi d'un homme sur la Lune – consistait à placer une fusée en orbite terrestre, puis à lancer depuis celle-ci un véhicule devant atterrir directement sur la surface de la Lune. Dans le programme final, la fusée a été placée directement en orbite lunaire puis le véhicule a été lancé et a atterri sur la surface de la Lune. Mais la première proposition n'était pas sans intérêt puisqu'elle montrait qu'il s'agissait d'une approche réalisable.

Comme le montre la figure 11.2, l'énoncé du problème doit exprimer ce qui doit être effectué et non comment l'implémentation doit être réalisée. Il doit faire état des besoins, non proposer une architecture du système. Évitez de décrire les aspects internes du système, sous peine de compromettre sa souplesse. Les spécifications des performances et les protocoles d'interactions avec les systèmes externes sont des exigences légitimes. Les standards de génie logiciel, tels que la construction modulaire, la conception pour le test.

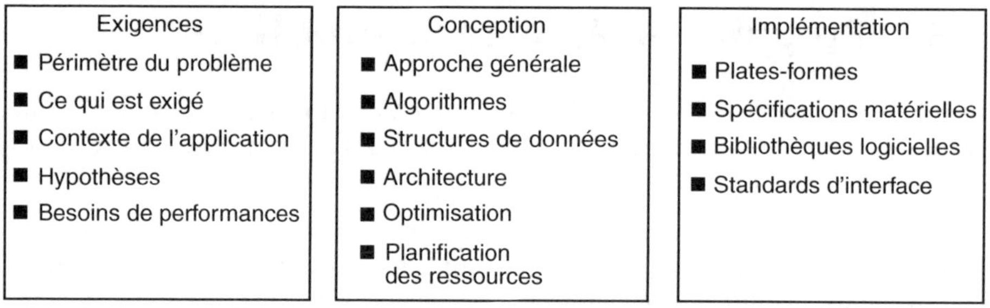

Figure 11.2 • Types d'exigences. Ne prenez pas trop tôt de décisions de conception ou d'implémentation, sous peine de compromettre le développement.

L'énoncé du problème peut être plus ou moins détaillé. Celui d'un produit conventionnel, tel un programme de paie ou de facturation, peut contenir un nombre considérable de détails. Celui d'une application de recherche dans un nouveau domaine peut manquer de précisions, mais doit définir clairement l'objectif.

La plupart des énoncés de problèmes sont ambigus, incomplets, voire incohérents. Certaines exigences exprimées sont fausses. D'autres, bien que précisément formulées, ont des conséquences déplaisantes sur le comportement du système ou imposent des coûts d'implémentation déraisonnables. D'autres encore ne fonctionnent pas aussi bien que prévu. L'énoncé n'est qu'un point de départ, un moyen de mieux comprendre le problème, non un document immuable. Le propos de l'analyse qui suivra (voir chapitre 12) est de comprendre l'intégralité du problème et toutes ses implications. Un énoncé de problème préparé sans analyse exhaustive sera probablement incorrect.

11.3.1 Étude de cas d'un guichet automatique de banque (GAB)

La figure 11.3 présente un énoncé de problème relatif à un réseau de guichets automatiques de banque (GAB).

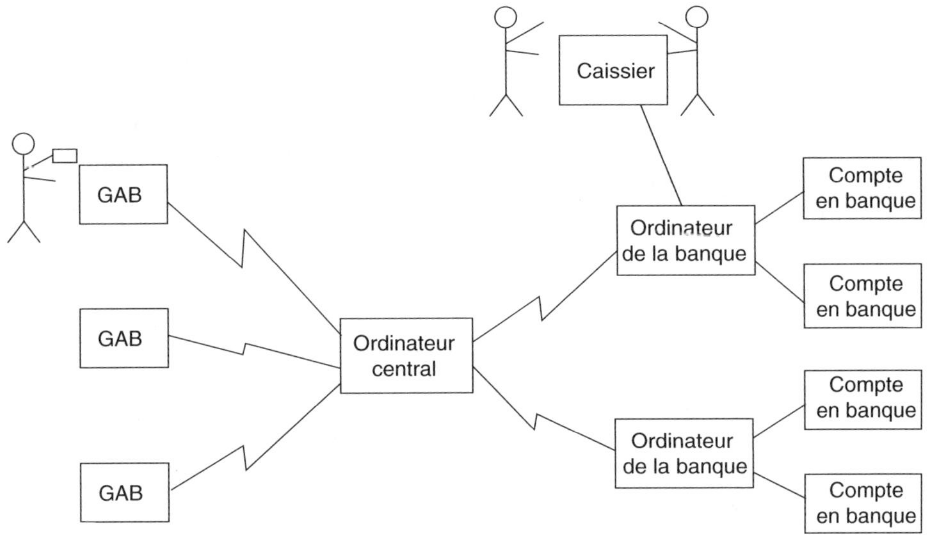

Figure 11.3 • Réseau de GAB. Cette étude de cas est le fil conducteur dans la suite de cet ouvrage.

Vous allez concevoir un logiciel prenant en charge un réseau d'opérations bancaires informatisées, constitué à la fois de caissiers humains et de guichets automatiques de banque (GAB), et partagé par un consortium de banques. Chaque banque utilise son propre ordinateur pour maintenir ses comptes et traiter les transactions qui les concernent. Les stations de caissiers sont la propriété de chaque banque et chaque caissier a accès aux ordinateurs de la banque où il travaille. Les caissiers saisissent les données concernant les comptes et les transactions.

Les GAB communiquent avec un ordinateur central qui autorise les transactions avec la banque appropriée. Un GAB accepte une carte bancaire, interagit avec l'utilisateur, communique avec le système central pour effectuer les transactions, distribue des billets et imprime des reçus. Le système nécessite une journalisation adéquate des transactions et des dispositions de sécurité. Il doit pouvoir gérer correctement des accès concurrents à un même compte.

Les banques utiliseront leur propre logiciel sur leurs ordinateurs. Vous devez concevoir le logiciel pour les GAB et le réseau. Le coût du système sera partagé entre les banques au prorata du nombre de clients possédant des cartes bancaires.

Résumé

Le premier stade d'un projet consiste à imaginer une nouvelle idée, qu'il s'agisse de créer un nouveau système ou d'améliorer un système existant. Avant d'investir du temps et de l'argent dans le développement, évaluez la faisabilité du système, les difficultés et les risques qu'il comporte et son ratio de rentabilité. Prenez en compte le point de vue de toutes les parties prenantes du projet et effectuez les compromis nécessaires pour offrir une bonne chance de succès, non seulement technique mais aussi économique. Ce processus de spécification initiale entraîne généralement des ajustements de l'idée d'origine. Quand le stade de spécification initiale du système est terminé, il est nécessaire de rédiger un énoncé du problème qui servira de point de départ à l'analyse. Ce document n'est pas nécessairement complet et changera au cours du développement, mais sa rédaction aide à bien circonscrire la portée du projet.

compromis de rentabilité	étude de rentabilité
contrainte d'implémentation	exigence
décision de conception	partie prenante
énoncé du problème	spécification initiale du système

Figure 11.4 • Concepts clés du chapitre 11.

Exercices

11.1 (3) Considérez un nouveau système de freinage antiblocage (ABS) d'une automobile. Répondez aux questions de haut niveau suivantes et expliquez vos réponses.

a. À qui l'application est-elle destinée ? Quelles sont les parties prenantes ? Selon vous, quel est le nombre de clients potentiels dans votre pays ?

b. Identifiez trois fonctionnalités qui doivent être incluses et trois fonctionnalités qui doivent être omises.

c. Citez trois systèmes avec lesquels l'application doit fonctionner.

d. Quels sont les deux risques les plus importants ?

11.2 (3) Reprenez l'exercice 11.1 en considérant un système de vente de livres sur le Web.

11.3 (3) Reprenez l'exercice 11.1 en considérant un système de réaménagement de cuisines.

11.4 (3) Reprenez l'exercice 11.1 en considérant un système d'enchères en ligne.

11.5 (4) Rédigez un énoncé de problème similaire à celui du système de GAB pour chacun des systèmes suivants. Vous pouvez limiter le périmètre du système, mais soyez précis et évitez les décisions d'implémentation. Employez de 75 à 150 mots par spécification.

a. Un jeu de bridge.

b. Un distributeur de monnaie.

c. Un système de guidage pour des véhicules.

d. Un traitement de texte.

e. Un vérificateur d'orthographe.

f. Un répondeur téléphonique.

11.6 (3) Reformulez les exigences suivantes pour qu'elles soient plus précises. Éliminez toute décision de conception déguisée en besoin.

a. Un système de transfert de données entre deux ordinateurs *via* une ligne de télécommunications.

Le système transmet des données de façon fiable même en présence de parasites sur le canal. Les données ne sont pas perdues si le récepteur ne peut pas rester connecté ou si la liaison est interrompue. Les données sont transmises par paquets, à l'aide d'un protocole maître-esclave dans lequel l'extrémité réceptrice accuse réception positivement ou négativement de tous les échanges.

b. Un système pour automatiser la production de pièces manufacturées complexes.

Les pièces sont conçues grâce à un logiciel de conception assistée par ordinateur (CAO) en 3D intégré au système. Le système produit des plans numérisés que des machines à contrôle numérique utilisent pour produire les pièces.

c. Un système de micro-édition (PAO) s'appuyant sur un concept WYSYWYG.

Le système prend en charge des éléments textuels et graphiques. Les éléments graphiques sont des lignes, des carrés, des rectangles, des polygones, des cercles ou des ellipses. Au niveau interne, un cercle est représenté comme un cas particulier d'une ellipse et un carré comme un cas particulier d'un rectangle. Le système permet l'édition interactive des documents en mode graphique.

d. Un système de génération de non-sens.

L'entrée est un échantillon de document. Le résultat est un texte aléatoire qui parodie le texte d'origine en imitant les fréquences des combinaisons de lettres de celui-ci. L'utilisateur spécifie l'ordre des combinaisons des lettres et la longueur du texte désiré. Pour un ordre N, chaque séquence de N caractères de la sortie figure dans l'entrée avec la même fréquence approximative. Plus l'ordre augmente, plus le style de la sortie correspond à celui de l'entrée.

Le système génère la sortie en appliquant la méthode suivante. Il sélectionne une position aléatoire dans le document à imiter. Il balaie le texte jusqu'à trouver une séquence de caractères correspondant exactement aux derniers

N – 1 caractères de la sortie. Quand il atteint la fin du document, il recommence à le balayer depuis le début. Quand il trouve une correspondance, il copie la lettre qui suit la séquence appariée de l'entrée vers la sortie. Il continue jusqu'à générer la quantité de texte désirée.

e. Un système de distribution de courrier électronique sur un réseau.

   Chaque utilisateur du système peut envoyer du courrier de n'importe quel compte et recevoir du courrier sur un compte désigné. Il peut en outre faire suivre un message ou y répondre, l'enregistrer ou l'imprimer. Il peut également envoyer des messages à plusieurs autres utilisateurs à la fois *via* une liste de distribution. Chaque ordinateur du réseau peut gérer les messages destinés à n'importe quel ordinateur éteint.

12

Analyse du domaine

L'***analyse du domaine*** – l'étape suivante du développement – a pour objectif d'obtenir un modèle précis, concis, compréhensible et correct du monde réel. Avant de construire quoi que ce soit de complexe, celui qui le construit doit comprendre les besoins. Les exigences peuvent être exprimées sous forme de mots, mais celles-ci sont souvent imprécises et ambiguës. Lors de l'analyse, nous construisons des modèles et nous commençons à comprendre plus clairement les exigences.

Pour construire un modèle de domaine, vous devez interviewer les experts métier, examiner l'énoncé des besoins et étudier les artefacts qui leur sont associés. Vous devez analyser les implications des exigences et les reformuler de manière rigoureuse. Il importe d'abstraire d'abord les caractéristiques importantes et de différer les détails à un stade ultérieur. Un modèle d'analyse réussi représente ce qui doit être réalisé sans limiter la façon de le réaliser et évite les décisions d'implémentation.

Dans ce chapitre, vous apprendrez à appliquer les concepts OO à la construction d'un modèle de domaine. Ce modèle a plusieurs finalités : il clarifie les exigences, il fournit la base d'un accord entre les parties prenantes et les développeurs et devient le point de départ de la conception et de l'implémentation.

12.1 Vue d'ensemble de l'analyse

Comme le montre la figure 12.1, l'analyse commence par un énoncé du problème généré lors de la spécification initiale du système. Cet énoncé peut être incomplet ou informel : l'analyse permet de le préciser et met en évidence ses ambiguïtés et ses incohérences. Il ne doit pas être considéré comme immuable, mais doit servir de base pour affiner les exigences réelles.

Ensuite, vous devez comprendre le système du monde réel décrit par l'énoncé du problème et abstraire ses caractéristiques essentielles dans un modèle. Un énoncé en langage naturel est souvent ambigu, incomplet et incohérent. Le modèle d'analyse est une représentation précise et concise du problème, qui permet de répondre à des questions et de construire une solution. Les étapes de conception sous-jacentes se référeront au modèle d'analyse et non à l'énoncé imprécis d'origine.

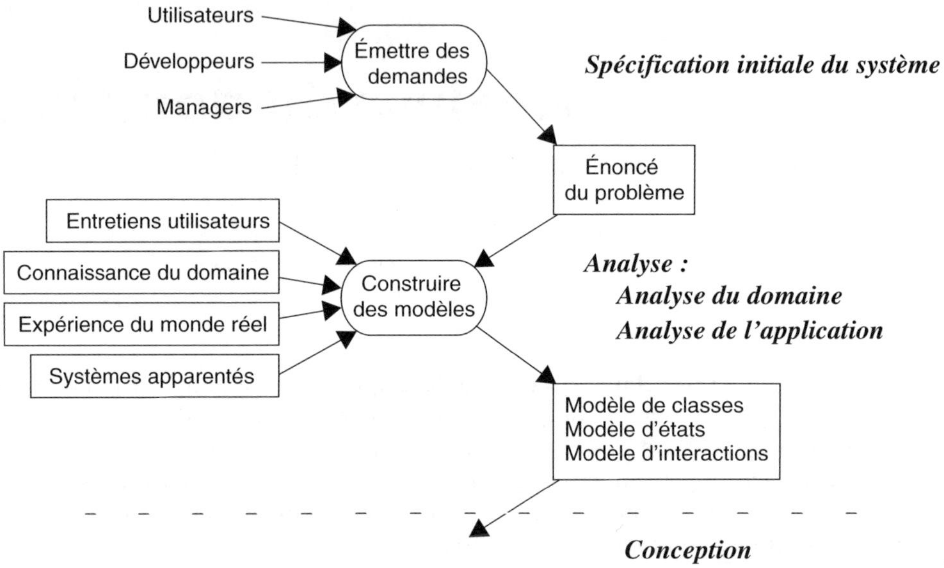

Figure 12.1 • Vue d'ensemble de l'analyse. L'énoncé du problème ne doit pas être considéré comme immuable, mais doit servir de base pour affiner les besoins.

Peut-être plus important encore, la construction d'un modèle rigoureux du domaine du problème oblige le développeur à se confronter aux incompréhensions plus tôt dans le processus de développement, quand elles sont encore faciles à corriger.

Le modèle d'analyse aborde les trois aspects des objets : leur structure statique (modèle de classes), les interactions entre les objets (modèle d'interactions) et leur cycle de vie (modèle d'états). Ces trois sous-modèles ne sont pas d'égale importance dans tous les problèmes. Presque tous les problèmes comprennent un modèle de classes dérivé des entités du monde réel. Pour les problèmes concernant le contrôle réactif et le *timing*, comme les interfaces utilisateurs et le contrôle de processus, le modèle d'états est important. Les problèmes demandant beaucoup de temps de calcul et les systèmes qui interagissent avec d'autres systèmes ont un modèle d'interactions capital.

L'analyse n'est pas un processus mécanique. Les représentations exactes sont affaire de jugement et relèvent de l'art à plus d'un titre. La plupart des énoncés de problèmes omettent des informations essentielles, qui peuvent être obtenues auprès du demandeur ou d'un analyste connaissant bien le domaine du problème dans le monde réel. Il convient également de choisir le niveau d'abstraction du modèle. L'analyste doit communiquer avec le demandeur pour clarifier les ambiguïtés et les idées fausses. Le modèle d'analyse permet une communication plus précise.

Nous avons divisé l'analyse en deux sous-étapes. La première, l'***analyse du domaine***, est abordée dans ce chapitre et se concentre sur la compréhension de la nature du problème dans le monde réel. La seconde, l'***analyse de l'application***, sera étudiée au chapitre suivant et s'appuie sur le modèle de domaine – incorporant les artefacts majeurs de l'application qui sont vus par les utilisateurs et que ceux-ci doivent approuver.

12.2 Modèle de classes du domaine

La première étape de l'analyse des exigences est la construction d'un modèle du domaine. Celui-ci représente la structure statique du système dans le monde réel et l'organise en pièces manipulables. Le modèle du domaine décrit les classes du monde réel et les relations qu'elles entretiennent. Durant l'analyse, le modèle de classes précède les modèles d'états et d'interactions parce que sa structure statique a tendance à être mieux définie, moins dépendante des détails de l'application et plus stable à mesure que la solution évolue. Les informations nécessaires au modèle du domaine proviennent de l'énoncé du problème, des artefacts appartenant à des systèmes apparentés, de la connaissance que possèdent les experts du domaine de l'application et de la connaissance générale du monde réel. Veillez à prendre en compte toutes les informations disponibles et à ne pas vous reposer sur une source unique.

Commencez par identifier les classes et les associations, car elles fournissent la structure globale et la façon d'aborder le problème. Ajoutez ensuite des attributs pour décrire le réseau élémentaire des classes et des associations. Puis, combinez et organisez les classes en utilisant l'héritage. Tenter de spécifier directement l'héritage sans avoir compris d'abord les classes et leurs attributs peut conduire à déformer la structure des classes et mener à des notions préconçues. Dans un modèle de domaine, les opérations sont généralement sans importance. La principale finalité de ce modèle est de capturer le contenu informationnel d'un domaine.

Mieux vaut jeter vos idées sur le papier sans trop essayer de les organiser, même si elles risquent d'être redondantes et incohérentes, afin de ne perdre aucun détail important. Un modèle d'analyse initial comprend souvent des défauts qui devront être corrigés lors des itérations suivantes. Le modèle entier n'a pas besoin d'être construit de manière uniforme. Certains aspects du problème peuvent être analysés en profondeur durant plusieurs itérations alors que d'autres ne sont encore qu'esquissés.

Vous devez effectuer les étapes suivantes pour construire un modèle du domaine :

- identifier les classes [12.2.1 – 12.2.2] ;
- préparer un dictionnaire de données [12.2.3] ;
- identifier les associations [12.2.4 – 12.2.5] ;
- identifier les attributs des objets et les liens [12.2.6 – 12.2.7] ;
- organiser et simplifier les classes en utilisant l'héritage [12.2.8] ;
- vérifier que tous les chemins d'accès existent pour les requêtes probables [12.2.9] ;

- itérer et affiner le modèle [12.2.10] ;
- réexaminer le niveau d'abstraction [12.2.11] ;
- regrouper les classes en packages [12.2.12].

12.2.1 Identifier les classes

La première étape de la construction d'un modèle de classes consiste à trouver les classes pertinentes pour les objets du domaine de l'application. Les objets comprennent des entités physiques, comme des maisons, des employés ou des machines, aussi bien que des concepts, comme des trajectoires, des plans de réservation et des échéanciers de paiement. Toutes les classes doivent avoir un sens dans le domaine d'application : évitez des éléments d'implémentation comme les listes chaînées ou les sous-routines. Toutes les classes ne sont pas explicites dans l'énoncé du problème, certaines étant implicites dans le domaine de l'application ou dans les connaissances générales.

Comme à la figure 12.2, commencez par énumérer les classes candidates découvertes dans la description écrite du problème. Ne soyez pas trop sélectif et notez tout ce qui vous vient à l'esprit. Les classes correspondent souvent à des noms. Par exemple, dans l'énoncé « un système de réservation permettant de vendre des billets pour des représentations dans différents théâtres », les classes pourraient être *Réservation*, *Système*, *Billet*, *Représentation* et *Théâtre*. N'opérez toutefois pas à l'aveuglette. L'idée est de comparer des concepts : tous les noms ne représentent pas des concepts et ceux-ci peuvent être exprimés par d'autres catégories grammaticales.

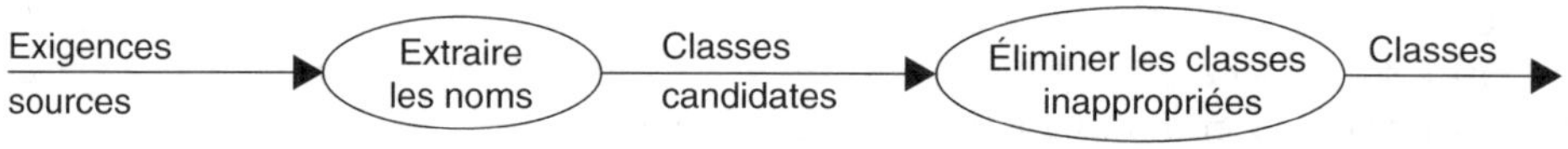

Figure 12.2 • Identification des classes. Vous pouvez trouver de nombreuses classes en partant des noms.

Ne vous souciez pas trop de l'héritage ni des classes de haut niveau. Commencez par identifier les classes spécifiques pour ne pas supprimer inconsciemment des détails en tentant d'adhérer à une structure préconçue. Si, par exemple, vous construisez un système gérant le catalogue et les prêts d'une bibliothèque, identifiez tout d'abord les différents types d'éléments matériels, tels que livres, magazines, journaux, enregistrements audio et vidéo, etc. Vous pourrez les organiser en grandes catégories plus tard, en recherchant les similarités et les différences.

Exemple du GAB. L'examen des concepts figurant dans l'énoncé du problème de la figure 11.3 permet de générer les classes candidates de la figure 12.3. La figure 12.4 représente des classes supplémentaires qui n'apparaissent pas directement dans l'énoncé mais que notre connaissance du domaine du problème peut permettre d'identifier.

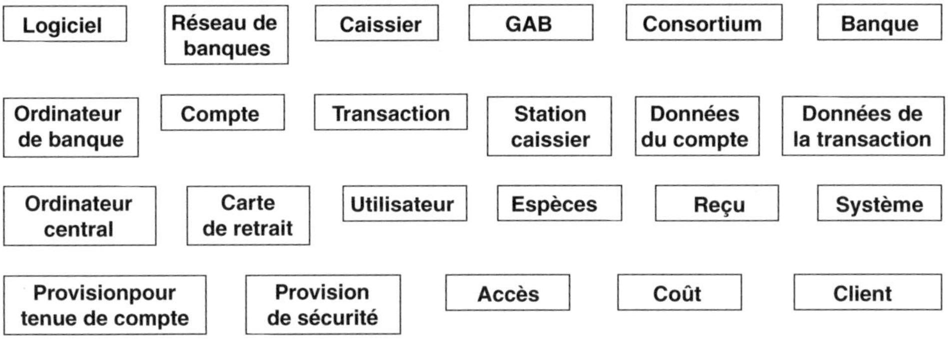

Figure 12.3 • Classes du GAB extraites à partir des noms figurant dans l'énoncé du problème.

Figure 12.4 • Classes du GAB déduites de la connaissance du domaine du problème.

12.2.2. Conserver les classes pertinentes

Écartez maintenant les classes inutiles ou incorrectes selon les critères de la liste suivante. La figure 12.5 représente les classes qui ont été éliminées de l'exemple.

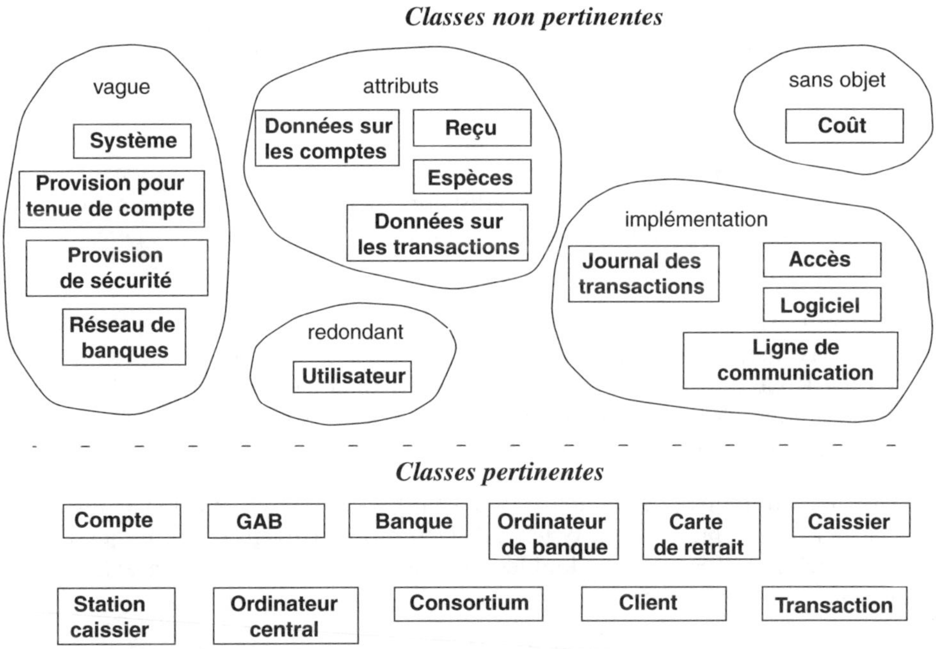

Figure 12.5 • Élimination des classes inutiles dans le problème du GAB.

- **Classes redondantes**. Si deux classes expriment le même concept, vous devez conserver le nom le plus évocateur. Par exemple, si *Client* peut décrire une personne prenant un avion, *Passager* est plus significatif. En revanche, si le problème concerne les contrats d'une compagnie de charters, *Client* est un terme approprié, puisqu'un contrat peut impliquer plusieurs passagers.

  Exemple du GAB. *Client* et *Utilisateur* sont redondants. Nous conservons *Client*, car il est plus descriptif.

- **Classes sans intérêt.** Si une classe n'a pas grand-chose ou n'a rien à voir avec le problème, éliminez-la. C'est une affaire de jugement, car cette classe peut être importante dans un autre contexte. Par exemple, dans un système de réservation de billets de théâtre, le métier des détenteurs de tickets n'a pas de sens alors que celui du personnel du théâtre peut en avoir.

  Exemple du GAB. *Coût* ne fait pas partie du périmètre du logiciel.

- **Classes vagues.** Une classe doit être précise. Certaines classes possibles peuvent avoir des frontières mal définies ou une portée trop large.

  Exemple du GAB. *ProvisionTenueCompte* est vague et est déjà géré par *Transaction*. Dans d'autres applications, il pourrait être inclus dans d'autres classes telles que *VenteAction*, *AppelTéléphonique* ou *PanneMachine*.

- **Attributs.** Les noms qui décrivent originellement des objets individuels doivent être reformulés sous forme d'attributs. Par exemple, *nom*, *dateDeNaissance*, et *poids* sont d'ordinaire des attributs. Si l'existence indépendante d'une propriété est importante, faites-en une classe et non un attribut. Par exemple, le bureau d'un employé serait une classe dans une application destinée à réaffecter des bureaux après une réorganisation.

  Exemple du GAB. *DonnéesDuCompte* est insuffisamment spécifié, mais décrit probablement un compte. Un GAB distribue des espèces et des reçus, mais, audelà, ces éléments sont périphériques au problème et seront mieux gérés en tant qu'attributs.

- **Opérations**. Si un nom décrit une opération qui est appliquée à des objets et qui n'est pas manipulée en tant que telle, ce n'est pas une classe. Par exemple, un appel téléphonique est une séquence d'actions impliquant un appelant et un réseau téléphonique. Si l'on fabrique simplement des téléphones, *Appel* fait partie du modèle d'états et n'est pas une classe.

  Une opération qui a des caractéristiques propres doit être modélisée comme une classe. Par exemple, dans un système de facturation d'appels téléphoniques, *Appel* serait une classe importante dont les attributs seraient *date*, *heure*, *origine* et *destination*.

- **Rôles.** Le nom d'une classe doit refléter sa nature intrinsèque et non le rôle qu'elle joue dans une association. Par exemple, *Propriétaire* serait un nom de classe peu judicieux dans la base de données d'un constructeur d'automobiles. Que se passerait-il si une liste de conducteurs était ajoutée plus tard ? Et pour les personnes qui achètent leur voiture en crédit-bail ? La classe appropriée est *Personne* (ou éventuellement *Client*), une personne pouvant jouer différents rôles tels que *propriétaire*, *conducteur* ou *preneurÀBail*.

Une même entité physique correspond parfois à plusieurs classes. Par exemple, *Personne* et *Employé* peuvent être des classes distinctes dans certaines circonstances et être redondantes dans d'autres. Du point de vue de la base de données des employés d'une entreprise, les deux peuvent être identiques. En revanche, pour la base de données des services fiscaux, une personne peut occuper plusieurs emplois et il est important de distinguer une *Personne* d'un *Employé*, chaque *Personne* pouvant correspondre à zéro, une ou plusieurs instances d'*Employé*.

- **Éléments d'implémentation.** Éliminez du modèle d'analyse les éléments étrangers au monde réel. Vous pourrez en avoir besoin plus tard lors de la conception, mais pas à ce stade. Par exemple, *UC*, *sous-routine*, *processus*, *algorithme* et *interruption* sont des éléments d'implémentation, même si ce sont des classes légitimes pour un système d'exploitation. Les structures de données, telles que les listes chaînées, les arbres, les tableaux et les tables sont presque toujours des éléments d'implémentation.

  Exemple du GAB. Certaines classes candidates sont en réalité des éléments d'implémentation. Le *JournalDesTransactions* n'est autre que l'ensemble des transactions, et sa représentation exacte est un problème de conception. Les liaisons de communication peuvent être représentées comme des associations : *LigneDeCommunication* n'en est qu'une représentation physique.

- **Classes dérivées**[1]. En règle générale, omettez les classes qu'il est possible de dériver d'autres classes. Si une classe dérivée revêt une importance particulière, vous pouvez l'inclure, mais n'abusez pas de cette pratique. Indiquez qu'une classe est dérivée en faisant précéder son nom d'une barre oblique ('/').

12.2.3 Préparer un dictionnaire de données

Les mots isolés étant passibles de trop nombreuses interprétations, préparez un dictionnaire pour tous les éléments de modélisation. Rédigez un paragraphe en décrivant précisément chaque classe. Décrivez la portée de la classe dans le problème courant, en incluant toutes les hypothèses ou les restrictions quant à son utilisation. Le dictionnaire de données doit également décrire les associations, les attributs, les opérations et les valeurs énumérées. La figure 12.6 illustre un dictionnaire de données pour les classes du GAB.

1. i.e. classes calculées ; ne pas confondre avec les sous-classes. NdT.

Banque. Institution financière qui tient les comptes des clients et émet des cartes bancaires autorisant l'accès aux comptes sur le réseau des GAB.

Caissier. Employé d'une banque autorisé à effectuer des transactions sur une station et à recevoir ou à délivrer des espèces et des chèques aux clients. Les transactions, les espèces et les chèques manipulés par un caissier doivent être journalisés de façon appropriée.

Carte bancaire. Carte délivrée par une banque à ses clients, leur permettant d'accéder à leurs comptes en utilisant un GAB. Chaque carte a un code banque et un numéro de carte. Le code banque identifie la banque à l'intérieur du consortium. Le numéro de carte détermine les comptes auxquels la carte permet d'accéder. Une carte ne permet pas nécessairement d'accéder à tous les comptes d'un client. Chaque carte de crédit est détenue par un client unique, mais plusieurs exemplaires et il faut considérer l'utilisation simultanée de la même carte sur plusieurs GAB.

Client. Détenteur d'un ou de plusieurs comptes dans une banque. Un client peut consister en une ou plusieurs personnes ou entreprises, ce qui n'a pas d'incidence dans ce contexte. Une même personne possédant des comptes dans différentes banques est considérée comme un client différent.

Compte. Compte unique dans une banque auquel des transactions peuvent être appliquées. Différents types de comptes existent, par exemple des comptes chèques ou des comptes d'épargne Un client peut détenir plusieurs comptes.

Consortium. Organisation de banques qui a pour mission de faire fonctionner le réseau des GAB. Le réseau ne traite que les transactions des banques qui appartiennent au consortium.

GAB. Station permettant aux clients d'effectuer eux-mêmes leurs transactions en utilisant leur carte bancaire comme identifiant. Le GAB interagit avec le client pour recueillir les données de la transaction, envoie ces données à l'ordinateur central pour qu'il les valide et les traite, puis remet les billets au client. Vous supposerez qu'un GAB ne peut pas fonctionner indépendamment du réseau.

Ordinateur central. Ordinateur du consortium qui dispatche les transactions entre les GAB et les ordinateurs des banques. L'ordinateur central valide les codes des banques mais ne traite pas les transactions directement.
Ordinateur de la banque. Ordinateur appartenant à une banque relié au réseau des GAB et aux stations des caissiers de la banque. Une banque peut posséder ses propres ordinateurs internes pour gérer ses comptes, mais vous ne vous intéresserez qu'à celui qui dialogue avec le réseau de GAB.

Station de caissier. Station sur laquelle un caissier effectue des transactions pour les clients. Le caissier accepte et délivre des espèces et des chèques. La station imprime des reçus. La station communique avec l'ordinateur de la banque pour valider et traiter les transactions.

Transaction. Requête intégrale et unique qui permet d'effectuer des opérations sur les comptes d'un seul client. Outre la possibilité de délivrer des espèces, il est possible d'imprimer des chèques ou d'accepter des espèces ou des chèques. On pourrait également permettre d'opérer sur les comptes de clients différents, bien que cela n'ait pas encore été demandé.

Figure 12.6 • Dictionnaire de données pour les classes du GAB. Préparer un dictionnaire de données pour tous les éléments de modélisation.

12.2.4 Identifier les associations

On recherche ensuite les associations entre les classes. Une relation structurelle entre deux classes ou plus est une association. Une référence d'une classe à une autre est une association. Comme nous l'avons vu au chapitre 3, les attributs ne doivent pas référencer des classes ; utilisez les associations à leur place. Par exemple, la classe *Personne* ne doit pas avoir d'attribut *employeur* : mieux vaut relier les classes *Personne* et *Société* par l'association *TravaillePour*. Les associations montrent les relations entre classes au même niveau d'abstraction que les classes elles-mêmes, tandis que les attributs ayant un objet pour valeur masquent les dépendances et occultent leur nature bidirectionnelle. Les associations peuvent être implémentées de différentes façons, mais de telles décisions d'implémentation doivent être absentes du modèle d'analyse afin de conserver suffisamment de liberté de conception.

Les associations correspondent souvent à des verbes d'état ou à des locutions verbales. Elles expriment une localisation physique (*ÀcôtéDe*, *FaitPartieDe*, *ContenuDans*), une action dirigée (*Conduit*), une communication (*ParleAvec*), une appartenance (*A*, *FaitPartieDe*) ou la satisfaction d'une condition (*TravaillePour*, *MariéÀ*, *Administre*). Extrayez toutes les associations candidates de l'énoncé du problème et jetez-les sur le papier, sans essayer de les raffiner top tôt. Encore une fois, ne traitez pas les formes grammaticales à l'aveuglette : l'idée est de capturer des relations, quelle que soit la façon dont elles sont exprimées en langage naturel.

Exemple du GAB. La figure 12.7 représente les associations. La majorité d'entre elles sont directement issues de locutions verbales figurant dans l'énoncé du problème. Pour certaines associations, la locution est implicite dans l'énoncé. Enfin, certaines associations dépendent de notre connaissance du monde réel ou d'hypothèses. Il faut alors les vérifier avec le rédacteur de l'énoncé du problème lorsqu'elles ne s'y trouvent pas.

12.2.5 Conserver les associations pertinentes

Éliminez maintenant les associations inutiles ou incorrectes en fonction des critères suivants :

- **Associations entre classes éliminées.** Si vous avez éliminé l'une des classes de l'association, vous devez supprimer l'association ou la redéfinir en termes d'autres classes.

  Exemple du GAB. Nous pouvons éliminer *Le réseau bancaire comprend des stations de caissiers et des GAB*, *Le GAB distribue des billets*, *Le GAB imprime des reçus*, *La banque fournit son propre logiciel*, *Le coût est réparti entre les banques*, *Le système fournit un journal des transactions* et *Le système est sécurisé*.

- **Associations non pertinentes ou relevant de l'implémentation.** Éliminez toute association étrangère au domaine du problème ou qui concerne des éléments d'implémentation.

  Exemple du GAB. Par exemple, *Le système gère les accès concurrents* est un concept d'implémentation. Les objets du monde réel sont nécessairement concurrents, et c'est l'implémentation de l'algorithme d'accès qui doit gérer la concurrence.

Expressions verbales
Le réseau bancaire comprend des stations de caissiers et des GAB.
Le consortium partage les GAB.
Chaque banque fournit l'ordinateur de banque.
L'ordinateur de chaque banque gère les comptes.
L'ordinateur de chaque banque traite les transactions sur les comptes.
Chaque banque possède des stations de caissiers.
Les stations de caissiers communiquent avec l'ordinateur de chaque banque.
Les caissiers saisissent les transactions sur les comptes.
Les GAB communiquent avec l'ordinateur central à propos des transactions.
L'ordinateur central valide les transactions avec la banque.
Le GAB accepte la carte bancaire.
Le GAB interagit avec l'utilisateur.
Le GAB délivre des billets.
Le GAB imprime des reçus.
Le système gère les accès concurrents.
La banque possède son propre logiciel.
Le coût est réparti entre les banques.
Expressions verbales implicites
Le consortium est composé de banques.
Les banques gèrent des comptes.
Le consortium est propriétaire de l'ordinateur central.
Le système fournit un journal des transactions.
Le système est sécurisé.
Les clients ont des cartes bancaires.
Connaissance du domaine
Une carte permet d'accéder à des comptes.
Une banque emploie des caissiers.

Figure 12.7 • Associations issues de l'énoncé du problème du GAB.

- **Actions.** Une association doit décrire une propriété structurelle du domaine de l'application et non un événement passager. Il arrive qu'une exigence exprimée sous forme d'action implique une relation structurelle sous-jacente et doive être reformulée en conséquence.

  Exemple du GAB. *Le GAB accepte la carte bancaire* décrit une partie du cycle d'interactions entre le GAB et le client, non une relation permanente entre les GAB et les cartes bancaires. Nous pouvons aussi éliminer *Le GAB interagit avec l'utilisateur. L'ordinateur central valide les transactions avec la banque* décrit une action qui implique la relation structurelle *L'ordinateur central communique avec la banque.*

- **Associations ternaires.** Vous pouvez décomposer la plupart des associations entre trois classes ou plus, en associations binaires ou les exprimer par des associations qualifiées. Si un terme d'une association ternaire est purement descriptif et n'a pas d'identité propre, il s'agit d'un attribut dans une association binaire. L'association *La société verse un salaire à une personne* peut se reformuler *La société emploie une personne* avec une valeur de *salaire* pour chaque lien *Société-Personne*.

À l'occasion, une application peut nécessiter une association ternaire. *Le professeur dispense un cours dans une salle* ne peut pas être décomposée sans perte d'information. Nous n'avons pas rencontré d'associations impliquant quatre classes ou plus dans notre expérience.

Exemple du GAB. *L'ordinateur de la banque traite les transactions sur les comptes* peut être décomposée en *L'ordinateur de la banque traite les transactions* et *Les transactions concernent des comptes. Les GAB communiquent avec l'ordinateur central à propos des transactions* représente en réalité deux associations binaires : *Les GAB communiquent avec l'ordinateur central* et *La transaction est entrée sur le GAB.*

- **Associations dérivées.** Omettez les associations qui peuvent être définies en termes d'autres associations, car elles sont redondantes. Par exemple, *GrandParentDe* peut être définie avec une paire d'associations *ParentDe.* Omettez également les associations définies par des conditions sur des attributs. Par exemple *plus-Jeune-Que* exprime une condition sur la date de naissance de deux personnes, non une information supplémentaire.

  Dans la mesure du possible, classes, attributs et associations d'un modèle de classes doivent représenter des informations indépendantes. Plusieurs chemins entre les classes indiquent parfois des associations dérivées qui sont des compositions d'associations primaires. *Le consortium partage les GAB* est une composition de deux associations : *Le consortium est propriétaire de l'ordinateur central* et *L'ordinateur central communique avec les GAB.*

  Attention : toutes les associations qui forment plusieurs chemins entre des classes n'indiquent pas une redondance. Il arrive qu'on puisse dériver l'existence d'une association de deux associations primaires ou plus et que la multiplicité ne puisse pas l'être. Conservez l'association supplémentaire si la contrainte de multiplicité supplémentaire est importante. Par exemple, à la figure 12.8, une société emploie plusieurs personnes et possède plusieurs ordinateurs. On peut affecter personnellement zéro ordinateurs ou plus à chaque employé, mais certains ordinateurs sont publics et ne sont affectés à aucune personne en particulier. La multiplicité de l'association *AffectéÀ* ne peut pas être déduite des associations *Emploie* et *Possède.*

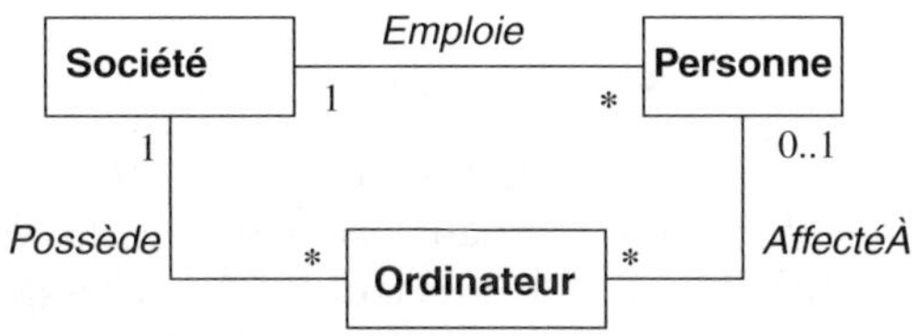

Figure 12.8 • Associations non redondantes. Toutes les associations qui forment plusieurs chemins entre des classes n'indiquent pas une redondance.

Même si les associations dérivées n'ajoutent pas d'informations, elles sont utiles dans le monde réel et lors de la conception. Par exemple, des relations de parenté comme *Oncle*, *BelleMère* et *Cousin* ont des noms parce qu'elles décrivent des relations courantes considérées comme importantes dans notre société. Si elles sont particulièrement importantes, vous pouvez représenter des associations dérivées dans un diagramme de classes, mais en faisant précéder leur nom d'une barre oblique pour indiquer leur statut dépendant et les distinguer des associations fondamentales.

Précisez la sémantique des associations comme suit :

- **Associations mal nommées.** Ne dites pas comment ni pourquoi une situation se produit, dites ce qu'elle est. Les noms sont importants pour la compréhension et doivent être choisis avec le plus grand soin.

  Exemple du GAB. *L'ordinateur de la banque maintient des comptes* énonce une action. Reformulez *La banque possède des comptes.*

- **Noms d'extrémités d'associations.** Ajoutez des noms aux extrémités des associations lorsque c'est approprié. Par exemple, dans l'association *TravaillePour*, une *Société* est l'*employeur* d'une *Personne* et une *Personne* est l'*employé* d'une *Société*. S'il n'y a qu'une association entre deux classes et que la signification soit claire, on peut omettre le nom de **l'extrémité d'association**. Par exemple, le sens de *Le GAB communique avec l'ordinateur central* est facile à déduire du nom des classes. Une association entre deux instances de la même classe nécessite des noms **d'extrémités d'association** pour distinguer les instances. Par exemple, l'association *Une personne manage une personne* aurait les noms **d'extrémités d'association** *manager* et *collaborateur.*

- **Associations qualifiées.** Un nom identifie généralement un objet dans un contexte donné. La plupart des noms ne sont pas globalement uniques. Le contexte se combine avec le nom pour identifier l'objet de manière unique. Par exemple, aux États-Unis, deux sociétés ne peuvent pas porter le même nom dans l'État où elles sont créées et enregistrées, mais ce nom peut être utilisé dans d'autres États (il a existé une *Standard Oil Company* dans l'Ohio, l'Indiana, en Californie et dans le New Jersey). Le nom d'une société qualifie l'association *Société ayant été enregistrée dans l'État* ; *État* et *nom de la société* identifient *Société* de façon unique. Un qualificateur distingue les objets situés à l'extrémité « plusieurs » d'une association.

  Exemple du GAB. Le qualificateur *codeBanque* distingue les différentes banques appartenant à un consortium. Chaque carte bancaire nécessite un code banque afin que les transactions puissent être dirigées vers la banque appropriée.

- **Multiplicité.** Spécifiez les multiplicités, mais ne vous attachez pas trop à l'exactitude car elles changent souvent pendant l'analyse. Méfiez-vous des multiplicités de valeur « un ». Par exemple, l'association *Un Manager manage plusieurs employés* exclut aussi bien le management matriciel[1] que la possibilité pour un

1. Méthode de management qui implique un décloisonnement des services et des fonctions NdT.

employé d'avoir des responsabilités séparées. Pour une multiplicité de « plusieurs », demandez-vous si un qualificateur est nécessaire et/ou si les objets doivent être ordonnés.

- **Associations manquantes.** Ajoutez les associations manquantes que vous découvrez.

  Exemple du GAB. Nous avions oublié *Transaction saisie sur une station de caissier, Les clients ont des comptes* et *Transaction autorisée par carte bancaire*. Si les caissiers sont limités à certaines stations spécifiques, alors l'association *Caissier autorisé sur station de caissier* serait nécessaire.

- **Agrégation.** L'agrégation est importante pour certains types d'applications, en particulier pour celles qui impliquent des pièces mécaniques et des nomenclatures. Dans d'autres applications, l'agrégation est relativement mineure, et le choix entre association ordinaire et agrégation n'est pas forcément évident. Dans ce cas, ne passez pas trop de temps à distinguer entre les deux. Une agrégation n'est qu'une association qui possède des connotations supplémentaires. Choisissez celle qui vous semble la plus naturelle et poursuivez.

  Exemple du GAB. Nous décidons qu'une *Banque* fait partie d'un *Consortium* et nous indiquons la relation par une agrégation.

  Exemple du GAB. La figure 12.9 représente un diagramme de classes contenant les associations restantes. Nous n'avons inclus que les noms d'associations significatifs. Notez que nous avons scindé *Transaction* en *TransactionDistante* et *TransactionCaissier* pour rendre compte des différentes associations. Les valeurs de multiplicité sont indiquées. Nous aurions pu prendre des décisions d'analyse différentes. Ne vous inquiétez pas : il y a toujours plusieurs modèles potentiellement corrects d'un problème. De plus, nous avons décomposé le processus d'analyse en petites étapes ; dans la pratique, il est toujours possible de grouper mentalement des étapes.

12.2.6 Trouver les attributs

Nous devons maintenant trouver les attributs. Les attributs sont des propriétés de type données des objets individuels, comme le poids, la vitesse ou la couleur. Les valeurs des attributs ne doivent pas être des objets : pour représenter une relation entre deux objets, utilisez une association.

Les attributs correspondent généralement à des noms suivis d'une forme possessive, comme « la couleur de la voiture » ou « la position du curseur ». Les adjectifs représentent souvent des valeurs énumérées, comme *rouge, allumé* ou *expiré*. Contrairement aux classes et aux associations, les attributs risquent d'être incomplètement décrits dans l'énoncé du problème. Vous devrez puiser dans votre connaissance du domaine de l'application et du monde réel pour les découvrir. Vous pouvez aussi identifier des attributs dans les artefacts des systèmes apparentés. Heureusement, les attributs affectent rarement la structure de base du problème.

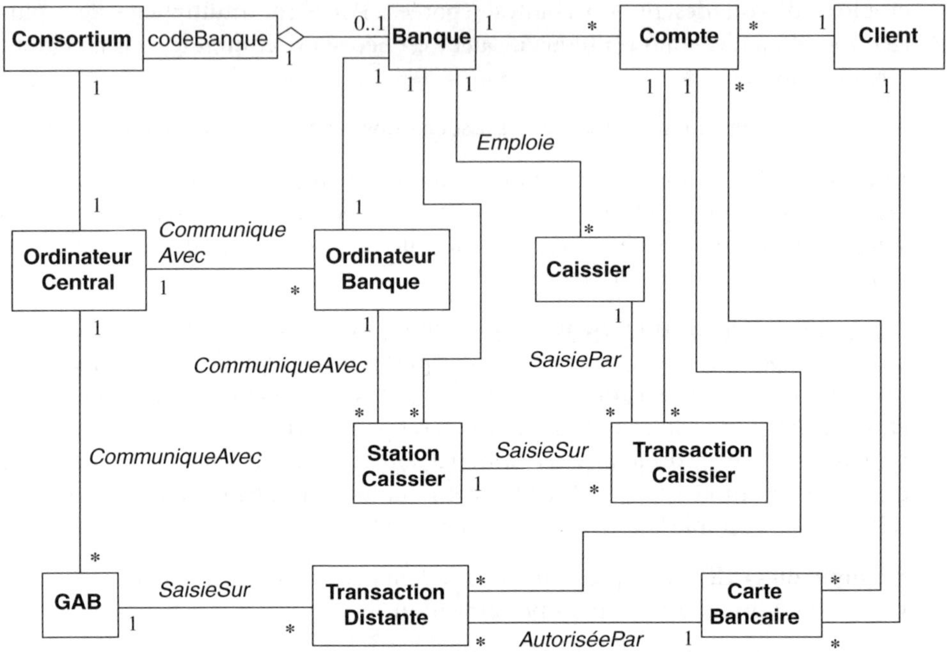

Figure 12.9 • Diagramme de classes initial du système GAB.

La recherche d'attributs ne doit pas être poussée à l'excès. Ne considérez que les attributs directement pertinents pour l'application. Recherchez d'abord les attributs les plus importants ; vous pourrez ajouter des détails plus tard. Durant l'analyse, évitez les attributs qui ne sont destinés qu'à l'implémentation. Veillez à donner à chaque attribut un nom significatif.

Vous devez normalement omettre les attributs dérivés. Par exemple, *âge* est dérivé de *dateDeNaissance* et de *dateCourante* (qui est une propriété de l'environnement). N'exprimez pas d'attributs dérivés comme des opérations, *getAge* par exemple, même si c'est ainsi qu'ils seront finalement implémentés.

Recherchez également les attributs pour les associations. Un tel attribut est une propriété d'un lien entre deux objets au lieu d'être la propriété d'un objet. Par exemple, l'association plusieurs-à-plusieurs entre *Actionnaire* et *Société* a un attribut *nombreDActions*.

12.2.7 Conserver les attributs pertinents

Éliminez les attributs inutiles ou incorrects en appliquant les critères suivants :

- **Objets.** Si c'est l'existence indépendante d'un élément qui est importante et pas seulement ses valeurs, alors c'est un objet. Par exemple, *Patron* est un objet et *salaire* est un attribut. La distinction dépend souvent de l'application. Dans une liste d'adresses, *ville* peut être considéré comme un attribut, alors que *Ville* serait une classe avec de nombreux attributs et relations dans le contexte d'un recensement. Un élément qui présente des caractéristiques propres dans une application donnée est une classe.

- **Qualificateurs.** Si la valeur d'un attribut dépend d'un contexte particulier, envisagez de le reformuler sous forme de qualificateur. Par exemple, *numéroEmployé* n'est pas une propriété unique d'une personne ayant deux emplois : il qualifie l'association *Société emploie la personne*.
- **Noms.** Il est souvent préférable de modéliser les noms comme des qualificateurs plutôt que comme des attributs. Faites ce test : le nom permet-il de sélectionner un objet dans un ensemble ? Un objet de l'ensemble peut-il avoir plusieurs noms ? Si c'est le cas, le nom qualifie une association qualifiée. Si le nom s'avère unique dans le monde, vous avez peut-être oublié la classe qui est qualifiée. Par exemple, *nomService* peut être unique dans une société, mais le programme peut finalement servir à gérer plusieurs sociétés et mieux vaut utiliser une association qualifiée dès le départ.

  Un nom est un attribut quand son usage ne dépend pas du contexte, en particulier quand il n'a pas besoin d'être unique dans un ensemble. À la différence des noms de sociétés, les noms de personnes peuvent être dupliqués et sont donc des attributs.
- **Identificateurs.** Les langages OO possèdent la notion d'identificateur d'objet afin de référencer un objet sans ambiguïté. N'incluez pas d'attribut dont la seule finalité est d'identifier un objet, puisque les identificateurs sont implicites dans le modèle de classes. Ne listez que les attributs qui existent dans le domaine de l'application. Par exemple, *codeBanque* est un attribut authentique ; les *Banques* attribuent des *codeBanques* et les utilisateurs les voient. En revanche, *identificateurTransaction* n'est pas un attribut, même s'il est pratique d'en générer un lors de l'implémentation.
- **Attributs des associations.** Si une valeur nécessite la présence d'un lien, la propriété est un attribut de l'association et non celui d'une classe liée. Les attributs sont généralement évidents dans les associations plusieurs-à-plusieurs. Ils ne peuvent être attachés à l'une des classes à cause de leur multiplicité. Par exemple, dans une association entre *Personne* et *Club*, l'attribut *dateAdhésion* appartient à l'association parce qu'une personne peut adhérer à plusieurs clubs et qu'un club a plusieurs adhérents. Les attributs sont plus subtils dans les associations un-à-plusieurs parce qu'on pourrait les rattacher à la classe de l'extrémité « plusieurs » sans perte d'information. Résistez à la tentation de les rattacher à des classes, car ils seraient invalides si la multiplicité changeait. Il en va de même dans le cas des associations un-à-un.
- **Valeurs internes.** Si un attribut décrit l'état interne d'un objet qui est invisible de l'extérieur de l'objet, éliminez-le de l'analyse.
- **Détails fins.** Omettez les attributs mineurs qui ne devraient pas affecter la plupart des opérations.

- **Attributs discordants.** Un attribut qui semble complètement différent de tous les autres attributs et sans relation avec eux peut indiquer la nécessité de scinder la classe en deux classes distinctes. Une classe doit être simple et cohérente. L'amalgame de classes distinctes est l'une des principales causes de modèles mal construits. Des classes mal ciblées résultent souvent de considérations prématurées de décisions d'implémentation lors de l'analyse.
- **Attributs booléens.** Reconsidérez tous les attributs booléens. Vous pouvez souvent élargir la définition d'un booléen et le reformuler sous forme d'énumération [Coad-95].

Exemple du GAB. Nous appliquons ces critères pour obtenir les attributs de chaque classe (figure 12.10). Certains attributs candidats sont en réalité des qualificateurs d'associations. Voici certains aspects du modèle :

- *codeBanque* et *codeCarte* sont présents sur la carte. Leur format est un détail d'implémentation, mais nous devons ajouter une nouvelle association *Banque émet les cartes bancaires. codeCarte* est un qualificateur de cette association. *codeBanque* est un qualificateur de *Banque* par rapport à *Consortium.*

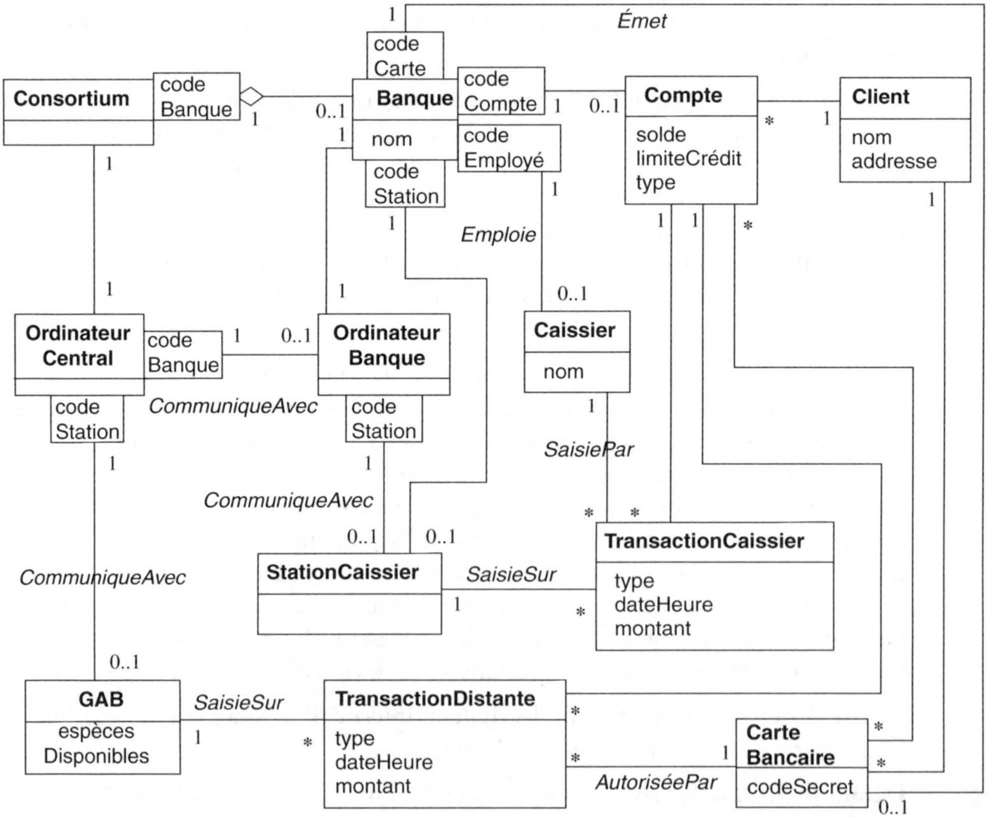

Figure 12.10 • Modèle de classes du GAB avec ses attributs.

- L'état des ordinateurs n'est pas significatif dans ce problème. Que la machine soit en fonctionnement ou non est un attribut transitoire qui fait partie de l'implémentation.

- Résistez à la tentation d'omettre *Consortium*, même s'il est actuellement unique. Il fournit un contexte au qualificateur *codeBanque* et peut être utile lors d'extensions futures.

N'oubliez pas que le problème du GAB n'est qu'un exemple. Les applications réelles, lorsqu'on les étoffe, ont tendance à avoir beaucoup plus d'attributs par classe que ne le montre la figure 12.10.

12.2.8 Affiner en utilisant l'héritage

L'étape suivante consiste à organiser les classes en utilisant l'héritage afin de partager une structure commune. L'héritage peut être appliqué dans deux directions : en généralisant les aspect communs des classes existantes dans une super-classe (procédé ascendant) ou en spécialisant les classes existantes en plusieurs sous-classes (procédé descendant).

- **Généralisation ascendante.** Vous pouvez découvrir l'héritage de façon ascendante en recherchant les classes qui ont des attributs, des associations et des opérations similaires. Pour chaque généralisation, définissez une super-classe qui partagera les propriétés communes. Vous devrez peut-être pour ce faire redéfinir légèrement certains attributs ou certaines classes. Cette démarche est acceptable, mais n'allez pas trop loin si cela ne se révèle pas adapté, sous peine d'obtenir une mauvaise généralisation. Certaines généralisations se suggèrent d'elles-mêmes parce qu'elles correspondent à une taxonomie du monde réel : utilisez des concepts existants chaque fois que c'est possible. La symétrie suggérera les classes manquantes.

  Exemple du GAB. *TransactionDistante* et *TransactionCaissier* sont similaires, sauf à leur initialisation, et peuvent être généralisées par *Transaction*. En revanche, *OrdinateurCentral* et *OrdinateurBanque* n'ont pas grand-chose en commun dans cet exemple.

- **Spécialisation descendante.** Les spécialisations sont souvent apparentes dans le domaine de l'application. Cherchez les groupes nominaux composés d'un nom et de différents adjectifs : lampe *fluorescente*, lampe *halogène*; menu *fixe*, menu *déroulant*, menu *contextuel*. Évitez les raffinements excessifs. Si les spécialisations proposées sont incompatibles avec une classe existante, il se peut que cette dernière soit mal formulée.

- **Généralisation *vs* énumération.** Les cas particuliers énumérés du domaine de l'application sont les sources de spécialisation les plus fréquentes. Il suffit généralement de noter qu'il existe des ensembles énumérés de cas particuliers sans qu'il soit vraiment nécessaire de les lister. Par exemple, dans le cas du GAB, un compte peut être raffiné en *CompteChèques* et *CompteÉpargne*. Bien que cette distinction puisse être assurément utile dans certaines applications bancaires, elle n'affecte pas le comportement de l'application GAB. Ainsi, *type* peut être un simple attribut de *Compte*.

- **Héritage multiple.** Vous pouvez utiliser l'héritage multiple pour augmenter le partage, mais seulement si cela s'avère nécessaire, car il accroît à la fois la complexité conceptuelle et celle de l'implémentation.
- **Associations similaires.** Lorsque le même nom d'association apparaît plus d'une fois et signifie essentiellement la même chose, essayez de généraliser les classes associées. Les classes n'ont parfois que l'association en commun, mais vous découvrirez le plus souvent des généralisations que vous aviez négligées.

  Exemple du GAB. Une *Transaction* est saisie sur un *GAB* ou sur une *StationCaissier*. *StationDeSaisie* généralise *StationCaissier* et *GAB*.
- **Ajustement du niveau d'héritage.** Vous devez affecter les attributs et les associations à des classes spécifiques de la hiérarchie d'héritage. Affectez chacun d'eux à la classe la plus générale possible. Certains ajustements peuvent être nécessaires. La symétrie peut suggérer des attributs supplémentaires afin de distinguer plus clairement les sous-classes.

La figure 12.11 représente le modèle de classes de l'exemple du GAB après ajout de l'héritage.

12.2.9 Tester les chemins d'accès

Suivez les chemins d'accès dans le modèle de classes pour vérifier que les résultats sont pertinents. Là où une valeur unique est attendue, existe-t-il un chemin conduisant à ce résultat unique ? Pour une multiplicité de « plusieurs », existe-t-il un chemin pour sélectionner une valeur unique lorsque cela s'avère nécessaire ? Pensez aux questions que vous aimeriez poser. Reste-t-il des questions utiles sans réponse ? Si oui, elles indiquent des informations manquantes. Si une entité qui a l'air simple dans le monde réel vous semble complexe dans le modèle de classes, vous avez peut-être oublié quelque chose (mais vérifiez que la complexité n'est pas inhérente au monde réel).

Il peut être acceptable que certaines classes soient « déconnectées » des autres classes. Cela se produit généralement quand la relation entre la classe déconnectée et le reste du modèle est diffuse. Vérifiez cependant les classes déconnectées afin de vous assurer que vous n'avez pas oublié des associations.

Exemple du GAB. Une carte bancaire en elle-même ne permet pas d'identifier un compte de façon unique ; l'utilisateur doit donc sélectionner le compte. Si l'utilisateur saisit un type de compte (compte chèques ou compte épargne), chaque carte ne permet d'accéder qu'à un compte épargne ou à un compte chèques. C'est probablement raisonnable, et de nombreuses cartes fonctionnent ainsi, mais cela limite le système.

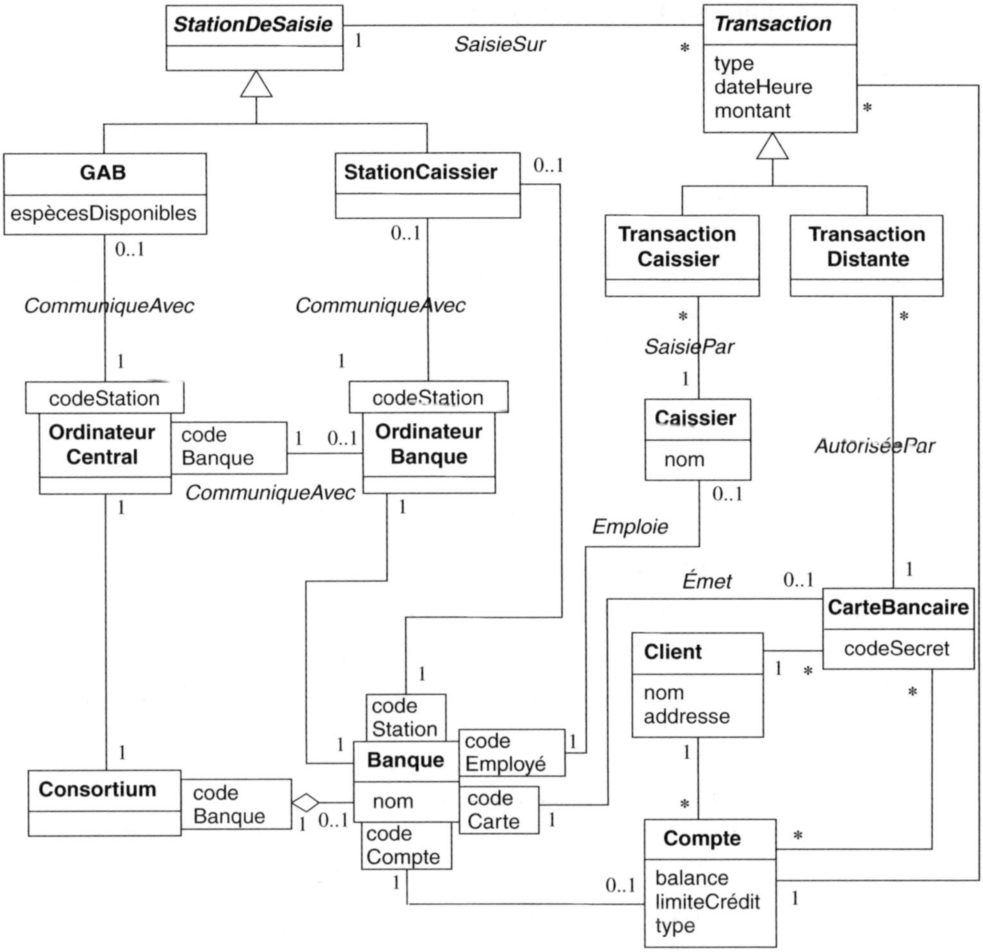

Figure 12.11 • Modèle de classes du GAB avec ses attributs et héritage.

Une autre solution consiste à demander aux utilisateurs de se souvenir de leurs numéros de compte. Si une carte bancaire n'accède qu'à un seul compte, les transferts entre comptes sont impossibles.

Nous avons supposé que le réseau des GAB ne desservait qu'un seul consortium de banques. Mais les GAB réels desservent généralement plusieurs réseaux bancaires et acceptent aussi bien les cartes de retrait que les cartes de crédit. Il faudrait étendre le modèle pour rendre compte de cette situation. Nous supposerons que le client est satisfait malgré cette limitation du système.

12.2.10 Itérer sur le modèle de classes

Un modèle objet est rarement correct d'emblée. L'ensemble du processus de développement logiciel est fait d'itérations continuelles et les différentes parties du modèle se trouvent souvent à différents stades d'achèvement. Si vous détectez une déficience, revenez si nécessaire à un stade antérieur pour la corriger. Certains raffinements ne sont possibles qu'une fois les modèles d'états et d'interactions achevés.

Modèle de classes du GAB avec attributs et héritage. Plusieurs signes peuvent indiquer des classes manquantes :

- **Asymétries dans les associations et les généralisations.** Ajoutez de nouvelles classes par analogie.
- **Attributs et opérations disparates.** Scindez la classe de sorte que chaque partie soit cohérente.
- **Difficulté à généraliser de façon adéquate.** Une classe peut jouer deux rôles. Scindez-la pour assurer la cohérence.
- **Duplication d'associations ayant le même nom et le même but.** Généralisez en créant la super-classe manquante qui les unit.
- **Rôle façonnant substantiellement la sémantique d'une classe.** Il nécessite peut-être une classe séparée. Cela signifie généralement la conversion d'une association en classe. Par exemple, une personne peut être employée par plusieurs sociétés avec des conditions d'emploi différentes dans chacune d'entre elles. *Employé* est alors une classe indiquant qu'une personne travaille pour une société particulière, s'ajoutant aux classes *Personne* et *Société*.

Recherchez également les associations manquantes :

- **Chemins d'accès manquants pour les opérations.** Ajoutez de nouvelles associations pour pouvoir répondre aux requêtes.

Attention aussi aux éléments de modèle superflus :

- **Manque d'attributs, d'opérations et d'associations sur une classe.** Pourquoi cette classe est-elle nécessaire ? Évitez d'inventer des sous-classes uniquement pour indiquer une énumération. Si les sous-classes proposées sont identiques par ailleurs, marquez la distinction en utilisant un attribut.
- **Informations redondantes dans les associations.** Supprimez les associations qui n'apportent pas d'informations supplémentaires ou marquez-les comme dérivées.

Ajustez enfin le placement des attributs et des associations :

- **Noms d'extrémité d'association ayant un sens trop large ou trop étroit pour les classes concernées.** Déplacez l'association à un niveau plus ou moins élevé dans la hiérarchie de classes.

- **Nécessité d'accéder à un objet par l'intermédiaire d'une valeur d'attribut.** Envisagez une association qualifiée.

Dans la pratique, la construction d'un modèle n'est pas ordonnée de façon aussi rigide. Avec de l'expérience, vous pourrez combiner plusieurs étapes. Vous pouvez par exemple identifier les classes candidates et les ajouter au diagramme de classes avec leurs associations, tout en rejetant celles qui sont incorrectes sans les noter. Vous pouvez consacrer plusieurs étapes à certaines parties du modèle et les détailler, tandis que certaines autres ne seront encore qu'esquissées. Vous pouvez permuter l'ordre des étapes lorsque c'est approprié. Toutefois, si vous débutez votre apprentissage de la modélisation des classes, nous vous recommandons de suivre les différentes étapes dans le détail.

Exemple du GAB. *CarteBancaire* a réellement une personnalité dédoublée – c'est au sein de la banque un moyen d'authentification qui permet d'accéder aux comptes du client, et c'est également un morceau de plastique qui contient des données que le GAB lit pour obtenir des identificateurs encodés. Dans ce cas, les codes font vraiment partie du monde réel et ne sont pas seulement de simples artefacts informatiques. Ce sont les codes, non les cartes, qui sont communiqués à l'ordinateur central. Nous devons donc scinder les cartes bancaires en deux classes : d'une part *AutorisationCarte*, un droit d'accès à un ou plusieurs comptes clients, d'autre part *CarteBancaire*, un morceau de plastique contenant un code banque et un code carte significatifs pour la banque. Chaque *AutorisationCarte* peut avoir plusieurs cartes bancaires, chacune ayant un numéro de série pour des raisons de sécurité. Le code carte, présent sur la carte physique, identifie l'autorisation de la carte pour la banque. Chaque autorisation de carte identifie un ou plusieurs comptes, par exemple un compte chèques et un compte épargne.

Transaction n'est pas suffisamment générale pour permettre les transferts entre comptes puisqu'elle ne concerne qu'un seul compte. En général, une *Transaction* consiste en une ou plusieurs *miseÀJour* de comptes individuels. Une *miseÀJour* représente une seule action (retrait, dépôt ou requête) sur un seul compte. Toutes les mises à jour d'une même transaction doivent être traitées ensemble comme une unité atomique. Si l'une d'entre elles échoue, elles sont toutes annulées.

La distinction entre *Banque* et *OrdinateurBanque* et entre *Consortium* et *OrdinateurCentral* ne semble pas affecter l'analyse. Le fait que les communications sont traitées par des ordinateurs est en réalité un artefact d'implémentation. Fusionnez *OrdinateurBanque* dans *Banque* et *OrdinateurCentral* dans *Consortium*.

Client ne semble pas jusqu'ici concerné par l'analyse. Toutefois, quand nous considérerons l'ouverture de compte, il pourrait être un concept important. Nous le conservons donc pour l'instant.

La figure 12.12 représente le diagramme de classes, plus simple et mieux structuré.

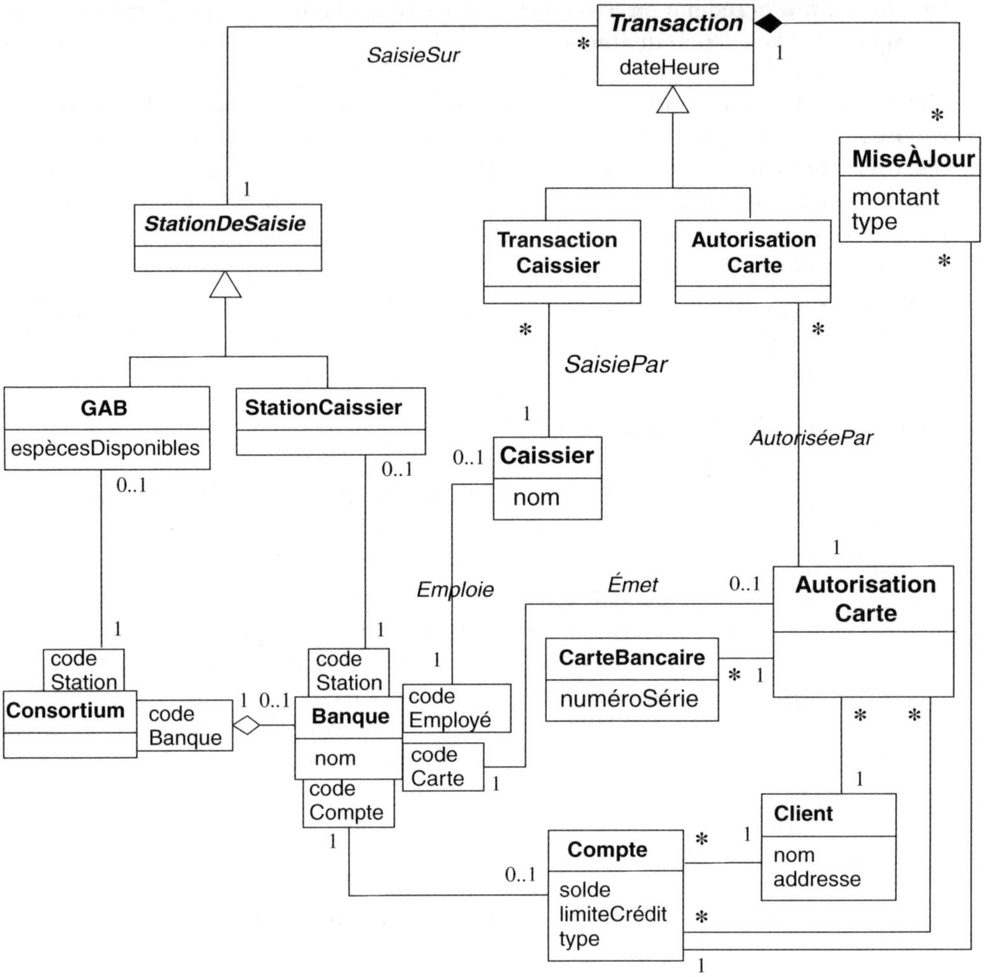

Figure 12.12 • Modèle de classes du GAB après révision.

12.2.11 Élever le niveau d'abstraction

Jusqu'ici, nous avons pris l'énoncé du problème au pied de la lettre. Nous avons considéré les noms et les verbes de la description du problème comme des correspondants directs des classes et des associations. C'est une bonne façon d'entamer une analyse, mais elle n'est pas toujours suffisante. Vous devez parfois passer à un niveau d'abstraction supérieur pour résoudre un problème. Ce procédé doit être appliqué en permanence tout au long de la construction du modèle, mais nous en faisons une étape séparée pour nous assurer que vous ne négligerez pas l'abstraction.

Nous avons par exemple rencontré une application dans laquelle les développeurs avaient créé trois classes séparées : *IntervenantIndividuel*, *Superviseur* et *Manager.*

Un *IntervenantIndividuel* rend compte à un *Superviseur* et un *Superviseur* rend compte à un *Manager*. Tout en étant correct, ce modèle souffre d'un certain nombre de problèmes. Il y a beaucoup d'éléments communs entre les trois classes, la seule différence se trouvant dans la composante hiérarchique. Elles ont par exemple toutes les trois un numéro de téléphone et une adresse. Nous pourrions gérer les éléments communs dans une super-classe, mais cela ne ferait qu'étendre le modèle. Nous avons détecté un autre problème en dialoguant avec les développeurs et en apprenant qu'ils voulaient ajouter une autre classe pour les personnes auxquelles les managers rendaient compte.

La figure 12.13 représente le modèle d'origine et un modèle amélioré, plus abstrait. Au lieu de « coder en dur » la hiérarchie dans le modèle, nous pouvons la représenter de façon plus souple par une association entre *responsable* et *collaborateur*. Une personne dont le *typeEmployé* est « intervenantIndividuel » est un collaborateur qui rend compte à une autre personne dont le *typeEmployé* est « superviseur ». De même, une personne qui est superviseur rend compte à une personne qui est manager. Dans le modèle amélioré, un collaborateur a un responsable optionnel, parce que la hiérarchie est finie. Ce modèle est restreint et offre plus de souplesse. Un niveau hiérarchique supplémentaire ne modifie pas la structure du modèle, mais uniquement la façon dont les données sont stockées.

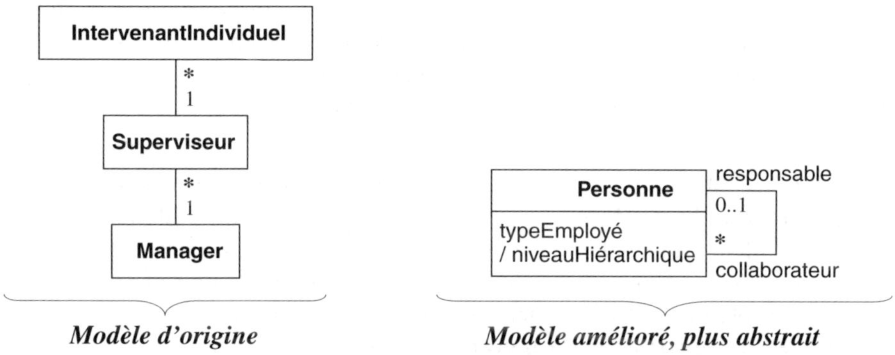

Figure 12.13 • Élever le niveau d'abstraction. L'abstraction rend un modèle plus complexe mais peut augmenter sa souplesse et permettre de réduire le nombre de classes.

Une façon de tirer parti de l'abstraction consiste à penser en termes de patterns. Différents types de patterns s'appliquent aux différents stades du développement, mais nous nous intéressons ici aux patterns d'analyse. Un ***pattern*** concentre le savoir des experts et fournit une solution éprouvée à un problème récurrent. Par exemple, la partie droite de la figure 12.13 représente un pattern pour modéliser la hiérarchie d'une entreprise. Chaque fois que nous rencontrons le besoin de représenter ce type de hiérarchie, nous pensons immédiatement en termes de ce pattern et nous le plaçons dans notre modèle de l'application. L'emploi de patterns éprouvés et testés nous permet d'être sûrs d'adopter une approche saine et augmente notre productivité de modélisateurs.

Exemple du GAB. Nous avons déjà inclus certaines abstractions dans le modèle du GAB en distinguant entre une *AutorisationCarte* et une *CarteBancaire*. De plus, nous avons introduit la notion de transaction au lieu d'essayer de lister tous les types de transactions possibles.

12.2.12 Grouper les classes en packages

La dernière étape de la modélisation des classes consiste à regrouper les classes en packages. Un ***package*** est un groupe d'éléments (classes, associations, généralisations et d'autres packages de niveau inférieur) ayant un thème commun. Ils permettent d'organiser un modèle pour qu'on puisse le tracer, l'imprimer et le visualiser commodément. De plus, lorsque vous placez des classes et des associations dans un package, vous énoncez une sémantique implicite. En règle générale, les classes d'un même package sont plus étroitement apparentées que celles qui appartiennent à des packages différents.

Vous devez normalement limiter les associations à un seul package, mais vous pouvez répéter certaines classes dans différents packages. Pour affecter les classes aux packages, recherchez les points d'articulation. Un point d'articulation est une classe qui constitue la seule et unique relation entre deux parties d'un modèle qui seraient autrement déconnectées. Par exemple, dans un système de gestion de fichiers, un *Fichier* est le point d'articulation entre la structure des répertoires et le contenu du fichier. Essayez de choisir les packages afin de réduire le nombre d'intersections dans les diagrammes de classes. Avec un peu de soin, vous pouvez tracer la plupart des diagrammes de classes comme des graphes planaires, sans qu'aucune ligne n'en coupe une autre.

Réutilisez si possible des packages préexistants, mais sans forcer la correspondance. La réutilisation est plus facile lorsqu'une partie du domaine du problème correspond à un problème déjà traité. Si le nouveau problème ressemble à un problème antérieur mais présente des différences, vous devrez peut-être étendre le premier pour regrouper les deux problèmes. Votre jugement vous permettra de déterminer si cette pratique est préférable à la construction d'un nouveau modèle.

Exemple du GAB. Le modèle que nous avons présenté est de taille réduite et sa décomposition en packages ne se justifie pas, mais il peut servir de noyau pour un modèle plus détaillé. Les packages pourraient être les suivants :

- guichets – caissier, station de saisie, station de caissier, GAB ;
- comptes – compte, carte bancaire, autorisation de carte, client, transaction, mise à jour, transaction caissier, transaction distante ;
- banques – consortium, banque.

Chaque package pourrait ajouter des détails. Le package *compte* pourrait contenir les différentes sortes de transactions, les informations sur les clients, le paiement des intérêts et les agios. Le package *banque* pourrait contenir les informations sur les succursales, les adresses et la répartition des coûts.

12.3 Modèle d'états du domaine

Certains objets du domaine traversent des états qualitativement distincts durant leur cycle de vie. Il peut exister différentes contraintes sur les valeurs des attributs, différentes associations ou multiplicités dans les différents états, différentes opérations pouvant être invoquées, différents comportements des opérations, etc. Il est souvent utile de construire un diagramme d'états pour une telle classe du domaine. Ce diagramme décrit les différents états que l'objet peut prendre, les propriétés et les contraintes de l'objet dans les différents états et les événements qui provoquent la transition de l'objet d'un état à un autre.

La plupart des classes du domaine ne nécessitent pas de diagramme d'états et sont suffisamment bien décrites à l'aide d'une liste d'opérations. Toutefois, pour la minorité de classes qui présentent des états distincts, un modèle d'états peut aider à comprendre leur comportement.

Commencez par identifier les classes du domaine dont les états sont significatifs et notez les états de chaque classe. Déterminez ensuite les événements qui font passer un objet d'un état à un autre. Disposant des états et des événements, vous pouvez tracer les diagrammes d'états des objets concernés. Enfin, vous évaluerez les diagrammes d'états pour vérifier qu'ils sont complets et corrects.

Les étapes suivantes permettent de construire un modèle d'états du domaine :

- identifier les classes du domaine ayant des états [12.3.1] ;
- trouver les états [12.3.2] ;
- trouver les événements [12.3.3] ;
- construire des diagrammes d'états [12.3.4] ;
- évaluer les diagrammes d'états [12.3.5].

12.3.1 Identifier les classes ayant des états

Examinez la liste des classes du domaine et recherchez celles qui ont un cycle de vie distinct. Ce sont celles qui sont caractérisées par une progression ou qui présentent un comportement cyclique. Identifiez les états significatifs dans le cycle de vie d'un objet. Par exemple, un article destiné à une publication scientifique passe de l'état *En cours de rédaction* à celui de *Présélectionné* pour finalement se trouver dans l'un des états *Accepté* ou *Rejeté*. Il peut exister des cycles, par exemple lorsque les relecteurs demandent des révisions, mais la vie de l'objet se résume essentiellement à une progression. En revanche, un avion appartenant à une compagnie aérienne parcourt un cycle en traversant les états *Maintenance, Embarquement, Vol* et *Débarquement*. Tous les états n'apparaissent pas dans chaque cycle et il y en a probablement d'autres, mais la vie de cet objet est cyclique. Il existe également des classes dont le cycle de vie est chaotique, mais la plupart des classes présentant des états sont progressives ou cycliques.

Exemple du GAB. *Compte* est un concept métier important, et le comportement correct d'un GAB dépend de l'état de *Compte*. Le cycle de vie de *Compte* est une combinaison de progressions et de cycles entre les différents états du problème. Aucune autre classe du GAB n'est significative du point de vue du modèle d'états du domaine.

12.3.2 Trouver les états

Listez les états de chaque classe. Caractérisez les objets de chaque classe : les valeurs que ses attributs peuvent avoir, les associations auxquelles ils peuvent participer et leurs multiplicités, les associations et les attributs qui ne sont significatifs que dans certains états, etc. Donnez à chaque état un nom évocateur. Évitez les noms qui indiquent comment l'objet est arrivé dans un état donné : essayez de décrire directement l'état.

Ne vous polarisez pas sur les distinctions fines entre les états, en particulier les différences quantitatives, telles les disparités de taille comme petit, moyen ou grand. Les états doivent être basés sur des différences qualitatives dans le comportement, les attributs ou les associations.

Il n'est pas nécessaire de déterminer tous les états avant d'examiner les événements. En recherchant les événements et en considérant les transitions, vous percevrez clairement les états manquants.

Exemple du GAB. Voici certains états de *Compte* : *Normal* (normalement accessible), *Fermé* (fermé par le client mais figurant toujours dans les fichiers de la banque), *À découvert* (les retraits du client dépassent le solde du compte) et *Suspendu* (l'accès au compte est bloqué pour une raison quelconque).

12.3.3 Trouver les événements

Une fois que vous disposez d'un ensemble préliminaire d'états, recherchez les événements qui déclenchent les transitions entre les états. Pensez aux stimuli qui provoquent un changement d'état. Dans de nombreux cas, vous pouvez considérer qu'un événement termine une activité-do. Par exemple, si un article scientifique est dans l'état *Présélectionné*, l'état se termine lorsqu'une décision est prise à propos de l'article. Dans ce cas, la décision peut être positive (*Accepter l'article*) ou négative (*Rejeter l'article*). Dans les cas d'achèvement d'une activité-do, il existe souvent d'autres possibilités qui peuvent être ajoutées ultérieurement, par exemple *Accepter sous réserve de révisions*.

Vous pouvez trouver d'autres événements en pensant à ce que peut faire un objet dans un état spécifique. Si par exemple vous décrochez le combiné d'un téléphone, il entre dans l'état *Numérotation*. De nombreux téléphones sont dotés de touches de fonction. Si vous appuyez sur la touche *renuméroter*, le téléphone transmet le numéro et passe dans l'état *Appelant*. Si vous appuyez sur la touche *programmer*, il passe dans l'état *Programmation*.

Il existe d'autres événements qui se produisent dans un état et ne déclenchent pas de transition. En ce qui concerne le modèle d'états du domaine, vous devez vous concentrer sur les événements qui provoquent des transitions. Quand vous découvrez un événement, capturez toutes les informations qu'il véhicule sous la forme d'une liste de paramètres.

Exemple du GAB. Les événements importants comprennent : *fermer compte*, *retirer montant supérieur au solde*, *trois codes faux successifs*, *suspicion de fraude* et *action administrative*.

12.3.4 Construire des diagrammes d'états

Notez les états auxquels chaque événement s'applique. Ajoutez des transitions pour montrer le changement d'état causé par l'occurrence d'un événement quand l'objet se trouve dans un état particulier. Si un événement met fin à un état, il y aura généralement une seule transition de cet état vers un autre état. Si un événement initie un état cible, demandez-vous quand il se produit et ajoutez des transitions depuis ces états vers l'état cible. Envisagez la possibilité d'utiliser une transition vers un état englobant au lieu d'ajouter une transition de chaque sous-état vers l'état cible. Si un événement a différents effets dans différents états, ajoutez une transition pour chaque état.

Après avoir spécifié les transitions, considérez la signification d'un événement dans les états pour lesquels il ne provoque pas de transition. Est-il ignoré ? En ce cas, tout va bien. Représente-t-il une erreur ? Ajoutez alors une transition vers un état d'erreur. A-t-il quelque effet que vous avez oublié ? Ajoutez une autre transition. Vous découvrirez parfois de nouveaux états.

En règle générale, la prise en compte des effets n'a pas d'importance lors de la construction d'un diagramme d'états pour une classe du domaine. Mais si les objets exécutent des activités lors des transitions, ajoutez-les au diagramme d'états.

Exemple du GAB. La figure 12.14 représente le modèle d'états du domaine pour la classe *Compte*.

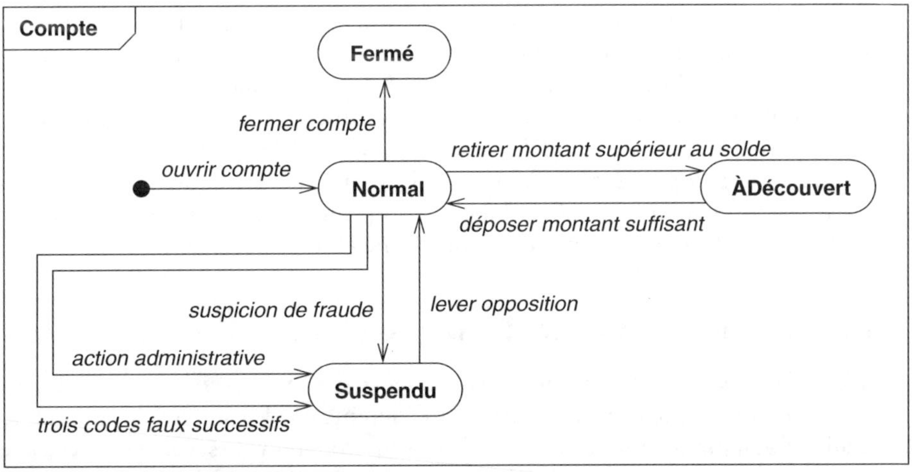

Figure 12.14 • Modèle d'états du domaine. Le modèle d'états du domaine documente les classes importantes qui changent d'état dans le monde réel.

12.3.5 Évaluer les diagrammes d'états

Examinez chaque modèle d'états. Tous les états sont-ils connectés ? Prêtez une attention particulière aux chemins d'accès. S'il représente une classe « progressive », y a-t-il un chemin conduisant de l'état initial à l'état final ? Les variations attendues sont-elles présentes ? S'il représente une classe « cyclique », la boucle principale est-elle présente ? Existe-t-il des états « morts » (terminaux) qui mettent fin au cycle ?

Appuyez-vous sur votre connaissance du domaine pour détecter les chemins manquants. Les chemins manquants indiquent parfois des états manquants. Lorsqu'un modèle d'états est complet, il doit représenter avec exactitude le cycle de vie d'une classe.

Exemple du GAB. Notre modèle d'états pour *Compte* est simpliste, mais nous en sommes satisfaits. Il nous faudrait une connaissance plus substantielle du secteur bancaire pour construire un modèle plus précis.

12.4 Modèle d'interactions du domaine

Le modèle d'interactions a rarement d'importance pour l'analyse du domaine. À ce stade, nous mettons l'accent sur les concepts clés et sur les relations structurelles majeures, non sur la façon dont l'utilisateur les voit. Mais le modèle d'interactions est un aspect important de la modélisation d'une application, et nous l'aborderons dans un prochain chapitre.

12.5 Itérations de l'analyse

La plupart des modèles d'analyse nécessitent plusieurs itérations pour être complets. Les énoncés de problèmes comprennent souvent des circularités, et il est impossible d'analyser la plupart des applications de manière totalement linéaire, en raison des interactions entre les différentes parties du problème. Pour maîtriser un problème et toutes ses implications, vous devez adopter une approche itérative en préparant une première approximation du modèle, puis en raffinant l'analyse par itérations à mesure que votre compréhension s'améliore. Il n'existe pas de ligne de démarcation entre analyse et conception : n'allez donc pas trop loin. Vérifiez le résultat final de l'analyse avec le rédacteur de l'énoncé du problème et les experts du domaine.

12.5.1 Affiner le modèle d'analyse

Le modèle d'analyse global peut mettre en évidence des incohérences et des déséquilibres au sein d'un même modèle et entre les différents modèles. Itérez les différentes étapes afin d'obtenir un modèle plus clair et plus cohérent. Essayez de préciser les classes pour augmenter les possibilités de partage et améliorer la structure. Ajoutez les détails que vous avez négligés lors de la première itération.

Certains éléments du modèle vous sembleront maladroits ou incohérents avec l'ensemble. Réexaminez-les avec soin : vos concepts sont peut-être erronés. Il arrive qu'une restructuration majeure du modèle s'avère nécessaire lorsque vous comprenez mieux le problème. Elle ne sera jamais plus facile à réaliser qu'à ce stade et vous ne devez pas éviter de modifier un modèle sous prétexte qu'il est déjà en place. Lorsque plusieurs éléments de modèle semblent similaires sans correspondre tout à fait, vous avez probablement omis ou mal compris un concept plus général. Méfiez-vous des généralisations factorisées sur les mauvais aspects.

Les objets physiques possédant deux aspects logiques distincts posent un problème courant. Chaque aspect doit être modélisé par un objet séparé. Une indication de ce problème est une classe qui s'intègre mal dans le modèle et semble avoir deux ensembles d'attributs, d'associations et d'opérations sans lien entre eux.

D'autres indications auxquelles il faut être vigilant sont les exceptions, les nombreux cas particuliers et les asymétries inattendues. Envisagez de restructurer votre modèle afin de mieux capturer les contraintes au sein de sa structure.

Gardez-vous de codifier des pratiques métier arbitraires dans votre modèle. Un logiciel doit faciliter le fonctionnement de l'entreprise et ne doit pas faire obstacle à des changements raisonnables. Il est souvent possible d'introduire des abstractions qui augmentent la souplesse de la modélisation métier sans compliquer substantiellement le modèle.

Supprimez les classes ou les associations qui vous ont d'abord semblé utiles mais que vous jugez maintenant superflues. Il est souvent possible de combiner deux classes d'analyse parce que la distinction entre elles n'affecte pas le modèle de façon significative. Les modèles ont tendance à s'accroître à mesure que l'analyse progresse. Cela pose un problème, puisque le volume de travail de développement nécessaire croît en proportion. Examinez soigneusement votre modèle pour voir si vous ne pouvez pas éliminer des concepts mineurs ou introduire des abstractions pour le simplifier.

Un bon modèle donne un sentiment de cohérence et ne comporte pas de détails non pertinents. Ne vous inquiétez pas s'il ne vous semble pas parfait : même un bon modèle comportera quelques zones dans lesquelles la conception est adéquate sans pour autant sembler totalement satisfaisante.

12.5.2 Reformuler les exigences

Lorsque l'analyse est terminée, le modèle sert de base aux exigences et délimite le périmètre du futur discours. La plupart des exigences réelles feront partie du modèle. De plus, il peut exister des contraintes de performance qui doivent être clairement définies aux côtés des critères d'optimisation. D'autres exigences énoncées spécifient la méthode de construction de la solution : elles doivent être séparées et remises en question si possible.

Vous devez vérifier le modèle final avec le rédacteur de l'énoncé du problème. Durant l'analyse, certaines exigences peuvent paraître incorrectes ou irréalistes : confirmez les corrections apportées aux exigences. Les experts métier doivent également vérifier le modèle d'analyse afin de s'assurer qu'il représente correctement le monde réel. Nous avons observé que les modèles d'analyse constituent de bonnes bases de discussion avec les experts du domaine qui ne sont pas spécialistes en informatique.

Une fois vérifié, le modèle d'analyse final sert de base à l'architecture, à la conception et à l'implémentation du système. Vous devez réviser l'énoncé du problème initial afin d'incorporer les corrections et les éléments découverts lors de l'analyse.

12.5.3 Analyse et conception

L'objectif de l'analyse est de spécifier complètement le problème sans introduire de biais d'implémentation particulier, mais il est impossible en pratique d'éviter toute « contamination » par l'implémentation. Il n'existe pas de ligne de démarcation absolue entre les différents stades du développement, pas plus qu'il n'existe d'analyse parfaite. N'appliquez pas les règles que nous avons énoncées de manière trop rigide. Leur but est de préserver une certaine souplesse et de permettre les changements ultérieurs, mais souvenez-vous que le but de l'analyse est de décrire complètement le système et que la souplesse n'est qu'un moyen pour y parvenir.

Exemple du GAB. Nous n'apportons aucune modification au modèle du GAB à ce stade. Une application réelle serait plus susceptible de subir des révisions que l'exemple d'un ouvrage, car certains relecteurs sont passionnés par l'application et sont directement concernés.

Résumé

Le modèle du domaine capture les connaissances générales concernant une application : les concepts et les relations connus des experts du domaine. Il comporte des modèles de classes et parfois des modèles d'états mais rarement un modèle d'interactions. L'analyse a pour but de comprendre le problème et l'application afin de permettre la construction d'une conception correcte. Une bonne analyse saisit les caractéristiques essentielles du problème sans introduire d'artefacts d'implémentation qui restreignent prématurément les décisions de conception.

Le modèle de classes du domaine représente la structure statique du monde réel. Commencez par trouver les classes, puis trouvez les associations entre classes. Notez les attributs, en reportant à plus tard ceux qui sont mineurs. Vous pouvez utiliser la généralisation pour organiser et simplifier la structure des classes. Groupez les classes et les associations fortement couplées en packages. Complétez les modèles de classes par un dictionnaire de données – un ensemble de brèves descriptions textuelles indiquant le but et la portée de chaque élément.

Si une classe du domaine traverse des états qualitativement différents au cours de son cycle de vie, créez un diagramme d'états pour elle. Toutefois, la plupart des classes du domaine n'exigent pas de diagramme d'états.

Les méthodologies ne sont jamais aussi linéaires qu'elles peuvent le sembler dans un livre. Celle-ci n'échappe pas à la règle. Toute analyse complexe est construite par itérations à plusieurs niveaux. Toutes les parties du modèle n'ont pas besoin d'être développées au même rythme. Le résultat de l'analyse remplace l'énoncé initial du problème et sert de base à la conception.

Notes bibliographiques

Abbott explique comment utiliser les noms et les verbes de l'énoncé d'un problème pour inspirer la réflexion sur une application [Abbott-83]. [Coad-95] est un bon ouvrage qui contient quelques exemples de *patterns d'analyse.*

affinement d'un modèle avec l'héritage	test du modèle
analyse du domaine	trouver des associations
construction du modèle d'états du domaine	trouver des attributs
construction du modèle des classes du domaine	trouver des classes
dictionnaire de données	trouver des états
élever le niveau d'abstraction	trouver des événements

Figure 12.15 • Concepts clés du chapitre 12.

Références

[Abbott-83] Russell J. Abbott, "Program Design by Informal English Descriptions", *Communications of the ACM 26*, 882-894, 11, novembre 1983.

[Coad-95] Peter Coad, David North et Mark Mayfield, *Object Models : Strategies, Patterns, and Applications*, Upper Saddle River, NJ, Yourdon Press, 1995.

Exercices

12.1 (3) Pour chacun des systèmes suivants, identifiez l'importance relative des trois aspects de la modélisation : 1) modélisation des classes, 2) modélisation des états, 3) modélisation des interactions. Justifiez vos réponses. Par exemple, pour un compilateur, les réponses seraient 3, 1 et 2. Le modèle d'interactions est le plus important pour un compilateur parce que les problèmes de transformation de données y sont dominants.

a. jeu de bridge ;

b. distributeur automatique de monnaie ;

c. pilote automatique d'une voiture ;

d. machine à écrire électronique ;

e. vérificateur orthographique ;

f. répondeur téléphonique.

12.2 (7) Créez un diagramme de classes pour chaque système de l'exercice 11.6. Les spécifications étant incomplètes, vos modèles de classes le seront également.

Les exercices 12.3 à 12.8 sont liés. Effectuez-les séquentiellement. Vous trouverez ci-après les spécifications provisoires pour un éditeur de diagrammes simple qui pourrait servir de noyau à différentes applications.

L'éditeur sera utilisé interactivement pour créer et modifier des schémas. Un schéma comprend plusieurs pages. Les schémas sont sauvegardés et chargés sous forme de fichiers ASCII nommés. Les pages contiennent des boîtes et des liens. Chaque boîte peut éventuellement contenir une seule ligne de texte. Le texte n'est autorisé que dans les boîtes. L'éditeur doit automatiquement ajuster la taille des boîtes à celle du texte. La taille des polices n'est pas ajustable. Deux boîtes quelconques d'une même feuille peuvent être reliées par une suite de lignes horizontales et verticales. La figure E12.1 est un exemple simple de schéma tenant sur une seule feuille.

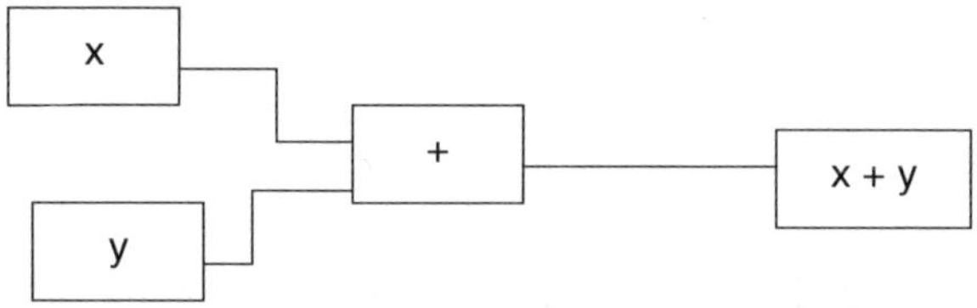

Figure E12.1 • Exemple de schéma.

L'éditeur sera piloté par des menus, y compris des menus contextuels. Une souris à trois boutons sera utilisée pour la sélection des éléments de menu, des objets et des liens. L'éditeur doit permettre les opérations suivantes : créer une page, supprimer une page, aller à la page suivante, aller à la page précédente, créer une boîte, relier des boîtes, saisir du texte, sélectionner un groupe, couper une sélection, copier une sélection, déplacer une sélection, coller, modifier le texte, enregistrer un schéma et ouvrir un schéma. Copier, couper et déplacer fonctionneront avec un presse-papiers dédié. Copier copiera une sélection de la page vers le presse-papiers. Couper supprimera la sélection de la page et la placera dans le presse-papiers. Coller copiera le contenu du presse-papiers dans la page. Chaque opération copier ou couper écrasera le contenu du presse-papiers dédié. La vue globale et le zoom ne sont pas autorisés. La taille des pages est fixe. Lorsqu'une boîte est déplacée, le texte qu'elle contient sera déplacé avec elle et les liens ajustés.

12.3 (3) Voici une liste de classes candidates. Préparez une liste des classes qui doivent être éliminées pour l'une des raisons citées dans ce chapitre. Donnez la raison de chaque élimination. S'il existe plus d'une raison, donnez la principale :

> caractère, ligne, coordonnée *x*, coordonnée *y*, lien, position, longueur, largeur, collection, sélection, menu, souris, bouton, ordinateur, schéma, fichier de schéma, page, menu contextuel, point, élément de menu, objet sélectionné, ligne sélectionnée, boîte sélectionnée, texte sélectionné, nom de fichier, boîte, presse-papiers, coordonnées d'un segment de ligne, connexion, texte, nom, origine, facteur d'échelle, angle, point terminal, objet graphique.

12.4 (3) Préparez un dictionnaire de données pour les classes retenues à l'exercice précédent.

12.5 (3) Voici une liste d'associations et de généralisations candidates pour l'éditeur de diagrammes. Préparez une liste d'associations et de généralisations qui doivent être éliminées pour l'une des raisons citées dans ce chapitre. Donnez les raisons de ces éliminations. S'il existe plus d'une raison, donnez la principale :

une boîte contient un texte, une boîte a une position, un lien associe logiquement deux boîtes, une boîte est déplacée, un lien a des points, un lien est défini par une suite de points, une sélection ou un presse-papiers ou une page est une collection, une chaîne de caractères a une position, une boîte contient une chaîne de caractères, une chaîne de caractères contient des caractères, une ligne a une longueur, une collection est composée de liens et de boîtes, un lien est supprimé, une ligne est déplacée, une ligne est un objet graphique, un point est un objet graphique, une ligne est délimitée par deux points, un point a une coordonnée *x*, un point a une coordonnée *y*.

12.6 La figure E12.2 est un diagramme de classes partiel de l'éditeur de diagrammes. Montrez comment il pourrait être employé pour chacune des requêtes suivantes. Utilisez une combinaison d'OCL (voir chapitre 3) et de pseudocode pour exprimer vos requêtes.

a. (2) Trouvez toutes les boîtes et tous les liens sélectionnés.

b. (4) Étant donné une boîte, déterminez toutes les autres boîtes qui lui sont directement liées.

c. (8) Étant donné une boîte, trouvez toutes les autres boîtes qui lui sont liées directement ou indirectement.

d. (2) Étant donné une boîte et un lien, déterminez si le lien s'applique à la boîte.

e. (3) Étant donné une boîte et un lien, trouvez l'autre boîte logiquement connectée à cette boîte par l'autre extrémité du lien.

f. (4) Étant donné deux boîtes, déterminez tous les liens qui existent entre elles.

g. (6) Étant donné une sélection, déterminez les liens qui servent de « ponts ». Si une sélection ne comporte pas toutes les boîtes d'un schéma, il peut exister des « ponts ». Un lien servant de « pont » est un lien qui connecte une boîte sélectionnée à une boîte qui ne l'est pas. Un lien qui connecte deux boîtes sélectionnées ou deux boîtes non sélectionnées n'est pas un « pont ». Les « ponts » demandent une gestion particulière lors d'une opération *couper* ou *déplacer* sur une sélection.

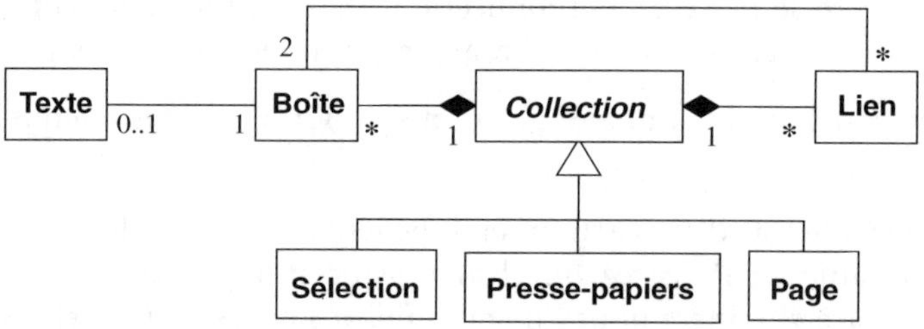

Figure E12.2 • Diagramme de classes partiel d'un éditeur de diagrammes.

12.7 (6) La figure E12.3 est une variante du diagramme de classes, dans lequel la classe *Connexion* représente explicitement la connexion d'un lien à une boîte. Réécrivez les requêtes de l'exercice précédent en utilisant cette représentation.

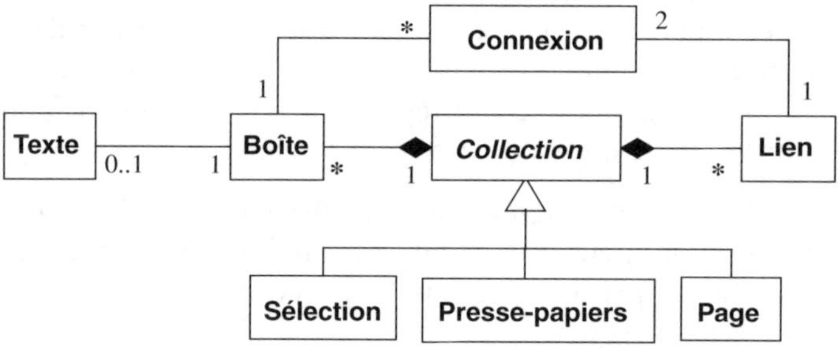

Figure E12.3 • Autre diagramme de classes partiel d'un éditeur de diagrammes.

12.8 (5) Quelles sont les classes qui nécessitent un diagramme d'états ? Décrivez les états et les événements pertinents.

Les exercices 12.9 à 12.13 sont liés. Effectuez-les séquentiellement. Ils concernent un logiciel de notation que vous avez proposé volontairement de créer pour le championnat départemental de natation synchronisée pour les enfants. Les équipes se retrouvent pour des compétitions nommées rencontres, au cours desquelles les enfants participent à deux types d'événements : les figures et les enchaînements. Les figures sont réalisées individuellement. Ce sont des mouvements de ballet nautique, comme nager sur le dos avec une jambe dressée verticalement. Les enchaînements, réalisés en équipe, sont des ballets aquatiques. Les deux événements sont notés, mais votre système ne s'intéresse qu'aux figures.

Pour s'inscrire à une rencontre, les enfants doivent fournir leur nom, leur âge, leur adresse et le nom de leur équipe. Afin que la notation soit simplifiée, chaque participant se voit affecter un numéro.

Durant une rencontre, plusieurs figures sont réalisées simultanément dans différentes zones réparties autour d'une piscine, habituellement une à chaque coin. Il y a des juges volontaires et des marqueurs. Les marqueurs ayant tendance à se fatiguer, il y a souvent un roulement dans leurs rangs. Plusieurs juges et marqueurs sont affectés à chaque zone durant une rencontre. Au cours d'une saison, les juges et les marqueurs peuvent être affectés à plusieurs zones. Pour la cohérence des notes, chaque figure est exécutée sur exactement une zone avec les mêmes juges. Plusieurs figures peuvent être exécutées sur une même zone au cours d'une rencontre.

Les participants sont répartis en groupes, chaque groupe commençant sur une zone différente. Quand un enfant a terminé sur une zone, il passe à une autre zone pour un nouvel événement. Lorsque chacun est passé sur une zone pour un événement donné, un nouvel événement est affecté à la zone.

Chaque participant effectue un essai pour chaque événement. Juste avant un essai, le numéro de l'enfant est annoncé à l'enfant et aux marqueurs. Si les enfants ne sont pas dans l'ordre ou si les marqueurs hésitent, l'activité sur la zone est interrompue jusqu'à ce que le problème soit résolu. Chaque juge indique une note brute pour chaque essai observé en levant une pancarte numérotée. Les notes brutes sont lues aux marqueurs qui les enregistrent et calculent la note nette pour l'essai. La note la plus élevée et la plus basse sont éliminées, et la moyenne des notes restantes est multipliée par un coefficient correspondant à la difficulté de la figure.

Les prix individuels et collectifs sont attribués à la fin de la rencontre en fonction des meilleures notes individuelles et par équipe. Il y a plusieurs catégories d'âge, avec des prix distincts pour chacune d'entre elles. Les prix individuels ne sont basés que sur les figures. Les prix attribués aux équipes sont basés sur les figures et les enchaînements.

Votre système servira à recueillir toutes les informations nécessaires à la planification, l'inscription et la notation. Au début d'une saison, tous les nageurs seront enregistrés sur votre système, et un programme de la saison sera préparé, comprenant entre autres les figures qui seront jugées lors des rencontres. Avant une rencontre, le système traitera les inscriptions. En cours de rencontre, il servira à enregistrer les notes et à déterminer les gagnants.

12.9 (3) Voici une liste de classes candidates pour le système de notation. Préparez une liste des classes qui doivent être éliminées pour l'une des raisons citées dans ce chapitre. Justifiez chaque élimination. S'il existe plus d'une raison, donnez la principale :

adresse, âge, ballet nautique, calcul de la moyenne, catégorie d'âge, championnat, coefficient de difficulté, coin, concurrent, date, dos, enchaînement, enfant, épreuve, équipe, essai, événement, fichier des membres d'une équipe, figure, fin de la rencontre, groupe, individu, inscription, inscrit, jambe, juge, liste des rencontres programmées, marqueur, nom d'enfant, nom d'équipe, note, note brute, note moyenne, note nette, numéro, pancarte, participant, personne, piscine, prix, prix collectif, prix individuel, rencontre, routine, saison, zone.

12.10 (3) Préparez un dictionnaire des données pour les classes retenues à l'exercice précédent.

12.11 (4) Voici une liste d'associations et de généralisations candidates pour le système de notation. Préparez une liste des associations et des généralisations qui doivent être éliminées pour l'une des raisons citées dans ce chapitre. Justifiez chaque élimination. S'il existe plus d'une raison, donnez la principale :

une saison est constituée de plusieurs rencontres, un participant s'inscrit, un numéro est affecté à un participant, un numéro est annoncé, les participants sont répartis en groupes, une rencontre est constituée de plusieurs événements, plusieurs zones sont définies pour une rencontre, plusieurs événements ont lieu sur une zone, plusieurs juges sont affectés à une zone, les enchaînements et les figures sont des événements, les notes brutes sont lues, la note la plus élevée est éliminée, la note la plus basse est éliminée, les figures sont exécutées, un championnat regroupe plusieurs équipes, une équipe est constituée de plusieurs concurrents, un essai d'une figure est réalisé par un concurrent, un essai reçoit plusieurs notes des juges, les prix sont basés sur les notes.

12.12 La figure E12.4 est un diagramme de classes partiel du système de notation. L'association entre événement et rencontre n'est pas dérivée, car un événement peut être déterminé pour une rencontre avant qu'une zone ne lui soit affectée. Montrez comment vous pourriez l'utiliser pour chacune des requêtes suivantes. Utilisez une combinaison d'OCL (voir chapitre 3) et de pseudocode pour exprimer vos requêtes.

a. (2) Trouvez tous les membres d'une équipe donnée.

b. (6) Trouvez les figures exécutées plus d'une fois dans une saison.

c. (6) Trouvez la note nette d'un concurrent à une figure donnée lors d'une rencontre donnée.

d. (6) Trouvez la note moyenne d'une équipe à toutes les figures lors d'une saison donnée.

e. (6) Trouvez la note moyenne d'un concurrent à toutes les figures d'une rencontre donnée.

f. (6) Trouvez la note moyenne d'une équipe à une figure donnée lors d'une rencontre donnée.

g. (4) Trouvez l'ensemble des individus ayant participé à un événement lors d'une saison donnée.

h. (7) Trouvez l'ensemble des individus ayant participé à tous les événements d'une saison donnée.

i. (6) Trouvez tous les juges ayant jugé une figure donnée dans une saison donnée.

j. (6) Trouvez le juge qui a attribué la note la plus basse pour un événement donné.

k. (6) Trouvez le juge qui a attribué la note la plus basse pour une figure donnée.

l. (7) Modifiez le diagramme afin de pouvoir déterminer tous les concurrents inscrits à un événement.

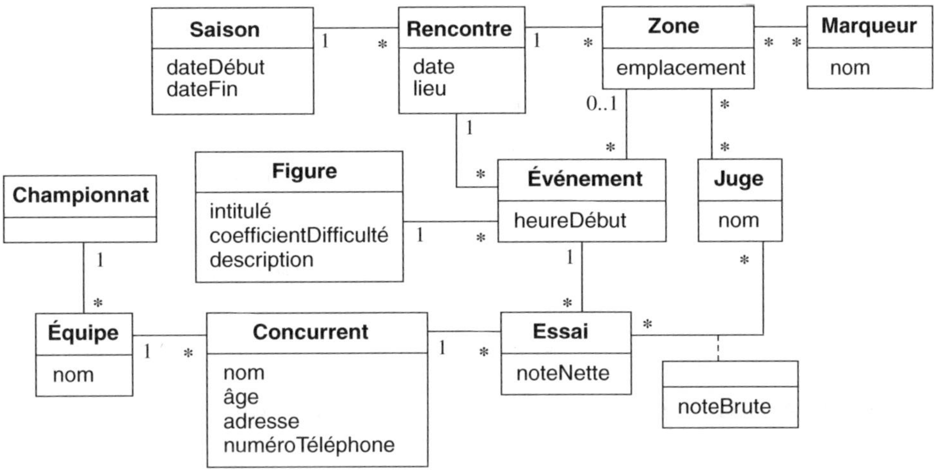

Figure E12.4 • Diagramme de classes partiel pour un système de notation.

12.13 (5) Quelles sont les classes qui nécessitent un diagramme d'états ? Décrivez les états et les événements pertinents.

12.14 (7) Révisez les diagrammes de classes des figures E12.5, E12.6, E12.7 et E12.8 pour éliminer les associations ternaires. Dans certains cas, vous devrez transformer l'association en classe.

La figure E12.5 est une relation entre *Médecin*, *Patient* et *DateHeure* que l'on peut rencontrer dans un système utilisé dans une clinique dont le personnel comporte plusieurs médecins. Les combinaisons *DateHeure* + *Patient* et *DateHeure* + *Médecin* sont uniques.

La figure E12.6 est une relation entre *Étudiant*, *Professeur* et *Université*, qui peut être utilisée pour exprimer les contacts entre des étudiants assistant à des cours et des professeurs enseignant dans plusieurs universités. Il y a un lien dans la relation, pour un étudiant qui suit un ou plusieurs cours d'un professeur dans une université. La combinaison *Étudiant* + *Professeur* + *Université* est unique.

La figure E12.7 représente les relations exprimant la répartition des sièges à un concert. *Concert* + *Siège* est unique.

La figure E12.8 exprime la connectivité d'un graphe orienté. Chaque arc d'un graphe orienté est connecté dans un ordre spécifique à exactement deux sommets. Plusieurs arcs peuvent être connectés entre une paire de sommets donnée. L'attribut *Arc* est unique pour la relation.

Dans chaque cas, essayez de rester le plus fidèle possible à l'intention originale, et comparez les avantages du modèle initial et du modèle révisé.

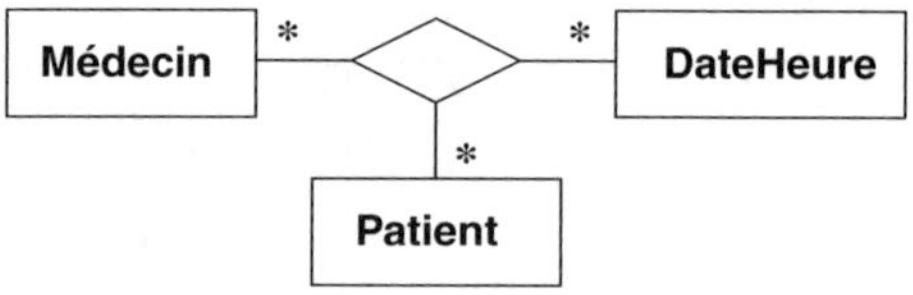

Figure E12.5 • Association ternaire de Médecin, Patient et DateHeure.

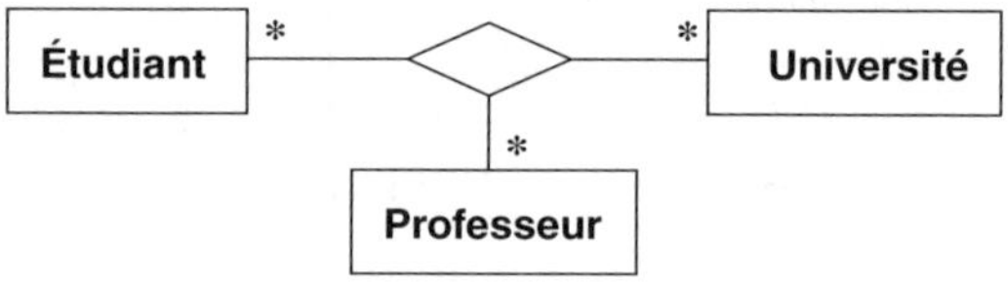

Figure E12.6 • Association ternaire de Professeur, Étudiant et Université.

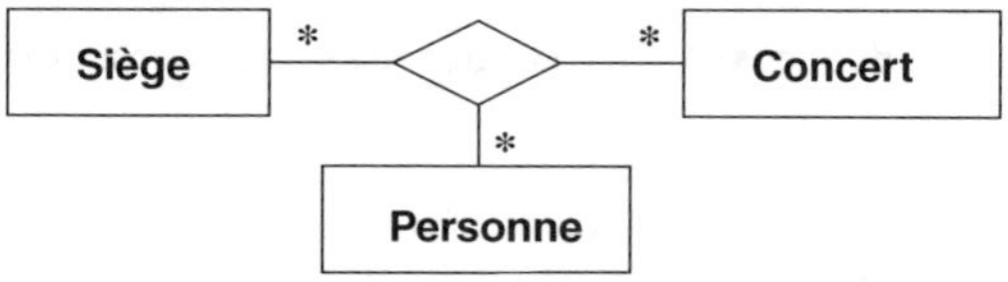

Figure E12.7 • Association ternaire de Siège, Personne et Concert.

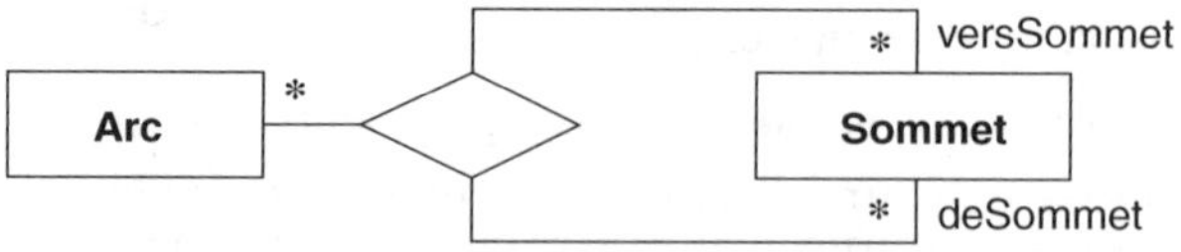

Figure E12.8 • Association ternaire pour des graphes orientés.

12.15 (9) La figure E12.9 est la liste des exigences d'un système de gestion documentaire et la figure E12.10 est le modèle initial correspondant. Remarquez que le modèle présente quelques défauts.

Développer un logiciel permettant de gérer des enregistrements d'articles, de livres, de journaux, de notes et de fichiers informatiques. Le système doit être capable de mémoriser les auteurs des travaux publiés dans l'ordre approprié, leur titre, la date de publication, l'éditeur, le lieu de publication, un résumé et un commentaire. Le logiciel doit être capable de répartir les travaux publiés en différentes catégories définies par l'utilisateur pour faciliter les recherches. L'utilisateur doit pouvoir affecter un indicateur de qualité de la valeur perçue pour chaque élément.
Il est possible que seuls certains articles d'une édition donnée d'un journal soient intéressants. Il serait également utile de pouvoir attacher des commentaires à des sections, ou même à des pages.

Figure E12.9 • Les exigences d'un système de gestion documentaire.

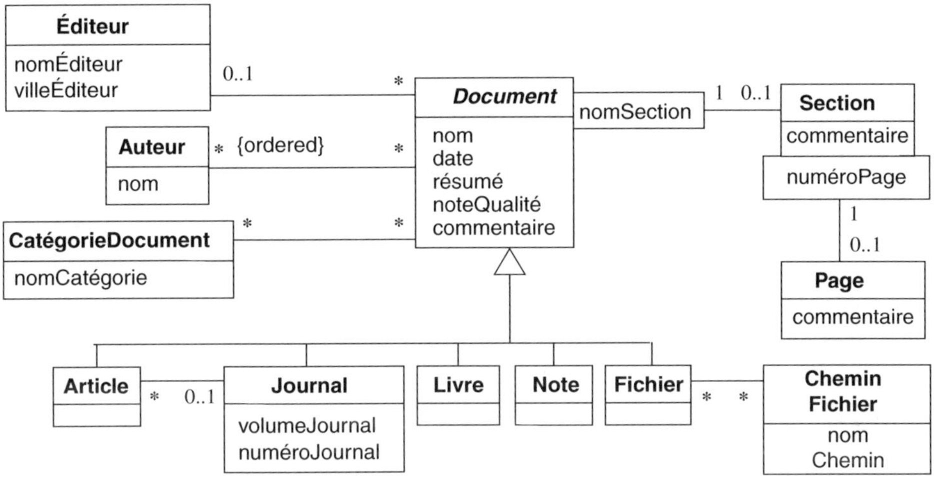

Figure E12.10 • Modèle initial du système de gestion documentaire.

- Il y a peu de différences entre les sous-classes. Le plan d'un article est-il un « article » ou une « note » ? Comment gérer un article qui est à la fois un fichier électronique et un classeur ? Comment représenter les informations concernant un diaporama pour une conférence ?
- Nous voudrions gérer à la fois les commentaires standard (applicables à plusieurs documents et choisis en pointant et en cliquant dans une interface utilisateur) et des commentaires personnalisés (applicables à un seul document et saisis spécifiquement par l'utilisateur).
- Nous devons pouvoir attacher un commentaire à une page numérotée qui ne contient pas de sections.

Améliorez le modèle en augmentant le niveau d'abstraction. (Indication : vous devez avoir des classes génériques pour l'emplacement, les propriétés des documents et les commentaires. Il est indiqué de représenter la composition des documents par une hiérarchie.)

Les exercices 12.16 à 12.19 sont liés. Effectuez-les séquentiellement. Vous trouverez ci-après les spécifications provisoires d'un système de planification.

Le système de planification doit prendre en charge les fonctions suivantes : programmation des rencontres, programmation des rendez-vous, planification des tâches et mémorisation des jours non travaillés (y compris les vacances).

> Le système s'exécute sur un réseau partagé par de nombreux utilisateurs. Chaque utilisateur peut avoir un planning. Un planning peut contenir plusieurs entrées. La plupart des entrées appartiennent à un seul planning, mais une entrée de rencontre peut apparaître dans plusieurs plannings.
>
> Il existe quatre sortes d'entrées : rencontres, rendez-vous, tâches et congés. Les rencontres et les rendez-vous ont lieu sur une seule journée et ont une heure de début et une heure de fin. En revanche, les tâches et les congés peuvent englober plusieurs jours et ont simplement une date de début et une date de fin. Toute entrée peut être répétée. L'information sur la répétition comprend la fréquence de la répétition, le moment où elle commence et celui où elle finit.

12.16 (3) Voici une liste de classes candidates. Préparez une liste des classes qui doivent être éliminées pour l'une des raisons citées dans ce chapitre. Donnez la raison de chaque élimination. S'il existe plus d'une raison, donnez la principale :

logiciel de planification, fonction, rencontre, rendez-vous, tâche, jour non travaillé, vacances, planificateur, réseau, utilisateur, planning, entrée, entrée de rencontre, jour, heure de début, heure de fin, date de début, date de fin, information de répétition.

12.17 (3) Préparez un dictionnaire de données pour les classes de l'exercice précédent.

12.18 (4) Voici une liste d'associations et de généralisations candidates pour le système de planification. Préparez une liste des associations et des généralisations qui doivent être éliminées pour l'une des raisons citées dans ce chapitre. Justifiez chaque élimination. S'il existe plus d'une raison, donnez la principale.

Le logiciel de planification prend en charge les fonctions suivantes :

- Le logiciel s'exécute sur un réseau partagé par de nombreux utilisateurs.
- Un utilisateur peut avoir un planning.
- Un planning contient plusieurs entrées.
- Les entrées n'appartiennent qu'à un seul planning.
- Une entrée de rencontre peut apparaître dans plusieurs plannings.
- Les rencontres et les rendez-vous ont lieu sur une seule journée et ils ont une heure de début et une heure de fin.
- Les tâches et les congés peuvent englober plusieurs jours et ils n'ont qu'une date de début et une date de fin.

12.19 (5) Construisez un modèle de classes pour le logiciel de planification.

Les exercices 12.20 à 12.23 sont liés. Effectuez-les séquentiellement. Vous trouverez ci-dessous les spécifications concernant les rencontres qui étendent le logiciel de planification des exercices 12.16 à 12.19.

Le logiciel de planification facilite l'organisation des rencontres. Quand un utilisateur (le président) organise une rencontre, le logiciel place une entrée de rencontre dans le planning de chaque participant. Le président utilise le logiciel pour réserver une salle de rencontre, identifier les participants et rechercher dans chaque planning l'heure à laquelle tout le monde est disponible. Le président peut indiquer si la présence de chaque participant est obligatoire ou facultative. Le système mémorise l'état de la réponse de chaque individu, selon qu'il a accepté ou décliné l'invitation.

Le logiciel gère les annonces de rencontres. Quand une rencontre est programmée, le logiciel envoie des invitations à tous les participants qui peuvent alors visualiser les informations sur la rencontre. Chaque personne peut accepter, refuser ou annuler plus tard. Le système gère également les annonces si une rencontre est reprogrammée ou annulée.

12.20 (3) Voici une liste de classes candidates. Préparez une liste des classes qui doivent être éliminées pour l'une des raisons citées dans ce chapitre. Donnez la raison de chaque élimination. S'il existe plus d'une raison, donnez la principale :

logiciel de planification, rencontre, utilisateur, président, logiciel, entrée de rencontre, planning, participant, ordonnanceur, salle, heure, tout le monde, présence, état de la réponse, annonce de rencontre, invitation, informations sur la rencontre, invité, annonce.

12.21 (3) Préparez un dictionnaire de données pour les classes de l'exercice précédent.

12.22 (4) Voici une liste d'associations et de généralisations candidates pour le système de planification. Préparez une liste des associations et des généralisations qui doivent être éliminées pour l'une des raisons citées dans ce chapitre. Justifiez chaque élimination. S'il existe plus d'une raison, donnez la principale :

- Le logiciel de planification facilite l'organisation des rencontres.
- L'utilisateur (le président) organise une rencontre.
- Le logiciel place une entrée de rencontre dans le planning de chaque participant.
- Le président utilise le logiciel pour réserver une salle de réunion, identifier les participants et rechercher dans chaque planning l'heure à laquelle tout le monde est disponible.
- Le président peut indiquer si la présence de chaque participant est obligatoire ou facultative.
- Le système mémorise l'état de la réponse de chaque individu, selon qu'il a accepté ou décliné l'invitation.
- Le logiciel gère les annonces de rencontre.

- Le logiciel envoie des invitations à tous les participants qui peuvent alors visualiser les informations sur la rencontre.
- Le système gère également les annonces au cas où la rencontre est reprogrammée ou annulée.

12.23 (7) Construisez un modèle de classes pour l'extension du logiciel de planification. Votre réponse doit résoudre un problème de l'exercice 12.19. Dans le modèle de classes de l'exercice 12.19, nous ne pouvions pas dire quel utilisateur possédait une entrée donnée. (Indication : vous devez concilier les associations président et participants des spécifications étendues avec l'association entre *Planning* et *Entrée* des spécifications des exercices 12.16 à 12.19.)

13

Analyse de l'application

Ce chapitre complète notre traitement de l'analyse en ajoutant des artefacts majeurs au modèle de domaine du chapitre précédent. Ce sont des artefacts propres à l'application parce qu'ils sont importants, visibles par les utilisateurs, et que ces derniers doivent les approuver. Vous ne trouverez généralement pas de classe de l'application dans le domaine lui-même, mais vous devez en trouver dans les cas d'utilisation.

13.1 Modèle d'interactions de l'application

La plupart des modèles de domaine sont statiques et les opérations sans importance, parce qu'un domaine ne *fait* généralement rien. L'objectif principal de la modélisation du domaine est de construire un modèle des concepts intrinsèques. Après avoir achevé le modèle du domaine, nous tournons notre attention vers les détails de l'application et nous considérons les interactions.

Commencez à modéliser les interactions en déterminant la frontière globale du système. Identifiez ensuite les cas d'utilisation et étoffez-les avec des scénarios et des diagrammes de séquence. Vous devez également préparer des diagrammes d'activité pour les cas d'utilisation complexes ou qui présentent des points délicats. Une fois que vous comprenez pleinement les cas d'utilisation, vous pouvez les organiser avec des relations. Vérifiez enfin le modèle de classes du domaine pour vous assurer qu'il ne présente pas d'incohérences.

Vous pouvez construire un modèle d'interactions de l'application en observant les étapes suivantes :

- Déterminer la frontière du système [13.1.1].
- Trouver les acteurs [13.1.2].
- Trouver les cas d'utilisation [13.1.4].
- Trouver les événements initiaux et finaux [13.1.4].
- Rédiger les scénarios standard [13.1.5].

- Ajouter des scénarios de variations et d'exceptions [13.1.6].
- Trouver les événements externes [13.1.7].
- Préparer des diagrammes d'activité pour les cas d'utilisation complexes [13.1.8].
- Organiser les acteurs et les cas d'utilisation [13.1.9].
- Vérifier avec le modèle de classes du domaine [13.1.10].

13.1.1 Déterminer la frontière du système

Vous devez connaître le périmètre précis d'une application – la frontière du système – afin de spécifier ses fonctionnalités. Cela signifie que vous devez déterminer ce qui fait partie du système, et, plus important encore, ce qui n'en fait pas partie. Si la frontière du système est correctement délimitée, vous pouvez traiter celui-ci comme une boîte noire en ce qui concerne ses interactions avec le monde extérieur. Vous pouvez considérer le système comme un objet unique dont les détails internes sont masqués et modifiables. Durant l'analyse, on détermine la finalité du système et l'aspect qu'il a pour les utilisateurs. Durant la conception, vous pouvez modifier l'implémentation interne du moment que le comportement externe demeure identique.

En règle générale, vous ne devez pas considérer les êtres humains comme faisant partie du système, à moins que vous ne modélisiez une organisation humaine, comme une entreprise ou une administration. Les êtres humains sont les acteurs qui doivent interagir avec le système, mais leurs interactions ne sont pas contrôlées par le système. En revanche, vous devez tenir compte des erreurs pouvant être réalisées par les humains sur le système.

Exemple du GAB. Selon l'énoncé du problème initial du chapitre 11, il s'agit de « concevoir un logiciel qui prenne en charge un réseau bancaire informatisé comprenant à la fois des caissiers humains et des guichets automatiques de banque… ». Maintenant, il importe que les transactions des caissiers et celles des GAB soient homogènes : du point de vue du client, les deux procédés doivent produire le même effet sur un compte bancaire. Toutefois, dans la pratique commerciale, l'application GAB serait séparée de l'application « caissier » : une application GAB est transversale à plusieurs banques alors qu'une application « caissier » est interne à une banque. Le modèle de domaine sous-jacent serait partagé par les deux applications, mais chacune posséderait son modèle d'application distinct. Dans ce chapitre, nous nous concentrerons sur le comportement du GAB et nous ignorerons les détails concernant le caissier.

13.1.2 Trouver les acteurs

Une fois que vous avez déterminé la frontière du système, vous devez identifier les objets externes qui interagissent avec lui. Ce sont ses ***acteurs***. Les acteurs peuvent être des êtres humains, des équipements externes ou d'autres systèmes logiciels. L'élément important à propos des acteurs est qu'ils ne sont pas contrôlés par l'application et que vous devez les considérer comme quelque peu imprévisibles. Autrement dit, même si l'on peut attendre des acteurs une certaine séquence de comportements, la conception d'une application doit être suffisamment robuste pour qu'il n'y ait pas de panne brutale de l'application (un « plantage ») si un acteur ne se comporte pas comme prévu.

Dans l'identification des acteurs, nous ne recherchons pas des individus mais des archétypes de comportement. Chaque acteur représente un acteur idéalisé qui fait travailler un sous-ensemble des fonctionnalités du système. Examinez chaque objet externe au système pour voir s'il présente plusieurs facettes distinctes. Un acteur correspond à une facette cohérente présentée au système, et un objet externe peut correspondre à plusieurs acteurs. Il est également possible que différentes sortes d'objets externes jouent le rôle du même acteur.

Exemple du GAB. Une personne donnée peut être à la fois un employé de banque et un client de la même banque. C'est là une coïncidence intéressante mais généralement sans importance : une personne aborde la banque dans un seul rôle à la fois. Pour l'application GAB, les acteurs sont *Client*, *Banque* et *Consortium*.

13.1.3 Trouver les cas d'utilisation

Pour chaque acteur, dressez la liste des façons fondamentalement différentes qu'il a d'utiliser le système. Chacune de ces façons est un ***cas d'utilisation***. Les cas d'utilisation partitionnent les fonctionnalités d'un système en un petit nombre d'unités discrètes et ils doivent rendre compte de l'intégralité de son comportement. Vous aurez peut-être du mal à décider où placer un comportement marginal. N'oubliez pas qu'il existe toujours des « cas frontière » lorsqu'on effectue des partitions : prenez une décision, même si elle est quelque peu arbitraire.

Chaque cas d'utilisation doit représenter un type de service que le système fournit : quelque chose qui apporte de la valeur à l'acteur. Efforcez-vous de conserver un niveau de détail similaire pour tous les cas d'utilisation. Par exemple, si l'un des cas d'utilisation est « demander un prêt », il ne doit pas y en avoir un autre « retirer du liquide d'un compte d'épargne en utilisant un GAB ». La seconde description est beaucoup plus détaillée que la première, et « effectuer un retrait » conviendrait mieux. Essayez de vous concentrer sur l'objectif principal du cas d'utilisation et différez les choix d'implémentation.

À ce stade, vous pouvez tracer un diagramme de cas d'utilisation préliminaire. Représentez les acteurs et les cas d'utilisation et connectez les acteurs aux cas d'utilisation. Vous pouvez généralement connecter un cas d'utilisation à l'acteur qui l'initialise, mais d'autres acteurs peuvent également être impliqués. Ne vous inquiétez pas si vous ignorez certains acteurs : ils deviendront apparents lorsque vous affinerez les cas d'utilisation. Vous devez également rédiger une ou deux phrases de résumé pour chaque cas d'utilisation.

Exemple du GAB. La figure 13.1 représente les cas d'utilisation et la liste à puces les résume.

- **Initialiser une session.** Le guichet automatique vérifie l'identité du client et affiche une liste de comptes et d'interventions possibles pour ce client sur le système.

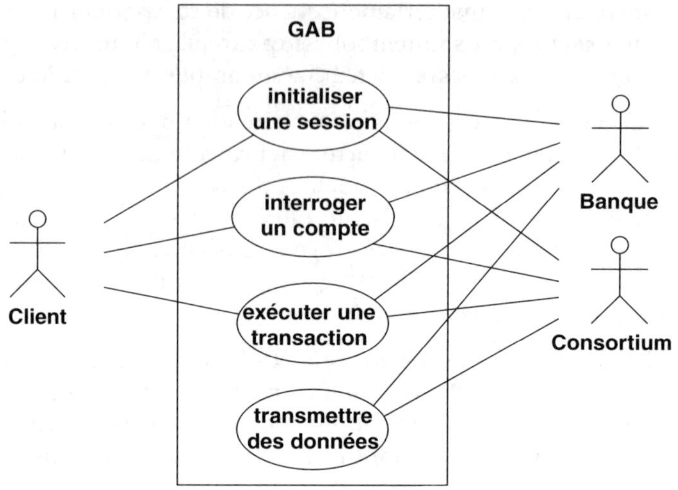

Figure 13.1 • Diagramme de cas d'utilisation du GAB. Les cas d'utilisation partitionnent les fonctionnalités d'un système en un petit nombre d'unités discrètes qui rendent compte de son comportement.

- **Interroger un compte.** Le système affiche les données générales concernant un compte, telles que le solde actuel, la date de la dernière transaction et la date d'envoi du dernier relevé.
- **Exécuter une transaction.** Le système GAB effectue une opération qui affecte le solde d'un compte bancaire, comme un dépôt, un retrait ou un transfert. Le GAB vérifie que les transactions terminées sont enregistrées dans la base de données de la banque.
- **Transmettre des données.** Le GAB utilise le réseau du consortium pour communiquer avec les ordinateurs de banque appropriés.

13.1.4 Trouver les événements initiaux et finaux

Les cas d'utilisation partitionnent les fonctionnalités d'un système en unités discrètes et montrent les acteurs impliqués dans chacune d'elles, mais ils ne représentent pas clairement les comportements. Pour comprendre les comportements, vous devez comprendre les séquences d'exécution qui couvrent chaque cas d'utilisation. Vous pouvez commencer par rechercher les événements qui initient chaque cas d'utilisation. Déterminez l'acteur qui initie le cas d'utilisation et définissez l'événement envoyé au système. Dans de nombreux cas, l'événement initial correspond à la demande du service que le cas d'utilisation fournit. Dans d'autres cas, l'événement est l'occurrence qui déclenche un enchaînement d'activités. Attribuez à cet événement un nom évocateur, mais n'essayez pas à ce stade de dresser la liste exacte de ses paramètres.

Vous devez également déterminer le ou les événements finaux et lesquels il convient d'inclure dans le cas d'utilisation. Par exemple, le cas d'utilisation d'une demande de prêt peut continuer jusqu'à ce que la demande soit soumise, jusqu'à ce qu'elle soit acceptée ou rejetée, jusqu'à ce que le montant du prêt soit mis à la disposition du client ou jusqu'à ce que le prêt soit remboursé et clôturé. Toutes ces solutions pourraient constituer des choix raisonnables. Le responsable du modèle doit définir le périmètre du cas d'utilisation en précisant quand il se termine.

Exemple du GAB. Voici les événements initiaux et finaux pour chaque cas d'utilisation :

- **Initialiser une session.** L'événement initial est l'insertion d'une carte bancaire dans le guichet automatique par le client. Il y a deux événements finaux : le système rend la carte au client ou il la conserve.
- **Interroger un compte.** L'événement initial est une demande du client de consulter les données de son compte. L'événement final est la présentation de ces données au client.
- **Exécuter une transaction.** L'événement initial est l'initialisation d'une transaction par le client. Il y a deux événements finaux : la transaction est validée ou elle est annulée.
- **Transmettre des données.** L'événement initial peut être déclenché suite à la demande de consultation d'un compte par le client. Il peut également s'agir d'une reprise sur panne suite à une panne de réseau, une panne d'alimentation ou autre. L'événement final est la transmission effective des données.

13.1.5 Préparer des scénarios standard

Pour chaque cas d'utilisation, préparez un ou plusieurs dialogues types pour vous faire une idée du comportement attendu du système. Ces scénarios illustrent les interactions importantes, les formats d'affichage externe et les échanges d'informations. Un ***scénario*** est une séquence d'événements se produisant au sein d'un ensemble d'objets qui interagissent. N'essayez pas de rédiger le cas général directement, mais pensez en termes d'exemples d'interactions : vous serez ainsi sûrs que vous n'avez pas négligé d'étapes importantes et que le flux d'interactions est continu et correct.

Pour la plupart des problèmes, la cohérence logique dépend des séquences d'interactions et non du moment exact où elles se produisent. (Toutefois, les systèmes temps réel ont des exigences de minutage spécifiques, mais nous ne les abordons pas dans cet ouvrage.)

L'énoncé du problème décrit parfois l'intégralité de la séquence d'interactions, mais vous devrez la plupart du temps inventer (ou pour le moins étoffer) cette séquence. Par exemple, l'énoncé du problème du GAB indique la nécessité d'obtenir les données de la transaction auprès de l'utilisateur mais reste vague sur les paramètres exacts nécessaires et sur l'ordre dans lequel les demander. Efforcez-vous d'éviter de tels détails durant l'analyse. Pour de nombreuses applications, l'ordre de recueil des données n'est pas vital et peut être reporté à la phase de conception.

Préparez les scénarios concernant les cas « normaux » – les interactions qui ne présentent ni entrées inhabituelles ni conditions d'erreur. Un événement se produit chaque fois qu'une information est échangée entre un objet du système et un agent externe, comme un utilisateur, un capteur ou un autre processus. Les valeurs des informations échangées sont les paramètres des événements. Par exemple, l'événement *saisir code secret* a la valeur du code secret pour paramètre. Les événements sans paramètres sont significatifs et même courants. Dans le cas d'un tel événement, l'information est le fait qu'il s'est produit. Pour chaque événement, identifiez l'acteur (utilisateur, système ou autre agent externe) qui a provoqué l'événement et les paramètres de cet événement.

Exemple du GAB. La figure 13.2 représente un scénario standard pour chaque cas d'utilisation.

Initialiser une session	Le GAB demande à l'utilisateur d'insérer une carte. L'utilisateur insère une carte bancaire. Le GAB accepte la carte et lit son numéro de série. Le GAB demande le code secret. L'utilisateur entre «1234 ». Le GAB vérifie le numéro de série et le code secret en contactant le consortium et la banque. Le GAB affiche un menu des comptes et des commandes. ... L'utilisateur choisit la commande qui met fin à la session. Le GAB imprime un reçu, éjecte la carte et demande à l'utilisateur de les prendre. L'utilisateur prend le reçu et la carte. Le GAB demande à l'utilisateur d'insérer une carte.
Interroger un compte	Le GAB affiche un menu des comptes et des commandes. L'utilisateur choisit de consulter un compte. Le GAB contacte le consortium et la banque qui retournent les données. Le GAB affiche les données du compte. Le GAB affiche un menu des comptes et des commandes.
Exécuter une transaction	Le GAB affiche un menu des comptes et des commandes. L'utilisateur choisit d'effectuer un retrait sur un compte. Le GAB demande le montant du retrait. L'utilisateur demande 100 €. Le GAB vérifie que le montant n'excède pas la somme autorisée. Le GAB contacte le consortium et la banque et vérifie que le compte dispose de fonds suffisants. Le GAB délivre un ou des billets et demande à l'utilisateur de le(s) prendre. L'utilisateur prend le ou les billets. Le GAB affiche un menu des comptes et des commandes.
Transmettre des données	Le GAB demande les données du compte au consortium. Le consortium accepte la demande et la transmet à la banque concernée. La banque reçoit la demande et extrait les données désirées. La banque envoie les données au consortium. Le consortium achemine les données vers le GAB.

Figure 13.2 • Scénarios standard pour un GAB. Préparez un ou plusieurs scénarios pour chaque cas d'utilisation.

13.1.6 Ajouter des scénarios de variations et d'exceptions

Après avoir préparé les scénarios standard, considérez les cas « particuliers », tels que les entrées omises, les valeurs minimales et maximales et les valeurs dupliquées. Puis prenez en compte les cas d'erreur, comme les valeurs invalides ou les absences de réponse. Pour la plupart des applications interactives, la gestion des erreurs constitue la partie la plus difficile du développement. Si possible, autorisez l'utilisateur à annuler une opération ou à revenir à un point de départ bien défini à chaque étape. Envisagez enfin les interactions qui peuvent se superposer aux interactions de base, comme les requêtes d'aide ou d'informations sur l'état de l'opération.

Exemple du GAB. Voici une liste de variantes et d'exceptions. Nous pourrions préparer des scénarios pour chacun d'eux, mais nous n'entrerons pas dans les détails ici (voir les exercices).

- Le GAB ne peut pas lire la carte.
- La validité de la carte a expiré.
- Le GAB attend une réponse et le délai de temporisation est dépassé.
- Le montant est invalide.
- La machine est en panne de billets ou de papier.
- Les lignes de communications sont coupées.
- La transaction est rejetée pour cause de suspicion de fraude.

Il existe des scénarios supplémentaires associés aux aspects administratifs du système GAB, tels que l'autorisation de nouvelles cartes, l'ajout de banques au consortium et l'obtention de journaux des transactions. Nous n'explorerons pas ces aspects ici.

13.1.7 Trouver les événements externes

Examinez les scénarios afin d'identifier les événements externes – incluez toutes les entrées, les décisions, les interruptions et les interactions provenant de ou dirigées vers des utilisateurs ou des équipements externes. Un événement déclenche un effet sur un objet cible. Les étapes de traitement internes ne sont pas des événements, sauf quand ces traitements interagissent avec le monde extérieur. Utilisez les scénarios pour identifier les événements normaux mais n'oubliez pas les événements inhabituels ni les conditions d'erreur.

Une transmission d'informations à un objet est un événement. Par exemple, *saisir code secret* est un message envoyé depuis un agent externe *Utilisateur* vers l'objet d'application *GAB*. Certains flux d'informations sont implicites. De nombreux événements ont des paramètres.

Regroupez sous un même nom les événements qui ont le même effet sur le flux de contrôle, même si les valeurs de leurs paramètres diffèrent. Par exemple, *saisir code secret* doit être un événement, dont le paramètre est la valeur du code secret. Le choix de la valeur du code secret n'affecte pas le flux de contrôle. En conséquence, les événements ayant des valeurs de code secret différentes sont tous des instances du même type d'événement. De même, *délivrer des billets* est un événement, puisque le montant délivré n'affecte pas le flux de contrôle. Les instances d'événements dont les valeurs affectent le flux de contrôle doivent être considérées comme des instances de différents types d'événements. Les événements *compte OK*, *mauvais compte* et *code secret erroné* sont de types différents : ne les regroupez pas sous l'événement *statut de la carte*.

Vous devez déterminer quand les différences de valeurs quantitatives sont suffisamment importantes pour qu'il faille les considérer comme des événements distincts. Par exemple, des chiffres différents entrés au clavier sont généralement considérés comme un même événement, puisque le contrôle de haut niveau ne dépend pas des valeurs numériques. En revanche, l'appui sur la touche « Valider » pourrait être considéré comme un événement distinct puisqu'une application pourrait le traiter différemment. La distinction entre événements dépend de l'application.

Préparez un diagramme de séquence pour chaque scénario. Un ***diagramme de séquence*** représente les participants à une interaction et la séquence de messages qu'ils échangent. Les participants sont graphiquement représentés de manière verticale en colonne. Le diagramme de séquence montre clairement l'émetteur et le récepteur de chaque événement. Si plusieurs objets d'une même classe participent au scénario, représentez chaque objet séparément par une colonne. En parcourant une colonne particulière du diagramme, vous pouvez voir les événements qui affectent un objet donné. Vous pouvez alors, à partir des diagrammes de séquence, résumer les événements que chaque classe émet et reçoit.

Exemple du GAB. La figure 13.3 représente le diagramme de séquence du scénario *exécuter une transaction*. La figure 13.4 résume les événements, les flèches indiquant l'émetteur et le récepteur. Pour abréger, nous ne représentons pas les paramètres des événements à la figure 13.4.

13.1.8 Préparer des diagrammes d'activité pour les cas d'utilisation complexes

Les diagrammes de séquence capturent les dialogues et les interactions entre les acteurs, mais ils ne montrent pas clairement les différentes possibilités ni les décisions. Par exemple, il faut un diagramme de séquence pour le flux principal d'interactions et des diagrammes de séquence additionnels pour chaque cas d'erreur et chaque point de décision. Les diagrammes d'activité permettent de regrouper tous ces comportements en documentant les subdivisions et les fusions du flux de contrôle. Il est certainement indiqué d'utiliser des diagrammes d'activité pour documenter la logique métier durant l'analyse, mais ne les utilisez pas comme excuse pour commencer l'implémentation.

Exemple du GAB. Comme le montre la figure 13.5, il y a plusieurs réponses possibles lorsque l'utilisateur insère une carte. Certaines réponses indiquent un problème possible avec la carte ou avec le compte : le guichet retient alors la carte. Seule la réussite de la suite de tests permet au GAB de continuer le traitement.

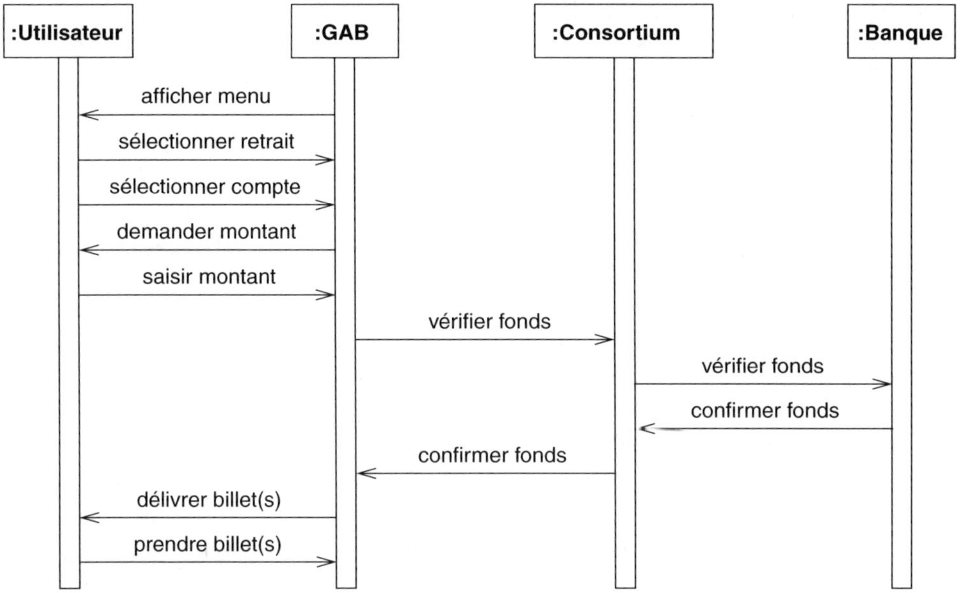

Figure 13.3 • Diagramme de séquence du scénario exécuter une transaction. Un diagramme de séquence montre clairement l'émetteur et le récepteur de chaque événement.

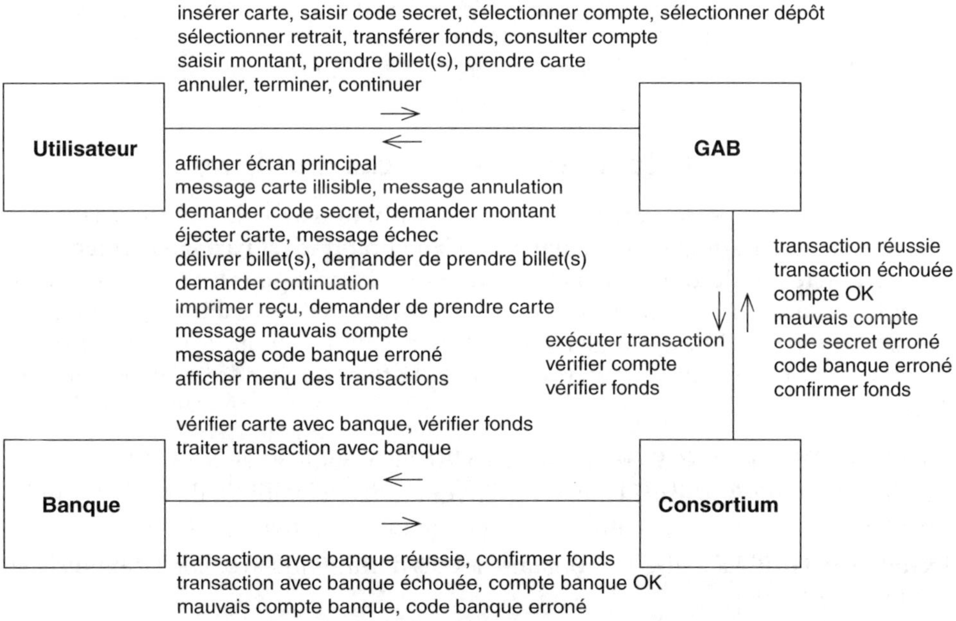

Figure 13.4 • Événements de l'étude de cas du GAB. Notez les événements des scénarios et les classes qui émettent et reçoivent chaque événement.

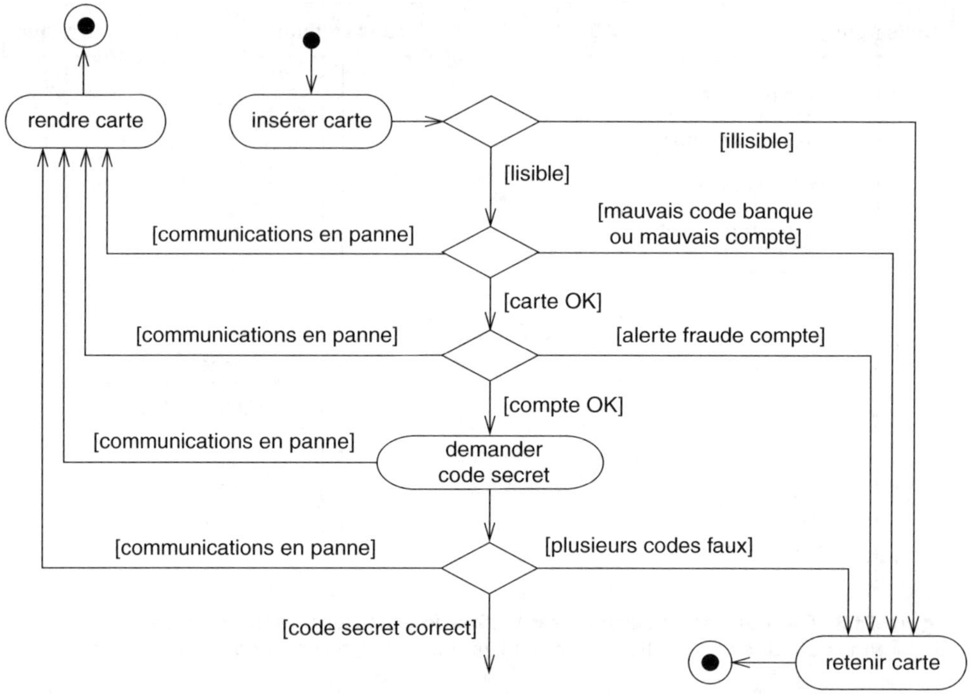

Figure 13.5 • Diagramme d'activité pour la vérification d'une carte. Vous pouvez utiliser des diagrammes d'activité pour documenter la logique métier durant l'analyse, mais ne les utilisez pas comme excuse pour commencer prématurément l'implémentation.

13.1.9 Organiser les acteurs et les cas d'utilisation

L'étape suivante consiste à organiser les cas d'utilisation avec des relations (*include*, *extend* et généralisation – voir chapitre 8). Cette pratique est particulièrement utile pour des systèmes de grande taille ou complexes. Comme pour les modèles de classes et les modèles d'états, nous différons l'organisation des cas d'utilisation jusqu'à ce que les cas d'utilisation de base soient bien définis. Sinon, il y aurait trop de risques de distorsion de la structure pour la faire correspondre avec des notions préconçues.

De même, vous pouvez organiser les acteurs au moyen de la généralisation. Par exemple, un *Administrateur* peut être un *Opérateur* jouissant de privilèges supplémentaires.

Exemple du GAB. La figure 13.6 organise les cas d'utilisation avec la relation *include*.

13.1.10 Vérifier avec le modèle de classes du domaine

À ce stade, le modèle de l'application et le modèle du domaine devraient être globalement cohérents. Les acteurs, les cas d'utilisation et les scénarios sont tous basés sur

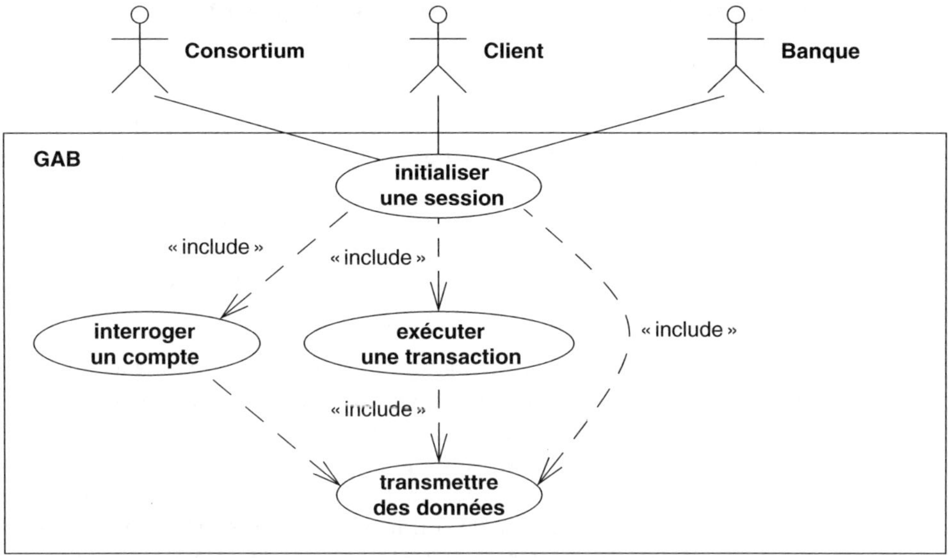

Figure 13.6 • Organisation des cas d'utilisation. Une fois les cas d'utilisation de base définis, vous pouvez les organiser par les relations extend, include et la généralisation.

des classes et des concepts du modèle du domaine. Souvenez-vous que l'une des étapes de la construction du modèle de classes du domaine consiste à tester les chemins d'accès. Dans la réalité, de tels tests correspondent implicitement à une première tentative de définition de cas d'utilisation.

La vérification croisée du modèle du domaine et du modèle de l'application permet de garantir l'absence d'incohérences. Examinez les scénarios et assurez-vous que le modèle du domaine possède toutes les données nécessaires. Vérifiez également que le modèle du domaine couvre tous les paramètres des événements.

13.2 Modèle de classes d'application

Les classes d'application définissent l'application elle-même et non les objets du monde réel sur lesquels l'application agit. La plupart des classes d'application sont « orientées ordinateur » et définissent la façon dont les utilisateurs perçoivent l'application. Vous pouvez construire un modèle de classes d'application en observant les étapes suivantes :

- Spécifier les interfaces utilisateur [13.2.1].
- Définir des classes frontières [13.2.2].
- Déterminer des contrôleurs [13.2.3].
- Vérifier avec le modèle d'interactions [13.2.4].

13.2.1 Spécifier les interfaces utilisateur (IHM)

La plupart des interactions peuvent être divisées en deux parties : la logique applicative et l'interface utilisateur. Une ***interface utilisateur*** (IHM – interface homme-machine) est un objet ou un groupe d'objets qui fournit à l'utilisateur d'un système un moyen cohérent d'accéder aux objets du domaine, aux commandes et aux options de l'application. Durant l'analyse, l'accent est mis sur le flux d'informations et le contrôle, et non sur le format de présentation. Le même algorithme peut accepter une entrée provenant d'une ligne de commandes, d'un fichier, d'un bouton de souris, d'un écran tactile, d'un bouton-poussoir physique ou d'une liaison distante si les détails de présentation ont été soigneusement isolés.

Durant l'analyse, considérez l'interface de manière grossière. Ne vous préoccupez pas de la façon dont les différentes données seront entrées. Essayez en revanche de déterminer les commandes que l'utilisateur peut exécuter – une ***commande*** est une demande de service de haut niveau. Par exemple « effectuer une réservation sur un vol » et « trouver les correspondances à une expression dans une base de données » sont des commandes. Le format d'entrée des informations nécessaires aux commandes et la façon de les invoquer étant relativement faciles à modifier, attachez-vous d'abord à définir les commandes.

Il est néanmoins acceptable d'esquisser un croquis d'interface pour vous aider à visualiser le fonctionnement d'une application et vous permettre de vous assurer que vous n'avez rien oublié d'important. Vous pouvez également réaliser une maquette de l'interface afin que les utilisateurs puissent la juger. Des procédures factices peuvent simuler la logique applicative. Découpler la logique applicative de l'interface utilisateur permet d'évaluer l'ergonomie de cette interface pendant que l'application est encore en cours de développement.

Exemple du GAB. La figure 13.7 représente un agencement possible de l'interface du GAB. À ce stade, ce ne sont pas ses détails exacts qui importent, mais les informations qui sont échangées.

13.2.2 Définir des classes frontières

Un système doit être capable de fonctionner avec des sources externes et d'en recevoir des informations, mais les sources externes ne doivent pas imposer des conditions à la structure interne du système. Il est souvent utile de définir des classes frontières pour isoler la partie interne d'un système du monde extérieur. Une ***classe frontière*** (*boundary*) est une classe qui fournit un lieu d'acheminement pour les communications entre un système et une source externe. Une classe frontière sait gérer le format d'une ou plusieurs sources externes et convertit les informations pour les transmettre au système externe et inversement.

Exemple du GAB. Il serait utile de définir des classes frontières (Classe*FrontièreCarteBancaire* et Classe*FrontièreCompte*) pour encapsuler les communications entre le GAB et le consortium. Cette interface augmentera la souplesse et facilitera la prise en charge de consortiums supplémentaires.

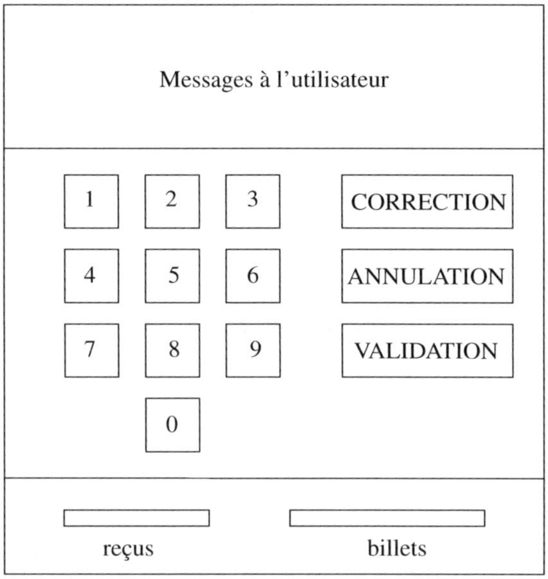

Figure 13.7 • Format d'interface pour un GAB. Une maquette d'interface peut parfois vous aider à visualiser le fonctionnement d'une application.

13.2.3 Déterminer des contrôleurs

Un ***contrôleur*** (*controller*) est un objet actif qui gère le contrôle au sein d'une application. Il reçoit des signaux du monde extérieur ou des objets internes au système, réagit à ces signaux, invoque des opérations sur les objets du système et envoie des signaux au monde extérieur. Un contrôleur correspond à une partie d'un comportement réifié capturé sous forme d'objet – comportement qui peut être manipulé et transformé plus aisément que du code ordinaire. Le noyau de la plupart des applications contient un ou plusieurs contrôleurs qui séquencent leur comportement.

La plus grande partie du travail de conception d'un contrôleur consiste à modéliser son diagramme d'états. Toutefois, dans le modèle de classes d'application, vous devez capturer l'existence des contrôleurs, les informations de contrôle que chacun d'eux gère et les associations des contrôleurs avec les autres objets du système.

Exemple du GAB. Dans les scénarios de la figure 12.3, il est clair que le GAB possède deux boucles de contrôle majeures. La boucle externe vérifie les clients et les comptes. La boucle interne vérifie les transactions. Chacune de ces boucles pourrait très naturellement être gérée avec un contrôleur.

13.2.4 Vérifier avec le modèle d'interactions

En construisant le modèle de classes d'application, revoyez les cas d'utilisation et réfléchissez à la façon dont ils peuvent fonctionner. Par exemple, si l'utilisateur envoie une commande à l'application, les arguments de la commande doivent venir d'un objet de l'interface utilisateur. La requête de la commande elle-même doit provenir d'un objet contrôleur. Quand le modèle de classes du domaine et celui de l'application sont définis, vous devez pouvoir simuler un cas d'utilisation avec les classes. Pensez en termes de navigation dans les modèles, comme nous l'avons vu au chapitre 3. Cette simulation manuelle aide à vérifier que tous les éléments sont en place.

Exemple du GAB. La figure 13.8 représente un modèle de classes d'application préliminaire et les classes du domaine avec lesquelles il interagit. Il y a deux interfaces, l'une pour les utilisateurs et l'autre pour la communication avec le consortium. Le modèle de l'application ne contient que les souches de ces classes, parce que la façon dont nous allons les élaborer n'est pas claire à ce stade.

Notez que les classes frontières « aplatissent » la structure des données et combinent des informations provenant de plusieurs classes du domaine. Pour rester simple, il est souhaitable de minimiser le nombre des classes frontières et leurs associations.

Le *ContrôleurDeTransactions* gère à la fois l'interrogation des comptes et le traitement des transactions. Le *ContrôleurDeSessions* gère les *SessionsGAB*, chacune d'elles étant associée à un client. Pendant chaque *SessionGAB* il peut y avoir ou non une *CarteBancaire* et un *Compte* valides. Le *ContrôleurDeSessions* passe par les états *prêt*, *limité* (il n'a plus de billets ou de papier, mais il est encore à même d'assurer certaines fonctions) ou *hors service* (à cause d'une panne du réseau). Il existe un journal des *ProblèmesDeContrôleur* et des problèmes spécifiques (lecteur de carte endommagé, panne de papier, panne de billets, panne de la ligne de communication, etc.).

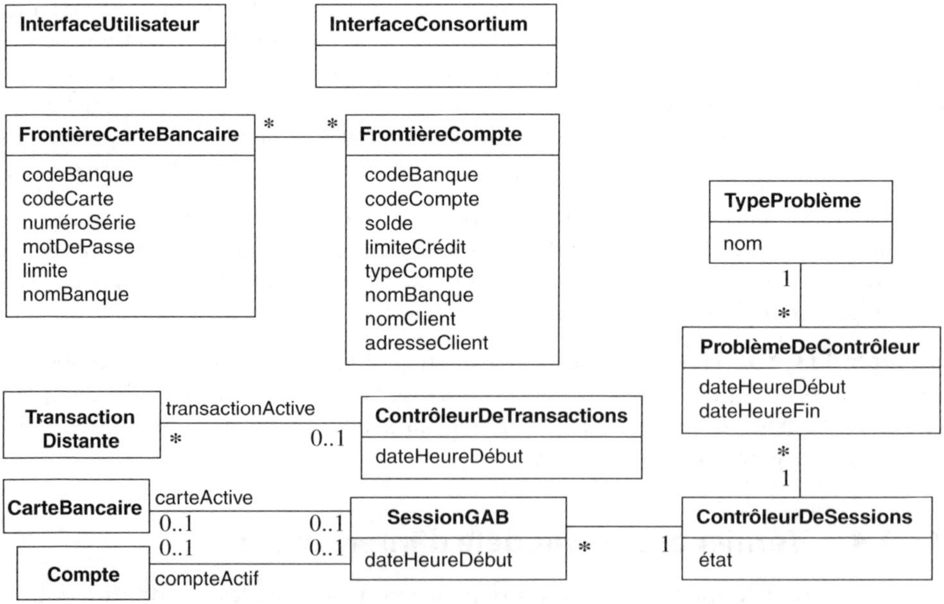

Figure 13.8 • Modèle de classes d'application. Les classes d'application augmentent les classes du domaine et sont nécessaires au développement.

13.3 Modèle d'états de l'application

Le modèle d'états de l'application se concentre sur les classes d'application et augmente le modèle d'états du domaine. Les classes d'application sont plus susceptibles d'avoir un comportement temporel que les classes du domaine.

Commencez par identifier les classes d'application qui ont plusieurs états et utilisez le modèle d'interactions pour trouver les événements entre ces classes. Organisez ensuite les séquences d'événements acceptables pour chaque classe avec un diagramme d'états. Puis vérifiez les différents diagrammes d'états pour vous assurer que les événements communs correspondent. Enfin, comparez les diagrammes d'états aux modèles de classes et d'interactions pour garantir la cohérence.

Vous pouvez construire un modèle d'états de l'application en observant les étapes suivantes :

- Déterminer les classes d'application ayant des états [13.3.1].
- Identifier les événements [13.3.2].
- Construire des diagrammes d'états [13.3.3].
- Comparer aux autres diagrammes d'états [13.3.4].
- Comparer au modèle de classes [13.3.5].
- Comparer au modèle d'interactions [13.3.6].

13.3.1 Déterminer les classes d'application ayant des états

Les modèles de classes d'application ajoutent des classes « orientées ordinateur » qui sont importantes pour les utilisateurs et pour le fonctionnement de l'application. Considérez chaque classe d'application et déterminez celles qui ont plusieurs états. Les classes de l'interface utilisateur et les classes contrôleurs sont de bonnes candidates pour les diagrammes d'états. En revanche, les classes frontières ont tendance à être statiques et sont utilisées pour regrouper les importations et les exportations de données. En conséquence, elles sont moins susceptibles d'être impliquées dans un modèle d'états.

Exemple du GAB. Les classes de l'interface utilisateur ont l'air immatérielles. C'est probablement parce que notre compréhension de l'IHM est incomplète à ce stade du développement. Les classes frontières manquent également de comportements temporels. Mais les contrôleurs possèdent des états importants que nous allons élaborer.

13.3.2 Trouver les événements

Pour le modèle d'interactions de l'application, vous avez préparé un certain nombre de scénarios. Étudiez maintenant ces scénarios et extrayez-en les événements. Même si les scénarios ne prévoient pas toutes les possibilités, ils vous permettent de ne pas oublier les interactions les plus courantes et ils mettent en évidence les événements majeurs.

Notez le contraste entre l'élaboration du modèle d'états du domaine et celui de l'application. Dans le cas du modèle du domaine, nous trouvons d'abord les états puis les événements. En effet, le modèle du domaine est centré sur les données – des groupements de données significatifs forment des états qui sont sujets à des événements. En revanche, dans le modèle de l'application, nous commençons par repérer les événements et nous identifions les états ensuite. Dans ce modèle, l'attention précoce portée aux événements est une conséquence de l'accent qu'il met sur le comportement : les cas d'utilisation sont élaborés avec des scénarios qui révèlent des événements.

Exemple du GAB. Nous allons revoir les scénarios du modèle d'interactions de l'application. Certains événements sont : *insérer carte*, *saisir code secret*, *terminer session* et *prendre carte*.

13.3.3 Construire des diagrammes d'états

L'étape suivante consiste à construire un diagramme d'états pour chaque classe d'application présentant un comportement temporel. Choisissez l'une de ces classes et envisagez un diagramme de séquence. Organisez les événements impliquant la classe en un chemin dont les arcs sont étiquetés par les événements. L'intervalle qui sépare deux événements est un état. Nommez chaque état si un nom a un sens, mais ne vous inquiétez pas sinon. Incluez maintenant les autres diagrammes de séquence pour former le diagramme d'états. Le diagramme d'états initial sera une séquence d'événements et d'états. Chaque scénario ou diagramme de séquence correspond à un chemin dans le diagramme d'états.

Repérez maintenant les cycles dans le diagramme. Si une séquence d'événements peut être répétée indéfiniment, alors cette séquence forme un cycle. Dans un cycle, le premier et le dernier état sont identiques. Si l'objet « se souvient » qu'il a parcouru un cycle, c'est que les deux états ne sont pas réellement identiques et qu'un simple cycle ne convient pas. Au moins un état du cycle doit avoir plusieurs transactions sortantes, sinon le cycle est infini.

Une fois les cycles identifiés, incluez les autres diagrammes de séquence dans le diagramme d'états. Dans chaque diagramme de séquence, repérez le point où il diffère des précédents. Ce point correspond à un état existant dans le diagramme. Attachez la nouvelle séquence d'événements à cet état : c'est un chemin alternatif. En examinant les états et les scénarios, vous penserez peut-être à de nouveaux événements qui peuvent se produire dans chaque état : ajoutez-les également au diagramme d'états.

Le plus difficile est de déterminer sur quel état un chemin alternatif rejoint le diagramme. Deux chemins aboutissent au même état si l'objet « oublie » lequel il a emprunté. Dans de nombreux cas, votre connaissance de l'application vous permet de savoir à coup sûr si les états sont identiques ou non. Par exemple, insérer deux pièces de cinquante centimes dans un distributeur équivaut à l'insertion d'un euro.

Méfiez-vous : deux chemins qui semblent identiques peuvent être distincts dans certaines circonstances. Par exemple, certains systèmes répètent la même séquence d'entrée si l'utilisateur saisit des données erronées mais abandonnent au bout d'un certain nombre d'échecs. La séquence répétée est presque toujours la même, sauf que le nombre d'échecs est mémorisé. La différence peut être occultée par l'ajout d'un paramètre, comme *nombre d'échecs*, pour mémoriser l'information. Une transition au moins doit dépendre de la valeur de ce paramètre.

L'usage judicieux de paramètres et de transitions conditionnelles peut simplifier un diagramme d'états, mais au prix d'une confusion entre les informations sur les états et les données. Les diagrammes d'états trop dépendants des données peuvent être embrouillés et peu intuitifs. Une autre solution consiste à partitionner le diagramme d'états en deux sous-diagrammes concurrents, en utilisant l'un pour le scénario principal et l'autre pour l'information distinctive. Par exemple, un diagramme autorisant *une* erreur de l'utilisateur pourrait comporter les états *Aucune erreur* et *Une erreur*.

Après avoir considéré les événements normaux, ajoutez les variations et les exceptions. Considérez les événements survenant à des moments inopportuns, par exemple une demande d'annulation d'une transaction alors que l'utilisateur vient de la soumettre. Dans les cas où l'utilisateur (ou tout autre agent externe) ne répond pas assez rapidement et où certaines ressources doivent être libérées, un événement *temporisation dépassée* peut être généré après un intervalle donné. Une bonne gestion des erreurs des utilisateurs demande généralement plus de réflexion et de code que les cas normaux. Elle complique généralement une structure de programme par ailleurs nette et compacte, mais elle est indispensable.

Vous avez fini de construire votre diagramme d'états d'une classe lorsqu'il prend en compte tous les scénarios et qu'il traite tous les événements pouvant affecter un état. Vous pouvez utiliser un diagramme d'états pour suggérer de nouveaux scénarios en vous demandant comment un événement donné qui n'est pas encore pris en compte peut affecter un état. Poser des questions commençant par « Que se passe-t-il si… » est un bon moyen de tester la complétude et les capacités de gestion des erreurs.

S'il existe des interactions complexes avec des entrées indépendantes, vous pouvez utiliser un diagramme d'états imbriqués, comme nous l'avons vu au chapitre 6. Sinon, un diagramme d'états plat suffit. Répétez ce processus de construction de diagrammes d'états pour chaque classe dont le comportement dépend du temps.

Exemple du GAB. La figure 13.9 représente le diagramme d'états du *ContrôleurDeSessions*. Le comportement principal, le traitement de la carte et du code secret, se trouve au milieu du diagramme. Une panne de communication peut interrompre le traitement à tout moment. Dans ce cas, le GAB rend la carte. En revanche, il la garde si les circonstances sont suspectes. Lorsque les transactions sont terminées, l'impression du reçu a lieu parallèlement à l'éjection de la carte et l'utilisateur peut prendre le reçu et la carte dans un ordre quelconque.

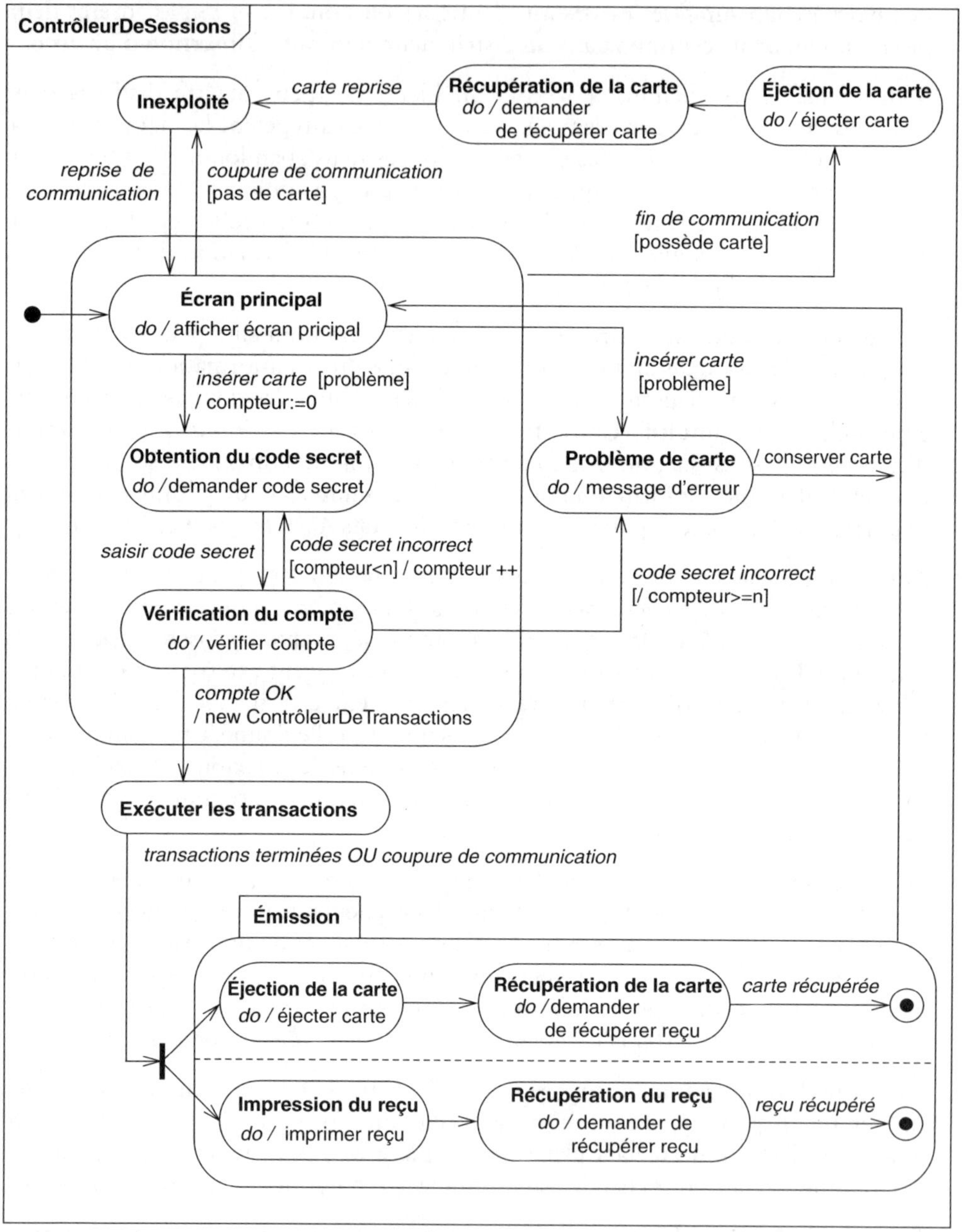

Figure 13.9 • Diagramme d'états de ContrôleurDeSessions. Construisez un diagramme d'états pour chaque classe de l'application présentant un comportement temporel.

Les figures 13.10 et 13.11 représentent le diagramme d'états du *ContrôleurDeTransactions* qui est initialisé par le *ContrôleurDeSessions*. (Voir les exercices pour les autres sous-diagrammes de la figure 13.10.) Nous avons séparé le *ContrôleurDeTransactions* du *ContrôleurDeSessions* parce que leurs finalités sont très différentes : le *Contrôleur-DeSessions* sert à la vérification des utilisateurs alors que le *ContrôleurDeTransactions* gère les consultations et les modifications du solde.

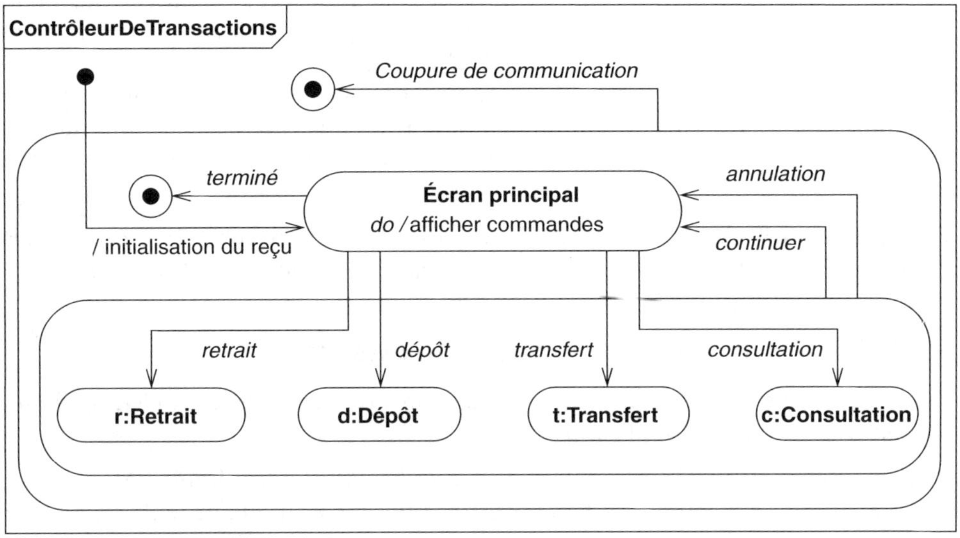

Figure 13.10 • Diagramme d'états de ContrôleurDeTransactions. Recherchez des informations dans les scénarios du modèle d'interactions.

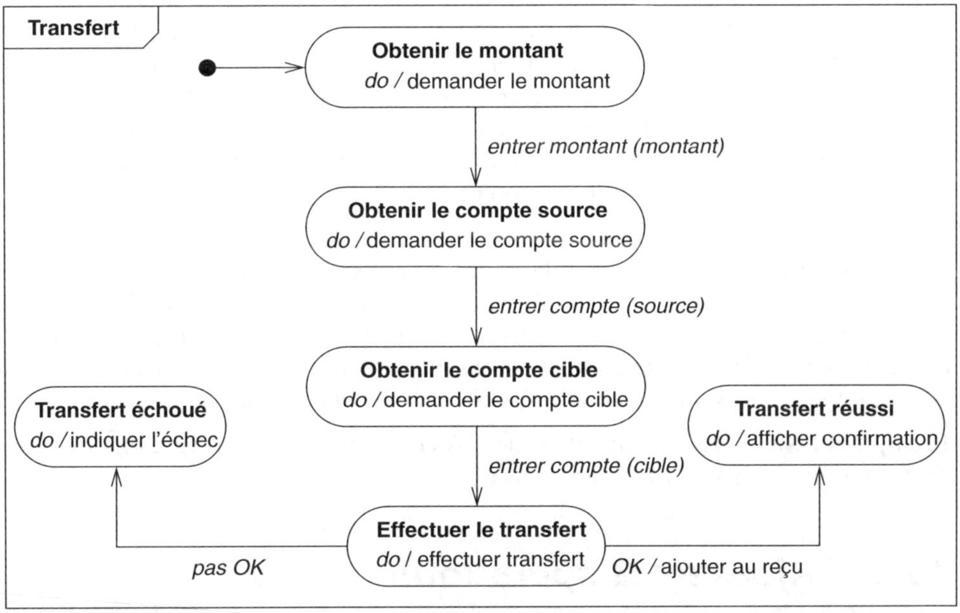

Figure 13.11 • Diagramme d'états de Transfert. Ce diagramme détaille l'état Transfert de la figure 13.10.

13.3.4 Vérifier avec les autres diagrammes d'états

Vérifiez que les diagrammes d'états de chaque classe sont complets et cohérents. Chaque événement doit avoir un émetteur et un récepteur, éventuellement le même objet. Les états sans prédécesseur ni successeur sont suspects : assurez-vous qu'ils représentent des points de départ ou de fin d'une séquence d'interactions. Suivez les effets d'un événement d'entrée d'objet à objet dans le système pour vous assurer qu'ils correspondent aux scénarios. La concurrence est inhérente aux objets : prenez garde aux erreurs de synchronisation dans lesquelles une entrée a lieu à un moment inattendu. Vérifiez que les événements correspondants dans les différents diagrammes sont cohérents.

Exemple du GAB. Le *ContrôleurDeSessions* initialise le *ContrôleurDeTransactions* et la fin du *ContrôleurDeTransactions* provoque la reprise du *ContrôleurDeSessions.*

13.3.5 Vérifier avec le modèle de classes

De même, vérifiez que les diagrammes d'états sont cohérents avec le modèle de classes du domaine et celui de l'application.

Exemple du GAB. Plusieurs GAB sont susceptibles d'accéder simultanément à un compte. L'accès à un compte doit être contrôlé pour garantir qu'une seule mise à jour est appliquée à la fois. Nous ne résoudrons pas le problème en détail ici.

13.3.6 Vérifier avec le modèle d'interactions

Lorsque le modèle d'états est prêt, revenez en arrière et comparez-le avec les scénarios du modèle d'interactions. Simulez chaque séquence de comportements manuellement, et vérifiez que le diagramme d'états reflète le comportement correct. Si vous découvrez une erreur, modifiez soit le diagramme d'états soit les scénarios. Il arrive qu'un diagramme d'états révèle des irrégularités dans les scénarios : ne présumez donc pas que les scénarios sont toujours corrects.

Considérez ensuite le modèle d'états et identifiez les chemins légitimes. Ils représentent des scénarios supplémentaires. Demandez-vous s'ils ont un sens. Si ce n'est pas le cas, modifiez le diagramme d'états. Toutefois, vous découvrirez souvent des comportements utiles que vous n'aviez pas considérés auparavant. La marque d'une bonne conception est la découverte d'informations inattendues, propriétés qui apparaissent significatives (et souvent évidentes) une fois qu'on les a observées.

Exemple du GAB. Dans l'état actuel de nos connaissances, les diagrammes d'états sont corrects et cohérents avec les scénarios.

13.4 Ajouter les opérations

Notre style d'analyse orientée objet insiste beaucoup moins sur la définition des opérations que les méthodologies traditionnelles basées sur la programmation.

La raison en est que la liste des opérations potentiellement utiles est ouverte et qu'il est difficile de savoir quand s'arrêter d'en ajouter. Les opérations sont issues des sources présentées ci-dessous et vous devez ajouter maintenant au modèle les opérations principales. Le chapitre 15 aborde les opérations détaillées.

13.4.1 Opérations issues du modèle de classes

La lecture et l'écriture des valeurs d'attributs et des liens d'association sont implicites dans le modèle de classes, et vous n'avez pas besoin de les représenter explicitement. Durant l'analyse, tous les attributs et les associations sont supposés accessibles.

13.4.2 Opérations issues des cas d'utilisation

La plupart des fonctionnalités complexes d'un système proviennent de ses cas d'utilisation. Durant la définition du modèle d'interactions, les cas d'utilisation conduisent à des activités. Nombre d'entre elles correspondent aux opérations du modèle de classes.

Exemple du GAB. *Consortium* a l'activité *vérifierCodeBanque* et *Banque* a l'activité *vérifierCodeSecret*. Vous pourrez implémenter la figure 13.5 avec l'opération *vérifierCarteBancaire* sur la classe *GAB*.

13.4.3 Opérations « aide-mémoire »

Le comportement des classes dans le monde réel suggère parfois des opérations. Meyer [Meyer-97] nomme cela l'« aide-mémoire » (*shopping list*), parce que ces opérations ne dépendent pas d'une application particulière mais qu'elles présentent un intérêt intrinsèque. Les opérations de l'« aide-mémoire » fournissent l'occasion d'élargir la définition d'une classe au-delà des besoins stricts du problème immédiat.

Exemple du GAB. Voici quelques opérations « aide-mémoire » :

- compte.fermer()
- banque.créerCompteÉpargne(client): compte
- banque.créerCompteChèques(client): compte
- banque : créerAutCarteBancaire(client)-> autorisationCarteBancaire
- autorisationCarteBancaire.ajouterCompte(compte)
- autorisationCarteBancaire.supprimerCompte(compte)
- autorisationCarteBancaire.fermer()

13.4.4 Simplifier les opérations

Recherchez, dans le modèle de classes, les opérations similaires et les variations de forme d'une même opération. Essayez d'élargir la définition d'une opération de manière à englober ces variations et les cas particuliers. Utilisez l'héritage, quand c'est possible, pour réduire le nombre d'opérations distinctes. Introduisez de nouvelles super-classes pour simplifier les opérations, pourvu que ces super-classes ne soient pas forcées ou artificielles. Situez chaque opération au bon niveau de la hiérarchie de classes. Ce raffinement permet d'obtenir des opérations moins nombreuses et plus puissantes, et néanmoins plus simples à spécifier que les opérations d'origine, car elles sont plus uniformes et générales.

Exemple du GAB. L'exemple du GAB ne réclame pas de simplifications. La figure 13.12 ajoute des opérations au modèle de classes du domaine du chapitre 12.

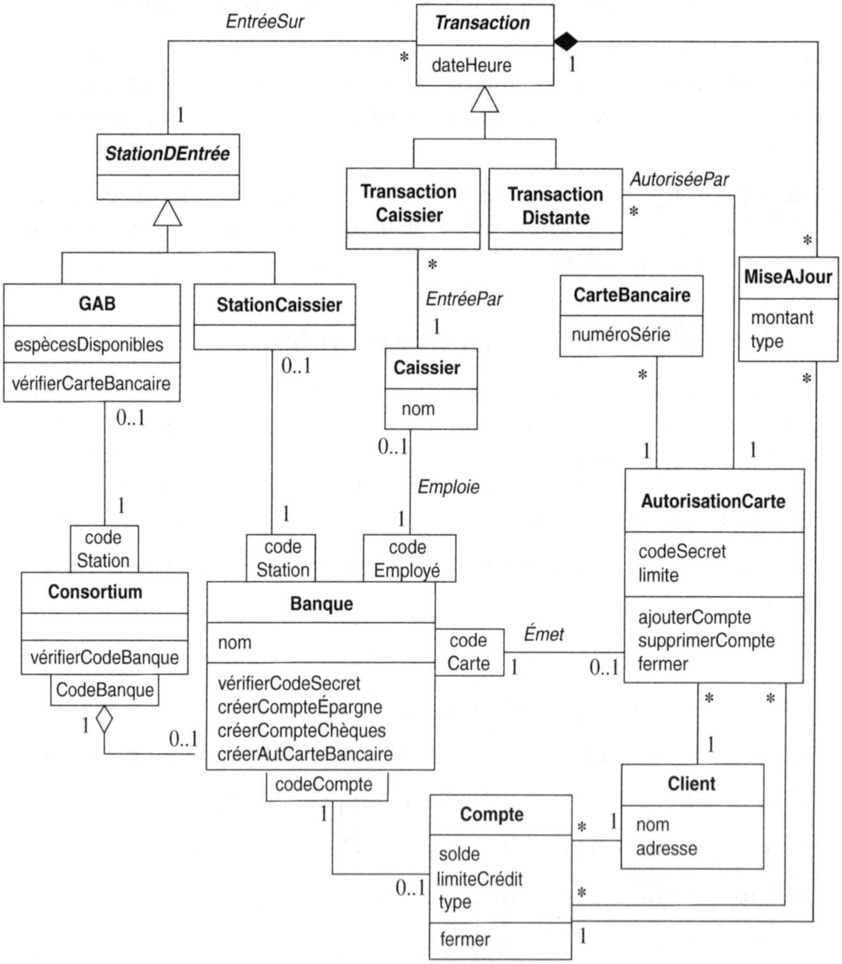

Figure 13.12 • Modèle du domaine du GAB avec des opérations.

Résumé

L'objectif de l'analyse est de comprendre un problème afin de pouvoir définir une conception correcte du système. Une bonne analyse capture les propriétés essentielles du problème sans introduire d'artefacts d'implémentation qui pourraient restreindre prématurément l'éventail des décisions de conception possibles.

L'analyse comprend deux phases : celle du domaine et celle de l'application. L'analyse du domaine permet de capturer la connaissance générale d'une application. Elle se traduit par la définition des modèles de classes et parfois des modèles d'états mais rarement par celle d'un modèle d'interactions. En revanche, l'analyse de l'application se concentre sur les artefacts principaux qui sont importants et visibles pour les utilisateurs, et que ceux-ci doivent approuver. Le modèle d'interactions domine l'analyse de l'application, mais le modèle de classes et le modèle d'états sont également importants.

Le modèle d'interactions de l'application représente les interactions entre le système et le monde extérieur. Commencez par déterminer le périmètre précis : la frontière du système. Définissez ensuite les acteurs correspondant aux objets externes qui communiquent directement avec le système. Définissez également des cas d'utilisation pour les fonctionnalités visibles de l'extérieur. Pour chaque cas d'utilisation, rédigez des scénarios pour les cas « normaux », les variantes, les cas extrêmes et les exceptions. Vous pouvez clarifier les cas d'utilisation complexes grâce à des diagrammes d'activités et organiser les cas d'utilisation et les acteurs avec des relations. Enfin, comparez les cas d'utilisation avec le modèle de classes du domaine afin de vérifier qu'il n'y a pas d'incohérences.

Augmentez ensuite les classes du domaine avec les classes d'application. Les classes d'application résultent des interfaces utilisateur, des classes frontières et des contrôleurs. Examinez soigneusement les cas d'utilisation et les scénarios pour les trouver.

La dernière phase de l'analyse de l'application consiste à construire un modèle d'états de l'application. Ce modèle d'états a tendance à être plus riche et à révéler plus de comportements que le modèle d'états du domaine. Identifiez d'abord les classes de l'application qui possèdent plusieurs états et étudiez les scénarios d'interactions pour trouver les événements correspondant à ces classes. L'aspect le plus difficile consiste à réconcilier les différents scénarios et à détecter les recouvrements et les cycles. En terminant le modèle d'états, vérifiez que les différents diagrammes d'états sont cohérents entre eux et avec les modèles de classes et d'interactions.

Nous avons insisté sur l'importance de l'abstraction pendant l'analyse du domaine, elle est également essentielle pour l'analyse de l'application. Essayez de réfléchir de manière large en construisant vos modèles. Ne liez pas une application à des pratiques métier arbitraires qui pourraient changer avec le temps, mais essayez de trouver une souplesse qui anticipera les futures évolutions et permettra de s'y adapter.

acteur	frontière du système
analyse de l'application	interface utilisateur
cas d'utilisation	modèle d'états de l'application
classe frontière	modèle d'interactions de l'application
contrôleur	modèle de classes d'application
diagramme d'activités	opération « aide-mémoire »
diagramme de séquence	scénario

Figure 13.13 • Concepts clés du chapitre 13.

Notes bibliographiques

Bertrand Meyer [Meyer-97] fournit de nombreuses explications utiles sur les principes qui sous-tendent la conception. Il préconise la construction d'une conception ascendante pilotée par les données, la recherche d'« opérations aide-mémoire » et l'absence de tout « programme principal » dans une application. Il utilise efficacement les assertions, les pré-conditions et les post-conditions pour spécifier des opérations.

Références

[Meyer-97] Bertrand Meyer, *Object-Oriented Software Construction*, second edition, Upper Saddle River, NJ: Prentice Hall, 1997. Traduction française : *Conception et programmation orientées objet*, Paris, Eyrolles, 2000.

Exercices

13.1 (4) Préparez des scénarios pour les variations et les exceptions de la liste à puces de la section 13.1.6.

13.2(6) Complétez les sous-diagrammes *Dépôt*, *Retrait* et *Interrogation* de la figure 13.10.

13.3 (4) La figure E13.1 est un diagramme de classes pour l'exercice 11.6a. *Émetteur* et *Récepteur* sont les seules classes dont le comportement temporel est important. Construisez un diagramme de séquence pour le scénario suivant :

L'émetteur essaie d'établir une connexion avant le récepteur en envoyant un paquet début-de-transaction. Le récepteur lit le paquet et répond par un acquittement. L'émetteur envoie ensuite un paquet début-de-fichier qui est acquitté. Puis le fichier de données est transmis en trois paquets acquittés, suivis d'un paquet fin-de-fichier et d'un paquet fin-de-transaction, qui sont également acquittés.

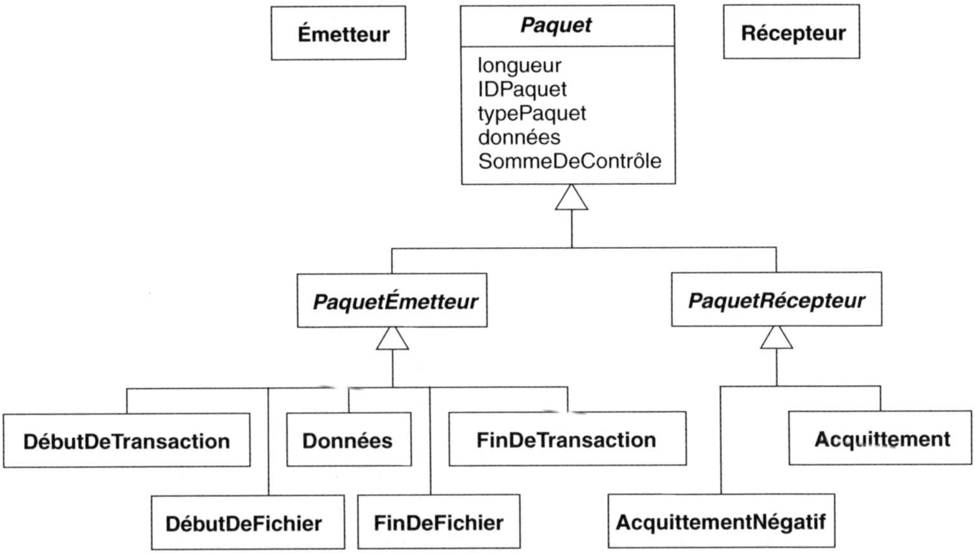

Figure E13.1 • Diagramme de classes d'un système de transfert de fichiers.

13.4 (3) Préparez des diagrammes de séquence supplémentaires pour l'exemple précédent, afin de prendre en compte les corruptions par parasites de chaque type de paquet émis. Revoyez votre précédente réponse.

13.5 (5) Préparez un diagramme d'états pour un système de transfert de fichiers à partir des diagrammes de séquence des exercices 13.3 et 13.4.

13.6 (8) Préparez un diagramme d'états pour le compteur d'une motocyclette à partir des scénarios suivants.

– L'utilisateur met en marche le compteur kilométrique sur une moto qui roule.

Le compteur affiche l'heure courante. L'utilisateur appuie sur le bouton mode.

Le compteur affiche la distance parcourue ce jour. L'utilisateur appuie sur le bouton mode.

Le compteur affiche la vitesse maximale depuis la remise à zéro du compteur. L'utilisateur appuie sur le bouton mode.

Le compteur affiche le temps de déplacement depuis la remise à zéro du compteur. L'utilisateur appuie sur le bouton mode.

Le compteur affiche la distance parcourue depuis la remise à zéro du compteur. L'utilisateur appuie sur le bouton mode.

Le compteur affiche la vitesse moyenne depuis la remise à zéro du compteur. L'utilisateur appuie sur le bouton mode.

Le compteur affiche l'heure courante.

- L'utilisateur met en marche le compteur kilométrique sur une moto qui est stationnaire.

  Le compteur affiche l'heure courante. L'utilisateur appuie sur le bouton mode.

  Le compteur affiche la distance totale parcourue. L'utilisateur appuie sur le bouton mode.

  Le compteur affiche le temps de parcours total. L'utilisateur appuie sur le bouton mode.

  Le compteur affiche la distance parcourue aujourd'hui. L'utilisateur appuie sur le bouton mode.

  Le compteur affiche la vitesse maximale depuis la remise à zéro du compteur. L'utilisateur appuie sur le bouton mode.

  Le compteur affiche le temps de déplacement depuis la remise à zéro du compteur. L'utilisateur appuie sur le bouton mode.

  Le compteur affiche la distance parcourue depuis la remise à zéro du compteur. L'utilisateur appuie sur le bouton mode.

  Le compteur affiche la vitesse moyenne depuis la remise à zéro du compteur. L'utilisateur appuie sur le bouton mode.

  Le compteur affiche l'heure courante…

- Le compteur affiche la distance parcourue ce jour.

  L'horloge dépasse minuit et commence une nouvelle journée.

  Le compteur remet à zéro la distance parcourue ce jour.

- L'utilisateur arrête de rouler.

  Quatre minutes s'écoulent.

  L'affichage du compteur se met en veille.

  L'utilisateur appuie sur le bouton mode.

  L'affichage du compteur se rallume.

- L'utilisateur maintient le bouton mode enfoncé.

  Le compteur réinitialise toutes les variables calculées depuis la remise à zéro.

Considérez le simple éditeur de diagrammes des exercices 12.3 à 12.8.

13.7 (2) Décrivez en quelques phrases la frontière du système pour cette application.

13.8 (2) Identifiez deux acteurs de l'application.

13.9 (4) Citez au moins quatre cas d'utilisation et définissez chacun en une ou deux phrases. Construisez un diagramme de cas d'utilisation.

13.10 (6) Organisez les points communs des cas d'utilisation avec des relations entre les cas d'utilisation. Vous pouvez créer de nouveaux cas d'utilisation pour les comportements communs. (Note aux enseignants : il est recommandé de fournir la réponse à l'exercice précédent.)

13.11 (4) Préparez un scénario standard pour tracer le diagramme de la figure E12.1. Incluez au moins dix opérations d'édition à partir de la description du problème du chapitre 12. Ne traitez pas les conditions d'erreur.

13.12 (3) Préparez trois scénarios d'erreur à partir de l'exercice précédent.

13.13 (4) Tracez les diagrammes de séquence des scénarios que vous avez préparés dans l'exercice précédent.

Considérez le système de notation informatisée des exercices 12.9 à 12.13.

13.14 (2) Décrivez en quelques phrases la frontière du système pour cette application.

13.15 (2) Identifiez quatre acteurs de l'application.

13.16 (5) Voici quelques cas d'utilisation : inscrire un enfant, programmer une rencontre, programmer une saison, noter une figure, juger une figure et calculer des statistiques. Définissez chacun en une ou deux phrases. Construisez un diagramme de cas d'utilisation.

13.17 (3) Préparez un scénario pour installer le système de notation au début d'une saison. Entrez les données sur les équipes, les concurrents et les juges. Préparez le calendrier des rencontres pour la saison et choisissez les événements de chaque rencontre. Entrez les coefficients de difficulté pour les figures. Vous devez avoir au moins deux équipes, six concurrents, trois juges, trois rencontres et deux événements. Ne traitez pas les conditions d'erreur.

13.18 (3) Préparez trois scénarios d'erreur à partir de l'exercice précédent.

13.19 (3) Préparez un scénario pour afficher et traiter les formulaires de préinscription du système de notation. Dans ce scénario, deux enfants doivent changer d'adresse et deux autres indiquer qu'ils ne peuvent pas participer. Affectez un numéro à chaque concurrent.

13.20 (6) Préparez un diagramme d'activités pour le calcul suivant. Représentez des couloirs pour le concurrent, l'opérateur de l'ordinateur, le juge et le marqueur. L'opérateur de l'ordinateur appelle le numéro du concurrent quand il s'affiche à l'écran. Le concurrent vérifie son numéro puis exécute la figure. Les trois juges lèvent les pancartes portant leurs notes. Un marqueur lit les notes. À mesure qu'elles sont lues, l'opérateur les entre dans l'ordinateur.

13.21 (3) Préparez l'« aide-mémoire » des opérations du système de notation et placez-les dans un diagramme de classes.

13.22 (5) Résumez ce que doit faire chaque méthode listée dans l'exercice précédent.

14

La conception du système

Après avoir analysé le problème, vous devez décider de l'approche à adopter pour la conception. Durant la conception du système, on met au point une stratégie de haut niveau – l'***architecture du système*** – afin de résoudre le problème et de construire une solution. On prend des décisions quant à l'organisation du système en sous-systèmes, l'allocation de sous-systèmes aux ordinateurs et aux logiciels, et les principales décisions de politique qui sont la base de la conception des classes.

Dans ce chapitre, vous découvrirez les nombreux aspects que vous devez prendre en compte lors de la conception d'un système. Nous présenterons également plusieurs styles architecturaux répandus que vous pourrez utiliser comme point de départ. Cette liste ne se veut pas exhaustive : il est toujours possible d'inventer de nouvelles architectures. La démarche décrite dans ce chapitre s'applique au développement d'applications petites ou moyennes. Les systèmes plus complexes, impliquant plus d'une dizaine de développeurs, sont sujets à des problèmes de communication et nécessitent d'accorder plus d'importance à la logistique. La plupart des suggestions de ce chapitre conviennent aussi bien aux systèmes non orientés objet qu'aux systèmes orientés objet.

14.1 Vue d'ensemble de la conception du système

Pendant l'analyse, l'accent est mis sur ce qui doit être fait, le *quoi*, indépendamment de la manière de le faire, le *comment*. Durant la conception, les développeurs prennent des décisions quant à la façon de résoudre le problème, d'abord à un haut niveau, puis à des niveaux de plus en plus détaillés.

La ***conception du système*** est la première étape de la conception, au cours de laquelle on élabore l'approche qui permettra de résoudre le problème. Pendant la conception du système, les développeurs déterminent la structure globale et le style. L'architecture du système détermine la façon dont le système sera organisé en sous-systèmes.

En outre, l'architecture fournit le contexte des décisions détaillées qui seront prises à des stades ultérieurs. Vous devez prendre les décisions suivantes :

- Estimer les performances du système [14.2].
- Mettre au point un plan de réutilisation [14.3].
- Organiser le système en sous-systèmes [14.4].
- Identifier les questions de concurrence inhérentes au problème [14.5].
- Allouer les sous-systèmes aux équipements matériels [14.6].
- Gérer les stockages de données [14.7].
- Gérer les ressources globales [14.8].
- Choisir une stratégie de contrôle du logiciel [14.9].
- Traiter les cas limites [14.10].
- Arbitrer les priorités [14.11].
- Sélectionner un style architectural [14.12].

Il est souvent possible de choisir une architecture par analogie avec des systèmes existants. Certains types d'architectures s'appliquent à de grands ensembles de problèmes. La section 14.12 passe en revue plusieurs architectures courantes et décrit les problèmes auxquels elles correspondent. Ces architectures ne résolvent pas tous les problèmes, mais elles peuvent en résoudre beaucoup. Vous pouvez construire d'autres architectures en combinant ces différentes formes.

14.2 Estimer les performances

Dès le début de la planification d'un nouveau système, vous devez préparer une estimation approximative des performances. Les ingénieurs nomment cela un calcul « au dos de l'enveloppe ». L'objectif n'est pas d'obtenir une exactitude absolue, mais simplement de déterminer la faisabilité du système. Prévoir un facteur de précision de deux est habituellement suffisant, bien que le niveau de validation que l'on peut attendre à ce stade dépende du problème. Le calcul doit être rapide et faire appel au sens commun. Vous devrez émettre des hypothèses simplificatrices. Ne vous souciez pas des détails – contentez-vous d'approximations, d'estimations et de suppositions si nécessaire.

Exemple du GAB. Imaginez que nous soyons en train de planifier un réseau de GAB pour une banque. Nous pourrions procéder comme suit. La banque possède 40 agences. Supposez qu'il existe un nombre égal de terminaux situés dans des supermarchés et autres magasins. Supposez également que, lors d'une journée chargée, la moitié des terminaux sont occupés en même temps. (Nous pouvons imaginer que le fait que tous les terminaux soient occupés ne changera pas grand-chose aux résultats. L'objectif est d'établir des limites de performance raisonnables.) Supposez enfin qu'il faille à chaque client environ 1 minute pour terminer une session, et que la plupart des transactions impliquent un seul dépôt ou un seul retrait. Nous estimons donc qu'il y aura un pic de 40 transactions par minute, soit environ 1 par seconde. Cette estimation est peut-être imprécise, mais elle montre que nous n'avons pas besoin d'un matériel particulièrement rapide. La situation serait très différente si nos estimations concernaient un libraire en ligne ou un système de courtage en ligne, auquel cas la rapidité du matériel informatique serait cruciale.

Vous pouvez effectuer de semblables estimations pour le stockage des données. Comptez le nombre de clients, estimez le volume de données pour chacun d'eux et multipliez. Dans le cas d'une banque, les besoins de stockage de données sont plus importants que dans celui de la puissance de calcul d'un GAB, mais elles ne sont pas vraiment énormes. Encore une fois, la situation serait différente si nous développions un système d'imagerie par satellite, dans lequel le stockage des données et la bande passante constitueraient des problèmes d'architecture vitaux.

14.3 Mettre au point un plan de réutilisation

On affirme souvent que la réutilisation est l'un des avantages de la technologie objet, mais elle ne se produit pas automatiquement. Elle présente deux aspects : l'utilisation d'éléments existants et la création de nouveaux éléments réutilisables. Il est beaucoup plus facile de réutiliser l'existant que de concevoir quelque chose en prévision d'usages futurs incertains. Bien entendu, quelqu'un a bien dû concevoir des éléments dans le passé pour que nous puissions les réutiliser aujourd'hui. En réalité, la plupart des développeurs réutilisent l'existant, et seule une petite fraction d'entre eux produit quelque chose de nouveau. Ne considérez donc pas que vous devez débuter en technologie objet par la construction d'éléments réutilisables, car cela demande une expérience considérable.

Les éléments réutilisables comprennent les modèles, les bibliothèques, les *frameworks* et les *patterns*. La réutilisation des modèles constitue souvent la forme la plus pratique de réutilisation, la logique d'un modèle pouvant s'appliquer à de multiples problèmes.

14.3.1 Bibliothèques

Une ***bibliothèque*** est une collection de classes qui sont utiles dans de nombreux contextes. Cette collection de classes doit être soigneusement organisée, afin que les utilisateurs puissent les localiser facilement. Une bonne organisation demande beaucoup de travail, et l'emplacement exact de chaque élément peut être difficile à déterminer. Une recherche en ligne peut aider mais ne remplace pas un agencement soigneux. De plus, la description des classes doit être exacte et complète, pour aider les utilisateurs à déterminer leur pertinence. [Korson-92] cite plusieurs qualités des « bonnes » bibliothèques de classes :

- **Logique.** Une bibliothèque de classes doit être organisée autour de quelques thèmes bien ciblés.

- **Complétude.** Une bibliothèque de classes doit fournir le comportement complet des thèmes choisis.
- **Cohérence.** Les noms et les signatures des opérations polymorphes doivent être cohérents d'une classe à l'autre.
- **Efficience.** Une bibliothèque doit fournir des implémentations alternatives des algorithmes qui économisent de l'espace et du temps.
- **Extensibilité.** L'utilisateur doit pouvoir sous-classer les classes de la bibliothèque.
- **Généricité.** Une bibliothèque doit utiliser des définitions de classes paramétrées lorsque c'est approprié.

Malheureusement, l'intégration de bibliothèques provenant de plusieurs sources peut poser des problèmes, comme nous le verrons plus loin [Berlin-90]. Les développeurs dispersent souvent les décisions pragmatiques entre les hiérarchies de classes et d'héritage. Une bibliothèque peut adopter des stratégies sensées lorsqu'elles sont prises isolément, mais fondamentalement incompatibles avec celles d'autres bibliothèques. Il est impossible de remédier à de telles incohérences pragmatiques en spécialisant une classe ou en ajoutant du code. Il faut briser l'encapsulation et retravailler le code. Ces problèmes sont si graves qu'ils vont jusqu'à empêcher de réutiliser du code issu de bibliothèques.

- **Validation des arguments.** Une application peut valider les arguments collectivement ou individuellement à mesure qu'ils sont entrés. La validation collective est appropriée pour les interfaces en ligne de commandes : l'utilisateur saisit tous les arguments et ce n'est qu'alors qu'ils sont vérifiés. En revanche, les interfaces utilisateur interactives valident chaque argument ou chaque groupe d'arguments interdépendant lorsqu'il est entré. Une combinaison de classes validant les arguments de deux manières différentes produirait une interface utilisateur incohérente.
- **Gestion des erreurs.** Les bibliothèques de classes font appel à plusieurs techniques de gestion des erreurs. Les méthodes d'une bibliothèque peuvent par exemple retourner des codes d'erreur au programme appelant alors que celles d'une autre bibliothèque géreront directement les erreurs.
- **Paradigmes de contrôle.** Les applications peuvent adopter un contrôle piloté par les événements ou piloté par les procédures. Quand le contrôle est piloté par les événements, l'interface utilisateur invoque les méthodes de l'application. Quand le contrôle est piloté par les procédures, c'est l'application qui appelle les méthodes de l'interface utilisateur. Il est difficile de combiner les deux types de contrôle au sein d'une même application.
- **Opérations sur les ensembles.** Les opérations sur les ensembles sont souvent inefficaces et incomplètes. Par exemple, une primitive de destruction d'un objet peut acquérir des verrous sur une base de données, effectuer la suppression puis valider la transaction. Si vous voulez supprimer des groupes d'objets dans une transaction, la bibliothèque de classes doit disposer d'une fonction de suppression d'ensembles.

- **Gestion de la mémoire.** Les bibliothèques utilisent différentes stratégies pour gérer l'allocation de la mémoire et éviter les fuites de mémoire. Une bibliothèque peut gérer la mémoire pour les chaînes de caractères en retournant un pointeur sur la chaîne réelle, en retournant une copie de la chaîne ou en retournant un pointeur avec un accès en lecture seule. Les stratégies de ramasse-miettes peuvent différer également : utiliser un algorithme « *mark and sweep* [1] », implémenter un compteur de références ou laisser l'application gérer elle-même le ramasse-miettes (comme en C++ par exemple).
- **Collisions de nommage.** Noms de classes, attributs privés et méthodes publiques appartenant à un espace de nommage global : vous devez espérer qu'il n'y aura pas de conflits de noms entre les différentes bibliothèques de classes. La plupart des bibliothèques ajoutent un préfixe distinctif aux noms afin de réduire la probabilité de collisions.

14.3.2 Frameworks

Un ***framework*** [Johnson-88] est une structure, un squelette de programme qui doit être étoffé pour construire une application complète, par exemple, comme c'est fréquemment le cas, en spécialisant des classes abstraites avec des comportements spécifiques à ladite application. Une bibliothèque de classes peut accompagner un *framework*, afin que l'utilisateur puisse effectuer la majeure partie de la spécialisation en choisissant les sous-classes appropriées au lieu de programmer le comportement des sous-classes *ex nihilo*. Les *frameworks* ne sont pas seulement composés de classes, mais contiennent un paradigme pour le flux de contrôle et les invariants partagés. Ils tendent à être spécifiques à une catégorie d'applications : les bibliothèques de classes des *frameworks* sont généralement spécialisées et ne conviennent pas à un usage général.

14.3.3 Patterns

Un ***pattern*** est une solution éprouvée à un problème récurrent. Différents *patterns* ciblent différentes phases du cycle de vie du développement logiciel. Il existe des *patterns* pour l'analyse, pour l'architecture, pour la conception et pour l'implémentation. Au lieu que vous deviez tout réinventer, les *patterns* vous permettent de réutiliser des solutions existantes. Un *pattern* est accompagné de conseils portant sur la pertinence de son usage et des arguments d'arbitrage (avantages/inconvénients) sur la façon de l'utiliser.

Les *patterns* présentent de nombreux avantages. En particulier un *pattern* a été soigneusement pensé par d'autres et appliqué à des problèmes rencontrés dans le passé. En conséquence, il est plus susceptible d'être correct et robuste qu'une solution spécifique qui n'a pas été testée. Par ailleurs, quand on utilise des *patterns*, on puise dans un langage familier à de nombreux développeurs. Il existe tout un corpus de littérature qui documente les *patterns* et explique leurs subtilités et leurs nuances.

---

1. Littéralement, « marquer et balayer » NdT.

Vous pouvez considérer les *patterns* comme une extension d'un langage de modélisation, vous évitant de penser uniquement en termes de primitives mais vous autorisant également à penser en termes de combinaisons récurrentes. Les *patterns* sont des fragments de modèles prototypiques qui distillent une partie du savoir des experts.

Un *pattern* est différent d'un *framework*. Il est généralement constitué d'un petit nombre de classes et de relations. Un *framework*, en revanche, a une portée beaucoup plus large (généralement au moins d'un ordre de grandeur) et couvre la totalité d'un sous-système ou d'une application.

Exemple du GAB. La notion de transaction offre une possibilité de réutilisation : les systèmes informatiques exécutent souvent de nombreuses transactions et il existe des logiciels commerciaux pour les prendre en charge. Il peut également y avoir une occasion de réutilisation au niveau de l'infrastructure de communications qui connecte le consortium aux GAB et aux ordinateurs des banques.

14.4 Décomposer un système en sous-systèmes

Hormis pour les applications les plus petites, la première étape de la conception consiste à diviser le système en sous-parties. Chaque sous-partie importante est appelée *sous-système*. Chaque sous-système concerne un thème commun : fonctionnalités similaires, même emplacement physique ou exécution sur le même type de matériel. Par exemple, l'ordinateur d'un vaisseau spatial comprendrait des sous-systèmes pour la survie de l'équipage, la navigation, le contrôle des machines et l'exécution d'expériences scientifiques.

Un ***sous-système*** n'est ni un objet ni une fonction, mais plutôt un ensemble de classes, d'associations, d'opérations, d'événements et de contraintes qui sont tous reliés et qui ont des interfaces bien définies et (préférablement) restreintes avec d'autres sous-systèmes. Un sous-système est généralement défini par les services qu'il fournit. Un ***service*** est un ensemble de fonctionnalités apparentées qui servent les même buts, tels que le contrôle des entrées-sorties, le traitement graphique ou les calculs arithmétiques. Un sous-système définit une façon cohérente de traiter une partie du problème. Par exemple, le système de fichiers d'un système d'exploitation est un sous-système. Il comprend un ensemble d'abstractions apparentées qui sont largement indépendantes des abstractions d'autres sous-systèmes, tels que la gestion de la mémoire ou le contrôle des processus.

Chaque sous-système possède une interface bien définie avec le reste du système. L'interface spécifie la forme de toutes les interactions ainsi que le flux d'informations traversant la frontière du sous-système, mais elle ne spécifie pas l'implémentation interne du sous-système. Chaque sous-système peut donc être conçu indépendamment sans affecter les autres.

Vous devez définir les sous-systèmes de telle sorte que la plupart des interactions soient internes et ne franchissent pas les frontières du sous-système. Cela réduit les dépendances entre sous-systèmes. Un système doit être décomposé en un petit nombre de sous-systèmes, 20 étant probablement trop. En revanche, chaque sous-système peut être décomposé à son tour en sous-systèmes plus petits.

Les relations entre sous-systèmes peuvent être de type client-serveur ou peer-to-peer (pair-à-pair, *P2P*). Dans une ***relation client-serveur***, le client fait appel au serveur qui fournit un service et répond par un résultat. Le client doit connaître l'interface du serveur, mais le serveur n'a pas à connaître l'interface de ses clients, puisque ce sont ces derniers qui sont à l'origine de toutes les interactions.

Dans une ***relation P2P***, chaque sous-système peut faire appel aux autres. Une communication d'un sous-système vers un autre n'est pas nécessairement suivie d'une réponse immédiate. Les interactions d'égal à égal sont plus compliquées parce que les sous-systèmes doivent connaître les interfaces des autres. Il peut se produire des cycles de communication difficiles à comprendre et sujets à de subtiles erreurs de conception. Préférez les décompositions client-serveur chaque fois qu'elles sont possibles : une interaction unidirectionnelle est beaucoup plus facile à construire, à comprendre et à modifier qu'une interaction bidirectionnelle.

La décomposition d'un système en sous-systèmes peut être vue comme une séquence de couches horizontales ou de partitions verticales.

14.4.1 Couches

Un ***système en couches*** est un ensemble ordonné de mondes virtuels (un ensemble de *niveaux*), dont chacun est construit dans les termes de ceux qui se trouvent en dessous et fournit la base de l'implémentation de ceux qui sont situés au-dessus. Les objets de chaque couche peuvent être indépendants, bien qu'il y ait souvent des correspondances entre objets de couches différentes. La « connaissance » est unidirectionnelle : un sous-système connaît les couches qui lui sont inférieures mais pas celles qui lui sont supérieures. Une relation client-serveur existe entre les couches les plus hautes (utilisateurs de services) et les couches les plus basses (fournisseurs de services).

Dans un système graphique interactif, par exemple, les fenêtres sont construites à partir d'opérations de l'écran, lesquelles sont réalisées à l'aide d'opérations de pixels qui sont exécutées comme des opérations d'entrées-sorties de périphériques. Chaque couche peut comprendre ses propres classes et opérations, et elle est implémentée à l'aide des classes et des opérations des couches les plus basses.

Il existe deux sortes d'architectures en couches : ouvertes ou fermées. Dans une ***architecture fermée***, une couche est construite sur la base de la couche immédiatement inférieure. Cela limite les dépendances entre couches et facilite les modifications, puisqu'une modification de son interface n'affecte que la couche suivante. Dans une ***architecture ouverte***, une couche peut utiliser les fonctionnalités de n'importe quelle couche plus basse, sans limite de profondeur. Cela réduit la nécessité de redéfinir les opérations à chaque niveau, ce qui peut permettre d'obtenir un code plus compact et plus efficace. Toutefois, une architecture ouverte ne respecte pas le principe du masquage de l'information. La modification d'un sous-système pouvant affecter toutes les couches supérieures, une architecture ouverte est moins robuste qu'une architecture fermée. Les deux types d'architectures sont utiles et il incombe au concepteur de peser la valeur relative de l'efficacité et de la modularité.

En général, l'énoncé du problème ne mentionne que la couche la plus haute et la couche la plus basse : la couche supérieure représente le système désiré et la couche la plus basse les ressources disponibles (matériel, système d'exploitation, bibliothèques existantes). Si la disparité entre les deux est trop grande (comme c'est souvent le cas), vous devez introduire des couches intermédiaires afin de réduire le fossé conceptuel entre couches adjacentes.

Vous pouvez migrer un système structuré en couches sur d'autres plates-formes logicielles et matérielles en réécrivant une seule couche. Une bonne pratique consiste à introduire au moins une couche d'abstraction entre l'application et les services fournis par le système d'exploitation ou le matériel. Définissez une couche de classes d'interface fournissant les services logiques et faites-les correspondre aux services concrets qui sont dépendants du système.

14.4.2 Partitions

Les ***partitions*** divisent verticalement un système en plusieurs sous-systèmes indépendants ou faiblement couplés, chacun fournissant un type de service. Par exemple, un système d'exploitation comprend un système de fichiers, un contrôle des processus, une gestion de la mémoire virtuelle et un gestionnaire de périphériques. Les sous-systèmes peuvent avoir une certaine connaissance mutuelle, mais cette connaissance est superficielle et évite à la conception des dépendances trop contraignantes.

Il existe deux différences entre les couches et les partitions. Premièrement, les couches se situent à différents niveaux d'abstraction alors que les partitions se limitent à diviser un système en sous-parties dont le niveau d'abstraction est identique. Deuxièmement, les couches sont en dernier ressort interdépendantes, généralement dans une relation client-serveur dans une architecture ouverte ou fermée. En revanche, les partitions sont indépendantes ou mutuellement dépendantes (relation d'égal à égal).

14.4.3 Combiner couches et partitions

Vous pouvez décomposer un système combinant des couches et des partitions. Les couches peuvent être partitionnées et les partitions peuvent être structurées en couches. La figure 14.1 représente le schéma en briques d'une application typique, qui comprend des simulations aspects graphiques interactifs. La plupart des grands systèmes nécessitent un mélange de couches et de partitions.

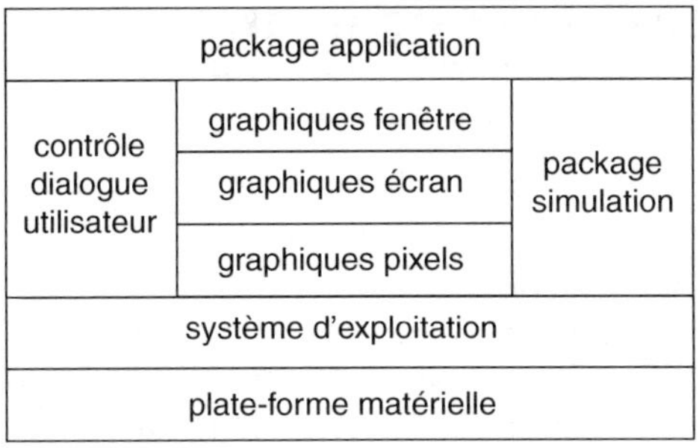

Figure 14.1 • Schéma en briques (block diagram) d'une application typique. La plupart des grands systèmes combinent des couches et des partitions.

Une fois les sous-systèmes de haut niveau identifiés, vous devez représenter leurs flux d'information. Il arrive que tous les sous-systèmes interagissent avec tous les autres, mais le flux d'informations est souvent plus simple. Par exemple, beaucoup de traitements ont la forme d'un pipeline, par exemple dans un compilateur. D'autres systèmes sont organisés en étoile, dans laquelle un sous-système contrôle toutes les interactions avec les autres sous-systèmes. Employez des topologies simples lorsque c'est possible, afin de réduire le nombre d'interactions entre sous-systèmes.

Exemple du GAB. La figure 14.2 représente l'architecture du système GAB. Il y a trois principaux sous-systèmes : les stations GAB, l'ordinateur du consortium et les ordinateurs des banques. La topologie est une simple étoile : l'ordinateur du consortium communique avec toutes les stations GAB et avec tous les ordinateurs des banques (lien réseau). L'architecture utilise le code de la station et le code de la banque pour que l'ordinateur du consortium différencie les lignes téléphoniques.

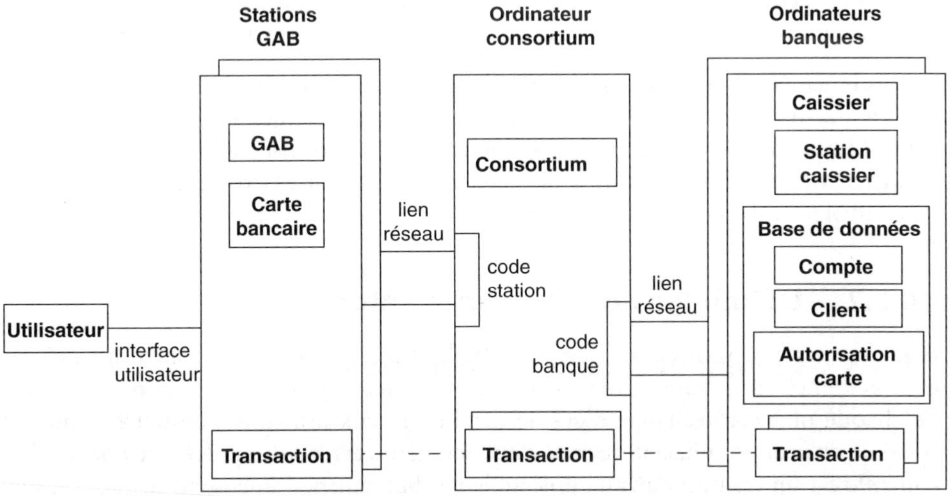

Figure 14.2 • Architecture du système GAB. Il est souvent utile de tracer un diagramme informel représentant l'organisation d'un système en sous-systèmes.

14.5 Identifier la concurrence

Dans le modèle d'analyse, tout comme dans le monde réel et dans un ordinateur, tous les objets sont concurrents. Dans l'implémentation, en revanche, tous les objets logiciels ne sont pas concurrents, puisqu'un seul processeur peut supporter plusieurs objets. Dans la pratique, on peut implémenter de nombreux objets sur un même processeur si ces objets ne doivent pas être actifs en même temps. Un objectif important de la conception d'un logiciel consiste à identifier les objets qui doivent être actifs simultanément et ceux dont l'activité est mutuellement exclusive. Ces derniers objets peuvent être regroupés dans un seul thread de contrôle, ou tâche.

14.5.1 Identifier la concurrence intrinsèque

Le modèle d'états sert de guide pour identifier les concurrences. Deux objets sont intrinsèquement concurrents s'ils peuvent recevoir des événements simultanément sans interagir. Si les événements sont asynchrones, on ne peut pas regrouper les objets dans un seul thread de contrôle. Par exemple, le contrôle du moteur et celui des ailes d'un avion doivent fonctionner concurremment (sinon de façon totalement indépendante). Il est souhaitable que les sous-systèmes soient indépendants parce qu'on peut les affecter à différentes unités matérielles sans aucun coût de communication.

Il n'est pas indispensable d'implémenter deux sous-systèmes intrinsèquement concurrents sur des unités matérielles distinctes. La finalité des interruptions matérielles, du système d'exploitation et des mécanismes de multitâche est précisément de permettre de simuler cette concurrence sur un système monoprocesseur. Des capteurs séparés doivent naturellement traiter les entrées physiquement concurrentes, mais, en l'absence de contraintes sur les temps de réponse, un système d'exploitation multitâche doit pouvoir gérer ce traitement. L'énoncé du problème spécifie souvent que des unités matérielles distinctes doivent implémenter les objets.

Exemple du GAB. Si l'énoncé du problème du GAB du chapitre 11 spécifiait que chaque machine devait continuer à fonctionner en local en cas de panne du système central (avec peut-être une restriction au montant des transactions), il n'y aurait pas d'autre choix que d'inclure une unité centrale dans chaque GAB avec un programme de contrôle complet.

14.5.2 Définir les tâches concurrentes

Bien que tous les objets soient conceptuellement concurrents, beaucoup d'objets d'un système sont interdépendants en pratique. En examinant les diagrammes d'états de chaque objet et l'échange d'événements entre eux, on constate qu'il est souvent possible de grouper plusieurs objets dans un même thread de contrôle. Un ***thread de contrôle*** est un chemin dans un ensemble de diagrammes d'états, sur lequel un seul objet est actif à la fois. Un thread reste dans un diagramme d'états jusqu'a ce qu'un objet envoie un événement à un autre objet et attende un autre événement. Le thread passe au récepteur de l'événement pour finir par revenir à l'objet initial. Le thread se scinde si l'objet envoie un événement et continue à s'exécuter.

Sur chaque thread de contrôle, un seul objet est actif à la fois. On peut implémenter les threads de contrôle à l'aide de tâches du système d'exploitation.

Exemple du GAB. Pendant que la banque vérifie un compte ou traite une transaction, le GAB est inactif. Si un ordinateur central contrôle directement le GAB, nous pouvons combiner l'objet GAB avec l'objet transaction dans une seule tâche.

14.6 Allouer des sous-systèmes

Vous devez allouer chaque sous-système concurrent à une unité matérielle – soit un processeur généraliste, soit une unité fonctionnelle spécialisée – comme suit :

- Estimez les besoins de performances et les ressources nécessaires pour les satisfaire.
- Choisissez l'implémentation matérielle ou logicielle des sous-systèmes.
- Allouez les sous-systèmes logiciels à des processeurs pour satisfaire les besoins de performances et limiter les communications entre processeurs.
- Déterminez la connectivité des unités matérielles servant qui implémentent les sous-systèmes.

14.6.1 Estimer les exigences en ressources matérielles

La décision d'utiliser plusieurs processeurs ou plusieurs unités fonctionnelles matérielles répond à des besoins de performances plus importantes que celles qu'une seule unité centrale (UC) peut fournir. Le nombre de processeurs nécessaires dépend du volume des traitements et de la rapidité de la machine. Par exemple, un système de radar militaire génère en peu de temps trop d'informations pour qu'une seule UC puisse les traiter, aussi puissante soit-elle. Plusieurs machines parallèles doivent assimiler les données avant de pouvoir analyser une menace.

Le concepteur du système doit estimer la puissance de l'UC requise en calculant la charge standard en multipliant le nombre de transactions par seconde par le temps nécessaire pour exécuter une transaction. L'estimation est généralement imprécise et des expérimentations s'avéreront souvent utiles. Vous devez affiner l'estimation afin de prendre en compte des effets passagers provoqués aussi par des variations de charge aléatoires ou par des rafales d'activités synchronisées. Le volume de capacité supplémentaire nécessaire dépend du taux acceptable d'échecs dus à des ressources insuffisantes. La charge standard et la charge en pic sont toutes deux importantes.

Exemple du GAB. La machine GAB en elle-même est relativement simple : son rôle se limite à afficher une interface utilisateur et éventuellement à effectuer un traitement local limité. Une seule unité centrale au plus doit suffire pour chaque ATM.

L'ordinateur du consortium est essentiellement une simple machine de routage recevant les requêtes des GAB et les transmettant à l'ordinateur de la banque appropriée. Un grand réseau pourrait demander à être partitionné d'une façon quelconque et nécessiter plusieurs UC, afin que l'ordinateur du consortium ne devienne pas un goulet d'étranglement. Les ordinateurs des banques effectuent le traitement des données et s'appuient sur des applications de bases de données relativement simples. Les fournisseurs de bases de données proposent des versions mono et multiprocesseurs de leurs produits, et le choix approprié dépend de la fiabilité et du débit souhaités.

14.6.2 Arbitrer entre matériel et logiciel

L'orientation objet fournit une bonne façon de penser le matériel. Chaque équipement est un objet qui opère concurremment avec d'autres objets (autres équipements ou logiciels). Vous devez décider de ce qui sera implémenté par le matériel et par le logiciel. Il existe deux raisons à l'implémentation de sous-systèmes par le matériel :

- **Coût.** Le matériel existant fournit exactement les fonctionnalités requises. Il est aujourd'hui plus facile d'acquérir un coprocesseur arithmétique en virgule flottante que de développer ses fonctionnalités par un programme. Naturellement, capteurs et actuateurs doivent être matériels.
- **Performances.** Le système requiert des performances supérieures à celles que peut fournir une UC généraliste, et il existe un matériel plus efficace. Par exemple, les puces qui calculent des transformées de Fourier rapides (TFR) sont largement utilisées dans les applications de traitement de signaux.

La plus grande partie de la difficulté de la conception d'un système provient des contraintes externes des matériels et des logiciels. La conception orientée objet ne fournit pas de solution miracle, mais les packages externes peuvent être modélisés de façon élégante par des objets. Vous devez prendre en compte la compatibilité, le coût et les performances. Vous devez également penser à la souplesse afin de permettre l'évolution, qu'il s'agisse de modifications de la conception ou d'améliorations du produit. Or la souplesse a un coût, et l'architecte doit décider si elle en vaut la peine.

Exemple du GAB. L'application GAB ne connaît aucun problème de performance pressant. En conséquence, des ordinateurs standard devraient suffire pour les GAB, le consortium et les banques.

14.6.3 Allouer des tâches aux processeurs

La conception du système doit allouer les tâches des différents sous-systèmes logiciels aux processeurs. Il existe à cela plusieurs raisons :

- **Logistique.** Certaines tâches sont requises à des endroits précis pour contrôler le matériel ou pour permettre un fonctionnement indépendant. Par exemple, une station de travail de CAO nécessite son propre système d'exploitation pour pouvoir continuer à fonctionner si le réseau tombe en panne.

- **Limites de communication.** Le temps de réponse ou le débit des données excède la bande passante disponible entre une tâche et un élément matériel. Par exemple, les équipements graphiques à haute performance nécessitent des contrôleurs fortement couplés en raison de la rapidité de la génération des données internes.
- **Limites de la puissance de calcul.** La vitesse de traitement requise est trop importante pour un seul processeur. Ainsi, les tâches doivent être réparties entre plusieurs processeurs. Vous pouvez réduire les coûts de communication en affectant les sous-systèmes qui interagissent intensivement à un même processeur. Vous devez également affecter les sous-systèmes indépendants à des processeurs séparés.

Exemple du GAB. Le GAB ne pose pas de problèmes de communications ni de vitesse de traitement. Le trafic et les calculs initiés par l'utilisateur d'un GAB sont relativement mineurs. Toutefois, il peut exister un problème de logistique. Si le GAB doit disposer d'une autonomie et fonctionner en cas de panne du réseau, il doit avoir sa propre UC et son propre programme. Sinon, si le GAB n'est qu'un terminal passif qui accède au réseau et effectue tous les traitements par l'intermédiaire de celui-ci, nous pouvons simplifier sa logique.

14.6.4 Déterminer la connectivité physique

Après avoir déterminé les types et le nombre relatif d'unités physiques, vous devez choisir l'organisation et la forme des connexions entre les différentes unités physiques :

- **Topologie des connexions.** Choisissez la topologie de connexion des unités physiques. Les associations du modèle de classes correspondent souvent à des connexions physiques, les relations client-serveur également. Certaines connexions peuvent être indirectes. Vous devez essayer de minimiser le coût de connexion des relations importantes.
- **Unités redondantes.** Choisissez la topologie des unités redondantes. Si vous avez « boosté » les performances en introduisant plusieurs exemplaires d'un type particulier d'unité ou de groupe d'unités, vous devez spécifier leur topologie. Le modèle de classes n'est pas un guide utile, car l'utilisation de plusieurs unités est une mesure d'optimisation qui appartient à la conception et qui n'est pas exigée par l'analyse. La topologie d'unités redondantes observe généralement un schéma régulier, comme une séquence linéaire, une matrice, un arbre ou une étoile. Vous devez prendre les schémas d'arrivée de données escomptés et l'algorithme parallèle proposé pour les traiter.
- **Communications.** Choisissez le type de canaux de connexion et les protocoles de communication. Lors de la phase de conception du système il est peut-être trop tôt pour spécifier les interfaces exactes entre les unités, mais il est souvent approprié de choisir les mécanismes généraux d'interaction et les protocoles. Par exemple, les interactions peuvent être synchrones, asynchrones ou bloquantes.

Vous devez estimer la bande passante et la latence des canaux de communication et les choisir judicieusement.

Même si les connexions sont logiques et non physiques, vous devez les considérer. Par exemple, les unités peuvent être des tâches d'un même système d'exploitation connectées par appels de communications interprocessus (IPC). Sur la plupart des systèmes d'exploitation, de tels appels IPC sont plus lents que de simples appels de sous-routines au sein d'un même programme et peuvent être inexploitables pour certaines connexions dont les contraintes de temps sont critiques. Dans ce cas, vous devez combiner les tâches étroitement liées en une seule et effectuer les connexions au moyen de simples appels de sous-programmes.

Exemple du GAB. La figure 14.2 résume la connectivité physique. Plusieurs GAB se connectent à l'ordinateur du consortium, puis la connexion est redirigée vers l'ordinateur de la banque concernée. Il s'agit d'une topologie en étoile, dans laquelle l'ordinateur du consortium joue le rôle d'intermédiaire.

14.7 Gérer le stockage des données

Il existe plusieurs solutions de stockage des données que vous pouvez utiliser séparément ou combiner : structures de données, fichiers et bases de données. Les différents types de stockage ont leurs avantages et leurs inconvénients en termes de coût, de temps d'accès, de capacité et de fiabilité. Par exemple, une application pour ordinateur personnel peut utiliser des structures de données en mémoire et des fichiers. Un système de comptabilité utilisera une base de données pour connecter les sous-systèmes.

Les fichiers sont peu coûteux, simples et permanents. Mais les opérations sur les fichiers sont des opérations de bas niveau et les applications doivent comprendre du code supplémentaire pour fournir un niveau d'abstraction adéquat. Les implémentations des fichiers différant d'un système d'exploitation à l'autre, une application portable doit isoler soigneusement les dépendances par rapport au type de système de fichiers. Les implémentations des fichiers séquentiels sont relativement standardisées, mais les commandes et les formats de stockage des fichiers à accès aléatoire et les fichiers indexés peuvent varier.

- Données présentant un volume important et une faible densité d'informations (fichiers d'archives ou enregistrements d'historiques).
- Quantités modestes de données de structure simple.
- Données dont l'accès est séquentiel.
- Données pouvant être lues entièrement en mémoire.

Figure 14.3 • Données convenant au stockage en fichiers. Les fichiers constituent une solution « low-tech » à la gestion des données et ne doivent pas être surestimés.

Les bases de données, gérées par des systèmes de gestion de bases de données (SGBD), constituent une autre méthode de stockage. Divers types de SGBD sont disponibles dans le commerce, notamment des SGBD relationnels et objet. Les SGBD mettent souvent en cache les données auxquelles on accède fréquemment pour obtenir de la mémoire et des disques la meilleure combinaison coût-performance. Les bases de données facilitent le portage des applications sur différentes plates-formes matérielles et logicielles, puisque c'est le fournisseur qui assure le portage du code du SGBD. L'un des inconvénients des SGBD est la complexité de leur interface, beaucoup de langages de bases de données s'intégrant mal avec les langages de programmation.

La figure 14.4 caractérise les sortes de données convenant à une base de données.

- Données demandant des mises à jour à un niveau de détail fin par plusieurs utilisateurs.
- Données devant être accessibles par plusieurs programmes applicatifs.
- Données nécessitant des mises à jour coordonnées via des transactions.
- Importants volumes de données devant être gérés efficacement.
- Données pérennes et très précieuses pour une entreprise.
- Données devant être protégées des accès non autorisés ou malveillants.

Figure 14.4 • Données convenant aux bases de données. Les bases de données permettent de gérer des données intensivement utilisées et sont employées dans les applications de gestion les plus importantes.

Les SGBD orientés objet ne sont pas très répandus sur le marché. En conséquence, ne les envisagez que pour des applications spécialisées présentant un large éventail de types de données ou devant accéder à des primitives de bas niveau. Il fs'agit notamment des applications d'ingénierie, des applications multimédias, des bases de connaissances et des équipements électroniques dotés de logiciels embarqués. Pour la plupart des applications qui nécessitent une base de données, mieux vaut utiliser un SGBD relationnel (SGBDR). Les SGBDR dominent le marché et leurs fonctionnalités sont suffisantes pour la majorité des applications. Ils peuvent également permettre une très bonne implémentation d'un modèle orienté objet, *si* on les utilise correctement (voir chapitre 19).

Exemple du GAB. L'ordinateur de banque type utiliserait un SGDB relationnel : ils sont rapides, facilement disponibles, et leur rapport coût-efficacité correspond bien à ce type d'application financière.

Le GAB pourrait également utiliser une base de données, mais le paradigme en est moins évident. Il pourrait s'agir d'un SGBD relationnel ou objet. Plusieurs SGBD orientés objet permettent d'accéder aux primitives de bas niveau, et une base de données élémentaire pourrait permettre de produire en masse des logiciels de GAB à moindre coût. Elle pourrait également simplifier le fonctionnement du GAB. Sinon, les SGBDR sont des produits matures dotés de nombreuses fonctionnalités qui pourraient réduire l'effort de développement.

14.8 Gérer les ressources globales

Le concepteur du système doit identifier les ressources globales et déterminer les mécanismes permettant de contrôler leur accès. Il existe plusieurs sortes de ressources globales :

- **Unités physiques**, comme les processeurs, les lecteurs de bande et les satellites de communication.
- **Espaces**, par exemple l'espace disque, l'écran d'une station de travail et les boutons d'une souris.
- **Noms logiques**, tels que les identifiants d'objets, les noms de fichiers et les noms de classes.
- **Accès aux données partagées**, par exemple les bases de données.

Si la ressource est un objet physique, elle peut se contrôler elle-même en établissant un protocole pour obtenir un accès. Si la ressource est une entité logique, comme un identifiant d'objet ou une base de données, il existe un danger de conflit d'accès dans un environnement partagé. Par exemple, deux tâches indépendantes peuvent utiliser le même identifiant d'objet.

Vous pouvez éviter les conflits en utilisant un « objet gardien » qui détient chaque ressource et en contrôle l'accès. L'objet gardien peut contrôler l'accès à plusieurs ressources. Tout accès à la ressource doit passer par l'objet gardien. L'allocation de chaque ressource globale partagée à un objet unique revient à reconnaître que la ressource a une identité.

Vous pouvez aussi opérer une partition logique d'une ressource, en affectant ses sous-ensembles à différents objets gardiens pour que leur contrôle soit indépendant. Par exemple, une stratégie de génération d'identifiants dans un environnement parallèle réparti consiste à allouer une plage d'identifiants possibles à chaque processeur d'un réseau : chaque processeur alloue des identifiants compris dans la plage préallouée, sans nécessiter de synchronisation globale.

Pour les applications dans lesquelles le temps est critique, le fait de faire transiter tous les accès à une ressource par un objet gardien peut s'avérer trop coûteux, et les clients doivent accéder directement à la ressource. Dans ce cas, on peut placer un verrou sur un sous-ensemble de la ressource. Un ***verrou*** est un objet logique, associé à un sous-ensemble déterminé de la ressource, qui autorise le possesseur du verrou à accéder directement à celle-ci. Un objet gardien doit donc encore exister pour allouer les verrous, mais après une unique interaction avec le gardien, le client peut accéder directement à la ressource. Cette approche est plus dangereuse, car elle suppose qu'on fait confiance à chaque utilisateur de ressource pour qu'il se comporte correctement. Évitez les accès directs à une ressource partagée, sauf en cas de nécessité absolue.

Exemple du GAB. Les codes banque et les numéros de code sont des ressources globales. Les codes banque doivent être uniques dans le contexte d'un consortium donné. Les numéros de compte doivent être uniques dans le contexte d'une banque.

14.9 Choisir une stratégie de contrôle du logiciel

Le modèle d'analyse représente les interactions comme des événements entre objets. Le contrôle du matériel correspond étroitement au modèle d'analyse, mais il existe plusieurs solutions pour implémenter le contrôle du logiciel. Bien que tous les sous-systèmes n'aient pas besoin d'utiliser la même implémentation, mieux vaut choisir un style de contrôle unique pour l'ensemble du système. Il existe deux types de flux de contrôle dans un système logiciel : le contrôle externe et le contrôle interne.

Le contrôle externe concerne le flux d'événements visibles de l'extérieur entre les objets du système. Il existe trois types de contrôle pour les événements externes : séquentiel piloté par les procédures, séquentiel piloté par les événements, et concurrent. Le style de contrôle approprié dépend des ressources disponibles (langage, système d'exploitation) et du type d'interactions existant dans l'application.

Le contrôle interne désigne le flux de contrôle au sein d'un processus. Il n'existe que dans l'implémentation et n'est donc ni intrinsèquement concurrent ni séquentiel. Le concepteur peut choisir de décomposer un processus en plusieurs tâches pour des raisons de clarté logique ou de performances (si plusieurs processeurs sont disponibles). À la différence des événements externes, les transferts de contrôle interne, par exemple les appels de procédures ou les appels entre tâches, sont sous la direction du programme et peuvent être structurés sans contrainte. Il existe principalement trois types de flux de contrôle : les appels de procédures, les appels entre tâches quasi concurrentes et les appels entre tâches concurrentes. Les appels entre tâches quasi concurrentes, comme les co-routines ou les processus légers, sont des commodités de programmation, dans lesquelles il existe plusieurs espaces d'adresses ou plusieurs piles d'appels, mais où un seul thread de contrôle peut être actif à la fois.

14.9.1 Contrôle piloté par les procédures

Dans un système séquentiel piloté par les procédures, le contrôle réside dans le code du programme. Une procédure demande une entrée externe, puis elle l'attend ; quand l'entrée arrive, le contrôle retourne à la procédure qui a effectué l'appel. Les valeurs du compteur ordinal, de la pile d'appels de procédures et de celle des variables locales définissent l'état du système.

L'avantage majeur du contrôle piloté par les procédures est qu'il est facile à implémenter avec les langages conventionnels ; l'inconvénient est qu'il oblige à faire correspondre la concurrence inhérente aux objets à un flux de contrôle séquentiel. Le concepteur doit convertir les événements en opérations entre les objets. Une opération type correspond à une paire d'événements : un événement de sortie qui produit une sortie et requiert une entrée, et un événement d'entrée qui retourne les nouvelles valeurs. Cette approche permet difficilement de gérer les entrées asynchrones, parce que le programme doit demander explicitement les entrées. Le paradigme du contrôle par les procédures ne convient que si le modèle d'états fait apparaître une alternance régulière d'événements d'entrée et de sortie. Les interfaces utilisateur flexibles et les systèmes de contrôle sont difficiles à construire en adoptant ce style.

Notez que tous les grands langages orientés objet comme C++ et Java sont des langages procéduraux. Ne vous laissez pas abuser par l'expression orientée objet *envoi de message*. Un message *est* un appel de procédure, avec une instruction *case* intégrée dont l'interprétation dépend de la classe de l'objet cible. L'un des inconvénients majeurs des langages objet conventionnels est qu'ils ne prennent pas en charge la concurrence inhérente aux objets. Certains langages OO ont été conçus à cet effet, mais ils ne sont pas encore largement utilisés.

14.9.2 Contrôle piloté par les événements

Dans un système séquentiel piloté par les événements, le contrôle se trouve dans un processus de dispatching ou de surveillance (moniteur) fourni par le langage, le sous-système ou le système d'exploitation. Les développeurs associent les procédures de l'application à des événements, et le dispatcheur appelle les procédures lorsque l'événement correspondant a lieu (*call-back*). Les appels de procédures vers le dispatcheur émettent des sorties ou permettent des entrées, mais elles ne les attendent pas. Toutes les procédures retournent le contrôle au dispatcheur, au lieu de le retenir en attendant l'arrivée d'une entrée. En conséquence, le compteur ordinal et la pile ne peuvent pas préserver l'état. Les procédures doivent utiliser des variables globales pour maintenir l'état, sinon le dispatcheur doit maintenir l'état local pour elles. Le contrôle piloté par les événements est plus difficile à implémenter que le contrôle par procédures, mais l'effort supplémentaire en vaut souvent la peine.

Les systèmes événementiels permettent un contrôle plus souple que les systèmes pilotés par les procédures. Ils simulent des processus qui coopèrent dans une seule tâche multithread. Mais une procédure erratique peut bloquer toute l'application, et il convient d'être très prudent. Les sous-systèmes d'interfaces utilisateur pilotées par les événements sont particulièrement utiles.

Chaque fois que c'est possible, préférez un système événementiel pour le contrôle externe à un système procédural, parce que la correspondance entre les événements et les éléments du programme est plus simple et plus puissante. Les systèmes événementiels sont également plus modulaires et gèrent mieux les conditions d'erreur que les systèmes pilotés par des procédures.

14.9.3 Contrôle concurrent

Dans un système concurrent, le contrôle réside simultanément dans plusieurs objets indépendants, chacun ayant sa tâche séparée. Un tel système implémente les événements directement comme des messages unidirectionnels (*pas* les « messages » des langages OO) entre objets. Une tâche peut attendre une entrée, mais les autres tâches continuent à s'exécuter. Le système d'exploitation résout les conflits d'ordonnancement entre tâches et fournit généralement un mécanisme de file d'attente, afin que les événements ne soient pas perdus si une tâche s'exécute lorsqu'ils arrivent. S'il existe plusieurs UC, différentes tâches peuvent réellement s'exécuter concurremment.

14.9.4 Contrôle interne

Durant la conception, le développeur décompose les opérations sur les objets en opérations de plus bas niveau sur les mêmes objets ou sur d'autres. Les interactions internes entre objets sont assez similaires aux interactions externes entre objets, parce que l'on peut utiliser les mêmes mécanismes d'implémentation. Mais il existe une différence importante : les interactions externes impliquent par nature des attentes d'événements, puisque les objets sont indépendants et ne peuvent obliger d'autres objets à répondre. Comme la génération des opérations internes par les objets fait partie de l'algorithme d'implémentation, leur type de réponse est prévisible. En conséquence, vous pouvez voir la majorité des opérations internes comme des appels de procédures, dans lesquels l'appelant émet une requête et attend une réponse. Il existe des algorithmes de traitement parallèle, mais de nombreux calculs sont bien représentés de façon séquentielle et peuvent facilement être groupés dans un seul thread de contrôle.

14.9.5 Autres paradigmes

Nous supposons que le lecteur s'intéresse avant tout à la programmation procédurale, mais d'autres paradigmes sont possibles, comme les systèmes à base de règles, les systèmes à programmation logique et d'autres formes de programmation non procédurale. Ces paradigmes constituent un autre style de contrôle, dans lequel le contrôle explicite est remplacé par des spécifications déclaratives avec des règles d'évaluation implicites, éventuellement non déterministes ou très complexes. Les développeurs emploient actuellement de tels langages dans des contextes restreints, comme l'intelligence artificielle ou les systèmes à base de connaissances, mais l'on peut s'attendre à ce qu'ils se développent à l'avenir. Comme ces langages sont tout à fait différents des langages procéduraux (langages orientés objet compris), le reste de cet ouvrage les passera sous silence.

Exemple du GAB. Le contrôle piloté par les événements est le paradigme approprié pour la station GAB. Le GAB servant un seul utilisateur à la fois, le contrôle concurrent ne s'impose pas. Le GAB doit répondre aux interactions de l'utilisateur, et le contrôle événementiel est beaucoup mieux adapté à cela que le contrôle piloté par les procédures.

14.10 Gérer les cas limites

Même si l'essentiel de la conception concerne le comportement du système à l'état stable, vous devez également prendre en compte les cas limites et traiter les types de problèmes suivants :

- **Initialisation.** Le système doit passer d'un état initial latent à un état durablement stable. Le système doit initialiser les données constantes, les paramètres, les variables globales, les tâches, les objets gardiens et éventuellement la hiérarchie de classes elle-même. Durant l'initialisation, seul un sous-ensemble des fonctionnalités du système est généralement disponible. Initialiser un système comprenant des tâches concurrentes est extrêmement difficile, car certains objets indépendants ne doivent être ni trop en avance ni trop en retard par rapport à d'autres objets indépendants.
- **Terminaison.** La terminaison est généralement plus simple que l'initialisation, parce que beaucoup d'objets internes peuvent être simplement « abandonnés ». La tâche doit libérer toutes les ressources externes qui ont été réservées. Dans un système concurrent, une tâche doit informer (*notifier*) toutes les autres qu'elle est terminée.
- **Échecs.** Un échec est une terminaison non planifiée du système. Il peut être provoqué par une erreur humaine, par l'épuisement des ressources du système ou par une panne externe. Le bon concepteur anticipe méticuleusement ces types d'échecs. Un échec peut également provenir d'un « bogue » du système, et il est souvent détecté comme une incohérence « impossible ». Dans un système parfaitement conçu, de telles erreurs ne se produiraient jamais, mais un bon concepteur doit planifier une sortie « digne » sur erreur fatale qui laissera l'environnement le plus propre possible et enregistrera ou affichera le maximum d'informations sur l'échec avant de s'arrêter.

14.11 Arbitrer les priorités

Le concepteur du système doit définir des priorités qui serviront à guider les arbitrages pendant le reste de la conception. Ces priorités permettent de concilier des buts souhaitables mais incompatibles. Par exemple, on peut souvent rendre un système plus rapide en ajoutant de la mémoire, mais cela augmente la consommation électrique et coûte plus cher. Les arbitrages de conception ne concernent pas seulement le logiciel lui-même mais aussi le processus de développement. Il arrive qu'on doive renoncer à une fonctionnalité pour livrer (ou commercialiser) un logiciel plus tôt. L'énoncé du problème spécifie parfois les priorités, mais il incombe le plus souvent au concepteur de concilier les souhaits incompatibles du client et de décider comment arbitrer.

Le concepteur du système doit déterminer l'importance relative des différents critères afin de guider les arbitrages de conception. Il ne *décide* pas de tous les compromis, mais il définit les priorités nécessaires à la prise de décision. Par exemple, les premiers jeux vidéo tournaient sur des processeurs dont la mémoire était limitée. Économiser la mémoire était le critère prioritaire, suivi de la rapidité d'exécution. Les concepteurs ont dû utiliser toutes les astuces de programmation possibles aux dépens de la maintenabilité, de la portabilité et de la lisibilité du code. Pour prendre un autre exemple, il existe des packages de sous-routines mathématiques exécutables sur un grand nombre de plates-formes. Un comportement numérique bien conditionné est essentiel à de tels packages, de même que la portabilité et la compréhensibilité, et ces aspects ne peuvent être sacrifiés pour accélérer le développement.

Les compromis de conception affectent le caractère entier du système. Le succès ou l'échec du produit final peut dépendre de la façon dont ses objectifs auront été choisis. Pire encore, si l'on n'établit pas de priorités à l'échelle du système, ses différentes parties peuvent optimiser des aspects opposés (« sous-optimisation »), ce qui aboutit à un gaspillage de ressources. Même dans les petits projets, les programmeurs oublient souvent les vrais objectifs et sont obsédés par « l'efficacité » alors qu'elle est en réalité sans grande importance.

Définir les priorités d'arbitrage est, au mieux, vague. On ne peut pas espérer une grande exactitude numérique (« vitesse 53 %, mémoire 31 %, portabilité 15 %, coût 1 % »). Les priorités sont rarement absolues. Par exemple, sacrifier la mémoire au profit de la vitesse ne signifie pas que toute accélération, si petite soit-elle, vaudra toute augmentation de mémoire, si grande soit-elle. Nous ne pouvons même pas fournir une liste de critères pouvant être sujets à compromis. En revanche, les priorités reflètent une philosophie de conception. Il faudra encore faire appel au jugement et à l'interprétation pendant la conception, une fois les arbitrages réellement effectués.

Exemple du GAB. La station GAB est un produit de masse. En conséquence, le coût de fabrication constitue une préoccupation et le produit résultant doit présenter une interface utilisateur impeccable. Le logiciel doit être robuste et résistant aux pannes. Le coût de développement est un critère moins important, puisqu'il peut être amorti par la vente de nombreux exemplaires.

14.12 Styles architecturaux courants

Il existe plusieurs modèles de styles architecturaux courants dans les systèmes existants. Chacun d'eux est bien adapté à un certain type de système. Si votre application présente des caractéristiques similaires, vous pouvez économiser des efforts en utilisant l'architecture correspondante, ou au moins en la prenant comme point de départ de votre conception. Voici une liste de types de systèmes :

- **Transformation par lots (*batch*).** Transformation de données exécutée en une seule fois sur un ensemble complet de données d'entrée [14.12.1].
- **Transformation continue.** Transformation opérée continuellement sur des données d'entrée qui varient [14.12.2].

- **Interface interactive.** Système dominé par des interactions externes [14.12.3].
- **Simulation dynamique.** Système qui simule l'évolution d'objets du monde réel [14.12.4].
- **Système temps réel.** Système dominé par des contraintes de temps strictes [14.12.5].
- **Gestionnaire de transactions.** Système dont le rôle consiste à stocker et à mettre à jour des données, et impliquant souvent des accès concurrents provenant de différents emplacements physiques [14.12.6].

Cette liste n'est pas une énumération exhaustive de toutes les architectures et de tous les systèmes connus, mais elle cite les formes les plus courantes. Certains problèmes nécessitent un nouveau type d'architecture, mais la plupart peuvent s'appuyer sur un style existant, ou au moins une de ses variantes. Beaucoup de problèmes combinent des aspects de ces différentes architectures.

14.12.1 Transformations par lots

Une ***transformation par lots (batch)*** effectue des traitements séquentiels. L'application reçoit les entrées et l'objectif consiste à calculer une réponse. Il n'y a pas d'interaction continue avec le monde extérieur. Il s'agit de problèmes de traitement standard : compilateurs, programme de paye, placement automatique d'un circuit VLSI, programme de tests de contrainte en génie civil, etc. Dans une transformation par lots le modèle d'états est trivial, voire inexistant. Le modèle de classes est important : il existe des modèles de classes pour les entrées, les sorties et les stades de traitement. Le modèle d'interactions documente le traitement et couple les modèles de classes. L'aspect le plus important d'une transformation par lots consiste à définir une suite d'étapes bien claire.

Par le passé, lorsque nous travaillions au service R&D de General Electric, l'un de nos collègues (Bill Premerlani) construisit un compilateur qui recevait un fichier ASCII d'images graphiques et générait en sortie du code de définition de base de données relationnelle. Ces travaux étaient antérieurs à la mise sur le marché d'outils de modélisation orientés objet. La figure 14.5 représente la séquence des étapes. Le compilateur avait cinq modèles de classes : un pour les entrées, un pour les sorties et trois pour les représentations intermédiaires.

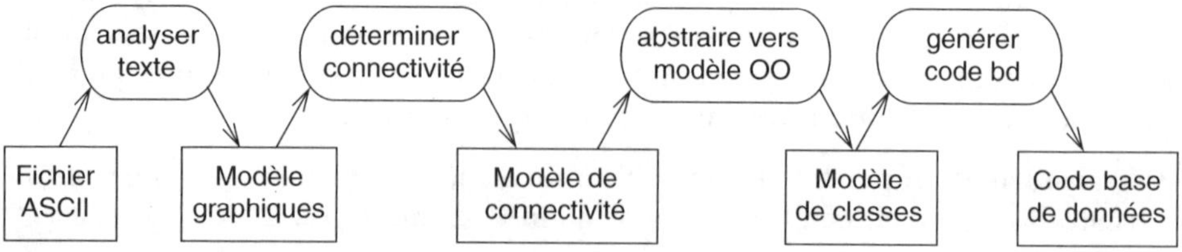

Figure 14.5 • Séquence d'étapes d'un compilateur. Une transformation par lots est une transformation séquentielle sans interaction avec le monde extérieur.

Les étapes de conception d'une transformation par lots sont les suivantes :

- Décomposez la transformation globale en stades, chaque stade réalisant une partie de la transformation.
- Préparez des modèles de classes pour les entrées, les sorties et les stades intermédiaires. Chaque étage ne connaît que les modèles directement voisins.
- Développez chaque stade tour à tour jusqu'à ce que les opérations soient faciles à implémenter.
- Restructurez le « pipeline » final pour l'optimisation.

14.12.2 Transformations continues

Une ***transformation continue*** est un système dans lequel les sorties dépendent activement d'entrées qui changent. À la différence d'une transformation par lots qui ne traite les sorties qu'une seule fois, une transformation continue met à jour les sorties fréquemment (continûment en théorie, mais à intervalles réguliers en pratique). En raison de contraintes temporelles strictes, le système ne peut pas recalculer l'ensemble des sorties chaque fois qu'une entrée change (sinon l'application serait un traitement par lots). En lieu et place, le système obtient les sorties de manière incrémentale. Parmi les applications typiques, citons le traitement de signaux, les systèmes de fenêtrage, les compilateurs incrémentaux et les systèmes de surveillance de processus. Les modèles de classes, d'états et d'interactions revêtent la même importance que pour une transformation par lots.

Une façon d'implémenter une transformation continue est d'employer un pipeline de fonctions. Le pipeline propage l'effet de chaque modification d'une entrée. Les développeurs peuvent définir des objets intermédiaires et redondants pour améliorer les performances du pipeline. Certains systèmes à haute performance, comme les applications de traitement de signaux, doivent synchroniser les valeurs dans le pipeline. Les opérations doivent alors être exécutées à un instant bien précis, et le flux des opérations doit être correctement séquencé afin que les données arrivent au bon endroit et au bon moment, sans créer de goulet d'étranglement.

La figure 14.6 représente un exemple d'application graphique. Le programme commence par faire correspondre des figures géométriques aux coordonnées définies par l'utilisateur aux coordonnées d'une fenêtre. Puis elle redimensionne la figure pour pouvoir l'ajuster à la fenêtre. Enfin, elle décale chaque figure par rapport à sa position dans la fenêtre pour générer sa position à l'écran.

Les étapes de conception d'un pipeline pour une transformation continue sont les suivantes :

- Décomposez la transformation globale en stades, chaque stade effectuant une partie de la transformation.
- Définissez les modèles d'entrées et de sorties et les modèles intermédiaires entre chaque paire de stades successifs, comme pour la transformation par lots.

- Différenciez chaque opération pour obtenir des changements incrémentaux à chaque stade. Autrement dit, propagez les effets incrémentaux de chaque modification d'une entrée à travers le pipeline comme une série de mises à jour incrémentales.
- Ajoutez d'autres objets intermédiaires pour l'optimisation.

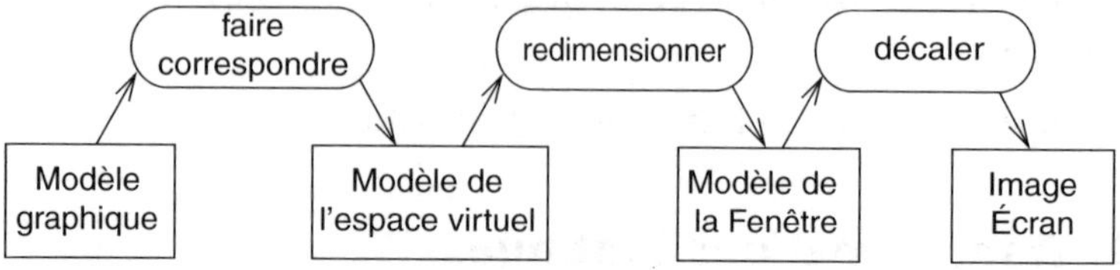

Figure 14.6 • Séquence d'étapes pour une application graphique. Une transformation continue propage en permanence les changements de l'entrée à la sortie.

14.12.3 Interfaces interactives

Une ***interface interactive*** est un système dominé par des interactions entre le système et des agents externes, comme des être humains ou des équipements. Les agents externes étant indépendants du système, ce dernier ne peut pas les contrôler mais il peut solliciter des réponses de leur part. Une interface interactive ne constitue généralement qu'une partie d'une application complète, et elle peut souvent être traitée indépendamment des traitements. Entre autres exemples de systèmes interactifs, citons les interfaces de requête à base de formulaires, les systèmes de fenêtrage des stations de travail et le panneau de contrôle d'une stimulation.

Les aspects majeurs d'une interface interactive sont le protocole de communication entre le système et les agents externes, la syntaxe des interactions possibles, la présentation des sorties (leur apparence à l'écran, par exemple), le flux de contrôle à l'intérieur du système, la performance et la gestion des erreurs. Les interfaces interactives sont dominées par le modèle d'états. Le modèle de classes représente les éléments de l'interaction, tels que les symboles des entrées-sorties et les formats de présentation. Le modèle d'interactions représente la façon dont les diagrammes de classes interagissent.

Les étapes de la conception d'une interface interactive sont les suivantes :

- Isolez les classes de l'interface des classes de l'application.
- Utilisez si possible des classes prédéfinies pour interagir avec les agents externes. Par exemple, les systèmes de fenêtrage possèdent une importante collection de classes prédéfinies comme les fenêtres, les menus, les boutons, les formulaires et autres types de classes prêtes à adapter à vos applications.
- Utilisez le modèle d'états comme structure du programme. Les interfaces interactives sont mieux implémentées en utilisant le contrôle concurrent (multitâche) ou le contrôle événementiel (interruptions ou *call-backs*). Le contrôle procédural

(écriture d'une sortie puis attente d'une entrée en ligne) est impraticable pour toute autre chose que les séquences de contrôle rigides.

- Isolez les événements physiques des événements logiques. Un événement logique correspond souvent à plusieurs événements physiques. Par exemple, une interface graphique peut accepter des entrées provenant d'un formulaire, d'un menu déroulant, d'une touche de fonction sur le clavier, d'une ligne de commandes ou d'un fichier de commandes.
- Spécifiez complètement les fonctions de l'application qui seront appelées par l'interface. Assurez-vous que les informations nécessaires à son implémentation sont présentes.

14.12.4 Simulations dynamiques

Une ***simulation dynamique*** modélise ou suit les objets du monde réel. Citons la modélisation moléculaire, le calcul de trajectoire d'engins spatiaux, les modèles économiques et les jeux vidéo. Les simulations sont peut-être les systèmes les plus simples à concevoir en appliquant une approche objet. Les objets et les opérations proviennent directement de l'application. Il existe deux façons d'implémenter le contrôle : un contrôleur explicite externe aux objets de l'application peut simuler une machine à états, ou bien les objets peuvent échanger des messages, comme dans une situation du mode réel.

Contrairement à ce qui se passe dans un système interactif, les objets internes d'une simulation dynamique correspondent bien à des objets du monde réel, et le modèle de classes est donc généralement important et souvent complexe. Comme pour les systèmes interactifs, le modèle d'états et le modèle d'interactions sont également importants.

Les étapes de la conception d'une simulation dynamique sont les suivantes :

- Identifiez les objets actifs du monde réel à partir du modèle de classes. Ces objets ont des attributs régulièrement mis à jour.
- Identifiez les événements discrets. Les événements discrets correspondent à des interactions discrètes avec les objets, comme la mise sous tension ou l'appui sur une pédale de frein. Les événements discrets peuvent être implémentés comme des opérations sur un objet.
- Identifiez les dépendances continues. Les attributs du monde réel peuvent être dépendants d'autres attributs du monde réel ou varier continûment avec le temps, l'altitude, la vitesse ou la position d'un volant par exemple. Ces attributs doivent être mis à jour à intervalles réguliers, en appliquant des techniques d'approximation numérique pour minimiser les erreurs de quantification.
- En général, une simulation est pilotée par un cycle temporel à petite échelle. Les événements discrets entre objets peuvent souvent être échangés comme faisant partie du cycle.

Le problème le plus délicat des simulations consiste généralement à fournir les performances adéquates. Dans un monde idéal, un nombre quelconque de processeurs parallèles exécuteraient une simulation qui serait une analogie exacte de la situation réelle. Dans la pratique, le concepteur du système doit estimer le coût de traitement pour chaque cycle de mise à jour et fournir les ressources appropriées. Des étapes discrètes doivent approximer des processus continus.

14.12.5 Systèmes temps réel

Un ***système temps réel*** est un système interactif dans lequel les actions sont soumises à des contraintes de temps très fortes. Un vrai système temps réel renvoie à une application critique qui exige une réponse garantie dans un délai impératif. Par opposition, un système en pseudo-temps réel doit également être extrêmement fiable mais peut à l'occasion enfreindre les contraintes temporelles. Les applications types concernent le contrôle de processus, l'acquisition de données, les systèmes de communication, le contrôle d'équipements et les relais de surcharge.

La conception des systèmes temps réel est complexe car elle met en jeu des problèmes tels que la gestion des interruptions, l'attribution de priorités aux tâches et la synchronisation de plusieurs UC. Malheureusement, les systèmes temps réel étant fréquemment conçus pour fonctionner à la limite de leurs ressources, l'obtention des performances voulues nécessite souvent une restructuration radicale de la conception qui n'obéit pas forcément à la logique. De telles acrobaties ont un coût en termes de portabilité et de maintenabilité. La conception des systèmes temps réel est un sujet spécialisé que nous n'aborderons pas dans cet ouvrage.

14.12.6 Gestionnaires de transactions

Un ***gestionnaire de transactions*** est un système dont la fonction première est de stocker et retrouver des données. La plupart des gestionnaires de transactions gèrent des utilisateurs multiples qui lisent et écrivent des données en même temps. Ils doivent également sécuriser leurs données afin de les protéger d'accès non autorisés et de pertes accidentelles. Les gestionnaires de transactions sont souvent bâtis sur un système de gestion de bases de données (SGBD), ce qui constitue une forme de réutilisation. Un SGBD possède des fonctionnalités génériques de gestion des données qui sont réutilisables et qu'il est inutile d'implémenter de nouveau. Entre autres exemples de gestionnaires de transactions, citons les systèmes de réservation aérienne, les systèmes de gestion de stocks et les systèmes de prises de commandes.

Le modèle de classes est dominant. Le modèle d'états est important à l'occasion, surtout pour spécifier l'évolution d'un objet, ainsi que les contraintes et les méthodes qui s'appliquent à différents moments du temps. Le modèle d'interactions est rarement significatif.

Les étapes de la conception d'un système d'informations sont les suivantes :

- Faites correspondre le modèle de classes aux structures de la base de données (voir chapitre 19).

- Déterminez les unités de concurrence, autrement dit les ressources qui ne peuvent être partagées, soit par nature soit pour correspondre à une spécification. Introduisez de nouvelles classes si nécessaire.
- Déterminez les unités de transaction, autrement dit l'ensemble des ressources auxquelles on doit accéder durant une transaction. Une transaction réussit ou échoue dans sa totalité.
- Définissez le contrôle de concurrence entre transactions. La plupart des SGBD possèdent cette fonctionnalité. Le système peut devoir réessayer plusieurs fois une transaction ayant échoué avant d'abandonner.

14.13 L'architecture du système GAB

Le système GAB est un hybride d'interface interactive et de gestionnaire de transactions. Les stations d'entrée sont des interfaces interactives, leur but étant d'interagir avec un humain pour recueillir les informations nécessaires à la formulation d'une transaction. Spécifier la station d'entrée consiste à construire un modèle de classes et un modèle d'états. Le consortium et les banques représentent avant tout un gestionnaire de transactions réparti. Leur but est de stocker des données et de permettre leur mise à jour *via* un réseau distribué sous certaines conditions contrôlées. La spécification de la partie gestionnaire de transactions du système consiste principalement à construire un modèle de classes. La figure 14.2 représente l'architecture du système GAB.

Les seuls stockages de données permanents sont assurés par les ordinateurs des banques. Une base de données garantit la cohérence des données et leur disponibilité aux accès concurrents. Chaque transaction est traitée en une seule opération par lot, qui verrouille le compte tant que la transaction n'est pas terminée.

La concurrence existe parce qu'il existe de nombreux GAB, chacun d'eux pouvant être actif à tout moment. Il ne peut y avoir qu'une seule transaction par GAB, mais chaque transaction nécessite l'assistance de l'ordinateur du consortium et de celui d'une banque. Comme le montre la figure 14.2, une transaction traverse plusieurs unités physiques et le diagramme représente chaque transaction indiquée dans le diagramme comme trois parties connectées. Lors de la conception, chaque partie deviendra une classe d'implémentation séparée. Même s'il n'y a qu'une seule transaction à la fois par GAB, l'ordinateur du consortium et ceux des banques peuvent traiter plusieurs transactions concurrentes. Cela ne pose pas de problème particulier, car la base de données synchronise l'accès à chaque compte.

L'ordinateur central et les ordinateurs des banques seront pilotés par événements. Chacun d'eux place les événements d'entrée dans une file d'attente mais les traite un par un dans l'ordre où ils sont reçus. Les fonctionnalités de l'ordinateur du consortium sont minimales : il se contente de transmettre un message d'une station GAB à un ordinateur de banque et d'un ordinateur de banque à une station GAB. L'ordinateur du consortium doit être suffisamment puissant pour pouvoir supporter la charge des transactions. Il peut être acceptable de bloquer occasionnellement une transaction, pourvu que l'utilisateur reçoive le message approprié.

L'ordinateur de banque est le seul dont les procédures sont non triviales, mais même celles-ci ne sont en substance que des mises à jour dans une base de données. La seule complexité pourrait venir de la gestion des erreurs. L'ordinateur de banque doit aussi être suffisamment puissant pour gérer des charges limites, et disposer d'assez d'espace de stockage sur disque pour enregistrer toutes les transactions.

Le système doit disposer des opérations nécessaires pour ajouter et supprimer des stations GAB et des ordinateurs de banque. Chaque unité physique doit être en mesure de se protéger contre les pannes ou les déconnexions du reste du réseau. Une base de données prémunit le système contre les pertes de données. Toutefois, il convient de prêter une attention particulière aux pannes survenant au cours d'une transaction, afin que ni la banque ni le client ne soient lésés, ce qui peut nécessiter un protocole d'acquittement élaboré avant que la transaction ne soit validée. Le GAB affichera un message approprié si la connexion est interrompue. Il doit également gérer d'autres types de pannes, comme l'épuisement du stock de billets ou de papier.

Sur ce type de système financier, l'échec sécurisé des transactions constitue la première priorité. S'il existe le moindre doute sur l'intégrité de la transaction, le GAB doit l'abandonner et afficher au client un message approprié.

Résumé

Après avoir analysé une application et avant de commencer la conception des classes, le concepteur du système doit décider d'une approche de base de la solution. La forme de stratégie de haut niveau adoptée pour construire le système se nomme l'architecture du système.

Dès le début de la planification d'un nouveau système, vous devez estimer les performances. L'objectif est d'obtenir une idée approximative de ce à quoi l'on peut s'attendre. Il s'agit de s'assurer que cela reste raisonnable et qu'aucune grosse surprise ne se présentera en cours de développement.

Préparez ensuite un plan de réutilisation. On cite souvent la réutilisation au nombre des avantages de la technologie objet, mais elle ne se produit pas automatiquement. La réutilisation comprend deux aspects différents. La plupart des développeurs doivent se concentrer sur la réutilisation des modèles existants, des bibliothèques, des *frameworks* et des *patterns* qui sont pertinents pour leurs applications. Les développeurs d'élite pourront créer des artefacts qui seront réutilisables par d'autres.

Un système peut être divisé en couches horizontales et en partitions verticales. Chaque couche définit un monde abstrait distinct qui peut différer complètement de celui des autres couches. Chaque couche est un client des services de la ou des couches inférieures et un serveur qui fournit des services aux couches supérieures. Les systèmes peuvent également comprendre des partitions, chacune exécutant un type de service général. Les topologies simples, telles que les pipelines et les étoiles, réduisent la complexité. La plupart des systèmes s'appuient sur un panachage de couches et de partitions.

Les objets intrinsèquement concurrents s'exécutent en parallèle et un seul thread de contrôle ne peut pas les combiner. Ils nécessitent des équipements séparés ou différentes tâches d'un processeur. Vous pouvez combiner les objets non concurrents dans un seul thread de contrôle et les implémenter dans une même tâche.

Un système doit disposer de suffisamment de processeurs et d'équipements dédiés pour atteindre les objectifs de performance. Vous devez affecter les objets au matériel afin que l'utilisation de celui-ci soit équilibrée et qu'il satisfasse aux contraintes de concurrence. Pour ce faire, vous pouvez estimer les charges de calcul et prévoir des effets de mise en file en configurant le matériel. Vous pouvez utiliser des équipements dédiés pour les traitements demandant beaucoup de puissance de calcul. L'un des buts du partitionnement d'un réseau matériel est de limiter les communications entre les modules physiques distincts.

Les stockages de données peuvent permettre de séparer nettement les sous-systèmes au sein d'une architecture et de conférer un certain degré de permanence aux données d'une application. En général, le stockage des données peut être implémentés par des structures de données en mémoire, des fichiers ou des bases de données. Les fichiers constituent un moyen simple, peu coûteux et permanent, mais qui peut fournir un niveau d'abstraction trop faible pour une application et nécessiter beaucoup de programmation supplémentaire. Les bases de données fournissent un niveau d'abstraction plus élevé que les fichiers, mais elles exigent aussi des compromis en termes de surcoût et de complexité.

Le concepteur du système doit identifier les ressources globales et déterminer les mécanismes de contrôle de leur accès. Les mécanismes courants sont la mise en place d'un objet gardien qui sérialise tous les accès, la partition des ressources globales en sous-ensembles disjoints qui sont gérés à un plus bas niveau, et enfin l'utilisation de verrous.

Le contrôle du matériel est intrinsèquement concurrent, mais le contrôle logiciel peut être procédural, événementiel ou concurrent. Le contrôle d'un système procédural réside dans le code du programme ; les valeurs du compteur ordinal, de la pile d'appels des procédures et de celle des variables locales définissent l'état du système. Dans un système piloté par les événements, le contrôle réside dans un dispatcheur ou un moniteur : les procédures de l'application sont associées à des événements et sont appelées par le dispatcheur quand les événements correspondants se produisent. Dans un système concurrent, le contrôle réside concurremment dans plusieurs objets indépendants. Les systèmes concurrents et événementiels sont plus souples que les systèmes procéduraux.

La majeure partie de la conception d'un système s'intéresse au comportement en conditions stables, mais les cas limites – initialisation, terminaison et erreurs – sont également importants.

Un aspect essentiel de l'architecture consiste à arbitrer entre le temps et l'espace, le matériel et le logiciel, la simplicité et la généralité, l'efficacité et la maintenabilité.

Ces compromis dépendent des buts de l'application. Le concepteur du système doit définir des priorités afin que les arbitrages soient cohérents lors de la conception qui s'ensuivra.

Différents types de systèmes sont fréquemment rencontrés pour lesquels il existe un style architectural standard. Ces architectures comprennent deux types de transformations fonctionnelles – les transformations par lots (*batch*) et les transformations continues –, trois types de systèmes dépendants du temps – les interfaces interactives, les simulations dynamiques et les systèmes temps réel –, et un système de bases de données – le gestionnaire de transactions. La plupart des applications sont généralement des hybrides de plusieurs formes – éventuellement une forme pour chaque sous-système majeur. D'autres types d'architectures sont également possibles.

arbitrage de priorités	couche	plan de réutilisation
architecture	exigences matérielles	service
client-serveur	*framework*	sous-système
conception du système	gestion des données	système événementiel
concurrence	partition	thread de contrôle
concurrence intrinsèque	*peer-to-peer (P2P)*	topologie du système

Figure 14.7 • Concepts clés du chapitre 14.

Notes bibliographiques

Les applications logicielles simples ne nécessitent pas beaucoup d'ingénierie système, mais les systèmes complexes doivent être décomposés en sous-systèmes qui seront affectés aux spécialistes appropriés. [Clements-02] présente un processus permettant d'évaluer les architectures logicielles. En substance, un groupe de parties prenantes se réunit et hiérarchise les critères que l'architecture doit respecter. Il quantifie ensuite les critères à l'aide de scénarios spécifiques, puis il analyse l'architecture pour vérifier qu'elle est conforme aux scénarios les plus prioritaires.

Les *patterns* constituent le sujet de nombreux ouvrages. Il existe des *patterns* pour l'analyse [Coad-95], l'architecture [Buschmann-96], [Shaw-96], la conception [Gamma-95] et l'implémentation [Coplien-92]. Au cours des années, il y a également eu un grand nombre de conférences sur les *patterns*, nombre d'entre elles ayant été parrainées par le PLoP (*Pattern Languages of Programming*) [PLoP].

Références

[Berlin-90] Lucy Berlin, "When objects collide: Experiences with reusing multiple class hierarchies", *ECOOP/OOPSLA 1990 Proceedings*, octobre 21–25, 1990, Ottawa, Ontario, Canada, 181-193.

[Buschmann-96] Frank Buschmann, Régine Meunier, Hans Rohnert, Peter Sommerlad et Michael Stal, *Pattern-Oriented Software Architecture: A System of Patterns*, Chichester, UK: Wiley, 1996.

[Clements-02] Paul Clements, Rick Kazman et Mark Klein, *Evaluating Software Architectures*, Boston: Addison-Wesley, 2002.

[Coad-95] Peter Coad, David North et Mark Mayfield, *Object Models: Strategies, Patterns, and Applications*, Upper Saddle River, NJ: Yourdon Press, 1995.

[Coplien-92] James O. Coplien, *Advanced C++ Programming Styles and Idioms*, Boston: Addison-Wesley, 1992. Traduction française : *Programmation avancée en C++ : styles et idiomes*, Paris, Addison-Wesley, 1992.

[Gamma-95] Erich Gamma, Richard Helm, Ralph Johnson et John Vlissides, *Design Patterns: Elements of Reusable Object-Oriented Software*, Boston: Addison-Wesley, 1995. Traduction française : *Design patterns, catalogue de modèles de conception réutilisables*, Paris, Vuibert, 1999.

[Johnson-88] Ralph E. Johnson et Brian Foote, "Designing reusable classes", *Journal of Object-OrientedProgramming 1*, 3 (juin/juillet 1988), 22-35.

[Korson-92] Tim Korson et John D. McGregor, "Technical criteria for the specification and evaluation of object-oriented libraries", *Software Engineering Journal* (mars 1992), 85-94.

[PLoP] jerry.cs.uiuc.edu/~plop

[Shaw-96] Mary Shaw et David Garlan, *Software Architecture*, Upper Saddle River, NJ: Prentice Hall, 1996.

Exercices

14.1 (4) Pour chacun des systèmes suivants, citez le ou les styles d'architecture applicables : transformation par lots, transformation continue, interface interactive, simulation dynamique, système temps réel ou gestionnaire de transactions. Justifiez vos choix. Pour les systèmes auxquels plusieurs styles s'appliquent, groupez les caractéristiques du système par styles.

a. **Un jeu d'échecs électronique.** Le système se compose d'un échiquier avec un ordinateur intégré, de voyants et d'interrupteurs à membrane. Le joueur humain enregistre ses coups en appuyant les pièces sur l'échiquier, activant ainsi les interrupteurs à membrane montés sous chaque case. L'ordinateur indique ses coups par des voyants également montés sous chaque case. Le joueur humain déplace les pièces pour l'ordinateur. L'ordinateur ne doit jouer que des coups autorisés, rejeter les tentatives de coups non autorisés du joueur humain et essayer de gagner.

b. **Un simulateur de vol pour un jeu vidéo.** Le système de jeu vidéo a déjà été implémenté et consiste en un ordinateur acceptant des entrées d'une manette de jeu et de boutons-poussoirs et une interface de sortie vers un téléviseur couleur. Votre tâche consiste à développer le logiciel pour que l'ordinateur affiche la vue depuis le cockpit d'un avion. La manette de jeu et les boutons-poussoirs commandent l'avion. L'affichage doit s'appuyer sur une description du terrain stockée en mémoire. Une fois terminé, votre programme sera vendu en cartouches qui s'enfichent dans le système de jeu vidéo.

c. **Une puce de contrôle de lecteur de disquettes.** La puce utilisera un microprogramme pour le contrôle interne. Vous êtes concerné par le microprogramme. La puce relie l'ordinateur et un lecteur de disquettes. Votre portion du contrôle aura la responsabilité de positionner les têtes de lecture/écriture et de lire les données. Les informations sur la disquette sont organisées en pistes et en secteurs. Les pistes sont des zones de données également espacées sur la disquette. Les données d'une piste sont organisées en secteurs. Votre architecture devra prendre en charge les opérations suivantes : trouver la piste 0, trouver une piste donnée, lire une piste, lire un secteur, écrire une piste et écrire un secteur.

d. **Un système de sonar.** Vous êtes concerné par la portion du système qui détecte des objets sous-marins et calcule à quelle distance ils se trouvent (portée). Pour ce faire, on transmet une impulsion acoustique et on analyse l'écho résultant. Pour effectuer l'analyse, on emploie une technique dite de corrélation, dans laquelle une copie retardée de l'impulsion transmise est multipliée par l'écho retourné et intégrée pour plusieurs valeurs de délai. Si le résultat est grand pour une valeur particulière du délai, c'est l'indication qu'il existe un objet dans la portée qui correspond à ce délai.

14.2 (3) Expliquez comment vous implémenteriez le contrôle pour les applications décrites dans l'exercice précédent.

14.3 (7) En tant qu'architecte système pour un nouveau produit de traitement du signal, vous devez décider de la façon de stocker des données en temps réel. Le produit emploie un convertisseur analogique/numérique pour échantillonner un signal analogique entrant ayant un débit de 16 000 octets par seconde (128 000 bits par seconde) pendant 10 secondes. Malheureusement, les calculs nécessaires sont trop longs pour être effectués à mesure que les échantillons sont reçus, et vous devez donc stocker temporairement ces derniers. La décision a déjà été prise de limiter le volume des tampons mémoire à 64 000 octets. Le système est doté d'un lecteur de disquettes organisées en 77 pistes pour un total de 243 000 octets de stockage par disquette. Il faut 10 millisecondes pour déplacer la tête de lecture/écriture d'une piste à l'autre et 83 millisecondes en moyenne pour trouver le début d'une piste une fois la tête positionnée. Le lecteur de disquettes sera positionné sur la piste correcte avant le début de l'acquisition des données.

Deux solutions au problème sont envisagées. (1) Écrire simplement les échantillons de données sur la disquette lorsqu'ils sont disponibles. Pourquoi cela ne fonctionne-t-il pas ? (2) Employer la mémoire comme tampon. Les échantillons de données sont placés en mémoire à mesure qu'ils sont acquis et écrits sur la disquette aussi rapidement que possible sur des pistes séquentielles. Cette méthode fonctionnera-t-elle ? Décrivez la méthode plus en détail. Combien faut-il de mémoire pour le tampon ? Combien de pistes seront employées sur la disquette ? Préparez quelques scénarios. Décrivez comment le contrôle pourrait fonctionner.

14.4 (6) Considérons un système informatique destiné à automatiser le perçage de trous dans des plaques de métal rectangulaires. La taille et l'emplacement des trous sont décrits de manière interactive dans un éditeur graphique sur un ordinateur personnel. Lorsque l'utilisateur est satisfait par un schéma particulier, un périphérique sur l'ordinateur personnel perfore une bande de contrôle numérique. La bande peut être employée sur différentes machines de perçage dotées de têtes de perçage mobiles et de différentes tailles de forets.

Vous n'êtes concernés que par l'édition des schémas et la perforation des bandes. Les bandes contiennent des séquences d'instructions pour déplacer les têtes de perçage, pour changer les forets et pour percer. Comme il faut un certain temps pour déplacer la tête d'un trou à l'autre, et encore plus pour changer de foret, le système doit déterminer une séquence de perçage raisonnablement efficace. II n'est pas nécessaire d'obtenir le temps minimum absolu, mais le système ne doit pas non plus être excessivement inefficace. La tête de perçage étant contrôlée indépendamment dans les directions x et y, le temps nécessaire pour passer d'un trou à l'autre est proportionnel au plus long des déplacements désirés dans les directions x et y. Préparez une architecture du système. Comment caractériseriez-vous ce style de système ?

14.5 (5) Considérons un système de manipulation symbolique interactive de fonctions polynomiales. L'idée de base consiste à permettre à un mathématicien de développer des formules de façon plus exacte et plus productive. L'utilisateur entre des expressions mathématiques et des commandes une ligne à la fois. Les expressions sont des ratios polynomiaux, construits à partir de constantes et de variables. On peut affecter des expressions intermédiaires à des variables et les rappeler ultérieurement. Les opérations comprennent l'addition, la soustraction, la multiplication, la division et la différentiation par rapport à une variable.

Développez une architecture pour ce système. Comment caractériseriez-vous ce style de système ? Comment sauvegarderiez-vous le travail en cours pour le reprendre plus tard ?

14.6 (4) Une architecture pour le système décrit dans l'exercice précédent pourrait comprendre les sous-systèmes suivants. Organisez-les en partitions et en couches.

a. Syntaxe des lignes – balayer une entrée utilisateur pour isoler les unités syntaxiques minimales.
b. Sémantique des lignes – déterminer la signification d'une ligne de l'entrée.
c. Traitement des commandes – exécuter les commandes utilisateur, traiter les erreurs.

d. Construction des expressions – construire une représentation interne d'une expression en entrée.

e. Exécution des opérations – appliquer une opération sur une ou plusieurs expressions.

f. Sauvegarde du travail – sauvegarder le contexte courant.

g. Chargement du travail – lire le contexte précédemment sauvegardé.

h. Substitution – substituer une expression par une variable dans une autre expression.

i. Rationalisation – convertir une expression dans une forme canonique.

j. Évaluation – remplacer une variable dans une expression par une constante et simplifier l'expression.

14.7 (6) Considérez un système permettant d'éditer, de sauvegarder et d'imprimer des diagrammes de classes et de générer un schéma de base de données relationnelle. Le système ne prend en charge qu'un sous-ensemble restreint de la notation des modèles de classes : classes avec attributs et associations binaires avec multiplicité. Le système comprend également des fonctions d'édition : créer des classes, créer des associations, couper, copier et coller. L'éditeur doit comprendre la sémantique des diagrammes d'objets. Par exemple, lorsqu'une classe Rectangle est déplacée, les lignes représentant toute association attachée sont allongées. Si une classe est supprimée, les associations attachées le sont également. Lorsque l'utilisateur est satisfait du diagramme, le système génère le schéma de base de données relationnelle correspondant. Analysez les avantages relatifs d'un programme unique qui effectue toutes les fonctions par rapport à deux programmes, dont l'un édite des diagrammes de classes et l'autre génère le schéma de base de données correspondant à partir des diagrammes de classes.

14.8 (6) Dans l'exercice précédent, on doit à la fois considérer des aspects physiques et logiques des diagrammes de classes. Les aspects physiques comprennent l'emplacement et la taille des lignes, des boîtes et du texte. Les aspects logiques comprennent la connectivité, les classes, les attributs et les associations. Expliquez comment appuyer votre architecture sur les stratégies suivantes. Considérez les problèmes impliqués par l'édition et la sauvegarde des diagrammes d'objets et par la génération du schéma de base de données.

a. Ne modélisez que les aspects géométriques des diagrammes de classes. Traitez les aspects logiques comme dérivés.

b. Modélisez à la fois les aspects géométriques et les aspects logiques des diagrammes de classes.

14.9 (5) Une autre approche du système décrit dans l'exercice 14.7 consiste à employer un système de micro-édition du commerce pour tracer les diagrammes de classes au lieu d'implémenter votre propre éditeur de diagrammes. Le système de micro-édition peut générer un fichier ASCII dans un langage à balises. Le vendeur fournit la grammaire du langage.

Comparez les deux approches. L'une d'elles consiste à développer votre propre éditeur qui comprenne la sémantique des diagrammes de classes. L'autre consiste à employer une application du commerce pour éditer les diagrammes. Que se passe-t-il si de nouvelles versions du système de micro-édition sont disponibles ? Pouvez-vous faire l'hypothèse que l'utilisateur prépare un diagramme en employant une notation que votre générateur de schéma de base de données comprendra ? Cela vaut-il la peine d'implémenter des fonctions telles que couper-coller que les systèmes du marché effectuent très bien ? Qui aidera les utilisateurs s'ils rencontrent des difficultés ? Comment votre système sera-t-il maintenu et supporté ? Combien faudra-t-il de temps pour terminer votre système ?

14.10 (6) Un problème courant dans de nombreux systèmes est celui de la préservation des données en cas de coupure de courant ou de panne matérielle. La solution idéale devrait être fiable, peu coûteuse, de taille réduite, rapide, ne nécessitant pas de maintenance et facile à incorporer au système. De plus, elle devrait être insensible à la chaleur, à la poussière et à l'humidité. Les compromis des technologies disponibles exercent souvent une influence sur les exigences fonctionnelles. Comparez chacune des solutions suivantes en vous demandant comment elles se rapprochent de l'idéal. Notez que cette liste de solutions n'est pas exhaustive.

a. Ne rien faire du tout. Réinitialiser toutes les données chaque fois que le système est remis sous tension.

b. Ne jamais couper l'alimentation si possible. Si nécessaire, employer une alimentation spécifique comprenant un générateur de secours.

c. Conserver les données critiques sur disque magnétique. Effectuer périodiquement une sauvegarde complète et/ou incrémentale sur bande magnétique.

d. Utiliser une batterie pour maintenir l'alimentation de la mémoire lorsque le reste du système est hors tension. Il peut même être possible de continuer en offrant des fonctionnalités limitées.

e. Employer un composant mémoire spécialisé, comme une mémoire magnétique à bulles ou une EEPROM.

f. Les paramètres critiques sont entrés par l'utilisateur au moyen d'interrupteurs. Plusieurs types d'interrupteurs sont disponibles sur le marché pour cet usage, notamment des packages contenant plusieurs interrupteurs à bascule qui se connectent de la même façon qu'un circuit intégré.

14.11 (7) Pour chacun des systèmes suivants, choisissez une ou plusieurs stratégies pour le stockage des données de l'exercice précédent. Expliquez votre raisonnement dans chaque cas et donnez une estimation (ordre de grandeur) de la mémoire nécessaire en octets :

a. **Calculatrice de poche à quatre fonctions.** La source principale d'alimentation est solaire. La calculatrice ne dispose que des opérations arithmétiques de base.

b. **Machine à écrire électronique.** La principale source d'alimentation est soit une batterie rechargeable, soit le courant alternatif. Elle opère selon deux modes. Dans l'un des modes, les textes sont tapés une ligne à la fois. On peut éditer une ligne avant de la valider. Un écran à cristaux liquides affichera jusqu'à 16 caractères aux fins d'édition. Dans l'autre, un document complet peut être saisi et édité avant impression. L'utilisateur doit pouvoir conserver le document de travail pendant un an, alimentation coupée.

c. **Horloge système pour un ordinateur personnel.** La source principale d'alimentation est le courant alternatif fourni par l'ordinateur lorsqu'il est sous tension. Elle offre la date et l'heure à l'ordinateur. Elle doit conserver la date et l'heure correctes pendant cinq ans, alimentation coupée.

d. **Système de réservation aérienne.** La source principale d'alimentation est le courant alternatif. Le système doit fonctionner en permanence, quel qu'en soit le coût. Si, pour une raison quelconque, le système doit être arrêté, aucune donnée ne doit être perdue.

e. **Unité de contrôle numérique et de protection thermique pour un moteur.** Ce dispositif procure une protection thermique pour des moteurs dans une vaste gamme de puissances nominales, en calculant la température du moteur en fonction du courant mesuré et d'une simulation de la dissipation de chaleur du moteur. Si la température calculée excède les limites de sécurité, le moteur est coupé et n'est pas autorisé à repartir tant qu'il n'a pas refroidi. La source principale d'alimentation est le courant alternatif, qui peut être coupé. La protection doit être opérationnelle dès la mise sous tension. Les paramètres nécessaires pour la simulation thermique sont d'abord définis en usine, mais on doit prévoir la possibilité de les modifier si nécessaire, après installation du système. Comme la température du moteur n'est pas mesurée directement, il est nécessaire de continuer à la simuler pendant au moins une heure après la perte de l'alimentation principale, au cas où le courant serait rétabli avant que le moteur n'ait refroidi.

14.12 (9) La conception de formats de fichiers est une tâche courante de la conception système. Un diagramme BNF est un moyen commode pour exprimer les formats des fichiers. La figure E14.1 est une portion de diagramme BNF d'un langage permettant de décrire des classes et des associations binaires. Les symboles non terminaux sont représentés dans des rectangles et les symboles terminaux dans des cercles ou des rectangles aux coins arrondis. À l'exception de *caractère*, le diagramme définit tous les symboles non terminaux. Un diagramme est composé de classes et d'associations. Une association a un nom optionnel et deux extrémités. Une extrémité d'association contient le nom de l'une des classes associées et une valeur de multiplicité. Les informations textuelles sont décrites par des chaînes de caractères entre guillemets. Un caractère peut être un caractère ASCII quelconque, à l'exception des guillemets.

a. Utilisez le langage de la figure E14.1 pour décrire le diagramme de classes de la figure E14.2.

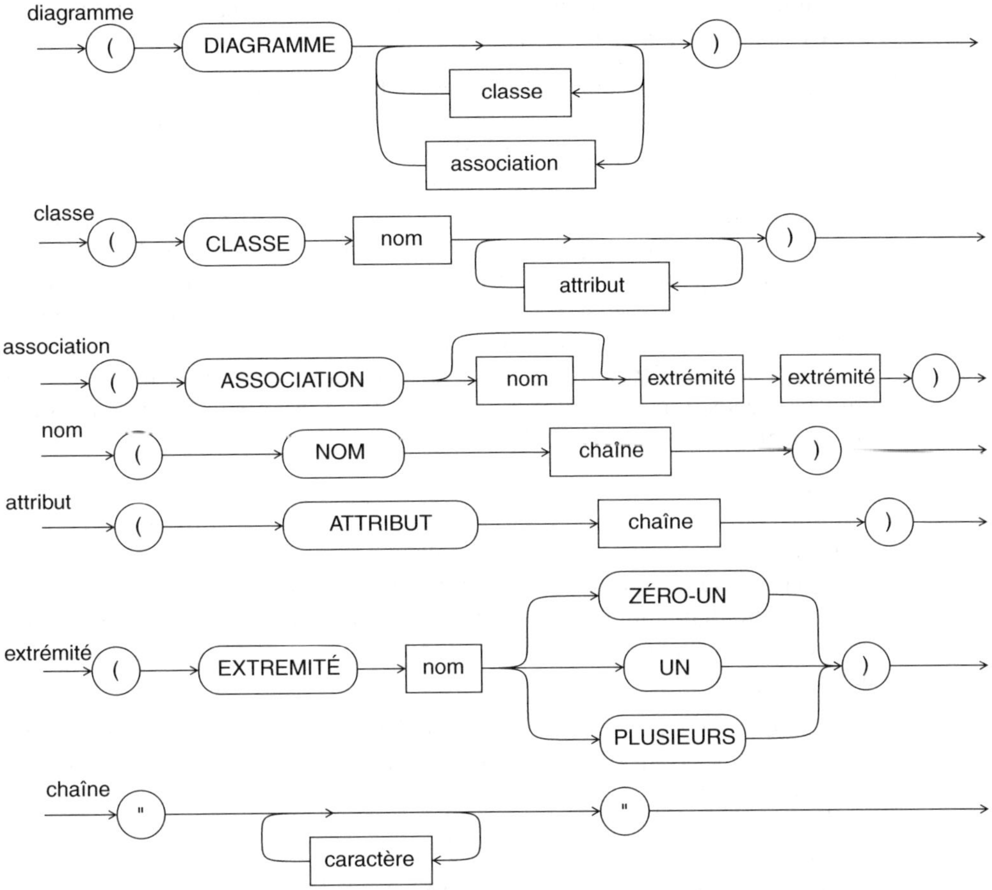

Figure E14.1 • Diagramme BNF pour un langage décrivant des classes et des associations.

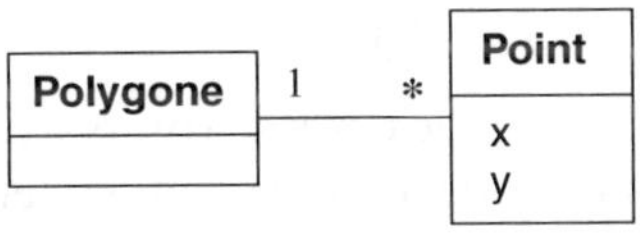

Figure E14.2 • Diagramme de classes décrivant des polygones.

b. Analysez les similarités et les différences entre les données résidant dans le stockage et les données en mouvement. Par exemple, la description que vous avez rédigée dans la partie précédente peut être utilisée pour stocker un diagramme de classes dans un fichier ou pour transmettre un diagramme d'un lieu à un autre.

c. Le langage de ce problème sert à décrire la structure de diagrammes de classes. Inventez un langage pour décrire des polygones bidimensionnels.

Employez un diagramme BNF pour décrire votre langage. Décrivez un carré et un triangle dans votre langage.

14.13 (6) On rencontre fréquemment dans les systèmes numériques un problème de corruption de données dû à des parasites ou à une panne matérielle. Une solution possible consiste à utiliser un code CRC (*Cyclic Redundancy Check*). Lorsque des données sont stockées ou transmises, un code est calculé à partir des données et ajouté à la fin de celles-ci. Lorsqu'elles sont extraites ou reçues, le code est recalculé et comparé à la valeur qui a été ajoutée aux données. Une correspondance est nécessaire mais non suffisante pour indiquer que les données sont correctes. La probabilité que des erreurs soient détectées dépend de la sophistication de la fonction employée pour calculer le CRC. Certaines fonctions peuvent être utilisées pour la correction des erreurs aussi bien que pour leur détection. Le contrôle de parité est un exemple de fonction simple qui détecte les erreurs d'un seul bit.

La fonction qui calcule un CRC peut être implémentée au niveau matériel ou logiciel. Pour un problème donné, le choix relève d'un compromis entre la rapidité, le coût, la souplesse et la complexité. La solution matérielle est rapide mais peut imposer une complexité superflue au système matériel et entraîner un coût supplémentaire. La solution logicielle est moins coûteuse et plus souple, mais elle peut ne pas être suffisamment rapide et risque de rendre le système logiciel plus complexe.

Pour chacun des sous-systèmes suivants, déterminez si un CRC est nécessaire ou non. Si oui, décidez s'il faut l'implémenter au niveau matériel ou logiciel. Expliquez vos choix.

a. un contrôleur de lecteur de disquettes ;

b. un système permettant de transmettre des fichiers de données entre deux ordinateurs *via* une ligne téléphonique ;

c. une carte mémoire sur l'ordinateur de bord de la navette spatiale ;

d. un dérouleur de bande magnétique ;

e. la validation d'un numéro de compte (on peut utiliser un CRC pour distinguer entre les numéros de compte valides et ceux qui sont générés de manière aléatoire).

14.14 Considérez le logiciel de planification des exercices 12.16 à 12.19 et 12.20 à 12.23.

Dans un logiciel de planification, il est également important de gérer la sécurité, autrement dit les plannings dans lesquels chaque utilisateur est autorisé à lire et à écrire.

Une façon évidente d'assurer la sécurité consiste à conserver une liste de permissions d'accès pour chaque combinaison d'utilisateur et de planning. Toutefois, celle-ci peut être fastidieuse à surveiller et à maintenir.

Une autre solution consiste à permettre de spécifier également des permissions pour un groupe. Un utilisateur peut appartenir à plusieurs groupes et chaque groupe peut être constitué de plusieurs utilisateurs et de groupes plus restreints. Les utilisateurs peuvent accéder aux plannings sur lesquels ils ont une permission ou sur lesquels leur(s) groupe(s) a (ont) une permission.

Étendez les modèles de classes des exercices 12.19 et 12.23 pour ce modèle de sécurité. (Note aux enseignants : vous devez fournir aux étudiants nos solutions des exercices 12.19 et 12.23.

15

Conception des classes

La phase d'analyse détermine ce que l'implémentation doit réaliser, et la conception du système détermine le « plan d'attaque ». L'objectif de la conception des classes est de finaliser la définition des classes et des associations et de choisir les algorithmes des opérations.

Ce chapitre explique comment étoffer le modèle d'analyse afin d'obtenir une base pour l'implémentation. La conception du système, présentée au chapitre précédent, guide vos décisions, mais maintenant, durant la conception des classes, vous devez travailler les détails. Il n'est pas nécessaire de passer d'un modèle à un autre, puisque le paradigme orienté objet englobe l'analyse, la conception et l'implémentation. Ce paradigme s'applique de façon tout aussi satisfaisante à la description des spécifications du monde réel qu'à l'implémentation informatique.

15.1 Vue d'ensemble de la conception des classes

Le modèle d'analyse décrit les informations que le système doit fournir et les opérations de haut niveau qu'il doit exécuter. Vous *pourriez* préparer le modèle de conception de façon totalement différente, avec des classes entièrement nouvelles. Toutefois, l'approche la plus simple et la meilleure consiste, la plupart du temps, à réaliser la conception à partir des classes du modèle d'analyse. La conception des classes devient alors un processus consistant à ajouter des détails et à prendre des décisions fines. De plus, si vous incorporez le modèle d'analyse durant la conception, il est plus facile de maintenir la cohérence du modèle d'analyse et du modèle de conception à mesure qu'ils évoluent.

Durant la conception, vous choisissez entre différentes façons d'implémenter les classes d'analyse avec un œil sur la minimisation du temps d'exécution, de l'utilisation de la mémoire et des autres mesures orientées coût. Vous devez en particulier étoffer les opérations, choisir les algorithmes et décomposer les opérations complexes en opérations plus simples. Cette décomposition est un processus itératif qui se répète à des niveaux successifs d'abstraction de plus en plus fins. Vous pouvez décider d'introduire de nouvelles classes pour mémoriser des résultats intermédiaires durant l'exécution du programme et vous dispenser de les recalculer. Toutefois, il importe d'éviter la « sur-optimisation », parce que la facilité d'implémentation, la maintenabilité et l'extensibilité constituent également des critères importants.

La conception orientée objet est un processus itératif. Lorsque vous pensez que la conception des classes est terminée pour un niveau d'abstraction donné, vous devez considérer le niveau d'abstraction plus fin suivant. À chaque niveau, vous devez ajouter de nouvelles opérations, de nouveaux attributs et de nouvelles classes. Vous devrez peut-être même réviser les relations entre les objets (ce qui peut impliquer des modifications de la hiérarchie de classes). Ne soyez pas surpris si plusieurs itérations sont nécessaires.

La conception des objets comprend les étapes suivantes :

- Combler le fossé entre les exigences de haut niveau et les services de bas niveau [15.2].
- Réaliser les cas d'utilisation par des opérations [15.3].
- Formuler un algorithme pour chaque opération [15.4].
- Décomposer récursivement jusqu'à obtenir des opérations de conception qui desservent des opérations de plus haut niveau [15.5].
- Remanier le modèle pour obtenir une conception plus nette [15.6].
- Optimiser les chemins d'accès aux données [15.7].
- Réifier les comportements qui doivent être manipulés [15.8].
- Ajuster la structure des classes pour augmenter l'héritage [15.9].
- Organiser les classes et les associations [15.10].

15.2 Combler le fossé

La figure 15.1 résume l'essence de la conception. Vous voulez que votre système offre un ensemble de fonctionnalités. Vous disposez par ailleurs d'un ensemble de ressources. Représentez-vous la distance qui les sépare comme un fossé : votre tâche consiste à construire un pont pour franchir ce fossé. Les exigences de haut niveau proviennent de plusieurs sources : cas d'utilisation, fonctionnalités de l'application et opérations et services du système. Les ressources comprennent quant à elles l'infrastructure du système d'exploitation, les bibliothèques de classes et les applications précédentes.

Si vous pouvez développer chaque fonctionnalité à partir des ressources, vous avez terminé. Par exemple, un commercial peut utiliser un tableur afin de calculer sa commission en prenant en compte différentes hypothèses. La ressource est parfaitement adaptée à la tâche.

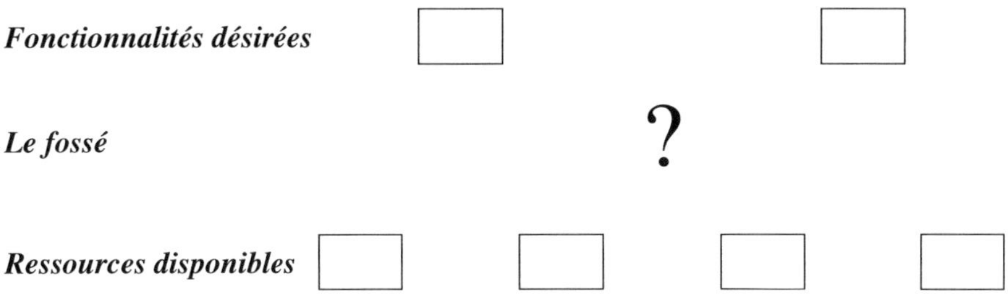

Figure 15.1 • Le fossé de la conception. Il existe souvent une coupure entre les fonctionnalités désirées et les ressources disponibles.

Mais ce n'est généralement pas aussi facile. Supposez que vous vouliez construire un système de prise de commandes en ligne. Il est difficile de développer le système à partir d'un tableur ou d'un langage de programmation, parce que le décalage entre les fonctionnalités et les ressources est trop important. Vous devez « inventer » des éléments intermédiaires, afin que chaque élément puisse être exprimé à partir de quelques éléments du niveau immédiatement inférieur (voir figure 15.2). De plus, si le fossé est très important, vous devrez organiser les éléments intermédiaires sur plusieurs niveaux. Ces éléments intermédiaires peuvent être des opérations, des classes ou d'autres constructions d'UML. La conception d'éléments intermédiaires pertinents est la clé d'une conception réussie.

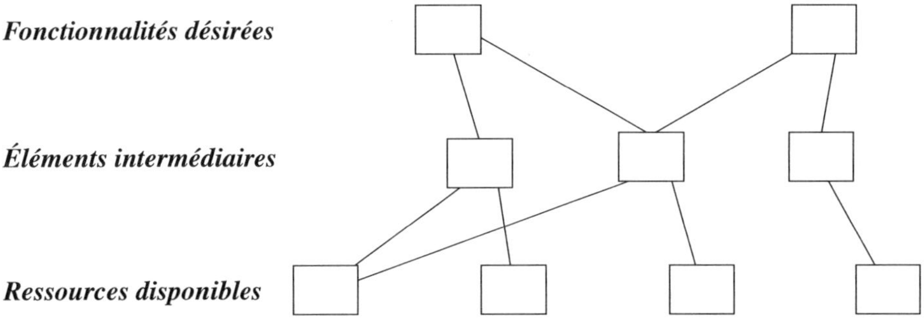

Figure 15.2 • Combler le fossé. Vous devez « inventer » des éléments intermédiaires pour combler le fossé entre les fonctionnalités désirées et les ressources disponibles.

Il arrive souvent que les éléments intermédiaires ne soient pas évidents. Il existe de nombreuses façons de décomposer une opération de haut niveau. Vous devez réfléchir à un ensemble d'opérations intermédiaires possibles, puis essayer de les construire. Soyez vigilant par rapport aux opérations intermédiaires qui sont similaires mais non identiques. Vous pouvez réduire la taille de votre code et augmenter sa clarté en regroupant ces opérations intermédiaires dans un plus petit nombre d'opérations communes. Mais les opérations retouchées peuvent avoir une répercussion négative ou néfaste sur les opérations de haut niveau. Vous devrez peut-être vous résoudre à des compromis, parce qu'une bonne conception optimise un système entier et non chaque opération séparément.

Si les éléments intermédiaires ont déjà été définis, vous pouvez vous contenter de les utiliser, mais le principe de réduction du décalage est le même. Vous devez toujours rechercher les éléments dans un *framework* ou dans une bibliothèque de classes, puis les choisir et les assembler. Le problème n'est pas de créer des éléments isolés, ce qui est à la portée de tout le monde, mais d'assurer la cohérence du système entier.

La conception est une tâche difficile parce qu'elle n'est pas purement analytique. Elle ne consiste pas simplement à étudier les exigences et à en déduire le système idéal. Les éléments intermédiaires possibles sont trop nombreux pour qu'on les essaie tous, et vous devez appliquer des heuristiques. La conception nécessite une synthèse : vous devez inventer de nouveaux éléments intermédiaires et faire en sorte de les articuler. Il s'agit d'une tâche créative, comparable à des activités telles que terminer un puzzle, prouver un théorème, jouer aux échecs, construire un pont ou écrire une symphonie. Vous ne pouvez pas espérer pousser un bouton ou suivre une recette et obtenir automatiquement une conception. Un processus de développement fournit des lignes directrices, tout comme un livre sur les échecs, un manuel de génie civil ou un ouvrage de musicologie peuvent apporter une aide, mais c'est en dernière analyse un acte de créativité qui permet d'obtenir une bonne conception.

15.3 Réaliser les cas d'utilisation

Au chapitre 13, nous avons ajouté les principales opérations au modèle de classes. Maintenant, durant la conception des classes, nous allons expliciter les opérations complexes, dont la plupart sont issues des cas d'utilisation.

Les cas d'utilisation définissent les comportements requis, mais ils ne définissent pas leur réalisation. C'est la finalité de la conception : choisir entre les différentes options et préparer l'implémentation. Chaque choix a ses avantages et ses inconvénients. Il ne suffit pas de se borner à livrer des comportements, bien que ce soit l'objectif premier. Il faut également prendre en considération les conséquences de chaque choix sur les performances, la fiabilité, l'extensibilité, etc. La conception est le processus qui consiste à réaliser les fonctionnalités tout en conciliant des besoins conflictuels.

Les cas d'utilisation définissent les comportements au niveau du système. Durant la conception, vous devez « inventer » de nouvelles opérations et de nouveaux objets qui fourniront ces comportements. Ensuite, vous devez définir tour à tour chacune de ces nouvelles opérations en termes d'opérations de plus bas niveau impliquant des objets supplémentaires. Finalement, vous pouvez implémenter directement les opérations en termes d'opérations existantes. C'est ce processus de conception des opérations intermédiaires pertinentes que nous avons nommé « combler le fossé ».

Pour commencer, dressez la liste des responsabilités d'un cas d'utilisation ou d'une opération. Une ***responsabilité*** est quelque chose qu'un objet sait ou qu'il doit faire [Wirfs-Brock-90]. Une responsabilité n'est pas un concept précis, mais elle sert à guider le processus de réflexion. Par exemple, dans un système de réservation de places de théâtre en ligne, *Effectuer une réservation* a la responsabilité de trouver les sièges inoccupés à un spectacle donné, de les marquer comme occupés, d'obtenir le règlement du client, d'organiser l'envoi des billets et de créditer le paiement sur le compte approprié. Le système du théâtre lui-même doit savoir quels sont les sièges inoccupés, connaître le tarif des différentes places, etc.

Chaque opération aura différentes responsabilités. Certaines d'entre elles peuvent être partagées par d'autres opérations, et d'autres pourront être réutilisées dans le futur. Groupez les responsabilités en faisant en sorte que chaque groupe soit cohérent. Autrement dit, chaque groupe doit se composer de responsabilités apparentées pouvant être assumées par une seule opération de bas niveau. Parfois, si la responsabilité est vaste et indépendante, elle forme un groupe à part entière.

Définissez maintenant une opération pour chaque groupe de responsabilités. Définissez-la de telle sorte qu'elle ne soit pas limitée à des conditions particulières, mais pas de façon trop générale non plus afin qu'elle ne soit pas mal circonscrite. Le but est d'anticiper les futures utilisations de la nouvelle opération. Si l'opération peut être utilisée à différents endroits de la conception actuelle, il est probablement inutile de la rendre plus générale, sauf pour couvrir les utilisations existantes.

Enfin, affectez les nouvelles opérations de bas niveau aux classes. Si aucune classe ne convient pour accueillir une opération, vous devrez peut-être inventer une nouvelle classe de bas niveau.

Exemple du GAB. L'un des cas d'utilisation du chapitre 13 est *exécuter une transaction*. Souvenez-vous qu'une *Transaction* est un ensemble de *MiseÀJour* et que la logique varie selon qu'il s'agit d'un retrait, d'un dépôt ou d'un transfert.

- **Retrait.** Un retrait implique un certain nombre de responsabilités : obtenir le montant du client, vérifier que ce montant ne dépasse pas le solde actuel, vérifier qu'il est compatible avec la politique de la banque, vérifier que le GAB dispose de suffisamment d'espèces, délivrer les billets, débiter le compte bancaire et passer l'écriture sur le reçu du client. Notez que certaines de ces responsabilités doivent s'insérer dans le contexte d'une transaction de base de données. Une telle transaction garantit un comportement de type « tout ou rien » (appelé atomicité) : toutes les opérations appartenant à la transaction sont réalisées ou aucune des opérations ne l'est. Par exemple, la délivrance des billets et le débit du compte doivent s'exécuter ensemble.
- **Dépôt.** Un dépôt implique un certain nombre de responsabilités : obtenir le montant du client, accepter l'enveloppe contenant les fonds, horodater l'enveloppe, créditer le compte bancaire et passer l'écriture sur le reçu. Certaines de ces responsabilités doivent s'insérer dans le contexte d'une transaction de base de données.
- **Transfert.** Les responsabilités comprennent : obtenir le compte source, obtenir le compte cible, obtenir le montant, vérifier que le solde du compte source couvre le montant, vérifier que le montant est compatible avec la politique de la banque, débiter le compte source, créditer le compte cible et passer l'écriture sur le reçu. Encore une fois, certaines de ces responsabilités doivent s'insérer dans le contexte d'une transaction de base de données.

Vous pouvez constater qu'il existe un certain recouvrement entre les opérations. Par exemple, *retrait*, *dépôt* et *transfert* demandent toutes trois un montant au client. *Transfert* et *retrait* vérifient toutes deux que le compte source dispose de fonds suffisants. Une conception raisonnable fusionnerait ces comportements et ne les développerait qu'une seule fois.

15.4 Concevoir les algorithmes

Formulez maintenant un ***algorithme*** pour chaque opération. La spécification de l'analyse énonce le *quoi*, ce que chaque opération fait pour ses clients, mais l'algorithme montre *comment* elle est réalisée. La conception des algorithmes comprend les étapes suivantes :

- Choisir des algorithmes qui minimisent le coût de l'implémentation des opérations.
- Sélectionner les structures de données appropriées aux algorithmes.
- Définir de nouvelles classes et opérations internes lorsque c'est nécessaire.
- Affecter les opérations aux classes appropriées.

15.4.1 Choisir les algorithmes

Beaucoup d'opérations sont simples parce qu'elles traversent simplement le modèle de classes pour lire ou modifier des attributs ou des liens. Le langage OCL (voir chapitre 3) fournit une notation pratique pour exprimer une telle navigation.

Mais la navigation dans un modèle de classes ne suffit pas à exprimer certaines opérations. On utilise souvent du pseudocode pour gérer ces situations. Le pseudocode aide à réfléchir à l'algorithme tout en différant les détails de la programmation. Par exemple, de nombreuses applications comportent des graphes et utilisent une fermeture transitive. (La fermeture transitive est l'ensemble des nœuds qui peuvent être atteints, directement ou indirectement, depuis un nœud de départ donné.) La figure 15.3 représente un modèle simple de graphe non orienté et le pseudocode qui permet de calculer la fermeture transitive.

En l'absence de problèmes d'efficacité, les algorithmes simples sont préférables. Dans la pratique, seules quelques opérations tendent à provoquer des goulets d'étranglement dans une application. En général, 20 % des opérations consomment 80 % du temps d'exécution. Pour les opérations restantes, mieux vaut adopter une conception simple, compréhensible et facile à programmer que s'échiner à apporter des améliorations mineures. Vous pouvez concentrer votre créativité sur des algorithmes des opérations qui sont des goulets d'étranglement. Par exemple, la recherche d'une valeur donnée dans un ensemble de *n* valeurs en parcourant tout l'ensemble nécessite en moyenne *n/2* opérations, alors qu'une recherche binaire demande *log n* opérations et qu'une recherche par hachage en demande généralement moins de deux.

```
Sommet::calculerFermetureTransitive() retourner EnsembleSommets
   sommets:= creerEnsembleVide;
   retourner self.boucleFT(sommets);

Sommet::boucleFT(sommets:EnsembleSommets) retourner EnsembleSommets
   ajouter self à sommets;
   pour chaque arc dans self.Arc
      pour chaque sommet dans arc.Sommet
         /* 2 sommets sont associés à un arc*/
        si sommet n'appartient pas à sommets alors sommets.boucleFT(sommets);
      fin si
   fin pour chaque sommet
fin pour chaque arc
```

Figure 15.3 • Exemple de pseudocode. Vous pouvez exprimer des algorithmes délicats en pseudocode. La méthode du haut initialise le calcul et celle du bas opère de manière récursive sur les sommets qui ne sont distants que d'un arc et n'ont pas encore été visités.

Voici quelques considérations sur la façon de choisir entre plusieurs algorithmes :

- **Complexité des calculs.** Comment le temps CPU augmente-t-il en fonction de la taille des structures de données ? Ne vous souciez pas des petits facteurs d'inefficacité. Par exemple, un niveau d'adressage indirect supplémentaire est insignifiant s'il améliore la clarté. Il est toutefois essentiel de réfléchir à la complexité de l'algorithme, autrement dit à la façon dont le temps d'exécution (ou l'occupation de la mémoire) augmente en fonction du nombre de valeurs en entrée : l'augmentation est-elle constante, linéaire, quadratique ou exponentielle ? Par exemple, le tristement célèbre « tri à bulles » demande un temps proportionnel à n^2, où n est la taille de la liste, alors que la plupart des autres algorithmes de tri nécessitent un temps proportionnel à $n \log n$.
- **Facilité d'implémentation et compréhensibilité.** Cela vaut la peine de sacrifier un peu de performance sur les opérations non critiques si vous pouvez utiliser un algorithme simple. C'est pour cette raison précise que vous devez essayer de vous baser sur le modèle d'analyse pour la conception et de minimiser les ajustements. À moins d'être confronté à un problème de performance, il est inutile d'optimiser beaucoup, parce que cela rend le modèle plus difficile à comprendre et à implémenter.
- **Souplesse.** Vous devrez tôt ou tard étendre la plupart des programmes. Un algorithme hautement optimisé sacrifie souvent la facilité de modification. Une possibilité consiste à fournir deux versions des opérations critiques : un algorithme, simple mais peu efficace, que vous pouvez implémenter rapidement pour valider le système, et un autre, complexe mais efficace, que vous pouvez comparer au plus simple.

Exemple du GAB. Les interactions entre l'ordinateur du consortium et ceux des banques pourraient être complexes. L'un des problèmes se situe au niveau du traitement réparti : l'ordinateur du consortium est sur un site donné et ceux des banques sont répartis sur différents sites. Il serait également important que l'ordinateur du consortium puisse supporter des changements d'échelle : le système des GAB ne peut pas faire face au coût d'un ordinateur surdimensionné, mais ce dernier doit pouvoir servir de nouvelles banques à mesure qu'elles rejoignent le réseau. Un troisième problème réside dans le fait que les systèmes bancaires sont des applications distinctes de celles du GAB : la coordination des différents formats entraînerait donc des conversions et des compromis inévitables. Tous ces problèmes font que le choix des algorithmes pour coordonner le consortium et les banques est important.

De nombreuses banques disposent de systèmes perfectionnés pour éviter les pertes. En conséquence, la décision d'approuver ou de rejeter un retrait sur un GAB peut ne pas se résumer à une formule simple mais relever d'une logique élaborée. Cette décision peut dépendre de l'évaluation du crédit du client, des schémas d'activité passés et du rapport entre le solde du compte et le montant du retrait. De bons algorithmes pourraient permettre une diminution des pertes dépassant de beaucoup les coûts de développement.

15.4.2 Choisir les structures de données

Les algorithmes nécessitent des structures de données sur lesquelles opérer. Durant l'analyse, vous vous êtes concentré sur la structure logique des informations au sein du système. Mais durant la conception, vous devez déterminer des structures de données qui assureront l'efficacité des algorithmes. Les structures de données n'ajoutent aucune information au modèle d'analyse, mais elles l'organisent sous une forme convenant aux algorithmes. Nombre de ces structures de données sont des instances de ***classes conteneurs***. Ces structures comprennent les tableaux, les listes, les files, les piles, les ensembles, les *bags*, les dictionnaires, les arbres et de nombreuses variantes telles que les files avec priorité et les arbres binaires. La plupart des langages objet offrent un assortiment de structures de données génériques qui font partie des bibliothèques de classes prédéfinies.

Exemple du GAB. Une *Transaction* est un ensemble de *MiseÀJour*. Nous devons revoir le modèle de classes : il existe une séquence de mises à jour qui ont lieu au sein d'une transaction. Par conséquent, une *Transaction* devrait avoir une liste ordonnée de *MiseÀJour*. Réfléchir aux algorithmes et élaborer la structure logique de l'application vous permet de détecter des défauts dans le modèle de classes et de l'améliorer.

15.4.3 Définir les classes et les opérations internes

En décomposant les opérations de haut niveau, vous devrez peut-être concevoir de nouvelles opérations de bas niveau. Certaines des opérations de bas niveau peuvent provenir des opérations « aide-mémoire » de la phase d'analyse (voir chapitre 13). Mais vous devrez généralement ajouter de nouvelles opérations internes lorsque vous étendrez les opérations de haut niveau.

L'expansion des algorithmes peut vous conduire à créer de nouvelles classes pour gérer les résultats intermédiaires. En général, la description que fait le client du problème ne mentionne pas ces classes de bas niveau, parce que ce sont des artefacts.

Exemple du GAB. Les détails de conception du cas d'utilisation *exécuter une transaction* impliquent de délivrer un reçu à un client. Le GAB doit imprimer chaque mise à jour sur le reçu afin que le client se souvienne de ce qu'il a fait. Comme le modèle de classes de l'analyse ne contient pas de classe *Reçu*, nous en ajoutons une.

15.4.4 Affecter les opérations aux classes

Lorsqu'une classe a un sens dans le monde réel, ses opérations sont généralement claires. Toutefois, durant la conception, vous introduisez des classes internes qui ne correspondent pas aux objets du monde réel, mais seulement à certains de leurs aspects. Comme les classes internes sont inventées, elles sont quelque peu arbitraires et leurs frontières relèvent plus de la commodité que d'une nécessité logique.

Comment décider qu'une opération appartient à une classe ? Lorsque l'opération n'implique qu'un seul objet, la décision est facile à prendre : il faut demander (ou dire) à l'objet d'effectuer l'opération. Le choix est plus difficile lorsque plusieurs objets sont concernés : vous devez alors déterminer quel est l'objet qui joue le rôle principal dans l'opération. Posez-vous les questions suivantes :

- **Récepteur de l'action.** Y a-t-il un objet qui subit une action tandis que l'autre l'exécute ? En général, mieux vaut associer l'opération à la *cible* plutôt qu'à l'*initiateur.*
- **Consultation ou mise à jour.** Un objet est-il modifié par l'opération alors que les autres objets sont seulement interrogés sur l'information qu'ils contiennent ? L'objet qui est modifié est la cible de l'opération.
- **Classe centrale.** Lorsqu'on observe les classes et les associations impliquées dans l'opération, quelle est la classe qui est située le plus au centre dans le sous-réseau du modèle de classes ? Si les classes et les associations forment une étoile autour d'une seule classe centrale, c'est cette classe qui est la cible de l'opération.
- **Analogie avec le monde réel.** S'il ne s'agissait pas d'objets logiciels mais d'objets du monde réel, lequel devriez-vous pousser, déplacer, activer ou manipuler d'une façon quelconque pour exécuter l'opération ?

Il est parfois difficile d'affecter une opération à une classe au sein d'une hiérarchie de généralisation. On déplace couramment une opération vers le haut ou vers le bas de la hiérarchie pendant la conception, à mesure que l'on ajuste sa portée.

Exemple du GAB. Considérons les opérations internes du cas d'utilisation *exécuter une transaction* de la section 15.3, et affectons une classe à chacune d'elles.

- *Client.getMontant()* : obtient le montant demandé par le client. En fin de compte, *montant* sera stocké sous forme d'attribut des objets *MiseÀJour*, mais nous présumons que ces objets ne sont pas disponibles quand l'utilisateur spécifie le montant, et qu'ils sont créés après une vérification quelconque. Nous mémoriserons donc le montant pour un client donné dans un attribut temporaire.

- *Compte.verifierMontant(montant)* : vérifie que le montant est inférieur au solde du compte.
- *Banque.verifierMontant(montant)* : vérifie que le montant est compatible avec la politique de la banque.
- *GAB.verifierMontant(montant)* : vérifie que le GAB dispose de suffisamment d'espèces. Notez la présence de plusieurs méthodes *verifierMontant(montant)*, chacune d'elles appartenant à une classe différente. C'est là une façon pratique d'organiser les différentes façons de vérifier un montant. Ces méthodes doivent toutes avoir la même signature.
- *GAB.distribuerBillets(montant)* : distribue les billets.
- *Compte.debiter(montant)* : débite le compte bancaire.
- *Reçu.enregistrerTransaction()* : ajoute une transaction au reçu remis au client. Il pourrait sembler que nous devions relier *Client* à *Reçu*, mais le modèle sera plus précis si nous relions au contraire *CarteBancaire* à *Reçu*. La navigation dans le modèle montre qu'une *CarteBancaire* n'implique pas un *Client* unique, mais nous pouvons maintenant déterminer l'*AutorisationCarte* et la *CarteBancaire* utilisées lors de la session.
- *GAB.recevoirFonds(montant)* : accepte du client une enveloppe contenant un montant. La classe appropriée à cette méthode n'est pas évidente : nous pourrions l'affecter à *GAB* ou à *Client*. Nous décidons de l'affecter au GAB, par symétrie avec *GAB.distribuerBillets*. Nous considérerons que l'horodatage de l'enveloppe fait partie de la réception des fonds.
- *Compte.crediterMontant(montant)* : crédite le compte bancaire.
- *Client.getComptes()* : exécute à la fois *obtenir le compte source* et *obtenir le compte cible*. Cette méthode doit satisfaire une contrainte implicite. Un client possède plusieurs comptes et doit fournir le numéro d'un seul de ces comptes sources . Une interface utilisateur satisferait typiquement cette contrainte en affichant une liste de comptes et en demandant au client d'en choisir un parmi la liste.

La figure 15.4 détaille le modèle de classes du domaine du GAB présenté dans le chapitre 13 et montre les ajouts dus à la conception.

15.5 Opérer par décomposition récursive

Nous vous recommandons d'organiser les opérations en couches, les opérations des couches supérieures invoquant les opérations des couches inférieures. Le processus de conception fonctionne généralement de manière descendante : on commence par les opérations de haut niveau et on continue en définissant les opérations de bas niveau. Vous pouvez aussi travailler de manière ascendante, mais vous risquez de concevoir des opérations dont vous n'aurez jamais besoin. La conception par décomposition récursive procède de deux manières : par fonctionnalités et par mécanismes.

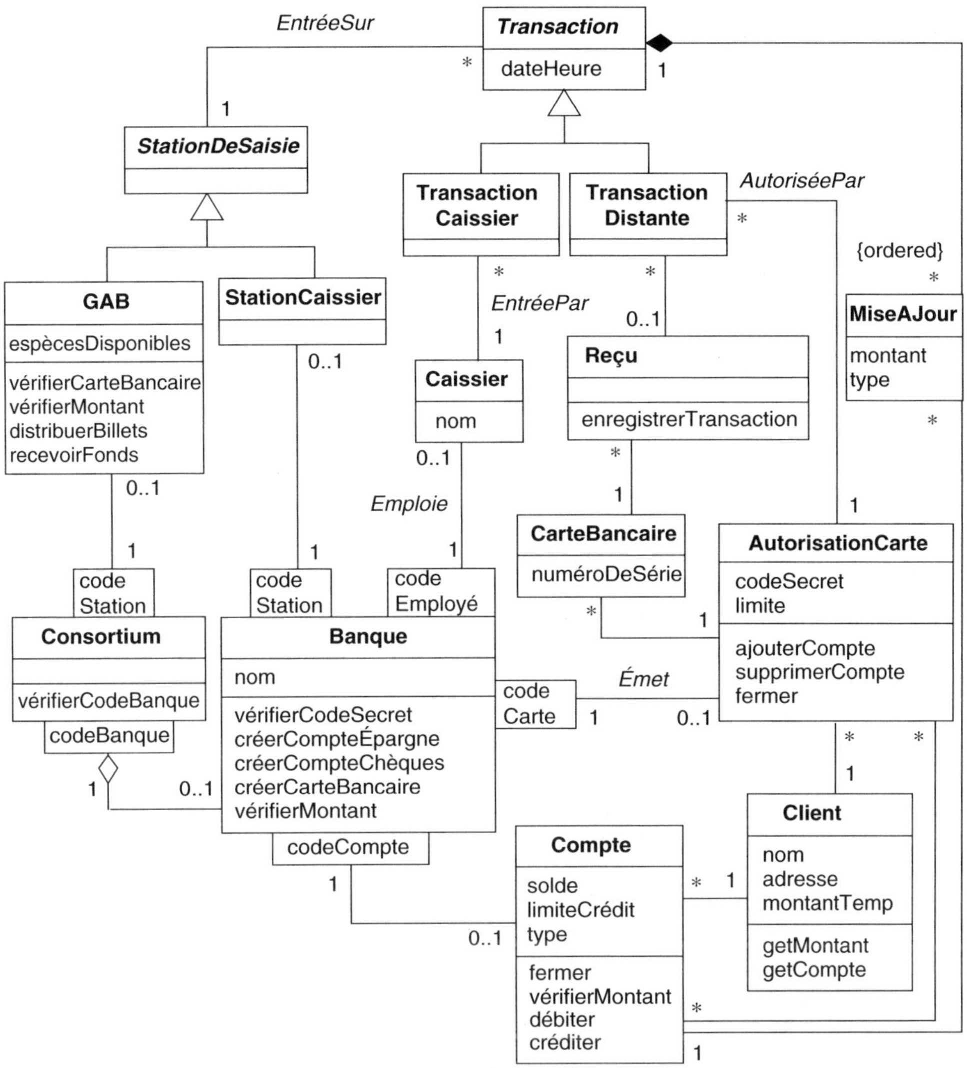

Figure 15.4 • Modèle de classes du domaine du GAB augmenté des détails des classes de conception.

15.5.1 Couches de fonctionnalités

La décomposition récursive des fonctionnalités signifie qu'on considère les fonctionnalités de haut niveau et qu'on les décompose en opérations plus restreintes. C'est une façon naturelle de procéder, mais vous pouvez rencontrer des problèmes si vous effectuez la décomposition arbitrairement et que les éléments ne correspondent pas bien aux classes. Pour éviter cela, veillez à combiner des opérations similaires et à attacher les opérations à des classes.

L'autre danger de la décomposition récursive des fonctionnalités est qu'elle peut être trop dépendante des fonctionnalités de haut niveau. Dans ce cas, un petit changement peut modifier radicalement la décomposition. Pour vous en prémunir, vous devez attacher les opérations aux classes et les élargir afin de pouvoir les réutiliser. Une opération est un tout cohérent et significatif et non une portion arbitraire de code. Les opérations qui sont soigneusement attachées à des classes présentent beaucoup moins de risques que les fonctionnalités « flottantes ». Cette approche par fonctionnalités est logique, parce que vous devez implémenter les responsabilités du système quelque part.

Exemple du GAB. À la section 15.3, nous avons décomposé un cas d'utilisation en responsabilités. Nous avons affecté les opérations résultantes à des classes à la section 15.4.4. Nous sommes satisfaits de nos opérations, mais nous devrions les retravailler si elles s'inséraient mal dans le modèle de classes.

15.5.2 Couches de mécanismes

La décomposition récursive des mécanismes signifie que l'on construit le système en s'appuyant sur les couches de mécanismes de base nécessaires. Pour fournir des fonctionnalités, vous avez besoin de divers mécanismes pour mémoriser les informations, séquencer le flux de contrôle, coordonner les objets, transmettre les données, effectuer les calculs et fournir d'autres types d'éléments d'infrastructure informatique. Ces mécanismes n'apparaissent pas spontanément dans les responsabilités de haut niveau d'un système, mais ils sont nécessaires à son fonctionnement. Par exemple, dans la construction d'un grand bâtiment, il vous faut des infrastructures pour les poutrelles de soutien, les conduites d'eau et d'électricité et la mise en place des dispositifs de contrôle. Elles ne font pas directement partie des besoins des utilisateurs, mais elles sont nécessaires pour mettre en œuvre l'architecture choisie. De même, les architectures informatiques comprennent différentes sortes de mécanismes généralistes, tels que les structures de données, les algorithmes et les structures de contrôle. Ils ne sont pas spécifiques à une application donnée, mais ils peuvent être associés à un style d'architecture logicielle particulier.

Par exemple, un modèle de conception (*pattern*) *Sujet-Vue* associe plusieurs vues à chaque objet sujet. Un objet sujet contient les informations sémantiques concernant une entité donnée, et une vue les présente à l'utilisateur en adoptant un format particulier. Il existe des mécanismes pour mettre à jour les sujets et notifier les modifications à toutes les vues, et d'autres pour mettre à jour une vue et propager les changements au sujet. Cette infrastructure peut servir dans de nombreux types d'applications. Toutefois, en tant que logiciel, elle est construite sur la base d'autres mécanismes, plus primitifs.

Tout grand système est un composite de couches de fonctionnalités et de couches de mécanismes. Un système entièrement conçu par décomposition récursive des fonctionnalités uniquement est fragile et hypersensible au changement. Un système entièrement conçu par décomposition récursive des mécanismes ne *fait* réellement rien d'utile. Une partie du processus de conception consiste à sélectionner une combinaison appropriée des deux approches.

Exemple du GAB. Nous avons déjà noté certains mécanismes importants. Nous avons besoin d'infrastructures de communication et de distribution. Les ordinateurs du GAB et de la banque sont répartis sur différents sites et doivent communiquer rapidement et efficacement. De plus, l'architecture doit être résistante aux erreurs et aux pannes de réseau.

15.6 Refactoring

La conception initiale d'un ensemble d'opérations contiendra des incohérences, des redondances et des points faibles en termes d'efficacité. C'est naturel, parce qu'il est impossible d'obtenir une conception correcte du premier coup si la taille du système est importante. Vous devez prendre des décisions qui sont en fin de compte liées à d'autres décisions. Quel que soit l'ordre dans lequel vous prendrez ces décisions, certaines d'entre elles ne seront pas optimales.

Par ailleurs, la conception a tendance à se dégrader à mesure qu'elle évolue. Il est bon d'utiliser une classe ou une opération pour plusieurs objectifs, mais il est inévitable qu'une opération ou une classe conçue dans un but précis ne corresponde pas entièrement à des besoins supplémentaires. Vous devez revoir votre conception et retravailler les classes et les opérations, afin qu'elles satisfassent à tous leurs usages et qu'elles soient cohérentes du point de vue conceptuel. Sinon, votre application deviendra fragile, difficile à comprendre, à étendre et à maintenir, et finira par s'effondrer sous son propre poids.

Martin Fowler [Fowler-99] décrit le ***refactoring*** comme un processus consistant à modifier la structure interne d'un programme pour améliorer sa conception sans en changer les fonctionnalités externes. Cela implique de prendre du recul, d'examiner les différentes classes et opérations et de les organiser pour mieux prendre en charge la suite du développement. Le *refactoring* peut sembler une perte de temps, mais c'est une partie essentielle de tout processus de génie logiciel. Fournir des fonctionnalités ne suffit pas. Si vous espérez maintenir un modèle de conception, celui-ci doit être sain, modulaire et compréhensible. Le *refactoring* maintient la viabilité de la conception pour la suite du développement.

Exemple du GAB. À la section 15.4.4, nous avons considéré les opérations du cas d'utilisation *exécuter une transaction*. Une révision évidente consiste à regrouper *Compte.créditer(montant)* et *Compte.débiter(montant)* en une seule opération, *Compte.affecter(montant)*. Nous pouvons nous attendre à d'autres opérations de *refactoring* à mesure que nous étofferons les opérations des autres cas d'utilisation.

15.7 Optimiser la conception

Une bonne façon de concevoir un système consiste à commencer par bien comprendre la logique de fonctionnement du système, puis à l'optimiser. La raison en est qu'il est difficile d'optimiser la conception d'un modèle dès sa création. De plus, un souci d'efficacité prématuré conduit souvent à une conception tortueuse et de mauvaise qualité. Une fois le fonctionnement logique identifié, on peut exécuter l'application, mesurer ses performances et apporter des réglages fins (*tuning*). Il est fréquent que seule une petite partie du code soit responsable de la majorité des coûts en temps et en espace. Mieux vaut concentrer l'optimisation sur les zones critiques que de répartir les efforts équitablement.

Cela ne signifie pas que vous devez complètement ignorer l'efficacité lors de la conception initiale. Certaines approches sont si évidemment inefficaces que vous ne les envisagerez même pas. S'il existe une façon nette, simple et efficace de concevoir quelque chose, utilisez-la. Mais ne faites rien de compliqué ou de peu naturel simplement parce que les performances vous causent des inquiétudes. Commencez par une conception claire que vous pourrez optimiser plus tard : vous vous rendrez peut-être compte que vos craintes n'étaient pas fondées.

Le modèle initial de conception s'appuie sur le modèle d'analyse. Le modèle d'analyse capture la logique de fonctionnement d'un système, tandis que le modèle de conception ajoute les détails destinés au développement. Vous pouvez optimiser un modèle d'analyse inefficace, mais correct du point de vue sémantique, pour améliorer les performances, mais un système optimisé est plus obscur et moins susceptible d'être réutilisable. Vous devez vous efforcer de trouver un juste équilibre entre efficacité et clarté. L'optimisation de la conception comprend les tâches suivantes :

- Fournir des chemins d'accès efficaces.
- Réorganiser les calculs pour améliorer l'efficacité.
- Sauvegarder les résultats intermédiaires pour éviter de refaire des calculs.

15.7.1 Ajouter des associations redondantes pour un accès efficace

Les associations redondantes ne sont pas souhaitables lors de l'analyse, car elles n'ajoutent aucune information. En revanche, la conception obéit à des motivations différentes et se concentre sur la viabilité du modèle en vue de l'implémentation. Peut-on réorganiser les associations pour optimiser les aspects critiques du système ? Doit-on ajouter de nouvelles associations ? Peut-on supprimer des opérations existantes ? Les associations de l'analyse ne forment peut-être pas le réseau le plus efficace lorsqu'on considère les chemins d'accès et leurs fréquences relatives.

Pour prendre un exemple, considérez la conception d'une base de données qui mémorise les compétences professionnelles des employés d'une entreprise. La figure 15.5

représente une portion du modèle de classes de l'analyse. L'opération *Entreprise.chercherCompétence()* retourne un ensemble de personnes de l'entreprise possédant une compétence donnée. Par exemple, une application pourrait avoir besoin de tous les employés parlant le japonais.

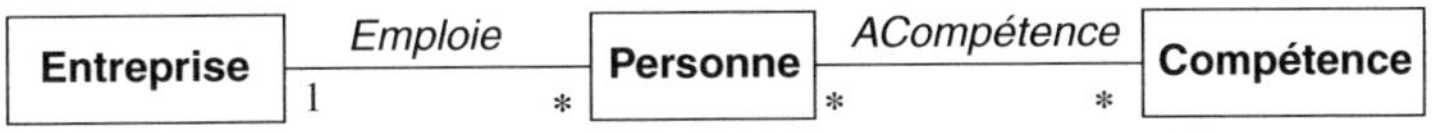

Figure 15.5 • Modèle d'analyse pour une base de données de compétences. Les données dérivées [1] sont indésirables en phase d'analyse parce qu'elles n'ajoutent pas d'information.

1. Voir chapitre 4.

Pour cet exemple, supposons que l'entreprise comprenne 1000 employés, chacun d'entre eux ayant en moyenne 10 compétences professionnelles. Une simple boucle imbriquée parcourrait *Emploie* 1000 fois et *ACompétence* 10 000 fois. Si seulement 5 employés parlent japonais, le ratio test/réussite est 2000.

Plusieurs améliorations sont possibles. Tout d'abord, vous pourriez organiser *ACompétence* par une fonction de hachage plutôt que de l'implémenter par une liste non ordonnée. Une opération pouvant effectuer une recherche par hachage en un temps constant, le coût pour tester si une personne parle japonais est donc constant, pourvu qu'il n'y ait qu'un objet *Compétence* unique pour *parleJaponais*. Cette réorganisation réduit le nombre de tests de 10 000 à 1000, soit 1 par employé.

Dans les cas où la taille du résultat d'une requête est faible car seuls quelques objets répondent aux critères de recherche, un ***index*** peut améliorer l'accès aux objets fréquemment extraits. Par exemple, la figure 15.6 ajoute l'association dérivée *ParleLangue* d'*Entreprise* vers *Personne*, dans laquelle le qualificateur est la langue parlée. L'association dérivée n'ajoute pas d'information, mais elle permet d'accéder immédiatement aux employés qui parlent une langue donnée. Les index ont un coût : ils demandent de la mémoire supplémentaire et doivent être mis à jour chaque fois que les associations de base le sont. En tant que concepteur, vous devez décider si cela vaut la peine de construire des index. Notez que si la plupart des requêtes retournent une grande partie des objets, un index n'apporte pas réellement beaucoup d'avantages.

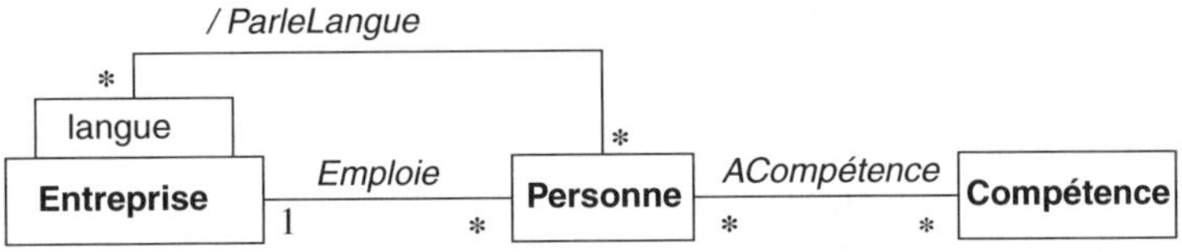

Figure 15.6 • Modèle de conception pour une base de données de compétences.
Les données dérivées sont acceptables en phase de conception pour les opérations qui peuvent provoquer des goulets d'étranglement significatifs.

Commencez par examiner chaque opération et voyez les associations qu'elle doit traverser pour obtenir les informations dont elle a besoin. Ensuite, pour chaque opération, notez les éléments suivants :

- **Fréquence d'accès.** À quelle fréquence l'opération est-elle appelée ?
- **Degré de dispersion (*fan-out*).** Quel est le degré de dispersion (des objets impactés) le long d'un chemin dans le modèle ? Estimez le nombre moyen d'objets pour chaque association de multiplicité « plusieurs » rencontrée le long du chemin. Multipliez les degrés de dispersion individuels pour obtenir le degré de dispersion du chemin complet, qui représente le nombre d'accès à la dernière classe du chemin. Les liens de multiplicité « un » n'augmentent pas le degré de dispersion, même s'ils augmentent légèrement le coût de chaque opération : ne vous inquiétez pas de ces petits effets.
- **Sélectivité.** Quelle est la fraction de « cibles touchées » de la classe finale, autrement dit les objets qui satisfont les critères de sélection et sur lesquels on opère ? Si la traversée rejette la plupart des objets, une simple boucle imbriquée peut être inefficace pour trouver les objets cibles.

Vous devez créer des index pour les opérations fréquentes présentant un faible taux de cibles touchées, parce que ces opérations sont inefficaces si l'on utilise des boucles imbriquées pour parcourir un chemin du réseau.

Exemple du GAB. Dans notre analyse de l'opération *enregistrerTransaction()* à la section 15.4.4, nous avons décidé de lier *Reçu* à *CarteBancaire* pour une question de précision. Mais nous pouvons toujours avoir besoin de trouver rapidement le client correspondant à un reçu. Étant donné que le passage de *CarteBancaire* à *AutorisationCarte* puis à *Client* n'entraîne pas de dispersion, la navigation sera rapide et une association dérivée est inutile.

Aux États-Unis, les banques doivent déclarer à l'administration les dépôts et les retraits supérieurs à 10 000 dollars. Nous pourrions naviguer de *Banque* à *Compte*, puis de *Compte* à *MiseÀJour*, puis filtrer les *MiseÀJour* en espèces dont le montant dépasse 10 000 dollars. Notez que nous devrions modifier le modèle de classes, et étendre *type* pour différencier les transactions en espèces des autres.Une association dérivée entre *Banque* et *MiseÀJour* accélérerait cette opération.

15.7.2 Réorganiser l'ordre d'exécution pour améliorer l'efficacité

Après avoir ajusté la structure du modèle de classes pour optimiser les navigations les plus courantes, l'étape suivante consiste à optimiser l'algorithme lui-même. L'une des clés de l'optimisation des algorithmes consiste à éliminer les chemins « morts » le plus tôt possible. Supposez par exemple que nous voulions trouver tous les employés parlant japonais et français. Supposez que 5 employés parlent japonais et 100 parlent français. Mieux vaut tester et trouver d'abord les japonisants, puis tester ensuite s'ils parlent français. En général, cela vaut la peine de rétrécir le chemin de recherche le plus tôt possible. Il faut parfois inverser l'ordre d'exécution d'une boucle par rapport à la spécification d'origine.

Exemple du GAB. Les lois des États-Unis n'obligent pas seulement à déclarer les opérations supérieures à 10 000 dollars, mais aussi les activités « suspectes » qui semblent constituer une tentative d'échapper à la limite. Par exemple, deux retraits de 5 000 dollars se succédant très rapidement seraient suspects.

Supposez que nous ne nous contentions pas de vérifier les dépôts et les retraits importants, mais que nous traitions différemment les professionnels et les particuliers. Nous pourrions faire moins confiance au particulier et fixer un seuil inférieur pour les activités suspectes. Nous pourrions obtenir toutes les *MiseÀJour* suspectes d'une association dérivée (« suspect » remplaçant « supérieur à 10 000 » dans l'association dérivée de la section 15.7.1) puis revenir à *Compte* pour distinguer les comptes professionnels des comptes de particuliers. Une logique spéciale pourrait alors permettre d'étudier nos mises à jour et de déterminer celles qu'il convient de déclarer.

Une autre possibilité consisterait à maintenir deux associations dérivées différentes entre *Banque* et *MiseÀJour*, une pour les particuliers et l'autre pour les entreprises. Nous n'aurions plus besoin alors de revenir à *Compte* pour les différencier.

15.7.3 Sauvegarder les résultats intermédiaires pour éviter de recalculer

Il est parfois utile de définir de nouvelles classes pour mettre en cache les attributs dérivés et éviter de les recalculer. Vous devez mettre à jour le cache si l'un des objets dont il dépend est modifié. Il existe trois façons de gérer les mises à jour :

- **Mise à jour explicite.** Le concepteur insère du code dans l'opération de mise à jour des attributs sources pour actualiser explicitement les attributs dérivés qui en dépendent.
- **Recalcul périodique.** Les applications mettent souvent à jour les valeurs par groupes. Vous pouvez recalculer périodiquement tous les attributs dérivés, au lieu de le faire après chaque modification de l'attribut source. Le recalcul périodique est plus simple qu'une mise à jour explicite et moins sujet aux erreurs. En revanche, si les données changent de façon incrémentale dans un petit nombre d'objets à la fois, un recalcul total peut compromettre l'efficacité.
- **Valeurs actives.** Une valeur active dont la cohérence avec les valeurs sources est maintenue automatiquement. Un mécanisme spécial de référencement enregistre la dépendance des attributs dérivés aux attributs sources. Le mécanisme surveille les valeurs des attributs dérivés chaque fois qu'une modification survient. Certains langages de programmation autorisent les valeurs actives.

Exemple du GAB. Pour des raisons pratiques, nous pourrions ajouter la classe *GroupeMiseÀJourSuspecte.* Un *GroupeMiseÀJourSuspecte* pourrait avoir plusieurs *MiseÀJour*, et une *MiseÀJour* pourrait appartenir à plusieurs *GroupeMiseÀJourSuspecte.* Cette nouvelle classe mémoriserait les attributs dérivés pour faciliter la détection de comportements suspects. En outre, elle fournirait un emplacement commode pour stocker commentaires et observations. Un *GroupeMiseÀJourSuspectes* serait un ensemble d'enregistrements de *MiseÀJour* soupçonnés de contourner l'obligation de déclarer les opérations supérieures à 10 000 dollars.

15.8 Réifier les comportements

Le comportement écrit « en dur » dans le code est rigide. Vous pouvez l'exécuter, mais vous ne pouvez pas le manipuler à l'exécution. Cela suffit la plupart du temps, parce que vous n'avez besoin de rien d'autre que de l'exécuter. Mais si vous devez mémoriser, transmettre ou modifier ces comportements à l'exécution, il vous faut les réifier.

La ***réification*** consiste à promouvoir au rang d'objet quelque chose qui n'était pas un objet. Les comportements répondent généralement à cette description. Ce n'est généralement pas quelque chose que vous manipuleriez normalement. Si vous réifiez un comportement, vous pouvez le mémoriser, le transmettre à d'autres opérations et le transformer. La réification ajoute de la complexité mais peut augmenter de façon spectaculaire la souplesse d'un système.

On réifie un comportement en l'encodant dans un objet et en le décodant lorsqu'il est exécuté. Le coût résultant à l'exécution peut être significatif ou non. Si l'encodage invoque des procédures de haut niveau, le coût peut se résumer à quelques indirections. En revanche, si l'intégralité du comportement est encodée dans un langage différent, il doit être interprété, ce qui peut ralentir l'exécution du code par un facteur 10. Si le comportement encodé ne constitue qu'une petite partie du temps d'exécution, la perte de performance peut être sans importance.

L'exercice 4.16 du chapitre 4 illustre la réification. En un sens, vous pouvez considérer les étapes d'une recette comme des opérations. Dans un autre sens, elles pourraient être des données dans un modèle de classes.

[Gamma-95] énumère un certain nombre de *patterns* comportementaux qui réifient les comportements. Il s'agit notamment de coder une machine à états sous la forme d'une table explorée au moment de l'exécution (*État*), de coder une séquence de requêtes sous forme d'objets de commande paramétrés (*Commande*) et de paramétrer une procédure pour l'opération qui l'utilise (*Stratégie*). Ces techniques existent depuis longtemps, mais le langage des *patterns* est pratique pour les décrire et pour évaluer leurs avantages et leurs coûts. Par exemple, le pattern *Stratégie* était utilisé à l'époque de Fortran à des fins telles que la transmission d'une fonction à une routine de calcul mathématique d'intégrale. Toutefois, Fortran ne fournissait aucun moyen de garantir la correspondance correcte des fonctions passées, et les erreurs étaient faciles à commettre. En encodant la fonction transmise comme instance d'une classe fonction, on obtient l'extensibilité *via* le polymorphisme tout en garantissant le respect des signatures d'une famille entière de fonctions. Dans ce cas, la technologie objet permet une solution plus saine que les techniques précédentes.

Exemple du GAB. Nous avons déjà utilisé la réification dans cette étude de cas. En un sens, une transaction est une action : un retrait, un dépôt ou un transfert de fonds. Nous avons promu la transaction au rang de classe pour pouvoir la décrire. La fonctionnalité dont nous avons besoin est une fonctionnalité de routine, et il est facile de l'obtenir en traversant le modèle de classes.

15.9 Ajuster l'héritage

À mesure que la conception des classes progresse, vous pouvez souvent ajuster la définition des classes et des opérations pour augmenter l'héritage, grâce aux étapes suivantes :

- Réorganiser les classes et les opérations pour accroître l'héritage.
- Extraire les comportements communs à plusieurs groupes de classes.
- Employer la délégation pour partager les comportements quand l'héritage est invalide du point de vue sémantique.

15.9.1 Réorganiser les classes et les opérations

Il arrive que plusieurs classes définissent la même opération et puissent facilement en hériter d'un ancêtre commun, mais, le plus souvent, les opérations de différentes classes sont similaires mais non identiques. En ajustant les définitions des opérations, on peut les couvrir avec une seule opération héritée.

Avant de pouvoir employer l'héritage, les opérations doivent correspondre. Toutes les opérations doivent avoir la même signature, autrement dit le même nombre et les mêmes types d'arguments et de résultats. De plus, toutes les opérations doivent avoir la même sémantique. On peut employer les types d'ajustements suivants pour augmenter les chances d'utiliser l'héritage :

- **Opérations avec arguments optionnels.** Vous devez pouvoir accorder les signatures en ajoutant des arguments optionnels qui peuvent être ignorés. Par exemple, une opération de dessin sur un écran monochrome n'a pas besoin de paramètre pour la couleur, mais elle peut accepter le paramètre et l'ignorer pour assurer la cohérence avec les écrans couleur.
- **Opérations qui constituent des cas particuliers.** Certaines opérations peuvent avoir moins d'arguments parce que ce sont des cas particuliers d'opérations plus générales. Implémentez les opérations spéciales en appelant l'opération générale avec les valeurs de paramètres appropriées. Par exemple, un ajout d'élément à la fin d'une liste est un cas spécial d'insertion d'un élément dans la liste : l'insertion se fait simplement à la fin de la liste, après le dernier élément.
- **Incohérence du nommage.** Des attributs similaires dans des classes différentes peuvent porter des noms différents. Donnez à ces attributs le même nom et déplacez-les vers une classe ancêtre commune : les opérations qui accèdent aux

attributs correspondront mieux. Recherchez également les opérations similaires portant des noms différents. Une stratégie de nommage cohérente est importante.

- **Opérations non pertinentes.** Une opération peut être définie dans plusieurs classes d'un groupe mais pas dans d'autres. Définissez l'opération dans la classe ancêtre commune et déclarez-la comme une opération nulle (NO-OP) dans les classes où elle est inutile. Par exemple, la rotation est significative pour la plupart des figures géométriques mais n'a pas d'utilité pour les cercles.

15.9.2 Extraire le comportement commun

Puisque vous ne reconnaîtrez pas toutes les occasions d'employer l'héritage pendant l'analyse, il est utile de reconsidérer le modèle de classes en recherchant les aspects communs. De plus, vous ajouterez de nouvelles classes et de nouvelles opérations au cours de la conception. Si plusieurs opérations et/ou attributs s'avèrent répétés dans deux classes, il est possible que les deux classes soient en fait des versions spécialisées de la même chose lorsqu'on les considère à un plus haut niveau d'abstraction.

Lorsqu'il existe un comportement commun, vous pouvez créer une super-classe commune pour les propriétés partagées en ne laissant que celles qui sont spécialisées dans les sous-classes. Cette transformation du modèle de classes se nomme ***abstraction*** *(abstracting out)* d'une super-classe commune ou d'un comportement commun. Nous vous recommandons de ne créer que des super-classes abstraites, ce qui signifie qu'on ne peut pas les instancier directement mais que les comportements qu'elles définissent appartiennent à toutes les instances de leurs sous-classes. (Vous pouvez toujours le faire en ajoutant une sous-classe *Autre*.) Par exemple, une opération *dessiner()* pour une figure géométrique sur un écran d'affichage nécessite la mise en place et le rendu de la géométrie. Le rendu varie selon les figures (cercles, lignes ou splines par exemple), mais les figures peuvent hériter de la mise en place – définition de la couleur, épaisseur du trait et autres paramètres – de la super-classe abstraite *Figure*.

Il est parfois utile de rendre une super-classe abstraite même s'il n'y a qu'une sous-classe qui puisse en hériter dans une application. Même si le comportement n'est pas immédiatement partagé, la super-classe abstraite peut être réutilisable dans de futurs projets. Elle peut même constituer un ajout utile à votre bibliothèque de classes. Lorsque vous terminez un projet, considérez toujours les classes potentiellement réutilisables dans de futures applications.

Les super-classes abstraites présentent d'autres avantages que le partage et la réutilisation. La scission d'une classe en deux classes qui séparent les aspects spécifiques des aspects plus généraux est une forme de modularité. Chaque classe est un composant maintenu séparément, avec une interface bien documentée.

La création de super-classes abstraites améliore également l'extensibilité d'un produit logiciel. Imaginez que vous développiez un système de capteurs de température pour un grand système contrôle informatisé. Vous devez employer un type de capteur particulier (le modèle J55), qui a une façon particulière de lire la température, et une formule pour convertir en degrés Celsius la valeur numérique brute. Vous pourriez placer tous ces comportements dans une seule classe, avec une instance pour chaque capteur du système. Mais vous vous rendez compte que le modèle J55 n'est pas le seul type de capteur utilisable, et vous créez une super-classe abstraite *Capteur* qui définit le comportement général commun à tous les capteurs. Une sous-classe particulière nommée *CapteurJ55* fournit les comportements de lecture et de conversion spécifiques au J55.

Maintenant, quand votre système de contrôle doit adopter un nouveau modèle de capteur, il suffit de créer une nouvelle sous-classe qui fournit le comportement spécialisé du nouveau modèle : la super-classe fournit déjà le comportement commun. Mieux encore peut-être, vous n'aurez pas à modifier une seule ligne de code dans le système de contrôle qui utilise ces capteurs, puisque l'interface est identique, telle qu'elle a été définie par la super-classe *Capteur*.

Dans le cadre de la maintenance et de la distribution du logiciel, les super-classes abstraites améliorent la gestion de configuration d'une manière subtile mais importante. Supposez que vous deviez distribuer votre système de contrôle à plusieurs établissements du pays, chacun d'eux ayant une configuration différente impliquant (entre autres) plusieurs capteurs de température différents. Certains établissements utilisent encore le vieux modèle J55, tandis que d'autres se sont convertis au nouveau modèle K99 et que d'autres encore utilisent une combinaison des deux types. La production de versions personnalisées de votre logiciel convenant à chaque configuration pourrait s'avérer fastidieuse.

En lieu et place, vous distribuez une version unique du logiciel contenant une sous-classe pour chaque modèle de capteur connu. Quand le programme démarre, il lit dans le fichier de configuration du client le modèle de capteur employé et son emplacement, et il crée une instance de la sous-classe spécifique à ce capteur. Tout le reste du code traite les capteurs comme s'ils étaient tous identiques, tel que cela a été défini dans la super-classe *Capteur*. Il est même possible de changer de type de capteur à la volée (pendant que le système s'exécute) si le logiciel crée un nouvel objet correspondant au nouveau type de capteur.

Exemple du GAB. Nous avons prêté une réelle attention à l'héritage durant l'analyse, lorsque nous avons construit le modèle de classes. Nous ne voyons aucune possibilité supplémentaire d'exploiter l'héritage à ce stade. Dans une application réelle, il y aurait beaucoup plus de détails d'implémentation et d'occasions d'utiliser l'héritage.

15.9.3 Employer la délégation pour partager les comportements

L'héritage est un mécanisme permettant d'implémenter la généralisation, dans lequel le comportement d'une super-classe est partagé par toutes ses sous-classes. Le partage du comportement n'est justifiable que s'il existe une réelle relation de généralisation, autrement dit lorsqu'on peut dire que la sous-classe *est* une spécialisation de la super-classe. Les opérations de la sous-classe qui redéfinissent les opérations correspondantes de la super-classe doivent offrir les mêmes services que la super-classe. Quand la classe *B* hérite de la spécification de la classe *A*, on peut supposer que toute instance de la classe *B* est une instance de la classe *A*, parce qu'elle se comporte de la même manière.

Les programmeurs emploient parfois l'héritage comme une technique d'implémentation sans intention de garantir le même comportement. Il arrive souvent qu'une classe existante implémente déjà un comportement qu'on veut implémenter dans une nouvelle classe, même si les deux classes diffèrent à d'autres titres. Le concepteur est alors tenté d'hériter de la classe existante pour obtenir une partie de l'implémentation de la nouvelle classe. Cette pratique peut poser des problèmes si d'autres opérations héritées offrent un comportement non désiré. Nous décourageons cet ***héritage d'implémentation*** parce qu'il peut provoquer des comportements incorrects.

À titre d'exemple d'héritage d'implémentation, supposez que vous ayez besoin d'une classe *Pile*, et qu'une classe *Liste* existe déjà. Vous pouvez être tenté de faire hériter *Pile* de *Liste*. Vous pouvez empiler un élément en ajoutant un élément à la fin de la liste, et dépiler de même un élément en supprimant un élément de la fin de la liste. Mais vous hériterez également d'opérations indésirables qui retirent ou ajoutent des éléments à des positions arbitraires dans la liste. Si ces opérations sont employées (par erreur ou pour emprunter un « raccourci »), la classe *Pile* ne se comportera pas comme prévu.

Lorsque vous êtes tenté d'employer l'héritage comme technique d'implémentation, vous pouvez souvent obtenir le même résultat d'une manière plus sûre en faisant d'une classe une associée de l'autre classe. De la sorte, un objet peut invoquer sélectivement les opérations d'une autre classe en utilisant la délégation au lieu de l'héritage. La ***délégation*** consiste pour un objet à capturer une opération et à la transmettre à un objet lié. Comme on ne délègue que les opérations significatives, il y a moins de danger d'hériter d'opérations non significatives par accident.

Une conception plus sûre de *Pile* consisterait à déléguer le comportement à *Liste*, comme le montre la figure 15.7. Chaque instance de *Pile* contient une instance privée de *Liste*. (Vous pourriez optimiser l'implémentation réelle de l'agrégation en utilisant un objet imbriqué ou un attribut de type pointeur.) L'opération *Pile.empiler()* délègue à *Liste* en appelant ses opérations *dernier()* et *ajouter()* pour ajouter un élément à la fin. L'opération *dépiler()* aurait une implémentation comparable en appelant les opérations *dernier()* et *supprimer()*. La possibilité d'ajouter ou de supprimer des éléments arbitraires est masquée au client de la classe *Pile*.

Certains langages, comme C++ et Java, permettent à une sous-classe d'hériter de la définition d'une super-classe, mais en héritant de façon sélective des opérations de ses ancêtres et en exportant de manière sélective les opérations vers les clients. Cela équivaut à utiliser la délégation, parce que la sous-classe *n'est pas* une spécialisation de la super-classe à tous points de vue et n'est pas confondue avec elle.

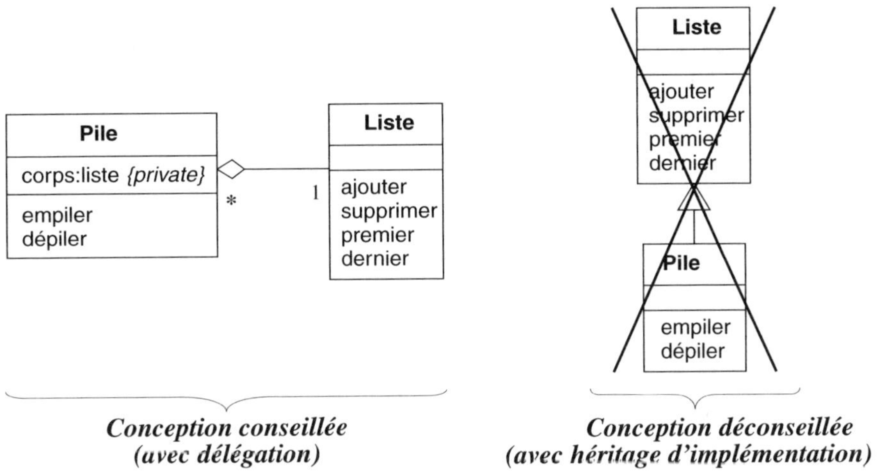

Figure 15.7 • Deux conceptions possibles. N'utilisez pas l'héritage d'implémentation.

Exemple du GAB. Notre utilisation de l'héritage est profonde et structurelle. Nous n'employons jamais l'héritage autrement.

15.10 Organiser la conception des classes

Les programmes se composent d'unités physiques discrètes qui peuvent être éditées, compilées, importées ou autrement manipulées. Dans certains langages comme C et Fortran, ces unités sont des fichiers sources. En Ada et en Java, le package est une construction explicite du langage. [Coplien-92] explique comment utiliser une classe C++ pour grouper des fonctions membres statiques, des classes plus petites, des énumérations et des constantes. Les étapes suivantes permettent d'optimiser une conception de classes :

- Masquer l'information interne à la vue externe.
- Maintenir la cohérence des entités.
- Raffiner les packages.

15.10.1 Masquer l'information

Pendant l'analyse, nous ne nous sommes pas intéressés à la visibilité de l'information, parce que notre objectif était de comprendre l'application. Les buts de la conception sont différents. Durant cette phase, nous ajustons le modèle d'analyse pour qu'il soit pratique à implémenter et à maintenir. Une façon d'améliorer la viabilité d'une conception consiste à séparer soigneusement les spécifications externes de l'implémentation interne. C'est ce que l'on nomme ***masquage de l'information***. Vous pouvez alors changer l'implémentation de la classe sans obliger les clients de cette classe à modifier leur code. De plus, les « pare-feu » résultant autour des classes limitent les effets des changements, si bien qu'ils sont plus faciles à comprendre. Il existe plusieurs façons de maquer l'information :

- **Limiter la portée de la navigation dans le modèle de classes.** À l'extrême limite, une méthode pourrait traverser toutes les associations du modèle de classes pour localiser un objet et y accéder. Cette absence de contrainte sur la visibilité est appropriée lors de l'analyse, quand vous essayez de comprendre un problème, mais les méthodes qui en « savent » trop sur le modèle sont fragiles et facilement invalidées par les modifications. Durant la conception, vous devez vous efforcer de limiter la portée de chaque méthode [Liebherr-88]. Un objet ne doit accéder qu'aux objets qui lui sont directement reliés (directement connectés par une association). Un objet peut accéder aux objets auxquels il est indirectement relié *via* les méthodes des objets intervenants.
- **Ne pas accéder directement aux attributs étrangers.** Généralement parlant, il est acceptable que les sous-classes accèdent aux attributs de leurs super-classes. Toutefois, les classes ne doivent pas accéder aux attributs d'une classe associée. À la place, appelez une opération pour accéder aux attributs de la classe associée.
- **Définir les interfaces à un haut niveau d'abstraction.** Il est souhaitable de minimiser les couplages entre classes. Une façon de procéder consiste à élever le niveau d'abstraction des interfaces. L'appel d'une méthode d'une autre classe est acceptable si la tâche est significative, sinon vous devez l'éviter.
- **Cacher les objets externes.** Utilisez des objets frontières pour isoler l'intérieur du système de son environnement externe. Un ***objet frontière*** est un objet dont la finalité est d'assurer la médiation entre des requêtes et des réponses entre l'intérieur et l'extérieur. Il accepte les requêtes externes exprimées sous une forme adaptée au client et les transforme pour qu'elles soient compréhensibles par l'implémentation interne.
- **Éviter les appels de méthodes en cascade.** Évitez d'appliquer une méthode au résultat d'une autre méthode, à moins que la classe du résultat ne soit déjà un fournisseur de méthodes pour l'appelant. En lieu et place, envisagez d'écrire une méthode combinant les deux opérations.

15.10.2 Assurer la cohérence des entités

La cohérence est un autre principe de conception important. Une entité, comme une classe, une opération ou un package, est cohérente si elle est organisée selon un plan cohérent et si toutes ses parties convergent vers un but commun. Une entité doit avoir un seul thème majeur. Elle ne doit pas être une collection de parties hétéroclites.

Une méthode doit faire une seule chose et la faire bien. Une même méthode isolée ne doit pas contenir à la fois une stratégie et une implémentation. Une ***stratégie*** (***policy***) consiste à prendre des décisions en fonction d'un contexte. Une ***implémentation*** est l'exécution d'algorithmes parfaitement spécifiés. Une stratégie implique de prendre des décisions, de recueillir des informations globales, d'interagir avec le monde extérieur et d'interpréter les cas particuliers. Une méthode de stratégie contient des instructions d'entrées-sorties, des structures conditionnelles et des accès aux données. Elle ne contient pas d'algorithmes complexes, mais elle appelle les méthodes d'implémentation appropriées. Une méthode d'implémentation encode exactement un algorithme, sans prendre de décision, sans émettre d'hypothèses, sans effectuer de traitement par défaut et sans dévier. Toutes ses informations lui étant fournies sous forme d'arguments, la liste de ces arguments peut être importante.

Le fait de séparer la stratégie de l'implémentation augmente beaucoup les possibilités de réutilisation. Les méthodes d'implémentation ne contenant aucune dépendance au contexte, elles sont susceptibles d'être réutilisables. Vous devez récrire les méthodes de stratégie pour une nouvelle application, mais elles sont souvent simples et consistent principalement en décisions de haut niveau et en appels de bas niveau.

Considérons par exemple une opération qui crédite des intérêts sur un compte chèques. Les intérêts sont calculés quotidiennement en se basant sur le solde, mais tous les intérêts du mois sont perdus si le compte est clôturé. La logique comprend deux parties : une méthode d'implémentation qui calcule les intérêts dus entre deux jours sans considérer un éventuel renoncement ou une autre disposition, et une méthode de stratégie qui décide si la méthode d'implémentation est appelée, et pour quel intervalle. Les méthodes d'implémentation sont complexes mais potentiellement réutilisables, alors que les méthodes de stratégie sont moins susceptibles d'être réutilisées mais plus simples à écrire.

Une classe ne doit pas viser trop d'objectifs à la fois. Si elle est trop compliquée, vous pouvez la décomposer en utilisant la généralisation ou l'agrégation. Les petites unités sont plus faciles à réutiliser que de grandes unités complexes. Un chiffre précis serait quelque peu risqué, mais une règle empirique veut qu'on décompose une classe si elle contient approximativement plus de dix attributs, dix associations ou vingt opérations. Décomposez toujours une classe si les attributs, les associations ou les opérations se divisent nettement en deux groupes ou plusieurs groupes sans rapport entre eux.

15.10.3. Raffiner les packages

Durant l'analyse, vous avez partitionné le modèle de classes en packages. Il se peut que cette organisation initiale ne convienne pas pour l'implémentation, ou qu'elle ne soit pas optimale. Vous devez définir les packages pour que leurs interfaces soient minimales et bien définies. L'interface entre deux packages se compose d'associations qui relient les classes d'un package à celles d'un autre et des opérations qui accèdent aux classes en traversant les frontières des packages.

Vous pouvez utiliser la connectivité du modèle de classes comme guide pour constituer les packages. Selon une règle empirique et approximative, les classes qui sont étroitement connectées par des associations doivent se trouver dans le même package, tandis que celles qui sont peu ou pas connectées peuvent se trouver dans des packages séparés. Il y a naturellement d'autres aspects à prendre en compte.

Les packages doivent avoir un thème, une cohésion fonctionnelle ou un objectif commun.

Le nombre d'opérations différentes qui traversent une association donnée est une bonne mesure de la force du couplage. Il s'agit du nombre de façons différentes dont l'association est employée et non de la fréquence de la traversée. Essayez de circonscrire le couplage fort à l'intérieur d'un seul package.

15.11 Exemple du GAB

La figure 15.8 représente le modèle de classes du domaine final du GAB après la conception des classes. (N'oubliez pas que le modèle de classes complet comprend également le modèle de classes de l'application de la figure 13.8.)

Résumé

La conception des classes ne démarre pas de zéro, mais s'appuie sur les phases précédentes d'analyse et de conception du système. Elle ajoute des détails, tels que la conception des algorithmes, le *refactoring* des opérations, l'optimisation des classes, l'ajustement de l'héritage et le raffinement des packages.

La première étape de la conception des classes consiste à ajouter les opérations en s'inspirant des cas d'utilisation. Les cas d'utilisation définissent les comportements requis, non leur réalisation. Le concepteur des classes « invente » les opérations qui fourniront les comportements spécifiés par les cas d'utilisation.

Vous devez ensuite choisir un algorithme pour chaque opération. La conception des classes se concentre sur la complexité des traitements, mais vous ne devez pas sacrifier la clarté à de petites améliorations des performances. Vous devrez opérer une décomposition récursive pour définir les opérations de bas niveau qui réalisent les opérations de haut niveau. La décomposition s'arrête lorsque vous disposez d'opérations préexistantes ou faciles à implémenter.

La conception initiale d'un ensemble d'opérations contiendra des incohérences, des redondances et des aspects compromettant l'efficacité. C'est un phénomène naturel, puisqu'il est impossible d'obtenir une conception correcte d'un grand système en une seule passe. De plus, la conception tend à se dégrader à mesure qu'elle évolue. Il est inévitable qu'une opération ou une classe conçue pour une finalité donnée ne s'adapte pas à une autre. À mesure que la conception progresse, vous devrez occasionnellement remanier des opérations pour augmenter leur clarté et leur robustesse.

Durant la conception, vous pouvez avoir besoin de réviser le modèle d'analyse dans un but d'efficacité. L'optimisation ne consiste pas à rejeter les informations d'origine, mais à ajouter des informations redondantes pour accélérer les chemins d'accès et conserver les résultats intermédiaires. Il peut être utile de réorganiser les algorithmes et de réduire le nombre des opérations devant être exécutées.

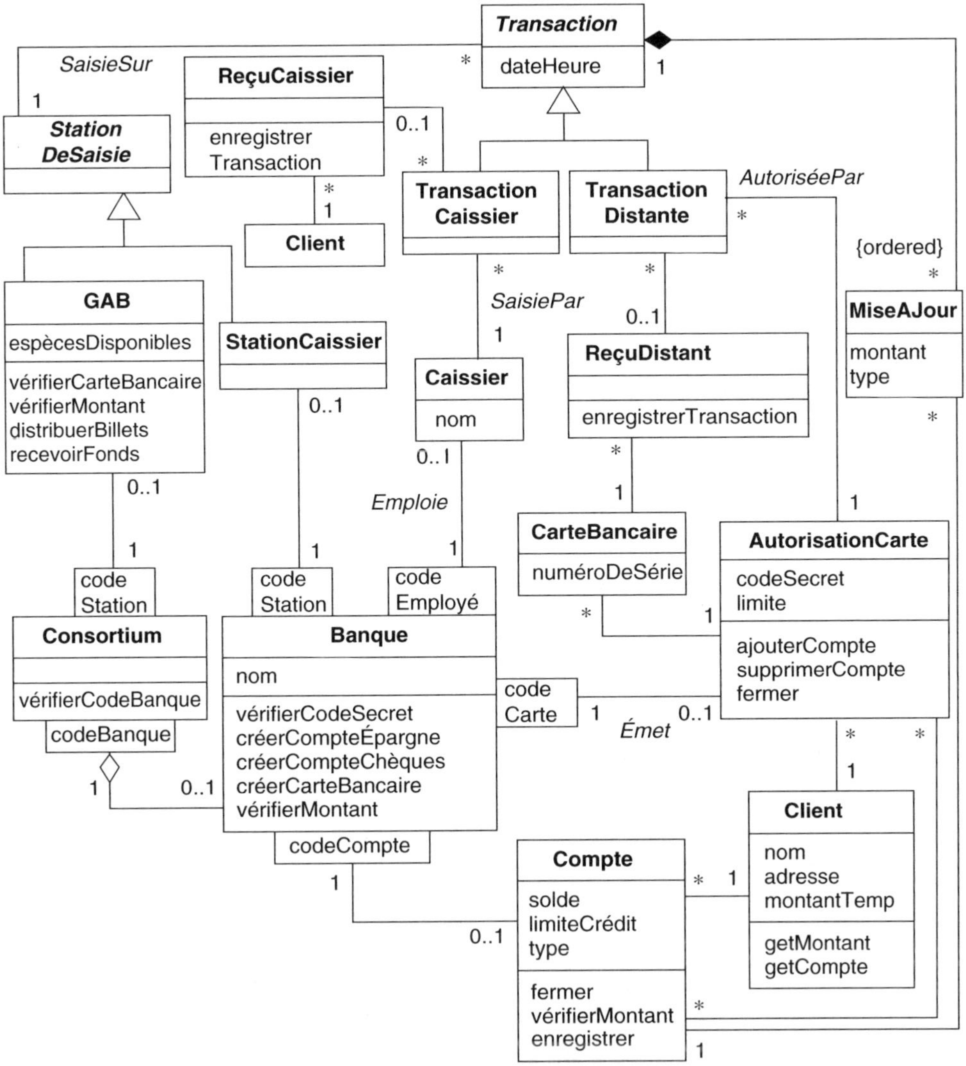

Figure 15.8 • Modèle de classes final du domaine du GAB après conception des classes.

Vous devez envisager la réification – le processus consistant à promouvoir quelque chose qui n'est pas un objet au rang d'objet. Par exemple, un retrait, un dépôt et un transfert de fonds ne constitueraient normalement qu'une seule opération : c'est quelque chose que quelqu'un *fait*. Toutefois, pour l'étude de cas du GAB, nous avons transformé la transaction en classe pour pouvoir la décrire.

À mesure que la conception des classes progresse, vous pouvez souvent ajuster les définitions des classes et des opérations pour accroître l'utilisation de l'héritage. Ces ajustements comprennent la modification de la liste des arguments d'une méthode, le transfert des attributs et des opérations d'une classe dans une super-classe, la définition d'une super-classe abstraite recouvrant un comportement partagé par plusieurs classes et la scission d'une opération en une partie héritée et une partie spécifique. Vous devez utiliser la délégation plutôt que l'héritage quand une classe est similaire à une autre classe mais qu'elle n'en est pas véritablement une sous-classe.

Vous devez organiser les programmes en packages pour les éditer et les compiler plus facilement mais aussi pour la commodité de l'équipe de développement. Le masquage de l'information est un objectif essentiel, qui permet de garantir que les futures modifications n'affecteront qu'un volume de code limité. Les packages doivent être cohérents et organisés autour d'un thème commun.

abstraction vers une super-classe	délégation	récursion
ajustement de l'héritage	héritage d'implémentation	*refactoring*
algorithme	index	réification
association dérivée	masquage de l'information	responsabilité
attribut dérivé	optimisation	stratégie *vs* implémentation
cas d'utilisation	package	structure de données

Figure 15.9 • Concepts clés du chapitre 15.

Notes bibliographiques

Les algorithmes et les structures de données font partie du cursus informatique de base. [Aho-75] et [Sedgewick-83] sont des ouvrages d'algorithmique bien écrits.

L'ajout d'index et la réorganisation de l'ordre d'accès pour améliorer les performances constituent une technique mature dans l'optimisation des bases de données. Voir [Ullman-88] pour des exemples.

[Lieberherr-88] est une première approche des règles de visibilité (loi de Demeter) qui permettent de préserver la modularité des programmes orientés objet. [Meyer-88] suggère des règles de style pour l'utilisation des classes et des opérations.

L'étape *conception des objets* de la précédente édition de cet ouvrage a été renommée *conception des classes.*

Références

[Aho-83] Alfred Aho, John Hopcroft et Jeffrey Ullman, *Data Structures and Algorithms*, Boston:Addison-Wesley, 1983. Traduction française : *Structures de données et algorithmes*, Paris, InterEditions, 1987.

[Coplien-92] James O. Coplien, *Advanced C++: Programming Styles and Idioms*, Boston: Addison-Wesley, 1992. Traduction française : *Programmation avancée en C++ : styles et idiomes*, Paris, Addison-Wesley, 1992.

[Fowler-99] Martin Fowler, *Refactoring: Improving the Design of Existing Code*, Boston: Addison-Wesley, 1999.

[Gamma-95] Erich Gamma, Richard Helm, Ralph Johnson et John Vlissides, *Design Patterns: Elements of Reusable Object-Oriented Software*, Boston: Addison-Wesley, 1995. Traduction française :*Design patterns, catalogue de modèles de conception réutilisables*, Paris, Vuibert, 1999.

[Lieberherr-88] K. Lieberherr, I. Holland et A. Riel, "Object-Oriented programming: an objective sense of style", *OOPSLA'88 as ACM SIGPLAN 23*; 11 (Nov. 1988), 323-334.

[Loomis-87] Mary Loomis, *The Database Book*, New York: Macmillan, 1987.

[Meyer-97] Bertrand Meyer, *Object-Oriented Software Construction*, second edition, Upper Saddle River, NJ: Prentice Hall, 1997. Traduction française : *Conception et programmation orientées objet*, Paris, Eyrolles, 2000.

[Sedgewick-95] Robert Sedgewick, Philippe Flajolet et Peter Gordon, *An Introduction to the Analysis of Algorithms*, Boston: Addison-Wesley, 1995.

[Ullman-02] Jeffrey Ullman et Jennifer Widom, *A First Course in Database Systems*, Upper Saddle River, NJ: Prentice Hall, 2002.

[Wirfs-Brock-90] Rebecca Wirfs-Brock, Brian Wilkerson et Lauren Wiener, *Designing Object-Oriented Software*, Upper Saddle River, NJ: Prentice Hall, 1990.

Exercices

15.1 (6) Considérez les cas d'utilisation de l'exercice 13.9 et énumérez au moins quatre responsabilités pour chacun. (Note aux enseignants : vous pouvez fournir aux étudiants la solution de l'exercice 13.9.)

15.2 (6) Considérez les trois premiers cas d'utilisation de l'exercice 13.16 et énumérez au moins quatre responsabilités pour chacun. (Note aux enseignants : vous pouvez fournir aux étudiants la solution de l'exercice 13.16.)

15.3 (4) Écrivez un algorithme pour dessiner les figures suivantes sur un terminal graphique. Les figures ne sont pas remplies. Supposez un système graphique à base de pixels. Énoncez vos hypothèses.

a. cercle,

b. ellipse,

c. carré,

d. rectangle.

15.4 (3) Dites si l'algorithme que vous avez écrit dans le précédent exercice pour dessiner une ellipse convient ou non pour dessiner des cercles, et si l'algorithme du rectangle convient ou non pour dessiner des carrés.

15.5 (3) En ordonnant soigneusement les multiplications et les additions, le nombre total d'opérations arithmétiques pour calculer la valeur d'un polynôme peut être minimisé. Par exemple, une façon d'évaluer le polynôme $a_4x^4 + a_3x^3 + a_2x^2 + a_1x + a_0$ consiste à calculer chaque terme séparément en l'ajoutant au total à mesure qu'il est calculé, ce qui nécessite dix multiplications et quatre additions. Une autre méthode consiste à réorganiser l'ordre comme suit : $x{\cdot}(x{\cdot}(x{\cdot}a_{4\,+}\,a_3) + a_2) + a_1) + a_0$, ce qui ne demande que quatre multiplications et quatre additions. Combien de multiplications et d'additions faut-il dans chaque méthode pour un polynôme d'ordre n ? Présentez les avantages relatifs de chaque approche.

15.6 (4) Améliorez le diagramme de classes de la figure E15.1 en généralisant les classes *Ellipse* et *Rectangle* par la classe *PrimitiveGraphique*, et en transformant le diagramme de classes afin qu'il n'y ait qu'une association de multiplicité « un-à-un » avec la classe *BoîteEnglobante*. En réalité, vous changerez la multiplicité 0.1 en une multiplicité de exactement 1. Comme on le constate, la classe *BoîteEnglobante* est partagée par *Ellipse* et *Rectangle*. Une *BoîteEnglobante* est la plus petite région rectangulaire qui contiendra l'*Ellipse* ou le *Rectangle* associés.

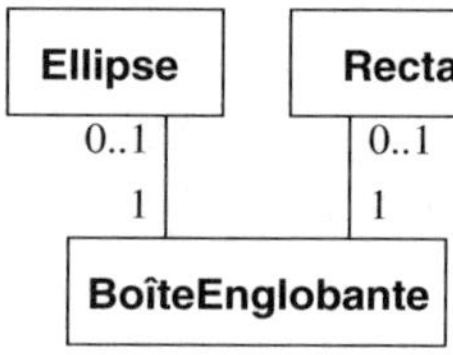

Figure E15.1 • Portion de diagramme de classes avec une classe partagée.

15.7 (5) Quelle(s) classe(s) de l'exercice précédent doivent produire une opération de suppression visible de l'extérieur ? *Supprimer* signifie détruire un objet et le supprimer de l'application. Justifiez votre réponse.

15.8 (4) Modifiez le diagramme de classes de la figure E15.2 pour que les marges soient définies dans une classe séparée. Différentes catégories de pages peuvent avoir une marge par défaut et l'on peut redéfinir la valeur par défaut pour des pages spécifiques.

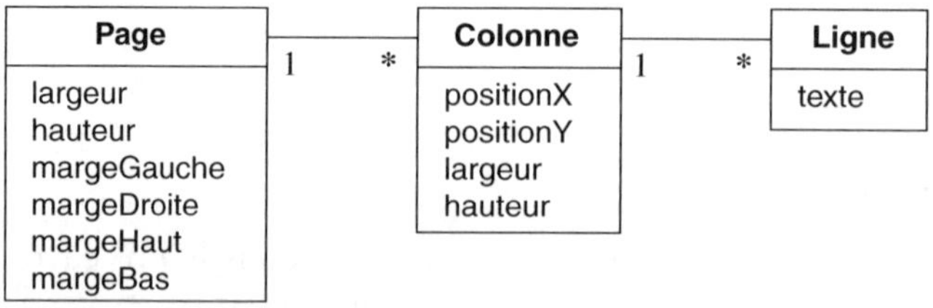

Figure E15.2 • Portion de diagramme de classes d'un journal.

15.9 (3) Modifiez la figure E15.2 pour permettre de déterminer dans quelle *Page* se trouve une *Ligne* sans déterminer d'abord dans quelle *Colonne*.

15.10 (7) Écrivez le pseudocode de chaque méthode de la figure E15.3. La méthode *initialiser* initialise un paquet de cartes à 52 et vide tout le reste. Les méthodes *insérer* et *supprimer* acceptent une carte pour unique argument et insèrent la carte dans la collection ou la suppriment, en forçant la collection à se réafficher. La méthode *supprimer* n'est autorisée qu'au sommet de la pile. La méthode *trier* sert à trier une donne par rangs et par couleurs.

Pile est une classe abstraite. Les méthodes *SommetDePile* et *QueueDePile* correspondent à des requêtes. La méthode *tirer* supprime une carte du haut de la pile et l'insère dans une donne, qui est transmise en argument.

La méthode *battre* mélange le jeu. La méthode *donner* sélectionne des cartes une à une depuis le sommet du jeu de cartes, les ôte du jeu et les insère dans des donnes qui sont créées et retournées sous forme de tableau de donnes. La méthode *afficher* affiche une carte. La méthode *comparer* détermine parmi deux cartes celle qui a la valeur la plus élevée. La méthode *défausser* supprime une carte de la collection qui la contient et la place au sommet de la pile représentant la pioche qui est passée en argument.

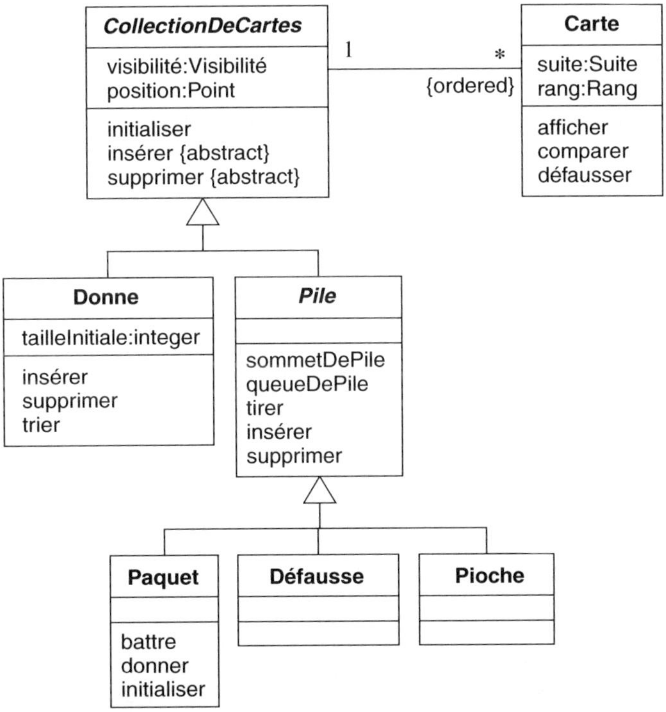

Figure E15.3 • Portion du diagramme de classes d'un programme de jeu de cartes.

15.11 (5) Écrivez le pseudocode pour calculer le score net d'un essai de la figure E12.4.

Chaque tentative d'un concurrent dans un événement (un *Essai*) est observée par plusieurs juges. Chaque juge note l'essai et lève une pancarte où figure la note.Un lecteur affecté au groupe de juges annonce les notes une par une à un groupe de marqueurs. Les marqueurs inscrivent les notes, éliminent la plus haute et la plus basse et totalisent le reste. Ils vérifient leurs totaux mutuellement pour détecter les erreurs de report et de calcul. Dans certains cas, ils peuvent demander au lecteur de répéter les notes. Quand ils sont satisfaits, ils transmettent leurs chiffres à trois autres marqueurs qui multiplient la note totale par un coefficient de difficulté lié à l'événement, puis calculent la moyenne pour obtenir une note nette. Les notes nettes sont comparées pour détecter et corriger les erreurs de notation.

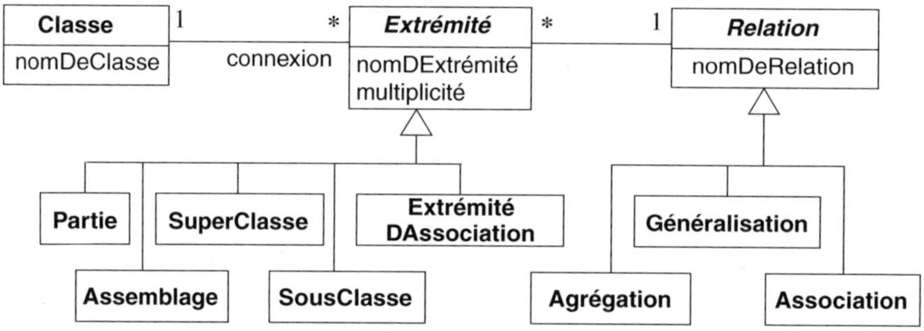

Figure E15.4 • Portion d'un métamodèle de diagramme de classes.

15.12 Écrivez le pseudocode pour les opérations suivantes des classes de la figure E12.4. Vous devrez ajouter une association de multiplicité « plusieurs-à-plusieurs » nommée *InscritA* entre un ensemble d'*Événements* et une liste ordonnée de *Concurrents* pour conserver la trace de qui est inscrit à quels *Événements*. Utilisez l'ordre d'inscription dans la planification des essais.

a. (3) Trouver l'événement correspondant à une figure et une rencontre.

b. (3) Inscrire un concurrent à un événement.

c. (3) Inscrire un concurrent à tous les événements d'une rencontre.

d. (5) Sélectionner et planifier les événements d'une rencontre.

e. (3) Planifier les rencontres d'une saison.

f. (4) Affecter des événements, des juges et des marqueurs aux zones.

15.13 (8) La figure E15.4 est une portion d'un métamodèle de diagramme de classes qui peut être employé dans un compilateur de langage orienté objet. Écrivez le pseudocode d'une méthode *tracerCheminHéritage* qui navigue à travers une hiérarchie d'héritage comme suit. L'entrée de la méthode est une paire de classes. La méthode retourne une liste ordonnée des classes sur le chemin, en allant de la classe la plus générale vers la classe la plus spécifique. La navigation ne prend en compte que les généralisations. Les agrégations et les associations sont ignorées. Si la navigation échoue, une liste vide est retournée. Vous pouvez supposer que l'héritage multiple n'est pas autorisé.

15.14 (8) Raffinez la figure E15.4 en éliminant les associations aux classes *Extrémité* et *Relation*, et en les remplaçant par des associations aux sous-classes d'*Extrémité* et de *Relation*. Il s'agit là d'un exemple de transformation sur diagramme de classes. Écrivez le pseudocode de la méthode *tracerCheminHéritage* pour le nouveau diagramme.

15.15 (7) En vous reportant à la figure E15.4, préparez un algorithme pour une opération qui générera un nom pour une association qui n'en a pas encore. L'entrée de l'opération est une instance d'*Association*. L'opération doit retourner un nom globalement unique de type *nomDeRelation*. Si l'association a déjà un nom, l'opération doit le retourner. Sinon, elle doit construire un nom à l'aide d'une stratégie que vous définirez.

La stratégie précise n'est pas critique, mais les noms générés doivent être uniques, et toute personne lisant les noms doit pouvoir déterminer à quelle association un nom se réfère. Supposez que toutes les associations sont binaires. Vous pouvez supposer qu'une opération similaire sur la classe *Extrémité* a déjà été conçue, et qu'elle retourne un *nomDExtrémité* unique dans le contexte d'une relation. Si le nom ainsi créé entre en conflit avec un nom existant, modifiez-le d'une façon quelconque pour le rendre unique. Si vous pensez avoir besoin de modifier le diagramme ou d'employer des structures de données supplémentaires, faites-le, mais veillez à les décrire.

15.16 (7) Améliorez le diagramme de classes de la figure E15.5 en le transformant par ajout de la classe *PartiPolitique*. Associez *Électeur* à un parti. Expliquez en quoi cette transformation est une amélioration.

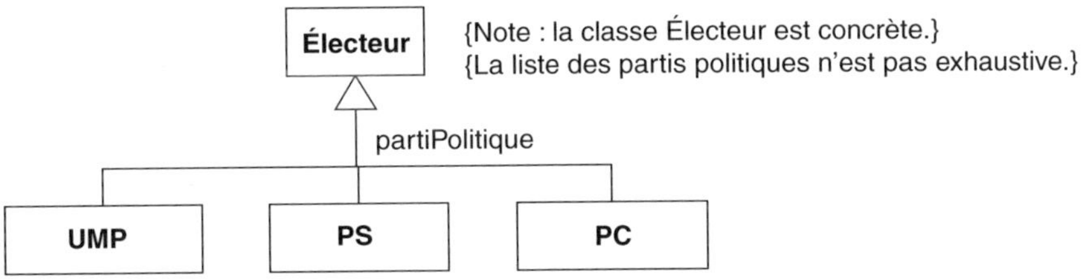

Figure E15.5 • Diagramme de classes représentant l'appartenance d'un électeur à un parti politique.

15.17 (7) Il arrive qu'une compagnie aérienne remplace un gros avion par un petit quand il y a peu de passagers sur un vol. Écrivez un algorithme pour réaffecter les sièges de telle sorte qu'on n'ait pas besoin de modifier les réservations des passagers des premières rangées. On supposera que le nombre de sièges par rangée est le même dans les deux avions.

15.18 (8) La nécessité d'optimiser l'efficacité d'une implémentation peut vous obliger à créer des classes qui ne font pas partie de l'énoncé initial du problème. Par exemple, un système de CAO en 2D peut utiliser des structures de données spécialisées pour déterminer quels sont les points qui appartiennent à une fenêtre rectangulaire spécifiée par l'utilisateur.

Une technique possible consiste à mémoriser une collection de points triée sur *x* et *y*. On peut généralement trouver les points qui appartiennent à une fenêtre sans avoir besoin de les vérifier tous.

Tracez un diagramme de classes qui décrive les collections de points triées sur *x* et *y*. Écrivez le pseudocode des opérations *chercher*, *ajouter* et *supprimer*. L'entrée de *chercher* est une description d'une région rectangulaire et une collection de points. La sortie de *chercher* est un ensemble de points de la collection d'entrée qui appartiennent à une région. Les entrées de *ajouter* et de *supprimer* sont un point et une collection de points. Le point d'entrée est ajouté à ou supprimé de la collection.

15.19 (8) Déterminez comment le temps requis par l'opération de recherche de l'exercice précédent dépend du nombre de points de la collection. Énoncez explicitement toutes vos hypothèses.

15.20 (3) Lors du choix d'un algorithme, il peut être important d'évaluer ses besoins en ressources. En quoi le temps nécessaire pour exécuter ces algorithmes dépend-il des paramètres suivants ?

a. l'algorithme de l'exercice 15.13 sur la profondeur de la hiérarchie d'héritage,

b. l'algorithme de l'exercice 15.17 sur le nombre de passagers.

16

Résumé du processus

Comme le montre la figure 16.1, un processus de développement fournit la base de la production organisée d'un logiciel. Nous préconisons un processus s'appuyant sur les concepts orientés objet et l'emploi de la notation UML.

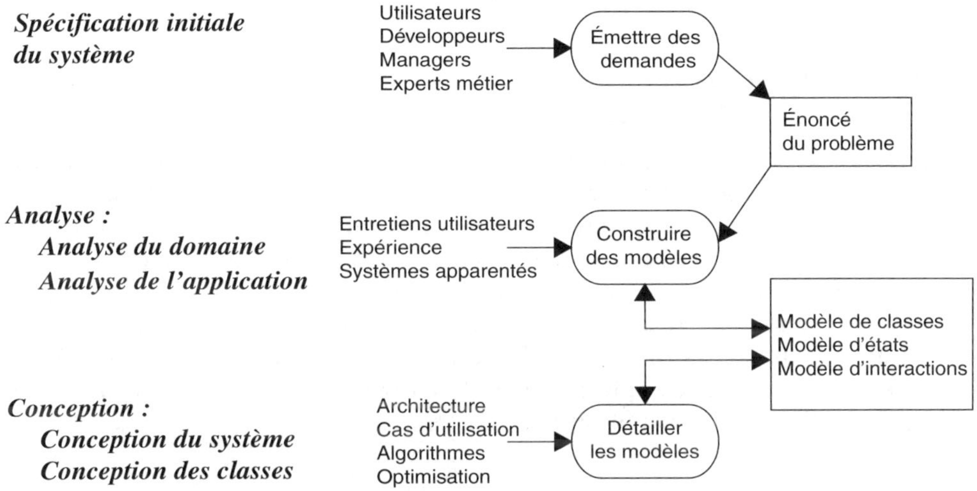

Figure 16.1 • Résumé du processus de développement. Un processus de développement fournit la base de la production organisée d'un logiciel.

Notez qu'il n'est pas nécessaire de changer de modèles, puisque le paradigme OO englobe l'analyse, la conception et l'implémentation. Ce paradigme s'applique tout aussi bien à la description des spécifications du monde réel qu'à la mise en œuvre informatique.

Si la présentation des stades est linéaire dans cet ouvrage (un artefact pédagogique), le développement objet dans la pratique est un processus itératif, comme le souligne la figure 16.1. Lorsque vous pensez qu'un modèle est terminé à un niveau d'abstraction, vous devez considérer le niveau immédiatement inférieur. À chaque niveau, vous devez ajouter de nouvelles classes, de nouveaux attributs et de nouvelles opérations. Vous devrez peut-être même réviser les relations entre les objets (notamment les modifications de la hiérarchie d'héritage). Ne soyez pas surpris si vous avez besoin de plusieurs itérations. Le chapitre 21 aborde plus en détail le développement itératif.

16.1 Spécification initiale du système

La spécification initiale du système concerne la genèse de l'application. À l'origine, une personne qui comprend à la fois la technologie et les besoins métier a une idée d'application. La finalité de la conception du système est de comprendre l'image globale : quels besoins le système proposé doit-il satisfaire, peut-il être développé à un prix raisonnable et la demande du produit fini justifiera-t-elle le coût de son développement ? L'entrée de la spécification initiale du système est une idée brute d'une nouvelle application. La sortie est un énoncé du problème qui sera le point de départ d'une analyse approfondie.

16.2 Analyse

L'analyse consiste principalement à construire des modèles afin de bien comprendre les exigences. Son but est de spécifier ce qui doit être réalisé, non la façon de le réaliser. Vous devez comprendre le problème avant d'essayer de lui trouver une solution. Il est important de prendre en compte toutes les entrées possibles, notamment les exigences exprimées, les entretiens avec les utilisateurs, l'expérience du monde réel et les artefacts appartenant à des systèmes apparentés. Le résultat de l'analyse est un ensemble de modèles qui spécifient un système de manière rigoureuse et complète. L'analyse se divise en deux stades : l'analyse du domaine et l'analyse de l'application.

16.2.1 Analyse du domaine

L'analyse du domaine capture les connaissances générales à propos d'une application – les concepts et les relations connus par les experts du domaine. L'objectif consiste à mettre au point un modèle précis, concis, compréhensible et correct du monde réel. Avant de développer quoi que ce soit de complexe, le développeur doit comprendre les exigences. L'analyse du domaine aboutit à des modèles des classes et parfois des modèles d'états, mais rarement des modèles d'interactions. Le travail de construction d'un modèle du domaine est une tâche qui consiste principalement à décider des informations qu'il faut recueillir (détermination du périmètre de l'application) et de la façon de les représenter (niveau d'abstraction).

16.2.2 Analyse de l'application

L'analyse de l'application suit et traite des aspects informatiques de l'application (objets de l'application) qui sont visibles pour les utilisateurs. Les objets de l'application ne relèvent pas seulement de décisions d'implémentation internes parce que les utilisateurs les voient et doivent valider leur pertinence. Les classes de l'application comprennent les contrôleurs, les équipements et les objets frontières. Le modèle d'interactions est dominant dans l'analyse de l'application, mais les modèles de classes et d'états sont également importants.

16.3 Conception

L'analyse traite le « *quoi* » d'une application, alors que la conception détermine le « *comment* ». Une fois que l'analyse vous a permis de comprendre l'application en profondeur, vous êtes prêt à traiter les détails de la construction d'une solution pratique et facile à maintenir. Vous pourriez préparer un modèle de conception entièrement différent du modèle d'analyse, mais, la plupart du temps, l'approche la plus satisfaisante et la plus simple consiste à « porter » les classes d'analyse dans le modèle de conception. La conception devient alors un processus au cours duquel on ajoute des détails et on prend des décisions fines. La conception se divise en deux stades : la conception du système et la conception des classes.

16.3.1 Conception du système

L'objectif de la conception du système est de mettre au point une stratégie de haut niveau – l'architecture – pour résoudre le problème de l'application. Le choix d'une architecture est une décision importante, dont les répercussions sont nombreuses et qui s'appuie sur les exigences et sur l'expérience passée. Le concepteur doit également mettre en place des politiques qui guideront la conception sous-jacente des classes.

16.3.2 Conception des classes

La conception des classes augmente et ajuste les modèles du monde réel issus de l'analyse afin qu'ils soient prêts à implémenter. Les concepteurs des classes complètent les définitions des classes et des associations et ils choisissent les algorithmes des opérations.

Partie 3

Implémentation

Les parties 1 et 2 présentaient respectivement les concepts OO et un processus d'analyse et de conception pour appliquer ces concepts. La partie 3 traite du reste du processus de développement logiciel et aborde les détails spécifiques de l'implémentation d'un système avec les langages C++ et Java ou les bases de données. Les modèles OO sont également utiles pour les langages non OO, mais nous n'abordons pas ceux-ci dans cet ouvrage parce que la plupart des développeurs emploient de nos jours des langages OO.

Le chapitre 17 aborde les questions d'implémentation qui transcendent le choix d'un langage. Nous insistons en particulier sur les techniques de réalisation des associations, puisque peu de langages les prennent intrinsèquement en charge.

Le chapitre 18 explique les principes de l'implémentation d'une conception OO en C++ et en Java. Nous étudions C++ et Java parce que ce sont les langages de programmation OO les plus répandus.

Le chapitre 19 montre comment implémenter une conception OO avec une base de données. Nous nous intéresserons aux bases de données relationnelles parce que ce sont elles qui dominent le marché. Comme on peut s'y attendre, il est également possible d'implémenter des conceptions OO avec des bases de données OO, mais ces dernières ne représentent qu'une petite part de marché et ne sont utilisées que pour des applications particulières.

Le chapitre 20 conclut sur des recommandations de style de programmation, quels que soient le langage de programmation ou la base de données. Le code étant l'incarnation ultime de la solution du problème, la façon de l'écrire est importante pour la maintenabilité et l'extensibilité.

Dans la partie 3, nous finissons d'expliquer comment appliquer des concepts OO pour développer des applications. La partie 4 aborde les questions de génie logiciel qui sont particulièrement importantes dans le cas d'applications complexes et de grande envergure.

17

Modélisation de l'implémentation

L'implémentation est le stade final du développement qui traite des détails de la programmation dans un langage donné. L'implémentation devrait être simple et presque mécanique puisque vous devriez avoir pris toutes les décisions difficiles lors de la conception. Pour une bonne part, votre code doit simplement traduire des décisions de conception. Vous devez ajouter des détails tout en écrivant le code, mais chacun d'eux ne doit affecter qu'une petite partie du programme.

17.1 Vue d'ensemble de l'implémentation

C'est maintenant, durant l'implémentation, que vous allez enfin recueillir les fruits du travail soigné que vous avez réalisé lors de l'analyse et de la conception. Vous devez d'abord traiter les problèmes d'implémentations qui sont indépendants des langages. C'est ce que nous appelons la ***modélisation de l'implémentation*** ; elle comprend les étapes suivantes :

- optimisation des classes [17.2] ;
- optimisation des généralisations [17.3] ;
- mise en œuvre des associations [17.4] ;
- préparation des tests [17.5].

Les deux premières étapes sont motivées par la théorie des transformations. Une ***transformation*** est une projection depuis le domaine des modèles sur le même domaine des modèles. Lors de la modélisation, il est important de ne pas se centrer uniquement sur les besoins utilisateurs : il faut également adopter un point de vue mathématique abstrait.

17.2 Optimisation des classes

Il est parfois utile d'optimiser les classes avant d'écrire le code, afin de simplifier le développement ou d'améliorer les performances. N'oubliez pas que l'objectif de l'implémentation est de mettre en œuvre les modèles issus de l'analyse et de la conception. Ne modifiez pas le modèle de conception, à moins d'avoir une raison impérative. S'il y en a une, envisagez les possibilités suivantes :

- **Partitionner une classe.** À la figure 17.1, nous pouvons représenter les informations personnelles et professionnelles d'une personne par une seule classe, ou nous pouvons les scinder en deux classes. Les deux approches sont correctes. Si nous disposons de beaucoup de données des deux types, mieux vaut les séparer. Si nous avons un volume de données plus modeste, il peut être plus facile de les combiner.

  Le partitionnement d'une classe peut être compliqué par les généralisations et les associations. Par exemple, si *Personne* était une super-classe et que nous la scindions en deux classes, il serait moins pratique pour les sous-classes d'obtenir les deux types d'informations. Les sous-classes devraient utiliser l'héritage multiple, ou bien nous devrions introduire une association entre les deux classes contenant les informations personnelles et les informations professionnelles. De plus, s'il y avait des associations à *Personne*, vous devriez décider comment les associer aux classes partitionnées.

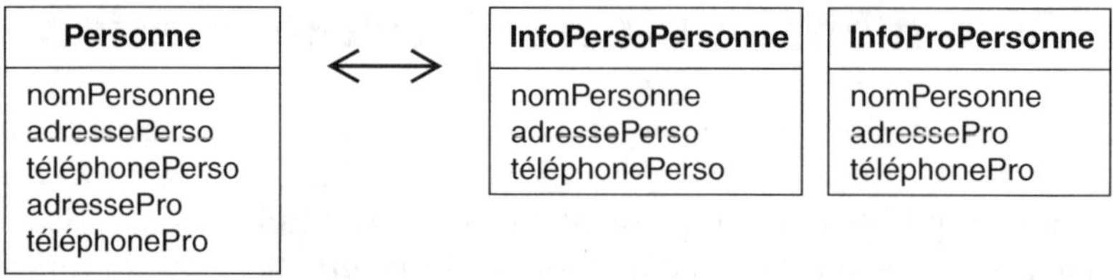

Figure 17.1 • Partitionnement d'une classe. Il est parfois utile d'optimiser un modèle en partitionnant ou en fusionnant des classes.

- **Fusionner des classes.** L'inverse du partitionnement consiste à fusionner des classes. Si nous avions commencé par les classes *InfoPersoPersonne* et *InfoProPersonne* de la figure 17.1, nous pourrions les combiner. La figure 17.2 présente un autre exemple avec une introduction d'associations. Aucune des deux représentations n'est supérieure à l'autre en soi, car les deux sont correctes du point de vue mathématique. Là encore, vous devez tenir compte des effets de la généralisation et de l'association en prenant vos décisions.

- **Partitionner / fusionner des attributs.** Vous pouvez également ajuster les attributs en les partitionnant ou en les fusionnant, comme le montre la figure 17.3.

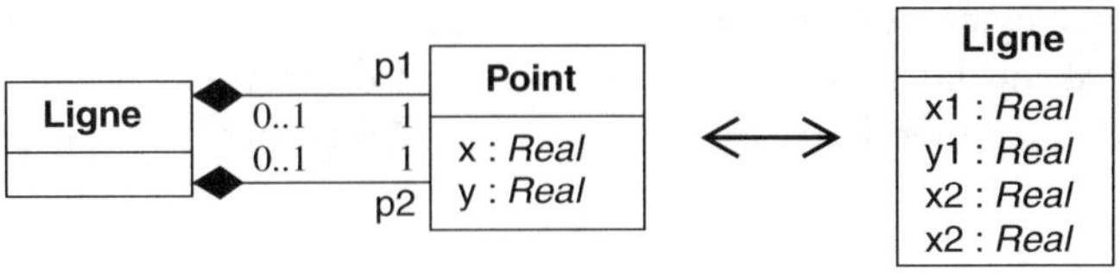

Figure 17.2 • Fusion de classes. Il est acceptable de retravailler les définitions de vos classes, mais seulement en cas de raison impérieuse ou pour des questions de performance.

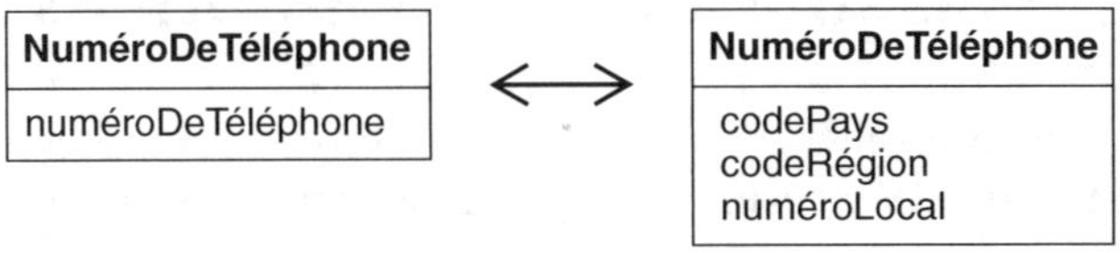

Figure 17.3 • Partition / fusion d'attributs.

- **Promouvoir un attribut en classe / rétrograder une classe en attribut.** Comme le montre la figure 17.4, nous pouvons représenter l'adresse comme un attribut, comme une classe ou comme plusieurs classes liées. Le modèle du bas serait utile si nous voulions précharger des données pour une application.

Exemple du GAB. Nous pourrions souhaiter scinder *AdresseClient* en plusieurs classes pour préremplir des données. Par exemple, nous pourrions précharger les données de *ville*, *département* et *codePostal* pour faciliter la gestion du service clientèle lors de la création d'un nouvel enregistrement de *Client*.

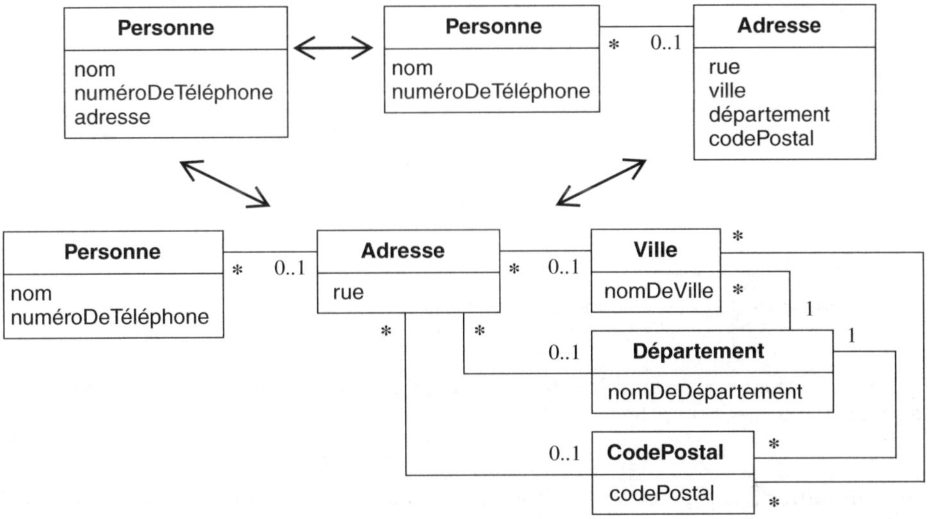

Figure 17.4 • Promotion d'un attribut en classe / rétrogradation d'une classe en attribut.

Nous pourrions également souhaiter faire apparaître le *TypeDuCompte* dans sa propre classe, ce qui faciliterait la programmation de comportements spéciaux. Par exemple, les écrans pourraient être différents pour les comptes chèques et les comptes d'épargne.

Tout compte fait, le modèle du GAB est de petite taille et soigneusement conçu, et nous ne sommes pas enclins à lui apporter des modifications.

17.3 Optimisation des généralisations

De même que vous reconsidérez les classes, vous pouvez reconsidérer les généralisations. Il est parfois utile de supprimer une généralisation ou d'en ajouter une avant de coder.

La figure 17.5 représente le modèle d'une de nos applications récentes de traduction. Un logiciel d'aide à la traduction convertit un *ConceptATraduire* en *Expression* dans la langue souhaitée. Une *LangueMajeure* est une langue comme l'anglais, le français ou le japonais. Une *LangueMineure* est un dialecte comme l'anglais parlé en Grande-Bretagne, aux États-Unis ou en Australie. Toutes les entrées de la base de données qui doivent être traduites ont un *IDConcept.* Le logiciel de traduction essaie d'abord de trouver l'expression correspondant au concept dans la *LangueMineure* désirée, puis, s'il ne la trouve pas, recherche dans la *LangueMajeure* correspondante.

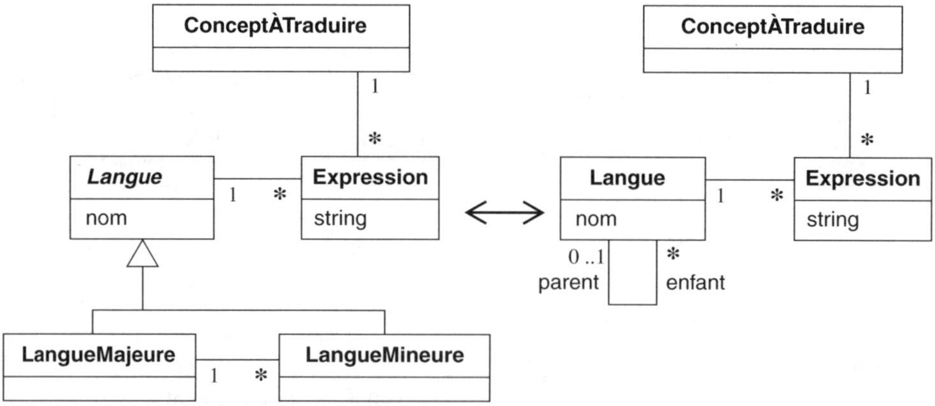

Figure 17.5 • Ajout ou suppression de généralisation. Parfois l'ajout ou la suppression de généralisation peut simplifier l'implémentation.

Pour simplifier l'implémentation, nous avons supprimé la généralisation et utilisé le modèle de droite. Comme le service de traduction est séparé du modèle de l'application, il n'y a pas eu d'autres généralisations ni d'autres associations à prendre en compte, ce qui a favorisé la simplification.

Exemple du GAB. À la section 13.1.1, nous avons mentionné que le modèle de classes du domaine englobait deux applications, celle du GAB et celle du guichet tenu par un caissier. Nous ne en sommes pas préoccupés pendant l'analyse, parce que l'objectif de celle-ci est de comprendre les besoins métier et que le client ne se soucie pas de savoir comment les services sont structurés. De plus, nous voulions nous assurer que les deux applications avaient un comportement similaire. Toutefois, maintenant que nous en sommes à l'implémentation, nous devons séparer les applications et limiter le périmètre de celle que nous construisons en réalité. À la figure 17.6, nous supprimons les informations sur le caissier du modèle de classes du domaine, ce qui nous amène à supprimer également les deux généralisations.

La figure 17.6 présente le modèle de classes complet du GAB. La moitié supérieure (*Compte* et au-dessus) est le modèle de classes du domaine. La partie inférieure (*InterfaceUtilisateur*, *InterfaceConsortium* et en dessous) est le modèle de classes de l'application. Les opérations sont représentatives, mais seulement certaines d'entre elles sont listées.

17.4 Mise en œuvre des associations

Les associations sont le « ciment » de notre modèle de classes et fournissent les chemins d'accès entre les objets. Nous devons maintenant trouver une stratégie pour les implémenter. Nous pouvons choisir une stratégie globale pour implémenter uniformément toutes les associations ou sélectionner une technique particulière pour chacune d'elles, en prenant en compte la façon dont elles seront utilisées dans l'application. Nous allons commencer par analyser la manière dont les associations sont traversées.

17.4.1 Analyse de la traversée des associations

Nous avons supposé jusqu'à maintenant que les associations étaient intrinsèquement bidirectionnelles, ce qui est assurément vrai dans un sens abstrait. Mais, si certaines associations de votre application ne sont traversées que dans une direction, leur implémentation peut être simplifiée. Sachez toutefois que les besoins peuvent changer, et que vous devrez peut-être ajouter plus tard une nouvelle opération qui traversera l'association dans la direction opposée.

Pour le prototypage, nous employons toujours des associations bidirectionnelles, afin de pouvoir ajouter un nouveau comportement et modifier rapidement l'application. Pour la production, nous optimisons certaines associations. Dans tous les cas, il est préférable de masquer l'implémentation en employant des méthodes d'accès pour traverser et mettre à jour les associations, ce qui vous permet de modifier votre décision plus aisément.

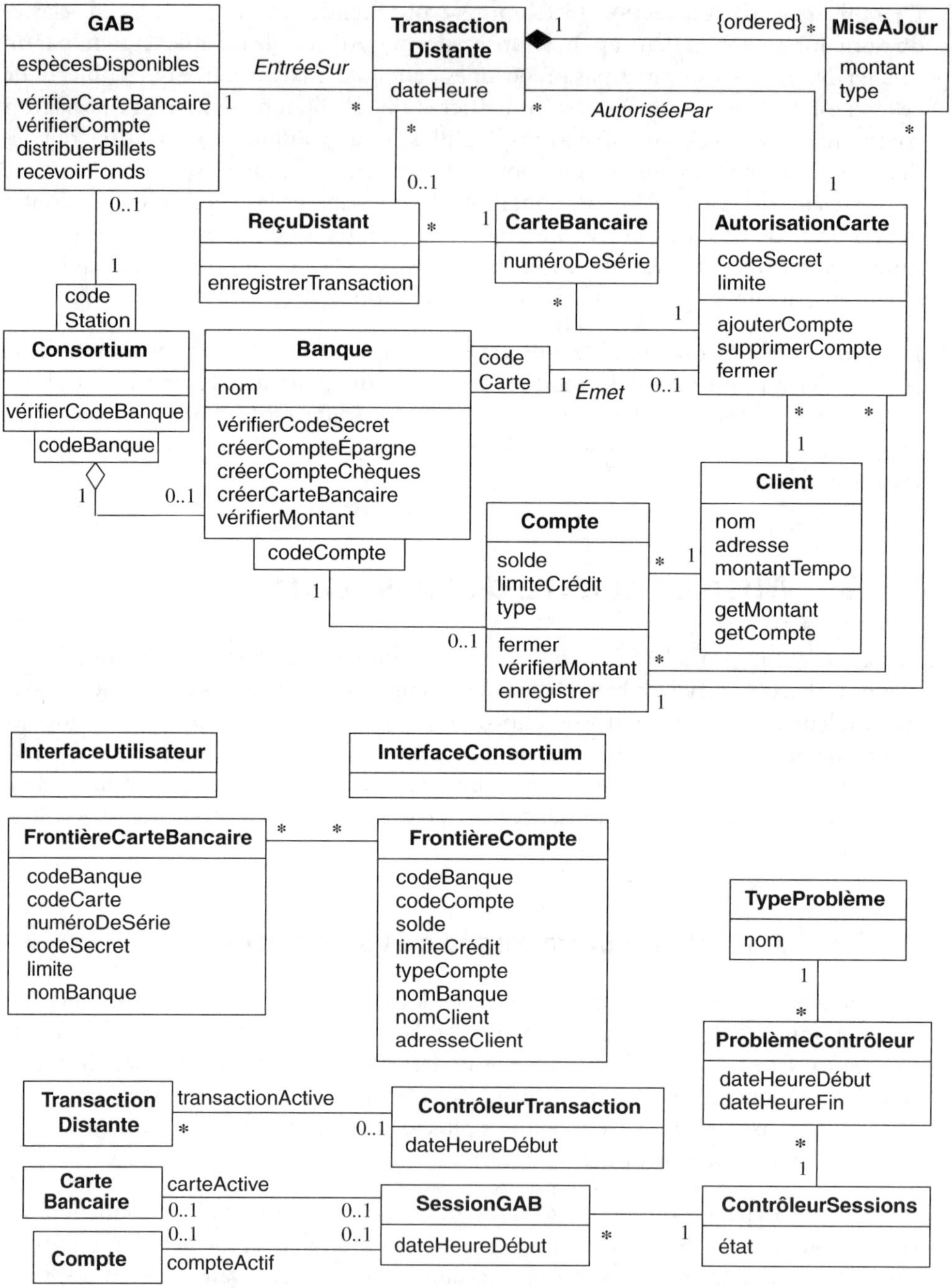

Figure 17.6 • Le modèle de classes d'implémentation complet du GAB.

17.4.2 Associations unidirectionnelles

Si une association est traversée dans une seule direction, vous pouvez l'implémenter sous forme de ***pointeur*** – un attribut contenant une référence à un objet. (Notez que nous employons ici le mot *pointeur* dans son acception logique. Dans la pratique, il peut s'agir d'un pointeur ou d'une référence, selon le langage de programmation choisi, ou même d'une clé étrangère dans une base de données.) Si la multiplicité est « un », comme le montre la figure 17.7, il s'agit d'un pointeur simple ; si la multiplicité est « plusieurs », ce sera un ensemble de pointeurs.

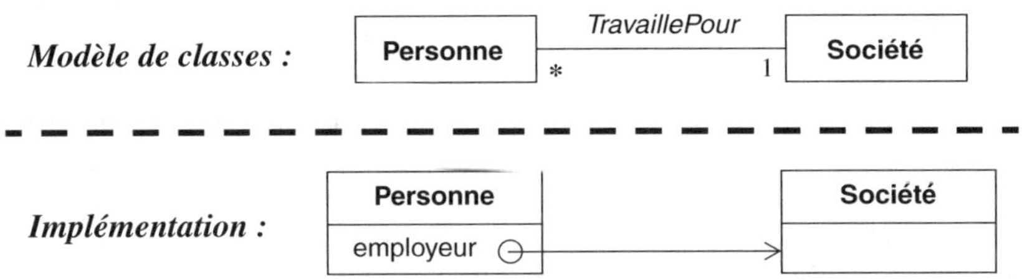

Figure 17.7 • Implémentation d'une association unidirectionnelle par des pointeurs. Si une association n'est traversée que dans une direction, vous pouvez l'implémenter par un pointeur.

17.4.3 Associations bidirectionnelles

De nombreuses associations sont traversées dans les deux directions, mais généralement pas à la même fréquence. Il existe trois approches pour les implémenter :

- **Implémentation unidirectionnelle.** Implémenter les associations unidirectionnelles sous la forme de pointeur dans une seule direction et effectuer une recherche lorsque la traversée dans le sens opposé est nécessaire. Cette approche n'est utile que s'il existe une grande disparité dans la fréquence de traversées dans les deux directions, et si la nécessité de réduire le coût du stockage et celui des mises à jour a de l'importance. Les rares traversées dans le sens opposé seront coûteuses.
- **Implémentation bidirectionnelle.** Implémenter les associations bidirectionnelles par des pointeurs dans les deux directions, comme le montre la figure 17.8. Cette approche permet un accès rapide, mais si l'une des directions est mise à jour, l'autre doit également l'être pour que le lien demeure cohérent. Cette approche est utile si le nombre d'accès dépasse celui des mises à jour.
- **Implémentation avec un objet-association.** Cela consiste à implémenter les associations bidirectionnelles par des objets-associations distincts, indépendants de toute classe, comme le montre la figure 17.9 [Rumbaugh-87]. Un objet-association est un ensemble constitué par une paire d'objets associés (un triplet pour les associations qualifiées), stocké dans un objet de taille variable. Pour des raisons d'efficacité, vous pouvez implémenter un objet-association en employant deux objets-dictionnaires, l'un pour la direction avant et l'autre pour la direction arrière.

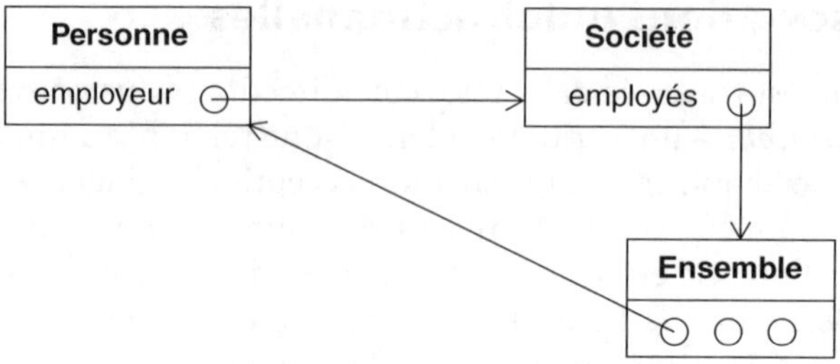

Figure 17.8 • Implémentation d'une association bidirectionnelle avec des pointeurs. Des pointeurs doubles permettent de traverser rapidement une association dans les deux directions, mais introduisent des redondances qui compliquent la maintenance.

L'accès est légèrement plus lent qu'avec des pointeurs, mais si l'on utilise une technique de hachage, le temps d'accès est constant. Cette approche est utile pour étendre les classes prédéfinies d'une bibliothèque qui ne peuvent être modifiées, car l'objet-association n'ajoute aucun attribut aux classes d'origine. Des objets-associations distincts sont également utiles pour les associations non denses, auxquelles la plupart des objets de classe ne participent pas, car l'espace mémoire n'est utilisé que pour les liens réels.

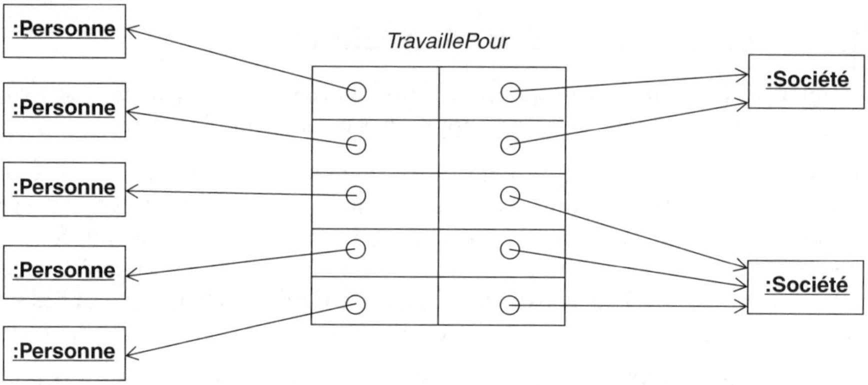

Figure 17.9 • Implémentation d'une association sous forme d'un objet. C'est l'approche la plus courante pour implémenter des associations, mais c'est celle qui exige le plus de compétences en programmation.

17.4.4 Associations complexes

Les techniques d'implémentation des associations complexes varient.

- **Classes-associations.** L'approche habituelle consiste à transformer l'association en classe. Celle-ci gère tous les attributs de l'association ainsi que les associations de la classe-association. Notez que promouvoir une association en classe change la signification du modèle : l'association promue en classe a une identité qui lui est propre, et les méthodes doivent assumer le respect des dépendances de la classe-association aux classes associées.

Alternativement, si la multiplicité de l'association est un-à-un et qu'elle n'ait pas d'autre association, vous pouvez implémenter l'association par des pointeurs et mémoriser ses attributs comme des attributs de l'une ou l'autre classe. De même, s'il s'agit d'une association de multiplicité « un-à-plusieurs » et qu'elle n'ait pas d'autre association, vous pouvez l'implémenter avec des pointeurs et mémoriser ses attributs comme des attributs de la classe située à l'extrémité « plusieurs » de l'association, puisque chaque classe de l'extrémité « plusieurs » n'apparaît qu'une fois pour l'association.

- **Associations ordonnées.** Utilisez un ensemble ordonné de pointeurs, similaire à celui de la figure 17.8 ou un dictionnaire avec un ensemble ordonné de paires, similaire à celui de la figure 17.9.
- **Séquences.** Comme pour une association ordonnée, mais avec une liste de pointeurs.
- ***Bags.*** Comme pour une association ordonnée, mais avec un tableau de pointeurs.
- **Associations qualifiées.** Implémentez une association qualifiée dont la multiplicité est « un » comme un objet-dictionnaire en utilisant les techniques de la figure 17.9. Les associations qualifiées dont la multiplicité est « plusieurs » sont rares, mais vous pouvez les implémenter comme un dictionnaire d'ensembles d'objets.
- **Associations *n*-aires.** Promouvez l'association en classe. Notez qu'il y a un changement dans l'identité et que vous devez compenser avec du code supplémentaire, comme pour les classes-associations.
- **Agrégation.** Traitez l'agrégation comme une association ordinaire.
- **Composition.** Vous pouvez traiter la composition comme une association ordinaire. Vous aurez besoin d'un peu de code supplémentaire pour appliquer la dépendance de la partie de l'assemblage.

17.4.5 Exemple du GAB

L'exercice 17.1 traite de l'implémentation des associations du modèle du GAB.

17.5 Tests

Si vous avez modélisé soigneusement votre application, comme nous le recommandons, vous réduirez le nombre de défauts dans votre logiciel et vous aurez moins besoin de tester. Néanmoins, les tests demeurent importants : ils constituent un mécanisme d'assurance qualité, qui permet d'intercepter les erreurs résiduelles. De plus, les tests fournissent une mesure indépendante de la qualité de votre logiciel. Le nombre de bogues découverts lors d'une suite de tests donnée est un indicateur de la qualité du logiciel, et vous devriez en trouver de moins en moins à mesure que vous acquérez de l'expérience en modélisation. Vous devez consigner scrupuleusement les bogues que vous découvrez, ainsi que les plaintes des clients.

Si votre programme est sain, la principale difficulté pour les développeurs consiste à trouver l'erreur bizarre occasionnelle. La correction des erreurs est un problème beaucoup plus facile à résoudre. (En revanche, si votre logiciel est chaotique, il peut également être difficile de corriger les erreurs.)

Vous devez tester à chaque étape du développement, pas seulement durant l'implémentation. Toutefois, la nature des tests change au fur et à mesure de la progression. Durant l'analyse, on teste le modèle par rapport aux attentes des utilisateurs en posant des questions et en voyant si le modèle y répond. Durant la conception, on teste l'architecture et on peut simuler ses performances. Durant l'implémentation on teste le code réel, le modèle servant de guide pour les chemins à parcourir.

L'activité de test doit partir de petites unités pour s'étendre finalement à l'ensemble de l'application. Les développeurs doivent commencer par tester leur propre code, leurs classes et leurs méthodes : ce sont les ***tests unitaires***. Les ***tests d'intégration*** constituent l'étape suivante : on teste la façon dont les classes et les méthodes s'emboîtent. Les tests d'intégration se déroulent par vagues successives, en assemblant du code pour former des unités de périmètre et de comportement de plus en plus importantes. Il importe d'effectuer des tests d'intégration tôt et souvent afin de vérifier que les portions de code s'adaptent correctement (voir chapitre 21). L'étape finale est constituée par les ***tests système*** qui testent l'ensemble de l'application.

17.5.1 Tests unitaires

Les développeurs vérifient normalement leur propre code et effectuent les tests unitaires et d'intégration parce qu'ils comprennent la logique détaillée et les sources d'erreur possibles. Les tests unitaires respectent les mêmes principes qu'à l'époque pré-OO : les développeurs doivent s'efforcer de prévoir tous les cas et tous les chemins de navigation possibles, d'affecter des valeurs spéciales aux arguments ou essayer des valeurs extrêmes ou immédiatement inférieures ou supérieures aux bornes. Si vos classes et vos méthodes sont simples et bien circonscrites, les tests unitaires seront plus faciles à préparer.

Il convient d'instrumenter les objets et les méthodes. Vous pouvez placer des assertions (préconditions, postconditions, invariants) dans votre code pour intercepter les erreurs. Vous devez vous efforcer de détecter les problèmes près de la source (là où ils sont plus faciles à comprendre) et non en aval (où ils peuvent être embrouillés).

Nous souscrivons aux pratiques de la programmation en binômes et de l'inspection active (voire « agressive ») du code, qui sont promues par le mouvement de développement agile. Dans le même ordre d'idées, nous recommandons des revues formelles (voir chapitre 22) dans lesquelles les développeurs présentent leur travail aux autres et reçoivent des commentaires.

17.5.2 Tests système

Dans l'idéal, une équipe différente de l'équipe de développement doit effectuer les tests système : c'est un rôle naturel pour un service d'assurance qualité. Celui-ci doit s'appuyer sur le modèle d'analyse des besoins d'origine et préparer sa série de tests en parallèle avec les autres activités de développement. Ainsi, les testeurs ne sont pas distraits par les détails du développement et peuvent fournir une évaluation indépendante d'une application, ce qui réduit les risques d'omission. Une fois les tests alpha[1] terminés, les clients exécutent les tests bêta[2]. Si le logiciel semble satisfaisant, il est prêt à être distribué.

Les scénarios du modèle d'interactions définissent les cas de tests valables pour le niveau du système. Vous pouvez générer des scénarios supplémentaires à partir des cas d'utilisation ou des machines à états. Choisissez des cas de tests typiques, mais considérez également les conditions atypiques : zéro itération, le nombre maximal d'itérations, les coïncidences d'événements si elles sont permises par le modèle, etc. Les chemins « anormaux » dans les machines à états constituent de bons cas de tests, parce qu'ils permettent de vérifier les hypothèses par défaut. Prêtez également attention aux performances et effectuez si nécessaire des tests de résistance avec un environnement multi-utilisateur et un accès réparti.

Autant que possible, utilisez une série de tests. Celle-ci est utile pour revérifier le code après correction des bogues et pour détecter les erreurs qui pourraient se glisser dans les versions suivantes. Il peut être difficile d'automatiser les tests en cas d'application dotée d'une interface utilisateur interactive, mais, même alors, vous pouvez toujours documenter vos scripts de tests pour pouvoir les réutiliser ultérieurement.

Exemple du GAB. Nous avons préparé soigneusement et méthodiquement le modèle du GAB. En conséquence, nous serions en bonne position pour tester si nous devions construire une application de production.

Résumé

L'implémentation est le stade final du développement et traite des détails spécifiques aux langages de programmation. Vous devez d'abord résoudre les problèmes d'implémentation qui sont indépendants des langages : c'est ce que nous appelons la modélisation de l'implémentation. Il est parfois utile d'optimiser les classes et les généralisations pour simplifier le développement ou améliorer les performances, mais uniquement s'il existe une raison impérieuse de procéder ainsi.

Les associations constituent un concept clé de la modélisation des classes en UML, mais elles sont relativement mal prises en charge par la plupart des langages de programmation. Néanmoins, vous devez utiliser des associations pour continuer à réfléchir clairement lors de l'étude des exigences, puis nécessairement les dégrader en

1. Test d'une version préliminaire.
2. Test d'une application informatique en cours de développement.

phase d'implémentation. Il existe deux principales façons d'implémenter une association dans un langage de programmation : avec des pointeurs (uni ou bidirectionnels) ou avec des objets-associations. Un objet-association est une paire d'objets-dictionnaires, l'un pour la direction avant et l'autre pour la direction arrière.

Même si une modélisation soigneuse réduit le nombre d'erreurs, elle n'élimine pas la nécessité de tester. Vous aurez besoin de tests unitaires, de tests d'intégration et de tests système. Pour les tests unitaires, les développeurs vérifient les classes et les méthodes de leur propre code. Les tests d'intégration combinent plusieurs classes et méthodes et les soumettent à des tests supplémentaires. Les tests système concernent l'ensemble de l'application et vérifient qu'elle correspond effectivement aux besoins originellement découverts durant l'analyse.

association bidirectionnelle	optimisation des classes	test système
association unidirectionnelle	optimisation des généralisations	test unitaire
modélisation de l'implémentation	pointeur	transformation
objet-dictionnaire	test d'intégration	traversée d'association
objet-association		

Figure 17.10 • Concepts clés du chapitre 17.

Notes bibliographiques

Les transformations motivent les sections 17.2 et 17.3. [Batini-92] présente une liste exhaustive de transformations. [Blaha-96] et [Blaha-98] présentent des transformations supplémentaires.

Références

[Batini-92] Carlo Batini, Stefano Ceri et Shamkant B. Navathe, *Conceptual Database Design : An Entity-Relationship Approach*, Redwood City, CA, Benjamin Cummings, 1992.

[Blaha-96] Michael Blaha et William Premerlani, *A Catalog of Object Model Transformations, Third Working Conference on Reverse Engineering*. Monterey, CA, 87-96, novembre 1996.

[Blaha-98] Michael Blaha et William Premerlani, *Object-Oriented Modeling and Design for Database Applications*, Upper Saddle River, NJ, Prentice Hall, 1998.

[Rumbaugh-87] James E. Rumbaugh, "Relations as semantic constructs in an object-oriented language", *OOPSLA'87* as *ACM SIGPLAN 22*, 466-481, 12 décembre 1987.

Exercices

17.1 (7) Implémentez chaque association de la figure 17.6. Utilisez des pointeurs uni ou bidirectionnels en fonction de la sémantique du problème. Justifiez vos réponses.

17.2 (5) Implémentez chaque association de la figure E12.3. Utilisez des pointeurs unidirectionnels chaque fois que possible. L'une des extrémités d'association doit-elle être ordonnée ? Justifiez vos réponses.

17.3 (4) Implémentez chaque association de la figure E15.2. Utilisez des pointeurs uni ou bidirectionnels en fonction de la sémantique du problème. L'une des extrémités d'association doit-elle être ordonnée ? Justifiez vos réponses.

17.4 (3) Implémentez l'association de la figure E15.3. Utilisez des pointeurs uni ou bidirectionnels en fonction de la sémantique du problème. Justifiez votre réponse.

17.5 (7) Implémentez chaque association de la figure E12.4. Utilisez des pointeurs uni ou bidirectionnels en fonction de la sémantique du problème. L'une des extrémités d'association doit-elle être ordonnée ? Justifiez vos réponses.

18

Langages orientés objet

Ce chapitre explique comment, à partir d'une conception générique, prendre les décisions finales d'implémentation qui s'avèrent nécessaires pour réaliser la conception en C++ ou en Java. Il s'agit des deux langages majeurs employés pour implémenter des logiciels orientés objet. Le but de ce chapitre est de produire une partie du code d'un programme. Nous n'avons pas l'intention de fournir un tutoriel C++ ou Java, mais de souligner les principales caractéristiques de ces deux langages et d'expliquer leur utilisation avec les modèles.

Chris Kelsey a été le premier auteur de ce chapitre et nous la remercions pour l'aide qu'elle nous a apportée.

18.1 Introduction

Il est relativement aisé d'implémenter une conception OO avec un langage OO depuis que les éléments des langages sont similaires aux éléments de conception. Dans cet ouvrage, nous mettrons l'accent sur les langages C++ et Java puisqu'il s'agit aujourd'hui des deux langages OO dominants. Même si vous employez un autre langage, de nombreux principes y seront identiques et la présentation faite ici demeurera pertinente.

C++ et Java ont beaucoup de points communs. Java est plus récent que C++ et sa syntaxe emprunte considérablement à celle de C++. Ce sont deux langages fortement typés, où les variables et les valeurs doivent nécessairement appartenir à un type natif du langage ou à un type défini par l'utilisateur. Le typage fort peut améliorer la fiabilité en détectant les incohérences lors des affectations et de la transmission d'arguments aux méthodes dès la compilation, et il augmente les opportunités d'optimisation.

18.1.1 Introduction à C++

C++ a été développé par Bjarne Stroustrup aux *Bell Labs* d'AT&T dans les années 1980, avec pour but d'étendre le très répandu langage procédural C en y incluant des capacités OO. Il bénéficie des caractéristiques « proches du matériel » qui sont la marque de son héritage du langage C, tout en ajoutant des capacités « proches du problème » d'expression plus directe fournies par les concepts OO.

Les *Bell Labs* ont initialement implémenté C++ comme un préprocesseur qui traduisait C++ en C standard. Dans les années 1990, C++ commençant à être largement utilisé, des compilateurs en code natif associés à des débogueurs et à d'autres outils de développement sont apparus. C'est en 1998 que la norme ISO/ANSI du langage et de ses bibliothèques a été approuvée. Des complilateurs C++ sont largement disponibles sur de nombreux systèmes d'exploitation, et on peut se les procurer aussi bien auprès des principaux fournisseurs du commerce qu'auprès de la *Free Software Foundation*.

La syntaxe du langage C++ est un surensemble du langage C. Il s'agit donc d'un langage hybride, dans lequel certaines entités sont de type objet et d'autre de type primitif traditionnel. En raison de ses origines, il comporte certaines caractéristiques qui sont incompatibles avec une programmation objet « pure », telles des fonctions globales qui ne sont pas des méthodes d'une classe. Toutefois, la syntaxe et la sémantique de C++ demeurent cohérentes entre les types de données, qu'ils soient objet ou natifs.

C++ supporte la généralisation avec l'héritage et la résolution des méthodes lors de l'exécution (***polymorphisme***). Une classe peut contenir des méthodes polymorphes et des méthodes non polymorphes. Pour activer la résolution dynamique d'une méthode, la super-classe doit explicitement utiliser le mot-clé ***virtual*** dans la déclaration de la méthode. L'implémentation est efficace dans la mesure où, classiquement, chaque objet contient un pointeur sur une table des méthodes de sa classe. Il n'existe pas de type partagé de base *Object* qui caractérise certains autres langages OO. L'héritage multiple est autorisé en C++.

Outre la redéfinition des méthodes *via* l'héritage, C++ permet la ***surcharge***, c'est-à-dire des méthodes et des fonctions qui portent le même nom et qui ne se différencient que par le nombre ou le type de leurs paramètres. Selon l'invocation, c'est la méthode ou la fonction qui a les paramètres appropriés qui est choisie. De même, on peut surcharger les opérateurs de C++, ce qui permet l'expression intuitive d'une méthode [comme *a + b* à la place de *a.add(b)*, où *a* et *b* sont du type *NombreComplexe*].

Les spécificateurs d'accès facilitent l'encapsulation en restreignant l'accès aux membres d'une classe (méthodes et données) aux méthodes de la classe elle-même (***private***), ou aux méthodes de la classe et de ses sous-classes (***protected***). Le spécificateur d'accès ***public*** autorise quant à lui l'accès aux membres à toute classe, méthode ou fonction. Une classe peut accorder à certaines fonctions et méthodes privilégiées un accès sélectif à ses membres privés en employant la déclaration ***friend***. Toutes les restrictions d'accès sont contrôlées au niveau de la classe, pas de l'objet, ce qui signifie qu'il n'y a pas de restriction d'accès entre les objets de la même classe. Les espaces de nommage (***namespaces***) de C++ offrent une portée sémantique pour les symboles, mais ils n'affectent pas l'accessibilité des entités visibles. Les espaces de nommage ont été introduits en partie pour limiter les conflits de noms entre bibliothèques externes.

C++ expose sa gestion de la mémoire au programmeur, lequel peut personnaliser ses stratégies d'allocation de la mémoire. Le compilateur alloue statiquement la mémoire pour les objets (de type primitif ou de type classe) déclarés à la compilation. Une application peut aussi obtenir dynamiquement de la mémoire sur le tas lors de l'exécution en utilisant l'opérateur *new*. Un objet créé dynamiquement subsiste en mémoire jusqu'à ce qu'une opération *delete* le détruise explicitement.

Pendant toute la durée de vie d'un objet, son adresse mémoire ne change pas et elle l'identifie. Le programmeur peut obtenir l'adresse d'un objet alloué statiquement (en utilisant l'opérateur &), et il peut de même obtenir l'adresse d'un objet alloué dynamiquement afin de s'y référer par un pointeur. Pour accéder à la cible d'un pointeur, ce dernier est *déréférencé* en employant l'opérateur *, de telle manière que, pour tout objet O à l'adresse A, il soit vrai que $\&O == A$ et $*A == O$. Comme en C, le programmeur n'est généralement pas protégé contre les erreurs liées à la gestion de la mémoire, ni lors de la compilation, ni lors de l'exécution. C++ n'offre pas de fonction de détection des erreurs lors de l'exécution, et les erreurs provoquent généralement un comportement imprévisible des programmes.

Outre les pointeurs hérités du langage C employés comme opérandes dans les opérations mémoire, C++ incorpore les ***références*** qui, syntaxiquement, apparaissent comme des alias d'objets. Les références doivent être liées à un objet existant lors de leur création. Leur lien est constant et ne peut pas avoir la valeur nulle. Pour le reste, les références se comportent comme s'il s'agissait de pointeurs implicitement déréférencés.

Les classes possèdent des ***constructeurs*** et des ***destructeurs*** – méthodes qui sont automatiquement invoquées lors de la création et lors de la destruction des objets. Ces méthodes sont classiquement appelées respectivement pour initialiser les objets et pour réaliser les opérations qui s'avèrent nécessaires lors de leur destruction (libération de mémoire, le plus souvent).

En résumé, C++ est un langage souple, caractérisé par son souci d'efficacité lors de l'exécution, sa capacité à construire des hiérarchies de type importantes, et sa sémantique uniforme. Il offre une plate-forme qui permet une excellente granularité d'expression et de contrôle en sacrifiant quelque peu la simplicité.

18.1.2 Introduction à Java

Né au début des années 1990, Java est à l'origine un sous-produit d'une étude de Sun Microsystems ciblée sur la programmation des équipements de consommation, projet qui nécessitait un langage portable et indépendant de tout équipement. Il a fait ses débuts publics en 1995 sous forme téléchargeable, sur le Web qui était encore embryonnaire, et la possibilité d'exécuter des programmes Java restreints a été bientôt incorporée aux navigateurs Web pour permettre d'ajouter aux pages Web un contenu dynamique et interactif. En peu d'années, avec l'explosion d'Internet et des architectures d'application distribuées, Java est devenu un élément incontournable du développement commercial. Des outils Java commerciaux, en *shareware* ou gratuits, sont largement disponibles. Le langage continue à évoluer et ses bibliothèques à croître. Sun conserve la maîtrise de cette évolution et fournit gratuitement des outils de base pour la plupart des plates-formes.

La popularité de Java ne vient pas tant du langage en lui-même que de la portabilité qu'il offre et de sa considérable bibliothèque de classes associée. Le code source Java est compilé en un code intermédiaire (*Java Byte Code*), lequel est exécuté par une machine virtuelle spécifique à chaque plate-forme : la JVM (*Java Virtual Machine*). Des JVM sont disponibles pour presque tous les systèmes d'exploitation et on peut facilement les remplacer avec des JVM d'autres fournisseurs. Des compilateurs en code natif sont également disponibles.

Au même titre que C++ a profité de l'expérience d'un grand nombre de programmeurs C, Java a profité du nombre important de développeurs « parlant » C et C++. La syntaxe de Java est fort comparable à celle de C++, bien que ses modèles objet et de gestion de la mémoire diffèrent significativement.

Java est un langage fortement typé, avec des types primitifs et des types objet bien distincts. L'utilisation de ces deux types diffère significativement : Java alloue statiquement les types primitifs et il les traite comme des variables contenant des valeurs ($i = j$ affecte la valeur de j à la variable i). En revanche, les variables de type objet sont allouées dynamiquement lors de l'exécution et elles ne peuvent être manipulées que *via* des variables référence ($i = j$ assigne l'objet physique référencé par j à une référence supplémentaire i). Java ne dispose pas de syntaxe de référence pour les types primitifs, mais il fournit des outils pour la conversion entre les types primitifs et les types objet correspondants, tels *int* et *Integer*. La version 1.5 de Java ajoute l'***autoboxing***, c'est-à-dire la conversion automatique entre les types primitifs et les types objet correspondants (*wrappers*) dans des circonstances classiques comme lors de la transmission d'arguments ou pour l'utilisation des collections.

Tous les types d'objet Java ont *Object* pour ancêtre commun, et leurs types sont en conséquence compatibles au niveau d'abstraction le plus élevé. La vérification des types lors de l'exécution constitue une exception dans le cas d'un sous-typage invalide (traiter un objet comme un sous-type). Le polymorphisme est implicite et un programmeur ne peut le proscrire qu'en interdisant explicitement la redéfinition des méthodes. Java ne permet que l'héritage simple, mais la présence d'***interfaces*** (spécifications de classes non instanciables et ne pouvant contenir que des constantes et des déclarations de méthodes) permet d'émuler des super-classes multiples.

Les packages permettent l'organisation des classes et ils définissent la portée des identificateurs. Chaque unité de compilation contenant du code source Java (fichier) ne peut contenir qu'une seule classe publique et il doit porter le même nom que la classe, bien qu'un fichier puisse définir d'autres classes utilitaires. Une déclaration au début du fichier identifie le package. Les fichiers souhaitant employer des symboles publics d'un autre package utilisent une directive import pour pouvoir accéder à ceux-ci (comme *import java.io.** pour pouvoir utiliser les classes de la bibliothèque (package) Java d'entrées/sorties).

À l'instar des spécificateurs d'accès de C++, ceux de Java restreignent l'accessibilité des attributs et des méthodes. En dehors de toute spécification d'accès, les attributs et les méthodes ont par défaut l'accessibilité ***package*** et peuvent être utilisés par l'ensemble des méthodes définies dans le même package. Les options explicites sont respectivement ***private*** (accès intraclasse), ***public*** (accès universel) et ***protected*** (accès étendu aux sous-classes définies dans un autre package que celui de leur super-classe). Ainsi, la signification de l'accès *protected* est légèrement différente de celle de C++.

La gestion de la mémoire est le domaine de la JVM. Tout code Java – données et méthodes – n'existe que dans le contexte d'une classe. Le système charge et décharge les classes en fonction des besoins et déplace le code en mémoire durant l'exécution. Le programmeur n'a pas besoin de connaître l'adresse des objets – et ne le peut pas : il ne peut accéder aux objets que *via* leurs références qui, syntaxiquement, apparaissent comme des variables d'objet.

La récupération de l'espace mémoire des objets qui ne sont plus référencés est réalisée par un ramasse-miettes et la mémoire ainsi libérée est à nouveau disponible pour le système. Bien que le programmeur puisse suggérer la destruction d'un objet, le système ne peut être forcé à exécuter la demande. Java permet aussi la détection des erreurs mémoire lors de l'exécution (comme l'accès hors bornes d'un tableau ou la tentative d'usage d'une référence nulle), et les exceptions appropriées sont levées lors de la détection.

En résumé, Java insiste sur la portabilité à l'exécution et la sécurité du code au prix d'une certaine perte d'efficacité et de souplesse. Java fournit des interfaces abstraites pour émuler l'héritage multiple, fait une distinction sémantique entre les types primitifs et les types objet, et offre une riche bibliothèque d'objets aussi bien pour l'implémentation classique que pour l'intégration au niveau système pour les plates-formes réparties.

18.1.3 Comparaison de C++ et de Java

Le tableau 18.1 compare C++ et Java.

18.2 Modèle abrégé du GAB

La figure 18.1 représente une partie du modèle du GAB dont nous allons nous servir comme exemple. Nous avons ajouté les classes *CompteChèques* et *CompteÉpargne*, car nous allons parler de la généralisation.

18.3 Implémentation de la structure

La première étape de l'implémentation d'une conception OO consiste à mettre en œuvre la structure spécifiée par le modèle de classes. Les tâches suivantes doivent être réalisées.

- implémenter les types de données [18.3.1] ;
- implémenter les classes [18.3.2] ;
- implémenter le contrôle d'accès [18.3.3] ;
- implémenter les généralisations [18.3.4] ;
- implémenter les associations [18.3.5].

Tableau 18.1 • C++ vs Java. Ce sont deux langages puissants avec des compromis différents.

	C++	Java
Gestion de la mémoire	Accessible au programmeur. Les objets ont des adresses fixes.	Contrôlée par le système. Les objets peuvent être déplacés en mémoire.
Modèle d'héritage	Héritage simple et multiple. Polymorphisme explicite par méthode. Absence de classe de base universelle. Encourage les hiérarchies mixtes.	Héritage simple avec présence d'interfaces abstraites. Polymorphisme implicite. *Object* comme ancêtre universel.
Contrôle d'accès et protection des objets	Modèle complet et souple avec la protection *const* disponible.	Modèle lourd qui encourage une encapsulation faible.
Sémantique des types de données	Cohérence entre les types primitifs et les types objet.	Différence entre les types primitifs et les types objet.
Organisation des programmes	Fonctions et données peuvent exister en dehors des classes. Les portées globales (fichier) et associées aux espaces de nommage existent.	Toutes les fonctions et toutes les données se situent dans les classes. La portée package existe.
Bibliothèques	Principalement des fonctionnalités de bas niveau. Importantes bibliothèques de *containers* (structures de données) génériques (*templates*) et d'algorithmes.	Énormes. Classes pour des services de haut niveau et pour l'intégration système.
Détection des erreurs lors de l'exécution	De la responsabilité du programmeur. Provoquent des résultats imprévisibles lors de l'exécution.	De la responsabilité du système. Provoquent un arrêt au moment de la compilation ou de l'exécution.

Tableau 18.1 • C++ vs Java. Ce sont deux langages puissants avec des compromis différents. *(Suite)*

Portabilité	Le code source doit être recompilé sur chaque plate-forme. Le compilateur génère du code natif.	Le code compilé (*Java Byte Code*) des classes est portable pour les JVM spécifiques aux différentes plates-formes. Une JVM doit être disponible.
Efficacité	Excellente.	Bonne. Peut varier avec l'implémentatiuon des JVM.

18.3.1 Types de données

Si vous n'avez pas encore affecté les types de données aux attributs, il est temps de le faire maintenant. Certains types de données méritent une attention particulière.

Types primitifs

Les nombres à virgule flottante, les entiers, les caractères et les booléens peuvent exprimer des valeurs simples. Lorsque c'est possible, employez des valeurs numériques plutôt que des chaînes de caractères. Les types numériques permettent habituellement une meilleure efficacité du point de vue de l'espace mémoire et du traitement et facilitent la maintenance de l'intégrité des attributs. (Voir plus loin la section traitant des énumérations.)

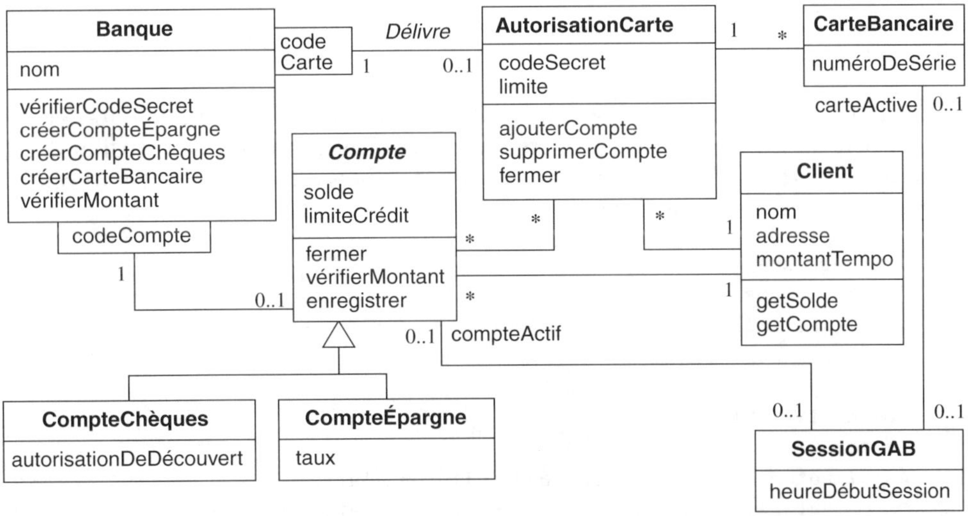

Figure 18.1 • Le modèle de classes d'implémentation abrégé du GAB utilisé dans ce chapitre.

Types objet

Vous pouvez utiliser des objets pour regrouper et organiser des valeurs d'attribut en types plus riches. C++ permet l'imbrication physique d'objets, où une instance d'un objet est physiquement créée dans l'espace mémoire d'un autre objet durant sa construction. Java ne supportant que les références d'objets comme membres, un objet Java à l'intérieur d'un autre objet est analogue en C++ à un pointeur ou à un membre référence qui doit être lié explicitement à un autre objet.

Les structures de C++ ne sont pas techniquement différentes des classes, hormis le fait que tous leurs membres sont publics par défaut. Elles sont de façon conventionnelle employées comme de « bonnes vieilles données » pour regrouper des valeurs dans un groupe logique sans méthodes. Un constructeur peut y être ajouté pour initialiser les données membres. Bien que tous les membres soient publics, l'objet hôte encapsule l'accès aux membres de la structure.

```
struct adresse {
    string rue;
    string ville;
    string departement;
    adresse() : rue(""), ville(""), departement("") {}
};
class Client {
    string nom;
    adresse adr; // attribut objet
    float montantTemp;
public:
    //...
    string Ville() { return adr.ville; } // utilise la délégation
};
```

Vous pouvez appliquer une stratégie similaire en Java, bien que l'initialisation ou le constructeur de l'objet hôte doive créer explicitement l'instance de l'attribut objet. L'accès package par défaut permet l'accès aux membres qui sont des attributs objet à l'intérieur de la classe utilisatrice.

```
class Adresse {
    String rue = "";
    String ville = "";
    String departement = "";
}
public class Client {
    private String nom;
    // notez la construction explicite de l'attribut
    private Adresse adr = new Adresse(); // attribut objet
    private float montantTemp;
    //...
    String ville() { return adr.ville; } // utilise la délégation
}
```

Types références

Vous pouvez employer des références d'objets en Java, et des références et des pointeurs en C++ pour implémenter les associations. En Java, toutes les variables de type classe représentent des références d'objets, alors qu'en C++ une variable peut représenter un objet directement. C++ nécessite une attention supplémentaire afin que les objets ne soient pas par erreur utilisés là où un type référence est attendu.

Identificateurs d'objets

Les langages OO disposent de mécanismes internes pour identifier les objets, et de moyens pour tester l'identité des objets. Il n'est d'habitude pas nécessaire de créer explicitement des types identificateurs d'objets. Si vous avez besoin d'un identificateur d'objet unique, le système peut vous le fournir lors de l'exécution.

En C++, l'adresse mémoire réelle sert d'identificateur unique et on peut l'obtenir en appliquant l'opérateur *&* (adresse de) à un objet ou à une référence d'objet. L'identité d'un objet peut être testée par comparaison de pointeurs (adresses). L'opérateur = = de Java permet la comparaison d'identité lors de l'exécution. Si un identificateur est nécessaire lors de l'exécution, la super-classe universelle *Object* comporte les méthodes *hashCode*() et *toString*() qui, si elles ne sont pas redéfinies sans discernement, fournissent des identificateurs, respectivement un entier et une chaîne de caractères uniques. Bien que les adresses mémoire ne soient pas accessibles en Java, de nombreux systèmes implémentent ces méthodes en fonction de l'adresse interne des objets.

Ne confondez pas un identificateur unique dans un domaine métier, tel le code d'un compte en banque ou le numéro d'un contribuable, avec un identificateur d'objet. L'identificateur dans le domaine métier décrit une propriété propre au domaine, alors qu'un identificateur d'objet décrit un attribut lié au système.

Énumérations

Les énumérations présentent deux avantages : une contrainte sur le domaine des valeurs et une représentation symbolique de ces valeurs. Par exemple, TRÈFLE, CARREAU, CŒUR, PIQUE peuvent exprimer l'ensemble des couleurs des cartes à jouer.

C++ permet l'implémentation directe des énumérations. Chaque énumération est un type discret, pour lequel vous pouvez définir des méthodes et des opérateurs. Les membres auxquels on n'a pas affecté de valeur spécifique prennent des valeurs intégrales successives, à compter de 0 si aucune autre valeur n'est spécifiée.

```
enum Carte = { TREFLE, CARREAU, COEUR, PIQUE };
```

Il y a une conversion implicite d'une valeur de type énuméré vers un type intégral, mais pas l'inverse. C++ garantit que la taille des objets de type énuméré est suffisante pour contenir la plus grande valeur possible du domaine. Par exemple, une variable typée *enum { FALSE, TRUE }* peut n'occuper qu'un seul bit. Les énumérations peuvent être définies comme membres de classes ou avec une portée globale.

En pratique, il peut être difficile d'employer les énumérations de C++, en raison des problèmes de conversion et du fardeau imposé par la redéfinition des opérations qui acceptent nativement des *int*. Il est préférable d'employer les énumérations pour améliorer la lisibilité du code en fournissant des constantes symboliques. Des valeurs d'attributs encapsulées peuvent être mémorisées et manipulées en interne comme des *int*, alors que l'interface publique utilise les constantes afin de restreindre les valeurs des paramètres, et que les implémentations des méthodes peuvent utiliser les constantes comme bornes.

```
class Voiture {
public: // rendre l'enum publique pour que les clients
        // puissent l'utiliser
    enum direction { N, E, S, O };
private:
    int kmh;  // vitesse de la voiture
    int neso; // direction de la voiture
public:
    // requiert un paramètre de type énuméré
    Voiture(int vitesse, direction dir) : kmh(vitesse), neso(dir) {}
    // ++ et -- autorisés pour les int
    // sans nécessiter de surcharge pour les types énumérés
    Voiture& TournerDroite(){ if (++neso > O) neso = N; return *this; }
    Voiture& TournerGauche(){ if (--neso < N) neso = O; return *this; }
    //...
};

int main()
{
    // le client utilise la valeur d'enum publique
    Voiture (25, Voiture::E);
    //...
}
```

Avant la version 1.5, Java ne permettait pas de créer des types énumérés. Les énumérations de Java sont similaires à celles de C++. En l'absence d'énumérations, vous pouvez employer des interfaces (voir section 18.3.4) pour regrouper et partager des constantes. Les modificateurs de champs *public*, *static* et *final* sont optionnels ici, car ils s'appliquent par défaut à tous les champs de type *int* spécifiés dans une interface. (Notez que le type « Enumération » présent dans les bibliothèques de classes Java est une interface obsolète qui fournit des opérations d'itération rudimentaires et qu'il n'a pas de rapport avec les types énumérés.)

```
public interface Carte {
    public static final int TREFLE = 0;
    public static final int CARREAU = 1;
    public static final int COEUR = 2;
    public static final int PIQUE = 3;
    //...
}
```

18.3.2 Classes

Les langages de programmation OO prennent directement en charge l'implémentation des objets. Vous devez déclarer chaque attribut et chaque méthode d'un modèle de classes dans la classe C++ ou Java correspondante. Il est également nécessaire d'ajouter les attributs et les méthodes destinés à l'implémentation des associations (voir section 18.3.5). Une bonne pratique consiste à conserver les noms du modèle de conception.

Vous pouvez considérer les objets comme des entités qui fournissent un service aux objets clients qui en font la demande. Les services correspondent aux méthodes publiques des classes. Les méthodes indiquent le protocole pour obtenir les services. En général, les paramètres des méthodes représentent l'information dont les objets ont besoin pour rendre un service, et la valeur de retour d'une méthode représente la réponse de l'objet au client qui a requis le service.

Puisque l'interface publique d'une classe décrit les services qu'elle peut rendre, il est préférable de travailler « de l'extérieur vers l'intérieur » lors de la définition des classes. Commencez par définir l'interface publique, autrement dit les méthodes qui fournissent des services, puis ajoutez les méthodes et les atttributs internes nécessaires pour le soutien des méthodes de l'interface publique.

Puisque les méthodes publiques documentent le comportement des classes, on les place habituellement au début de la déclaration des classes afin d'en faciliter la visibilité, bien qu'il n'y ait aucune obligation de procéder ainsi. Comme C++ et Java ne résolvent les symboles qu'après avoir lu l'intégralité de la définition d'une classe, les membres peuvent se référer les uns aux autres dans n'importe quel ordre.

18.3.3 Contrôle d'accès

Une classe doit définir des méthodes publiques pour les services que les clients peuvent requérir ou invoquer. Une classe peut également spécifier des données immuables en les rendant publiques. Tous les autres membres de la classe – attributs et méthodes employés en interne pour implémenter les fonctionnalités publiques – doivent être rendus invisibles et inaccessibles aux autres objets et fonctions.

Java et C++ emploient tous deux des ***spécificateurs d'accès*** (également appelés ***modificateurs d'accès*** en Java) pour contrôler l'accès des clients aux méthodes et aux données. Les spécificateurs de base, appliqués aux attributs et aux méthodes, sont les mêmes dans les deux langages. Seules les méthodes d'une classe peuvent accéder aux attributs et aux méthodes ***private*** de celle-ci. Les clients ne peuvent quant à eux accéder qu'aux membres ***public***.

Contrôle d'accès en Java

En Java, assurer une encapsulation forte nécessite de porter une attention détaillée aux packages et aux spécificateurs d'accès. Un package Java fournit une portée qui étend les privilèges d'accès aux autres entités situées à l'intérieur de cette portée. L'appartenance à un package est indiquée par une déclaration située au début du fichier source, et plusieurs fichiers peuvent ainsi être regroupés dans le même package. À moins que le spécificateur d'accès *private* ne qualifie explicitement un attribut ou une méthode, les autres méthodes définies dans le même package peuvent accéder librement à ceux-ci. Si aucun package n'est spécifié, une classe est considérée comme faisant partie du package global par défaut où tous ses membres, hormis ceux spécifiés privés, sont accessibles à tous les autres clients se trouvant dans tout autre fichier source ne contenant pas de spécification de package.

Nous vous recommandons d'éviter le package par défaut et de nommer les packages pour gérer le contrôle d'accès. En outre, vous devrez déclarer tous les attributs et toutes les méthodes qui ne sont pas publiques comme *private* dans la mesure où l'accès package seul ne fournit qu'une encapsulation faible. Vous devez aussi protéger tous les attributs en ne fournissant un accès à ceux-ci que par l'intermédiaire de méthodes appropriées.

Outre les spécificateurs d'accès associés aux attributs et aux méthodes, les classes Java ont elles aussi un contrôle d'accès spécifique. Une classe Java peut elle-même être déclarée *public* afin de permettre l'accès à ses méthodes publiques aux clients qui ne se situent pas dans le même package qu'elle. (Voir ci-dessous la section « Visibilité et accès aux classes ».)

Contrôle d'accès en C++

Les spécificateurs d'accès de C++ s'appliquent aux sections de la déclaration d'une classe. Tous les membres sont considérés comme privés tant que le compilateur ne rencontre pas de spécificateur d'accès. Les spécificateurs peuvent apparaître n'importe où dans une déclaration et ils s'appliquent jusqu'à ce qu'un autre spécificateur soit rencontré. Ici encore, vous devez protéger tous les attributs et toutes les méthodes qui ne font pas partie de l'interface publique en les plaçant dans des sections *private* et ne permettre un accès plus large qu'avec de bonnes raisons. La spécification d'accès dans les *struct* de C++ est identique, à ceci près que, par défaut, tous les membres sont considérés comme *public* jusqu'à la rencontre d'un spécificateur plus contraignant (voir section 18.3.1).

C++ permet un accès sélectif aux membres privés par l'intermédiaire de la déclaration ***friend***. La classe contenant la déclaration ***friend*** accorde ainsi un accès complet à ses membres privés, à une fonction, à une méthode ou à une classe. La relation ***friend*** doit être employée avec modération, car elle fournit des chemins d'accès supplémentaires aux membres encapsulés.

Visibilité et accès aux classes

Pour qu'un type de classe soit reconnu et que ses membres publics soient accessibles, la classe doit être visible de ses clients potentiels. En C++ comme en Java, l'unité de compilation de base est le fichier. Les classes d'un même fichier sont visibles mutuellement mais, en pratique, il est conseillé de ne placer dans un fichier qu'une seule classe, avec d'éventuelles classes auxiliaires. Ainsi, les types de classes déclarés en dehors du fichier doivent être rendus explicitement visibles pour l'unité de compilation.

En Java, la structure de package régit la visibilité et l'accès. Les classes des fichiers déclarés comme appartenant au même package sont toujours visibles mutuellement. Les packages sont dépendants de l'organisation des fichiers sur disque : tous les fichiers déclarés dans le même package doivent se situer dans un répertoire portant le même nom que le package afin de pouvoir être localisés par le système Java. Lors de la compilation comme lors de l'exécution, Java utilise la variable d'environnement CLASSPATH, qui fournit un point de départ relatif pour la recherche par le système des packages et des classes.

Bien qu'un package puisse contenir de nombreuses classes, chaque fichier source Java ne peut contenir plus d'une classe *publique*, et le fichier doit porter le même nom que la seule classe publique qu'il contient. Les classes qui se situent en dehors du package ne peuvent accéder qu'aux méthodes publiques des classes publiques. Pour qu'une classe publique soit visible par une classe d'un autre package, le fichier source de cette dernière doit inclure une directive : *import nomdepackage.nomdeclasse* ou *import nomdepackage.**. Le système localise les classes en préfixant le nom du package et le nom éventuel du fichier par le CLASSPATH.

Pour l'étude de cas du GAB, nous placerions chacune des classes dans un fichier séparé. Par exemple, le fichier source Banque.java contiendrait :

```
package infoBanque;
public class Banque {...}
```


Et le fichier Client.java contiendrait :

```
package infoBanque;
public class Client {...}
```

Les fichiers Banque.java, Client.java, et ceux des autres classes du package *infoBanque* doivent se situer dans un répertoire nommé *infoBanque*. Pour que *Banque* et *Client* soient visibles de la classe *SessionGAB*, qui ne fait pas partie du package *infoBanque*, le fichier source SessionGAB.java doit débuter par :

```
import infoBanque.*;
public class SessionGAB {...}
```

L'instruction *import* permet à l'implémentation de *SessionGAB* de voir et d'utiliser les méthodes publiques des classes publiques situées dans le package *infoBanque*.

Les règles et les exigences de nommage des packages sont quelque peu pénibles, mais ne soyez pas tenté de simplifier en employant le package global. Sans le contrôle de la visibilité et de l'accès aux classes elles-mêmes, vous abandonnez l'essentiel du contrôle d'accès. Bien que les attributs privés soient toujours respectés en tant que privés, sans packages, les méthodes conçues pour un accès interne à ces attributs privés deviennent en réalité publiques, et les classes qui ne sont pas publiques et qui sont destinées à un usage restreint deviennent elles aussi accessibles publiquement.

C++ n'est pas dépendant d'une spécificité du langage pour situer l'emplacement du code source ou du code compilé. Les programmes C++ partagent le code entre fichiers d'en-tête, lesquels contiennent les déclarations (y compris celles des classes), et fichiers d'implémentation qui contiennent quant à eux le code réel pour toutes les méthodes sauf pour les plus simples (les méthodes les plus petites sont habituellement implémentées dans la déclaration des classes). Pour introduire les symboles d'un fichier qui sont nécessaires dans un autre fichier, la directive *#include <nomdefichier>* (lorsque la source se trouve dans un répertoire faisant partie d'un chemin d'accès propre au système) ou *#include "nomdefichier"* (lorsque le chemin d'accès complet est indiqué entre guillemets) doit être placée au début du fichier client. La directive insère le fichier d'en-tête contenant les déclarations de la classe désirée dans l'unité de compilation du client par substitution, pour que les symboles contenus dans l'en-tête soient effectivement placés dans le fichier client à l'emplacement de la directive.

C++ dispose des espaces de nommage (*namespace*) qui servent de mécanisme pour la portée des noms du programme, mais ils n'affectent pas le contrôle d'accès. Une classe est placée dans un espace de nommage si elle est déclarée à l'intérieur de la déclaration *namespace* d'un fichier ; son nom complètement qualifié est alors nomdespace::nomdeclasse. Un espace de nommage peut couvrir plusieurs fichiers sources, et un fichier source peut contenir plusieurs espaces de nommage. Afin d'éviter une syntaxique compliquée, les symboles d'un espace de nommage peuvent être insérés dans un autre espace de nommage par une directive *using*. Les noms des membres de la bibliothèque standard de C++ se trouvent dans l'espace de nommage *std*.

Lorsque aucun espace de nommage n'est spécifié, les symboles sont dans l'espace de nommage global. Puisque les espaces de nommage ont un impact sur la visibilité mais pas sur le contrôle d'accès, ils sont principalement employés pour éviter ou désambiguïser les conflits potentiels des noms de symboles dus à l'emploi de plusieurs bibliothèques.

Contrôle d'accès dans les hiérarchies d'héritage

Les deux langages comportent le spécificateur d'accès *protected*, mais sa signification diffère. En C++, un membre protégé n'est accessible que par les méthodes de sa classe et de ses sous-classes.

En Java, les attributs et les méthodes protégés ont l'accès package, accès qui est étendu aux méthodes des sous-classes définies en dehors du package dans lequel se trouve la super-classe. Java n'a pas l'équivalent de l'accès protégé plus restrictif de C++.

Mise en application du contrôle d'accès

Un modèle UML peut comporter des annotations – {*public*}, {*private*}, {*protected*}, {*package*} ou +, –, #, ~ – indiquant des spécificateurs d'accès pour les membres de classes (ce que l'on nomme *visibilité* en UML). L'absence d'indication explicite implique qu'une méthode fait partie de l'interface publique. Une implémentaation rigoureuse devrait prévoir des spécificateurs d'accès et rendre les attributs privés.

18.3.4 Généralisation

Les langages OO fournissent un support robuste pour la généralisation grâce à l'***héritage***. Une classe peut servir de ***super-classe*** parent à une ou plusieurs ***sous-classes*** enfant. Une sous-classe hérite de tous les membres de son parent et peut ajouter ses propres attributs et méthodes. La sous-classe peut aussi ***redéfinir*** des méthodes de sa super-classe afin de pouvoir exprimer un comportement différent d'un même nom et d'une même signature (paramètres et type de retour). Les sous-classes peuvent à leur tour jouer le rôle de super-classes pour la génération suivante de sous-classes, ce qui permet la création de hiérarchies de classes où chaque niveau exprime des comportements étendus et/ou plus spécifiques.

En plus de la facilité avec laquelle il permet de spécifier des sous-classes, le mécanisme de l'héritage permet aux objets d'être utilisés de manière plus abstraite. L'héritage permet le ***polymorphisme*** (du grec « plusieurs formes »), où un type enfant peut être traité comme s'il était l'un des ses types ancêtres. Lors de l'exécution, le système détermine quel est le type d'enfant utilisé, et il invoque précisément la variation propre à la sous-classe d'un comportement défini plus généralement par l'ancêtre. Dans une hiérarchie saine, chaque sous-classe devrait raisonnablement être capable de reproduire tous les comportements de la super-classe, de telle manière que, où que le type parent apparaisse, le type enfant puisse accomplir les comportements attendus du parent. [Liskov-88]

Il n'est pas nécessaire de spécifier totalement l'ensemble des classes d'une hiérarchie d'héritage. Vous pouvez vous contenter de déclarer des abstractions de plus haut niveau en différant les détails d'implémentation aux sous-classes. Ce sont des ***classes abstraites*** : classes qui sont décrites mais dont l'implémentation est partielle ou complètement absente. Les classes abstraites décrivent des types à un niveau où la connaissance est insuffisante pour implémenter un comportement concret, mais dont la spécification générale est connue. Par exemple, toute *Forme* peut être dessinée, mais, jusqu'à ce qu'un type de *Forme* soit spécifié, il est impossible de savoir *comment* la dessiner.

Puisque les classes abstraites ne sont pas totalement implémentées, il est impossible de les instancier. En revanche, vous pouvez créer des objets ***concrets*** des types des sous-classes – lesquels implémentent l'intégralité du comportement spécifié par le parent – et les affecter à une référence du type de la super-classe. Les objets des sous-classes sont référencés comme s'ils étaient du type plus générique. Par exemple, un *Carré* ou un *Cercle* – classes concrètes d'une *Forme* abstraite – pourraient être affectés à une variable de type référence de *Forme*. Bien qu'ils apparaissent tous deux comme des *Formes*, lorsque leur méthode *dessiner()* est invoquée, chacun d'eux manifestera son propre comportement de manière polymorphe. En Java,

```
Forme f1 = new Cercle();
Forme f2 = new Carre();
f1.dessiner(); f2.dessiner();
```

produira le tracé des différentes formes.

C++ et Java implémentent des modèles d'héritage quelque peu différents.

Héritage en Java

Tous les objets Java ont un ancêtre commun : la classe *Object*. La classe *Object* contient un minimum de méthodes et de champs pour prendre en charge des aspects de programmation comme l'identité d'objet, l'équivalence et la concurrence. Cette base commune permet aussi la manipulation d'objets à un niveau totalement générique, comme la formation de collections de types qui n'auraient autrement rien en commun. L'emploi d'objets à un niveau « non typé » d'abstraction évite certaines contraintes imposées par un langage fortement typé.

L'implémentation de l'héritage est réalisée par le mot-clé *extends*.

```
class Compte {
    private float solde;
    public void Enregistrer(float montant) { ... }
    public float Solde() { return solde; }
}
class CompteEpargne extends Compte {
    private float taux; // ajout de l'attribut taux d'intérêt
    float CalculInterets() {
        // calcul des intérêts dûs non payés
    }
}
```

Une classe Java ne peut étendre plus d'une classe. Toutefois, Java fournit certains des avantages de l'héritage multiple par l'intermédiaire des interfaces. Une *interface* Java est une spécification de classe sans implémentation. Elle consiste en déclarations de méthodes sans implémentations et elle peut aussi contenir des champs constants qui sont alloués par classes, pas par objets. Comme les classes, les interfaces peuvent être *étendues* en créant des sous-interfaces.

Pour utiliser une interface, une classe doit déclarer qu'elle implémente l'interface et elle doit fournir le code pour toutes les méthodes de l'interface. Une classe peut étendre une classe et elle peut en plus implémenter un nombre quelconque d'interfaces, permettant ainsi de simuler l'héritage multiple. Lorsque plusieurs interfaces sont implémentées, un objet peut être référencé par l'intermédiaire du type de n'importe laquelle de ses interfaces. Ici, les méthodes requises pour les comptes produisant des intérêts sont abstraites et placées dans une interface séparée qui est implémentée par un *CompteÉpargne*. Cela garantit une uniformité des méthodes des comptes rapportant des intérêts pour toutes les classes qui implémentent l'interface, comme *CompteÉpargne*, *CompteChèquesRémunéré*, ou d'autres types.

```
interface CompteAvecInterets {
    float CalculInterets();
}
class CompteEpargne extends Compte
                    implements CompteAvecInterets {
    private float taux;
```

```
        public float CalculInterets() {
            // réalise le calcul des intérêts
        }
}
```

Un *CompteÉpargne* peut maintenant être employé dans les programmes comme un *Compte*, un *CompteÉpargne* ou un *CompteAvecIntérêts*.

Outre les classes concrètes et les interfaces, Java autorise les classes abstraites, autrement dit des classes non intégralement implémentées qui ne peuvent pas être instanciées, mais qui servent de parents pour des sous-types concrets. La classe elle-même, comme les méthodes non implémentées, doit être spécifiée comme *abstract*.

```
public abstract class ExempleClasseAbstraite {
    void methode1() { /*...*/ }
    abstract void methode2();
}
```

Une classe publique, puisqu'elle est accessible à tout client qui a importé le package dans laquelle elle se situe, peut servir de super-classe à une sous-classe définie dans un autre package. Les sous-classes définies dans un package différent de celui de leur super-classe peuvent accéder aux membres protégés comme aux membres publics de leur parent. Les membres privés d'une super-classe ne sont pas visibles par ses sous-classes. (Voir section 18.3.3.)

Afin d'éviter un sous classement ultérieur d'un type, une classe peut être déclarée ***final***. De même, le qualificateur ***final*** appliqué à une méthode interdit sa redéfinition.

Héritage en C++

Les classes C++ ne partagent pas de parent commun, les hiérarchies de classes peuvent débuter de façon arbitraire par n'importe quelle classe. Une super-classe est nommée classe de ***base***, et une sous-classe est nommée classe ***dérivée***. Une classe de ***base directe*** est un parent immédiat d'une classe dérivée, tandis qu'une classe de ***base indirecte*** est un ancêtre plus lointain.

En C++, à l'inverse de Java, le polymorphisme n'est pas automatique. Une classe peut contenir des méthodes qui sont liées automatiquement lors de l'exécution en fonction du type et d'autres pour lesquelles il n'y a pas de mise en œuvre du polymorphisme. Pour activer le polymorphisme, une méthode doit être déclarée ***virtual***. Pour celles qui ne le sont pas, l'invocation s'effectue en fonction du type par lequel l'objet est référencé, pas en fonction du type réel de classe dérivée, même si celle-ci redéfinit la méthode.

```
class Salut { //...
  public:
    void methode1() { cout << "salut\n"; }
    virtual void methode2() { cout << "salut\n"; }
};
class AuRevoir : public Salut { //...
  public:
```

```
    void methode1() { cout << "au revoir\n"; }
    void methode2() { cout << "au revoir\n"; }
};
int main(){
    AuRevoir a;
    Salut& s = a; // même objet par l'intermédiaire du type de base
    a.methode1(); a.methode2(); s.methode1(); s.methode2();
}
```

La sortie est :

```
au revoir // méthode1 non virtuelle; appelée via dérivée
au revoir // méthode2 virtuelle; appelée via dérivée
salut     // méthode1 -- non virtuelle ! -- via base
au revoir // méthode2 via base
```

C++ n'offre pas la possibilité d'interdire la redéfinition des méthodes, mais, dans une hiérarchie où certaines méthodes sont redéfinies et où d'autres ne le sont pas, une méthode non virtuelle peut indiquer que l'intention de l'auteur est que cette méthode soit héritée telle quelle et qu'elle demeure inchangée.

C++ incorpore la spécification d'accès dans la syntaxe de l'héritage. Une classe dérivée peut être spécifiée comme *public*, *protected*, ou *private*. L'héritage public indique que toutes les méthodes publiques héritées de la base demeurent publiques dans la classe dérivée.

```
class CompteEpargne : public Compte {...}
```

Dans l'héritage privé, toutes les méthodes héritées deviennent privées à la classe dérivée. L'héritage privé est employé pour indiquer qu'une classe dérivée est implémentée en termes de sa base, mais qu'elle n'est pas destinée à décrire une relation logique *est-un* dans laquelle la classe de base doit être considérée comme une abstraction de la classe dérivée. En pratique, l'encapsulation du type de base comme membre de la classe (destinée à être) dérivée (en utilisant la délégation, voir la section 15.9.3) est souvent la meilleure stratégie. L'héritage protégé impose que les méthodes publiques de la base ne deviennent accessibles qu'aux classes qui dérivent à leur tour de la sous-classe. En pratique, il est rarement employé.

Les classes abstraites sont créées par l'inclusion d'au moins une méthode virtuelle pure, c'est-à-dire d'une méthode virtuelle qui utilise la syntaxe d'« initialisation à 0 » dans sa déclaration : *void fn() = 0*. De telles classes ne peuvent pas être instanciées, et leurs classes dérivées sont abstraites par nature si elles n'implémentent pas toutes les fonctions virtuelles pures héritées de leur base.

C++ supporte l'héritage multiple, bien qu'en pratique les meilleures combinaisons de classes parentes consistent à mixer des types concrets et des classes à prédominance abstraite qui représentent des spécifications de comportement. La deuxième catégorie représente quelque peu l'équivalent des interfaces Java, avec l'avantage significatif que des implémentations par défaut des méthodes peuvent être écrites lorsque cela s'avère approprié et qu'elles peuvent être maintenues au niveau de la base plutôt que de devoir effectuer les opérations de maintenance pour l'ensemble des dérivations.

```
class Compte { // classe non abstraite
public:
    // supposons que l'implémentation d'Enregistrer puisse être
    // spécifique aux différents types de comptes dérivés;
    // l'implémentation de la base représente le comportement par défaut.
    virtual void Enregistrer(float montant) { ... }
    float Solde() { return solde; }
private:
    float solde;
};

class CompteAvecInterets { // classe abstraite
public:
    virtual float CalculInterets() = 0; // "virtuelle pure"
    float Taux() { return taux; }
private:
    float taux;
};

class CompteEpargne : public Compte,
                      public CompteAvecInterets {
public:
    virtual float CalculInterets() {
        // calcul des intérêts non payés
    }
};
```

18.3.5 Associations

Il manque un support direct des associations aux langages OO. Toutefois, vous pouvez facilement implémenter des liens avec des références d'objets ou des objets d'association distincts (voir section 17.4). Vous devez promouvoir une association en classe s'il existe des attributs décrivant l'association elle-même. Nous vous recommandons aussi de promouvoir en classes les associations n-aires et les associations qualifiées.

Associations unidirectionnelles

Les associations unidirectionnelles réduisent les interdépendances entre les classes. Lorsqu'une classe en référence une autre, la classe référencée doit être visible et accessible par la classe hôte. La classe qui référence doit mettre en œuvre et maintenir l'association, et elle utilise classiquement l'interface de la classe référencée. À cet égard, lorsque les dépendances d'une association peuvent être réduites à une seule extrémité, la maintenance est facilitée et la réutilisabilité peut être améliorée.

Par exemple, la figure 17.7 montre que si nous n'avons pas besoin de retrouver la collection des employés d'une société, un pointeur de *Personne* vers *Société* s'avérera suffisant. En Java, la classe *Personne* peut simplement contenir un champ de type Société.

```
public class Societe {...}
public class Personne {
```

```
    private Societe employeur;
    ...
}
```

C++ offre deux options pour implémenter des attributs de référencement. Le plus souvent, c'est un pointeur que l'on emploie, ce qui permet au lien d'être changé. En supposant qu'une *Personne* puisse changer d'employeur, cela mène au code C++ suivant. (Ce code permet aussi un employeur ayant la valeur ***null***, ce qui est incompatible avec la multiplicité de la figure 17.7. Les méthodes de mise à jour devraient éviter cette situation afin de respecter la multiplicité.)

```
class Societe {...};
class Personne {
    Societe* employeur;
    ...
};
```

En C++, un membre référence implique un lien permanent dans lequel un objet contenant dépend de l'objet référencé par l'attribut. Les références doivent être liées lors de l'initialisation. Puisqu'elles ne peuvent pas avoir la valeur *null* ni être affectées (modifiées), le langage impose que la cible liée préexiste. En supposant qu'un *Compte* soit toujours ouvert par une *Banque* donnée et qu'il ne soit pas transférable, et qu'aucun *Compte* ne puisse être ouvert sans une *Banque*,

```
class Banque { ... };
class Compte {
    Banque& banque;
    ...
};
```

Cette exigence selon laquelle une référence doit toujours être liée nécessite la préexistence d'une *Banque* pour qu'il soit possible de créer un *Compte* (voir section 18.4.1). Vous pouvez partiellement obtenir cette même contrainte en Java en déclarant un attribut de type objet comme étant *final*, ce qui garantit qu'une variable référence ne peut pas être réaffectée à un objet différent, bien que cela n'implique pas l'exigence de préexistence.

Quand les associations sont implémentées par des attributs de type référence, soyez attentif à ne pas soumettre les objets concernés à des modifications malencontreuses. Un objet qui contient un attribut référence peut permettre de « passer par la petite porte » en exposant de façon inappropriée l'objet référencé lui-même ou ses attributs. Il est particulièrement important que les attributs représentant des liens soient bien encapsulés et qu'on ne puisse y accéder ou les modifier que par des méthodes intentionnelles et sûres. C++ permet l'ajout d'un niveau de sécurité supplémentaire en appliquant le qualificateur *const* aux objets référencés dans les situations où ils seraient intentionnellement exposés, mais qui ne sont pas prévus pour être modifiés dans le contexte de l'association. Java ne fait pas la distinction entre les objets constants et ceux qui sont modifiables.

Associations bidirectionnelles

Les associations bidirectionnelles entraînent la maintenance des liens pour les deux extrémités de l'association. Vous pouvez implémenter une association un-à-un par une simple référence à chaque extrémité ou par un objet-association. Une association un-à-plusieurs autorise de façon similaire une simple référence pour l'extrémité de multiplicité « un », mais elle requiert pour l'autre extrémité une collection de pointeurs ou un objet-association. C'est le cas, par exemple, si un client peut avoir plusieurs comptes et que l'on veuille être en mesure de naviguer dans les deux directions de l'association. Les bibliothèques de Java comme celles de C++ contiennent des types d'objets collection qui peuvent représenter l'extrémité « plusieurs » du lien. En Java,

```
public class Compte {
    private Client client; // l'extrémité un de un-a-plusieurs
    ...
}
import java.util.*; // pour pouvoir accéder à la classe HashSet
public class Client {
    // liste de références de comptes
    private HashSet comptes = new HashSet();
    ...
}
```

Classes-associations

Les classes-associations peuvent augmenter l'indépendance des objets impliqués en supprimant les références directes aux classes reliées, mais elles entraînent ainsi une perte d'efficacité et elles accroissent la complexité de l'implémentation des opérations. Les classes-associations indépendantes découplent les objets liés, mais elles entraînent une surcharge liée à l'obligation de naviguer le long du lien.

Un objet-association explicite est conceptuellement un ensemble de tuples, chaque tuple contenant une valeur de chaque classe associée. Un objet-association binaire peut être implémenté comme deux objets-dictionnaires, chaque dictionnaire effectuant la liaison dans une direction en traversant l'association. Java et C++ ont tous deux des bibliothèques qui supportent des objets assurant la liaison. Pour encapsuler les liens et rendre la maintenance plus intuitive, les liaisons peuvent être enveloppées dans une classe d'application qui sert de gestionnaire pour la construction ou l'utilisation des objets impliqués.

Choix d'une implémentation

Si le modèle n'a pas déjà préconisé une implémentation pour une association, votre choix peut dépendre davantage de l'échelle, de l'architecture ou de l'environnement métier d'une application que de la nature de l'association elle-même. Si vous êtes empêché de modifier les classes existantes, une classe-association peut être préférable. Les classes-associations implémentent souvent mieux les associations un-à-plusieurs lorsque l'extrémité « plusieurs » peut être assez importante ou est dispersée.

Une classe-association peut fournir des opérations de gestion indépendantes et extensibles là où cela s'avère nécessaire.

Pour les associations simples, les attributs de référencement permettent de traverser les liens. Lorsque c'est possible, les associations unidirectionnelles fournissent des implémentations plus efficaces et plus sûres. Vous devez prendre soin d'encapsuler les liens et être attentif à ne pas exposer par inadvertance les informations ou l'interface d'un référent *via* un objet hôte.

18.4 Implémentation des fonctionnalités

Après avoir mis en place la structure, vous pouvez commencer à implémenter les méthodes. Pour chaque classe, spécifiez la signature des méthodes (nom de la méthode, paramètres, type de retour). Le modèle de classes implique de nombreuses méthodes. Bien entendu, vous pouvez créer et détruire des objets et des liens et accéder aux valeurs d'attributs. Plus subtilement, la traversée d'un modèle de classes peut vous amener à ajouter des méthodes. Des méthodes peuvent aussi résulter d'attributs dérivés, du modèle d'états et du modèle d'interactions.

- création des objets [18.4.1] ;
- cycle de vie des objets [18.4.2] ;
- destruction des objets [18.4.3] ;
- création des liens [18.4.4] ;
- destruction des liens [18.4.5] ;
- attributs dérivés [18.4.6].

Les objets ont un état, un comportement et une identité. Cela est reflété dans le cycle de vie des objets. Les objets sont créés par le système et doivent être initialisés dans un état valide. C++ permet la destruction des objets à la demande, alors qu'en Java on ne peut que suggérer la destruction au ramasse-miettes. Les deux langages ont des méthodes spéciales qui s'exécutent lors de la création d'un objet, et ils permettent de spécifier un comportement à la terminaison de la vie d'un objet.

Les objets peuvent demander des services ou des informations les uns aux autres. Ils le font en invoquant les méthodes des autres objets. En Java comme en C++, les comportements des objets sont invoqués en employant l'*opérateur d'accès aux membres* '.' pour indiquer que l'opérande de droite, une méthode, doit être invoqué sur l'objet cible désigné. La même syntaxe d'accès aux membres est utilisable pour accéder aux attributs. Par exemple *X.y* désigne l'attribut *y* de l'objet *X*, bien que les attributs doivent normalement être encapsulés et rester ainsi inaccessibles depuis un autre objet.

Dans le contexte d'une classe, les objets ont une référence implicite à eux-mêmes, nommée ***this*** en Java comme en C++. Vous n'avez pas besoin de qualifier explicitement les membres dans les définitions de classes : en Java, *fn()* signifie *this.fn()* et *y = 10* est équivalent à *this.y = 10*. En C++, *this* est un pointeur et c'est l'opérateur "->" qui doit être employé pour accéder aux membres, comme dans *this->fn()*.

Pour qu'un objet puisse appeler un autre objet pour obtenir des services ou des informations, il doit disposer d'un nom par lequel il puisse accéder à sa cible. Cet identifiant peut être fourni sous la forme d'un lien, où l'objet émettant la requête dispose d'un pointeur ou d'une référence vers l'autre, ou encore par l'intermédiaire d'un paramètre lorsqu'un objet reçoit l'identifiant d'un autre objet lors de l'appel d'une méthode. Toute invocation de méthode de l'objet cible (ou, rarement, l'usage direct des attributs de l'objet cible) est réalisée *via* l'identifiant de la cible et doit respecter les spécifications d'accès de ses membres.

C++ et Java disposent de membres de classes *static* qui sont partagés par tous les objets du type de la classe. Bien que l'on puisse leur associer des spécificateurs d'accès, comme on peut le faire pour les autres attributs et les méthodes, ces éléments statiques ont des cycles de vie complètement différents de ceux des objets conventionnels. On peut y accéder par l'intermédiaire de la classe elle-même, indépendamment de toute éventuelle instance qui pourrait exister. (Voir la section 18.4.2.)

18.4.1 Création des objets

Dans les langages OO, les objets sont habituellement créés dynamiquement (durant l'exécution), par une requête de création d'objet d'un type particulier adressée au système. En Java, c'est une obligation pour les types non primitifs, alors que les types primitifs sont alloués statiquement (lors de la compilation) de par leur simple déclaration. En C++, les types primitifs et les types objet peuvent être alloués aussi bien statiquement que dynamiquement, et les résultats sont considérés comme des objets dans les deux cas. Java et C++ utilisent tous deux l'opérateur ***new*** pour créer des objets. En C++,

```
// allocation statique - création d'un compte unique
Compte cpte1;
// allocation statique d'un tableau de 10 comptes
Compte comptes1[10];
// allocation dynamique: définition d'un pointeur
// initialisé avec le résultat de l'opération new
Compte* cpte2 = new Compte;
// création dynamique d'un tableau de 10 comptes
Compte* comptes2 = new Compte[10];
```

En Java,

```
// création d'une variable référence
// initialisée avec le résultat de l'opération new
Compte cpte = new Compte();
// création d'un tableau de 10 références - aucun compte n'est créé !
Compte comptes = new Compte[10];
// maintenant, création des comptes pour le tableau:
for (int i = 0; i < 10; i++) comptes[i] = new Compte();
```

Lorsqu'un nouvel objet est créé, le système alloue la mémoire pour les valeurs de ses attributs et effectue d'autres tâches de routine rendues nécessaires par le début du cycle de vie de l'objet. Les langages OO libèrent le programmeur de l'obligation de connaître les détails techniques de l'implémentation des objets, comme leur organisation interne et les identificateurs internes. Java et C++ laissent aussi le programmeur spécifier les opérations qui doivent avoir lieu lors de la création d'un objet, pour que l'on puisse s'assurer que les objets « arrivent au monde » dans un état logique valide. Une fois que le système a effectué les opérations de routine de la création, une méthode spéciale, nommée ***constructeur***, est automatiquement invoquée. Un constructeur prend la forme d'une méthode sans valeur de retour qui porte le même nom que la classe. Il peut avoir un nombre quelconque de paramètres et il peut être surchargé. Par exemple, en Java, le code suivant spécifie que *Compte* a deux constructeurs, l'un requérant un solde d'ouverture de compte et l'autre ne prenant pas d'argument :

```
public class Compte {
...
    public Compte(float SoldeInitial) {
        solde = SoldeInitial;
    }
    public Compte() { solde = 0; }
    ...
}
```

Les constructeurs peuvent être employés pour affecter des valeurs aux membres, pour créer des objets membres, ou pour réaliser d'autres traitements au démarrage du cycle de vie d'un objet. Les constructeurs ne s'exécutent qu'après que les objets ont été complètement formés ; ainsi, ils peuvent appeler des méthodes différentes et ils ont en général les mêmes possibilités, privilèges et contraintes que les autres méthodes. Si aucun constructeur n'est défini dans une classe, un constructeur de la forme *X() {}* est présumé exister. Bien qu'il ne fasse rien, il permet l'emploi d'expressions de création qui apparient sa déclaration présumée. Une fois que vous définissez un constructeur avec paramètre, le système arrêtera de fournir pour vous le constructeur sans paramètre. Si vous en avez besoin, vous n'aurez qu'à surcharger *X(...)* par *X()*, comme nous l'avons fait ci-dessus pour la classe *Compte*.

Comprendre les constructeurs des sous-classes n'est pas difficile, si vous considérez la construction des objets. Les objets de type sous-classe héritent de leurs attributs et de leurs méthodes puisqu'ils sont composés du type de leur parent auxquels s'ajoutent les membres définis au niveau de la sous-classe. Vous pouvez vous représenter qu'on crée d'abord le type parent puis qu'on ajoute les éléments spécifiques à la sous-classe. Ainsi, bien que les constructeurs ne soient pas hérités, ils s'exécutent l'un après l'autre du niveau le plus général au niveau le plus spécifique. Dans le cas de C++, où les objets peuvent être alloués statiquement, les objets membres sont construits récursivement – leurs constructeurs respectifs étant invoqués – avant que l'objet hôte ne soit lui-même totalement construit. Ce n'est qu'après la construction complète de l'objet hôte que son propre constructeur s'exécute. Vous pouvez l'observer dans le code ci-dessous (ici en C++).

```
class X {
public:
    X() { cout << "X!"; }
};
class Y : public X {
public:
    Y() { cout << "Y!"; }
};
class Z : public Y {
public:
    Z() { cout << "Z!"; }
};
int main() {
    Z z; // simple construction d'un Z...
    return 0;
}
```

L'exécution de ce code produit le résultat : **X!Y!Z!**

Ne pas définir de constructeur pour une classe est une très mauvaise pratique. Par défaut, C++ n'effectue aucune initialisation implicite des objets membres alors que Java initialise les membres à 0 ou *null* selon leur type. Aucun des deux ne place les objets dans un état valide pour la plupart des classes. Le but du constructeur est de disposer d'un moyen pour effectuer l'initialisation et des opérations sur un objet pour que, au moment de son entrée dans le domaine du programme, il soit une instance de son type, totalement formée, logiquement intacte et sûre pour opérer dessus.

S'il n'y a pas d'opérations à exécuter au démarrage de la vie d'un objet nouvellement créé, Java autorise des initialisations par défaut non nulles dans la définition de la classe. En C++, l'initialisation prend place dans la *liste d'initialisation de membres*, qui spécifie les valeurs initiales pour les membres avant l'entrée dans le corps du constructeur. Les deux langages autorisent l'affectation des membres dans le corps du constructeur, bien que l'initialisation doive être préférée à l'affectation à chaque fois que cela se révèle possible.

En Java,

```
public class Compte {
    private float solde = 0; // initialisation
    ...
    public Compte () {} // le constructeur ne nécessite pas d'affectation
}
```

En C++,

```
class Compte {
    float solde; // initialisation interdite
    ...
public:
    Compte : solde(0) {} // initialisation via la liste
};
```

En C++, le système fournit aussi un constructeur de copie qui indique la sémantique de copie par affectation. Comme le constructeur par défaut (sans paramètre), s'il n'y en a pas de défini pour une classe, un constructeur avec la signature *X(const X& x)* est fourni, lequel réalise par défaut une copie en surface (membre à membre). Java décourage la copie d'objets en imposant au programmeur de spécifier qu'une classe implémente l'interface *Cloneable* et en requérant qu'il redéfinisse la méthode *clone()* héritée de la classe *Object*.

18.4.2 Cycle de vie des objets

Les objets alloués statiquement (créés lors de la compilation) – qui peuvent être de n'importe quel type en C++, et des variables d'un type primitif ou référence en Java – existent dans la portée du bloc de code dans lequel ils sont définis, indiqué par {}. Ils sont automatiquement détruits lorsque le contrôle de flux du programme quitte leur portée. Les objets alloués dynamiquement (par *new*) persistent quant à eux en mémoire depuis le moment de leur création jusqu'à ce qu'ils soient explicitement détruits en C++, ou qu'ils ne soient plus en usage par le programme en Java (voir la section sur la destruction des objets ci-dessous).

Aussi bien C++ que Java permettent l'emploi du qualificateur ***static*** pour les membres de classes. Les membres statiques n'appartiennent pas à une instance de la classe, mais à la classe elle-même, et (s'ils sont publics) sont accessibles en l'absence de toute instance de la classe, en C++, avec la syntaxe *X::MéthodeStatique* et en Java, avec la syntaxe *X. MéthodeStatique*. Pour des raisons pratiques, les méthodes et les données statiques peuvent être adressées *via* un objet particulier, mais ni les unes ni les autres ne sont des membres d'instance de cet objet.

Les données membres statiques débutent leur existence avant qu'un objet quelconque du type de la classe ne soit créé – lors du lancement du programme en C++ ou lors du chargement de la classe en Java – et restent en vie pendant le restant de l'exécution du programme. En C++, les membres statiques existent en tant qu'objets indépendants (allocations mémoire) alors qu'en Java chaque classe a elle-même une instanciation indépendante (l'***instance de classe***) dont les composantes statiques sont considérées comme des membres. Bien que l'on puisse également accéder aux membres statiques dans la portée de leur classe depuis la définition de méthodes ou par l'intermédiaire d'instances particulières d'objet, il n'existe qu'une seule instance de donnée membre statique par classe, et son cycle de vie est totalement indépendant de tout objet à travers lequel elle on y accède. Puisque les méthodes statiques ne sont membres d'aucun objet en particulier, la notion de *this* (et de *super* en Java) n'a aucun sens dans le contexte d'une méthode statique, et des données d'instance ordinaires ne peuvent pas être référencées sans une qualification fournie par la référence d'un objet particulier.

En C++, les variables définies avec une portée globale (ni dans une fonction, y compris *main*, ni dans une méthode, ni comme membre d'un autre objet) ont un cycle de vie semblable à celui des données de classe statiques. Elles sont créées avant le début de l'exécution du programme et sont détruites à la terminaison de celui-ci.

Alors que l'emploi de variables globales est découragé et considéré comme une mauvaise pratique, les fonctions globales sont quant à elles communément employées en C++. Quoique Java ne permette pas de définir des fonctions autonomes avec une portée globale, les fonctions globales sont couramment émulées dans les classes des bibliothèques utilitaires qui contiennent des groupes de méthodes statiques. Plusieurs classes de bibliothèques Java, comme *Integer* ou *Collections* sont majoritairement ou intégralement composées de méthodes statiques.

Puisque les membres statiques et les instances de classes sont créés séparément des instances d'objets, l'initialisation des membres statiques s'effectue indépendamment. En C++, les données statiques sont déclarées dans la spécification des classes, mais elles sont définies et initialisées à l'extérieur de celles-ci alors qu'en Java les champs statiques peuvent être initialisés classiquement ou dans un bloc d'initialisation statique. Java comme C++ garantissent que les données statiques sont initialisées à un moment donné avant leur première utilisation dans le programme, mais ni l'un ni l'autre langage ne spécifient une instanciation relative ni un ordre d'initialisation.

18.4.3 Destruction des objets

Lorsqu'un objet n'est plus nécessaire, il peut être détruit et sa mémoire récupérée par le système. Pour les objets alloués statiquement (à la compilation), cela se produit lorsqu'ils quittent leur portée. Si, pour une raison quelconque, vous conservez l'identifiant d'un objet qui a quitté sa portée, l'utiliser provoquera une erreur, un peu comme si vous appeliez quelqu'un qui a déménagé et que son numéro ne soit plus attribué.

Pour les objets alloués dynamiquement, en raison de leur durée de vie potentiellement sans contrainte, le problème devient celui de l'élimination de ces objets qui n'ont plus d'intérêt ou qui ne sont plus logiquement valides, et le recyclage de leur espace occupé en mémoire. Pour cela, C++ et Java adoptent chacun des stratégies différentes. Soit le programmeur prend la responsabilité de la destruction de ces objets qui ne sont plus nécessaires ni pertinents (C++), soit le système garde un œil sur les objets afin de déterminer s'ils sont encore réellement utilisés ou pas (Java). Cette dernière approche, nommée ***ramasse-miettes***, est habituellement implémentée par le système qui effectue un suivi des références à un objet. Lorsqu'un objet n'est plus référencé (il n'existe plus d'identifiant valide de celui-ci), le système marque l'objet comme éligible pour le recyclage. Le système lance périodiquement le *ramasse-miettes* qui récupère l'espace mémoire des objets marqués.

La désallocation effectuée par le programmeur, comme c'est le cas en C++, lui impose le fardeau d'être conscient des allocations réalisées et le rend responsable du nettoyage des objets. Toutefois, cela permet aussi au programmeur un contrôle strict du cycle de vie des objets et la possibilité de maîtriser totalement les événements liés aux objets, notamment la terminaison d'un objet ou la sortie de son domaine. Le ramasse-miettes libère le programmeur de ces corvées de gestion de la mémoire, mais il restreint la possibilité d'exercer un contrôle lors de la fin du cycle de vie des objets.

Les classes C++ peuvent avoir des ***destructeurs***, analogues aux constructeurs, qui s'exécutent automatiquement lors de la destruction des objets. Un destructeur prend la forme d'un constructeur sans paramètre, avec un « ~ » placé devant le nom de classe : *X::~X() {...}*. Les destructeurs n'ont jamais de paramètres ni de type de retour.

Puisque la destruction des objets peut être invoquée explicitement et exécutée de manière prévisible, il est courant pour un destructeur de défaire ce que le constructeur avait fait. Le plus fréquent est l'allocation et la désallocation des membres objet créés dynamiquement, mais ce couple de fonctionnalités peut inclure l'incrémentation/la décrémentation de compteurs, l'acquisition et la libération de ressources, etc. Les destructeurs peuvent aussi être employés pour invoquer de manière prédictible tous les comportements qui peuvent être logiquement nécessaires (souvent le « nettoyage ») à la fin du cycle de vie d'un objet.

```
Fenetre :: ~Fenetre ()
{
    // effacer la fenêtre et réafficher la région qu'elle masquait
}
```

Le processus de destruction s'exécute dans l'ordre inverse de celui de la construction. C'est en premier lieu le code du destructeur lui-même qui est exécuté, puis tous les membres qui nécessitent une destruction le sont (en commençant par leurs destructeurs), et finalement l'intégralité de la mémoire est rendue au tas.

Pour détruire explicitement un objet alloué dynamiquement, on utilise l'opérateur ***delete***. Les crochets des tableaux vides [] sont employés afin de différencier la destruction des objets individuels de celle des tableaux alloués dynamiquement.

```
class X { ... };
...
X* x1 = new X;
X* x2 = new X[20];
...
delete x1;
delete [] x2;
```

Après la désallocation d'un objet C++, il est recommandé d'affecter immédiatement la valeur 0 à tous les pointeurs qui contenaient son adresse. L'opérateur *delete* est implémenté de telle façon qu'il n'y ait aucun effet lorsqu'on l'appelle (accidentellement) avec un pointeur nul alors que la « double désallocation » d'un objet provoque des comportements indéfinis et souvent désastreux.

Les objets Java ne sont pas explicitement détruits par le programmeur. Java repère lorsqu'un objet n'est plus référencé, et, en ce cas, l'objet devient éligible pour être détruit à la discrétion du ramasse-miettes. Le programmeur peut tenter de provoquer la destruction, en affectant la valeur *null* aux variables références afin de les détacher des objets, et il peut même suggérer au ramasse-miettes de s'exécuter, mais aucune garantie n'existe quant au moment précis où la destruction de l'objet sera effective.

Java permet aux classes de redéfinir la méthode *finalize()* héritée de la classe *Object*, laquelle se comporte de façon similaire à un destructeur C++. Toutefois, dans la mesure ou l'on ne peut pas décider du moment précis de la destruction, vous ne pouvez pas escompter que les opérations définies dans la méthode *finalize()* auront lieu à un moment prévisible.

18.4.4 Création des liens

Les liens sont formés et détruits (une valeur leur est allouée et ils sont remis à zéro) afin de permettre le dialogue entre objets. Les liens les référençant doivent être créés au cours de tout comportement (méthode) qui provoque une association entre objets, et détruits au cours de tout comportement qui met fin à l'association. En général, vous devez éviter les méthodes *set* directes et préférer les opérations qui encapsulent les données et ne forment les liens que sous certaines conditions de validation.

Pour créer le lien d'une association unidirectionnelle, un objet mémorise l'identifiant d'un objet paramètre. Pour les associations bidirectionnelles, les identifiants doivent être échangés, bien qu'il soit d'ordinaire préférable de déclencher l'échange depuis une extrémité de l'association et d'encapsuler l'autre afin de garantir une logique cohérente et d'effectuer des mises à jour complètes du lien. « Quelle classe doit diriger l'échange ? » est une question qui dépend de la logique de l'application.

Dans l'exemple Java simplifié suivant, les *Étudiants* maintiennent la liste de leurs *Cours* actuels, et les *Cours* maintiennent la liste de leurs *Étudiants* actuellement inscrits. Parce que la décision de s'inscrire à un cours est prise par un étudiant et conditionnée par son statut, la création des liens est régie par la méthode *Étudiant.ajouterInscription(Cours)*. La méthode *ajouterInscription()* appelle à son tour la méthode de la classe *Cours inscrire(Étudiant)* qui est accessible à *Étudiants*, car les classes *Cours* et *Étudiant* se situent dans le même package. Toutefois, la visibilité package interdit l'accès aux clients (ici, la classe *DemandeInscription*), restreignant de ce fait la création du lien au processus ordonné défini dans la méthode *ajouterClasse()* de la classe *Étudiant*.

```
// fichier Cours.java
package universite;
import java.util.*;
public class Cours {
    private String titre;
    private HashSet etudiants = new HashSet();

    public Cours (String nm) { titre = nm; }
    public String nomCours() { return titre; }

    boolean inscrire(Etudiant etu) {
        // vérifier que le cours n'est pas déja complet, etc.
        // si ok, retour du résultat de la méthode HashSet.add
        return etudiants.add(etu);
    }

    public void afficherListeInscrits() {
        System.out.println("Liste des inscrits pour " +
                           nomCours() + " :");
        Iterator it = etudiants.iterator();
        while (it.hasNext()) {
            System.out.println(((Etudiant)it.next()).nomEtudiant());
        }
    }
}
```

```
// fichier Etudiant.java
package universite;
import java.util.*;
public class Etudiant {
    private String nom;
    private HashSet inscriptions = new HashSet();

    public Etudiant(String nm) { nom = nm; }
    public String nomEtudiant() { return nom; }
    public boolean ajouterInscription(Cours crs) {
        // valide l'aptitude de l'étudiant à suivre ce cours;
        // si ok, effectue la requête d'inscription de
        // l'étudiant pour ce cours;
        // si le cours retourne true, ajout de ce cours à la liste
        return (crs.inscrire(this)) ? inscriptions.add(crs) : false ;
    }

    public void afficherCours() {
        System.out.println("Cours pour " + nomEtudiant() + " :");

        Iterator it = inscriptions.iterator();
        while (it.hasNext()) {
            System.out.println(((Cours)it.next()).nomCours());
        }
    }
}

// fichier DemandeInscription.java
import local.universite.*;
public class DemandeInscription {
    public static void main(String [] args) {

        Etudiant jean = new Etudiant("jean");
        Etudiant paul = new Etudiant("paul");
        // ...
        Cours tt = new Cours("Théorie des types");
        jean.ajouterInscription(tt);
        paul.ajouterInscription(tt);
        tt.afficherListeInscrits();
        jean.afficherCours() ;
    }
}
```

Les objets peuvent être construits en ayant connaissance de leurs collaborateurs, et ils peuvent établir les liens lors de leur création. Il est souvent souhaitable de conditionner la création d'un objet à l'établissement de liens. Dans de tels cas, il est nécessaire de déléguer la construction à des techniques de « *factory* », qui examinent certains critères avant d'invoquer la construction dans la mesure où les constructeurs de C++ comme ceux de Java ne peuvent ni retourner d'erreur ni abandonner le processus de construction. Les *factories* peuvent être des classes ou tout simplement des méthodes statiques.

Ci-dessous (en C++), une *Transaction* ne sera pas construite tant qu'un numéro de compte ne sera pas validé et que l'identifiant du compte correspondant ne sera pas obtenu.

```
class Transaction {
    ...
protected:
    // constructeur private ou protected pour éviter
    // la construction publique
    Transaction(Compte& cpt) { ... }

public:
    ...
    static Transaction* CreerTransaction(const char* numeroCompte) {
        Compte* cpt;
        // le retour d'un pointeur nul indique l'absence
        // dc transaction
        if ( /* le numéro de compte n'est pas valide */) return 0;
        // retour d'une nouvelle transaction pour un compte valide
        return new Transaction(*cpt);
    }
};
```

18.4.5 Destruction des liens

La destruction d'un lien consiste à effectuer l'opération inverse de celle réalisée lors de sa création. L'activité qui dicte la dissociation des objets est la méthode où le lien référentiel est habituellement brisé. Dans de nombreux cas, cela consiste simplement à placer la valeur nul dans l'attribut mémorisant l'identifiant de l'objet lié, ou encore en supprimant une entrée dans une collection de liens. Un *Étudiant* pourrait abandonner un *Cours*,

```
// Etudiant.abandonnerCours(Cours) :
public boolean abandonnerCours(Cours crs) {
    if (!inscriptions.contains(crs)) return false;
    if (!crs.abandonner(this)) return false;
    inscriptions.remove(inscriptions.indexOf(crs));
    return true;
}

// Cours.abandonner(Etudiant) :
boolean abandonner(Etudiant etu) {
    if (!etudiants.contains(etu)) return false;
    etudiants.remove(etudiants.indexOf(etu));
    return true;
}
```

Lorsque des liens impliquant des objets existant de façon indépendantes ont été créés, il est habituellement prévu que chaque objet poursuive son existence après celle du lien. Il faut être attentif à ce que l'objet référencé soit accessible par l'intermédiaire d'autres références, ou que l'identifiant de l'objet référencé ait été mémorisé par la méthode qui a détruit le lien. Dans le cas contraire, il peut en résulter une fuite de mémoire (en C++) ou un objet devenu inaccessible, car le ramasse-miettes l'aura récupéré (en Java).

En C++, il est commun d'apparier l'activité du couple constructeur/destructeur pour implémenter la création et la destruction des liens. De tels liens reflètent souvent l'acquisition et la libération de ressources.

Les liens impliquant des objets dont l'existence dépend l'un de l'autre peuvent exiger la destruction de l'un des objets liés. Ceci peut impliquer à son tour la mise à jour ou la destruction d'autres objets qui peuvent être liés à l'objet dépendant, ou peut suggérer que le lien supportant l'objet dépendant ne soit pas détruit. Il s'agit d'opérations analogues à celles des bases de données, où la destruction d'un enregistrement peut être propagé (réalisé en cascade) aux enregistrements liés ou interdite afin de préserver l'intégrité des enregistrements existants.

18.4.6 Attributs dérivés

Pour l'exactitude et par consensus il est toujours souhaitable de calculer de nouvelles valeurs à partir de données indépendantes du moment où on les utilise. Généralement, le temps nécessaire pour calculer les nouvelles valeurs est négligeable comparé au coût de la gestion des mises à jour et des redondances liées à la mémorisation de données dérivées.

On commet souvent l'erreur d'inclure des données d'état redondantes dans les objets. Les états peuvent souvent être déterminés en examinant d'autres attributs (en Java).

```
public class Compte {
    // erreur : donnée d'état redondante pour le découvert
    private boolean decouvert;
    private float solde;
    ...
    // il vaut mieux calculer l'état à chaque requête
    public boolean isDecouvert() { return solde < 0; }
    ...
}
```

Les états peuvent aussi être déterminés *via* des liens (ici en C++) :

```
class Client {
    ...
    List<Compte> cptes;
public:
    ...
    bool compteADecouvert() {
        // itérer sur l'ensemble des comptes;
        // retourner true s'il en existe au moins un à découvert
    }
};
```

ou ils peuvent être déduits à partir de la présence de liens (de nouveau en C++) :

```
class Telephone {
    Telephone* connecteA;
    ...
public:
    // sommes-nous connectés ?
    // si notre lien n'est pas nul, nous le sommes ...
    bool estOccupe() { return connecteA != 0; }
    ...
};
```

18.5 Conseils pratiques

Voici quelques conseils pour implémenter une conception avec C++ et Java :

- **Énumérations.** Employez des types énumérés pour la clarté et le respect des valeurs du domaine. (Voir section 18.3.1.)
- **Packages Java.** Évitez le package par défaut et employez à la place des packages nommés pour gérer le contrôle d'accès. (Voir section 18.3.3.)
- **Contrôle d'accès.** Déclarez tous les attributs et les méthodes non publiques comme *private*. N'affaiblissez l'encapsulation que s'il est essentiel de le faire. (Voir section 18.3.3.)
- **Relation *friend* de C++.** N'employez la déclaration *friend* qu'avec modération, car elle peut compromettre l'encapsulation. (Voir section 18.3.3.)
- **Interfaces Java.** Considérez l'emploi des interfaces Java comme un contournement pour l'héritage multiple dans un modèle. Une interface déclare des méthodes et des champs constants et elle fournit aussi un type pour l'accès aux objets. (Voir section 18.3.4.)
- **Héritage privé de C++.** Évitez l'héritage privé de classes en C++. La délégation est une meilleure stratégie. (Voir section 18.3.4.)
- **Associations unidirectionnelles.** Employez des associations unidirectionnelles lorsqu'il n'est pas nécessaire de traverser une association dans les deux directions. Les associations unidirectionnelles sont plus faciles à maintenir et elles réduisent les interdépendances entre les objets. (Voir section 18.3.5.)
- **Références C++ et *final* en Java.** Annotez les extrémités des associations qui doivent être liées lors de l'initialisation et qui ne doivent pas être modifiées. Les références de C++ permettent un respect total de cette contrainte, et la propriété *final* de Java en permet un respect partiel. (Voir section 18.3.5.)
- **Constructeurs.** C'est une très mauvaise pratique que de ne pas définir de constructeur pour une classe. Un constructeur doit toujours initialiser un objet dans un état valide. (Voir section 18.4.1.)

- **Destruction explicite en C++.** Lorsque l'on désalloue un objet C++ avec *delete*, il est recommandé de placer immédiatement la valeur 0 dans le pointeur qui le mémorisait. *delete* n'a aucun effet sur un pointeur nul, mais la désallocation accidentelle d'un objet l'ayant déjà été peut se révéler désastreuse. (Voir section 18.4.3.)
- **Destruction des liens.** Lorsqu'un lien est détruit, assurez-vous que les objets associés demeurent accessibles par ailleurs ou qu'ils sont détruits intentionnellement. Dans le cas contraire, vous aurez une fuite de mémoire (en C++) ou un objet qui sera récupéré par le ramasse-miettes (en Java) sans que vous ne le souhaitiez. (Voir section 18.4.5.)

Résumé

Il est relativement aisé d'implémenter une conception OO avec un langage OO, puisque les éléments du langage sont similaires aux éléments de conception. C++ et Java sont les deux langages OO dominants et ils sont en conséquence le sujet de ce chapitre.

La première étape de l'implémentation d'une conception OO consiste à implémenter la structure spécifiée par le modèle de classes. Commencez par allouer des types de données aux attributs. Où cela s'avère possible, employez des valeurs numériques plutôt que des chaînes de caractères. Les types numériques occupent habituellement moins d'espace mémoire et ils permettent de meilleures performances au même titre qu'ils facilitent la maintenance de l'intégrité des attributs.

Définissez ensuite les classes. Il est préférable de travailler « de l'extérieur vers l'intérieur » en commençant par l'interface publique. N'ajoutez qu'ensuite les méthodes et les attributs internes, puis les classes de moindre granularité selon les nécessités du support des méthodes de l'interface.

Vous devez porter une attention particulière au contrôle d'accès : il fournit le moyen d'encapsuler les attributs et les méthodes et il en limite l'accès. La plupart des spécificateurs d'accès de base sont les mêmes en C++ et en Java. Seules les méthodes d'une classe peuvent accéder à ses membres privés. Tout client peut accéder aux membres publics. En C++, le spécificateur *protected* limite l'accès aux membres de la classe et de ses sous-classes. Java est plus permissif puisqu'il accorde de plus l'accès aux membres protégés à toutes les méthodes des classes se trouvant dans le même package. Les packages Java sont importants tant du point de vue de l'organisation du code que de celui du contrôle d'accès. La déclaration C++ *friend* permet un accès sélectif aux membres privés.

Les langages OO fournissent un support robuste de la généralisation à travers l'héritage. C++ supporte l'héritage multiple alors que Java est limité à l'héritage simple. Toutefois, il est possible en Java de tirer certains des bénéfices de l'héritage multiple en employant des interfaces. Une interface Java est une spécification de classe sans implémentation.

En Java, le polymorphisme est implicite (automatique), bien que vous puissiez interdire le sous-classement en déclarant une classe *final*. De la même manière, le qualificateur *final* associé à une méthode interdit sa redéfinition. À l'inverse, le polymorphisme n'est pas implicite (automatique) en C++, et, pour l'activer, il faut déclarer les méthodes *virtual*.

Il manque aux langages OO un support direct pour les associations. Vous pouvez toutefois implémenter les liens avec des pointeurs/références ou avec des objets-associations distincts. Les associations unidirectionnelles réduisent les interdépendances entre classes, et vous devez les employer lorsque vous n'avez besoin de traverser les associations que dans une seule direction. C++ offre deux possibilités pour implémenter les extrémités d'association. Un pointeur permet à un lien d'être modifié ou d'être nul. À l'inverse, une référence doit être liée dès l'initialisation et ne peut pas être modifiée. Java ne dispose pas de l'équivalent exact des références C++, mais vous pouvez cependant définir un attribut de type objet comme *final*, ce qui garantit que la variable référence ne pourra pas être modifiée mais n'impose pas qu'elle soit liée lors de l'initialisation.

Lorsque vous avez besoin de traverser une association dans les deux directions, vous devez employer une implémentation bidirectionnelle. Vous pouvez intégrer un pointeur ou une référence (ou un ensemble de pointeurs ou de références) dans chacune des classes reliées ou employer un objet-association. Avec des pointeurs ou des références à chaque extrémité, il y a redondance et vous devez être attentif à conserver la cohérence entre les deux directions.

Une fois que vous avez mis en place la structure, vous pouvez commencer à implémenter les méthodes. Il faudra alors être attentif à définir des constructeurs pour les nouveaux objets et à vous assurer que ceux-ci les initialisent dans un état valide. De la même façon, vous devrez prêter attention aux destructeurs, en vous assurant qu'ils libèrent toutes les ressources système ou programme qui ne sont plus nécessaires après la fin de vie de l'objet.

Il est rare que vous deviez inclure des données redondantes dans les objets ; pour l'exactitude et la fiabilité, il est habituellement préférable de calculer les nouvelles valeurs à partir de données indépendantes au moment de l'utilisation.

abstract	final	*package*	référence
association	*friend*	pointeur	spécificateur d'accès
concret	généralisation	polymorphisme	*static*
constructeur	interface	*private*	surcharge
destructeur	modificateur d'accès	*protected*	types de données
données dérivées	*namespace*	*public*	*virtual*
énumération		ramasse-miettes	

Figure 18.2 • Concepts clés du chapitre 18.

Notes bibliographiques

[Stroustrup-94] fournit une discussion intéressante des problèmes de conception du langage C++.

Références

[Arnold-00] Ken Arnold, James Gosling et David Holmes, *The Java Programming Language*, third edition. Boston, Addison-Wesley, 2000. Traduction française : *Le Langage Java*, Paris, Vuibert informatique, 2001.

[Gosling-00] James Gosling, Bill Joy, Guy Steele et Gilad Bracha, *Java Language Specification*, third edition. Boston, Addison-Wesley, 2000. (Disponible en ligne : **http://java.sun.com/docs/books/jls/**.)

[Liskov-88] Barbara Liskov, *Data Abstraction and Hierarchy, SIGPLAN Notices, 23*, 5, mai 1988.

[Stroustrup-94] Bjarne Stroustrup, *The Design and Evolution of C++*. Boston, Addison-Wesley, 1994.

[Stroustrup-97] Bjarne Stroustrup, *The C++Programming Language*, third edition, Boston, Addison-Wesley, 1997. Traduction française : *Le Langage C++* , Paris, Pearson Éducation, 2003.

Exercices

18.1 (1) Allouez un type de données pour chaque attribut de la figure E18.1.

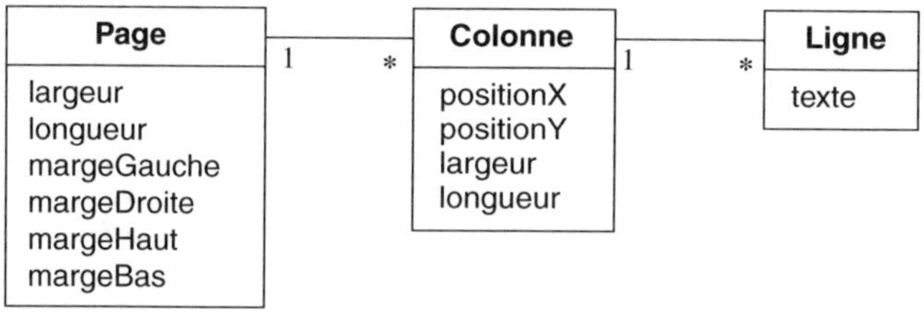

Figure E18.1 • Partie d'un diagramme de classes pour un journal.

18.2 (4) Considérez le modèle de la figure E18.2. Pour l'instant, ignorez les attributs, les méthodes et les associations. (Voir l'exercice 15.10 pour une explication du modèle.)

a. Préparez les déclarations C++ pour les classes et l'héritage. Prêtez une attention particulière au contrôle d'accès.

b. Préparez les déclarations Java pour les classes et l'héritage. Prêtez une attention particulière au contrôle d'accès et aux packages.

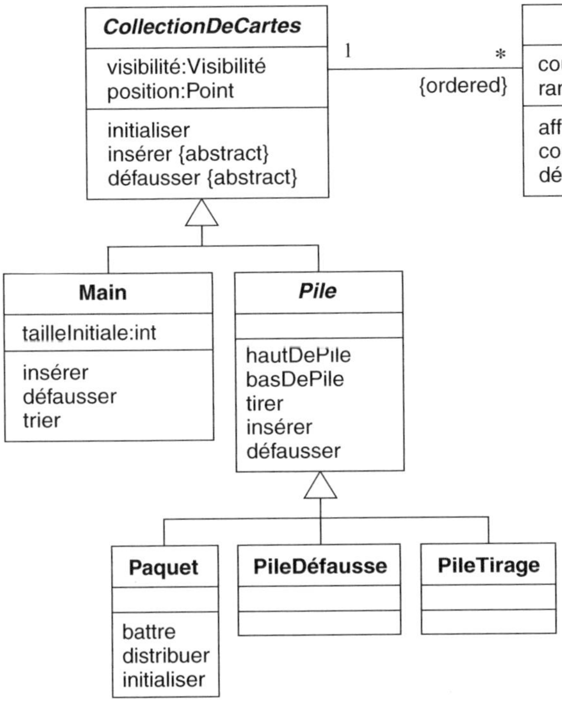

Figure E18.2 • Partie d'un diagramme de classes pour un programme de jeu de cartes.

18.3 (6) Dans la figure E18.2, *visibilité* contrôle le fait qu'une carte soit ou non retournée. Complétez votre réponse à l'exercice 18.2, mais, pour l'instant, continuez à ignorer les méthodes et l'association. [Note pour les enseignants : vous pouvez éventuellement fournir notre solution de l'exercice 18.2.]

a. En C++, ajoutez les déclarations pour tous les attributs, excepté *position*. Définissez aussi les énumérations.

b. En Java, ajoutez les déclarations pour tous les attributs, excepté *position*. Définissez aussi les énumérations.

18.4 (7) Ajoutez l'association *CollectionDeCartes – Carte* à vos réponses en C++ et en Java de l'exercice 18.3. [Conseil : Vous pouvez employer un *template*, non décrit dans cet ouvrage. Vous pouvez répondre à cet exercice en examinant l'implémentation d'associations et en vous documentant sur la bibliothèque standard et les *templates* sur le Web ou en lisant un ouvrage concernant le langage C++.]

(6) Ajoutez la déclaration des méthodes à vos réponses en C++ et en Java de l'exercice 18.2. (Voir l'exercice 15.10 pour une explication concernant les méthodes.)

18.5 Écrivez le code C++ ou Java, incluant les déclarations des classes et des méthodes, pour implémenter les associations suivantes en employant des pointeurs.

a. (9) Association un-à-un traversée dans les deux directions.

b. (6) Association un-à-plusieurs traversée dans la direction un-à-plusieurs. L'association n'est pas ordonnée.

c. (6) Association un-à-plusieurs traversée dans la direction un-à-plusieurs. L'association est ordonnée.

d. (8) Association plusieurs-à-plusieurs traversée dans les deux directions. L'association est ordonnée dans une direction et elle ne l'est pas dans l'autre.

18.6 (7) Décrivez des stratégies de gestion de la mémoire, en partant du principe qu'il n'existe pas de ramasse-miettes. Votre réponse doit fournir des conseils que le programmeur doit suivre durant le codage.

a. **Un système pour la manipulation de texte.** II est assez courant pour un système de créer un grand segment de texte en mémoire contiguë à partir de segments plus petits. On ne peut se permettre de gâcher de la mémoire et on ne peut placer de limite supérieure, ni pour le texte ni pour le nombre de segments qui doivent être combinés. Écrivez le pseudocode pour une méthode qui combine des segments tout en récupérant l'espace mémoire qui n'est plus employé.

b. **Un compilateur multipasse.** Les objets sont créés dynamiquement. Chaque passe du compilateur examine les objets créés par la passe précédente et produit des objets destinés à la passe suivante. Le système informatique sur lequel le compilateur s'exécutera dispose d'un espace d'adressage virtuel pratiquement illimité et d'un système d'exploitation doté d'un bon algorithme d'échange mémoire principale/mémoire secondaire (*swap*). Les méthodes de la bibliothèque d'exécution pour allouer et libérer dynamiquement la mémoire sont inefficaces. Discutez des mérites relatifs des alternatives suivantes : (1) Ne pas employer le ramasse-miettes et laisser le système d'exploitation allouer un large espace de mémoire virtuelle. (2) Laisser le ramasse-miettes récupérer les objets désalloués.

c. **Un logiciel s'exécutant en continu sur de longues périodes, par exemple un système bancaire ou un système de contrôle de trafic aérien.** Vous disposez du même système informatique et de la même bibliothèque d'exécution que ceux décrits dans l'exercice 18.7(b). Discutez des mérites relatifs des deux approches.

d. **Une méthode qui peut créer et renvoyer un objet qui utilise un grand bloc de mémoire.** Discutez des mérites relatifs des deux approches suivantes : (1) Chaque fois que la méthode est appelée, elle détruit, s'il y en a un, l'objet créé lors de son dernier appel. (2) Chaque fois que la méthode est appelée, elle peut générer un nouvel objet. Il appartient à la méthode appelante de détruire l'objet lorsqu'il n'est plus nécessaire. Commentez ces deux approches.

18.7 (6) Comment pourriez-vous organiser la figure E12.4 en packages Java ?

18.8 (7) Écrivez en C++ et en Java les déclarations pour le modèle de la figure E18.3. Implémentez le modèle dans son intégralité. Assurez-vous de prendre en compte le contrôle d'accès et les packages Java. Prêtez attention aux constructeurs et aux destructeurs. Implémentez toutes les associations comme bidirectionnelles. (Voir les exercices du chapitre 12 pour une explication du modèle.)

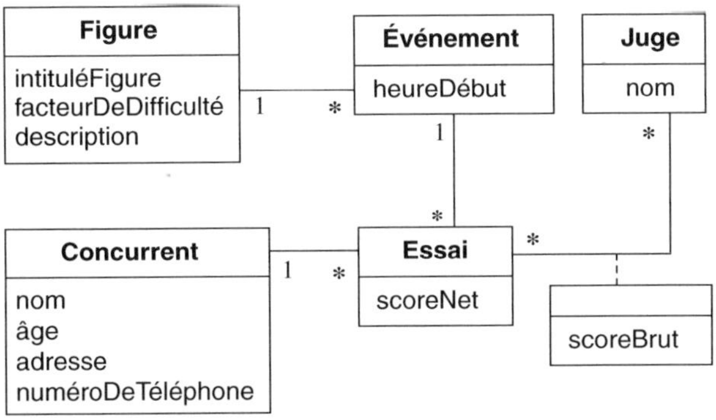

Figure E18.3 • Diagramme de classes partiel pour un système de gestion des scores.

18.9 (6) Écrivez le code C++ ou Java qui correspond au pseudocode de l'exercice 15.11. Assurez-vous que votre code respecte l'encapsulation. [Note pour les enseignants : vous pouvez éventuellement fournir votre solution de l'exercice 15.11.]

18.10 (8) Écrivez le code C++ ou Java pour chacune des expressions OCL de la section 3.5.3. Partez du principe qu'il y a une implémentation bidirectionnelle des associations. Une spécification, comme une expression OCL, n'a pas à respecter l'encapsulation, mais le code que vous écrivez le devrait.

18.11 (6) En employant C++ ou Java, implémentez toutes les associations des classes *Boîte*, *Lien*, *SegmentDeLigne*, ou *Point* de la figure E18.4. Notez que l'éditeur n'autorise de liens qu'entre des paires de boîtes.

18.12 (7) Avec C++ ou Java, implémentez l'opération *couper* de la classe *Boîte* de la figure E18.4. Pour simplifier, *couper* supprime simplement ce qui est coupé et ne le place pas dans un tampon. Propagez les opérations depuis les boîtes aux objets représentant les liens attachés. Mettez à jour chaque association concernée.

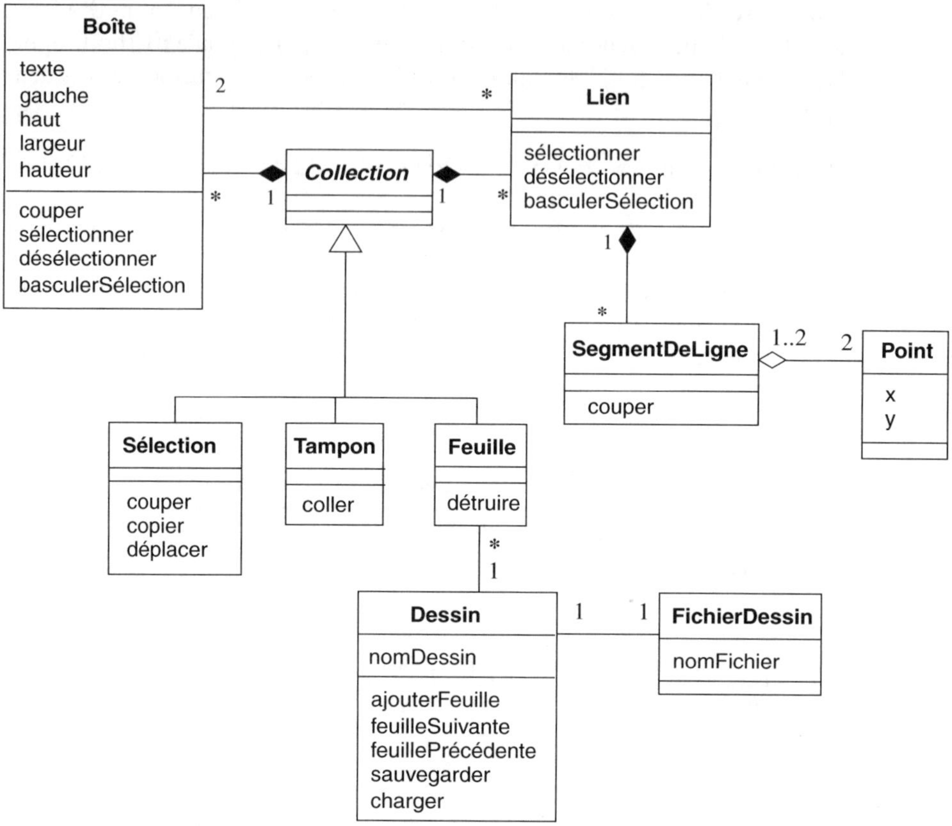

Figure E18.4 • Diagramme de classes pour un éditeur de diagrammes.

Assurez-vous de récupérer la mémoire libérée par l'opération (en C++ uniquement). Vous pouvez partir de l'hypothèse qu'une autre méthode met à jour l'affichage.

18.13 (7) Écrivez une méthode en employant C++ ou Java qui créera un lien entre deux boîtes. Les entrées de la méthode sont deux boîtes et une liste de points. La méthode devra mettre à jour les associations et créer les instances d'objets qui s'avéreront nécessaires. Vous pouvez partir de l'hypothèse qu'une autre méthode met à jour l'affichage. Écrivez également une méthode qui détruit un lien.

18.14 (8) En employant C++ ou Java, implémentez les requêtes suivantes en rapport avec la figure E18.4 :

a. Une boîte étant donnée, trouvez toutes les autres boîtes qui lui sont directement liées.

b. Une boîte étant donnée, déterminez toutes les autres boîtes qui lui sont directement ou indirectement liées.

c. Une boîte et un lien étant donnés, déterminez si le lien met la boîte en jeu.

d. Une boîte et un lien étant donnés, trouvez l'autre boîte logiquement liée à cette boîte à l'autre extrémité du lien.

e. Deux boîtes étant données, déterminez tons les liens les unissant.

f. Une sélection et une feuille étant données, déterminez quels liens connectent une boîte sélectionnée à une boîte désélectionnée.

g. Deux boîtes et un lien étant donnés, produisez un ensemble ordonné de points. Le premier point se situe là où le lien se connecte à la première boîte, le dernier point se situe là où le lien se connecte à la seconde boîte, les points intermédiaires forment le tracé du lien.

19

Bases de données

Le paradigme OO est adaptable et s'applique aussi bien aux bases de données qu'à la programmation. Cela peut vous surprendre, mais vous pouvez implémenter des modèles UML non seulement avec des bases de données OO mais aussi avec des bases de données relationnelles. Les bases de données résultantes sont performantes, cohérentes et extensibles.

On prépare une base de données en effectuant d'abord les étapes d'analyse décrites au chapitre 12 et en construisant un modèle du domaine. Le reste des chapitres sur la méthodologie de la partie 2 s'applique plus à la programmation proprement dite qu'aux bases de données. Le présent chapitre reprend là ou le chapitre 12 s'arrête. Comment faire correspondre un modèle à des structures de bases de données et optimiser le résultat pour obtenir de meilleures performances ? Comment coupler la base de données résultante au code des programmes ? Ce chapitre comprend également une brève introduction aux bases de données destinée au lecteur néophyte en la matière.

Ce chapitre met l'accent sur les bases de données relationnelles parce qu'elles sont dominantes sur le marché. Les bases de données OO ne sont pratiques que dans des applications de niche, et nous les aborderons en dernier.

19.1 Introduction

19.1.1 Concepts des bases de données

Une ***base de données*** stocke des données, contenues à l'origine dans un ou plusieurs fichiers, de manière permanente[1] et autodescriptive. L'autodescription est ce qui différencie une base de données des fichiers ordinaires. Une base de données contient non seulement la structure des données, ou ***schéma – la description des données – mais aussi les données.***

1. On parle de données persistantes.

Un Système de Gestion de Bases de Données (SGBD) est le logiciel qui permet de gérer l'accès à une base de données. L'un des objectifs majeurs de la technologie OO est d'encourager la réutilisation. Pour les applications très consommatrices de données, les SGBD peuvent remplacer une grande partie du code applicatif. Il y a réutilisation lorsqu'on utilise du code de SGBD générique au lieu d'un code personnalisé spécifique à l'application. Il existe d'autres raisons d'utiliser un SGBD.

- **Protection des données (reprise sur panne).** Les SGBD protègent les données des pertes accidentelles dues aux pannes matérielles, aux pannes de disque et aux erreurs de l'application.
- **Efficacité.** Les SGBD disposent d'algorithmes efficaces pour gérer d'importants volumes de données.
- **Partage entre utilisateurs.** Plusieurs utilisateurs peuvent accéder à la base de données en même temps.
- **Partage entre applications.** Plusieurs programmes applicatifs (probablement reliés) peuvent lire et écrire des données dans la même base. Une base de données est un médium neutre qui facilite la communication entre programmes.
- **Intégrité des données.** Il est possible de spécifier des règles de cohérence que les données doivent respecter. Un SGBD peut contrôler l'intégrité de ses données indépendamment des facilités que les programmes applicatifs peuvent fournir.
- **Répartition des données.** Vous pouvez répartir les données sur différents sites, organisations et/ou plates-formes logicielles. Le SGBD préserve la cohérence des données fragmentées.
- **Sécurité.** Un SGBD peut empêcher des utilisateurs non autorisés de lire et d'écrire des données.

19.1.2 Concepts des bases de données relationnelles

Une ***base de données relationnelle*** a des données qui sont perçues sous forme de tables. Un ***SGBD relationnel*** (***SGBDR***) gère des tables de données (appelées *relations*) et des structures associées qui augmentent les fonctionnalités et les performances des tables. Les SGBDR ont bénéficié d'une définition claire établie par une figure d'autorité (E.F. Codd, l'inventeur des bases de données relationnelles) et d'un langage de requêtes standard (SQL [Melton-93]). Tous les SGBDR disposent d'un noyau commun de SQL permettant de définir des tables, de manipuler les données qu'elles contiennent et de contrôler l'accès. Il existe des mécanismes propres à chaque SGBD pour les types de données, l'optimisation des performances, les accès aux données par des programmes et des systèmes, bien que le standard soit progressivement en train d'égaliser ces différences. Un SGBDR présente trois aspects majeurs : la structure des données, les opérateurs et les contraintes.

- **Structure des données.** Une base de données relationnelle apparaît comme une collection de tables. Les tables ont un nombre spécifique de colonnes et un nombre arbitraire de lignes (*nuplets*), une valeur étant stockée à chaque intersection d'une ligne et d'une colonne. La figure 19.1 présente deux exemples de tables. La table *Personne* a cinq colonnes et quatre lignes, tandis que la table *Entreprise* en a respectivement trois et trois. Les noms de colonne en gras représentent des clés primaires (expliquées plus tard). Notez que Virginie Lebrun n'a pas d'employeur. *NULL* signifie qu'une valeur est inconnue ou inapplicable dans une ligne donnée.

Les SGBDR emploient des mécanismes spéciaux, tels que l'indexation, le hachage et le tri, pour accélérer les accès, car l'accès aux tables prises telles quelles est beaucoup trop lent pour des besoins concrets. Ces techniques d'optimisation sont transparentes et ne sont pas visibles au niveau des commandes qui permettent de lire et d'écrire dans les tables. Le SGBDR décide si ces techniques d'optimisation sont utiles pour traiter une requête : si c'est le cas, il les utilise automatiquement. De même, il met automatiquement à jour les structures d'optimisation chaque fois que les tables correspondantes sont modifiées.

- **Opérateurs.** SQL dispose d'opérateurs pour manipuler les tables. L'instruction SQL *SELECT* lit des données dans les tables. Voici un exemple de syntaxe (les mots-clés sont en capitales) :

```
SELECT listeColonnes
FROM listeTables
WHERE predicatEstVrai
```

La table Personne

IDPersonne	nom	prénom	adresse	employeur
1	Martin	Bernard	31 rue des Oliviers	1001
5	Lebrun	Paul	72 rue des Chênes	1002
999	Martin	Bernard	156 Grand Rue	1001
14	Lebrun	Virginie	72 rue des Chênes	NULL

La table Entreprise

IDEntreprise	nomEntreprise	adresse
1001	Ajax	33 rue de l'Industrie
1002	AAA	74 rue des Chênes
1003	WWW	187 rue de la Paix

Figure 19.1 • Exemples de tables. Les SGBDR présentent les données sous forme de tables.

Du point de vue logique (l'implémentation réelle est plus efficace), le SGBDR fait une jointure des différentes tables et stocke le résultat dans une table temporaire. La liste des colonnes spécifie les colonnes à afficher. Le prédicat spécifie les lignes à sélectionner. Le SGBDR répond à la requête en retournant les données résultantes.

SQL dispose d'autres commandes pour insérer, supprimer et mettre à jour les données des tables.

Les commandes SQL interactives opèrent sur des ensembles, autrement dit des tables entières et non des lignes ou des valeurs individuelles. SQL fournit un langage similaire pour être utilisé dans des programmes applicatifs et dont l'interface traite une ligne à la fois.

- **Contraintes.** Un SGBDR peut appliquer plusieurs contraintes (comme les clés candidates, primaires et étrangères), dont la définition fait partie de la structure de la base de données. Un SGBDR refuse de mémoriser des données qui violent les contraintes et retournent une erreur à l'utilisateur ou au programme émetteur.

  Une ***clé candidate*** est une combinaison de colonnes qui identifie de manière unique chaque ligne d'une table. La combinaison doit être minimale et ne comprendre que les colonnes qui sont nécessaires pour cette identification unique. Dans une clé candidate, aucune colonne ne peut accepter de valeur *null.*

  Une ***clé primaire*** est une clé parmi les clés candidates, utilisée de façon privilégiée pour accéder aux enregistrements d'une table. Une table ne peut avoir qu'une clé primaire, et, normalement, chaque table doit en avoir une. Les caractères gras de la figure 19.1 indiquent la clé primaire de chaque table.

  Une ***clé étrangère*** est une référence à une clé candidate (normalement une clé primaire) et constitue le « ciment » qui relie les tables. À la figure 19.1, *employeur* est une clé étrangère de la table *Personne* qui fait référence à *idEntreprise* dans la table *Entreprise.* Il n'est pas autorisé de changer l'*employeur* de Paul Lebrun par 1004, puisque la table *Entreprise* ne contient pas d'entreprise identifiée par le numéro 1004. Si la ligne qui contient Ajax était supprimée de la table *Entreprise*, les deux lignes contenant Bernard Martin devraient être supprimées en cascade ou le champ *employeur* devrait être mis à *NULL.* La liaison clé étrangère/clé primaire constitue un chemin de navigation fréquent entre des tables.

19.1.3 Formes normales

Une ***forme normale***[1] est une liste de règles qui augmentent la cohérence des données d'une base de données relationnelle. Plus les tables respectent des niveaux de formes normales élevés, moins elles sont susceptibles de stocker des données redondantes ou contradictoires. Les développeurs peuvent violer les formes normales pour la bonne cause, par exemple afin d'améliorer les performances d'une base de données qui est consultée mais rarement mise à jour. Un tel assouplissement se nomme ***dénormalisation.*** L'important en ce qui concerne les formes normales est de n'y déroger que délibérément et seulement en cas de nécessité.

1. Règles d'organisation des champs et des tables qui satisfont certaines contraintes définies, et qui ont pour but de préserver la cohérence des données lors de leur stockage et de leur mise à jour.

Les formes normales ont d'abord été utilisées dans les années 1970 et 1980. À l'époque, les développeurs construisaient les bases de données en créant une liste des champs désirés, qu'ils devaient ensuite organiser en groupes significatifs avant de les stocker dans la base. C'était la finalité des formes normales : elles organisent les champs en groupes en fonction de leurs dépendances. Malheureusement, il est facile d'oublier des dépendances. S'il en manque une, la structure de la base de données résultante peut être incohérente.

Les modèles UML fournissent un meilleur moyen d'élaborer des bases de données. Au lieu de se concentrer sur la granularité fine des champs, les développeurs pensent en termes de groupes de champs, autrement dit de classes. UML ne diminue pas la validité des formes normales : elles continuent à s'appliquer indépendamment de l'approche de développement.

Toutefois, la modélisation UML élimine la nécessité de vérifier les formes normales. Si les développeurs construisent un modèle sain, il respectera les formes normales de manière intrinsèque. L'inverse est également vrai : un modèle médiocre ne respectera probablement pas les formes normales. De plus, si les développeurs ne parviennent pas à construire un bon modèle, ils seront sans doute incapables de détecter toutes les dépendances nécessaires pour vérifier les formes normales. Il est moins difficile de construire des modèles que de découvrir toutes les dépendances.

Il en résulte que les développeurs peuvent toujours vérifier la conformité aux formes normales s'ils le souhaitent après modélisation, mais qu'une telle vérification n'est pas nécessaire.

19.1.4 Choix d'un SGBD

Pour produire une application, vous devez choisir un SGBD spécifique. Comme le noyau de fonctionnalités a été fixé par le standard SQL, vous devriez choisir un fournisseur de SGBD en fonction de critères pragmatiques.

- **Part de marché.** Oracle, IBM et Microsoft sont les principaux acteurs du marché. La capacité de résistance des autres fournisseurs est moins évidente. Vous pouvez également envisager un SGBD libre (*open source*), comme MySQL ou PostgreSQL.
- **Aide apportée par un fournisseur ou une tierce partie.** Les SGBD représentent un engagement important pour une entreprise et nécessitent une aide continue.
- **Autres applications.** Vous pouvez réduire les coûts d'administration et de licences en adoptant le même fournisseur ou un petit nombre de fournisseurs pour toutes vos applications.

À chaque nouvelle version d'un produit, les principaux fournisseurs ont tendance à devancer les fonctionnalités et les performances de la concurrence, pour être eux-mêmes surpassés lorsqu'un concurrent sort sa propre version. Sur le long terme, les différences de fonctionnalités et de performances tendant à s'estomper, vous ne devez pas leur attacher trop d'importance lors du choix d'un produit.

19.2 Modèle simplifié du GAB

La figure 19.2 représente une portion du modèle du GAB que nous utiliserons comme exemple dans ce chapitre. Nous avons ajouté *CompteChèques* et *CompteÉpargne* pour pouvoir aborder la généralisation. Nous avons aussi ajouté la classe *Adresse* pour les besoins de l'explication.

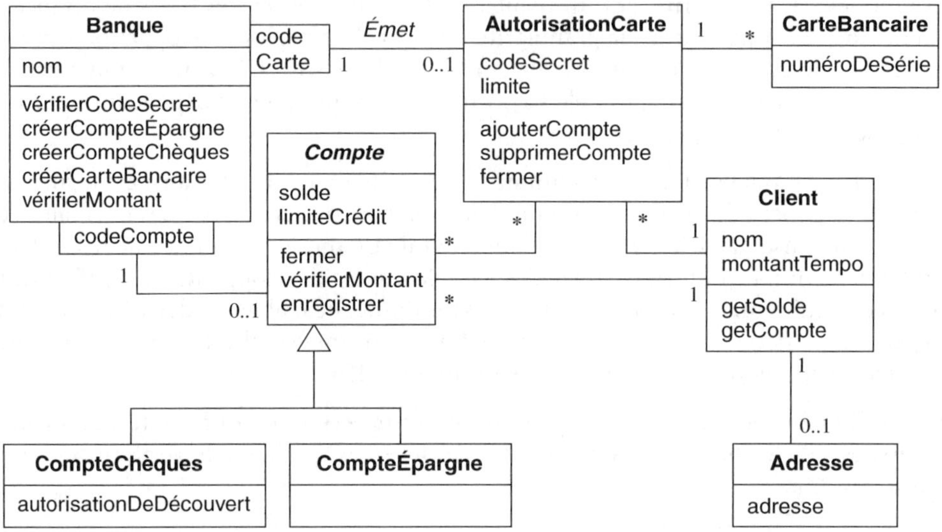

Figure 19.2 • Modèle de classes d'implémentation simplifié du GAB utilisé dans ce chapitre.

19.3 Implémentation du schéma de bases de données : concepts de base

Il est facile de traduire le modèle de classes en code SQL. De nombreux outils en sont capables, mais vous devez néanmoins connaître les règles. Vous comprendrez ainsi comment ces outils procèdent et vous pourrez vérifier leurs résultats. Les SGBDR prennent bien en charge les classes et les associations, mais supportent moins bien l'héritage et vous devez contourner le problème. Les premières tâches à réaliser sont les suivantes :

- implémenter les classes [19.3.1] ;
- implémenter les associations [19.3.2] ;
- implémenter les généralisations [19.3.3] ;
- implémenter l'identité [19.3.4].

19.3.1 Classes

Normalement, vous devez faire correspondre chaque classe à une table et chaque attribut à une colonne (figure 19.3). Vous pouvez ajouter des colonnes pour un identifiant d'objet et pour les associations (voir explications ultérieures). Les caractères gras indiquent une clé primaire. Les mots-clés sont en majuscules. Notez que les opérations n'affectent pas la structure des tables. Nous avons choisi des types de données et des contraintes *not-null* (valeur NULL non acceptée) qui semblent appropriées au problème. Tous nos exemples utilisent la syntaxe d'Oracle. *nn_client1* et *nn_client2* sont les noms des contraintes *NOT NULL*. *pk_client* est le nom de la contrainte (PRIMARY KEY) définissant la clé primaire.

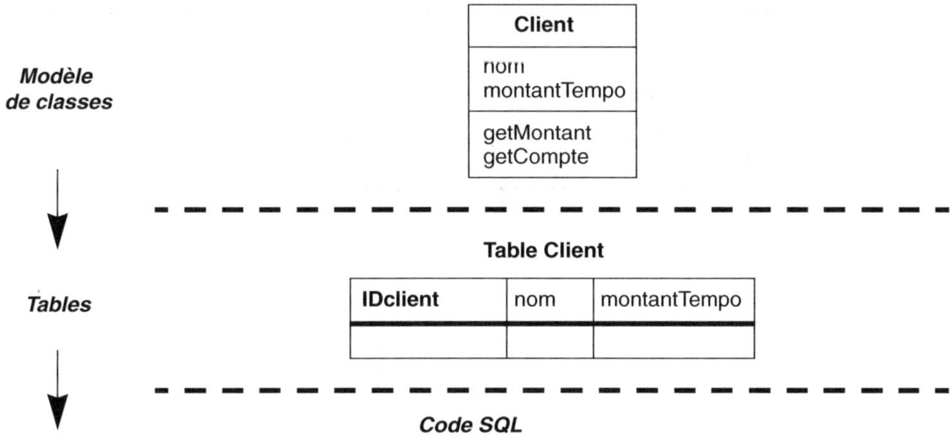


```
CREATE TABLE Client
( ID_client NUMBER(30)        CONSTRAINT nn_client1 NOT NULL,
  nom_client VARCHAR2(50)     CONSTRAINT nn_client2 NOT NULL,
  montant_tempo NUMBER(12,2),
CONSTRAINT pk_client PRIMARY KEY (ID_client));
```

Figure 19.3 • Implémentation des classes. Faites correspondre chaque classe à une table.

19.3.2 Associations

Les règles d'implémentation des associations dépendent de la multiplicité.

- **Associations de multiplicité plusieurs-à-plusieurs.** Implémentez l'association par une table, la clé primaire de l'association étant une combinaison des clés primaires des classes (figure 19.4). Si l'association a des attributs, ils deviennent des colonnes supplémentaires de la table.
- **Associations de multiplicité un-à-plusieurs.** Chaque association devient une clé étrangère encapsulée dans la table de la classe située à l'extrémité « plusieurs » (figure 19.5). Si l'extrémité « un » de l'association avait un nom, nous l'utiliserions

comme nom de la clé étrangère. Nous supposons que *numéroDeSérie* est unique pour chaque *CarteBancaire*.

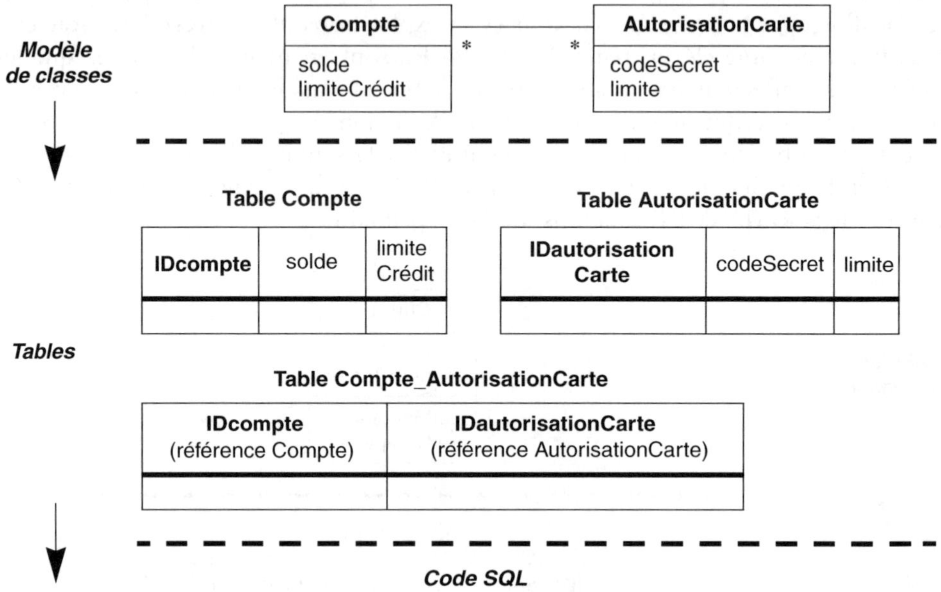


```
CREATE TABLE Compte
( ID_compte NUMBER(30)      CONSTRAINT nn_compte1 NOT NULL,
  solde NUMBER(12,2)        CONSTRAINT nn_compte2 NOT NULL,
  limite_credit NUMBER(12,2),
CONSTRAINT pk_compte PRIMARY KEY (ID_compte));

CREATE TABLE Autorisation_Carte
( ID_auto_carte NUMBER(30) CONSTRAINT nn_autocarte1 NOT NULL,
  code_secret VARCHAR2(50),
  limite NUMBER(12,2),
CONSTRAINT pk_autocarte PRIMARY KEY (ID_auto_carte));

CREATE TABLE Compte_AutoCarte
( ID_compte NUMBER(30)       CONSTRAINT nn_compteca1 NOT NULL,
  ID_auto_carte NUMBER(30)   CONSTRAINT nn_compteca2 NOT NULL,
CONSTRAINT pk_compteca PRIMARY KEY (ID_compte, ID_auto_carte));
```

Figure 19.4. • Implémentation des associations de multiplicité un-à-plusieurs. Faites de chacune une table.

- **Associations de multiplicité un-à-un.** Elles se produisent rarement. Vous pouvez les gérer en encapsulant une clé étrangère dans l'une ou l'autre table (figure 19.6).
- **Associations *n*-aires.** Elles sont également rares. Vous pouvez les traiter comme des associations de **multiplicité** plusieurs-à-plusieurs et créer une table pour l'association. Généralement, la clé primaire d'une association n-aire combine les clés primaires des tables associées.

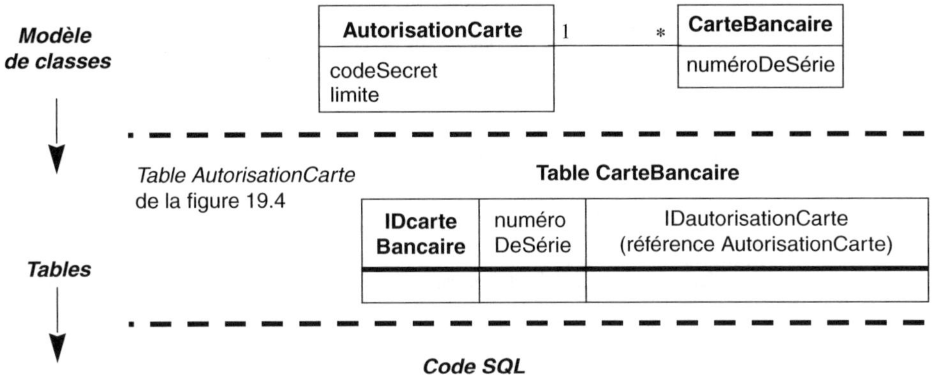


```
Code de Autorisation_Carte de la figure 19.4 ...

CREATE TABLE Carte_Bancaire
( ID_carte_bancaire NUMBER(30)   CONSTRAINT nn_carte1 NOT NULL,
  num_serie VARCHAR2(50)          CONSTRAINT nn_carte 2 NOT NULL,
  ID_auto_carte NUMBER(30)        CONSTRAINT nn_carte3 NOT NULL,
CONSTRAINT pk_carte PRIMARY KEY (ID_carte_bancaire),
CONSTRAINT uq_carte1 UNIQUE (num_serie));
```

Figure 19.5 • Implémentation des associations un-à-plusieurs. Encapsulez chacune sous forme de clé étrangère dans la table correspondant à la classe de l'extrémité « plusieurs ».

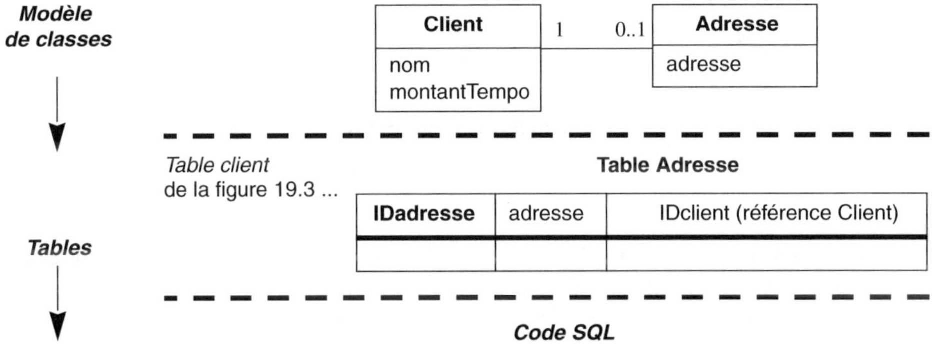


```
Code de Client de la figure 19.3 ...

CREATE TABLE Adresse
( ID_adresse NUMBER(30)   CONSTRAINT nn_adresse1 NOT NULL,
  adresse VARCHAR2(200)   CONSTRAINT nn_adresse2 NOT NULL,
  ID_client NUMBER(30)    CONSTRAINT nn_adresse3 NOT NULL,
CONSTRAINT pk_address PRIMARY KEY (ID_adresse));
```

Figure 19.6 • Implémentation des associations un-à-un. Encapsulez une clé étrangère dans l'une ou l'autre des tables.

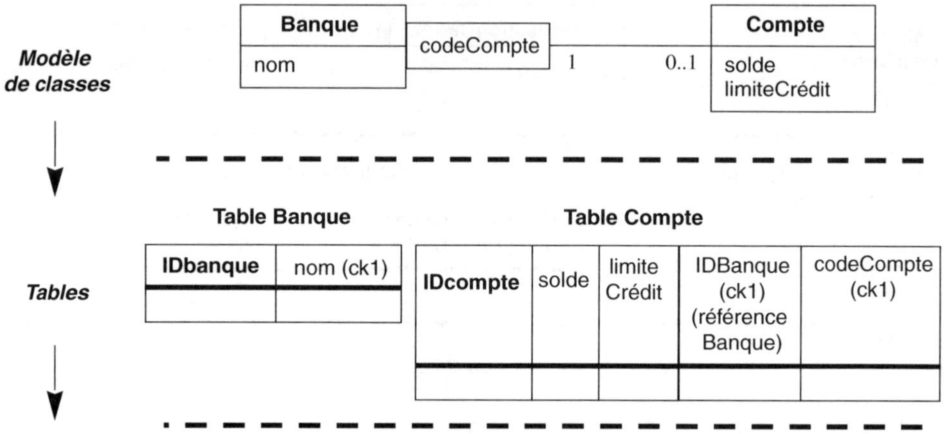

Code SQL

```
CREATE TABLE Banque
( ID_banque NUMBER(30)      CONSTRAINT nn_banque1 NOT NULL,
  nom_banque VARCHAR2(50)   CONSTRAINT nn_banque2 NOT NULL,
CONSTRAINT pk_bannque PRIMARY KEY (ID_banque),
CONSTRAINT uq_banque1 UNIQUE (nom_banque));

CREATE TABLE Compte
( ID_compte NUMBER(30)      CONSTRAINT nn_compte1 NOT NULL,
  solde NUMBER(12,2)        CONSTRAINT nn_compte2 NOT NULL,
  limite_credit NUMBER(12,2),
  ID_banque NUMBER(30)      CONSTRAINT nn_compte3 NOT NULL,
  code_compte VARCHAR2(50) CONSTRAINT nn_compte4 NOT NULL,
CONSTRAINT pk_compte PRIMARY KEY (ID_compte),
CONSTRAINT uq_compte1 UNIQUE (ID_banque, code_compte));
```

Figure 19.7 • Implémentation des associations qualifiées. Traitez chacune d'elles comme l'association sans le qualificateur.

- **Classes-associations.** Une ***classe-association*** est une classe qui est aussi une association. Il est plus facile d'établir les dépendances si vous faites de chaque classe-association une table, indépendamment de la multiplicité.
- **Associations qualifiées.** Les associations qualifiées obéissent aux mêmes règles que l'association sous-jacente sans le qualificateur. C'est pourquoi nous traitons celle de la figure 19.7 comme une association de multiplicité un-à-plusieurs (une banque possède plusieurs comptes). La notation *ccn* (*n* est un nombre) indique une clé candidate. De nombreuses associations qualifiées ont une clé candidate qui implique le qualificateur.
- **Agrégation et composition.** L'agrégation et la composition observent les mêmes règles d'implémentation qu'une association.

19.3.3 Généralisations

Les règles d'implémentation de la généralisation dépendent du type d'héritage : simple ou multiple.

- **Héritage simple.** L'approche la plus simple consiste à faire correspondre la super-classe et les sous-classes chacune à une table, comme le montre la figure 19.8. Le nom de l'ensemble de généralisation (*typeCompte*) indique la table de la sous-classe appropriée pour chaque enregistrement de la super-classe. Pour une généralisation à plusieurs niveaux, on applique les correspondances à un niveau à la fois.

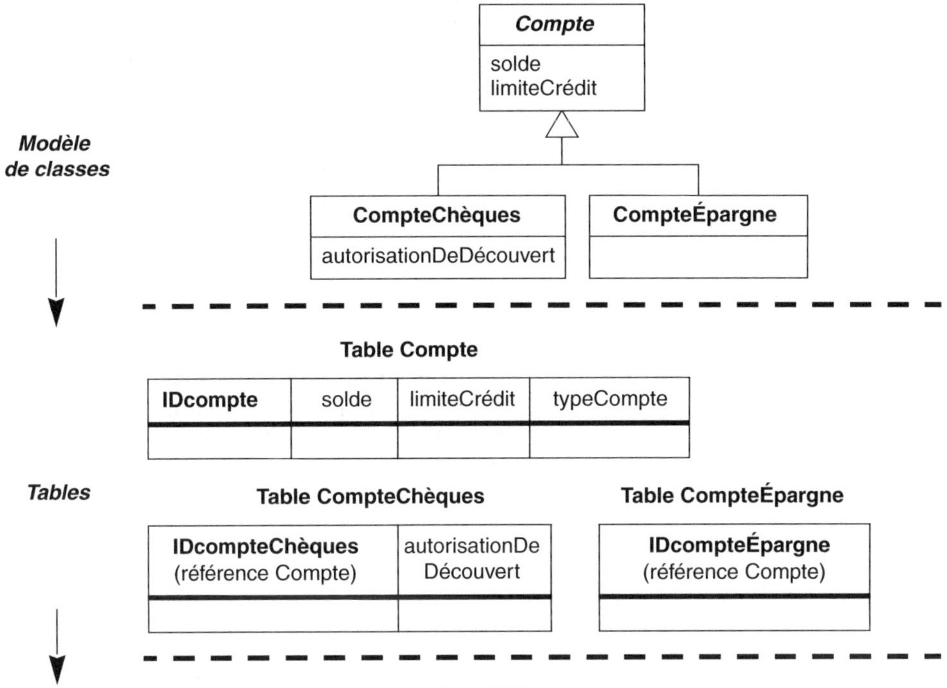

Code SQL

```
CREATE TABLE Compte
( ID_compte NUMBER(30)                CONSTRAINT nn_compte1 NOT NULL,
  solde NUMBER(12,2)                  CONSTRAINT nn_compte2 NOT NULL,
  limite_credit NUMBER(12,2),
  type_compte VARCHAR2(20)            CONSTRAINT nn_compte3 NOT NULL,
CONSTRAINT pk_compte PRIMARY KEY (ID_compte));

CREATE TABLE Compte_Cheques
( ID_compte_ch NUMBER(30)             CONSTRAINT nn_cptch1 NOT NULL,
  autorisation_decouvert VARCHAR2(1) CONSTRAINT nn_cptch2 NOT NULL,
CONSTRAINT pk_cptch PRIMARY KEY (ID_compte_ch));
CREATE TABLE Compte_Epargne
( ID-compte_ep NUMBER(30)             CONSTRAINT nn_cptep1 NOT NULL,
CONSTRAINT pk_cptep PRIMARY KEY (ID-compte_ep));
```

Figure 19.8 • Implémentation des généralisations (héritage simple). Faites correspondre la super-classe et chacune des sous-classes à une table.

Notez que les noms des clés primaires varient dans la figure, mais qu'un objet doit avoir la même valeur de clé primaire dans toute la hiérarchie d'héritage. Ainsi, « le compte chèques de Françoise » peut avoir une ligne dans la table *Compte* avec l'*ID_compte* 101 et une autre ligne dans la table *Compte_chèques* avec l'*ID_compte_ch* 101. Nous préférons lier les noms des identifiants aux noms des classes (*ID_compte, ID_compte_ch* et *ID_compte_ep*) au lieu d'utiliser le même nom (*ID_compte*) dans toutes les tables qui implémentent une généralisation, car la gestion de généralisations à plusieurs niveaux s'en trouve facilitée.

Notez que vous ne devez pas éliminer les sous-classes qui n'ont pas d'attributs, comme la classe *CompteÉpargne* de la figure 19.8. Une telle optimisation des performances est rarement importante et complique l'application des dépendances de clé étrangère (voir section 19.4.1).

- **Héritage multiple.** Vous pouvez gérer l'héritage multiple à partir de classes disjointes avec des tables séparées pour les super-classes et les sous-classes. Si les classes se recouvrent, vous devez utiliser une table pour chaque super-classe, une table pour chaque sous-classe et une table pour la généralisation.

19.3.4 Identité

En dehors de situations spéciales, par exemple les tables temporaires, chaque table doit posséder une clé primaire. Sans autre explication, nous avons utilisé une identité d'objet. C'est notre approche préférée, mais nous nous devons d'en mentionner une autre qui est également courante dans la littérature consacrée aux bases de données. La figure 19.9 illustre les deux possibilités.

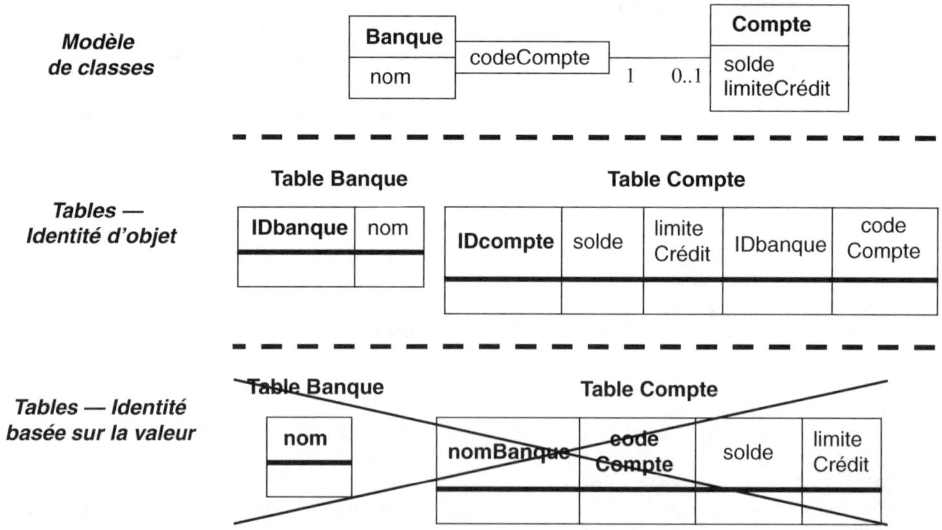

Figure 19.9 • Identité d'objet vs identité basée sur la valeur. Nous recommandons l'utilisation d'identité d'objet.

- **Identité d'objet.** On ajoute à chaque table de classe un attribut qui est un nombre artificiel (ID d'objet) et on en fait la clé primaire. La clé primaire de chaque table d'association est constituée des identifiants issus des classes associées.

  Les identifiants d'objets présentent un avantage : ce sont des attributs uniques, petits et de taille uniforme. La plupart des SGBDR savent générer efficacement des identifiants. Mais les identifiants d'objets peuvent rendre une base de données plus difficile à lire durant le débogage et la maintenance. Ils compliquent également les jointures : les identifiants peuvent être conflictuels et devoir être réaffectés. Vous ne devez pas afficher de nombres artificiels aux utilisateurs.

- **Identité basée sur la valeur.** On identifie chaque objet par une combinaison quelconque d'attributs du monde réel. La clé primaire de chaque table d'association est constituée des clés primaires des classes associées.

  L'identité basée sur la valeur présente différents avantages et inconvénients. Les clés primaires ont une signification intrinsèque, ce qui facilite le débogage et la maintenance de la base de données. En revanche, les clés primaires basées sur des valeurs peuvent être difficiles à modifier, et les changements peuvent se propager aux autres tables. De plus, certaines classes n'ont pas d'identifiants naturels dans le monde réel.

Nous préconisons d'utiliser des identifiants d'objets dans les applications de bases de données relationnelles. L'uniformité et la simplicité qui en résultent valent largement la peine de l'effort de débogage supplémentaire. De plus, cette pratique est plus cohérente avec l'esprit de l'orientation objet : les objets ont une identité intrinsèque indépendante de leurs propriétés. Les langages OO implémentent l'identité avec des pointeurs ou des pointeurs sur des tables de recherche. Un ID est le concept équivalent en base de données.

19.3.5 Résumé des règles de base pour l'implémentation dans les SGBDR

Le tableau 19.1 résume les règles de base pour l'implémentation des SGBDR.

Tableau 19.1 • Résumé des règles de base pour l'implémentation des bases de données relationnelles. Ces règles sont intégrées à la plupart des outils de génération de bases de données.

<table>
<tr><th>Concept</th><th>Élément UML</th><th>Règle d'implémentation recommandée</th></tr>
<tr><td>Classe</td><td>Classe</td><td>Faire correspondre chaque classe à une table et chaque attribut à une colonne de la table</td></tr>
<tr><td rowspan="5">Association (Les noms d'extrémité deviennent les noms des clés étrangères.)</td><td>Plusieurs-à-plusieurs</td><td>Utiliser des tables distinctes</td></tr>
<tr><td>Un-à-plusieurs</td><td rowspan="2">Utiliser une clé étrangère encapsulée</td></tr>
<tr><td>Un-à-un</td></tr>
<tr><td>Classe-association</td><td>Utiliser des tables distinctes</td></tr>
<tr><td>Association qualifiée</td><td>Même règle que pour l'association sous-jacente non qualifiée</td></tr>
</table>

Tableau 19.1 • Résumé des règles de base pour l'implémentation des bases de données relationnelles. Ces règles sont intégrées à la plupart des outils de génération de bases de données *(suite)*.

Concept	Élément UML	Règle d'implémentation recommandée
Agrégation	Agrégation	Même règles que pour les associations
	Composition	
Généralisation	Héritage simple	Créer des tables séparées pour la super-classe et chaque sous-classe
	Héritage multiple avec classes disjointes	
	Héritage multiple avec recouvrement	Comme ci-dessus + une table de généralisation pour lier les enregistrements de la super-classe et des sous-classes

19.4 Implémentation du schéma de bases de données : concepts avancés

À la section précédente, nous avons expliqué comment définir des tables pour chaque élément UML du modèle de classes. Nous allons maintenant aborder les aspects avancés qui permettent d'optimiser les performances et de garantir l'intégrité des données. Vous devez accomplir les tâches supplémentaires suivantes :

- implémenter des clés étrangères [19.4.1] ;
- implémenter des contraintes de domaine [19.4.2] ;
- implémenter des index [19.4.3] ;
- envisager d'utiliser des vues [19.4.4].

19.4.1 Clés étrangères

Les clés étrangères résultent des généralisations et des associations. Lorsqu'une clé étrangère est définie, le SGBDR *garantit* qu'il n'y aura pas de références fantômes – le SGBD refuse d'exécuter toute mise à jour qui provoquerait une référence fantôme. Comme une application sait que les clés étrangères définies seront toujours intactes, elle n'a pas besoin de vérifier les erreurs possibles les concernant.

De plus, la plupart des SGBDR savent propager les effets des suppressions et des mises à jour qui affectent les clés étrangères. Lorsque vous utilisez des identifiants d'objets, comme nous l'avons suggéré, il n'est pas nécessaire de propager les mises à jour : les identifiants sont invariants et ne changent jamais. Toutefois, il est utile de déclarer les réponses aux suppressions, comme nous allons maintenant l'expliquer.

Pour les généralisations, vous devez spécifier *ON DELETE CASCADE* pour chaque table correspondant à une sous-classe. La figure 19.10 montre les instructions *FOREIGN KEY* que nous ajouterions au code de la figure 19.8. Souvenez-vous que la généralisation structure la description d'un objet, chaque niveau fournissant une partie de la description. Une application doit combiner les enregistrements de la super-classe et des sous-classes pour reconstituer un objet entier. En conséquence, avec *ON DELETE CASCADE*, la suppression d'un enregistrement de la super-classe provoque la destruction en cascade de l'enregistrement correspondant dans les sous-classes, et cette destruction se propage vers le bas à chaque niveau de la généralisation.

```
ALTER TABLE Compte_Cheques ADD CONSTRAINT fk_cptch1
   FOREIGN KEY ID_compte_ch
   REFERENCES Compte ON DELETE CASCADE;

ALTER TABLE Compte_Cheques ADD CONSTRAINT fk_cptep1
   FOREIGN KEY ID_compte_ep
   REFERENCES Compte ON DELETE CASCADE;
```

Figure 19.10 • Déclaration de clés étrangères pour la généralisation. Chaque table de sous-classe doit spécifier ON DELETE CASCADE pour la clé étrangère vers la super-classe.

Nous aimerions propager de même la suppression d'un enregistrement des sous-classes vers les super-classes, mais SQL ne permet malheureusement pas cette propagation ascendante. Pour compenser, vous pouvez écrire un programme qui propage les suppressions en remontant une hiérarchie d'héritage.

Vous devez également déclarer des clés étrangères pour faire respecter les associations, comme le montre la figure 19.11. L'action appropriée – cascade ou rien – dépend de la signification du modèle. Par exemple, nous pourrions vouloir que la suppression de l'enregistrement d'un client supprime l'enregistrement de l'adresse correspondante – ce que fait *ON DELETE CASCADE* (la première instruction de la figure 19.11). On pourrait aussi vouloir empêcher la suppression d'un client qui possède des comptes (pour éviter de perdre accidentellement toutes les données). L'utilisateur doit alors supprimer d'abord tous les comptes avant de pouvoir supprimer l'enregistrement du client. En SQL standard, on empêche la suppression en spécifiant *ON DELETE NO ACTION*. L'instruction équivalente en Oracle consiste à omettre l'action de suppression (la seconde instruction de la figure 19.11).

```
ALTER TABLE Adresse ADD CONSTRAINT fk_adresse11
   FOREIGN KEY ID_client
   REFERENCES Client ON DELETE CASCADE;

ALTER TABLE Compte ADD CONSTRAINT fk_compte2
   FOREIGN KEY ID_client
   REFERENCES Client;
```

Figure 19.11 • Déclaration de clés étrangères pour une association. Il existe deux possibilités qui dépendent de la signification du modèle.

19.4.2 Contraintes de domaine

SQL dispose également de contraintes générales qui permettent de vérifier les valeurs d'une énumération. Elles sont particulièrement utiles pour implémenter un nom d'ensemble de généralisation. À la figure 19.12, nous ajoutons une contrainte *CHECK* à l'exemple de la figure 19.8.

```
ALTER TABLE Compte ADD CONSTRAINT enum_compte1
   CHECK (type_compte IN ('Compte_Cheques',
   'Compte_Epargne'));
```

Figure 19.12 • Implémentation d'un nom d'ensemble de généralisation. Une contrainte SQL CHECK permet de faire respecter qu'une colonne prend ses valeurs dans une énumération.

19.4.3 Index

La plupart des SGBDR créent des index suite à la définition des contraintes de clé primaire et de clé candidate (*UNIQUE*). Un ***index*** est une structure de données qui fait correspondre les lignes d'une table à des valeurs de colonnes. Vous devez également créer un index pour toute clé étrangère qui n'est pas associée à une contrainte de clé primaire ou de clé candidate. Par exemple, la clé primaire pour *Compte_Autocarte* (figure 19.4) oblige le SGBDR à construire un index qui assure un accès rapide à *ID_compte* ainsi qu'à *ID-compte* + *ID_auto_carte*. Un index supplémentaire sur *ID_auto_carte* (figure 19.13) assure que l'accès à ce champ seul est également rapide.

Ces index sont d'une importance *vitale*. Les index sur clé étrangère permettent de faire des jointures rapides de tables. L'absence d'index peut engendrer des dégradations de performances de l'ordre de puissances de dix. Les index sur clé étrangère doivent faire partie intégrante d'une base de données parce qu'ils sont faciles à inclure et qu'il n'existe pas de bonne raison de s'en dispenser.

```
CREATE INDEX index_compteac1 ON Compte_Autocarte(ID_auto_carte);
```

Figure 19.13 • Définition d'un index. Chaque clé étrangère doit être gérée par un index.

L'administrateur de la base de données (DBA)[1] peut définir des index supplémentaires pour les requêtes fréquentes et utiliser des mécanismes d'optimisation spécifiques au SGBD.

1. *DataBase Administrator* NdT.

19.4.4 Vues

Vous pouvez envisager de définir une vue pour chaque sous-classe pour récupérer les données héritées et faciliter l'accès aux objets. Une ***vue***[1] est une table qu'un SGBDR calcule dynamiquement. La figure 19.14 présente un exemple pour la sous-classe *CompteChèques*. Vous pouvez lire librement un objet par l'intermédiaire d'une vue, mais les SGBDR ne prennent en charge que partiellement l'écriture. Les restrictions varient d'un SGBD à l'autre.

```
CREATE VIEW vue_compte_cheques AS
   SELECT ID_cpt_ch, solde, limite_credit, autorisation_decouvert
   FROM Compte C, Compte_Cheques CC
   WHERE C.ID_compte = CC.ID_cpt_ch;
```

Figure 19.14. • Exemple de vue dans un SGBDR. Vous pouvez employer une vue pour récupérer les fragments d'objets qui sont stockés pour chaque niveau de généralisation.

19.4.5 Résumé des règles avancées pour l'implémentation dans les SGBDR

Le tableau 19.2 résume les règles avancées pour l'implémentation des SGBDR.

Tableau 19.2 • Résumé des règles avancées pour l'implémentation des bases de données relationnelles.

Concept	Règle d'implémentation avancée
Classe	• Définir une contrainte CHECK pour chaque attribut énuméré.
Association Agrégation Composition	• Faire respecter les clés étrangères. Spécifier *ON DELETE CASCADE* ou *ON DELETE NO ACTION*, en fonction du modèle. • Définir une contrainte CHECK pour chaque attribut énuméré. • Définir des index pour toutes les clés étrangères encapsulées non couvertes par des contraintes de clé primaire ou de clé candidate.
Généralisation	• Faire respecter les clés étrangères. Spécifier *ON DELETE CASCADE* sur chaque table correspondant à une sous-classe. • Définir une contrainte CHECK pour chaque nom d'ensemble de généralisation. • Envisager d'utiliser une vue pour récupérer les données héritées et faciliter la lecture des objets.

1. Une vue est le résultat d'une requête pouvant être réutilisée dans d'autres requêtes.

19.5 Implémentation du schéma de bases de données de l'exemple du GAB

La figure 19.15 synthétise toutes les règles et présente les tables pour le modèle de la figure 19.2. La figure 19.16 est le listing du code SQL qui crée les structures d'une base de données Oracle. Chaque instruction *SÉQUENCE* crée un compteur qui est utilisé pour allouer automatiquement un ID. Par exemple, *seq_banque* sert à allouer un *id_banque* à chaque objet *Banque* créé. Nous avons organisé le code logiquement, et il doit être réordonné avant exécution. Commencez par exécuter les instructions *CREATE TABLE* et *CREATE SEQUENCE*, puis les instructions *CREATE INDEX* et enfin les instructions *ALTER TABLE*. Nous avons omis les vues facultatives sur *CompteChèques* et *CompteÉpargne*.

Table Banque

IDbanque	nom (ck1)

Table Client

IDclient	nom	montantTempo

Table Compte

IDcompte	solde	limite Crédit	IDBanque (ck1) (référence Banque)	codeCompte (ck1)	type Compte	IDclient (référence Client)

Table AutorisationCarte

IDautorisation Carte	codeSecret	limite	IDBanque (ck1) (référence Banque)	codeCarte (ck1)	IDclient (référence Client)

Table CarteBancaire

IDcarte Bancaire	numéro DeSérie	IDautorisationCarte (référence AutorisationCarte)

Table Compte_AutorisationCarte

IDcompte (référence Compte)	**IDautorisationCarte** (référence AutorisationCarte)

Table CompteÉpargne

IDcompteÉpargne (référence Compte)

Table CompteChèques

IDcompteChèques (référence Compte)	autorisationDe Découvert

Table Adresse

IDadresse	adresse	IDclient (référence Client)

Figure 19.15 • Tables du modèle relationnel pour le modèle simplifié du GAB.

```
CREATE TABLE Banque
( ID_banque NUMBER(30) CONSTRAINT nn_banque1 NOT NULL,
  nom_banque VARCHAR2(50) CONSTRAINT nn_banque2 NOT NULL,
CONSTRAINT pk_banque PRIMARY KEY (ID_banque),
CONSTRAINT uq_banque1 UNIQUE (nom_banque));

CREATE SEQUENCE seq_banque;

CREATE TABLE Client
( ID-client NUMBER(30) CONSTRAINT nn_client1 NOT NULL,
  nom_client VARCHAR2(50) CONSTRAINT nn_client2 NOT NULL,
  montant_tempo NUMBER(12,2),
CONSTRAINT pk_client PRIMARY KEY (ID_client));

CREATE SEQUENCE seq_client;

CREATE TABLE Autorisation_Carte
( ID_auto_carte NUMBER(30) CONSTRAINT nn_autocarte1 NOT NULL,
  code_secret VARCHAR2(50),
  limite NUMBER(12,2),
  ID_banque NUMBER(30) CONSTRAINT nn_autocarte2 NOT NULL,
  code_carte VARCHAR2(50) CONSTRAINT nn_autocarte3 NOT NULL,
  ID-client NUMBER(30) CONSTRAINT nn_autocarte4 NOT NULL,
CONSTRAINT pk_autocarte PRIMARY KEY (ID_auto_carte),
CONSTRAINT uq_autocarte1 UNIQUE (ID_banque, code_carte));

CREATE SEQUENCE seq_autocarte;

CREATE INDEX index_autocarte1 ON Autorisation_Carte (ID_client);

ALTER TABLE Autorisation_Carte ADD CONSTRAINT fk_autocarte1
FOREIGN KEY ID_banque
REFERENCES Banque;

ALTER TABLE Autorisation_Carte ADD CONSTRAINT fk_autocarte2
FOREIGN KEY ID_client
REFERENCES Client;

CREATE TABLE Compte_Cheques
( chk_acct_ID NUMBER(30) CONSTRAINT nn_cptch1 NOT NULL,
  autorisation_decouvert VARCHAR2(1) CONSTRAINT nn_cptch2 NOT NULL,
CONSTRAINT pk_cptch PRIMARY KEY (ID_cpt_ch));

ALTER TABLE Compte_Cheques ADD CONSTRAINT fk_cptch1
FOREIGN KEY ID_cpt_ch
REFERENCES Compte ON DELETE CASCADE;

ALTER TABLE Compte_Cheques ADD CONSTRAINT enum_cptch1
CHECK (autorisation_decouvert IN ('O', 'N'));

CREATE TABLE Compte
( ID_compte NUMBER(30) CONSTRAINT nn_compte1 NOT NULL,
  solde NUMBER(12,2) CONSTRAINT nn_compte2 NOT NULL,
  limite_credit NUMBER(12,2),
  ID_banque NUMBER(30) CONSTRAINT nn_compte3 NOT NULL,
  code_compte VARCHAR2(50) CONSTRAINT nn_compte4 NOT NULL,
  type_compte VARCHAR2(20) CONSTRAINT nn_compte5 NOT NULL,
  ID_client NUMBER(30) CONSTRAINT nn_compte6 NOT NULL,
CONSTRAINT pk_compte PRIMARY KEY (ID_compte),
CONSTRAINT uq_compte1 UNIQUE (ID_banque, code_compte));

CREATE SEQUENCE seq_compte;
```

Figure 19.16 • Code SQL pour le modèle simplifié du GAB.

```
CREATE INDEX index_compte1 ON Compte (ID_client);

ALTER TABLE Compte ADD CONSTRAINT fk_compte1
FOREIGN KEY ID_banque
REFERENCES Banque;

ALTER TABLE Compte ADD CONSTRAINT fk_compte2
FOREIGN KEY ID_client
REFERENCES Client;

ALTER TABLE Compte ADD CONSTRAINT enum_compte1
CHECK (type_compte IN ('Compte_Cheques', 'Compte_Epargne'));

CREATE TABLE Compte_AutoCarte
( ID_compte NUMBER(30) CONSTRAINT nn_compteac1 NOT NULL,
  ID_auto_carte NUMBER(30) CONSTRAINT nn_compteac2 NOT NULL,
CONSTRAINT pk_compteac PRIMARY KEY (ID_compte, ID_auto_carte));

CREATE INDEX index_compteac1 ON Compte_AutoCarte (ID_auto_carte);

ALTER TABLE Compte_AutoCarte ADD CONSTRAINT fk_compteac1
FOREIGN KEY ID_compte
REFERENCES Compte;

ALTER TABLE Compte_AutoCarte ADD CONSTRAINT fk_compteac2
FOREIGN KEY ID_auto_carte
REFERENCES Autorisation_Carte;

CREATE TABLE Compte_Epargne
( ID_cpt_ep NUMBER(30) CONSTRAINT nn_cptep1 NOT NULL,
CONSTRAINT pk_cptep PRIMARY KEY (ID_cpt_ep));

ALTER TABLE Compte_Epargne ADD CONSTRAINT fk_cptep1
FOREIGN KEY ID_cpt_ep
REFERENCES Compte ON DELETE CASCADE;

CREATE TABLE Carte_Bancaire
( ID_carte_bancaire NUMBER(30) CONSTRAINT nn_carte1 NOT NULL,
  num_serie VARCHAR2(50) CONSTRAINT nn_carte2 NOT NULL,
  ID_auto_carte NUMBER(30) CONSTRAINT nn_carte3 NOT NULL,
CONSTRAINT pk_carte PRIMARY KEY (ID_carte_bancaire),
CONSTRAINT uq_carte1 UNIQUE (num_serie));

CREATE SEQUENCE seq_carte;

CREATE INDEX index_carte1 ON Carte_Bancaire (ID_auto_carte);

ALTER TABLE Carte_Bancaire ADD CONSTRAINT fk_carte1
FOREIGN KEY ID_auto_carte
REFERENCES Autorisation_Carte;

CREATE TABLE Adresse
( ID_adresse NUMBER(30) CONSTRAINT nn_adresse1 NOT NULL,
  adresse VARCHAR2(200) CONSTRAINT nn_address2 NOT NULL,
  ID_client NUMBER(30) CONSTRAINT nn_address3 NOT NULL,
CONSTRAINT pk_adresse PRIMARY KEY (ID_adresse));

CREATE SEQUENCE seq_adresse;

CREATE INDEX index_adresse1 ON Adresse (ID_client);

ALTER TABLE Adresse ADD CONSTRAINT fk_adresse1
FOREIGN KEY ID_client
REFERENCES Client ON DELETE CASCADE;
```

Figure 19.16 • Code SQL pour le modèle simplifié du GAB *(suite)*.

19.6 Implémentation des fonctionnalités

Votre objectif en utilisant une base de données sera le plus souvent de construire une application. Les questions de structure sont dominantes, mais les fonctionnalités de l'application – interface utilisateur, logique complexe et autres comportements – sont tout aussi essentielles. L'utilisation de modèles UML est une première étape importante dans la combinaison bases de données et programmes : ces modèles fournissent un moyen uniforme de réfléchir aux deux aspects. Toutefois, il reste un certain nombre de problèmes de fonctionnalités à considérer.

- couplage d'un langage de programmation à une base de données [19.6.1] ;
- conversion des données [19.6.2] ;
- encapsulation *vs* optimisation des requêtes [19.6.3] ;
- utilisation du code SQL [19.6.4].

19.6.1 Couplage d'un langage de programmation à une base de données

Les bases de données relationnelles et les langages de programmation traditionnels ont des styles divergents qui les rendent difficiles à coupler. Les bases de données sont déclaratives : les développeurs décrivent les données qu'ils veulent et non pas la manière d'y accéder. À l'opposé, la plupart des langages de programmation sont « impératifs » et nécessitent de diviser la logique de fonctionnement en une suite d'étapes. Il existe de nombreuses techniques pour combiner des bases de données et des langages de programmation, et il importe de considérer toutes les options :

- **Préprocesseurs et postprocesseurs.** Préprocesseurs et postprocesseurs peuvent être utiles pour les applications de traitement par lots (*batch*). L'idée de base est simple : on interroge la base de données et on crée un fichier d'entrée, on exécute l'application, puis on analyse la sortie et on stocke les résultats dans une base de données.

  L'inconvénient est que l'interaction avec la base de données *via* des fichiers intermédiaires peut être malcommode. Le préprocesseur doit demander toutes les informations à la base avant d'exécuter l'application, et les fichiers de sortie présentant des formats complexes peuvent être difficiles à analyser. Cette technique est utile pour des programmes anciens ou pour des logiciels certifiés qui ne peuvent être modifiés.

- **Fichiers de scripts.** Il suffit parfois d'un fichier de commandes de SGBDR. Par exemple, la saisie de *@nomdefichier* dans l'interface interactive SQL Plus d'Oracle lance l'exécution des commandes contenues dans *nomdefichier*. Les développeurs peuvent utiliser le langage de commandes (*shell*) du système d'exploitation pour exécuter plusieurs fichiers de scripts et contrôler leur exécution.

Les fichiers de scripts sont utiles pour les interactions simples, comme la création d'un schéma de base de données. Ils sont également intéressants pour le prototypage.

- **Commandes intégrées (*embedded*) de SGBD.** Une autre solution consiste à intercaler des commandes SQL dans le code de l'application.

  De nombreux ouvrages sur les bases de données mettent en valeur cette technique. Le problème essentiel est que le fondement conceptuel des bases de données diffère de celui de la majorité des langages de programmation. Nous déconseillons ce type d'approche.

- Interfaces de programmation d'applications (API[1]) personnalisées. Une meilleure solution pour intégrer des commandes de SGBD consiste à encapsuler les requêtes de lecture et d'écriture dans des méthodes applicatives dédiées qui constituent collectivement une interface à la base de données. Vous pouvez écrire ces méthodes en utilisant un langage d'accès propriétaire, comme PL/SQL d'Oracle ou un langage standard comme ODBC (*Open DataBase Connectivity)* ou *JDBC (Java DataBase Connectivity).*

  Une API personnalisée isole les interactions avec la base du reste de l'application. Une API peut vous aider à partitionner les tâches d'administration des données, la logique applicative et l'interface utilisateur de manière cohérente avec l'esprit de l'encapsulation.

- ***Procédures stockées.*** *Une* ***procédure stockée*** est un fragment de code stocké dans une base de données.

  Certains SGBDR, tel SQL Server, nécessitent des procédures stockées pour atteindre leur efficacité maximale. Les procédures stockées permettent également aux applications de partager des fonctionnalités généralistes. Évitez toutefois de placer des fonctionnalités spécifiques à une application dans des procédures stockées : une fois la logique insérée dans la base de données, une application quelconque peut l'utiliser et compromettre l'encapsulation. Les procédures stockées sont également très variables d'un produit à l'autre.

- **Langages de quatrième génération (L4G).** Un ***langage de quatrième génération*** est un cadre d'application (*framework*) de base de données qui offre des mécanismes d'agencement d'écrans, d'exécution de calculs simples et de rédaction d'états ou de rapports.

  Les L4G sont largement disponibles et peuvent considérablement réduire le temps de développement. Ils conviennent mieux aux applications simples et au prototypage, mais sont mal adaptés aux applications dont la programmation est complexe.

---

1. *Application Programming Interface* NdT.

- **Couche générique.** Une couche générique masque le SGBD et offre des commandes simples d'accès aux données (telles que *getRecordGivenKey* – trouver un *nuplet* à partir d'une clé donnée – et *writeRecord* – insérer un *nuplet* [Blaha-98]). Vous pouvez écrire les applications dans les termes de la couche générique et ignorer largement le SGBD sous-jacent.

  Une couche générique bien conçue peut simplifier la programmation des applications. Toutefois, elle peut entraver les performances et restreindre l'accès aux fonctionnalités de la base de données.

- **Systèmes pilotés par métadonnées.** L'application accède indirectement aux données en commençant par lire la description des données (les métadonnées) puis en formulant les requêtes nécessaires. Par exemple, un SGBDR traite les commandes en accédant aux tables système d'abord et aux données réelles ensuite.

  Les applications pilotées par les métadonnées peuvent être très complexes. Cette technique convient bien aux *frameworks* (voir chapitre 14) et aux applications capables d'apprentissage.

Il est parfois utile de mixer ces approches. Par exemple, un développeur peut utiliser une API tout en implémentant certaines fonctionnalités avec des procédures stockées. Le tableau 19.3 résume les techniques de couplage.

Tableau 19.3 • Techniques d'interaction avec les données. Il est important de considérer toutes les options permettant de combiner les bases de données et les langages de programmation.

Technique d'interaction	Recommandation
Préprocesseur et postprocesseur	À envisager pour les anciens programmes de traitement par lots (*batch*) ou les logiciels certifiés qui ne peuvent être modifiés.
Fichiers de scripts	À envisager pour les interactions élémentaires avec les bases de données et pour le prototypage.
Commandes intégrées (*embedded*) de SGBD	À n'utiliser qu'en cas de nécessité. Une API est préférable.
API personnalisées	Souvent un bon choix.
Procédures stockées	Satisfaisantes pour une logique généraliste de fonctionnement. Évitez de placer une logique spécifique à une application dans des procédures stockées.
L4G	À envisager pour les applications simples et le prototypage.
Couche générique	À envisager lorsque les performances ne constituent pas une exigence et que la base de données n'a besoin que de fonctionnalités élémentaires.
Système piloté par métadonnées	À envisager pour les cadres d'application (*frameworks)* et autres situations spéciales.

19.6.2 Conversion des données

Le traitement des données existantes est important pour alimenter les nouvelles applications et échanger des données entre applications. Pour de nombreuses applications souffrant d'une conception médiocre, retravailler leurs données peut être très difficile et demander énormément de temps. Plusieurs problèmes essentiels se posent :

- **Nettoyage des données.** Vous devez corriger les erreurs dans les données sources. Il peut s'agir d'erreurs commises par les utilisateurs, de défauts de modélisation, de défauts de la base de données ou d'erreurs du programme applicatif. Par exemple, un programme peut « oublier » des données si les codes postaux sont invalides. Une combinaison de champs peut être prévue pour être unique, mais les données peuvent contenir des erreurs si la structure de la base n'a pas de contrainte d'unicité.
- **Gestion des données manquantes.** Vous devez décider de la façon de gérer les données manquantes. Pouvez-vous les trouver ailleurs, devez-vous les estimer ou pouvez-vous utiliser des valeurs *nulles* ? Les utilisateurs peuvent peut-être vous aider à reconstituer ces données.
- **Transfert de données.** Il est courant de migrer des données d'une application à l'autre, soit en une seule fois soit de façon périodique. Un langage standard comme XML peut vous aider à gérer les échanges de données.
- **Fusion de données.** Les sources de données peuvent se recouvrir. Par exemple, un système peut contenir les informations sur les comptes en banque et un autre contenir des adresses, et une nouvelle application peut avoir besoin des deux. Pour les sources complexes, mieux vaut d'abord les modéliser, et décider ensuite de la façon de les fusionner.
- **Modification de la structure des données.** En général, le schéma des données sources diffère du schéma des données cibles et vous devez ajuster les données. Par exemple, une application peut stocker des numéros de téléphone avec un seul champ, tandis qu'une autre répartira le code pays, le préfixe de zone et le numéro local dans des champs séparés. Les champs correspondants peuvent avoir des types de données, des tailles et des noms différents. Les données peuvent être codées de manière hétérogène : par exemple, le sexe peut être codé par « masculin » ou « féminin », « M » ou « F », « 1 » ou « 2 », etc.

Vous devez commencer le traitement en chargeant les données dans des tables provisoires qui reflètent la structure d'origine. Par exemple, si les anciennes applications utilisent des fichiers et la nouvelle une base de données relationnelle, créez une table provisoire pour chaque fichier. Chaque colonne du fichier correspond à une colonne de la table, avec le même type de données et la même taille. La plupart des SGBDR disposent de commandes qui effectuent sans problème ce type de chargement.

Les tables provisoires transfèrent les données dans la base afin qu'elles puissent être manipulées à l'aide de commandes SQL. Il est souvent préférable (afin d'avoir moins de travail, moins d'erreurs et des modifications plus faciles à mettre en œuvre) d'utiliser des commandes standard que d'écrire un programme personnalisé. Les tables provisoires exploitent toute la puissance des requêtes pour convertir les données au nouveau format.

Il est fréquent de rencontrer différentes sources de données. Les informations sur les clients peuvent être éparpillées dans les enregistrements du service ventes, dans ceux du service clientèle et dans ceux d'une société de marketing externe. Pour éviter les redondances, chargez d'abord la source la plus susceptible d'exactitude, puis la suivante et ainsi de suite. Avant de charger chaque source, placez-la dans une table provisoire pour que les commandes SQL puissent éliminer les enregistrements déjà existants. Sinon, vous pourriez par exemple charger le même client deux fois. Cette approche constitue une façon simple de résoudre les conflits de données et permet d'utiliser les meilleures sources pour créer la base de données.

19.6.3 Encapsulation vs optimisation des requêtes

La section 15.10.1 soulignait l'importance de l'encapsulation (masquage de l'information) et, en conséquence, la nécessité de limiter la navigation dans le modèle de classes. Malheureusement, il y a un conflit entre les buts de l'encapsulation et ceux de l'optimisation des requêtes dans un SGBDR.

Selon le principe d'encapsulation, un objet ne doit accéder qu'à des objets qui lui sont directement liés. Il ne peut accéder aux objets indirectement liés que *via* les méthodes des objets intervenants. L'encapsulation augmente la robustesse d'une application : les modifications locales du modèle d'une application ne provoquent que des modifications locales dans son code.

En revanche, les optimiseurs des SGBDR acceptent une requête logique et en génèrent un plan d'exécution. Si les requêtes sont formulées de manière à être générales, l'optimiseur de requêtes dispose d'une plus grande liberté pour mettre au point un plan efficace. Les performances du SGBDR sont généralement meilleures si vous joignez plusieurs tables dans une seule instruction SQL au lieu de disperser la logique dans plusieurs instructions.

Ainsi, l'encapsulation accroît la robustesse, mais limite le potentiel d'optimisation. *A contrario*, des requêtes à la formulation standard facilitent l'optimisation, mais une petite modification apportée à une application peut affecter de nombreuses requêtes. Dans les applications de bases de données, ce conflit n'est pas facile à résoudre. Trois situations différentes peuvent se présenter :

- **Programmation complexe.** Vous devez encapsuler votre code si la programmation est complexe et si la dégradation des performances est acceptable.
- **Programmation facile et bonne performance des requêtes.** Vous devez formuler les requêtes de manière standard si cela améliore les performances du SGBDR et si le code applicatif et les requêtes sont relativement faciles à écrire – et à réécrire si le modèle de classes change.

- **Programmation facile et mauvaise performance des requêtes.** De façon quelque peu paradoxale, vous pouvez parfois améliorer les performances en fragmentant les requêtes. Un optimiseur de requêtes est imparfait, et vous devrez le guider manuellement à l'occasion.

19.6.4 Utilisation du code SQL

Vous pouvez toujours écrire des programmes pour certaines méthodes, mais le langage SQL propose parfois une meilleure solution. Un développeur habile peut coder plus rapidement en SQL que dans un langage de programmation. De plus, le code SQL peut s'exécuter plus vite, présenter moins de défauts (bogues) et être plus facile à étendre. Les performances du code SQL bénéficient d'un nombre de communications réduit (le traitement est confiné au serveur) et d'algorithmes internes robustes.

Par exemple, en nous référant au modèle complet du GAB du chapitre 17, nous pourrions vouloir préparer un état mensuel des transactions pour chaque compte. Nous pourrions interroger la base de données et placer les différentes données en mémoire. Mais la figure 19.17 présente une autre solution : une commande SQL qui fournit les données essentielles pour réaliser l'instruction en une seule fois. Les noms précédés du signe deux-points (« : ») sont des variables de programme qui sont transmises à la commande SQL.

```
SELECT T.date_heure, M.montant, M.type
FROM Banque B, Compte C, Mise_a_Jour M, Transaction_Distante T
WHERE B.ID_banque = C.ID_banque AND
      C.ID_compte = M.ID_compte AND
      M.ID_transaction = T.ID_transaction AND
      B.nom_banque = :unNomDeBanque AND
      C.code_compte = :unCodeDeCompte AND
      T.date_heure >= :uneDateDeDebut AND
      T.date_heure <= :uneDateDeFin
ORDER BY T.date_heure;
```

Figure 19.17 • Transfert d'une fonctionnalité au code SQL. Mieux vaut parfois utiliser des commandes SQL pour implémenter une méthode plutôt que de l'écrire dans un langage de programmation.

19.7 Bases de données orientées objet

Une ***base de données orientée objet*** offre un stockage persistant de données qui associe des données et des comportements. Dans un langage de programmation traditionnel, les objets cessent d'exister quand le programme se termine. Dans une base de données orientée objet, les objets persistent au-delà des limites de l'exécution du programme. Un ***SGBD orienté objet*** (***SGBDOO***) gère les données, le code des programmes et les structures associées qui constituent une base de données orientée objet. Contrairement à celles des SGBDR, la syntaxe et les capacités des SGBDOO sont extrêmement variables.

Les SGBDOO sont relativement récents sur le marché des bases de données. Les SGBDR ont été commercialisés dans les années 1970, mais les SGBDOO ne sont pas apparus avant le début des années 1990. Deux motivations majeures ont présidé au développement des SGBDOO :

- **Insatisfaction des développeurs.** De nombreux programmeurs ne comprennent pas le fonctionnement des SGBDR et veulent quelque chose de plus accessible. Les SGBDR sont déclaratifs (les requêtes décrivent les propriétés auxquelles les données demandées doivent satisfaire), alors que la plupart des langages sont impératifs (la logique est exprimée sous forme d'une suite d'étapes). De plus, les SGBDR s'associent mal avec la majorité des langages, et les programmeurs préfèrent des SGBD présentant une interface plus homogène.

  C'est là une mauvaise raison de choisir un SGBDOO. Les SGBDR dominent actuellement le marché, et la situation ne changera pas dans un avenir prévisible. Les développeurs ne doivent pas utiliser un SGBDOO pour pallier leur frustration, mais ils doivent apprendre à travailler avec des SGBDR, plus matures et qui présentent des caractéristiques de fiabilité, d'évolutivité et de facilité d'administration éprouvées.

- **Besoin de fonctionnalités spéciales.** Les SGBDR ne possèdent pas la puissance nécessaire à certaines applications. Les SGBDOO offrent souvent des fonctionnalités avancées, telles que des types de données complexes et un accès rapide aux primitives de bas niveau.

  Ce sont de bonnes raisons d'envisager d'utiliser un SGBDOO. Si vous êtes en présence d'une application avancée et vitale pour votre activité, un SGBDOO peut en faciliter le développement. Les applications d'ingénierie, les systèmes multimédias et les programmes d'intelligence artificielle peuvent parfois bénéficier de l'utilisation d'un SGBDOO.

Vous devez être sélectif dans la décision d'adopter ou non un SGBDOO. Ces derniers ne sont pas répandus sur le marché. Les ventes de SGBDOO ne représentent qu'environ 2 % par rapport à celles des SGBDR, et elles ont atteint un plateau [Leavitt-00]. En conséquence, vous ne devez utiliser un SGBDOO que dans des situations impérieuses.

19.8 Conseils pratiques

Voici quelques conseils pour implémenter une conception OO à l'aide d'une base de données relationnelle :

- **Formes normales.** Les formes normales s'appliquent indépendamment de l'approche du développement. Toutefois, il est inutile de les vérifier si vous avez construit un modèle OO sain. (Voir section 19.1.3.)

- **Classes.** Faites correspondre chaque classe à une table et chaque attribut à une colonne. (Voir section 19.3.1.)
- **Associations.** Pour les associations simples, de multiplicité un-à-un et un-à-plusieurs, utilisez une clé étrangère encapsulée. Pour toutes les autres associations, utilisez une table distincte. (Voir section 19.3.2.)
- **Généralisations.** Pour l'héritage simple, faites correspondre la super-classe et les sous-classes chacune à une table. (Voir section 19.3.3.)
- **Identité.** Nous recommandons vivement d'utiliser des identifiants d'objets. Cette pratique présente plusieurs avantages et peu d'inconvénients. (Voir section 19.3.4.)
- **Clés étrangères.** Définissez des contraintes pour faire respecter toutes les clés étrangères. Pour chaque sous-classe, spécifiez *ON DELETE CASCADE* pour la clé étrangère correspondant à la super-classe. Pour certaines clés étrangères correspondant à des associations, vous pouvez également spécifier *ON DELETE CASCADE.* (Voir section 19.4.1.)
- **Énumérations.** Utilisez les contraintes de domaine SQL pour les vérifier. (Voir section 19.4.2.)
- **Index.** Créez un index pour chaque clé étrangère qui n'est pas associée à une contrainte de définition de clé primaire ou de clé candidate. Vous pouvez définir des index supplémentaires pour les requêtes fréquentes et utiliser les mécanismes d'optimisation spécifiques au SGBDR. (Voir section 19.4.3.)
- **Vues.** Vous pouvez définir des vues pour récupérer des objets fragmentés dans des tables de généralisation. Elles conviennent bien à la consultation, mais les SGBDR ne prennent en charge que partiellement les mises à jour des vues. (Voir section 19.4.4.)
- **Couplage à un langage de programmation.** Choisissez soigneusement une solution pour coupler une base de données à un langage de programmation. Considérez toutes les options. (Voir section 19.6.1.)
- **Conversion des données.** Il est souvent utile de charger les données dans des tables temporaires. Vous pouvez alors écrire du code SQL pour effectuer une grande partie du traitement. Le code SQL est plus facile et plus rapide que le code d'un programme. (Voir section 19.6.2.)
- **Encapsulation *vs* optimisation des requêtes.** Sachez qu'il existe un conflit intrinsèque entre ces deux objectifs et prenez la meilleure résolution au cas par cas. (Voir section 19.6.3.)
- **Bases de données orientées objet.** Ne les envisagez que si les besoins de votre application vous y obligent. (Voir section 19.7.)

Résumé

Un système de gestion de bases de données (SGBD) est un logiciel qui fournit des fonctions standard pour stocker des données, les manipuler et en contrôler l'accès. Un SGBD protège les données de pertes accidentelles et les rend partageables. Plusieurs paradigmes sont disponibles, mais le développement des nouvelles applications est dominé par les systèmes de gestion de bases de données relationnels (SGBDR). Il existe également des SGBD orientés objet, mais des raisons pragmatiques limitent leur utilisation.

Les modèles OO fournissent un principe excellent pour réfléchir en termes de base de données. Les développeurs peuvent réfléchir au problème à un niveau abstrait et différer les détails de conception et d'implémentation. Avec une implémentation appropriée, les modèles OO aboutissent à des bases de données extensibles, performantes et faciles à comprendre. Les tableaux 19.1 et 19.2 résument les règles d'implémentation du schéma d'une base de données relationnelle.

Vous devez choisir soigneusement une solution pour coupler une base de données à un langage de programmation. Qui plus est, vous devez rechercher des occasions de remplacer vos efforts de programmation par du code SQL.

base de données	implémentation des classes
clé candidate	implémentation des généralisations
clé étrangère	index
clé primaire	null
conversion des données	SQL
couplage d'un langage de programmation à une base de données	Système de Gestion de Bases de Données (SGBD)
forme normale	Système de Gestion de Bases de Données Orienté Objet (SGBDOO)
identité	Système de Gestion de Bases de Données Relationnel (SGBDR)
implémentation des associations	vue

Figure 19.18 • Concepts clés du chapitre 19.

Notes bibliographiques

Il existe beaucoup d'excellents ouvrages consacrés aux principes des SGBD et des SGBDR. [Elmasri-03] est un ouvrage fondamental qui explique les concepts des bases de données. [Chaudhri-98] présente des exemples intéressants d'applications qui utilisent des bases de données OO.

[Blaha-98] met en œuvre l'essence de ce chapitre et fournit plus de détails sur les systèmes de gestion de fichiers, les SGBDR et les SGBDOO (en particulier ObjectStore). Notre approche des bases de données est cohérente avec celle d'autres auteurs, tels que [Muller-99].

[Chang-03] présente comment un *middleware* est utilisé pour associer des bases de données avec des interfaces utilisateur graphiques *via* des fichiers texte intermédiaires.

Références

[Blaha-98] Michael Blaha et William Premerlani, *Object-Oriented Modeling and Design for Database Applications*, Upper Saddle River, NJ, Prentice Hall, 1998.

[Chang-03] Peter H. Chang, "A platform independent middleware architecture for accessing databases on a database server on the Web". IEEE Conference on Electro/Information Technology, Indianapolis, 2003.

[Chaudhri-98] Akmal B. Chaudhri et Mary Loomis, *Object Databases in Practice*, Upper Saddle River, NJ, Prentice Hall PTR, 1998.

[Elmasri-03] Ramez Elmasri et Shamkant B. Navathe, *Fundamentals of Database Systems*, fourth edition, Redwood City, CA, Benjamin/Cummings, 2003. Traduction française : *Conception et architecture des bases de données*, Paris, CampusPress, 2004.

[Leavitt-00] Neal Leavitt, "Whatever happened to object-oriented databases ?" *IEEE Computer*, 16-19, août 2000.

[Melton-93] Jim Melton et Alan R. Simon, *Understanding the New SQL : A Complete Guide*, San Francisco, Morgan Kaufmann, 1993.

[Muller-99] Robert J. Muller, *Database Design for Smarties : Using UML for Data Modeling*, San Francisco, Morgan Kaufmann, 1999.

Exercices

19.1 (8) La figure E19.1 représente quatre diagrammes de classes différents pour des graphes orientés. Un graphe orienté est constitué d'un ensemble de sommets et d'un ensemble d'arcs. Chaque arc connecte deux sommets, et une flèche en indique l'orientation de l'arc. Un nombre quelconque d'arcs peut être connecté au même sommet. Plus d'un arc peut connecter une paire de sommets. Un arc peut connecter un sommet à lui-même.

À la figure E19.1a, un graphe est modélisé par une association de multiplicité plusieurs-à-plusieurs entre sommets, l'orientation de l'arc étant indiquée par les noms d'extrémités *de* et *vers*. À la figure E19.1b, un graphe est modélisé par une association de multiplicité plusieurs-à-plusieurs entre arcs. Les qualificateurs *ext1* et *ext2* sont des types énumérés dont les valeurs possibles sont *de* et *vers*, et indiquent quelles extrémités des arcs sont connectées. La figure E19.1c modélise à la fois les sommets et les arcs comme des objets. Deux associations, *de* et *vers*, mémorisent les connexions, une pour chaque extrémité d'arc. La figure E19.1d représente chaque connexion par une association qualifiée.

Chaque extrémité d'arc se connecte à exactement un sommet, et *ext* est un type énuméré.

Quel est le diagramme qui modélise le mieux un graphe ? Expliquez les mérites relatifs de chaque diagramme. Que se passe-t-il si plus d'un arc connecte une paire de sommets donnée ? Un arc peut-il connecter un sommet à lui-même ? Qu'en est-il si un seul arc est connecté à un sommet ?

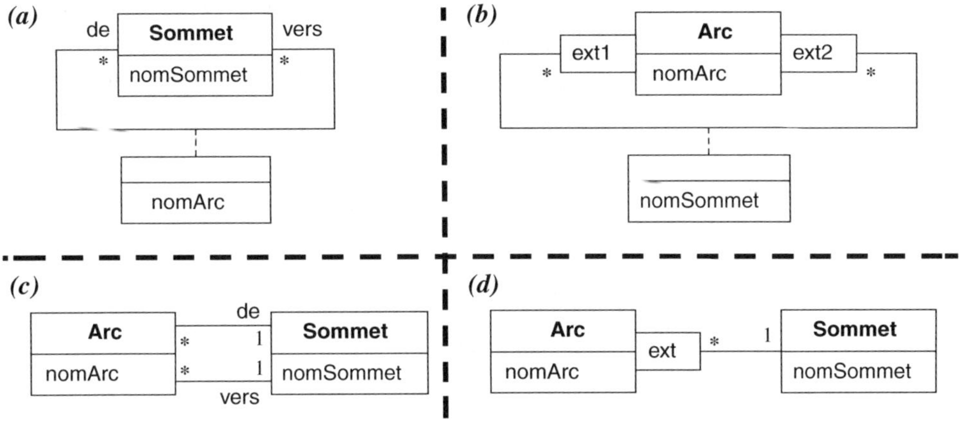

Figure E19.1 • Différents modèles de classes pour modéliser un graphe orienté.

19.2 (6) Définissez des tables pour chaque modèle de l'exercice précédent. Veillez à indiquer les clés primaires, candidates et étrangères. Utilisez des identifiants d'objets.

19.3 (4) Écrivez le code SQL qui crée une base de données vide pour les figures E19.1c et E19.1d de l'exercice précédent. Utilisez des identifiants d'objet.

19.4 (3) Remplissez les tables créées par les commandes SQL de l'exercice précédent pour le graphe orienté de la figure E19.2.

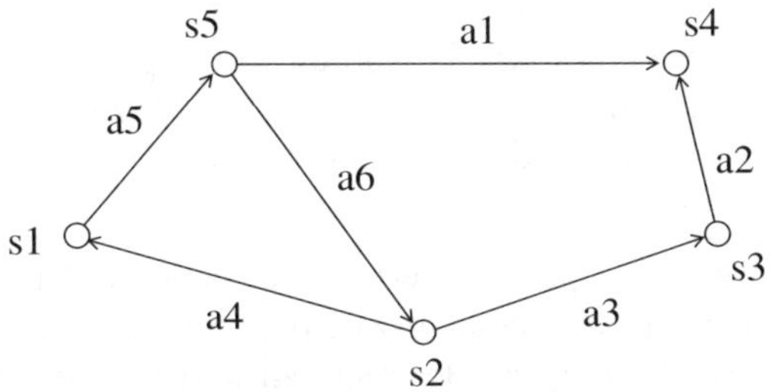

Figure E19.2 • Exemple de graphe orienté.

19.5 Pour le diagramme de classes de la figure E19.1d, préparez les requêtes SQL suivantes. Pour la partie (d), vous devrez ajouter du pseudocode.

a. (3) Étant donné le nom d'un arc, déterminez les deux sommets qu'il connecte.

b. (3) Étant donné le nom d'un sommet, déterminez tous les arcs qui lui sont connectés (par *de* ou *vers*).

c. (3) Étant donné une paire de sommets, déterminez le nom des arcs, s'il y en a, qui les connectent directement quelle que soit l'orientation de l'arc.

d. (8) Étant donné un sommet, déterminez le nom de tous les arcs qui peuvent être atteints directement ou indirectement depuis le sommet donné en parcourant un ou plusieurs arcs (fermeture transitive). Chaque arc doit être parcouru dans le sens de son extrémité *de* vers son extrémité *vers*.

19.6 (6) Préparez des tables pour la figure E19.3. Une expression est un arbre binaire de termes formé de constantes, de variables et d'opérateurs arithmétiques. Le moins unaire n'est pas autorisé.

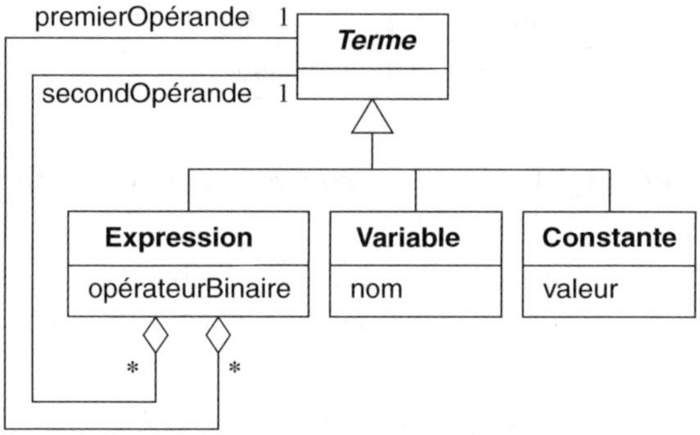

Figure E19.3 • Modèle de classes pour des expressions.

19.7 (4) Écrivez le code SQL qui crée une base de données vide pour les tables de l'exercice précédent.

19.8 (5) Représentez et remplissez les tables créées par les commandes SQL de l'exercice précédent pour l'expression *(X + Y/2)/(X/3 - Y)*. Observez les parenthèses et l'ordre de priorité des opérateurs ; si elles sont inutiles, omettez-les en remplissant les tables.

19.9 (7) Préparez des tables pour le système de la figure E19.4. Un document se compose de pages numérotées. Chaque page contient plusieurs objets graphiques, notamment des ellipses, des rectangles, des lignes brisées, des zones de texte et des groupes d'objets. Les ellipses et les rectangles sont englobés par des boîtes. Une ligne brisée est une suite de segments de ligne définis par des points (sommets). Les zones de texte ont un point d'origine et une police.

Considérez toutes les associations et les agrégations comme non ordonnées. Pour cet exercice, ignorez l'ordonnancement des points dans un polygone.

19.10 (6) Retravaillez les tables de l'exercice précédent pour traiter l'association *LigneBrisée_Point* comme ordonnée. Autrement dit, étant donné une ligne brisée, une requête doit pouvoir extraire les points dans le bon ordre. [Note aux enseignants : vous pouvez fournir aux étudiants la solution de l'exercice précédent.]

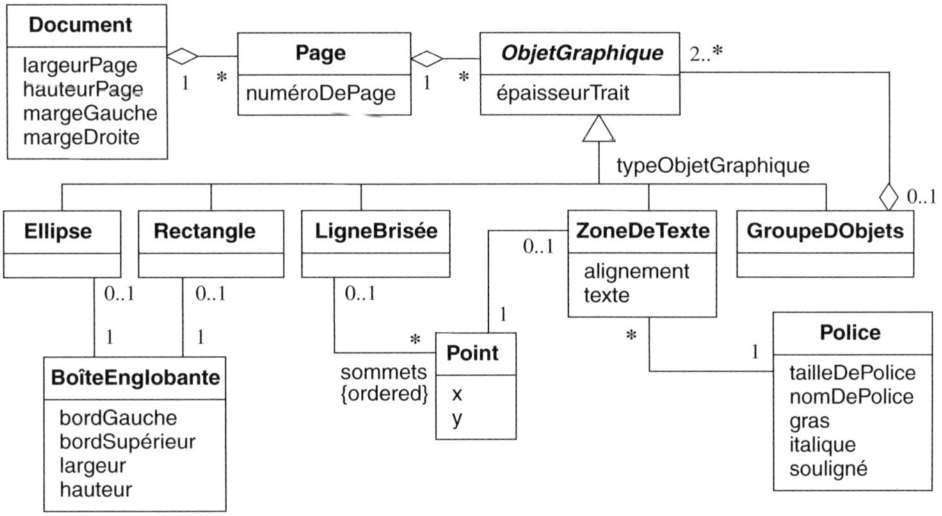

Figure E19.4 • Modèles de classes d'un système de micro-édition.

19.11 (6) Modifiez votre réponse à l'exercice 19.9 pour refléter le diagramme de classes révisé de la figure E19.5. Ignorez l'ordonnancement des points dans cet exercice.

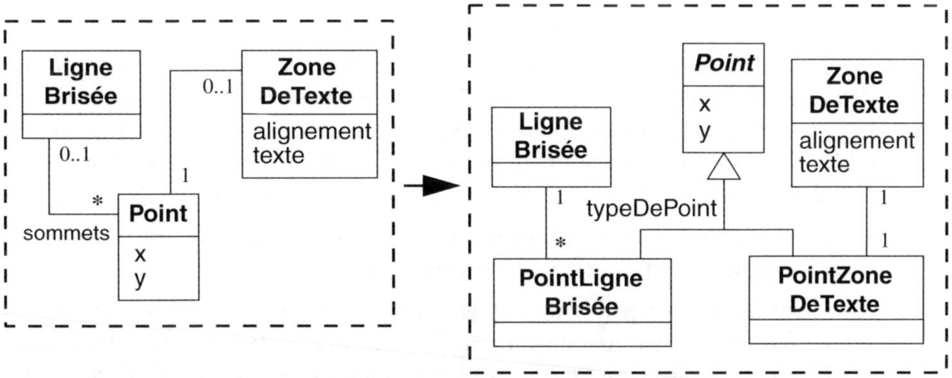

Figure E19.5 • Généralisation de Point pour éliminer la multiplicité zéro-à-un.

19.12 (5) Écrivez le code SQL qui crée une base de données vide pour les tables de l'exercice 19.9.

19.13 (5) Convertissez les commandes SQL de la figure E19.6 en diagramme de classes. Ces tables mémorisent la distance à vol d'oiseau entre deux villes.

19.14 (4) En employant les tables de l'exercice 19.13, écrivez une requête SQL qui déterminera la distance entre deux villes étant donné leur nom.

```
CREATE TABLE Ville
( ID_ville NUMBER(30) CONSTRAINT nn_ville1 NOT NULL,
  nom_ville VARCHAR2(255) CONSTRAINT nn_ville2 NOT NULL,
CONSTRAINT cp_ville PRIMARY KEY (ID_ville),
CONSTRAINT uq_ville1 UNIQUE (nom_ville));

CREATE SEQUENCE seq_ville;

CREATE TABLE Route
( ID_route NUMBER(30) CONSTRAINT nn_route1 NOT NULL,
  distance NUMBER(20,10)) CONSTRAINT nn_route2 NOT NULL,
CONSTRAINT cp_route PRIMARY KEY (ID_route));

CREATE SEQUENCE seq_route;

CREATE TABLE Distance_Ville
( ID_ville NUMBER(30) CONSTRAINT nn_dist1 NOT NULL,
  ID_route NUMBER(30) CONSTRAINT nn_dist2 NOT NULL,
CONSTRAINT cp_dist PRIMARY KEY (ID_ville, ID_route));

CREATE INDEX index_dist1 ON Distance_Ville (ID_route);

ALTER TABLE Distance_Ville ADD CONSTRAINT fk_dist1
   FOREIGN KEY ID_ville
   REFERENCES Ville;

ALTER TABLE Distance_Ville ADD CONSTRAINT fk_dist2
   FOREIGN KEY ID_route
   REFERENCES Route;
```

Figure E19.6 • Commandes SQL créant des tables pour mémoriser des distances entre villes.

19.15 (5) Convertissez les commandes SQL de la figure E19.7 en diagramme de classes. Ces tables mémorisent la distance en ligne droite entre deux villes.

19.16 (6) En employant les tables de l'exercice 19.15, écrivez une requête SQL qui déterminera la distance entre deux villes étant donné leur nom. Supposez que la distance entre deux villes données est mémorisée exactement une fois dans la table *DistanceVille*. (L'application doit appliquer une contrainte du type *IDville1 < IDville2*, afin que la distance ne soit entrée qu'une fois.)

19.17 (6) Expliquez les mérites relatifs des deux approches de la mémorisation des distances dans les quatre exercices précédents.

19.18 (5) Analysez les ressemblances et les différences entre les tables employées pour mémoriser les informations sur les sommets et les arcs dans les exercices 19.1 à 19.5 et les tables employées pour mémoriser les informations sur les distances entre villes dans les exercices 19.13 à 19.17. Comment le fait qu'il y ait exactement la distance à vol d'oiseau entre deux villes simplifie-t-il le problème ? Le problème de la mémorisation des distances entre deux villes s'apparente-t-il plutôt à un graphe orienté ou à un graphe non orienté ? Pourquoi ?

```
CREATE TABLE Ville
( ID_ville NUMBER(30) CONSTRAINT nn_ville1 NOT NULL,
  nom_ville VARCHAR2(255) CONSTRAINT nn_ville2 NOT NULL,
CONSTRAINT cp_ville PRIMARY KEY (ID_ville),
CONSTRAINT uq_ville1 UNIQUE (nom_ville));

CREATE SEQUENCE seq_ville;

CREATE TABLE Distance_Ville
( ID_ville1 NUMBER(30) CONSTRAINT nn_dist1 NOT NULL,
  ID_ville2 NUMBER(30) CONSTRAINT nn_dist2 NOT NULL,
  distance NUMBER(20,10) CONSTRAINT nn_dist3 NOT NULL,
CONSTRAINT cp_dist PRIMARY KEY (ID_ville1, ID_ville2));

CREATE INDEX index_dist1 ON Distance_Ville (ID_ville2);

ALTER TABLE Distance_Ville ADD CONSTRAINT fk_dist1
FOREIGN KEY ID_ville1
REFERENCES Ville;

ALTER TABLE Distance_Ville ADD CONSTRAINT fk_dist2
FOREIGN KEY ID_ville2
REFERENCES Ville;
```

Figure E19.7 • Commandes SQL créant des tables pour mémoriser des distances entre villes.

19.19 (7) Préparez les tables et les commandes SQL pour créer une base de données relationnelle vide à partir du modèle de la figure E19.8.

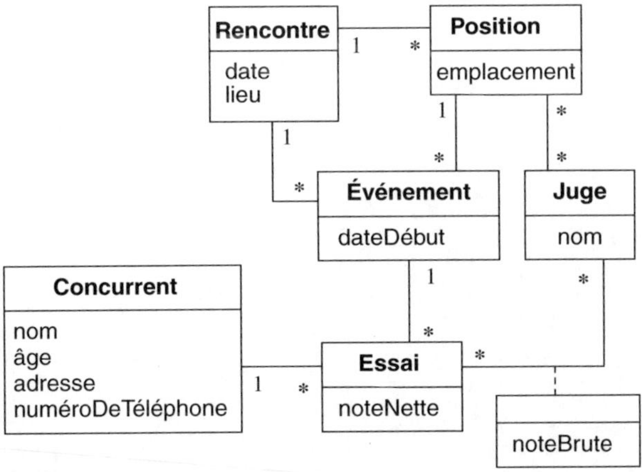

Figure E19.8 • Modèle de classes partiel d'un système de notation.

19.20 (6) Construisez un diagramme de classes pour représenter les fourchettes et les philosophes dans le problème du dîner de philosophes (voir l'exercice 3.28). Préparez les tables et le code SQL pour créer une base de données vide correspondant à votre modèle. Montrez le contenu possible de la base de données pour la situation dans laquelle chaque philosophe possède exactement une fourchette.

19.21 (7) Préparez les tables et les commandes SQL pour créer une base de données relationnelle vide à partir du modèle de la figure 3.27.

19.22 (8) Écrivez une requête SQL pour chacune des expressions OCL de la section 3.5.3.

20

Styles de programmation

Comme tout joueur d'échecs, cuisinier ou skieur peut l'attester, il existe une grande différence entre savoir quelque chose et le faire bien. L'écriture de programmes n'échappe pas à cette règle. Il ne suffit pas de connaître les éléments de base et d'être capable de les assembler. Le programmeur expérimenté applique des principes pour produire des programmes lisibles qui survivront au-delà des besoins immédiats. Ces principes comprennent des idiomes de programmation, des règles empiriques, des « ficelles du métier » et des mises en garde. Un bon style est important quel que soit le type de programmation, mais il est peut-être plus important encore pour la programmation orientée objet, car l'essentiel des avantages de l'approche OO sont basés sur la production de programmes réutilisables, extensibles et compréhensibles.

20.1 Style orienté objet

Les bons programmes ne se limitent pas à répondre à des besoins fonctionnels. Les programmes qui appliquent des recommandations de codage appropriées sont plus susceptibles d'être corrects, réutilisables, extensibles et rapidement débogués. La plupart des recommandations de style conçues pour les programmes conventionnels s'appliquent également aux programmes orientés objet. De plus, certaines caractéristiques, tel l'héritage, sont propres aux langages orientés objet et exigent de nouvelles recommandations. Nous présentons les recommandations de style orientées objet en les classant dans les catégories suivantes, bien que certaines participent à plus d'une catégorie :

- réutilisabilité [20.2] ;
- extensibilité [20.3] ;
- robustesse [20.4] ;
- programmation à grande échelle [20.5].

20.2 Réutilisabilité

Un logiciel réutilisable réduit le coût de la conception, du codage des tests en amortissant l'effort sur plusieurs applications. La réduction de la quantité de code facilite également la compréhension, ce qui augmente la probabilité que le code soit correct. La réutilisation est possible dans les langages conventionnels, mais les langages orientés objet augmentent grandement cette possibilité.

20.2.1 Types de réutilisabilité

Il existe deux sortes de réutilisation : le partage d'un code nouvellement écrit dans une application et la réutilisation de code déjà écrit dans de nouvelles applications. Des recommandations similaires s'appliquent aux deux catégories de réutilisabilité. Le partage de code dans une application repose sur la découverte de séquences de code redondantes et sur l'utilisation des mécanismes des langages de programmation pour les consolider (*refactoring*). Ce type de partage de code mène presque toujours à des programmes de moindre taille et à un débogage plus rapide.

Planifier en vue d'une réutilisation demande plus de prévoyance et représente un investissement. Il est improbable qu'une classe seule soit employée dans plusieurs applications. Les programmeurs réutiliseront plus vraisemblablement des sous-systèmes soigneusement pensés, comme des types de données abstraits, des packages graphiques ou des bibliothèques d'analyse numérique. Les *patterns* et les *frameworks* peuvent être utiles à cet égard (voir chapitre 14).

20.2.2 Règles de style pour la réutilisabilité

Il existe un certain nombre de règles que vous pouvez appliquer pour encourager la réutilisation dans vos applications et entre applications.

- **Préservez la cohérence interne des méthodes.** Une méthode est cohérente si elle réalise une fonction unique ou un groupe de fonctions étroitement apparentées. Si elle fait deux choses différentes ou plus, décomposez-la en méthodes plus petites.
- **Gardez des méthodes courtes.** Si une méthode est trop longue, divisez-la en méthodes plus petites. Une méthode qui dépasse une ou deux pages est probablement trop longue. En divisant une méthode, vous pourrez en réutiliser certaines parties même si la méthode entière n'est pas réutilisable.
- **Préservez la cohérence des méthodes entre elles.** Des méthodes similaires doivent employer les mêmes noms, le même ordre d'arguments, les mêmes types de données, les mêmes valeurs de retour et les mêmes conditions d'erreurs. Conservez une structure parallèle chaque fois que c'est possible. Les méthodes d'une opération doivent avoir des signatures et une sémantique identiques.

Le système d'exploitation UNIX offre de nombreux exemples de fonctions incohérentes. Par exemple, dans la bibliothèque C, il existe deux fonctions incohérentes pour imprimer une chaîne de caractères : *puts* et *fputs*. La fonction *puts* écrit une chaîne sur la sortie standard en la faisant suivre d'un retour à la ligne ; *fputs* écrit une chaîne dans le fichier spécifié, sans retour à la ligne. Évitez ce type d'incohérence.

- **Séparez la stratégie de l'implémentation.** Les méthodes de stratégie prennent les décisions, réorganisent les arguments et réunissent les éléments du contexte global. Elles répartissent le contrôle entre les méthodes d'implémentation. Elles doivent vérifier les états et les erreurs, mais elles ne doivent pas effectuer directement de calculs ni mettre en œuvre des algorithmes complexes. Ces méthodes sont souvent dépendantes de l'application, mais elles sont simples à écrire et faciles à comprendre.

  Les méthodes d'implémentation réalisent la logique détaillée, sans décider s'il faut le faire ou non ni pourquoi. Si elles rencontrent des conditions d'erreur, elles doivent se contenter de retourner un état et ne rien faire d'autre. Les méthodes d'implémentation effectuent des calculs sur des arguments complètement spécifiés et contiennent souvent des algorithmes complexes. Elles n'accèdent pas au contexte global, ne prennent pas de décision, ne gèrent pas les valeurs par défaut et ne distribuent pas le flux de contrôle. Comme les méthodes d'implémentation sont des algorithmes autonomes, elles sont susceptibles d'être significatives et réutilisables dans d'autres contextes.

  Ne combinez pas la stratégie et l'implémentation dans une seule méthode. Isolez le noyau de l'algorithme dans une méthode d'implémentation distincte, complètement spécifiée. Ceci nécessite d'abstraire les paramètres spécifiques de la méthode d'organisation comme arguments dans un appel de la méthode d'implémentation.

  Par exemple, une méthode pour redimensionner une fenêtre d'un facteur de 2 est une méthode de stratégie. Elle doit positionner le facteur d'échelle cible pour la fenêtre et appeler une méthode d'implémentation qui met la fenêtre à l'échelle selon un facteur arbitraire. Si vous décidez plus tard de remplacer le facteur d'échelle par défaut par une autre valeur – par exemple 1,5 –, il vous suffira de modifier le paramètre dans la méthode de stratégie sans changer la méthode d'implémentation qui effectue le travail réel.

- **Fournissez une couverture uniforme.** Si les conditions d'entrée peuvent se présenter dans des combinaisons variées, écrivez des méthodes pour toutes les combinaisons et pas seulement pour celles dont vous avez besoin actuellement. Par exemple, si vous écrivez une méthode pour obtenir le dernier élément d'une liste, écrivez-en également une pour obtenir le premier élément. En fournissant une couverture uniforme non seulement vous augmenterez les possibilités de réutilisation, mais vous rationaliserez également la portée des méthodes apparentées.

- **Créez des méthodes aussi générales que possible.** Essayez de généraliser les types des arguments, les préconditions et les contraintes, les hypothèses sur le fonctionnement de la méthode et le contexte dans lequel elle opère. Agissez de façon significative sur les valeurs vides, extrêmes ou hors bornes. On peut souvent rendre une méthode plus générale avec très peu de code supplémentaire.
- **Évitez les informations globales.** Minimisez les références externes. Référencer un objet global impose un contexte obligatoire à l'utilisation de la méthode. Il est souvent possible de transmettre une information en argument. Sinon, stockez l'information globale comme une partie de l'objet cible de sorte que les autres méthodes puissent y accéder de manière uniforme.
- **Évitez les méthodes à état.** Les méthodes dont le comportement change de manière radicale selon l'historique des appels de méthodes antérieurs sont difficiles à réutiliser. Essayez de les remplacer par des méthodes sans état. Par exemple, une application de traitement de texte exige des opérations d'insertion et de remplacement. Une approche possible consiste à initialiser un drapeau à *insertion* ou *remplacement*, puis à appeler une opération *écrire* pour insérer ou remplacer le texte en fonction de l'état du drapeau. Une approche sans état utilisera deux opérations, *insérer* et *remplacer*, qui effectueront les mêmes opérations sans positionner d'état. Le danger des méthodes à état est qu'un objet laissé dans un état donné dans une partie de l'application peut affecter une méthode appelée plus tard dans l'application.

20.2.3 Utilisation de l'héritage

Les recommandations précédentes augmentent les chances de partager du code. Il arrive cependant que des méthodes appartenant à des classes différentes soient similaires, mais pas suffisamment pour qu'on puisse les représenter avec une seule méthode héritée. Plusieurs techniques permettent de décomposer ces méthodes et d'hériter d'un peu de code.

- **Factoriser les éléments communs.** L'approche la plus simple consiste à factoriser le code commun dans une seule méthode qui sera appelée par chaque méthode. La méthode commune peut être affectée à une classe ancêtre. Il s'agit en fait d'un appel de sous-routine, comme le montre la figure 20.1.

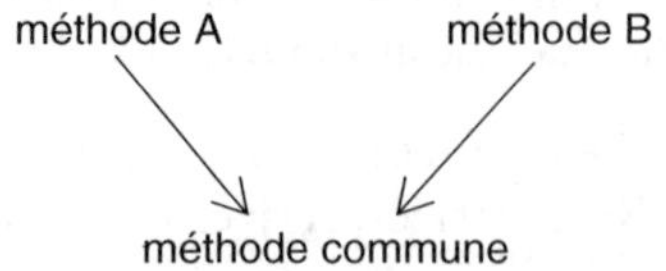

Figure 20.1 • Réutilisation de code en factorisant des éléments communs. Placez le code commun dans une méthode qui sera appelée par les méthodes d'origine.

- **Factoriser les différences.** Dans certains cas, la meilleure façon d'améliorer la réutilisation de code entre classes similaires consiste à factoriser les différences entre les méthodes des différentes classes, en laissant le reste du code dans une méthode partagée. Cette approche est efficace lorsque les différences entre les méthodes sont minimes et les similarités importantes. Comme le montre la figure 20.2, la portion commune de deux méthodes est placée dans une nouvelle méthode. La nouvelle méthode appelle une opération qui est implémentée par différentes méthodes contenant les différences de code pour chaque sous-classe. Il arrive qu'on doive ajouter une classe abstraite pour contenir la méthode de plus haut niveau. Cette approche simplifie la création de sous-classes, car il suffit d'écrire le code correspondant aux différences.

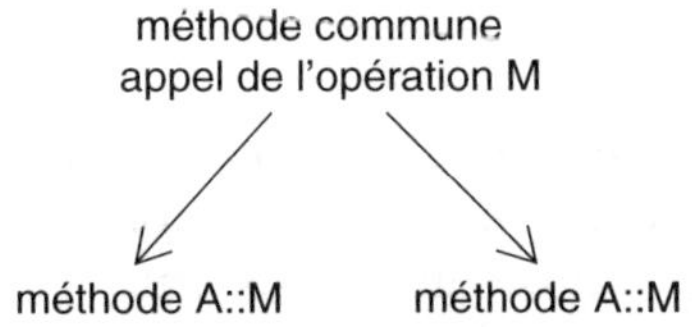

Figure 20.2 • Réutilisation de code en factorisant les différences. Placez le code correspondant aux différences dans les méthodes polymorphes d'une opération commune.

Un package destiné à reporter des données numériques sur un graphe illustre bien la factorisation. *GrapheDonnées* est une classe abstraite qui organise les données et les opérations communes pour ses sous-classes. L'une des méthodes de *GrapheDonnées, tracer* est constituée des étapes suivantes : tracer une bordure, mettre les données à l'échelle, tracer les axes, reporter les données, ajouter un titre et ajouter une légende.

Des sous-classes de *GrapheDonnées*, telles que *GrapheLignes*, *GrapheBarres* et *NuageDePoints*, tracent des bordures, des titres et des légendes de manière identique, mais diffèrent dans la façon de mettre à l'échelle les données, de tracer les axes et de reporter les données. Chaque sous-classe hérite des méthodes *tracerBordure*, *tracerTitre* et *tracerLégende* de la classe abstraite *GrapheDonnées*, mais chaque sous-classe définit ses propres méthodes pour *mettreÀÉchelleDonnées*, *tracerAxes* et *reporterDonnées*. La méthode *tracer* n'a besoin d'être définie qu'une seule fois, dans la classe *GrapheDonnées*, et toutes les sous-classes en héritent. Chaque fois que la méthode *tracer* est invoquée, elle applique *tracerBordure*, *tracerTitre* et *tracerLégende* héritées de la super-classe et *mettreÀÉchelleDonnées*, *tracerAxes* et *reporterDonnées* fournies par la sous-classe elle-même. Pour ajouter une nouvelle sous-classe, il suffit d'écrire trois méthodes spécialisées.

- **Utiliser la délégation.** L'utilisation de l'héritage semble parfois permettre d'accroître la réutilisabilité du code dans un programme, alors qu'il n'existe pas de véritable relation super-classe/sous-classe. Ne cédez pas à la tentation d'utiliser cet *héritage d'implémentation*, mais employez la délégation. L'héritage ne doit être employé que lorsque la relation de généralisation est sémantiquement valide.

L'héritage signifie que chaque instance d'une sous-classe est réellement une instance de la super-classe : toutes les opérations et tous les attributs de la super-classe doivent donc s'appliquer uniformément aux sous-classes. L'usage inadéquat de l'héritage aboutit à des programmes difficiles à maintenir et à étendre. Les langages orientés objet sont permissifs quant à l'usage de l'héritage et n'imposent pas les bonnes pratiques de programmation que nous recommandons.

La délégation offre un mécanisme approprié pour assurer la réutilisation du code. La méthode est capturée dans la classe souhaitée et transmise à une autre classe qui l'exécute réellement. Comme chaque méthode doit être explicitement transmise, les risques d'effets de bord inattendus sont moins importants. Les noms des méthodes de la classe de capture peuvent différer de ceux des méthodes de la classe fournisseur. Chaque classe doit choisir les noms les plus adaptés à ses objectifs.

- **Encapsuler le code externe.** On désire souvent réutiliser du code qui a été développé pour une application dont les conventions d'interfaçage sont différentes. Au lieu d'insérer un appel direct au code externe, il est plus sûr d'encapsuler son comportement dans une méthode ou dans une classe. De la sorte, la routine ou le package externe peut être modifié ou remplacé, et vous n'aurez à le faire qu'à un seul endroit.

  Prenons l'exemple d'une application d'analyse numérique. Si vous savez qu'un programme d'inversion de matrices fiable existe déjà, vous voulez éviter de réimplémenter l'algorithme. Vous pouvez créer une classe *Matrice* pour encapsuler la fonctionnalité offerte par le package de sous-routines externe. Cette classe contiendra par exemple une opération d'inversion qui acceptera en argument la tolérance de singularité et retournera une nouvelle matrice, qui sera l'inverse de la cible de la méthode.

20.3 Extensibilité

La plupart des logiciels sont étendus d'une façon que les développeurs d'origine n'avaient pas prévue. Les recommandations de réutilisabilité améliorent également l'extensibilité, de même que les recommandations énumérées ci-après.

- **Encapsulez les classes.** Une classe est encapsulée si sa structure interne est masquée aux autres classes. Seules les méthodes de la classe doivent accéder à son implémentation. De nombreux compilateurs sont suffisamment intelligents pour optimiser les méthodes en générant des accès directs à l'implémentation, mais le programmeur doit s'en abstenir. Respectez les informations des autres classes en n'essayant jamais d'accéder à l'intérieur d'une classe pour obtenir des données.
- **Spécifiez la visibilité des méthodes.** Les méthodes publiques sont visibles à l'extérieur d'une classe et leurs interfaces sont exposées. Une fois qu'une méthode

publique est utilisée par d'autres classes, il devient coûteux de modifier son interface : définissez et limitez donc avec soin le nombre de méthodes publiques. En revanche, les méthodes privées sont internes à une classe, et l'impact de leur suppression ou de leur modification est limité aux autres méthodes de la classe. Les méthodes protégées ont une visibilité intermédiaire (voir section 18.1).

Une utilisation judicieuse de la visibilité (voir section 4.1.4) rend les classes plus faciles à comprendre et augmente la résilience du code. Les méthodes privées et protégées empêchent l'utilisateur de la classe de voir les détails qui lui sont inutiles et évitent les confusions. Contrairement à une méthode publique, une méthode privée ne peut pas être appliquée hors contexte. Elle doit donc s'appuyer sur des préconditions ou sur les informations relatives à l'état de la classe.

- **Masquez les structures de données.** N'exportez pas les structures de données d'une méthode. Les structures de données internes sont spécifiques à l'algorithme d'une méthode. Si vous les exportez, vous limitez la souplesse dont vous disposez pour modifier ultérieurement l'algorithme.

- **Évitez de traverser plusieurs liens ou méthodes.** Une méthode doit avoir une connaissance limitée d'un modèle de classes. Elle doit pouvoir parcourir des liens pour accéder à des classes voisines et appeler leurs méthodes, mais elle ne doit pas suivre un second lien depuis la classe voisine vers une troisième classe, parce que le second lien ne lui est pas directement visible. Appelez plutôt une méthode sur l'objet voisin pour traverser les objets non connectés. Si le réseau d'associations change, la méthode peut être réécrite sans qu'on doive modifier l'appel.

  Évitez de même d'appliquer une seconde méthode au résultat d'un appel de méthode, à moins que la classe du résultat ne soit déjà connue comme un attribut, un argument ou une voisine, ou qu'elle appartienne à une bibliothèque de niveau inférieur. Écrivez plutôt une nouvelle méthode sur la classe cible originale qui pourra exécuter elle-même la méthode combinée. Ces principes ont été proposés par [Lieberherr-89] sous le nom de « Loi de Déméter ».

- **Évitez les instructions *case* sur le type d'un objet.** Utilisez plutôt le polymorphisme. On peut employer des instructions *case* pour tester les attributs internes d'un objet, mais pas pour sélectionner un comportement en fonction du type de l'objet. Le *dispatching* des opérations selon le type de l'objet constitue tout l'intérêt du polymorphisme : ne le contournez pas.

- **Tenez compte de la portabilité.** Limitez les dépendances du système à un petit nombre de méthodes de base. Il vous sera alors plus facile de porter le logiciel sur d'autres plates-formes matérielles ou dans d'autres environnements logiciels. Par exemple, si vous utilisez une base de données, vous pourriez isoler les accès à la base de données. Cela faciliterait les changements de fournisseur de SGBD et éventuellement de paradigme (comme la migration d'une base de données relationnelle à une base orientée objet).

20.4 Robustesse

Vous devez vous efforcer d'écrire des méthodes efficaces, mais pas au détriment de la robustesse. Une méthode est robuste si elle n'échoue pas quand elle reçoit des arguments impropres. En particulier, ne sacrifiez jamais la robustesse aux erreurs que les utilisateurs pourraient commettre.

- **Protégez l'application des erreurs.** Un logiciel doit être protégé contre les entrées incorrectes des utilisateurs, qui ne doivent jamais provoquer d'erreurs fatales. Les méthodes doivent valider les entrées qui pourraient causer des dégâts.

  Il existe deux types d'erreurs. L'analyse identifie les erreurs qui existent dans le domaine du problème et permet de déterminer une réponse appropriée. Par exemple, un GAB doit traiter les erreurs du lecteur de cartes et des lignes de communications. En revanche, les erreurs système de bas niveau concernent la programmation. Ces erreurs de bas niveau peuvent être des erreurs d'allocation de mémoire, des erreurs d'entrées/sorties sur fichiers et des pannes matérielles. Votre programme doit vérifier les erreurs dues au système et se terminer avec élégance si aucune autre solution n'est possible.

  Essayez également de vous prémunir contre les bogues, et fournissez de bonnes informations de diagnostic. Pendant le développement, il est souvent utile d'insérer des assertions internes dans le code pour découvrir des bogues, même si elles doivent être supprimées de la version de production pour des raisons de performances. Un langage orienté objet à typage fort protège mieux contre les incohérences de types, mais tous les langages acceptent des assertions. Vous devez vérifier en particulier les dépassements des bornes d'un tableau.

- **Optimisez quand le programme est fonctionnel.** N'optimisez pas le programme avant qu'il ne soit fonctionnel. Les programmeurs passent souvent trop de temps à optimiser du code qui s'exécute rarement. Mesurez d'abord les performances du programme : vous serez surpris de constater que la plupart de ses parties consomment peu de temps. Étudiez votre application pour déterminer quelles sont les mesures importantes, par exemple les temps catastrophiques ou la fréquence des méthodes. S'il existe plusieurs façons d'implémenter une méthode, évaluez-les en termes de mémoire, de rapidité et de simplicité d'implémentation. En règle générale, évitez d'optimiser plus que nécessaire pour votre programme, car l'optimisation compromet l'extensibilité, la réutilisabilité et la compréhensibilité. Si les méthodes sont correctement encapsulées, vous pouvez les remplacer par des versions optimisées sans affecter le reste du programme.

- **Construisez toujours les objets dans un état valide** [Vermeulen-00]. Sinon, vous créez une situation dans laquelle quelqu'un peut utiliser le constructeur et ne pas appeler la bonne méthode subséquente. Pour respecter une bonne pratique de développement, votre code doit toujours être sain du point de vue logique.

- **Validez les arguments.** Les méthodes publiques, celles qui sont disponibles aux utilisateurs de la classe, doivent vérifier rigoureusement leurs arguments, parce que les utilisateurs pourraient violer les restrictions. On peut améliorer l'efficacité des méthodes privées et protégées en supposant que leurs arguments sont valides, puisque l'implémenteur peut compter sur le fait que les méthodes publiques qui les appellent vérifient les erreurs.

  N'écrivez pas et n'utilisez pas de méthodes dont les arguments ne peuvent être validés. Par exemple, la tristement célèbre fonction *scanf* d'UNIX lit une ligne en entrée dans un tampon interne sans vérifier la taille du tampon. Cette faille a été exploitée pour écrire des virus forçant un débordement du tampon à l'intérieur d'un logiciel système qui ne validait pas ses arguments.

- **Évitez les limites prédéfinies.** Autant que possible, employez l'allocation dynamique de mémoire pour créer des structures de données qui n'ont pas de limites prédéfinies. Comme il est difficile de prédire la capacité maximale attendue des structures de données dans une application, ne fixez aucune limite. L'époque des limites fixes sur les entrées de tables de symboles, les noms d'utilisateurs, les noms de fichiers, les entrées du compilateur, etc. est révolue. La plupart des langages orientés objet présentent d'excellentes possibilités d'allocation dynamique de mémoire.

- **Instrumentez le programme pour le débogage et la surveillance des performances.** Tout comme un électronicien instrumente une carte à circuits intégrés avec des points de tests, vous devez instrumenter votre code pour les tests, le débogage, les statistiques et les performances. Le niveau de débogage que vous devez intégrer à votre code dépend de l'environnement de programmation de votre langage. Vous pouvez ajouter des instructions de débogage aux méthodes qui s'exécutent ou non, selon le niveau de débogage. Les instructions de débogage affichent un message à l'entrée ou à la sortie d'une méthode et des valeurs d'entrée et de sortie de façon sélective.

  Vous pouvez mieux comprendre le comportement des classes si vous ajoutez du code pour collecter des statistiques. Certains systèmes d'exploitation, UNIX par exemple, offrent des outils pour créer des profils d'exécution d'une application. Ces outils affichent généralement le nombre de fois où une méthode a été appelée et le temps processeur consommé par chaque méthode. Si votre système ne dispose pas d'outils comparables, vous pouvez instrumenter votre code pour collecter des statistiques à peu près de la même manière que pour le débogage.

20.5 Programmation à grande échelle

La programmation « à grande échelle » désigne l'écriture de programmes complexes et de grande taille avec des équipes de programmeurs. La communication interpersonnelle devient primordiale dans de tels projets et nécessite des pratiques de génie logiciel appropriées. Vous devriez suivre les recommandations suivantes :

- **Ne programmez pas prématurément.** Réfléchissez longuement et soigneusement avant de vous engager dans le codage. Bien entendu, vous devrez finir par coder si vous voulez livrer une application. Mais le code est fastidieux à écrire et difficile à modifier. À l'opposé, les modèles sont malléables parce qu'ils sont plus abstraits et ne mentionnent pas les détails. Mieux vaut tester vos idées avec des modèles, comprendre le problème en profondeur puis seulement écrire le code.

- **Écrivez des méthodes lisibles.** Des noms de variables significatifs augmentent la lisibilité. La frappe de quelques caractères supplémentaires est moins onéreuse que les problèmes d'incompréhension qui surgiront quand un autre programmeur essaiera de déchiffrer vos noms de variables. Évitez les abréviations ambiguës et employez des variables temporaires au lieu d'expressions profondément imbriquées. Ne réutilisez pas la même variable temporaire pour des finalités différentes dans une même méthode, même si leurs usages ne se superposent pas ; de toute façon, la plupart des compilateurs se chargeront de l'optimisation. Des améliorations de performance mineures ne valent pas le sacrifice de la lisibilité.

- **Écrivez des méthodes compréhensibles.** Une méthode est compréhensible si quelqu'un d'autre que son créateur peut en comprendre le code (ainsi que le créateur après un certain laps de temps). Écrire des méthodes courtes et cohérentes va dans ce sens.

- **Employez les mêmes noms que dans le modèle de classes.** Les noms utilisés dans un programme devraient correspondre à ceux du modèle de classes. Un programme peut nécessiter l'introduction de noms supplémentaires pour des raisons d'implémentation, mais vous devriez conserver les noms correspondant à des concepts qui se reportent dans toute l'application. Cette pratique améliore la traçabilité, la documentation et la compréhensibilité. Il est judicieux d'adopter des conventions, par exemple des préfixes uniformes à travers les applications, évitant ainsi les collisions de nommage.

- **Choisissez soigneusement les noms.** Assurez-vous que les noms décrivent avec justesse les opérations, les classes et les attributs. Adoptez un style uniforme en imaginant les noms. Par exemple, vous pouvez appliquer la convention *verbeComplémentDObjet* pour nommer une opération, comme dans *ajouterÉlément* ou *tracerSouligné*. Définissez le vocabulaire des verbes (ou expressions apparentées) fréquemment employés. Par exemple, n'utilisez pas à la fois *nouveau* et *créer*, sauf si leur signification est différente. De nombreux langages orientés objet génèrent automatiquement des noms de méthodes à partir des noms de classes et d'opérations.

Dans le même ordre d'idées, n'utilisez pas le même nom de méthodes pour des buts sémantiquement différents. Comme la figure 20.3 le montre, toutes les méthodes portant le même nom doivent avoir la même signature (nombre et type des arguments) et la même signification.

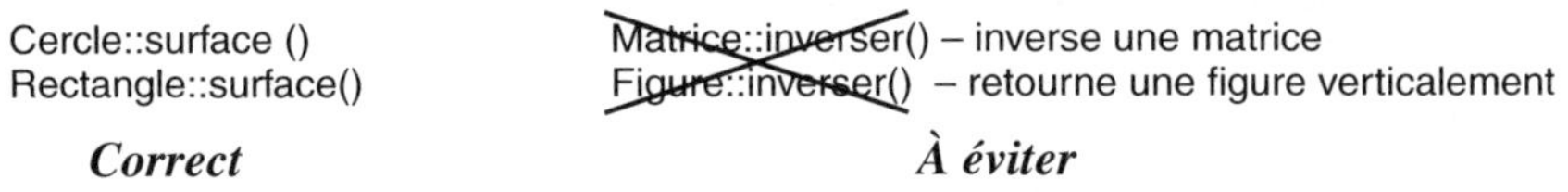

Figure 20.3 • Nom de méthodes. Toutes les méthodes portant le même nom doivent avoir la même signature et la même signification.

- **Appliquez des recommandations de programmation.** Les équipes de projet doivent appliquer les recommandations de programmation de leur organisation, ou des recommandations externes comme celles de [Vermeulen-00]. Ces recommandations couvrent des problématiques comme la forme des noms de variables, le style des indentations pour les structures de contrôle, les en-têtes de documentation des méthodes et les commentaires.
- **Utilisez des packages.** Groupez les classes étroitement apparentées dans un package (voir section 4.11).
- **Documentez les classes et les méthodes.** La documentation d'une méthode décrit sa finalité, sa fonction, son contexte, ses entrées et ses sorties, ainsi que toutes les hypothèses et les préconditions sur l'état de l'objet. Ne vous contentez pas de décrire les détails d'un algorithme : expliquez pourquoi il a été choisi. Des commentaires internes à la méthode doivent décrire les étapes majeures.
- **Publiez les spécifications.** Une spécification est un contrat entre le producteur et le consommateur d'une classe. Une fois une spécification écrite, le producteur ne peut rompre le contrat, car cela affecterait l'utilisateur. La spécification ne contient que des déclarations, et l'utilisateur de la méthode devrait être capable de l'employer uniquement en lisant les déclarations. Une description « en ligne » de la classe et de ses propriétés permet de l'utiliser correctement. Les figures 20.4, 20.5 et 20.6 présentent des exemples de spécifications.
- **Évitez de dupliquer du code.** [Baker-95] cite deux applications comptant un million de lignes de code (l'une étant X-Window). Elle a découvert qu'au moins 12 % du code étaient constitués de doublons grossiers qui pouvaient être éliminés. Cette duplication est due au fait que les programmeurs copient et éditent des fragments de code lors de la correction des bogues, ainsi qu'à d'autres pratiques expéditives. Elle a pour effet de bord de « gonfler » la taille du programme, qui devient plus difficile à comprendre et à maintenir.

Nom de la classe : Cercle

Version : 1.0

Description : Ellipse dont le grand axe et le petit axe sont égaux

Superclasses : Ellipse

Propriétés :

Attributs publics :

centre: Point – Emplacement du centre.
rayon: Real – Valeur du rayon.

Méthodes publiques :

tracer(Fenêtre) – trace un cercle dans la fenêtre.
ligneIntersection(Ligne) : Set of Points – trouve l'intersection d'une ligne et de la figure, retourne un ensemble de 0-2 points.
surface(): Real – calcule la surface du cercle.
circonference():Real – calcule la circonférence.

Méthodes privées : aucune.

Figure 20.4 • Spécification d'une classe.

Opération : intersectionLigne(ligne: Ligne) : Set of points.

Classe d'origine : FigureGéometrique.

Description : Retourne un ensemble de points d'intersection entre l'objet géométrique et la ligne. L'ensemble peut contenir 0, 1 ou plusieurs points. Chaque point de tangence n'apparaît qu'une fois. Si la ligne est colinéaire à un segment de ligne dans la figure, seuls les deux points délimitant le segment sont inclus.

Statut : Opération abstraite dans la classe d'origine, doit être redéfinie.

Entrées :

self: FigureGéometrique – figure qui doit être coupée par une ligne.
ligne:Ligne – ligne qui doit couper la figure.

Valeurs de retour :

Un ensemble de points d'intersection. L'ensemble peut contenir 0 ou plusieurs points.

Effets de bord : Aucun.

Gestion des erreurs :

Si les figures ne se coupent pas, retourne un ensemble vide.
Si la ligne est colinéaire avec un segment de ligne dans la figure, l'ensemble ne comprend que les points terminaux du segment.
Si la figure est une aire, on utilise son périmètre.

Figure 20.5 • Spécification d'une opération.

Méthode : Cercle::intersectionLigne(ligne:Ligne) : Set of points

Description: Étant donné un cercle et une ligne, trouve la ou les intersections, retourne un ensemble de 0 à 2 intersections : si la ligne est tangente au cercle, l'ensemble ne contient qu'un point.

Entrées :

self:Cercle – cercle qui doit être coupé par une ligne.
ligne:Ligne – ligne qui doit couper un cercle.

Valeurs de retour :

un ensemble de points d'intersection ; l'ensemble peut contenir 0, 1 ou 2 points.

Effets de bord : aucun.

Gestion des erreurs :

Si les figures ne se coupent pas, retourne un ensemble vide.
Si la ligne est tangente au cercle, retourne le point de tangence.
Si le rayon du cercle est égal à 0, retourne un seul point si le point est sur la ligne.

Figure 20.6 • Spécification d'une méthode.

Résumé

Un bon style est important pour tirer le meilleur parti de la programmation orientée objet. Les avantages majeurs sont la réduction des coûts de maintenance et de modification ainsi que la réutilisation du nouveau code dans de futures applications. Les recommandations de style de la programmation orientée objet comprennent des recommandations issues de la programmation conventionnelle aussi bien que des principes qui ne s'appliquent qu'aux concepts OO, notamment l'héritage.

L'un des objectifs majeurs du développement OO est de maximiser la réutilisabilité des classes et des méthodes. La réutilisation au sein du programme consiste à rechercher les similarités et à les regrouper. Planifier la réutilisation par de futures applications exige plus de temps et d'efforts au départ. On peut améliorer la réutilisabilité en veillant à ce que les méthodes demeurent courtes, cohérentes et locales. Séparer la stratégie de l'implémentation est également important. Une façon d'utiliser l'héritage consiste à factoriser une méthode générique en sous-méthodes, dont certaines seront héritées de la classe d'origine et d'autres fournies par chaque sous-classe. La délégation devrait être utilisée quand les méthodes doivent être partagées alors que les classes ne sont pas dans une vraie relation de généralisation.

La plupart des logiciels finissent par être étendus. L'extensibilité est améliorée par l'encapsulation, par la réduction des dépendances, par l'utilisation des méthodes d'accès aux attributs des autres classes et par la discrimination de la visibilité des méthodes.

Ne sacrifiez pas la robustesse à la performance. Comme les objets contiennent des références à leurs propres classes, ils sont moins vulnérables aux incohérences de types que les variables des langages conventionnels, et une méthode peut vérifier dynamiquement s'ils sont conformes aux hypothèses. Il faut toujours protéger un programme contre les erreurs des utilisateurs et du système. Les assertions sont importantes parce qu'elles permettent d'intercepter des bogues pendant la programmation et peuvent être supprimées dans la version de production.

L'écriture de programmes de grande envergure par des équipes de programmeurs demande plus de discipline, une meilleure documentation et une meilleure communication que les petites applications. Il est notamment essentiel que les méthodes soient lisibles et bien documentées.

délégation	optimisation	robustesse
documentation	programmation à grande échelle	visibilité
encapsulation	*refactoring*	
extensibilité	réutilisabilité	

Figure 20.7 • Concepts clés du chapitre 20.

Notes bibliographiques

La programmation orientée objet doit traduire les concepts d'une application en éléments du langage de façon correcte et facile à maintenir : la qualité du style est donc essentielle. La plupart des principes de programmation conventionnels s'appliquent à la programmation OO. [Kemighan-99] est un guide de style pour la programmation.

[Brooks-95] fournit d'excellents conseils sur la programmation à grande échelle. [Vermeulen-00] fournit des recommandations détaillées pour la programmation en Java, mais qui s'appliquent également à d'autres langages.

Références

[Baker-95] Brenda S. Baker, "On finding duplication and near-duplication in large software systems". *Second IEEE Working Conference on Reverse Engineering*, Toronto, Ontario, 86-95, juillet 1995.

[Brooks-95] Frederick P. Brooks Jr., *The Mythical Man-Month,* Anniversary edition, Boston, Addison-Wesley, 1995. Traduction française : *Le Mythe du mois-homme : essai sur le génie logiciel,* Paris, International Thomson Publishing, 1996.

[Kernighan-99] Brian W. Kernighan et Rob Pike, *The Practice of Programming.* Boston, Addison-Wesley, 1999. Traduction française : *La Programmation*, Paris, Vuibert informatique, 2001.

[Lieberherr-89] Karl J. Lieberherr et Arthur J. Riel, "Contributions to teaching object-oriented design and programming", *OOPSLA'89* as *ACM SIGPLAN 24*, 11-22, 11, novembre 1989.

[Vermeulen-00] Allan Vermeulen, Scott W. Ambler, Greg Bumgardner, Eldon Metz, Trevor Misfeldt, Jim Shur et Patrick Thompson, *The Elements of Java Style*, Cambridge, UK, Cambridge University Press, 2000.

Exercices

20.1 (4) Une technique de réutilisation du code consiste à employer une méthode comme argument d'une autre méthode. Par exemple, une opération réalisable sur un arbre binaire est un affichage ordonné. La sous-routine *afficher(nœud)* pourrait afficher les valeurs d'un arbre dont la racine serait *nœud* au moyen d'un appel récursif de *afficher(nœud.sousArbreGauche)*, s'il existe un sous-arbre à gauche, suivi de l'affichage de *nœud.valeur*, suivi d'un appel récursif pour le sous-arbre de droite. Cette approche pourrait être généralisée à d'autres applications. Énumérez au moins trois opérations applicables aux nœuds d'un arbre binaire. Écrivez le pseudocode d'une sous-routine *visiterOrdre(nœud, méthode)* qui applique de façon ordonnée *méthode* aux nœuds de l'arbre dont la racine est *nœud*.

20.2 (3) La combinaison d'opérations similaires en une seule opération peut augmenter la réutilisabilité du code. Révisez, étendez ou généralisez les deux opérations suivantes en une seule opération. Énumérez aussi les attributs nécessaires pour tracer les deux types de comptes.

a. *vérifierFonds(compteNormal, chèque)* . Si le montant du *chèque* est inférieur au solde de *compteNormal*, encaisser le chèque et débiter le compte. Sinon, le refuser.

b. *vérifierFonds(compteRéserve, chèque)*. Si le montant du chèque est inférieur au solde de *compte Réserve*, encaisser le chèque et débiter le compte. Sinon, examiner le solde de la réserve. Si le chèque peut être couvert en transférant les fonds de la réserve sans en dépasser la limite, payer le chèque et mettre à jour le solde. Sinon, refuser le chèque.

20.3 (4) La figure E20.1 représente une fonction codée en C servant à générer une nouvelle page pour une application de conception assistée par ordinateur. Une page est une région bidimensionnelle nommée et affichable, contenant du texte et du graphique. Plusieurs pages peuvent être nécessaires pour représenter complètement un système. La fonction de la figure génère une nouvelle page, horizontale ou verticale et construit un nom à partir d'une racine et d'un suffixe. Les fonctions C qu'elle appelle sont *strlen* pour calculer la longueur d'une chaîne, *strcpy* pour copier une chaîne et *strcat* pour concaténer deux chaînes. Les types de données *TypePage* et *Page* sont définis hors de la fonction dans le même module. Les fonctions *strlen*, *strcpy* et *strcat* provoqueront une erreur fatale si elles sont appelées avec 0 pour argument. En l'état actuel, la sous-routine est exposée à plusieurs types d'erreurs. Les arguments *nomRacine* et *suffixe* peuvent être zéro, et *TypePage* peut être une valeur énumérée illégale. L'appel de *malloc* pour allouer la mémoire peut échouer.

a. Dressez une liste de toutes les façons dont la fonction peut échouer et décrivez-en les conséquences.
b. Révisez la fonction pour que les erreurs que vous avez listées dans la partie *a* ne provoquent pas d'arrêt fatal, et qu'elle affiche un message d'erreur descriptif pour chaque type d'erreur, afin de mieux permettre de déboguer les programmes dans lesquels elle est appelée.

```
Page creerPage (typePage, nomRacine, suffixe)
TypePage typePage;
char *nomRacine, *suffixe;
{ char *malloc(), *strcpy(), *strcat(), *nomPage;
  int strlen(), longueurRacine, longueurSuffixe;
  Page page, nouvPageVert(), nouvPageHonz();
  longueurRacine = strlen(nomRacine);
  longueurSuffixe = strlen(suffixe);
  nomPage = malloc(longueurRacine + longueurSuffixe + 1);
  nomPage = strcpy(nomPage, nomRacine);
  nomPage = strcat(nomPage, suffixe);
  switch(typePage)
  { case VERTICAL:
      page = nouvPageVert();
      break;
    case HORIZONTAL:
      page = nouvPageHonz();
      break;
  }
  page->name = nomPage;
  return page;
}
```

Figure E20.1 • Fonction pour créer une nouvelle page nommée.

Partie 4
Génie logiciel

À ce stade, vous avez lu et probablement assimilé les trois premières parties de ce livre. Les concepts OO vous sont maintenant familiers, ainsi que la notation UML pour les exprimer. De plus, vous disposez d'un processus pour appliquer les concepts et vous savez gérer les détails de l'implémentation avec les langages Java et C++ ainsi qu'avec les bases de données. La partie 4 s'appuie sur ces connaissances de base et détaille certaines considérations ayant trait au génie logiciel.

Tout au long de cet ouvrage, nous avons insisté sur le fait que le développement logiciel devait être un processus itératif. Notre présentation est conditionnée par l'aspect nécessairement linéaire du livre, mais nous ne voulons pas donner au lecteur une fausse impression. Le développement logiciel procède rarement en ligne droite. Le chapitre 21 détaille ce thème de la nature itérative du développement logiciel.

Nous avons découvert que la plupart des entreprises étaient réellement intéressées par la technologie OO, et en particulier par la modélisation OO. Toutefois, nombre d'entre elles ont du mal à injecter cette technologie dans leurs rangs et hésitent sur la façon de procéder. Le chapitre 22 contient des conseils sur la façon de capitaliser sur le potentiel de la technologie et de l'assimiler au sein de l'entreprise.

Pour finir, peu d'applications sont réellement nouvelles et créées *ex nihilo*. Dans la pratique, les nouveaux efforts de développement s'appuient sur les expériences des applications qui les ont précédés. Les systèmes partrimoniaux peuvent être une riche source d'exigences pour les systèmes qui leur succèdent. En revanche, ils posent certains problèmes tels que la conversion des données et l'intégration des systèmes associés. Le chapitre 23 traite de ces sujets.

La partie 4 termine cet ouvrage et vous prépare à continuer par vous-même à étudier la modélisation OO et son application.

21

Développement itératif

Une présentation écrite, telle que ce livre, peut sembler impliquer un processus linéaire, mais il s'agit là d'un effet involontaire lié au support. Le développement logiciel est par nature itératif car, au stade initial, nous manquons d'un discernement parfait. Il faut donc revenir en arrière pour corriger les erreurs et apporter des améliorations. Le ***développement itératif*** est le développement d'un système selon un processus divisé en plusieurs étapes, ou itérations, chaque étape proposant une meilleure approximation du système désiré que l'itération précédente. [Rumbaugh-05]

21.1 Vue d'ensemble du développement itératif

Nous sommes partisans d'une approche itérative du développement logiciel. Dans ce chapitre, nous commençons par comparer le développement itératif à deux autres approches courantes : le développement en cascade (*waterfall development* – voir section 21.2) et le prototypage rapide (voir section 21.3). Nous explorons ensuite quelques questions relatives au développement itératif :

- portée des itérations [21.4] ;
- réalisation d'une itération [21.5] ;
- planification de la prochaine itération [21.6] ;
- modélisation et développement itératif [21.7] ;
- identification des risques [21.8].

21.2 Développement itératif vs développement en cascade

Dans les années 1980 et au début des années 1990, l'approche en cascade représentait le paradigme dominant du cycle de vie [Larman-03]. Comme le montre la figure 21.1, avec cette approche, les développeurs réalisent les étapes du développement logiciel selon une séquence linéaire rigide sans revenir en arrière. Chaque étape doit être terminée avant que la prochaine ne puisse commencer.

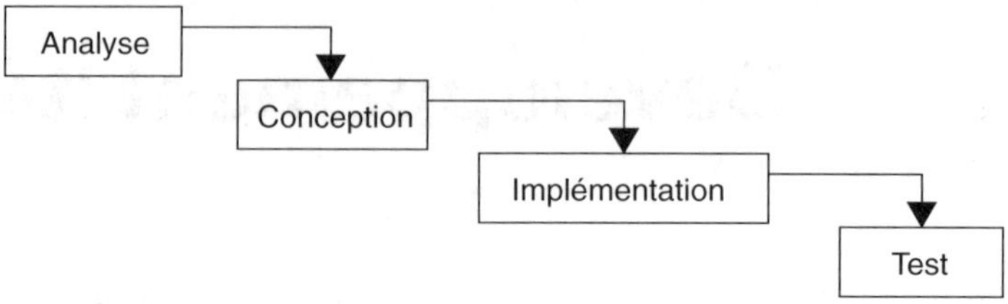

Figure 21.1 • Approche en cascade. L'approche en cascade est rigide et ne convient pas à la plupart des développements d'applications.

L'expérience a prouvé à la communauté du développement logiciel que l'approche en cascade n'était pas efficace pour construire la plupart des applications [Sotirovski-01]. Ce développement convient aux applications intelligibles dont les résultats sont prévisibles de l'analyse à la conception. Toutefois, ce cas de figure est très rare. La plupart des applications comportent une part substantielle d'incertitudes quant à leurs exigences. En outre, une approche en cascade n'aboutit pas à un système utilisable tant que le développement n'est pas achevé. Il devient alors difficile d'évaluer la progression et de corriger un projet qui est parti de travers.

À l'opposé, le développement itératif est jalonné de nombreuses étapes et permet de découvrir les écueils dès les toutes premières étapes du développement. Il est ainsi plus aisé de modifier un système ; les révisions sont plus simples et moins coûteuses que si elles sont différées. Le développement itératif représente sans aucun doute une meilleure approche.

21.3 Développement itératif vs prototypage rapide

Le prototypage rapide (voir figure 21.2) permet de développer rapidement une portion de logiciel, de l'utiliser et de l'évaluer. Vous incorporez ensuite le résultat de votre travail et recommencez ce cycle. Enfin, vous livrez le prototype final comme s'il s'agissait de l'application finie ou alors, après quelques prototypes, vous optez pour une autre approche.

Le développement itératif diffère du prototypage rapide. Le prototype démontre le bien-fondé d'un concept et il est généralement jetable. À l'opposé, le développement itératif n'est pas jetable ; les itérations se construisent sur la progression des itérations précédentes. Une partie du code sera éliminée en fonction des révisions, mais telle n'est pas l'intention première.

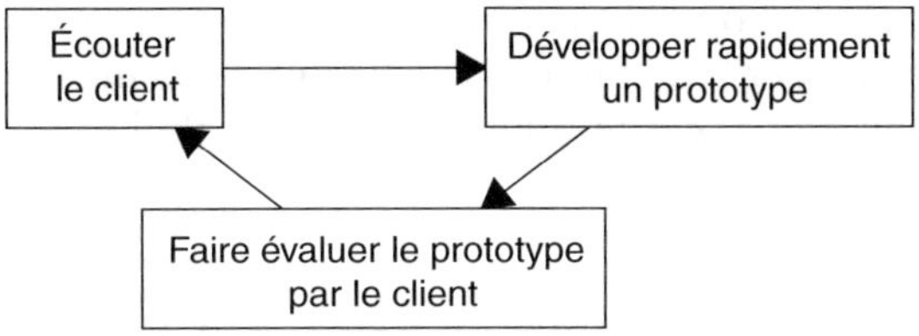

Figure 21.2 • Prototypage rapide. Le prototypage rapide présente des avantages similaires au développement itératif. La différence est qu'il élimine fréquemment du code tandis que le développement itératif cherche à l'accumuler.

La force du prototypage rapide est qu'il met en avant la communication avec le client et lui permet d'exprimer ses exigences. On peut également l'exploiter pour démontrer la faisabilité technique en cas de technologie complexe. En revanche, il peut être difficile par un prototypage rapide de se débarrasser du code. Les clients confondent souvent un prototype réussi avec un produit et n'ont pas conscience qu'il s'agit uniquement d'une démonstration, dépourvue parfois d'infrastructure solide. Il existe une réticence naturelle à se débarrasser du code ; certains clients y voient du gaspillage et ne réalisent pas que la véritable valeur du code d'un prototype réside dans les leçons qu'il permet de tirer.

Le développement itératif présente le même avantage tant que les itérations demeurent réduites et qu'elles sont régulièrement présentées au client. Le prototypage rapide et le développement itératif offrent tous deux des points de contrôle fréquents permettant de garantir aux clients une bonne avancée du développement. Ils offrent également aux développeurs un moyen de résoudre des problèmes ennuyeux dès le début du développement.

21.4 Portée des itérations

Le développement itératif est composé d'une série d'itérations dont le nombre et la durée dépendent de la taille du projet. Pour un projet court (de six mois ou moins), les itérations peuvent durer de deux à quatre semaines. Pour un projet s'étendant sur plusieurs années, elles peuvent s'étaler sur trois à quatre mois pour une meilleure efficacité. Si les itérations sont trop courtes, le coût des itérations est trop élevé. Si elles sont trop longues, il n'y aura pas suffisamment de points de contrôle pour évaluer la progression d'une application et effectuer des corrections à mi-chemin. Efforcez-vous d'obtenir une durée d'itérations uniforme, avec à l'occasion une durée plus étendue pour une infrastructure profonde ou des fonctions complexes.

Définissez la portée d'une itération – la quantité de travail minimum pour une progression pertinente est un bon objectif. Construisez dès le départ des parties vitales ainsi que les fragments de code de base fréquemment exécutés par l'application. Assurez-vous également que vous équilibrez les fonctionnalités du système. Les développeurs privilégient tous des technologies et des aspects différents, mais votre plan de travail global doit être équilibré et viser à l'élaboration précoce de fragments d'application significatifs. Voici ce que chaque itération doit proposer au minimum : un retour sur investissement, une fonctionnalité ajoutée, une interaction utilisateur améliorée, une meilleure efficacité, une plus haute fiabilité ou une infrastructure renforcée (pour la maintenance et les itérations futures).

Les cas d'utilisation représentent une excellente base pour l'attribution des ressources. Chaque itération peut se concentrer sur quelques cas d'utilisation. Toutefois, une itération n'a pas besoin d'aller au bout d'un cas d'utilisation, et un cas d'utilisation peut s'étendre sur plusieurs itérations. Par exemple, vous pouvez implémenter la fonctionnalité de base dans une itération, une fonctionnalité plus avancée dans une autre et la gestion des erreurs dans une troisième. Évitez toutefois de multiplier les itérations pour un même cas d'utilisation. Outre les cas d'utilisation, vous pouvez également affecter des services internes – des mécanismes et des services qui fournissent une infrastructure ou la prise en charge de l'implémentation d'opérations de haut niveau. Ces services seront identifiés lors de la planification de l'architecture du système et de la conception des classes.

Si vous devez accroître en priorité un élément, il vous faut en contrepartie en décroître un autre. On évite ainsi le syndrome selon lequel « tout est d'importance égale ». Rien n'a jamais la même importance, mais les managers et les développeurs répugnent souvent à prendre des décisions difficiles ou à admettre que le délai est trop court. En respectant la durée des itérations et en ajustant leur contenu, vous êtes contraint d'avoir une vision réaliste de vos possibilités et de vos prévisions.

Il est inutile de rendre compte du résultat de chaque itération au client. Du point de vue du développement, il est important de conserver l'impulsion, de rester dans les délais et de s'assurer que les différents composants d'une application concordent bien. Du point de vue du client, l'installation de chaque itération suppose un effort trop important. Pour simplifier la logistique, une entreprise peut combiner plusieurs incréments avant le déploiement.

21.5 Réalisation d'une itération

Chaque itération doit commencer à partir d'un référentiel commun et se terminer avec un nouveau référentiel commun. Les développeurs doivent intégrer toutes les versions des artefacts d'un système et les vérifier à la fin de l'itération. Ainsi, l'ensemble de l'équipe peut travailler avec un jeu d'hypothèses commun et une version actualisée du système. Le respect de cette règle est vital pour réussir.

Certains développeurs peuvent trouver des inconvénients à cette règle. Il peut sembler plus efficace de poursuivre le développement d'un sous-système sans s'arrêter, puis de l'intégrer au reste du système. Il est certainement moins pratique pour une équipe de développement de travailler avec de petits éléments et de les coordonner fréquemment avec d'autres. Néanmoins, cela reste vital pour la réussite du projet global. Si des équipes se replient trop longtemps sur elles-mêmes, elles tendent à s'écarter des hypothèses de départ, des interfaces et d'autres aspects. L'intégration peut alors devenir complexe et coûteuse. Pire encore, il est fréquent que les différents sous-systèmes s'appuient sur des hypothèses incompatibles ; il faut ensuite revenir en arrière pour effectuer des changements ou des « bidouillages » pour pallier ces différences.

Une équipe doit structurer son travail sur une itération pour pouvoir aller jusqu'au bout, la vérifier, la tester et l'intégrer au reste du système. Cela suppose un peu de planification mais s'avère rentable à long terme.

La deuxième règle est que chaque itération doit générer une version exécutable. Il ne suffit pas d'écrire du code qui ne fonctionne pas. Le code qui fonctionne peut être testé. Vous devez également tester l'intégration des sous-systèmes et découvrir et corriger très tôt les incompatibilités. En outre, le code exécutable est la meilleure mesure de progression. Il est très aisé de persuader soi-même et les autres de la progression de la conception si rien n'est exécuté. Il est facile de passer à côté d'omissions majeures et de sous-estimer la difficulté du débogage et de l'intégration des sous-systèmes.

Chaque itération doit être planifiée de telle sorte qu'il y ait suffisamment de temps pour toutes les étapes du développement, autrement dit les étapes d'analyse, de conception, d'implémentation, de tests et d'intégration. L'approche en cascade est une option viable à petite échelle et permet le développement systématique d'une fonctionnalité. Elle devient un problème uniquement si l'on ne peut pas revenir ultérieurement sur des décisions. Dans un processus itératif, les mauvais choix ne sont plus une menace pour votre projet, car vous pouvez y revenir à la prochaine itération.

Assurez-vous d'avoir planifié et alloué suffisamment de temps pour les tests. Il est important de les réaliser au fur et à mesure et non de les reporter aux itérations ultérieures. L'objet d'un développement itératif est de construire un système fiable par petites étapes.

21.6 Planification de l'itération suivante

Après chaque itération, vous devez évaluer votre progression et revoir la planification pour la prochaine itération. L'itération réalisée a-t-elle pris plus ou moins de temps que prévu ? Disposiez-vous des compétences adéquates parmi vos développeurs ? Le client est-il satisfait de l'avancée du travail ? La prochaine itération soulève-t-elle des problèmes ou des questions spécifiques ? Le logiciel est-il stable ou devez-vous prévoir du travail supplémentaire et un remaniement lors de la prochaine itération ?

Bien entendu, si l'itération précédente a réussi, vous pouvez poursuivre votre planification. Dans le cas contraire, n'hésitez pas à écarter les mauvaises décisions et à effectuer des corrections à mi-chemin. L'extensibilité, la maintenance et la viabilité de votre application ne s'obtiendront qu'au prix d'un développement robuste. Vous devez recevoir un retour précoce et fréquent des utilisateurs – ils doivent intérioriser votre travail et réfléchir à ses implications quotidiennes dans leur travail. En outre, ils peuvent vous aider à détecter tout écart par rapport au périmètre du logiciel ou au déroulement des itérations.

21.7 Modélisation et développement itératif

La modélisation est un complément naturel du développement itératif. L'un des objectifs du développement itératif est de découvrir très tôt les problèmes du logiciel, et il en va de même pour la modélisation. [Sotirovski-01] définit cela éloquemment comme une philosophie « *fail fast* [1]». Les problèmes étant inévitables, vous devez les identifier rapidement. Une modélisation soigneuse peut vous aider à découvrir des problèmes dans les modèles et à réduire le nombre d'itérations – le résultat net est un développement plus rapide et plus efficace. Le développement itératif n'est en aucun cas une excuse pour « bidouiller » le code et renoncer à une modélisation réfléchie.

Comme le montre la figure 21.3, vous devez commencer par modéliser avec soin une application pour recueillir les exigences, puis construire le modèle pendant la première itération. Revoyez le modèle, puis réalisez une autre itération, et ainsi de suite, en intercalant modélisation et développement itératif. La modélisation découvre précocement les erreurs et donne un sens directionnel et une continuité à une séquence d'itérations. La modélisation peut et doit se faire rapidement de sorte à ne pas ralentir le calendrier du projet.

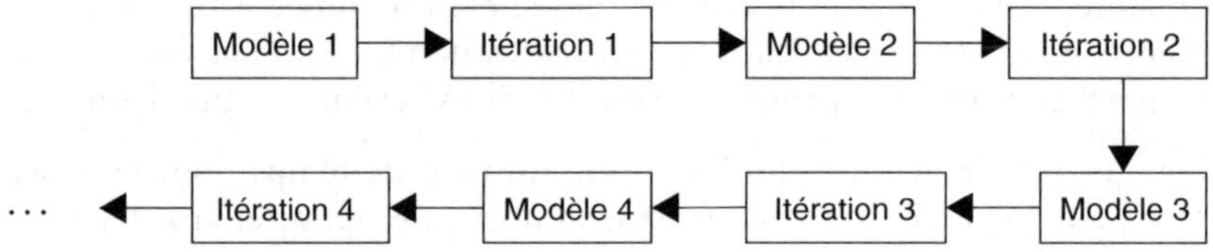

Figure 21.3 • Modélisation et développement itératif. La modélisation peut améliorer la qualité et la productivité du développement incrémental.

Le tableau 21.1 compare la modélisation au développement itératif. Les deux méthodes mettent en avant le recueil des exigences mais de manières différentes. La modélisation permet aux clients de réfléchir au potentiel du logiciel avant sa construction. À l'opposé, le développement itératif montre aux clients les évolutions du logiciel pour leur permettre de commenter et de réorienter les efforts de développement.

	Modélisation	**Développement itératif**
Recueil des exigences	Excellent. Les modèles permettent aux clients d'appréhender les possibilités du logiciel et ses limitations avant même son développement.	Excellent. Les itérations présentent aux clients le logiciel de sorte qu'ils puissent à leur tour offrir un retour d'expérience (*feedback*) fréquent.

1. Littéralement, « échouer tôt » (NdT).

	Modélisation	Développement itératif
Qualité de l'application	Excellente. La modélisation encourage l'abstraction et une réflexion approfondie.	Bonne. Des tests approfondis et fréquents améliorent la qualité.
Productivité du développement	Excellente. La réflexion approfondie évite de retravailler l'application.	Excellente. Une intégration fréquente évite de retravailler l'application.
Suivi du projet	Inapplicable.	Excellent. Les livraisons de code offrent de nombreux jalons.

Rien ne peut rivaliser avec la modélisation pour améliorer la qualité d'une application. [Brooks-87] soutient « que l'intégrité conceptuelle est *la* considération la plus importante dans la conception d'un système » (les italiques sont de son fait). La modélisation se concentre sur la compréhension et l'amélioration de l'essence d'une application. Le développement itératif suppose des tests fréquents, ce qui contribue également à la qualité mais avec un effet moins significatif qu'avec la modélisation.

La modélisation améliore la productivité, détectant les défaillances rapidement grâce à des expérimentations qui empêchent le gaspillage de code. Le développement itératif contribue aussi grandement à la productivité en forçant à effectuer une intégration précoce, évitant des composants mal adaptés et des révisions inopportunes.

Par définition, la modélisation n'a rien à voir avec le suivi de projet. Elle concerne la première partie du développement logiciel et n'a donc que peu d'incidence sur le suivi global d'un projet. Le développement itératif est un excellent moyen de suivre des projets. Les livraisons fréquentes de code exécutable permettent de mesurer le travail accompli et celui qui reste à faire. En conséquence, le calendrier du projet devient plus prévisible.

21.8 Identification des risques

La clé de la planification d'une itération consiste à réduire les risques. Vous devez y faire face dès le départ et non les reporter à la fin du projet (comme cela peut arriver). Il existe de nombreux types de risques à prendre en considération :

- **Risques techniques.** La solution technique proposée peut échouer ou se révéler inacceptable. Si vous abordez les problèmes techniques dès le départ, vous trouverez une autre solution avant qu'il ne soit trop tard et avant que le reste du système ne soit construit sur une base défectueuse.

- **Risques technologiques.** La technologie externe que vous prévoyez d'utiliser peut ne pas être disponible ou ne pas être à la hauteur de ses prétentions. Essayez la technologie nécessaire dès le départ dans les parties décisives du système.
- **Risques liés à l'acceptation des utilisateurs.** Les utilisateurs peuvent ne pas apprécier l'interface utilisateur ou la fonctionnalité du système. Le développement itératif leur permet d'essayer une partie du système alors qu'il est encore possible de modifier facilement son style.
- **Risques liés à la planification.** Il existe toujours une probabilité que le projet ne se termine pas dans les délais. Le développement itératif permet de mesurer avec précision la progression. En cas de dérapage, vous pouvez réduire les fonctionnalités. En outre, même si le projet s'achève en retard, vous disposerez à l'échéance d'un système exécutable. Un système avec 90 % de ses fonctionnalités vaut mieux qu'un système développé en cascade avec 90 % du système implémenté sans rien d'opérationnel.
- **Risques liés au personnel.** Des personnes clés peuvent quitter le projet au moment inopportun. Le développement itératif fournit des points de contrôle fréquents avec la livraison d'un système stable. Les modèles garantissent que les itérations sont examinées et documentées avec soin. Il est toujours délicat de perdre du personnel vital, mais vous avez toujours la possibilité de gérer leur remplacement.
- **Risques liés au marché.** Les exigences d'une application peuvent toujours changer. La modélisation et le développement itératif vous permettent de réagir rapidement et en souplesse.

À chaque itération, vous devez identifier les risques, les hiérarchiser et traiter d'abord les risques prioritaires. Vous réduisez ainsi les risques les plus importants dès le départ, lorsque vous avez encore le temps et les moyens de vous replier sur des approches alternatives. Les plans itératifs *doivent* être préparés pour le changement. Cela suppose aussi bien un climat managérial qu'un environnement de travail qui le comprennent et qui l'acceptent.

Résumé

Le développement logiciel est sujet aux difficultés de communication, aux omissions, aux erreurs d'estimation et à une mauvaise prévision des changements. Une modélisation soigneuse permet d'obtenir une application robuste. Le développement itératif est un processus souple pour construire l'application. Les jalons sont nombreux et les pièges sont découverts très tôt.

Le développement itératif diffère d'une approche en cascade. Cette dernière suppose une prévision parfaite et une séquence de développement stricte. Cette méthode à laquelle on a prêté beaucoup trop d'importance dans la littérature a fait la preuve de ses défaillances.

Le développement itératif diffère également du prototypage rapide. Ce dernier traite les problèmes complexes grâce à une exploration qui s'appuie sur du code jetable. À l'opposé, le développement itératif scinde la progression en incréments de petite taille avec une probabilité d'échec intrinsèque inférieure. Ces deux techniques sont valables.

Le nombre d'itérations et leur durée dépendent de la taille du projet. Si les itérations sont trop courtes, le coût des itérations est trop élevé. Si elles sont trop longues, il n'existe pas suffisamment de points de contrôle pour mesurer la progression d'une application et effectuer des corrections à mi-chemin. Les itérations durent habituellement plusieurs semaines ou plusieurs mois. Définissez la portée d'une itération en hiérarchisant les risques. Attaquez-vous d'abord aux risques hautement prioritaires et évaluez de nouveau vos priorités en fonction des résultats de chaque itération. Il est important de ne pas déborder sur le calendrier d'une itération en augmentant la fonctionnalité en cours de route (glissement de périmètre), à moins de supprimer la fonctionnalité qui provoque le décalage.

Il est important d'intégrer les sous-systèmes tout au long du développement plutôt que d'attendre la fin. Si les équipes de développement sont livrées à elles-mêmes, elles tendent à s'écarter des interfaces et des hypothèses de départ. Avec une intégration tardive, il faut revenir sur les changements ou mettre à plat les différences. Assurez-vous également que chaque itération fournisse une version exécutable et testée. Le code exécutable est la meilleure mesure de progression.

La modélisation est un complément naturel du développement itératif. Ces deux méthodes améliorent la qualité, la productivité et la prévisibilité du développement logiciel. Certains développeurs pensent que la modélisation ralentit le développement et constitue un obstacle. Ce ne sera certainement pas le cas si vous modélisez rapidement et en profondeur.

Plusieurs risques menacent le développement d'une application. Vous devez structurer les itérations pour traiter d'abord les risques les plus graves.

développement en cascade	modélisation	prototypage rapide
développement itératif	portée d'une itération	risque de développement
intégration	prototypage	test

Figure 21.4 • Concepts clés du chapitre 21.

Notes bibliographiques

[Larman-03] propose un historique approfondi du développement itératif avec de nombreuses références.

Références

[Brooks-87] Frederick P. Brooks, Jr, "No silver bullet : essence and accidents of software engineering", *IEEE Computer*, 10-19, avril 1987.

[Larman-03] Craig Larman et Victor R. Basili, "Iterative and Incremental Development : A Brief History", *IEEE Computer*, 47-56, juin 2003, .

[Rumbaugh-04] James Rumbaugh, Ivar Jacobson, Grady Booch, *The Unified Modeling Language Reference Manual,* second edition, Boston, Addison-Wesley, 2004. Traduction française : *UML 2.0, guide de référence*, Paris, CampusPress, 2004.

[Sotirovski-01] Drasko Sotirovski, "Heuristics for Iterative Software Development", *IEEE Software*, 66-73, mai/juin 2001.

22

Gestion de la modélisation

La modélisation est essentielle à un développement logiciel de qualité, mais il peut être difficile de la mettre en pratique. Bon nombre d'organisations souhaitent vraiment exploiter des modèles, mais échouent au moment de les réaliser réellement. La modélisation requiert un changement culturel qu'une entreprise ou un établissement doit activement promouvoir.

22.1 Aperçu de la gestion de la modélisation

Dans la pratique, nous avons remarqué que de nombreuses entreprises sont intéressées par la modélisation sans savoir comment procéder. Ce chapitre propose des conseils pour assimiler la modélisation dans une entreprise et traite les sujets suivants :

- types de modèles [22.2] ;
- écueils de la modélisation [22.3] ;
- sessions de modélisation [22.4] ;
- organisation des intervenants [22.5] ;
- techniques d'apprentissage [22.6] ;
- techniques d'enseignement [22.7] ;
- outils [22.8] ;
- évaluation de l'effort de modélisation [22.9].

22.2 Types de modèles

Dans la pratique, il existe plusieurs catégories de modèles, chacun ayant ses motivations, ses caractéristiques et son contenu. Les praticiens confondent souvent les différents types de modèles et oublient la raison pour laquelle ils développent un modèle particulier.

- **Modèle d'application.** Il s'agit du type de modèle le plus courant et il figure au centre de cet ouvrage. Un modèle d'application permet aux développeurs de comprendre les exigences et offre une base pour le développement du logiciel correspondant. L'étude de cas du GAB en est un exemple.
- **Métamodèle.** Les métamodèles ressemblent aux modèles d'application mais sont plus complexes. On les utilise le plus souvent pour des applications avancées. Les *frameworks* (voir chapitre 14) ou encore les éditeurs de modèles de classes en sont de bons exemples.
- **Modèle d'entreprise.** Un ***modèle d'entreprise*** décrit son organisation complète ou au moins sa partie la plus représentative. Les modèles d'application et les métamodèles servent à développer un logiciel, contrairement au modèle d'entreprise. En lieu et place, ce dernier permet de concilier des concepts traversant différentes applications et de comprendre l'entreprise. Les modèles d'entreprise ont par nature une portée étendue (sur plusieurs applications) mais sont rarement profonds – ils ne couvrent que les concepts courants. Le modèle de tous les logiciels d'une banque serait un bon exemple.
- **Évaluation du produit.** Les modèles s'appliquent également à l'acquisition d'un logiciel. Vous devez en préparer plusieurs : un modèle pour vos exigences et un modèle du logiciel pour chacun des produits les plus prometteurs. Le modèle des exigences est identique au modèle de l'application sauf qu'il ne contient pas de détails précis (vous n'êtes pas en train de la développer). Seuls quelques fabricants proposent des modèles de leurs produits. En revanche, vous pouvez en réaliser un de votre côté grâce à la rétro-ingénierie [Blaha-04]. Un modèle permet d'évaluer la qualité de l'application et de comprendre ses forces et ses faiblesses ainsi que sa portée. Vous pouvez par exemple opter pour l'achat d'un package de GAB au lieu d'en développer un. Des modèles d'évaluation du produit peuvent clarifier la prise de décision.

22.3 Pièges de la modélisation

Les avantages de la modélisation sont évidents, mais il existe un certain nombre de problèmes que vous devez résoudre.

- **Paralysie de l'analyse.** Certaines personnes se focalisent tellement sur la modélisation qu'elles n'en finissent jamais. Cette propension est plus fréquente chez les analystes qui ne sont pas développeurs, mais elle concerne aussi les modélisateurs débutants qui ont du mal à être performants et à savoir quand la modélisation est achevée.

Résolution : Un plan de projet peut vous éviter la paralysie en allouant du temps aux tâches. Il doit spécifier l'effort nécessaire pour la modélisation et les livraisons souhaitées. Des revues formelles peuvent vous donner une indication sur la progression et sur la qualité du modèle. Cette pratique est utile si les modélisateurs ont l'expérience du développement.

- **Modélisation en parallèle.** Nous avons vu à maintes reprises des entreprises développer des modèles redondants avec des paradigmes différents. Nous avons souvent assisté au déroulement en parallèle d'une modélisation orientée objet et d'une modélisation de base de données sans communication entre les équipes respectives. Les équipes orientées objet ont tendance à être essentiellement composées de programmeurs qui ne comprennent pas les bases de données. De même, les experts des bases de données appliquent leurs techniques habituelles et ne sont pas familiarisés avec la technologie orientée objet. Cet abîme dans la pratique reflète celui qui existe dans les ouvrages. Ces deux communautés possèdent leur propre style et leur propre jargon, et rares sont les personnes capables d'évoluer dans les deux camps. Les limitations actuelles des outils exacerbent cette division.

  Résolution : Curieusement, le schisme est plus une question de terminologie et de style que de fond. Votre meilleure ligne de conduite consiste à être conscient des écarts culturels. Laissez aux développeurs le soin de construire les modèles à la fois pour la programmation et pour les bases de données s'ils le jugent utile. C'est le seul moyen de pallier les limitations des outils actuels. En résumé, soyez aussi tolérant que possible pour permettre aux développeurs de modéliser. Dans le cas de plusieurs modèles, insistez pour que les équipes dialoguent et s'entendent fréquemment entre elles. Appuyez-vous sur le développement itératif – les développeurs devront se mettre d'accord à chaque itération.

- **Impossibilité de raisonner de manière abstraite.** De nombreuses personnes sont incapables de raisonner de manière abstraite et ne parviennent pas à apprendre à modéliser. Elles basculent rapidement en mode programmation et éprouvent des difficultés à prendre du recul par rapport à un problème. Grâce aux modèles, vous réalisez indirectement une application au lieu de vous contenter d'écrire directement du code.

  Résolution : L'expérience est le seul remède. Les modélisateurs inexpérimentés doivent s'exercer. Ils doivent travailler sur des applications réelles sous la tutelle d'un mentor. Les personnes qui malgré tout restent dans l'incapacité de modéliser doivent être affectées à d'autres tâches.

- **Périmètre trop vaste.** La modélisation a pour objet de représenter le monde réel, mais uniquement la portion pertinente pour les objectifs de votre entreprise. Certaines personnes perdent de vue ce but et modélisent des informations superflues. Il est parfois sensé d'aller un peu au-delà de vos besoins – après tout, il est rare de connaître par avance la portée exacte d'une application, et cela relève en partie de la négociation. Toutefois, il est inutile d'outrepasser les besoins de l'application, car un tel modèle serait spéculatif et ne déboucherait sur rien d'utile.

Résolution : Vous pouvez limiter cet écueil grâce à un plan de projet et des revues régulières. Les experts métier ont besoin de comprendre le travail des modélisateurs, car il s'agit de leur porte d'accès aux possibilités et aux limitations de la future application.

- **Absence de documentation.** Il est beaucoup trop fréquent de rencontrer des modèles non documentés. Les diagrammes ne suffisent pas et doivent être accompagnés d'explications. Un texte explicatif peut présenter au lecteur chaque diagramme et définir sa terminologie. Il doit en expliquer les subtilités et la logique de toute décision sujette à controverse et comporter des exemples pour illustrer des points précis.

  Résolution : Insistez pour disposer d'une documentation, comme un texte descriptif du modèle ou un dictionnaire de données, et lisez-la attentivement.

- **Absence de revues techniques.** Il est également fréquent de constater l'absence de revues techniques. Chaque personne ou chaque petit groupe travaille dans son coin sur sa propre application sans partager ses expériences, ses connaissances et son talent. Les développeurs ne parlent pas de leurs projets, car les discussions ne servent pas l'intérêt de leurs livraisons immédiates et que leur hiérarchie ne les y encourage pas. Tout comme les experts métier permettent de collecter les exigences de l'application, le développement en binôme représente pour les développeurs une source d'apprentissage de techniques et de leçons tirées d'applications apparentées. Des revues formelles permettent d'éliminer certaines erreurs avant les tests.

  Résolution : Tous les projets doivent être soumis au moins à une revue technique formelle, l'idéal étant d'en avoir plusieurs. En cas de revue unique, celle-ci doit avoir lieu après la mise au point du modèle central et de l'architecture. S'il y en a plusieurs, elles doivent avoir lieu après l'achèvement du modèle et de l'architecture pour chaque itération de développement majeure. Les responsables doivent donner le ton d'une discussion critique, ouverte et constructive. Ils doivent faire dépendre la poursuite du financement du projet de la conduite d'une revue. N'oubliez pas qu'il s'agit de revues *techniques* et non de revues *de gestion*. L'objectif de ces revues est d'approfondir la technologie et non de tenir la direction informée. [Boehm-01] remarque que les revues entre pairs permettent de détecter 60 % des défauts d'un logiciel, d'où l'importance évidente des revues techniques. Celles-ci doivent se faire en comité restreint (moins de dix personnes) et se limiter aux développeurs impliqués activement dans le projet.

22.4 Sessions de modélisation

Le chapitre 12 explique l'analyse du domaine – la construction de modèles du monde réel pour clarifier les exigences de l'application. Une fois familiarisé avec la modélisation, vous pourrez envisager plusieurs manières d'impliquer les utilisateurs et d'obtenir leur participation. Nous allons décrire trois méthodes – la modélisation en chambre noire (*back-room*), la modélisation en tourniquet (*round-robin*) et la modélisation en direct (*live*) – et nous évoquerons leurs avantages et leurs inconvénients.

22.4.1 Modélisation en chambre noire

La manière la plus répandue de construire un modèle consiste à s'entretenir avec les experts métier, à consigner leurs commentaires (avec un énoncé des exigences ou des cas d'utilisation), puis à se retirer pour modéliser. De nombreux analystes affectionnent cette approche de ***modélisation en chambre noire*** (*back-room modeling*), car ils peuvent se concentrer sur les propos de l'utilisateur et s'atteler plus tard au modèle. Au cours d'une série de réunions, les utilisateurs répondent à des questions et fournissent spontanément les informations qu'ils jugent utiles. Après chaque réunion, l'analyste intègre les commentaires des utilisateurs et améliore progressivement le modèle. Le modèle demeure habituellement à l'arrière-plan et les utilisateurs ne le voient pas.

Mieux vaut rencontrer plusieurs utilisateurs en même temps qu'individuellement. Les réunions à participants multiples sont plus efficaces, car les utilisateurs se stimulent mutuellement. Au cours d'un entretien individuel, le risque de se sentir intimidé est plus élevé alors qu'il est moins probable à plusieurs. Les analystes préfèrent rencontrer des groupes d'utilisateurs partageant un même intérêt. Par exemple, ils rencontreront séparément les commerciaux et les ingénieurs. Voici les avantages et les inconvénients de la modélisation en chambre noire :

- **Avantages.** Il s'agit de la méthode qui demande le moins de compétences. Elle convient aux analystes qui s'essaient à la modélisation.
- **Inconvénients.** Le cycle d'interactions avec les utilisateurs peut être fastidieux et pénible pour les modélisateurs expérimentés. La lenteur des interactions peut ennuyer les utilisateurs, car plusieurs entretiens peuvent être nécessaires. Les analystes doivent consigner avec soin les informations sous peine de les oublier.

22.4.2 Modélisation en tourniquet

La modélisation en tourniquet est plus complexe que la modélisation en chambre noire, mais permet de réunir les exigences plus efficacement. L'analyste rencontre toujours de petits groupes d'utilisateurs, répartis par intérêts et par domaines fonctionnels. En revanche, les utilisateurs ont accès au modèle. Au fur et à mesure que les utilisateurs expriment des exigences, l'analyse parcourt le modèle et tente d'y répondre. L'analyste peut s'atteler aux problèmes simples pendant la réunion et aux questions complexes ensuite.

Nous appelons cette approche ***modélisation en tourniquet*** (*round-robin modeling*), car l'analyste présente le modèle à chaque groupe au cours d'une série de réunions jusqu'à ce que tous les problèmes aient été abordés. Plusieurs itérations sont nécessaires car un groupe peut soulever un problème qui doit être confirmé par un autre groupe. La modélisation en chambre noire passe également d'un groupe à l'autre, mais les utilisateurs ne voient pas le modèle.

Nous commençons la modélisation en tourniquet par un modèle embryonnaire basé sur la documentation métier existante. Nous n'aimons pas commencer par une feuille blanche, car il s'agit d'une perte de temps qui met à rude épreuve la patience des utilisateurs. En revanche, un modèle embryonnaire stimule la discussion. Les utilisateurs constatent que l'analyste est bien préparé et peuvent se concentrer sur des aspects plus profonds.

Au cours des réunions, nous disons aux utilisateurs qu'ils sont les experts métier et que nous avons besoin de leur aide pour recueillir les exigences. En revanche, nous sommes les experts en informatique et ils doivent nous laisser gérer les détails. En règle générale, les utilisateurs poussent un soupir de soulagement. Nous ne nous attardons pas sur les formalismes et nous n'expliquons pas la notation au fur et à mesure. Les participants n'ont pas de problèmes, car nous expliquons en permanence le modèle.

Voici les avantages et les inconvénients de la modélisation en tourniquet :

- **Avantages.** Elle demande un nombre inférieur de réunions à la modélisation en chambre noire. Comme le modèle est bien en vue, l'analyste peut régler certains problèmes pendant les réunions. À l'opposé, dans la modélisation en chambre noire, l'analyste se contente de prendre des notes et peut passer à côté de détails importants.

- **Inconvénients.** Il faut toujours plusieurs itérations et il est inefficace de faire passer des idées entre les groupes d'utilisateurs. En cas de litige, il peut être difficile d'arriver à un accord. L'analyste se trouve dans la position inconfortable d'intermédiaire entre les groupes d'utilisateurs en conflit. La modélisation en chambre noire partage également cette faille. Certains utilisateurs ne comprennent pas les modèles ou peuvent les redouter. L'analyste est chargé de dissiper leurs inquiétudes.

22.4.3 Modélisation en direct

La ***modélisation en direct*** (*live modeling*) convient aux modélisateurs expérimentés. Nous organisons une réunion composée de dix à vingt personnes ayant différents centres d'intérêts – développeurs, responsables et plusieurs sortes d'experts métier. Pendant la réunion, nous construisons un modèle à la volée, en écoutant les suggestions, en émettant des commentaires, en décidant des noms et en convenant du périmètre. D'ordinaire, nous suivons le dialogue et nous faisons une pause lorsque nous sommes débordés. Nous projetons sur un écran le modèle que nous avons tracé grâce à un outil de modélisation. Une session type dure deux heures. Trois sessions suffisent à obtenir 80 % de la structure d'un modèle de cinquante classes. Les modèles vastes et complexes nécessitent des sessions supplémentaires. Entre chaque session, le modélisateur épure les diagrammes, documente le modèle et résout les questions demeurées ouvertes.

Le processus est stimulé par la taille et la diversité du groupe ; les participants réticents voient les autres réagir et souhaitent s'impliquer pour exprimer leur point de vue. Les commentaires émis par une personne en soulèvent d'autres. Cette méthode est particulièrement efficace avec les sceptiques.

Il est acceptable de commencer une modélisation en direct par une feuille blanche. Toutefois, l'analyste doit se préparer et se documenter sur l'application au préalable. Les idées arrivent rapidement et l'analyste doit se tenir prêt. Nous préparons parfois un modèle de base si nous possédons déjà des informations. Normalement, nous demandons à notre client de préparer un énoncé des exigences pour stimuler la discussion en cas de panne d'inspiration.

Nous sommes des facilitateurs actifs et non de simples secrétaires passifs. Nous posons des questions et nous interrogeons les participants lorsque leurs réponses semblent insatisfaisantes. Nous émettons des suggestions en nous appuyant sur notre expérience. Enfin, les experts métier prennent les décisions finales. Parfois, nous nous trouvons face à un problème de modélisation épineux que nous reportons à la prochaine réunion.

Nous sommes souvent confrontés à des discussions animées autour des noms. Celles-ci peuvent être utiles. Des noms appropriés évitent tout malentendu. Nous insistons pour que les experts métier attribuent des noms appropriés – des noms brefs qui ne conduisent pas à des interprétations ambiguës.

Voici les avantages et les inconvénients de la modélisation en direct :

- **Avantages.** Pour les modélisateurs expérimentés, il s'agit du meilleur moyen d'obtenir des informations de la part des utilisateurs. Nous pratiquons la modélisation en direct en permanence et les clients sont ravis de la rapidité de la progression. Les participants évoluent dans des domaines de connaissance différents et ont des perceptions différentes ; en travaillant ensemble au cours d'une même réunion, ils peuvent harmoniser leurs points de vue.

  Un second bénéfice important est que les réunions conduisent également les participants à communiquer. Les personnes issues de milieux différents et qui n'ont pas toujours le temps ou le désir de se parler se réunissent et échangent.

- **Inconvénients.** L'analyste doit parfaitement maîtriser la modélisation, être capable de conduire une réunion et savoir manier un outil de modélisation. Rares sont les développeurs qui réunissent toutes ces compétences. La modélisation en direct permet d'obtenir des informations sur une structure – des classes et des relations. Elle est moins efficace à l'heure de trouver des attributs, car il est difficile de coordonner un grand groupe pour obtenir des détails précis. D'autres sources d'informations peuvent fournir des attributs.

  La modélisation en direct ne convient pas aux applications complexes, comme celles qui nécessitent une métamodélisation intense. Nous recommandons dans ce cas la modélisation en chambre noire.

Le tableau 22.1 récapitule les avantages et les inconvénients des trois types de sessions de modélisation.

Tableau 22.1 • Points forts et points faibles des différentes approches de sessions de modélisation. Considérez les différentes approches ainsi que leurs avantages et leurs inconvénients.

	Modélisation en chambre noire (*back-room*)	**Modélisation en tourniquet (*round-robin*)**	**Modélisation en direct (*live*)**
Explication	Enregistrer les commentaires des utilisateurs et construire le modèle ultérieurement	Présenter le modèle aux groupes d'utilisateurs mais construire le modèle ultérieurement	Construire le modèle au cours d'une réunion avec tous les utilisateurs
Niveau de compétence nécessaire	Faible	Moyen	Très élevé
Productivité (pour un modèle de 50 classes)	Faible (environ quinze réunions de deux heures chacune)	Moyenne (environ douze réunions de deux heures chacune)	Très élevée (environ trois réunions de deux heures chacune)
Recommandation	Convient à un modélisateur débutant	Convient au modélisateur ayant une expérience des applications	Convient à un modélisateur très expérimenté

22.5 Organisation des ressources humaines

Comme le montre la figure 22.1, une entreprise de grande envergure peut répondre plus efficacement à la demande en réunissant quelques experts dans un groupe technologique de soutien pour les groupes de développeurs organisés en domaines fonctionnels. Le tableau 22.2 clarifie les rôles respectifs des groupes liés à la technologie et à l'application.

Le groupe technologique adopte la perspective de l'ensemble de l'entreprise. Il promulgue des normes et des techniques et prend en charge les groupes application. Placez les meilleurs modélisateurs et les experts dans ce groupe afin que leurs compétences puissent servir à tout le monde. Ce groupe ne doit pas développer d'applications. Cette tâche incombe aux groupes application. Il doit en revanche être le gardien des compétences avancées. La taille de ce groupe doit être réduite afin de limiter le surcoût.

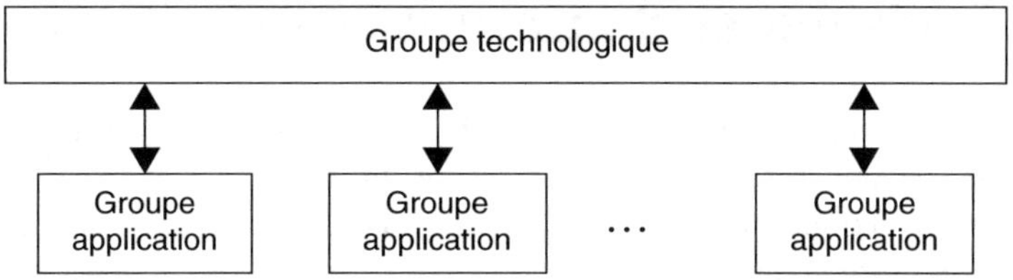

Figure 22.1 • Structure de l'entreprise. Un groupe technologique peut apporter son expertise aux groupes de développeurs organisés en domaines fonctionnels.

Tableau 22.2 • Groupes technologiques et groupes application. Une grande entreprise a besoin des deux types de groupes.

	Groupe technologique	**Groupe application**
Perspective	Ensemble de l'entreprise	Un domaine fonctionnel
Tâches correspondantes	Promulguer des normes et des techniques informatiques ; maintenir les modèles d'entreprise ; prendre en charge les groupes application	Développer les applications ; évaluer des produits en vue d'un éventuel achat
Compétences de modélisation requises	Expert	Bonne maîtrise
Nombre de groupes	Un par entreprise	Plusieurs par entreprise
Taille du groupe	Petite pour limiter le surcoût	Aussi grande que nécessaire pour couvrir le domaine fonctionnel

Les groupes application jouent un rôle différent. Ils sont chargés de comprendre le métier et de transférer des connaissances entre applications correspondantes. Les membres du groupe application doivent travailler en étroite collaboration avec leurs homologues métier. Les développeurs doivent maîtriser correctement la modélisation, même si les meilleurs modélisateurs se trouvent dans le groupe technologique.

Certaines entreprises s'organisent différemment ; elles placent tous les modélisateurs dans un groupe technologique et les « prêtent » aux développeurs d'applications pour la modélisation. Nous vous mettons en garde contre cette organisation. La modélisation est un tel stimulant pour les idées et le dialogue qu'elle doit s'étendre à l'ensemble de l'organisation informatique. (À cet effet, il est également bénéfique que du personnel commercial et marketing s'initie aux modèles.) La modélisation est la *lingua franca* du développement logiciel, et les développeurs d'applications doivent construire des modèles pour eux-mêmes.

22.6 Techniques d'apprentissage

Une personne peut entreprendre plusieurs initiatives pour apprendre la modélisation. Elle peut en entreprendre certaines seule, tandis que d'autres nécessitent un soutien. Ce conseil concerne aussi bien les étudiants de l'enseignement supérieur que les praticiens de l'industrie.

- **Formation et tutorat.** Les universités et les organismes de formation privés proposent des cours qui expliquent les concepts de la modélisation et comment les mettre en œuvre. Il est préférable de suivre cette formation peu de temps avant de la mettre en pratique sur un projet réel (quelques semaines avant). Évitez de suivre une formation avec trop d'anticipation : vous risquez d'en oublier une grande partie.

  Renforcez votre formation grâce au tutorat. Les développeurs ont besoin d'une aide dynamique pour mettre en pratique le contenu de leur formation. Les modélisateurs débutants manquent d'assurance et ont besoin d'expérience pour savoir quoi représenter. Il ne suffit pas d'introduire des ressources extérieures pour couvrir un projet. Il doit s'établir un transfert de connaissances entre les ressources extérieures et les développeurs internes.

- **Travail en équipe.** Les modèles d'application doivent être construits par des équipes de petite taille composées au départ de développeurs, d'experts métier et de consultants externes. Après quelques applications, une entreprise ne doit plus avoir besoin de consultants externes, et les meilleurs modélisateurs internes devraient être en mesure de fournir l'expertise nécessaire. L'objectif du travail en équipe consiste à diffuser au sein d'une société les connaissances concernant à la fois la technologie informatique et les aspects métier.

- **Séminaires.** Les séminaires réguliers sont une source de formation rentable. Une entreprise doit encourager les développeurs à animer des séminaires techniques. Ils leur permettent en effet de communiquer et d'échanger des idées. Les développeurs tirent profit des différents projets et peuvent exploiter les efforts résultants. Les séminaires offrent un soutien entre pairs permettant de gérer les difficultés de la modélisation.

- **Formation continue.** Les développeurs devraient s'efforcer de trouver de nouvelles idées et d'adopter les meilleures pratiques de la communauté logicielle au sens large. Le fait d'assister régulièrement à des conférences techniques et à des réunions professionnelles est très utile. Les livres et les magazines fournissent également des idées utiles.

- **Revues techniques.** Des revues techniques formelles encouragent la communication et sont source d'apprentissage à la fois pour les présentateurs et pour ceux qui jouent le rôle de critiques. Les revues permettent aux membres de l'équipe technique d'échanger et de s'entraider (voir section 22.3).

22.7 Techniques d'enseignement

Il existe plusieurs manières d'enseigner la modélisation, chacune avec ses avantages et ses inconvénients.

- **Par induction.** Une personne apprend à modéliser uniquement par la *pratique* et non de façon *théorique*. Au fil des ans, nous avons testé plusieurs techniques et celle-ci nous est apparue comme étant la méthode la plus rapide pour aborder la modélisation. Lorsque nous conduisons des sessions de modélisation (voir section 22.4), nous omettons le préambule qui consisterait à expliquer les bases de la modélisation (même si de nombreux participants n'ont aucune expérience) et nous attaquons directement par la modélisation du problème de l'application. Au bout de plusieurs sessions, les participants possèdent un bon point de départ pour leur application et ont commencé en même temps à apprendre à modéliser.
- **Par la pratique.** Les étudiants doivent disposer de beaucoup d'exercices et de travaux pratiques. Ils doivent résoudre des problèmes provenant de domaines très divers, avec des données, des niveaux d'abstraction et des degrés de difficulté différents.
- **Par la correction.** Les étudiants commettent souvent des erreurs de modélisation et il est difficile de tout anticiper. Commettre des erreurs et les voir corriger fait également partie du processus d'apprentissage. Les étudiants apprennent de leurs erreurs et de celles de leurs pairs – grâce au travail en groupe ou à la présentation d'exposés en classe. Les exposés peuvent être obligatoires dans un cursus universitaire, mais ils sont volontaires dans une formation en entreprise.
- **Par la mise en œuvre.** Il est important que les étudiants comprennent que les modèles peuvent être facilement mis en œuvre. Ils doivent avoir conscience que tout modèle que l'on peut exprimer peut être implémenté de manière solide, prévisible et efficace. Toutefois, arrivés ce stade, ils doivent mettre de côté les problèmes d'implémentation et réfléchir directement en termes de modèles.
- **Par l'apprentissage.** On peut également envisager un enseignement personnalisé plutôt qu'un enseignement de masse. Un modélisateur débutant peut apprendre en développant une relation de travail étroite avec un modélisateur professionnel. Cette forme d'enseignement convient aux non débutants.
- **Par les *patterns*.** Lorsque nous modélisons, nous réfléchissons en termes de *patterns* (voir chapitre 14). Nous rencontrons des situations d'application, reconnaissons leurs fondements mathématiques abstraits puis nous passons à un *pattern*. Un *pattern* fournit une solution éprouvée et juste à un problème standard, qui a été étudiée par des experts et est réputée fonctionner correctement. Il existe de nombreux types de *patterns* : analyse, architecture, conception et implémentation. En revanche, il s'agit de savoir quand les appliquer. Même s'ils sont importants, les *patterns* ne couvrent qu'une partie d'un modèle.

22.8 Outils

Tout effort de développement logiciel sérieux exige des outils – outils de modélisation, de gestion de configuration, de génération du code, de simulation, de compilation, de débogage, d'évaluation des performances, etc. En raison de la variété des produits, nous n'essaierons pas de les aborder ici. Nous nous concentrerons plutôt sur ceux qui concernent directement la modélisation et indiquerons les principaux fournisseurs.

22.8.1 Outils de modélisation

Les applications de grande envergure (cinquante classes ou plus) ont besoin d'un outil de modélisation puissant. Le premier bénéfice d'un outil se traduit par l'accroissement de la productivité. Le principal avantage est qu'il peut permettre d'approfondir la réflexion. Les outils permettent d'accélérer la construction des modèles et d'organiser les informations sur les classes pour les rendre facilement accessibles. Les outils aident les débutants à observer la syntaxe et à éviter des erreurs courantes. IBM Rational Rose XDE, Rhapsody, Magic Draw, Together/J et Enterprise Architect sont les outils les plus puissants pour la notation UML.

Si les applications de petite taille peuvent se passer d'outils de modélisation puissants, ils s'avèrent toutefois utiles – la modélisation est primordiale pour une pensée claire, et l'exploitation d'un outil simplifie la construction du modèle. Étant donné la disponibilité d'outils bon marché et de licences sur site, rien ne justifie généralement de s'en passer.

22.8.2 Outils de gestion de configuration

Toute application digne de ce nom s'accompagne de nombreux fichiers – des fichiers pour les programmes (code source, code compilé et code exécutable), la documentation (pour les utilisateurs, les administrateurs et le personnel de maintenance) et les données (données de configuration, métadonnées et données de test). Dans la pratique, il est difficile de tous les coordonner, et l'on a recours à des outils de gestion de configuration. Ceux-ci améliorent l'efficacité du développeur et réduisent les risques de perdre un travail utile.

[Presman] énumère cinq tâches liées à la gestion de la configuration.

- **Identification.** Un outil de gestion de configuration doit fournir un mécanisme permettant d'identifier chaque fichier d'une configuration et de le relier aux autres fichiers.
- **Contrôle des versions.** Une organisation doit être en mesure de suivre les différentes versions d'un fichier à mesure qu'il évolue. Il est parfois nécessaire de revenir à d'anciens fichiers (pour trouver la cause d'un bogue par exemple).
- **Contrôle des changements.** Une organisation doit désigner les personnes habilitées à approuver des changements ainsi qu'à synchroniser le travail de l'équipe de

développement. Les opérations d'archivage (*check-in*) et d'extraction (*check-out*) des fichiers représentent un protocole très connu.

- **Journalisation.** Un outil de gestion de la configuration conserve un journal des accès. Les utilisateurs peuvent accéder au journal et déterminer les révisions précises apportées à des fichiers précis, ainsi que la personne à l'origine du changement et sa date.
- ***Reporting.*** Il doit exister un moyen de communiquer les changements aux autres intervenants.

Vous pouvez ignorer la gestion de la configuration de certains modèles si une seule personne est chargée de la modélisation et qu'elle effectue avec soin les sauvegardes nécessaires. Toutefois, une approche *ad hoc* devient d'autant plus complexe que le nombre des modèles et des modélisateurs augmentent. Si vous devez gérer plusieurs modèles et coordonner une équipe de plusieurs personnes, utilisez un logiciel de gestion de configuration.

ClearCase de IBM Rational, PVCS de Merant, Visual SourceSafe de Microsoft et le gestionnaire CVS appartenant au domaine public figurent parmi les outils les plus répandus.

22.8.3 Générateurs de code

Bon nombre d'outils de modélisation sont capables de générer du code applicatif. L'outil de modélisation type peut générer des déclarations de données pour un programme ou une base de données. Certains outils peuvent générer du code algorithmique, mais cela est plus complexe. Un outil pourrait être capable par exemple de générer du code de programmation à partir d'un diagramme d'états.

Indépendamment des outils utilisés, les développeurs doivent être attentifs au code généré et le contrôler régulièrement pour s'assurer de son exactitude et de son efficacité. Certains outils génèrent un code de mauvaise qualité contenant des erreurs difficiles à localiser. De même, à notre grande surprise, le code généré de certains outils présente des erreurs grossières. Si vos développeurs prêtent attention au résultat produit par un outil, ils en comprendront mieux le fonctionnement.

22.8.4 Outils de simulation

Les outils peuvent également servir à prévoir le comportement et la performance d'une application finie. Certains outils simulent les performances et le comportement du logiciel fini avant sa construction. Statemate de la société i-Logix simule par exemple des diagrammes d'états.

22.8.5 Référentiels

Les référentiels sont également importants pour le développement d'applications, car ils stockent les métadonnées qui permettent aux différents outils de communiquer.

Les référentiels figurent au centre de l'utilisation d'outils. Comme ils sont en rapport avec des métadonnées, ils sont difficiles à déployer, mais, utilisés efficacement, ils peuvent améliorer l'exploitation d'outils individuels. Allen System Group, Computer Associates, IBM et Microsoft proposent des logiciels pour la gestion des référentiels.

22.9 Estimation de l'effort de modélisation

Tout effort de développement logiciel se justifie par une proposition économique. Les gestionnaires évaluent le coût de la construction du logiciel ainsi que les revenus résultants et les économies d'échelle. La modélisation représente une petite partie (moins de 10 %) de l'effort global. Voici les facteurs qui affectent l'effort de modélisation :

- **Complexité de l'application.** Les applications tangibles sont plus simples ; les applications très abstraites demandent plus de temps. Par exemple, il est plus aisé de construire un logiciel pour gérer les appels téléphoniques des clients que de construire un système destiné à gérer tous les types d'interactions avec les clients.
- **Compétences.** Un modélisateur expérimenté travaille beaucoup plus vite qu'un modélisateur débutant. En outre, un modélisateur expérimenté est plus susceptible de produire un modèle de qualité avec des abstractions judicieuses.
- **Outils.** Il est utile si le développeur a accès à un outil de modélisation puissant et qu'il sait bien s'en servir.
- **Taille du modèle.** Le temps de construction d'un modèle n'est pas proportionnel à sa taille. Le temps de modélisation est approximativement proportionnel au nombre de classes élevé à la puissance un et demi. En conséquence, la construction d'un modèle de 500 classes prend environ 30 fois plus de temps qu'un modèle de 50 classes.
- **Revues.** Une revue minutieuse réduit le nombre d'itérations nécessaires pour un modèle.

Au regard de ces facteurs, la plupart des modèles demandent entre deux semaines et six mois d'efforts.

Résumé

Ce chapitre aborde plusieurs sujets permettant d'aider une entreprise à assimiler la technologie de la modélisation.

Dans la pratique, il existe plusieurs catégories de modèles – modèle d'application, métamodèle, modèle d'entreprise et modèle d'évaluation du produit – avec des motivations, des caractéristiques et un contenu différents. Bon nombre de développeurs sous-estiment la manière d'exploiter correctement la modélisation en fonction de ces catégories. Par exemple, un modèle d'entreprise ne peut pas contenir tous les détails de l'application sans devenir trop lourd. Il est également possible d'utiliser des modèles pour évaluer des achats.

Les modèles possèdent de nombreux avantages mais, à l'instar de toute technologie, ils impliquent également des risques. Nous avons identifié certains risques majeurs et noté les actions qu'une entreprise peut entreprendre pour les réduire.

Il existe plusieurs manières d'entraîner les utilisateurs dans le processus de modélisation. Nous avons répertorié plusieurs types d'interactions – modélisation en chambre noire, en tourniquet et en direct – avec leurs avantages et leurs inconvénients.

Une personne peut entreprendre plusieurs actions pour apprendre à modéliser, dont la formation, le tutorat, le travail en équipe, les séminaires, la formation continue et les revues techniques.

De même, il existe plusieurs manières d'enseigner la modélisation. L'induction est l'une des méthodes les plus employées – une personne apprend à modéliser par la pratique et non de façon théorique. Les enseignants doivent permettre aux étudiants d'avoir une expérience intensive des modèles et leur donner l'occasion de corriger leurs erreurs. Les étudiants doivent comprendre que les modèles peuvent être facilement implémentés, mais ils doivent pour cela raisonner directement en termes de modèles. Les modélisateurs professionnels reconnaîtront des *patterns* et les appliqueront.

Tout effort de développement digne de ce nom nécessite des outils. Nous avons mentionné les plus importants et avons proposé des critères de choix. Nous vous avons également donné quelques conseils pour l'évaluation de l'effort de modélisation.

abstraction	induction	*pattern*
apprentissage	méta-modèle	piège de modélisation
documentation	modèle d'application	référentiel
estimation	modèle d'entreprise	révision du modèle
évaluation du produit	modélisation en chambre noire	revue technique
formation	modélisation en direct	séminaire
formation continue	modélisation en tourniquet	soutien des pairs
génération de code	outils de modélisation	travail en équipe
gestion de configuration	outils de simulation	tutorat

Figure 22.2 • Concepts clés du chapitre 22.

Notes bibliographiques

Cet ouvrage ne parle pas beaucoup de questions de gestion de projet comme la planification, l'évaluation, le coût d'un projet, les métriques, l'affectation du personnel et les dynamiques d'équipe. Il s'agit de sujets importants qui sont traités dans d'autres livres comme [Pressman-97] et [Blaha-01].

Dans [Colwell-03], Robert Colwell évoque certaines de ses expériences de première main en matière de revues de conception et souligne leur importance pour la qualité.

[Berndtsson-04] décrit son expérience relative à l'enseignement de trois configurations de cours d'analyse et de conception orientées objet sur une période de neuf ans. Voici ses conclusions :

- **Le succès en programmation n'est pas un indicateur de réussite en modélisation.** 65 % des étudiants doués en programmation orientée objet s'en sortent de façon médiocre dans un cours de modélisation orientée objet.
- **Le succès en modélisation est un indicateur de réussite en programmation.** 84 % des étudiants doués en modélisation orientée objet s'en sortent également bien dans un cours de programmation orientée objet.
- **L'abstraction est la principale difficulté de la modélisation.** Il existe une très forte corrélation entre les notes obtenues par les étudiants dans un cours de modélisation orientée objet (niveau d'abstraction élevée) et les notes obtenues dans un cours sur les systèmes répartis (niveau d'abstraction également élevé).

[Box-00] conclut que la technologie orientée objet implique plus d'abstraction que l'ancienne technique de programmation structurée. Les auteurs considèrent que l'abstraction est la compétence la plus difficile à apprendre.

Références

[Berndtsson-04] Mikael Berndtsson, *Teaching Object-Oriented Modeling and Design, Draft paper,* 2004.

[Blaha-01] Michael R. Blaha, *A Manager's Guide to Database Technology : Building and Purchasing Better Applications,* Upper Saddle River, NJ, Prentice Hall, 2001.

[Blaha-04] Michael Blaha, "A Copper Bullet for Software Quality Improvement", *IEEE Computer,* 21-25, février 2004.

[Boehm-01] Barry Boehm et Victor R. Basili, "Software Defect Reduction Top 10 List", *IEEE Computer,* 135-137, janvier 2001.

[Box-00] Roger Box et Michael Whitelaw, *Experiences when Migrating from Structured Analysis to Object-Oriented Modeling, Fourth Australasian Computing Education Conference,* Melbourne, Australie, 12-18, 4-6 décembre 2000.

[Colwell-03] Bob Colwell, "Design Reviews", *IEEE Computer,* 8-10, octobre 2003.

[Pressman-97] Roger S. Pressman, *Software Engineering : A Practitioner's Approach,* fourth edition, NY, McGraw-Hill, 1997.

23

Systèmes patrimoniaux[1]

La plupart des développements ne concernent pas de nouvelles applications mais plutôt l'évolution d'applications existantes. Il est rare d'avoir à construire une application complète *ex nihilo*. Même lorsque vous avez à construire une nouvelle application, vous aurez besoin de collecter des informations à partir d'applications existantes et de les intégrer à la nouvelle. Vous pouvez récupérer des exigences, des idées, des données et du code.

Il est difficile de modifier une application si vous ne comprenez pas sa conception. Si une application a été conçue dès le départ à partir de modèles OO corrects, vous pouvez les utiliser pour comprendre et faire évoluer l'application. En cas d'absence ou de perte des modèles, commencez par construire un modèle de l'existant.

23.1 Rétro-ingénierie

La *rétro-ingénierie* est le processus qui consiste à examiner les artefacts de l'implémentation et qui en déduit la logique sous-jacente. Elle prend ses origines dans l'analyse du matériel, où le déchiffrage des conceptions à partir de produits finis est une pratique courante [Rekoff-85]. Les modèles simplifient la rétro-ingénierie, car ils peuvent exprimer aussi bien des concepts abstraits que des choix d'implémentation.

Au moment de construire de nouvelles applications, la rétro-ingénierie permet de récupérer des informations utiles. Elle ne vise pas à perpétuer les erreurs précédentes. La rétro-ingénierie doit déterminer ce qu'il faut conserver et ce qu'il faut écarter. Vous devez considérer les modèles obtenus par rétro-ingénierie simplement comme une source d'exigences pour une nouvelle application.

La rétro-ingénierie nécessite du discernement – les décisions interprétatives prises par le développeur – et ne peut être totalement automatisée. Les outils sont uniquement capables de prendre en charge le volume de code à traiter et les tâches de

1. *Legacy systems.*

routine. Toutefois, les outils actuels ont du mal à accepter les décisions humaines. Bon nombre d'outils de modélisation génèrent un modèle initial, mais celui-ci se limite à une simple représentation visuelle de la structure du programme. La personne chargée de la rétro-ingénierie doit surmonter au moins deux problèmes relatifs au code du programme : l'extraction d'informations obscures ou perdues et la découverte de comportements implicites.

23.1.1 Rétro-ingénierie et ingénierie directe

Comme le montre le tableau 24.1, la rétro-ingénierie est l'inverse d'un développement normal (ingénierie directe) ; vous commencez par l'application en cours et remontez en arrière pour en déduire les exigences qui ont engendré le logiciel.

Tableau 24.1 • Ingénierie directe vs rétro-ingénierie. La rétro-ingénierie est l'opposé de l'ingénierie directe et requiert un état d'esprit différent.

Ingénierie directe	Rétro-ingénierie
Pour des exigences données, développer une application.	Pour une application donnée, déduire des exigences probables.
Plus certaine. Le développeur dispose d'exigences et doit livrer une application qui les implémente.	Moins certaine. Une implémentation peut engendrer des exigences différentes en fonction de l'interprétation du rétro-ingénieur.
Prescriptive. On indique aux développeurs comment travailler.	Adaptative. Le rétro-ingénieur doit découvrir ce que le développeur a réellement fait.
Plus mature. Le personnel compétent est immédiatement disponible.	Moins mature. Le personnel compétent est rare.
Gourmande en temps (des mois et des années de travail).	Peut s'accomplir de 10 à 100 fois plus rapidement que l'ingénierie directe (de quelques jours à quelques semaines de travail).
Le modèle doit être correct et complet, ou l'application échoue.	Le modèle peut être imparfait. La récupération d'informations partielles est toujours utile.

23.1.2 Entrées de la rétro-ingénierie

Avec la rétro-ingénierie, vous devez vous montrer ingénieux et examiner toutes les entrées. Les informations disponibles varient considérablement en fonction des problèmes.

- **Code des programmes.** Le code source des programmes peut être une source riche d'informations. Les outils peuvent vous aider à comprendre le flux de contrôle et la structure des données. Les commentaires et les noms évocateurs des variables, des fonctions et des méthodes peuvent étayer votre compréhension.

- **Structure des bases de données.** Si l'application possède une base de données, vous pouvez également apprendre d'elle. La base de données spécifie la structure des données et de nombreuses contraintes, de façon précise et explicite.
- **Données.** Si des données sont disponibles, vous pouvez découvrir une grande partie de leur structure. Un programme applicatif complet ou encore des utilisateurs disciplinés peuvent apporter des données de meilleure qualité que la structure des données ne le laisse sous-entendre. Pour les systèmes de grande taille, vous devez prélever un échantillon de données pour parvenir à des conclusions provisoires, puis les explorer davantage pour vérification. L'examen de données ne permet pas de démontrer beaucoup de propositions, mais plus vous trouverez de données plus vraisemblable sera la conclusion.
- **Formulaires et rapports.** Des titres et des agencements suggestifs peuvent clarifier la structure des données et la logique de traitement. Les définitions de formulaires et de rapports sont particulièrement utiles si leur liaison aux variables est disponible. Une approche empirique consiste à entrer des valeurs connues et inhabituelles pour établir la liaison entre les formulaires et les variables sous-jacentes.
- **Documentation.** Les problèmes diffèrent en fonction de la qualité, de la quantité et du type de la documentation. Celle-ci offre un contexte à la rétro-ingénierie. Les guides utilisateur sont particulièrement utiles. Vous pouvez avoir accès à des dictionnaires de données, qui répertorient les entités importantes et donnent leurs définitions. Méfiez-vous des documentations, car elles peuvent se périmer et ne plus concorder avec le code de l'application.
- **Compréhension de l'application.** Mieux vous comprendrez une application et meilleures seront vos déductions. Les experts des applications peuvent être disponibles pour répondre à vos questions sur l'application et vous expliquer sa logique. Vous pourrez exploiter des modèles issus d'applications connexes.
- **Cas de test.** Les cas de test sont conçus pour tester le flux de contrôle normal et les situations inhabituelles. Ils offrent parfois des indications utiles.

23.1.3 Sorties de la rétro-ingénierie

La rétro-ingénierie comprend plusieurs sorties utiles.

- **Modèles.** Le modèle véhicule le périmètre et la finalité du logiciel. Il sert de base pour comprendre le logiciel d'origine et pour construire son successeur.
- **Correspondances.** Vous pouvez lier des attributs du modèle à des variables. Plus généralement, vous pouvez lier du code de programmation à des modèles d'états et d'interactions.
- **Journaux.** Les rétro-ingénieurs devraient enregistrer leurs observations et les questions en suspens. Un journal documente les décisions et la logique.

23.2 Construction du modèle de classes

Commencez par construire un modèle de classes de l'application afin de comprendre les classes et leurs relations. Nous vous suggérons de procéder en trois phases distinctes : récupération de l'implémentation, récupération de la conception et récupération de l'analyse.

23.2.1 Récupération de l'implémentation

Commencez par faire rapidement connaissance avec l'application et créez un modèle de classes initial. Si le programme est écrit dans un langage orienté objet, vous pouvez récupérer directement des classes et des généralisations. Sinon, vous devrez étudier les structures des données et les opérations et déterminer manuellement les classes. Si la conception du système n'est pas correcte, vous n'obtiendrez pas de résultat satisfaisant. Tâchez d'éviter à ce stade toute inférence autre que la représentation de classes. Il est utile de disposer d'un modèle initial orienté vers l'implémentation.

23.2.2 Récupération de la conception

Sondez ensuite l'application pour récupérer des associations. L'implémentation classique d'une association est un attribut pointeur unique. La multiplicité dans le sens du pointeur est habituellement claire. En revanche, la multiplicité en sens inverse n'est souvent pas déclarée et vous devez la déterminer à partir des connaissances générales ou en examinant le code.

Bon nombre d'implémentations utilisent une collection de pointeurs pour implémenter une association avec la multiplicité « plusieurs ». Le modèle initial généré pointe alors vers une classe-collection et non vers la classe des éléments. Vous devez transférer l'association vers la classe des éléments et adapter en conséquence la multiplicité. Les classes-collections sont des mécanismes qui ne devraient pas apparaître dans la plupart des modèles d'analyse ou de conception. Vous pouvez les indiquer sur les associations comme des implémentations recommandées dans le cas d'une direction « plusieurs ».

Parfois, les pointeurs implémentent les deux directions d'une association. Dans ce cas, vous devez identifier les pointeurs en correspondance et les consolider. Vous devriez vous méfier si deux classes possèdent des attributs pointeurs l'une vers l'autre. Si vous appliquez la rétro-ingénierie au modèle initial à l'aide d'un outil, il y aura une association pour chaque pointeur. Vous devrez en supprimer une et déplacer ses informations vers la direction opposée de l'autre association.

La limite inférieure d'une multiplicité est généralement définie à 0 ou à 1. Elle est définie à « 0 » si l'objet cible est initialisé dans le code source, mais s'il n'est pas certain quand l'initialisation aura lieu. La limite inférieure est de « 1 » si l'objet cible est initialisé au moment de la création de l'objet, comme dans le constructeur ou dans le bloc d'initialisation d'une classe.

23.2.3 Récupération de l'analyse

Interprétez enfin le modèle, raffinez-le et rendez-le plus abstrait. Supprimez tout artefact de conception restant et corrigez toutes les erreurs. Assurez-vous de vous être débarrassé de toutes les informations redondantes ou signalez-les. C'est également le moment de revoir le modèle. Est-il lisible et cohérent ? Conciliez les résultats de la rétro-ingénierie avec les modèles d'autres applications et la documentation. Montrez votre modèle à des experts des applications et intégrez leurs conseils.

Si votre code source n'est pas orienté objet, vous devrez inférer les généralisations en identifiant les ressemblances et les différences de structure et de comportement. Vous devrez également vous appuyer sur votre compréhension de l'application et étudier attentivement le code pour déterminer les agrégations et les compositions. Par exemple, des objets ayant des durées de vie identiques suggèrent la composition. Il vous faudra également comprendre l'application et le code pour identifier les qualificateurs et les classes-associations.

Vous pouvez ajouter des packages pour organiser les classes, les associations et les généralisations. Vous pouvez combiner les classes dans plusieurs fichiers sources pour former un package ou répartir un gros fichier de code sur plusieurs packages.

23.3 Construction du modèle d'interactions

L'objectif de chaque méthode est habituellement suffisamment clair. En revanche, il est plus difficile de comprendre à partir du code la manière dont les objets interagissent pour réaliser les buts du système. Le problème est que le code est intrinsèquement réductionniste : il décrit comment chaque élément fonctionne par lui-même. *A contrario*, la signification du système dans son ensemble est holistique : les interactions émergentes entre les objets lui donnent son sens. C'est à ce titre que le modèle des interactions vous offre une compréhension globale.

Vous pouvez ajouter des méthodes au modèle de classes grâce au découpage. Une ***tranche*** est un sous-ensemble d'un programme qui conserve une projection spécifiée de son comportement [Weiser-84]. Vous obtenez un découpage en marquant le code d'origine à conserver. Ensuite, marquez de manière récursive toutes les déclarations utilisées par le code retenu. Le code ainsi accumulé vous permet de projeter un extrait de comportement à partir du programme d'origine. Ainsi, le découpage est un moyen de convertir du code procédural en une représentation OO centrée sur les objets.

Comme le souligne [Weiser-82], les programmeurs raisonnent naturellement en termes de tranches. Celles-ci tirent leur puissance de quatre facteurs : 1) on peut les trouver automatiquement, 2) elles sont en règle générale plus petites que le programme dont elles sont issues, 3) elles s'exécutent indépendamment les unes des autres, et 4) chacune reproduit exactement une projection du comportement du programme d'origine [Weiser-84]. Utilisez un diagramme d'activités pour représenter une méthode extraite afin de comprendre la séquence du traitement et le flux des données vers différents objets. Construisez ensuite des diagrammes de séquence à partir des diagrammes d'activité pour plus de simplicité.

23.4 Construction du modèle d'états

Si vous étudiez une interface utilisateur, un modèle d'états peut s'avérer utile. Sinon, ils ne sont pas dominants dans le reste du code d'une application.

Si vous avez besoin de construire un modèle d'états, procédez comme suit. Comme entrée, vous avez des diagrammes de séquence issus de la construction du modèle d'interactions. Vous devez combiner les différents diagrammes de séquence pour une classe en ordonnant les événements et en ajoutant des branchements conditionnels et des instructions itératives (voir chapitre 13).

Vous pouvez enrichir les diagrammes de séquence en étudiant le code et en effectuant des tests dynamiques. Il est utile de trouver tous les états possibles pour chaque classe ayant un modèle d'états. Le début et la fin dans les modèles d'états correspondent à la construction et à la destruction des objets.

23.5 Conseils relatifs à la rétro-ingénierie

Voici quelques conseils utiles pour appliquer la rétro-ingénierie et construire des modèles de classes, des modèles d'interactions et des modèles d'états.

- **Distinguer les suppositions des faits.** La rétro-ingénierie engendre des hypothèses. Vous devez parfaitement comprendre l'application avant de pouvoir tirer des conclusions fermes. Au fil du processus, vous pouvez avoir besoin de revenir sur les choix passés et les modifier.

- **Utiliser un processus souple.** Nous adaptons le processus de rétro-ingénierie au problème. Le genre de problèmes et les entrées disponibles varient considérablement. Faites preuve de jugement, car vous êtes un train de résoudre un problème de grande envergure.

- **S'attendre à de multiples interprétations.** En rétro-ingénierie, il n'existe pas de réponse unique. Des interprétations différentes génèrent des modèles différents. Plus vous disposerez d'informations et moins les personnes chargées de la rétro-ingénierie seront amenées à des appréciations différentes.

- **Ne pas se laisser décourager par des résultats approximatifs.** Il vaut la peine de consacrer un peu de temps pour obtenir 80 % de la signification d'une application. Ayez recours aux techniques classiques d'ingénierie directe (comme l'interrogation d'utilisateurs bien informés) pour glaner les 20 % restants. De nombreuses personnes déplorent ce manque de perfection, car cela représente un changement de paradigme par rapport à l'ingénierie directe.

- **S'attendre à des éléments insolites.** Les développeurs, et même les experts, ont recours à l'occasion à des éléments peu courants. Dans certains cas, vous ne serez pas en mesure de générer un modèle complet et précis car celui-ci n'a jamais existé.

- **Être attentif à la cohérence du style.** Un logiciel est généralement conçu en s'appuyant sur une stratégie cohérente, y compris des violations à bon escient des bonnes pratiques de conception. En règle générale, vous pouvez examiner un extrait de logiciel et en déduire la stratégie sous-jacente.

23.6 Wrapping

Certaines applications sont fragiles et difficile à comprendre – elles peuvent avoir été écrites depuis un certain temps et manquer de documentation. On peut également être privé des conseils des développeurs d'origine. Les modifications peuvent menacer leur viabilité et risquent d'introduire des bogues. En conséquence, bon nombre d'entreprises évitent de trop modifier ces applications. Elles préfèrent isoler le code et construire autour un *wrapper.*

Un ***wrapper*** (enveloppe) est une collection d'interfaces qui contrôlent l'accès à un système. Il est composé d'un ensemble de classes frontières (*boundaries*) qui fournissent les interfaces et il devrait être conçu selon les bons principes OO. Les méthodes des classes frontières appellent le système existant en utilisant les opérations existantes. Une méthode frontière peut impliquer plusieurs opérations existantes et empaqueter des données à partir de plusieurs emplacements. Les appels vers du code existant sont souvent impropres, mais les classes frontières masquent les détails à l'extérieur. Le code source peut être orienté objet ou non. Le *wrapping* préserve la forme du logiciel existant et permet d'accéder à sa fonctionnalité.

De nombreuses applications existantes possèdent des fonctionnalités confuses, imprévisibles ou complexes. Il est souvent possible d'extraire un noyau de fonctionnalités plus fondamental, plus simple d'utilisation et mieux testé. Dans ce cas, un *wrapper* offre une interface propre pour exposer la fonctionnalité de base. Certaines caractéristiques de l'application d'origine sont perdues, mais ce sont habituellement les plus douteuses.

Si vous ajoutez une nouvelle fonctionnalité, vous pouvez le faire sous la forme d'un package distinct. Concevez-le en respectant les bonnes pratiques des principes OO. Tâchez de réduire les interactions avec le système existant et faites en sorte qu'elles soient aussi uniformes que possible.

Prenez par exemple une application Web. Le code d'origine peut être une application de banque existante écrite en Cobol et s'exécutant sur du matériel ancien. Le *wrapping* peut exposer la logique Cobol sous forme de méthodes orientées objet, qui peuvent être reliées à une interface Web moderne. Le code hérité doit toujours être maintenu, mais sa maintenance n'est que peu affectée par l'existence de l'interface Web. Le code réel qui est exécuté pour l'application Web est épouvantable, mais il fonctionne tant que la maintenance de la logique Cobol sous-jacente n'entrave pas les méthodes du *wrapper.*

Le *wrapping* est une solution temporaire, car un *wrapper* est fortement limité par l'organisation (souvent accidentelle) du système patrimonial. Au final, la combinaison de l'ancien code d'origine, du *wrapper* et du nouveau code dans un format différent devient si peu maniable qu'il faut tout réécrire.

Sneed propose d'utiliser XML comme passerelle de communication entre le logiciel existant à l'intérieur et le monde moderne à l'extérieur. Les programmeurs faisant preuve à divers degrés de sophistication et de modernité peuvent interagir par l'intermédiaire de XML [Sneed-01]. Sneed constate également que le *wrapping* sert à la fois des intérêts technologiques et sociaux. Il ne vient pas interférer avec les artefacts de l'ancien code. Il permet aux personnes chargées du maintien des programmes de conserver leurs modèles mentaux du logiciel, ce qui facilite la maintenance quotidienne du code enveloppé.

23.7 Maintenance

De nombreux ouvrages consacrés aux logiciels traitent la maintenance comme un élément monolithique. Nous pensons toutefois que le point de vue de Rajlich et Bennett est plus perspicace. D'après [Rajlich-00], un logiciel passe par cinq étapes.

- **Développement initial.** Les développeurs créent le logiciel.
- **Évolution.** La fonctionnalité et l'architecture du logiciel subissent des changements majeurs. On a recours au refactoring pour préserver la qualité du logiciel.
- **Utilisation.** Les compétences techniques disponibles ont été réduites soit en raison des événements, soit par choix délibéré. Les changements du logiciel sont limités à des correctifs mineurs et à de simples modifications des fonctionnalités. À ce stade, le logiciel prend le chemin inexorable de l'obsolescence et le *wrapping* devient une technologie appropriée.
- **Élimination progressive.** Le vendeur continue à percevoir les revenus de son produit, mais il planifie déjà son retrait.
- **Arrêt.** Le produit est retiré du marché et les clients sont orientés vers un autre logiciel.

Il n'existe aucune barrière rigide entre ces cinq étapes, mais on assiste à un déclin continu de la qualité technique du logiciel dans le temps. Les auteurs ont constaté également que certaines versions d'un logiciel peuvent passer par ces cinq étapes, mais uniquement pour être remplacées par d'autres versions.

L'objectif du génie logiciel est de ralentir ce déclin et de maintenir le logiciel aux étapes d'évolution et d'utilisation aussi longtemps que possible. Dans tous les cas, l'objectif de la direction d'une entreprise est d'éviter un glissement accidentel du logiciel et elle n'autorise les migrations que si elles sont bien pensées.

Résumé

La plupart des développements n'impliquent pas de nouvelles applications mais plutôt l'évolution d'applications existantes. De même, en tant qu'informaticien, vous devez être capable de faire évoluer des applications existantes et les intégrer. Vous pouvez récupérer des exigences, des idées, des données et du code à partir d'applications existantes. La rétro-ingénierie est une technologie décisive pour les applications existantes (*legacy applications*).

Le but de la rétro-ingénierie est de récupérer des informations issues de systèmes anciens et de les reporter. La rétro-ingénierie ne vise *pas* à perpétuer des erreurs passées – vous devez écarter toutes celles que vous trouvez. Il s'agit simplement d'une source d'exigences pour de nouvelles applications, mais une source importante. On y trouve une grande diversité d'entrées que vous devez être prêt à exploiter. Les principales sorties sont les modèles.

Commencez par construire le modèle de classes, en mettant l'accent sur les classes, les associations et les généralisations. Nous vous suggérons de construire le modèle de classes en trois phases distinctes – la récupération de l'implémentation, la récupération de la conception et la récupération de l'analyse –, qui impliquent des volumes croissants de décisions et d'interprétations du logiciel.

Construisez ensuite le modèle d'interactions, en vous assurant d'associer votre compréhension du comportement au modèle de classes. Vous pouvez commencer avec du code procédural et utiliser le découpage en tranches pour extraire des portions de logique centrée sur les objets. En conséquence, le découpage en tranches est un moyen de prendre le contenu d'un code procédural et de le restructurer en code orienté objet. Enfin, exprimez le modèle d'interactions sous forme d'une collection de diagrammes d'activités et de séquence.

Si nécessaire, construisez un modèle d'états. Les diagrammes de séquence représentent des intermédiaires utiles pour les diagrammes d'états.

La rétro-ingénierie est très différente de l'ingénierie directe. Il faut donc l'appréhender avec un état d'esprit différent. À cet effet, nous avons prodigué de nombreux conseils.

Le *wrapping* est une autre technique pour travailler avec des applications existantes. Vous pouvez considérer une application existante comme une boîte noire et construire des interfaces autour. Les nouvelles applications accèdent alors à la logique héritée par l'intermédiaire du *wrapper*.

ingénierie directe	réingénierie	tranche
maintenance	rétro-ingénierie	wrapper

Figure 23.1 • Concepts clés du chapitre 23.

Notes bibliographiques

[Bachman-89] explique que la plupart des systèmes d'informations sont construits sur un travail existant. Seuls quelques projets isolés supposent réellement un nouveau travail. Notons que cela ne s'applique pas uniquement aux systèmes d'information mais également aux logiciels en général.

[Chikofsky-90] a permis de normaliser la terminologie de la rétro-ingénierie.

[Kollmann-01] explique comment récupérer un modèle de classes à partir du code source et des exécutions de tests. Les exécutions de tests ne prouvent pas les hypothèses à propos du modèle de classes, mais elles sont suggestives et peuvent éclaircir la compréhension. [Sneed-96] présente une approche de base pour convertir un programme procédural écrit en COBOL en une représentation orientée objet.

Références

[Bachman-89] Charles W. Bachman, "A Personal Chronicle : Creating Better Information Systems, with some Guiding Principles", *IEEE Transactions on Knowledge and Data Engineering 1*, 17-32, 1, mars 1989.

[Chikofsky-90] Elliot J. Chikofsky et James H. Cross II, "Reverse Engineering and Design Recovery : A Taxonomy", *IEEE Software,* 13-17, janvier 1990.

[Kollmann-01] Ralf Kollmann et Martin Gogolla, "Application of UML Associations and their Aadornments in Design Recovery", *IEEE Eighth Working Conference on Reverse Engineering,* Stuttgart, Allemagne, 81-90, octobre 2001.

[Rajlich-00] Vaclav T. Rajlich et Keith H. Bennett, "A Staged Model for the Software Life Cycle", *IEEE Computer,* 66-71, juillet 2000.

[Rekoff-85] MG Rekoff, Jr, "On Reverse Engineering", *IEEE Transactions on Systems, Man, and Cybernetics SMC-15,* 244-252, 2, mars/avril 1985.

[Sneed-96] Harry M. Sneed, "Object-Oriented COBOL Recycling", *IEEE Third Working Conference on Reverse Engineering,* Monterey, CA, 169-178, novembre 1996.

[Sneed-01] Harry M. Sneed, "Wrapping Legacy COBOL Programs behind an XML Interface", *IEEE Eighth Working Conference on Reverse Engineering,* Stuttgart, Allemagne, 189-197, octobre 2001.

[Weiser-82] M. Weiser, *Programmers Use Slices when Debugging. Communications of the ACM 25,* 446-452, 7, juillet 1982.

[Weiser-84] M. Weiser, "Program Slicing", *IEEE Transactions on Software Engineering 10,* 352-357, 4, juillet 1984.

A

Notation graphique UML

Vous trouverez dans les pages suivantes un résumé des notations graphiques pour les modèles de classes, d'états et d'interactions. Vous pouvez utiliser ces pages comme référence rapide pour construire ou lire les diagrammes. Toutefois, nous devons vous avertir que, si vous êtes novice en la matière, il ne suffira pas de lire ces quatre pages pour les comprendre. Pour appréhender les concepts représentés par la notation, reportez-vous aux chapitres de la partie 1. Pour apprendre à appliquer la notation et les concepts au cours du cycle de vie du développement logiciel, consultez les chapitres des parties 2 et 3. L'index peut également vous aider à trouver des éléments pertinents dans ce livre.

À l'exception de la légende de chaque concept et de quelques commentaires descriptifs, tous les éléments des diagrammes, les noms textuels et les signes de ponctuation représentés font partie de la notation. Dans ces diagrammes, les noms (tels que *Classe*, *attribut1*, *opération* et *événement2*) indiquent le type d'élément représenté par l'exemple. Vous pouvez modifier la syntaxe des noms et les déclarations des attributs et des signatures pour les rendre cohérents avec votre langage d'implémentation.

La plupart des éléments représentés sont optionnels, surtout lors des premières étapes de la modélisation. Même durant la conception, il est peu judicieux de spécifier exagérément en incluant des noms et des notations superflus. Par exemple, quand une association est étiquetée par des noms d'extrémités d'association, il n'est généralement pas nécessaire de nommer l'association elle-même. Nous n'avons pas indiqué quels éléments sont optionnels, parce que nous voulions ne représenter que la notation UML réelle chaque fois que possible, sans l'obscurcir avec une métanotation supplémentaire.

N'hésitez pas à copier ces quatre pages. Vous pouvez en obtenir une copie électronique à l'adresse **www.pearsoneducation.fr**.

Notation du modèle de classes – Concepts de base

Objet :

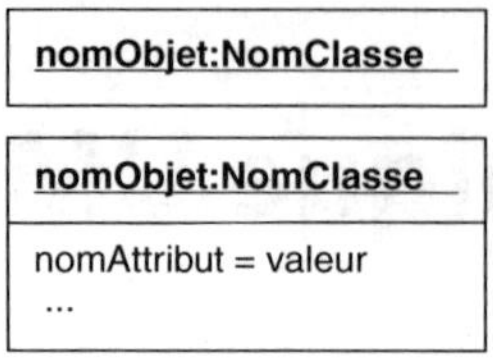

Classe :

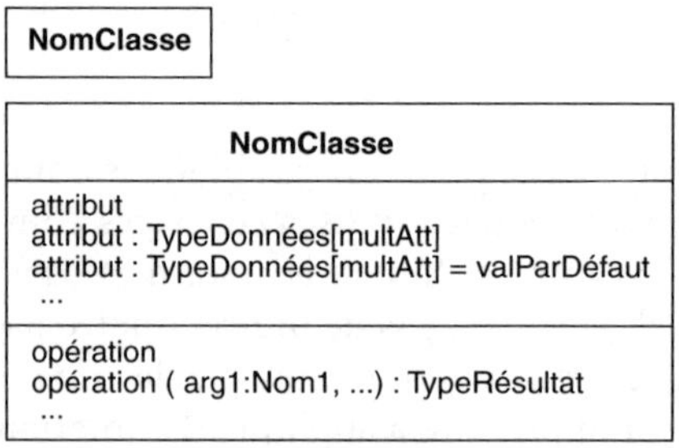

Classe-association :

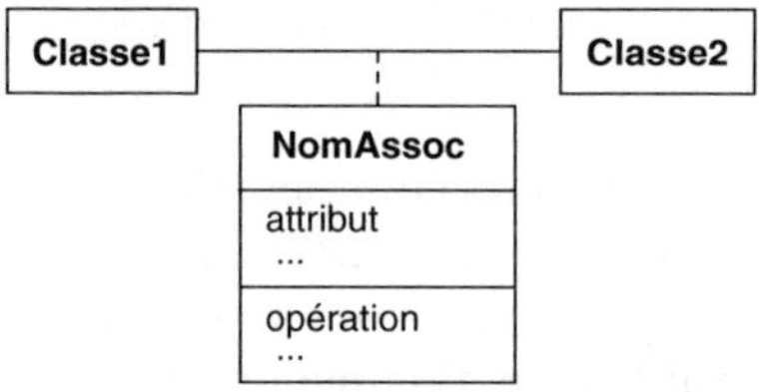

Généralisation (héritage) :

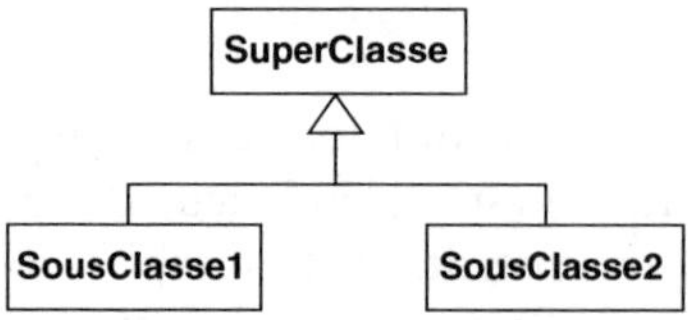

Lien :

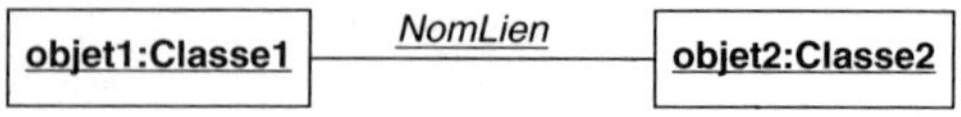

Association :

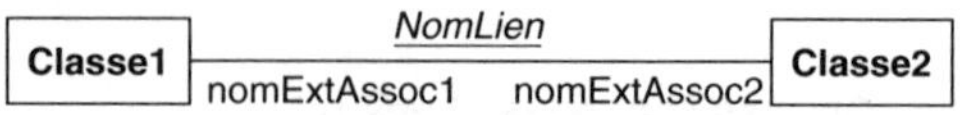

Multiplicité des associations :

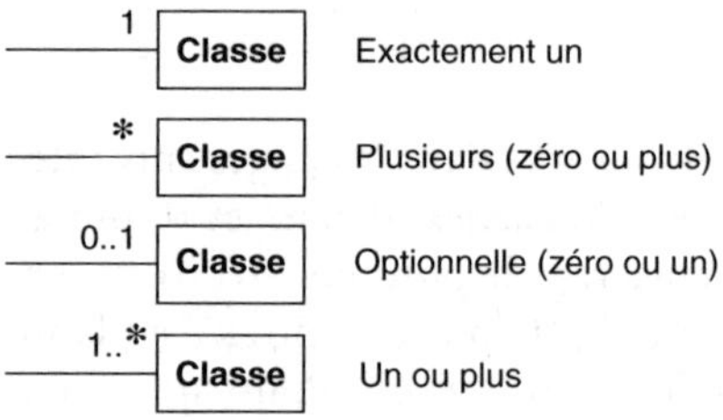

Ordered, Bag, Sequence :

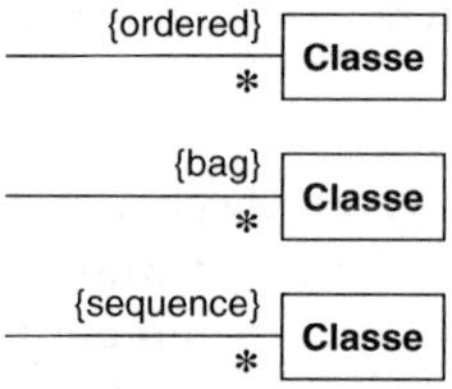

Association qualifiée :

Package :

Note :

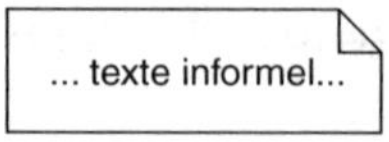

Énumération :

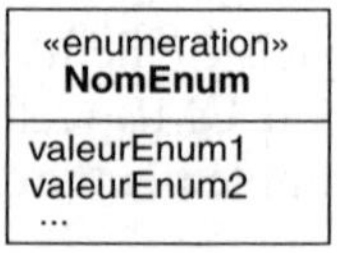

Notation du modèle de classes – Concepts avancés

Association ternaire :

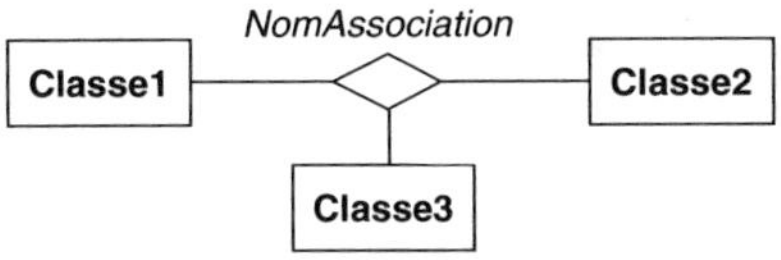

Classes concrètes et abstraites :

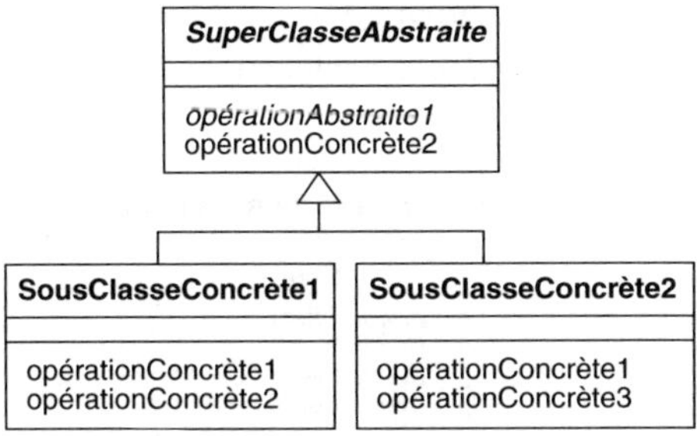

Héritage multiple, disjoint :

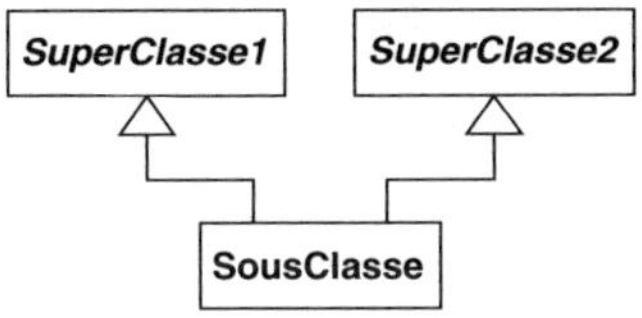

Héritage multiple, recouvrement :

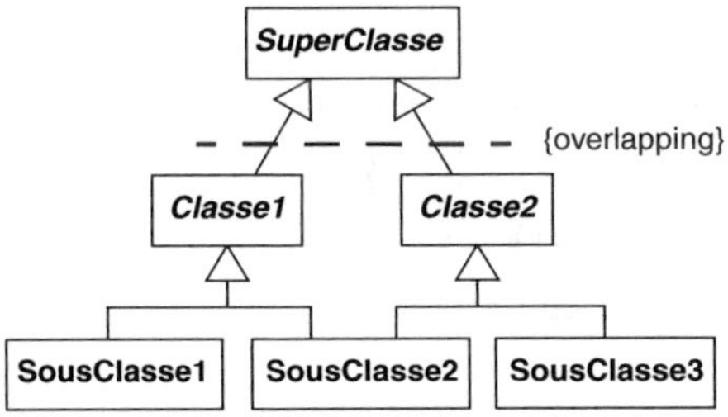

Visibilité :

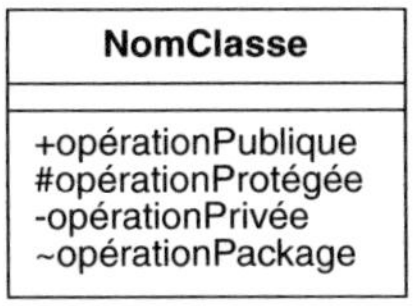

Agrégation :

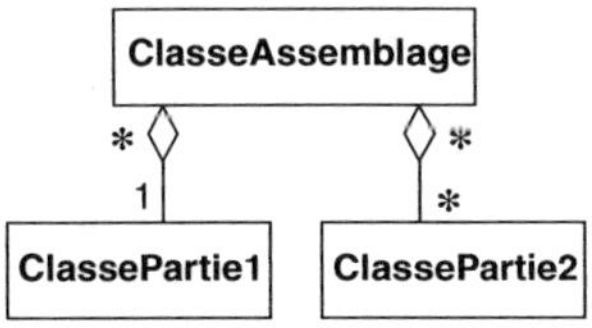

Composition:

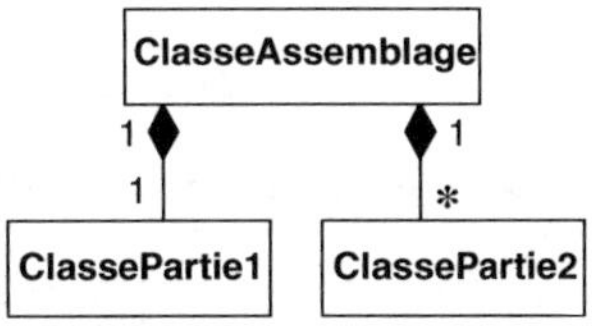

Contraintes sur les objets :

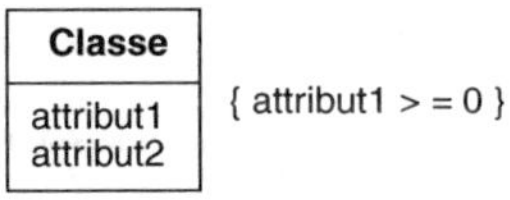

Contraintes sur les liens :

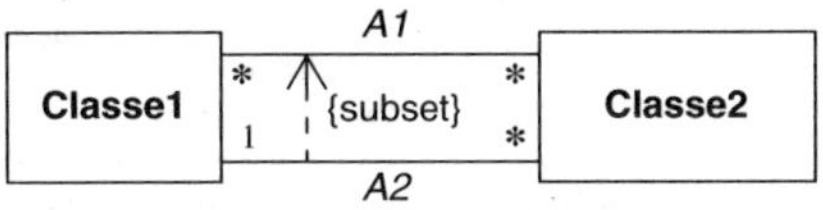

Classe dérivée :

Association dérivée :

Attribut dérivé :

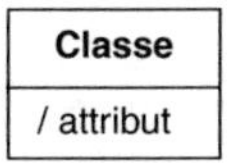

Notation du modèle d'états

Événement causant une transition entre états :

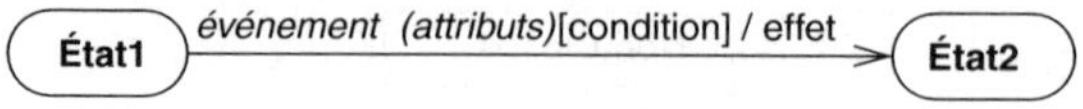

État initial et état final :

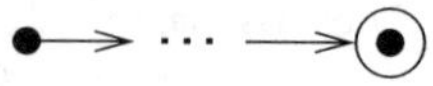

Concurrence à l'intérieur d'un objet :

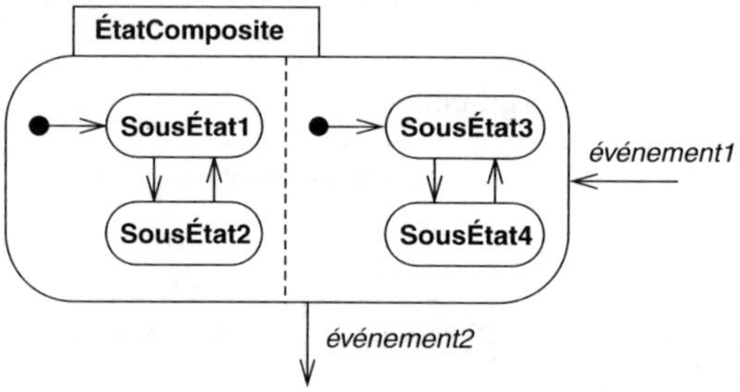

Points d'entrée et de sortie :

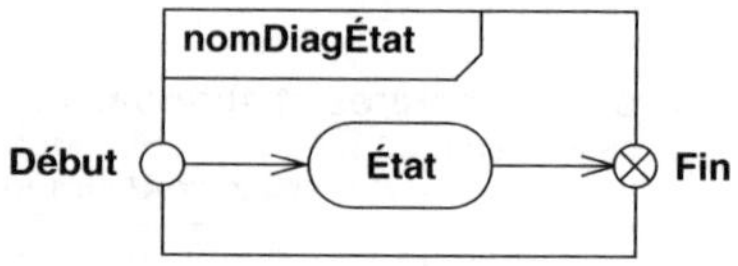

Activités internes à un état :

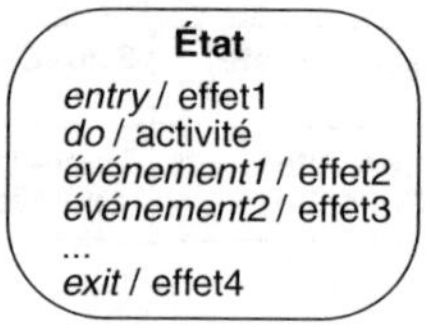

État imbriqué :

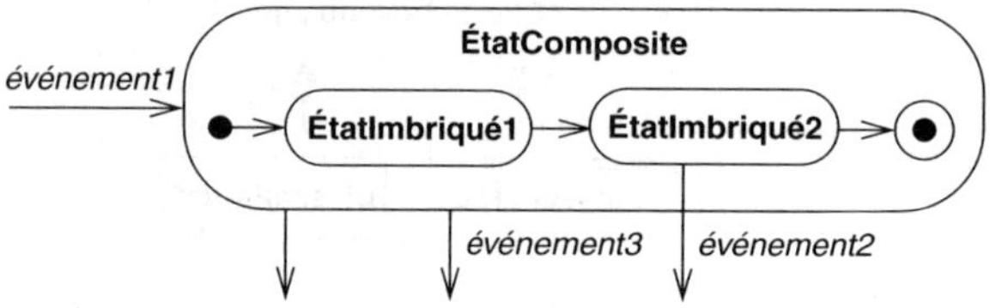

Division du contrôle :

Synchronisation du contrôle :

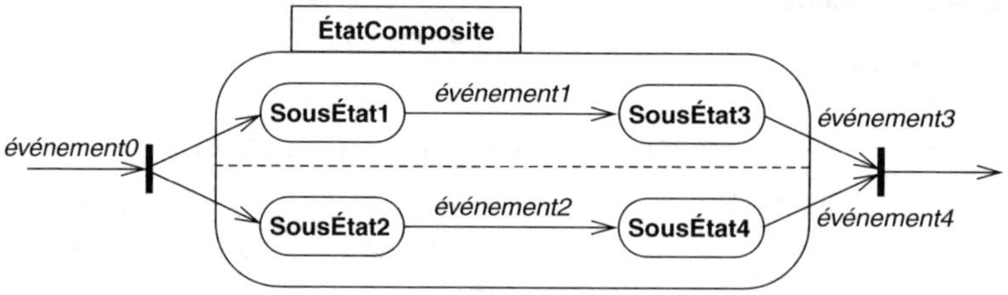

Notation du modèle d'interactions

Diagramme de cas d'utilisation :

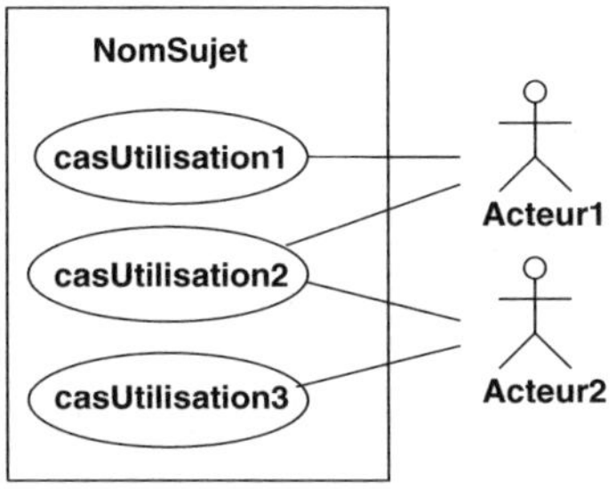

Relations entre cas d'utilisations :

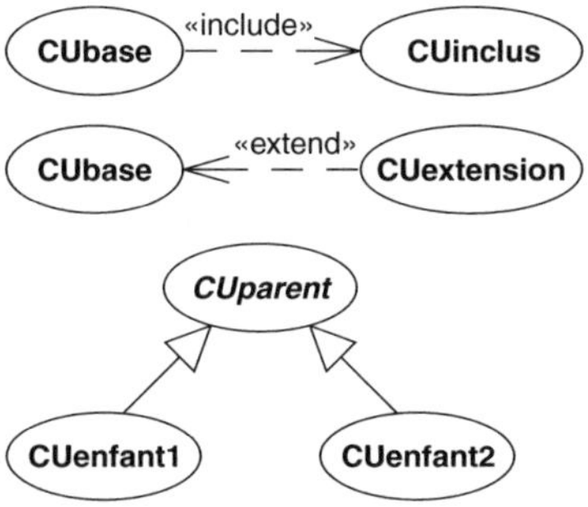

Diagramme de séquence :

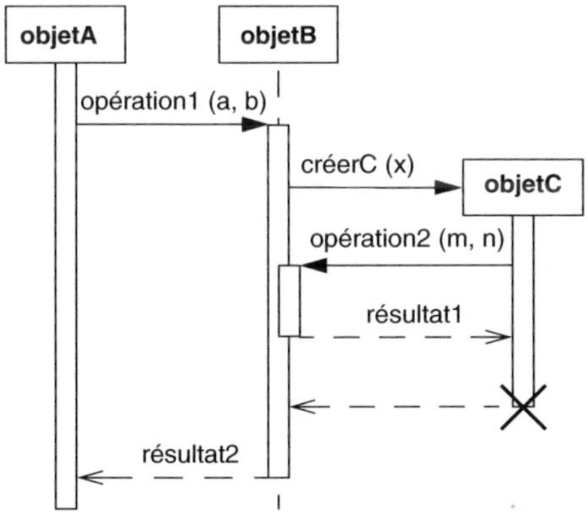

Diagramme d'activités :

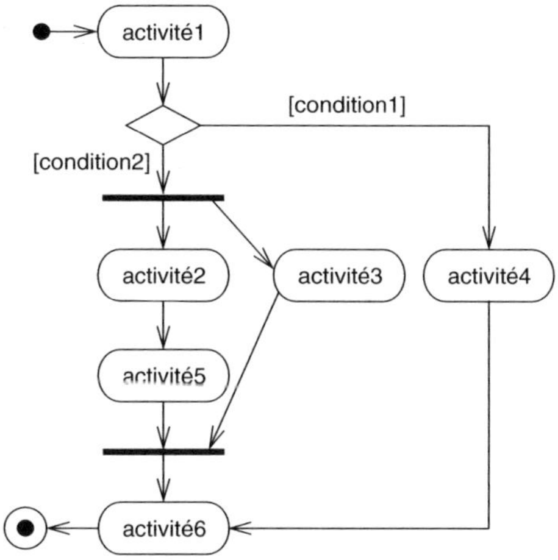

Diagramme d'activités avec couloirs d'activités :

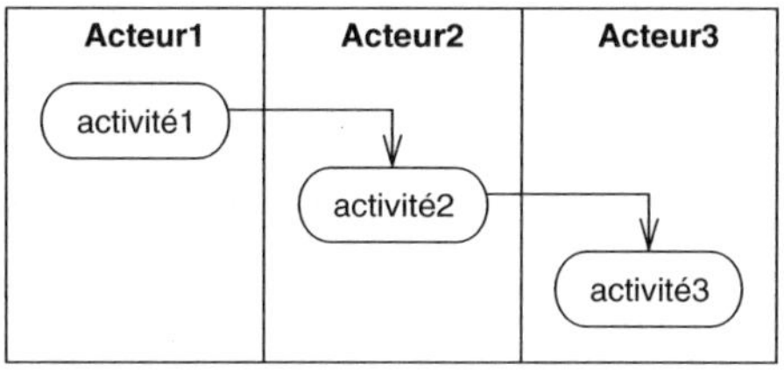

Diagramme d'activités avec flux d'objets :

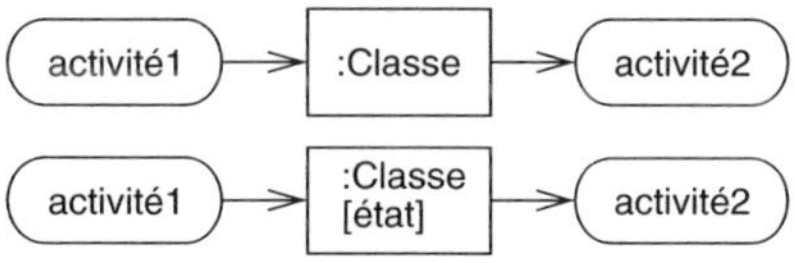

B

Glossaire

Voici les termes employés dans la modélisation orientée objet, dans le cadre de l'analyse, de la conception et de l'implémentation.

Abstraction. Capacité à se concentrer sur les aspects essentiels d'une application tout en ignorant les détails.

Acteur. Utilisateur externe direct d'un système. La notation UML consiste en l'icône d'un « bonhomme bâton ».

Activation. Durée d'exécution d'un objet. La notation UML est un rectangle étroit. (Synonyme de *période d'activation.*)

Activité d'entrée. Activité qui s'exécute à l'entrée dans un état. La notation UML consiste à inscrire l'activité d'entrée dans un état précédée de «entry /». (Par opposition à l'activité de *sortie.*)

Activité de sortie. Activité qui s'exécute juste avant la sortie d'un état. La notation UML consiste à répertorier une activité de sortie dans un état précédé de «exit /». (Par opposition à *activité d'entrée.*)

Activité. Spécification d'un comportement exécutable.

Activité-do. Activité qui se poursuit sur une durée prolongée. La notation UML est «*do /*» suivi du nom de l'activité-do.

Agrégation. Type d'association dans laquelle un ensemble – l'assemblage – est composé de parties. On se réfère souvent à l'agrégation comme à une relation « fait partie de » ou « explosion de parties », que l'on peut imbriquer selon un nombre arbitraire de niveaux. L'agrégation prend en charge les propriétés de transitivité et d'asymétrie. La notation UML est un petit losange *vide* en surimposition sur la terminaison d'association adjacente à la classe de l'assemblage. (Par opposition à *composition.*)

Analyse de l'application. Deuxième sous-étape de l'analyse qui traite les aspects informatiques de l'application, visibles pour les utilisateurs.

Analyse du domaine. Première sous-étape de l'analyse qui se concentre sur la modélisation des entités du monde réel, qui véhiculent la sémantique d'une application.

Analyse. Étape du développement où l'on examine un problème réel pour comprendre ses besoins sans planifier l'implémentation.

API. *Application Programming Interface.*

Appel par référence (dans un langage de programmation)**.** Mécanisme qui transmet des arguments à une méthode en transmettant l'adresse de chaque argument. (Par opposition à *appel par valeur.*)

Appel par valeur (dans un langage de programmation)**.** Mécanisme qui transmet des arguments à une méthode en transmettant une copie des valeurs des données. Si l'on modifie un argument, la nouvelle valeur ne prendra pas effet en dehors de la méthode qui l'a modifiée. (Par opposition à *appel par référence.*)

Architecture à *n*-niveaux. Extension de l'architecture à trois niveaux autorisant dans une application un nombre quelconque de couches. (Par opposition à *architecture à trois niveaux.*)

Architecture à trois niveaux. Approche qui sépare la gestion des données, la fonctionnalité de l'application et l'interface utilisateur. La couche données héberge le schéma de la base de données et les données. La couche application contient les méthodes qui matérialisent la logique applicative. La couche présentation gère les formulaires et les rapports présentés à l'utilisateur. (Voir *architecture à* n*-niveaux.*)

Architecture. Plan ou stratégie de haut niveau pour résoudre le problème d'une application.

Assemblage (pour une agrégation)**.** Classe composée de parties.

Association *n*-aire. Association comprenant trois extrémités d'association ou plus. Le symbole UML est un losange avec des lignes connectées aux classes associées. Si l'association possède un nom, il s'inscrit en italique à proximité du losange.

Association qualifiée. Association dans laquelle un ou plusieurs attributs (appelés qualificateurs) lèvent l'ambiguïté sur les objets de l'extrémité « plusieurs » d'une association. La notation UML est un rectangle étroit situé au bout de la ligne de l'association adjacente à la classe source.

Association ternaire. Association entre trois extrémités d'association. La notation UML est un losange avec des lignes qui connectent les classes liées. Si l'association possède un nom, il s'inscrit en italique à proximité du losange.

Association. Description d'un groupe de liens avec une structure et une sémantique communes. La notation UML est une ligne qui relie les classes et qui peut être composée de plusieurs segments.

Attribut. Propriété nommée d'une classe qui décrit une valeur contenue par chaque objet de la classe. La notation UML répertorie les attributs dans le deuxième compartiment de la boîte de classe.

Bag. Collection non ordonnée d'éléments où les doublons sont autorisés (sac). La notation UML consiste à annoter la terminaison d'association avec *{bag}*.

Base de données orientée objet. Base de données perçue comme un ensemble d'objets mélangeant des données et un comportement. (Par opposition à *base de données relationnelle.*)

Base de données relationnelle. Base de données où les données sont perçues comme des tables. (Par opposition à *base de données orientée objet.*)

Base de données. Stockage permanent et autodescriptif de données contenues dans un ou plusieurs fichiers. L'autodescription est ce qui permet de différencier une base de données d'un fichier ordinaire.

Bibliothèque. Collection de classes réutilisables entre applications.

Cardinalité. Nombre d'éléments dans une collection. (Par opposition à *multiplicité.*)

Cas d'utilisation. Fonctionnalité cohérente qu'un système peut fournir en interagissant avec des acteurs. La notation UML est une ellipse contenant le cas d'utilisation.

Classe abstraite. Classe que l'on ne peut pas instancier directement. Dans la notation UML, le nom des classes abstraites est placé en italique ou le mot-clé *{abstract}* est placé avant ou après le nom. (Par opposition à *classe concrète.*)

Classe ancêtre. Classe qui est une super-classe directe ou indirecte d'une classe donnée. (Par opposition à *classe descendante.*)

Classe concrète. Classe qui peut être instanciée directement. (Par opposition à *classe abstraite.*)

Classe conteneur. Classe *d'objets conteneurs.* On y trouve par exemple les ensembles, les tableaux, les dictionnaires et les associations.**Conception des classes.** Étape du développement qui consiste à augmenter et à optimiser les modèles d'analyse pour les soumettre à l'implémentation.

Classe d'origine. Première classe d'une hiérarchie d'héritage qui définit une fonction.

Classe de base (en C++)**.** Super-classe.

Classe dérivée (en C++)**.** Sous-classe.

Classe descendante. Classe qui est une sous-classe directe ou indirecte d'une classe donnée. (Par opposition à *classe ancêtre.*)

Classe feuille. Classe sans sous-classes. Il doit s'agir d'une classe concrète. En Java, elle équivaut à une classe finale.

Classe frontière. Classe d'objets qui propose une zone de transit pour communiquer entre un système et une source externe.

Classe. Description d'un groupe d'objets ayant des propriétés identiques (des attributs), un comportement commun (des opérations et des diagrammes d'états), des relations similaires avec d'autres objets et une sémantique commune. La notation UML est une boîte avec le nom de la classe figurant dans le compartiment supérieur.

Classe-association. Association qui est également une classe. À l'instar des liens d'une association, les instances d'une classe-association dérivent leur identité des instances des classes liées. De la même manière qu'une classe, une classe-association possède des attributs, des opérations et participe à des associations. La notation UML est une boîte (de classe) reliée à l'association par une ligne en pointillés.

Classification. Groupement d'objets ayant la même structure de données et comportement.

Clé candidate (dans une base de données relationnelle). Combinaison de colonnes qui identifie de manière unique chaque ligne d'une table. Cette combinaison doit être minime et contenir uniquement les colonnes nécessaires pour une identification unique. Aucune colonne d'une clé candidate ne peut être *null*.

Clé étrangère (dans une base de données relationnelle). Référence vers une clé candidate (il s'agit normalement d'une référence à une clé primaire). C'est ce qui relie les tables entre elles.

Clé primaire (dans une base de données relationnelle). Clé candidate que l'on exploite en priorité pour accéder aux enregistrements d'une table. Une table peut posséder au plus une clé primaire ; normalement, chaque table en possède une.

Client. Sous-système qui demande des services à un autre sous-système. (Par opposition à *serveur.*)

Cohérence. Propriété d'un élément – comme une classe, une opération ou un package – organisée de manière cohérente, et dont toutes les parties convergent vers un objectif commun.

Collection ordonnée. Collection triée d'éléments, où les doublons ne sont pas autorisés. Dans la notation UML, on associe *{ordered}* à une extrémité d'association. (Par opposition à *sequence.*)

Composition. Forme d'agrégation avec deux contraintes supplémentaires. Une partie peut appartenir tout au plus à un assemblage. En outre, une fois que l'on a assigné une partie à un assemblage, sa durée de vie coïncide avec celle de l'assemblage. La notation UML est un petit losange *plein* en surimposition sur l'extrémité d'association adjacente à la classe de l'assemblage. (Par opposition à *agrégation.*)

Conception du système. Étape du développement durant laquelle le développeur conçoit l'architecture et établit les stratégies de conception générales.

Concurrent. Deux ou plusieurs activités ou événements dont l'exécution peut se chevaucher dans le temps.

Condition de concurrence. Situation où l'ordre de réception des signaux concurrents peut affecter l'état final d'un objet.

Condition de franchissement. Expression booléenne qui doit être vraie pour qu'une transition se déclenche. On ne vérifie qu'une seule fois la condition de franchissement, au moment où l'événement se produit, et la transition se déclenche si la condition est vraie. La notation UML indique une condition de franchissement entre crochets droits après un événement.

Condition. (Voir *condition de franchissement.)*

Constructeur (en C++ et en Java)**.** Opération qui initialise une instance nouvellement créée d'une classe. (Par opposition à *destructeur.*)

Contrainte. Condition booléenne impliquant des éléments de modèle, tels que des objets, des classes, des attributs, des associations et des ensembles de généralisation. La notation UML pour les contraintes simples est une chaîne de texte entre accolades ou placée dans une boîte de note au coin corné. Pour les contraintes complexes, utilisez le langage OCL (*Object Constraint Language*).

Contrôle piloté par les événements. Méthode où le contrôle réside dans un dispatcheur ou un moniteur fourni par le langage, le sous-système ou le système d'exploitation. Les développeurs attachent les méthodes de l'application à des événements, et le dispatcheur appelle les méthodes lorsque l'événement correspondant se produit (*«callback»*). (Par opposition à *contrôle piloté par les procédures.*)

Contrôle piloté par les procédures. Approche où le contrôle réside dans le code du programme. Les procédures demandent une entrée externe puis l'attendent ; lorsqu'elle se présente, le contrôle est repris par la procédure à l'origine de l'appel. L'état du compteur ordinal, de la pile des appels de procédures et de celle des variables locales définissent l'état du système. (Par opposition à *contrôle piloté par les événements.*)

Contrôle. Aspect d'un système qui décrit les séquences d'opérations qui se produisent en réponse à des stimuli.

Contrôleur. Objet actif qui gère le contrôle dans une application.

Couche. Sous-système qui propose plusieurs services au même niveau d'abstraction. On peut construire une couche sur des sous-systèmes à un niveau d'abstraction inférieur. (Par opposition à *partition.*)

Couloir d'activité. Dans un diagramme d'activités, colonne qui montre la personne ou l'organisation qui accomplit l'activité ; partition.

Cycle de vie du développement. Méthode pour gérer le processus de construction logicielle.

Déclencher. Entraîner le déclenchement d'une transition.

Délégation. Mécanisme d'implémentation où un objet, disposant d'une opération, y répond en la transmettant à un autre objet pour qu'il l'exécute.

Dénormalisation. Violation des formes normales. Les développeurs ne doivent violer les formes normales que pour la bonne cause, comme l'accroissement de la performance en cas de goulet d'étranglement. (Voir aussi *forme normale.*)

Destructeur (en C++)**.** Opération qui détruit l'instance existante d'une classe devenue inutile. (Par opposition à *constructeur.*)

Développement en cascade. Cycle de vie du développement au cours duquel les étapes se déroulent selon une séquence linéaire rigide sans revenir en arrière. (Par opposition à *développement itératif* et *prototypage rapide.*)

Développement itératif. Développement d'un système par un processus découpé en plusieurs étapes – ou itérations – proposant chacune une meilleure approximation du système désiré que l'itération précédente. (Par opposition à *prototypage rapide* et *développement en cascade.*)

Développement orienté objet. Technique de développement logiciel qui utilise des objets comme base de construction du logiciel.

Développement. Construction d'un logiciel.

Diagramme d'activités. Diagramme qui présente la séquence des étapes pour réaliser un processus complexe.

Diagramme d'états. Graphe dont les nœuds sont des états et dont les arcs orientés sont des transitions entre les états.

Diagramme d'objets. Représentation graphique qui présente des objets individuels et leurs relations. (Par opposition à *diagramme de classes.*)

Diagramme de cas d'utilisation. Notation graphique qui synthétise les acteurs et les cas d'utilisation.

Diagramme de classes. Représentation graphique qui expose des classes et leurs relations, décrivant ainsi des objets possibles. (Par opposition à *diagramme d'objets.*)

Diagramme de séquence. Diagramme qui représente les participants d'une interaction et la séquence des messages qu'ils échangent.

Dictionnaire de données. Définition de tous les éléments de modélisation (classes, associations, attributs, opérations et valeurs d'énumération) et explication de la logique correspondant aux principales décisions de modélisation.

Dictionnaire. Collection non ordonnée de paires d'objet où les doublons sont autorisés. Chaque paire relie une clé à un élément. Vous pouvez ensuite exploiter la clé pour consulter l'élément.

Effet. Référence à un comportement qui s'exécute en réponse à un événement. La notation UML est une barre oblique («/») suivie du nom de l'activité.

Élément dérivé (en UML)**.** Élément défini en termes d'autres éléments. Les classes, les attributs et les associations peuvent tous être dérivés. Ne confondez pas le terme UML *dérivé* avec une *classe dérivée* C++. Cette dernière fait référence à la sous-classe d'une généralisation et n'a rien à voir avec la définition UML d'un élément dérivé. La notation UML est une barre oblique précédant le nom de l'élément.

Encapsulation. Séparation entre la spécification externe et l'implémentation interne. (Synonyme de *masquage de l'information.*)

Énumération. Type de données avec un ensemble fini de valeurs. La notation UML est le mot-clé «enumeration» au-dessus du nom de l'énumération dans le compartiment supérieur d'une boîte. La deuxième section liste les valeurs de l'énumération.

ER. *Entity-Relationship model* (modèle entité-association).

Étape de développement. Étape du processus de construction d'un logiciel. Ce livre couvre la séquence des étapes de développement suivantes : conception du système, analyse du domaine, analyse de l'application, conception du logiciel, conception des classes, modélisation de l'implémentation et implémentation. Même si les étapes de développement sont ordonnées, toutes les portions d'une application n'ont pas besoin de se dérouler de concert. Elles n'impliquent pas un développement en cascade.

État. Abstraction des valeurs et des liens d'un objet. La notation UML est une boîte aux coins arrondis avec un nom d'état optionnel. (Par opposition à *événement.*)

État composite. État qui fournit un comportement partagé aux états imbriqués. (Par opposition à *état imbriqué.*)

État imbriqué. État qui partage le comportement de son état composite et qui ajoute un comportement supplémentaire qui lui est propre. (Par opposition à *état composite.*)

Événement. Occurrence à un moment donné. (Par opposition à *état.*)

Événement de changement. Événement engendré par la satisfaction d'une expression booléenne. L'objectif d'un événement de changement est que l'expression soit continuellement testée – dès que l'expression passe de faux à vrai, l'événement se produit. La notation UML est le mot-clé *when* suivi d'une expression booléenne entre parenthèses. (Par opposition à *condition de franchissement.*)

Événement de signal. Événement d'envoi ou de réception d'un signal.

Événement temporel. Événement engendré par l'occurrence d'une durée absolue ou l'écoulement d'un intervalle de temps. La notation UML pour une durée absolue est le mot-clé *when* suivi d'une expression entre parenthèses contenant une durée.

La notation d'un intervalle de temps est le mot-clé *after* suivi d'une expression entre parenthèses qui évalue la durée.

extend (relation entre cas d'utilisation)**.** Relation qui ajoute un comportement incrémental à un cas d'utilisation. Notez que l'extension s'ajoute elle-même au cas de base ; à l'opposé, dans une relation *include*, le cas de base intègre explicitement l'inclusion. La notation UML est une flèche en pointillés partant du cas d'utilisation d'extension vers le cas d'utilisation de base. La flèche porte comme intitulé le mot-clé «extend». (Par opposition à *include.*)

Extensibilité. Propriété d'un logiciel qui permet de lui ajouter de nouveaux types d'objets ou une nouvelle fonctionnalité en modifiant peu ou pas le code existant.

Extension (d'une classe)**.** Ensemble des objets d'une classe.

Extrémité d'association. Terminaison d'une association. Une association binaire possède deux extrémités, une association ternaire possède trois extrémités, et ainsi de suite.

Fermeture transitive (dans la théorie des graphes)**.** Ensemble de sommets accessibles à travers une séquence d'arcs donnée.

final (pour une classe Java)**.** Directive qui empêche tout autre sous-classement.

final (pour une méthode Java)**.** Directive qui empêche la méthode d'être redéfinie.

Forme normale (dans une base de données relationnelle)**.** Ligne directrice pour la conception d'une base de données relationnelle qui accroît la cohérence des données.

Framework. Squelette de programme qu'il faut développer pour construire une application complète.

friend (en C++)**.** Déclaration qui autorise un accès sélectif aux membres. La classe contenant la déclaration *friend* autorise l'accès à une fonction nommée, une méthode ou une classe.

Frontière du système. Délimitation du périmètre d'un système qui détermine ce qu'il comprend ou ce qu'il omet.

Généralisation. Organisation des éléments (comme des classes, des signaux ou des cas d'utilisation) en fonction de leurs ressemblances et de leurs différences. La notation UML est un triangle avec le sommet orienté vers le superélément. (Par opposition à *spécialisation.*)

Génie logiciel. Approche systématique, disciplinée et quantifiable pour le développement, l'exécution et la maintenance de logiciels.

Gestionnaire de transaction (style architectural)**.** Système de base de données qui a pour principale fonction de stocker des informations et d'y accéder.

Héritage. Mécanisme qui implémente la relation de généralisation.

Héritage d'implémentation. Abus de l'héritage visant à réutiliser du code existant, mais qui le fait avec une structure d'application illogique susceptible de compromettre la maintenance future.

Héritage multiple. Type d'héritage qui autorise une classe à avoir plusieurs superclasses et à hériter des fonctionnalités de tous ses ancêtres. (Par opposition à *héritage simple.*)

Héritage simple. Type d'héritage où une classe ne peut avoir qu'une seule superclasse. (Par opposition à *héritage multiple.*)

Identificateur. Un ou plusieurs attributs dans une implémentation qui différencient sans équivoque un objet de tous les autres.

Identité. Propriété intrinsèque d'un objet qui permet de distinguer chaque objet des autres objets.

Identité basée sur la valeur (dans une base de données relationnelle)**.** Utilisation d'une combinaison d'attributs du monde réel pour identifier chaque enregistrement d'une table. (Par opposition à *identité basée sur l'existence.*)

Identité d'objet (dans une base de données relationnelle)**.** Utilisation d'un nombre artificiel pour identifier chaque enregistrement d'une table. (Par opposition à *identité basée sur une valeur.*)

Implémentation. Étape de développement pour convertir une conception en code de programmation et en structures de bases de données.

include (relation entre cas d'utilisation)**.** Relation qui intègre un cas d'utilisation dans la séquence de comportements d'un autre cas d'utilisation. La notation UML est une flèche en pointillés partant du cas d'utilisation source (incluant) vers le cas d'utilisation cible (inclus). La flèche porte le mot-clé «include». (Par opposition à *extend.)*

Index. Structure de données qui met en correspondance une ou plusieurs valeurs d'attribut dans des objets ou des lignes de table de base de données contenant ces valeurs. Pour plus d'efficacité, on utilise des index (pour localiser rapidement des objets et des lignes de table) ainsi que pour appliquer l'unicité.

Ingénierie directe. Construction d'une application partant des spécifications générales et aboutissant à l'implémentation. (Par opposition à *rétro-ingénierie.*)

Interface (en Java)**.** Spécification d'une classe non instanciable qui ne contient que des constantes et des déclarations de méthodes.

Interface de programmation. Collection de méthodes qui fournit la fonctionnalité d'une application.

Interface interactive (style d'architecture)**.** Système dominé par des interactions entre le système et ses agents, tels que des êtres humains, des périphériques et d'autres programmes.

Interface utilisateur. Objet ou groupe d'objets qui fournit à l'utilisateur d'un système un moyen cohérent d'accéder aux objets du domaine, aux commandes et aux options de l'application.

Itérateur (dans un langage de programmation)**.** Construction qui contrôle l'itération sur une plage de valeurs ou sur une collection d'objets.

Jeton d'activité. Jeton que l'on peut placer dans un symbole d'activité pour mettre en évidence la progression d'une exécution.

Langage de programmation orienté objet. Langage prenant en charge des objets (combinant une identité, des données et des opérations), la résolution de méthodes et l'héritage.

Langage de quatrième génération. Environnement destiné aux applications de bases de données simples, qui propose un affichage écran, des calculs simples et des rapports.

Liaison dynamique. Forme de résolution de méthode qui associe une méthode à une opération au moment de l'exécution, en fonction de la classe d'un ou de plusieurs objets cibles.

Lien. Connexion physique ou conceptuelle entre des objets. Un lien est une instance d'une association. La notation UML est une ligne entre des objets, qui peut être composée de plusieurs segments.

Ligne de vie. Représentation de la durée pendant laquelle un objet existe.

Masquage de l'information. (Voir *encapsulation.*)

Membre (en C ++)**.** Données ou méthodes d'une classe.

Métaclasse. Classe qui décrit d'autres classes.

Métadonnées. Données qui décrivent d'autres données.

Méthode. Implémentation d'une opération pour une classe donnée. La notation UML consigne les méthodes dans le troisième compartiment de la boîte de classe. (Voir *opération.*)

Méthode d'implémentation (style)**.** Méthode qui implémente des calculs spécifiques sur des arguments pleinement spécifiés, mais qui ne prend pas de décisions liées au contexte. (Par opposition à *méthode de stratégie.*)

Méthode de stratégie (style)**.** Méthode qui prend des décisions en fonction du contexte, mais qui appelle des méthodes d'implémentation pour les calculs détaillés. (Par opposition à *méthode d'implémentation.*)

Méthodologie (en génie logiciel)**.** Processus destiné à la production organisée de logiciels grâce à une collection de techniques et de conventions de notation.

Mise en cache de méthode (en langage de programmation). Optimisation de la recherche d'une méthode où l'on trouve son adresse la première fois que l'on applique une opération à l'objet d'une classe pour la stocker ensuite dans une table associée à la classe.

Modèle. Abstraction de certains aspects d'un problème. Les modèles s'expriment à l'aide de plusieurs types de diagrammes.

Modèle d'entreprise. Modèle qui décrit l'ensemble d'une organisation ou certains aspects majeurs d'une organisation.

Modèle d'états. Description des aspects d'un système relatifs à la durée et au séquençage des opérations. Le modèle d'états est composé de plusieurs diagrammes d'états, un pour chaque classe dont le comportement temporel est important.

Modèle d'interactions. Modèle qui décrit la manière dont les objets collaborent pour obtenir des résultats. Il s'agit d'une vue holistique du comportement d'un ensemble d'objets. À l'opposé, le modèle d'états est une vue réductrice du comportement qui examine individuellement chaque objet.

Modèle de classes. Description de la structure des objets dans un système, avec leur identité, leurs relations avec d'autres objets, leurs attributs et leurs opérations.

Modèle entité-association. Approche graphique de la modélisation créée par Peter Chen, qui expose des entités et leurs associations. Le modèle de classe UML est basé sur ce modèle.

Modélisation de l'implémentation. Étape du développement ajoutant à un modèle des détails précis indépendants des langages. La modélisation de l'implémentation est le précurseur immédiat de l'implémentation réelle.

Modifiabilité. Indique si une propriété (telle qu'une terminaison d'association) peut être modifiée après la création de la valeur initiale. Les possibilités sont *changeable* (modifiable, peut être actualisée) et *readonly* (ne peut être qu'initialisée).

Modificateur d'accès (en Java). Moyen de contrôler l'accès aux méthodes et aux données *via* la visibilité *public*, *private*, *protected* et *package.*

Modularité. Organisation d'un système en groupes d'objets étroitement liés.

Multiplicité (d'un attribut). Nombre de valeurs possibles pour chaque instanciation d'un attribut. Les spécifications les plus courantes sont une valeur unique obligatoire [1], une valeur unique optionnelle [0..1] et plusieurs [*].

Multiplicité (d'une extrémité d'association). Nombre d'instances d'une classe que l'on peut rattacher à une instance unique d'une classe associée. La multiplicité correspond à une contrainte sur la taille d'une collection. La notation UML est un intervalle numérique, ou le symbole spécial «*» signifiant « plusieurs » (zéro ou plus). (Par opposition à *cardinalité.*)

Navigabilité. Sens de la traversée d'une association binaire dans une implémentation. Les possibilités sont : dans aucun sens, dans un sens ou dans les deux sens. Le langage UML illustre la navigabilité par une pointe de flèche dirigée vers l'extrémité d'association attachée à la classe cible.

Navigation. Parcours d'associations et de généralisations dans un modèle de classes, et allant des objets sources vers les objets cibles.

new (en C++ et en Java)**.** Opérateur qui crée les objets.

Nom d'ensemble de généralisation. Attribut énuméré qui indique quel aspect d'un objet est abstrait par une généralisation particulière.

***null*.** Valeur spéciale indiquant qu'une valeur d'attribut est inconnue ou non applicable.

Objet actif. Objet qui possède son propre thread de contrôle. (Par opposition à *objet passif.*)

Objet conteneur. Objet qui stocke une collection d'autres objets et qui propose plusieurs opérations pour accéder à ou itérer sur son contenu.

Objet passif. Objet qui ne possède pas son propre thread de contrôle. (Par opposition à *objet actif.*)

Objet persistant. Objet stocké dans une base de données continuant à exister pendant plusieurs exécutions d'une application. (Par opposition à *objet transitoire.*)

Objet transitoire. Objet qui existe uniquement en mémoire et qui disparaît lorsque l'exécution d'une application est terminée. Un objet transitoire est par conséquent un objet de programmation ordinaire. (Par opposition à *objet persistant.*)

Objet. Concept, abstraction ou élément identifiable individuellement et ayant un sens pour une application. Un objet est une instance d'une classe.

OCL (*Object Constraint Language*). Langage destiné à définir des contraintes faisant partie d'UML. Vous pouvez également l'utiliser pour naviguer dans des modèles de classes.

OMG (*Object Management Group*). Organisme de normalisation propriétaire du langage UML.

OO. Orienté objet.

Opération. Fonction ou procédure que l'on peut appliquer aux ou faire appliquer par les objets d'une classe ou qu'on peut leur faire appliquer. (Voir *méthode.*)

Opération « aide-mémoire » (shopping-list operation). Opération significative en elle-même. Bertrand Meyer a créé ce terme, car la découverte d'une telle opération est guidée par la signification intrinsèque d'une classe et non par les besoins d'une application particulière. Parfois, le comportement des classes du monde réel suggère des opérations.

Opération abstraite. Opération dépourvue d'implémentation. Une sous-classe concrète doit fournir une méthode pour implémenter l'opération. Dans la notation UML, le nom d'une opération abstraite est placé en italique ou le mot-clé *{abstract}* précède son nom.

Orienté objet. Stratégie pour organiser des systèmes sous forme de collections d'objets qui interagissent et qui combinent des données et un comportement.

Package (construction du modèle de classes)**.** Groupe d'éléments (classes, associations, généralisations et packages de moindre importance) avec un thème commun. La notation UML est une boîte équipée d'un onglet, avec le nom du package.

package (référence à la visibilité)**.** Accessible par des méthodes de classes dans le même package que la classe conteneur.

Pair. Deux ou plusieurs sous-systèmes dont les services sont mutuellement interdépendants. (Par opposition à *client* et *serveur.*)

Partition. Sous-système qui offre un type de service particulier parallèlement à d'autres sous-systèmes. Une partition peut elle-même être construite à partir de sous-systèmes de niveau inférieur. (Par opposition à *couche.*)

Pattern. Extrait paramétré d'un modèle important et récurrent. Mathématique par nature, on peut le réutiliser dans plusieurs applications.

Période d'activation. Période pendant laquelle un appel de méthode est traité. La notation UML est un rectangle étroit. (Synonyme *d'activation.*)

Polymorphisme. Qui prend plusieurs formes ; propriété selon laquelle une opération peut se comporter différemment dans plusieurs classes.

Portée. Indique si une fonction s'applique à un objet ou à une classe. Un trait de s*oulignement permet de distinguer les fonctions dont la portée est la classe (static) de celle*s dont la portée est l'objet.

private (référence à la visibilité)**.** Accessible uniquement par les méthodes de la classe conteneur.

Procédure stockée (dans une base de données relationnelle)**.** Méthode stockée dans une base de données.**espace de nommage** (en C++)**.** Moyen de fournir une portée sémantique à des symboles afin d'éviter les conflits de noms.

Propriété. Un attribut ou une opération.

protected (référence à la visibilité C++)**.** Accessible par les méthodes de la classe conteneur et de toutes ses classes descendantes.

protected (référence à la visibilité Java)**.** Accessible aux méthodes de la classe conteneur, de toutes ses classes descendantes et des classes du même package que la classe conteneur.

Prototypage rapide. Développement rapide d'une portion d'un système en vue d'un test et d'une évaluation. Le prototypage fait la preuve d'un concept, et il est fréquemment jetable. (Par opposition à *développement itératif* et *développement en cascade.*)

public (référence à la visibilité)**.** Accessible aux méthodes de toutes les classes.

Qualificateur. Attribut qui permet de distinguer les objets à l'extrémité « plusieurs » d'une association. La notation UML consiste à placer un qualificateur dans un rectangle étroit sur la ligne de l'extrémité d'association adjacente à la classe source.

Ramasse-miettes (dans un langage de programmation)**.** Mécanisme qui désalloue automatiquement des structures de données auxquelles on ne peut plus accéder et qui sont devenues par là même inutiles.

Redéfinition. Définition d'une méthode pour une opération qui remplace une méthode héritée pour la même opération.

***Refactoring*.** Modifications de la structure interne du logiciel pour améliorer sa conception sans modifier sa fonctionnalité externe.

Référence. Valeur d'attribut d'un objet qui fait référence à un autre objet.

Réflexivité. Propriété d'un système qui lui permet d'examiner dynamiquement sa propre structure et de réfléchir à son propre état.

Région. Portion d'un diagramme d'états.

Réification. Promotion d'un élément qui n'est pas un objet au rang d'objet.

Résolution de méthode (dans un langage de programmation)**.** Processus qui met en correspondance une opération sur un objet à la méthode appropriée pour la classe de l'objet.

Responsabilité. Élément que connaît un objet ou une action qu'il doit accomplir. La responsabilité n'est pas un concept précis ; elle est censée faciliter le cheminement du processus de réflexion.

Rétro-ingénierie. Processus qui consiste à examiner des artefacts d'implémentation et d'en déduire l'intention logique sous-jacente. (Par opposition à *ingénierie directe.*)

Robustesse. Capacité d'un logiciel à ne pas tomber irrémédiablement en panne lorsque certaines hypothèses de la conception sont enfreintes.

Scénario. Séquence d'événements qui se produit au cours d'une exécution particulière d'un système.

Schéma. Structure des données dans une base de données.

Sens de flux. Indique si un argument vers une opération/méthode est une entrée (*in*), une sortie (*out*) ou un argument en entrée que l'on peut modifier (*inout*).

Séquence. Collection triée d'éléments où les doublons sont autorisés. La notation UML marque l'extrémité d'association avec le terme *{sequence}*. (Par opposition à *{ordered}*.)

Serveur. Sous-système qui fournit un service à d'autres sous-systèmes. (Par opposition à *client*.)

Service. Groupe de fonctions ou d'opérations liées qui partagent un objectif commun.

SGBD. Système de gestion de base de données.

SGBD orienté objet. SGBD qui propose des objets persistants en plus des objets transitoires fournis par les langages de programmation orientés objet. (Par opposition à *SGBD relationnel*.)

SGBD relationnel. SGBD qui gère des tables de données et des structures associées augmentant la fonctionnalité et la performance des tables. (Par opposition à *SGBD orienté objet*.)

Signal. Transmission explicite à sens unique d'informations d'un objet à un autre. La notation UML est le mot-clé «signal» au-dessus du nom de la classe du signal dans le compartiment supérieur d'une boîte. Le deuxième compartiment répertorie les attributs du signal.

Signature. Nombre et type des arguments d'une opération et type de son résultat.

Simulation dynamique (style architectural)**.** Système qui modélise des objets dans le monde réel.

Sous-classe. Classe qui ajoute des attributs, des opérations, des diagrammes d'états et des associations spécifiques pour une généralisation. (Par opposition à *super-classe*.)

Sous-état. État qui exprime l'aspect d'un comportement concurrent pour un état parent.

Sous-machine. Diagramme d'états invoqué comme faisant partie d'un autre diagramme d'états. La notation UML pour invoquer une sous-machine consiste à répertorier le nom de l'état local suivi de deux-points et du nom de la sous-machine.

Sous-système. Élément principal d'un système organisé autour d'un thème cohérent. On peut diviser un système en sous-systèmes grâce à des *partitions* et à des *couches*.

Spécialisation. Raffinement d'une classe en variantes. La spécialisation a la même signification que la généralisation mais avec une vue allant du haut vers le bas. Par opposition, la vue d'une généralisation se fait de bas en haut. (Par opposition à *généralisation*.)

Spécificateur d'accès (en C++)**.** Moyen de contrôler l'accès aux méthodes et aux données *via* la visibilité *public*, *private* et *protected* ainsi que la déclaration *friend*.

Spécification initiale du système. Étape du développement qui traite de la genèse d'une application.

SQL. Langage standard pour interagir avec une base de données relationnelle.

static (en C++ et en Java). Données et méthodes qui n'appartiennent pas à une instance d'une classe mais à la classe elle-même.

Super-classe. Classe qui héberge des attributs, des opérations, des associations et des diagrammes d'états communs pour une généralisation. (Par opposition à *sous-classe.*)

Surcharge (dans un langage de programmation). Attribution du même nom à plusieurs méthodes dont la signature diffère par le nombre ou les types des arguments. L'appel d'une opération surchargée se résout au moment de la compilation en fonction du type des arguments appelants.

Système de gestion de base de données (SGBD). Logiciel pour gérer l'accès à une base de données.

Système temps réel (style architectural). Système interactif avec des contraintes de temps sur des actions particulièrement rigoureuses ou dans lequel la plus petite erreur de *timing* ne peut être tolérée.

Système. Application qui est le sujet d'intérêt.

Table (dans une base de données relationnelle). Organisation des données avec un nombre de colonnes spécifiques et un nombre de lignes arbitraires.

Test d'intégration. Test du code réalisé par plusieurs développeurs pour déterminer la manière dont les classes et les méthodes s'adaptent. (Par opposition à *test unitaire* et *test système.*)

Test système. Vérification complète d'une application. (Par opposition à *test unitaire* et *test d'intégration.*)

Test unitaire. Test des classes et des méthodes conduit par les développeurs sur leur propre code. (Par opposition à *test d'intégration* et *test système.*)

this (en C++ et en Java). Nom par défaut de l'objet cible d'une méthode.

Thread de contrôle. Chemin d'exécution unique dans un programme, un modèle d'états ou toute autre représentation d'un flux de contrôle.

Transformation continue (style d'architecture). Système où les sorties dépendent activement d'entrées changeantes et qui doit être régulièrement mis à jour. (Par opposition à *transformation par lots.*)

Transformation par lots (style d'architecture). Transformation d'entrées/sorties séquentielle où les entrées sont fournies au départ et où l'objectif est de calculer une réponse. Aucune interaction n'a lieu avec le monde extérieur. (Par opposition à *transformation continue.*)

Transition automatique. Transition non étiquetée qui se déclenche automatiquement lorsque l'activité associée à l'état source est terminée.

Transition d'achèvement. Transition qui se déclenche automatiquement lorsque l'activité associée à l'état source est terminée.

Transition. Passage instantané d'un état à un autre. La notation UML est une ligne (avec éventuellement plusieurs segments) allant de l'état d'origine vers l'état cible ; une pointe de flèche est dirigée vers l'état cible.

Typage faible (dans un langage de programmation)**.** Absence d'exigence précisant que le type de chaque variable doit être déclaré. (Par opposition à *typage fort.*)

Typage fort (en langage de programmation)**.** Exigence selon laquelle le type de chaque variable doit être déclaré. (Par opposition à *typage faible.*)

UML (marque de l'OMG)**.** *Unified Modeling Language.*

UML 1. Terme informel pour désigner la première publication du langage UML approuvée en 1997.

UML 2. Terme informel pour désigner la deuxième publication du langage approuvée en 2004. Cet ouvrage est basé sur UML2.

Unified Modeling Language (marque de l'OMG)**.** Suite complète de modèles orientés objet, conçue pour représenter pleinement un logiciel et d'autres types d'applications. Le langage UML a été développé sous les auspices de l'OMG.

Valeur. Élément de données. Une valeur est une instance d'un attribut.

Valeur par défaut. Valeur utilisée pour initialiser un attribut ou l'argument d'une méthode.

Verrou. Objet logique associé à un sous-ensemble défini d'une ressource qui autorise le détenteur du verrou à accéder directement à la ressource.

virtual (en C++)**.** Opération qui peut être redéfinie dans une sous-classe.

Visibilité. Capacité d'une méthode à référencer une propriété d'une autre classe. Voici les préfixes utilisés dans le langage UML : *public* («+»), *protected* («#»), *private* («-») et *package* («~»).

Vue (dans une base de données relationnelle)**.** Table calculée dynamiquement par un SGBD relationnel.

Wrapper. Collection d'interfaces permettant l'accès à un système.

Solutions d'exercices sélectionnés

Nous avons sélectionné un certain nombre de solutions en fonction des critères suivants : exercices aux solutions courtes dans les chapitres principaux, exercices qui permettent d'approfondir un chapitre en introduisant des éléments nouveaux, exercices clés dans une série de questions, solutions qui clarifient des points subtils ou difficiles et prototypes de problèmes réels. La plupart des exercices ont plusieurs solutions correctes : utilisez nos solutions comme un guide, non comme un test d'exactitude.

1.5 **b.** La police peut utiliser des combinaisons de photographies, d'empreintes digitales, de groupes sanguins, d'analyse d'ADN et de dossiers dentaires pour identifier des personnes, vivantes ou décédées, impliquées dans une enquête ou qui en font l'objet.

d. Les numéros de téléphone permettent d'identifier pratiquement tous les téléphones du monde. En général, un numéro de téléphone est constitué d'un code pays, d'un indicatif de zone (région, province, ville, etc.), d'un numéro local et éventuellement d'un numéro de poste. Les entreprises peuvent posséder leurs propres systèmes téléphoniques et appliquer leurs propres conventions. Selon l'emplacement relatif du téléphone que vous appelez, certaines parties peuvent être implicites et donc omises, mais des chiffres supplémentaires peuvent être nécessaires pour appeler en dehors de la zone locale.

En Amérique du Nord, la plupart des appels locaux nécessitent sept chiffres. Les appels longue distance en Amérique du Nord utilisent un chiffre d'accès (0 ou 1) + le code de zone (3 chiffres) + le numéro local (7 chiffres). Appeler Paris nécessite un code d'accès (011) + le code pays (33) + le code de la région (1) + le numéro local (8 chiffres). Le code d'accès ne fait pas partie de l'identifiant.

g. Une façon possible de permettre aux employés d'une entreprise d'accéder aux locaux en dehors des heures de travail consiste à utiliser un badge électronique. Bien entendu, si un employé perd son badge et ne le signale pas, la personne qui le trouve peut s'en servir pour entrer sans autorisation. L'on peut également utiliser une carte d'identité avec une photo, ce qui nécessite une vérification par un garde, un lecteur d'empreintes digitales ou un système de reconnaissance vocale.

1.8 a. Les microscopes électroniques, les lunettes, les télescopes, les viseurs de tir et les jumelles sont tous des objets qui améliorent la vision d'une manière ou d'une autre. À l'exception du microscope à balayage électronique, tous ces appareils fonctionnent en réfléchissant ou en réfractant la lumière. Les lunettes et les jumelles sont conçues pour être utilisées avec les deux yeux. Le reste des objets de la liste est conçu pour un seul œil. Les télescopes, les viseurs de tir et les jumelles servent à voir au loin. Un microscope sert à grossir quelque chose de très petit. Les lunettes peuvent grossir ou réduire, selon qu'elles sont prescrites à un myope ou à un hypermétrope. On aurait pu ajouter à la liste d'autres classes, par exemple les microscopes optiques, les appareils photo et les loupes.

b. Les tuyaux, les clapets antiretour, les robinets, les filtres et les manomètres sont tous des articles de plomberie présentant certaines caractéristiques de température et de pression. La compatibilité avec différents fluides constitue également un facteur à prendre en compte. Les clapets et les robinets peuvent servir à contrôler un flux. À l'exception du manomètre, tous les éléments de la liste possèdent deux extrémités et présentent des caractéristiques de pression pour un liquide donné. Tous ces éléments sont passifs. D'autres classes pourraient être des pompes, des réservoirs et des connecteurs.

2.3 a. Pour un câble transatlantique, la résistance à l'eau salée est le facteur principal. Le câble doit reposer non maintenu au fond de l'océan pendant une longue période. L'interaction entre la vie marine et le câble, ainsi que l'effet de la pression et de la salinité sur la vie du câble sont également à prendre en compte. Le rapport résistance/poids est important pour éviter la rupture lors de l'installation du câble. Le coût est un facteur économique important. Les paramètres électriques sont importants pour la consommation électrique et la distorsion du signal.

c. Le poids est très important pour un fil employé dans le système électrique d'un avion, car il affecte la masse totale de l'avion. La solidité de l'isolant est importante pour résister à la friction due aux vibrations. Sa résistance au feu est également à prendre en compte pour éviter de provoquer un incendie ou d'alimenter un feu électrique en cours de vol.

3.2 La figure S3.2 représente un diagramme de classes pour des polygones et des points. Le plus petit nombre de points requis pour construire un polygone est de trois.

La multiplicité de l'association dépend de la façon dont les points sont identifiés. Si un point est identifié par sa position, les points sont partagés et l'association est de type plusieurs-à-plusieurs. En revanche, si chaque point appartient à exactement un polygone, plusieurs points peuvent avoir les mêmes coordonnées. La solution suivante clarifie la distinction.

3.3 a. La figure S3.3 représente les objets et les liens pour deux triangles possédant un côté commun dans lequel un point appartient à exactement un polygone.

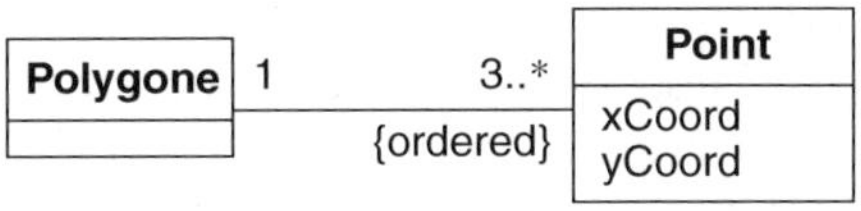

Figure S3.2 • Diagramme de classes pour des polygones et des points.

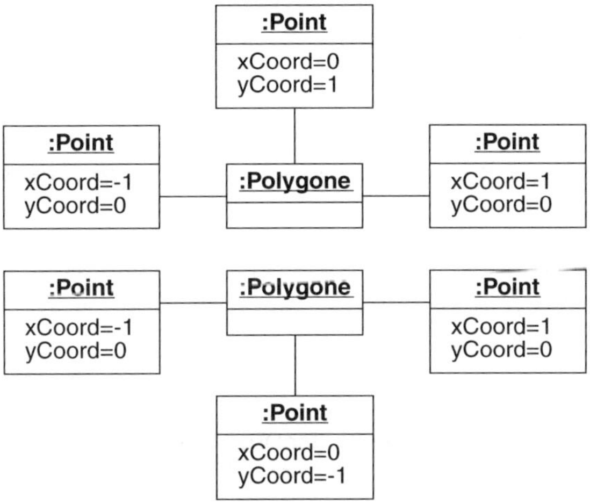

Figure S3.3 • Diagramme d'objets dans lequel chaque point appartient à exactement un polygone.

b. La figure S3.4 représente les objets et les liens pour deux triangles possédant un côté commun dans lequel les points peuvent être partagés.

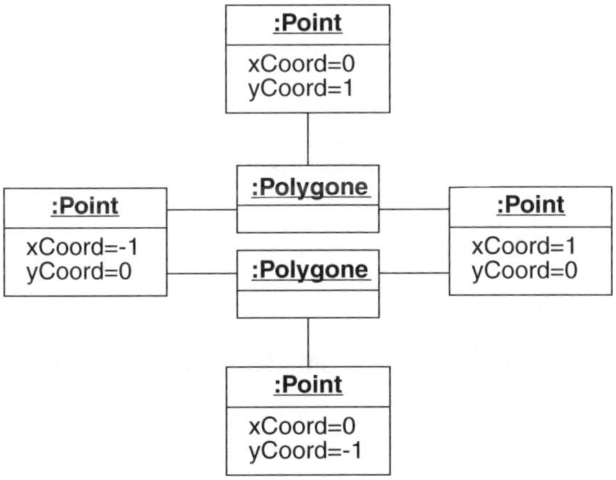

Figure S3.4 • Diagramme d'objets dans lequel chaque point peut appartenir à plusieurs polygones.

3.20 Les graphes sont utilisés dans de nombreuses applications. Plusieurs variantes du modèle sont possibles, selon le point de vue adopté. La figure S3.23 représente précisément un graphe non orienté selon l'énoncé. Bien que moins exacte, notre solution pourrait omettre la classe *GrapheNonOrienté*.

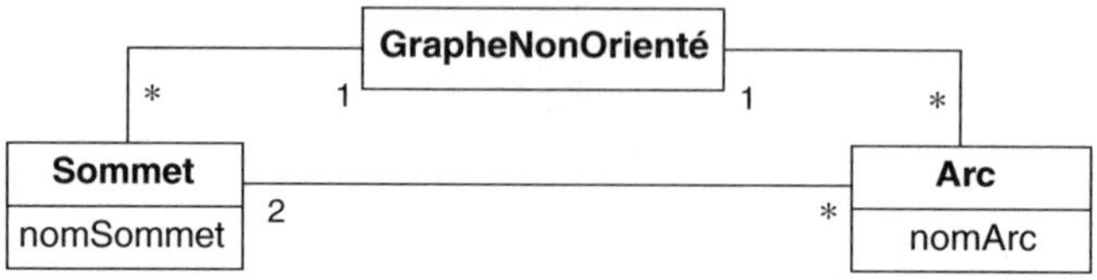

Figure S3.23 • Diagramme de classes décrivant des graphes non orientés.

Nous avons découvert qu'il était utile pour certaines requêtes liées aux graphes d'élever les associations entre les sommets et les arêtes au rang de classe, comme le montre la figure S3.24.

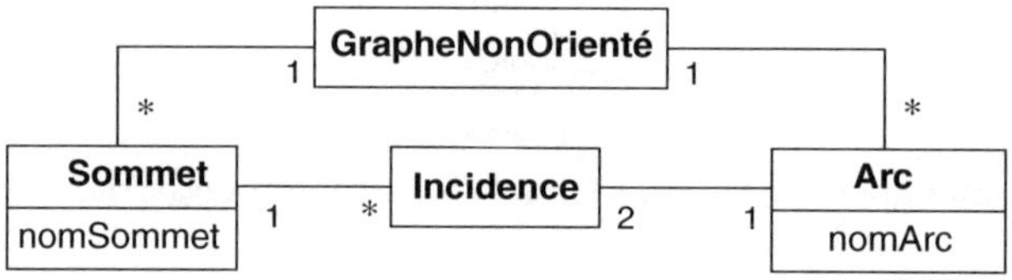

Figure S3.24 • Diagramme de classes décrivant des graphes non orientés dans lequel l'incidence entre les sommets et les arêtes est traitée comme une classe.

3.23 La figure S3.27 représente un diagramme de classes décrivant des graphes orientés. On distingue les deux extrémités d'un arc au moyen d'une association qualifiée. Les valeurs du qualificateur *ext* sont *de* et *vers*.

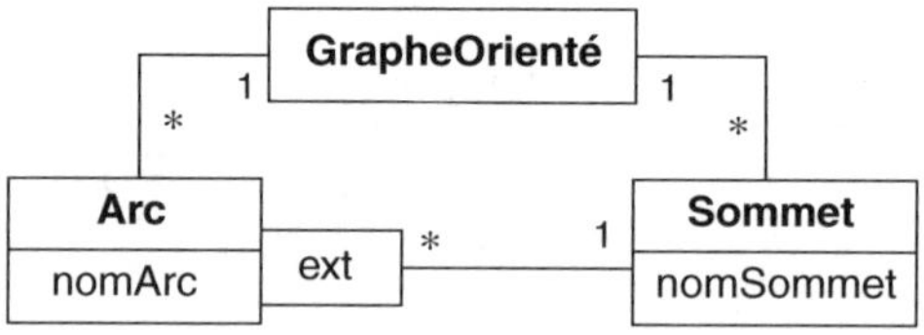

Figure S3.27 • Diagramme de classes décrivant des graphes orientés et utilisant une association qualifiée.

La figure S3.28 est une autre représentation des graphes orientés. On distingue les deux extrémités d'une arête au moyen de deux associations séparées.

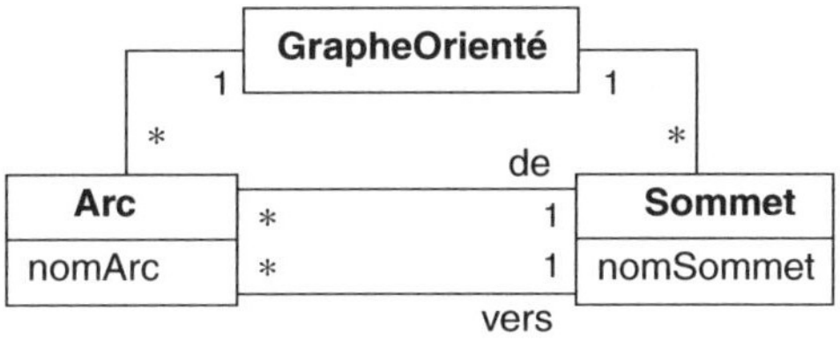

Figure S3.28 • Diagramme de classes décrivant des graphes orientés et utilisant deux associations.

L'avantage d'une association qualifiée est qu'il suffit d'interroger une seule association pour déterminer le sommet ou les deux sommets auxquels un arc est connecté. Si le qualificateur n'est pas spécifié, les deux sommets peuvent être déterminés. En spécifiant la valeur *de* ou *vers* pour le qualificateur *ext*, on détermine le sommet connecté à un arc à l'extrémité donnée.

L'emploi de deux associations distinctes présente l'avantage de ne pas nécessiter la gestion des valeurs énumérées pour le qualificateur *ext*.

3.25 La figure S3.30 représente un diagramme de classes pour des prêts bancaires destinés à l'achat de voitures, dans lequel les pointeurs sont remplacés par des associations.

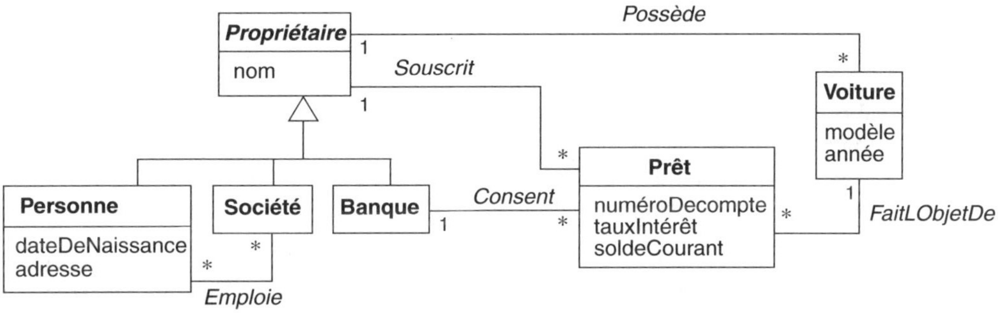

Figure S3.30 • Diagramme de classes correct pour des prêts destinés à des achats de voitures.

Dans ce modèle, la restriction sans doute artificielle selon laquelle une personne ne peut pas avoir plus de trois employeurs a été éliminée. Notez également qu'un même propriétaire peut posséder plusieurs voitures. Une voiture peut faire l'objet de plusieurs prêts. Les banques consentent des prêts à des individus, à des entreprises ou à d'autres banques.

3.28 La figure S3.34 représente un diagramme de classes décrivant le problème du dîner des philosophes. Les associations de multiplicité un-à-un décrivent les positions relatives des philosophes et des fourchettes. L'association *Utilise* indique qui utilise les fourchettes. D'autres représentations sont possibles selon le point de vue adopté. Un diagramme d'objets peut vous aider à mieux comprendre ce problème.

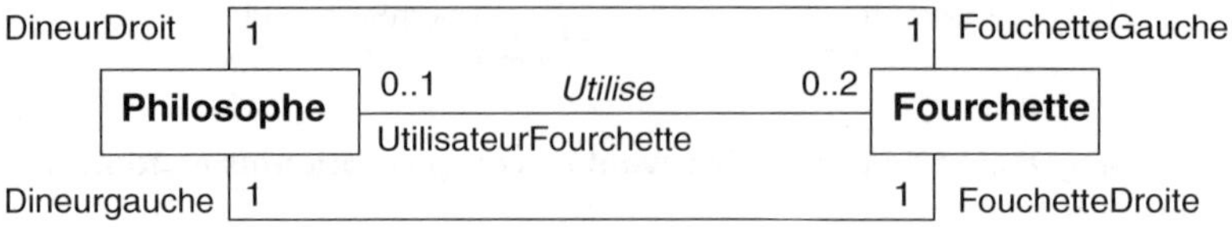

Figure S3.34 • Diagramme de classes pour le dîner des philosophes.

3.31 L'expression OCL suivante calcule l'ensemble des lignes aériennes sur lesquelles une personne a voyagé au cours d'une année donnée.

```
unPassager.Vol->SELECT(getAnnee(date)=uneDateDonnee).
LigneAerienne.nom->asSet
```

L'opérateur OCL *asSet* élimine les copies redondantes de la même ligne aérienne.

3.34 La figure E3.13 (a) énonce qu'un abonnement possède une identité dérivée. La figure E3.13 (b) accorde plus d'importance à l'abonnement et le promeut au rang de classe.

La figure E3.13 (b) est un meilleur modèle. La plupart des magazines ont un code abonnement sur leur étiquette de routage, et on pourrait le stocker sous forme d'attribut. Le code abonnement sert à identifier les abonnements. Les abonnements n'étant pas identifiés par la combinaison d'une personne et d'un magazine, nous devons promouvoir *Abonnement* au rang de classe. De plus, une personne peut avoir plusieurs abonnements à un magazine : seul le modèle (b) est à même de gérer ce cas.

4.2 Le diagramme de classes de la figure S4.2 généralise les classes *Sélection*, *Buffer* et *Page* dans la super-classe *Collection*. C'est là une révision souhaitable. La généralisation facilite la réutilisation du code parce que de nombreuses opérations s'appliquent également aux sous-classes. Les six relations d'agrégation qui partageaient des caractéristiques similaires dans le diagramme d'origine ont été ramenées à deux. Enfin, la structure du diagramme rend maintenant compte de la contrainte selon laquelle chaque *Boîte* et chaque *Ligne* doivent appartenir à exactement un *Buffer*, une *Sélection* ou une *Page*.

4.4 La figure S4.3 représente le diagramme de classes d'un éditeur de documents graphiques. L'exigence qu'un *Groupe* contienne deux objets graphiques ou plus est exprimée par la multiplicité de 2..* sur *ObjetGraphique* dans son association avec *Groupe*. Le fait qu'un *ObjetGraphique* ne doive pas nécessairement être dans un *Groupe* est exprimé par la multiplicité zéro-un.

Il est possible de réviser ce diagramme pour faire de *Cercle* un cas particulier d'une *Ellipse* et de *Carré* un cas particulier d'un *Rectangle.*

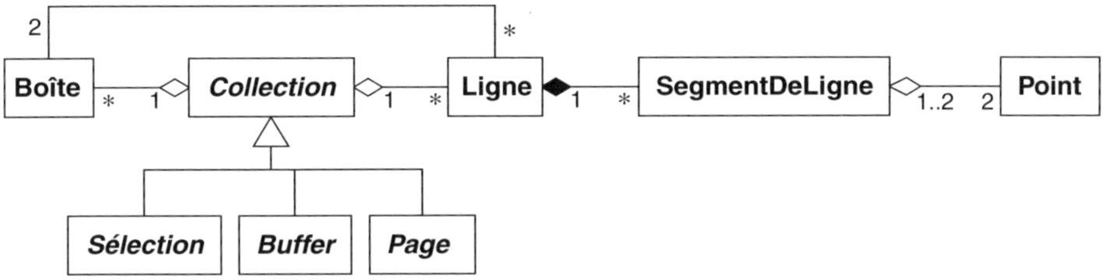

Figure S4.2 • Généralisation des classes Sélection, Buffer et Page dans la classe Collection.

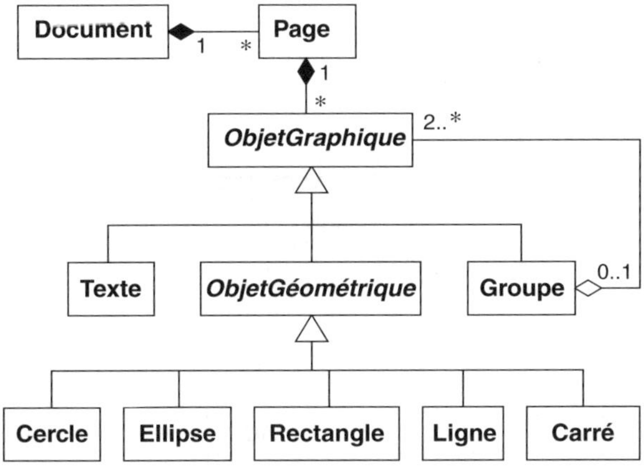

Figure S4.3 • Diagramme de classes d'un éditeur de documents graphiques disposant d'une fonction de groupage.

Nous supposons qu'un *ObjetGraphique* appartient à une *Page* et que sa durée de vie coïncide avec elle. De même, nous supposons qu'une *Page* appartient à un seul *Document* durant toute sa vie. Les deux relations sont donc des relations de composition.

4.5 La figure S4.4 représente un diagramme de classes pour plusieurs classes de machines électriques. Nous avons inclus des attributs qui n'étaient pas demandés.

4.6 La figure S4.5 convertit la combinaison de classes recouvrantes en une classe à part entière afin d'éliminer l'héritage multiple.

4.7 La figure S4.6 est un métamodèle des concepts UML suivants : classe, attribut, association, extrémité d'association, multiplicité, nom de classe et nom d'attribut.

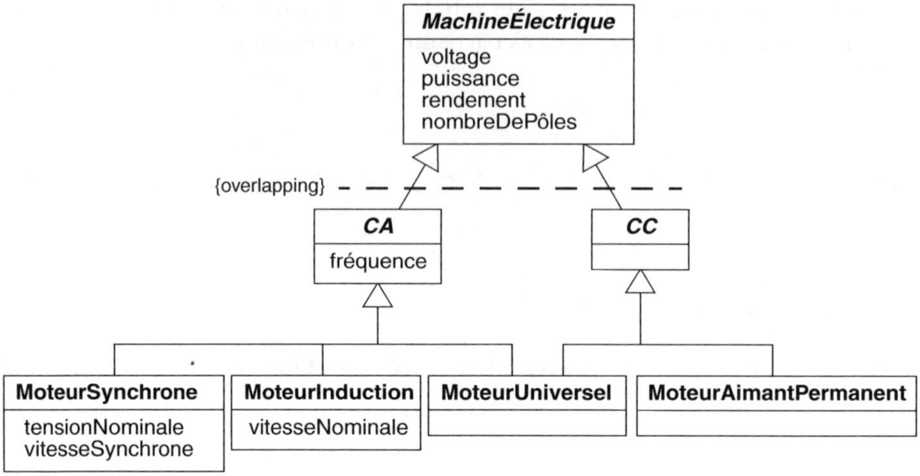

Figure S4.4 • Taxonomie partielle pour des machines électriques.

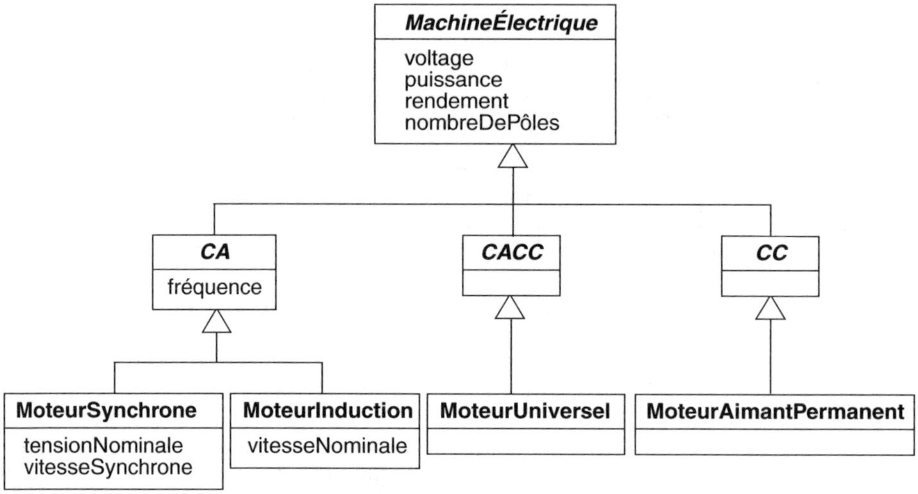

Figure S4.5 • Élimination de l'héritage multiple.

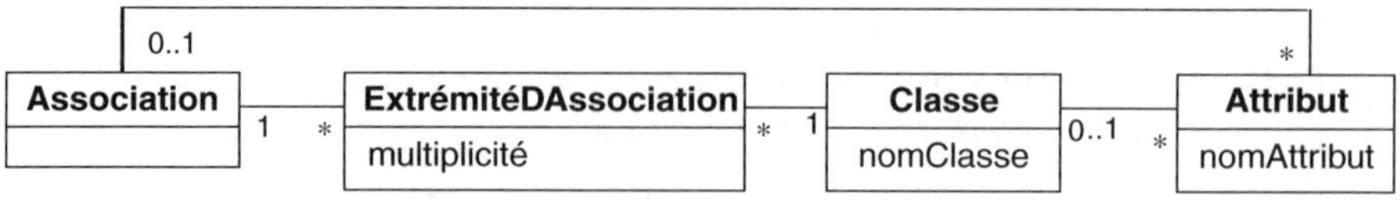

Figure S4.6 • Métamodèle pour certains concepts UML.

4.10 Le diagramme de classes de la figure E4.3 prend en charge l'héritage multiple. Une classe peut avoir plusieurs rôles de généralisation de sous-classes participant à une variété de généralisations.

4.11 Pour trouver la super-classe d'une généralisation en utilisant la figure E4.3, commencez par interroger l'association entre *Généralisation* et *RôleDeGénéralisation* pour obtenir un ensemble de tous les rôles d'une instance donnée de *Généralisation*. Puis recherchez séquentiellement dans cet ensemble d'instances de *RôleDeGénéralisation* celui dont le *TypeDeRôle* est égal à celui de la super-classe. (Normalement, on ne trouvera qu'une seule instance dont le *TypeDeRôle* est égal à celui de la super-classe, contrainte que le modèle n'applique pas.) Enfin, parcourez l'association entre *RôleDeGénéralisation* et *Classe* pour obtenir la super-classe.

La figure S4.9 représente une révision possible qui simplifie la recherche d'une super-classe. Pour trouver la super-classe d'une généralisation, on interroge d'abord l'association entre *Généralisation* et *RôleDeSuperClasse.* Puis on interroge l'association entre *RôleDeSuperClasse* et *Classe* pour trouver l'instance de *Classe* correspondante.

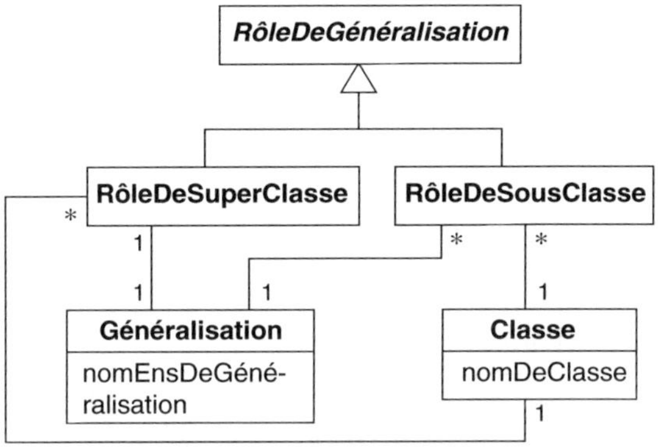

Figure S4.9 • Métamodèle de généralisation, qui sépare les rôles de sous-classe et de super-classe.

La figure S4.10 représente un autre métamodèle de généralisation qui prend en charge l'héritage multiple. Pour trouver la super-classe d'une généralisation en utilisant ce métamodèle, il suffit d'interroger l'extrémité d'association *superClasse.*

Nous ne sous-entendons pas que le métamodèle de la figure S4.10 est le meilleur modèle de la généralisation, mais il simplifie la requête donnée dans l'exercice. Le choix du meilleur modèle à utiliser dépend de la finalité du métamodèle.

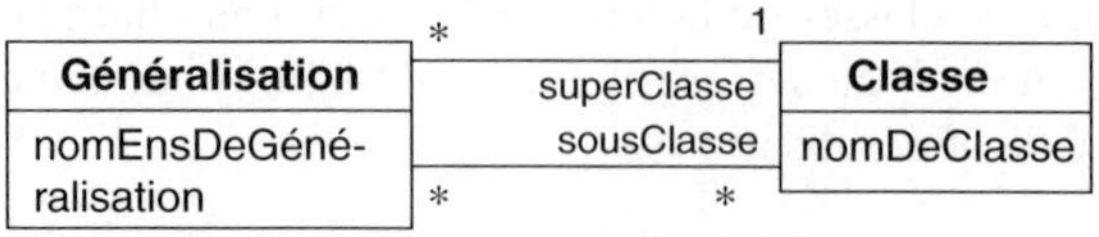

Figure S4.10 • Métamodèle de généralisation qui sépare les rôles de sous-classe et de super-classe.

La requête suivante trouve la super-classe étant donné une généralisation pour la figure E4.3.

- uneGénéralisation.RôleDeGénéralisation->SELECT(typeDeRôle='super-Classe').Classe

La requête suivante trouve la super-classe étant donné une généralisation pour la figure S4.9.

- uneGénéralisation.RôleDeSuperClasse.Classe

La requête suivante trouve la superClasse étant donné une généralisation pour la figure S4.10.

- uneGénéralisation.superClasse

4.16 Le modèle de classes simple de la figure S4.14 est suffisant pour décrire les données d'une recette.

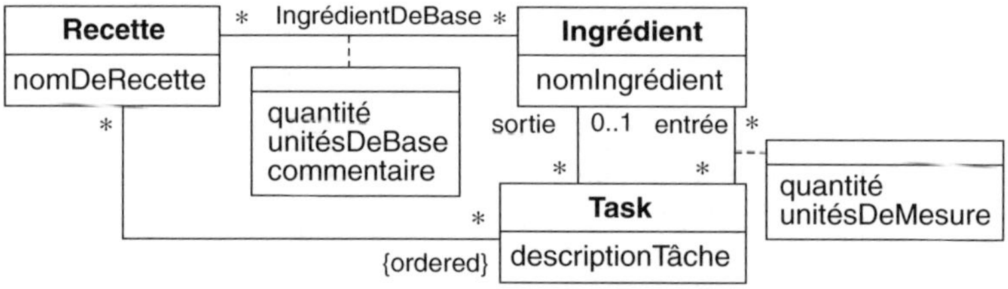

Figure S4.14 • Modèle de classes simples pour des recettes.

4.17 La figure S4.15 représente notre solution initiale : nous nous contentons d'ajouter une association qui lie les ingrédients d'origine aux ingrédients de substitution. Ce modèle présente deux défauts.

Le premier problème est que ce modèle gère de façon maladroite les ingrédients interchangeables. Par exemple, dans certaines recettes, vous pouvez utiliser indifféremment de la margarine, du beurre ou de l'huile. Le modèle de la figure S4.15 nous obligerait à stocker chaque paire d'ingrédients possible. Nous aurions ainsi les combinaisons suivantes d'ingrédients d'origine et d'ingrédients de substitution : (beurre, margarine), (beurre, huile), (margarine, beurre), (margarine, huile), (huile, beurre) et (huile, margarine).

Le second problème est que l'interchangeabilité des ingrédients ne s'applique pas toujours mais dépend de la recette particulière.

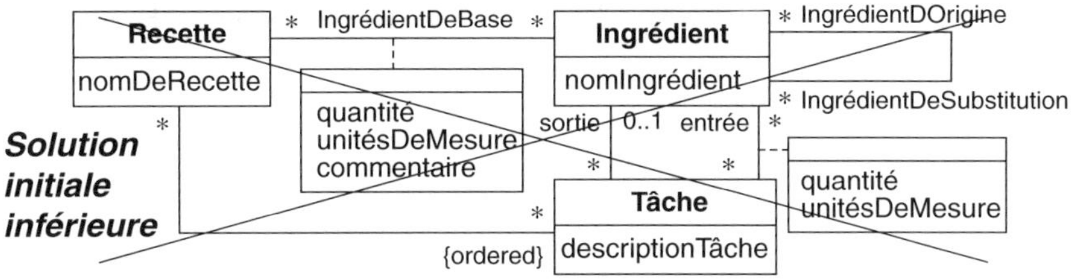

Figure S4.15 • Modèle de classes initial pour des recettes avec des ingrédients de substitution.

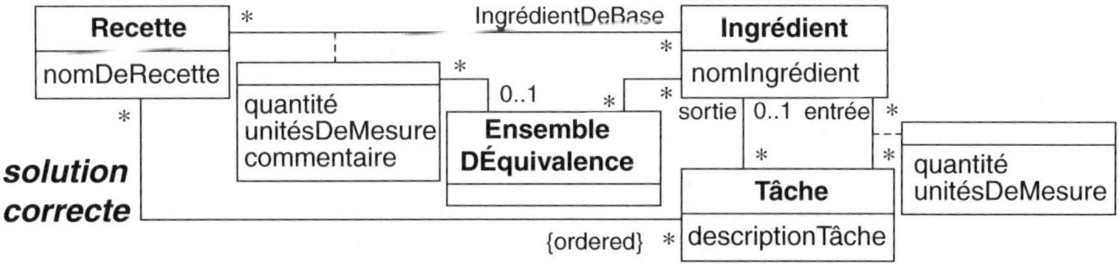

Figure S4.16 • Modèle de classes correct pour des recettes avec des ingrédients de substitution.

5.2 À la figure S5.2, l'événement *A* désigne l'appui sur le bouton *A*. Dans ce diagramme, le fait de relâcher le bouton est sans importance et il n'est pas représenté (même s'il faut de toute évidence relâcher le bouton avant d'appuyer dessus de nouveau). Notez qu'il est impossible de générer un nouvel événement de bouton tant qu'un bouton est pressé. Vous pouvez considérer ceci comme une contrainte sur les événements d'entrée eux-mêmes et ne pas le représenter (quoique ce ne serait pas une erreur de le faire).

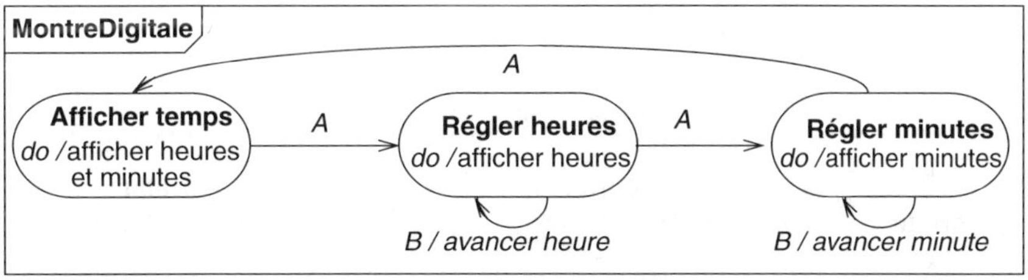

Figure S5.2 • Diagramme d'états pour une montre digitale simple.

5.6 La figure S5.6 représente le diagramme d'états complété pour le contrôle de moteur.

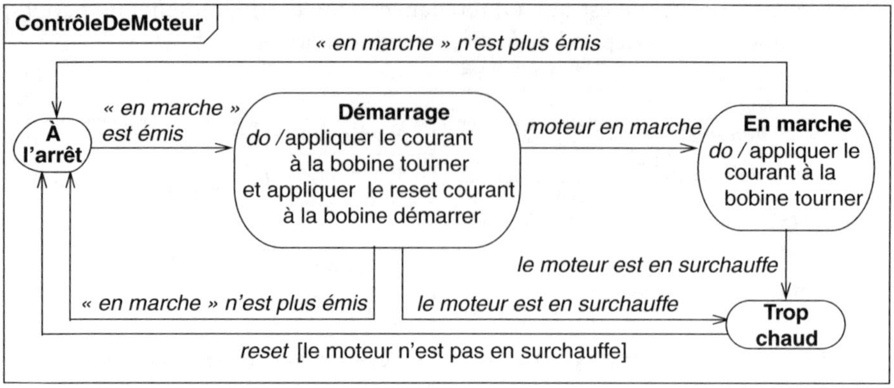

Figure S5.6 • Diagramme d'états pour un contrôle de moteur.

5.11 La figure S5.11 représente le diagramme d'états. Notez que même des diagrammes d'états simples peuvent conduire à un comportement complexe. Un événement de changement a lieu chaque fois que la bougie est ôtée de son support ou qu'elle y est reposée. La condition *au nord* est satisfaite chaque fois que la bibliothèque est derrière le mur. La condition *au nord, sud, est ou ouest* est satisfaite chaque fois que la bibliothèque est tournée vers l'avant, vers l'arrière ou sur un côté.

Lorsque vous avez découvert la bibliothèque, elle était dans l'état *Arrêté* et faisait face au sud. Quand votre ami a ôté la bougie, un événement de changement a fait entrer la bibliothèque dans l'état *EnRotation*. Quand la bibliothèque a fait face au nord, la condition *au nord* a replacé la bibliothèque dans l'état *Arrêté*. Quand votre ami a reposé la bougie, un autre événement de changement a replacé la bibliothèque dans l'état *EnRotation*. Le fait d'ôter de nouveau la bougie a généré un autre événement de changement et aurait provoqué une rotation complète de la bibliothèque si vous ne l'aviez pas bloquée avec votre corps. Forcer la bibliothèque à faire demi-tour n'est pas du ressort du contrôle et n'a pas à être expliqué.

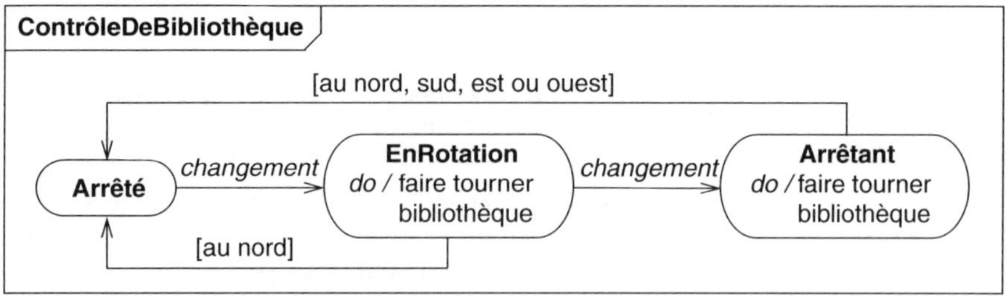

Figure S5.11 • Diagramme d'états pour le contrôle d'une bibliothèque.

Quand vous avez reposé la bougie, un autre événement de changement a été généré, replaçant une fois de plus la bibliothèque dans l'état *EnRotation*. Reprendre la bougie a provoqué encore un événement de changement, plaçant la bibliothèque dans l'état *Arrêtant*. Au bout d'un quart de tour, la condition *au nord, sud, est ou ouest* a été satisfaite, plaçant la bibliothèque dans l'état *Arrêté*.

Ce que vous auriez dû faire en premier pour entrer était d'ôter la bougie et de la reposer rapidement avant que la bibliothèque n'ait effectué un quart de tour.

6.1 Le feu avant (figure S6.1) et les roues (figure S6.2) ont chacun leur propre diagramme d'états. Notez que, pour une roue, l'état *Stationnaire* comprend plusieurs sous-états.

Nous avons représenté les états initiaux par défaut pour le feu avant et les roues. L'état initial réel des roues peut être arbitraire, ou peut être n'importe lequel des états dans lequel le courant est coupé. Le système fonctionnant en boucle et ne dépendant pas de l'état initial, vous n'avez pas besoin de le spécifier. De nombreux systèmes matériels ont des états initiaux indéterminés.

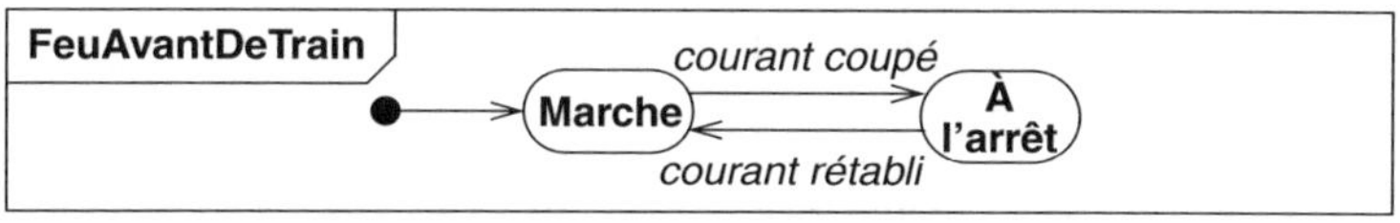

Figure S6.1 • Diagramme d'états pour le feu avant d'un train miniature.

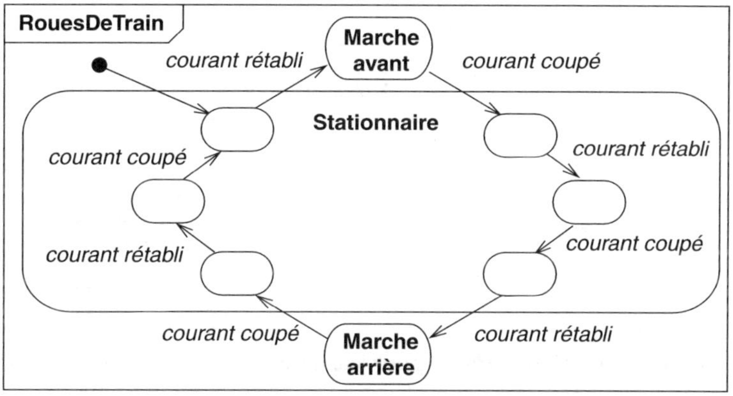

Figure S6.2 • Diagramme d'états pour les roues d'un train miniature.

6.3 La figure S6.4 ajoute *Moteur en marche* pour capturer les éléments communs entre les états *Démarrage* et *En marche*. Nous aurions pu aussi représenter une transition de l'état *À l'arrêt* vers l'état *Moteur en marche* et faire de l'état *Démarrage* l'état initial de *Moteur en marche*. Notez que l'activité *appliquer courant à la bobine tourner* a été extraite des deux états *Démarrage* et *En marche*.

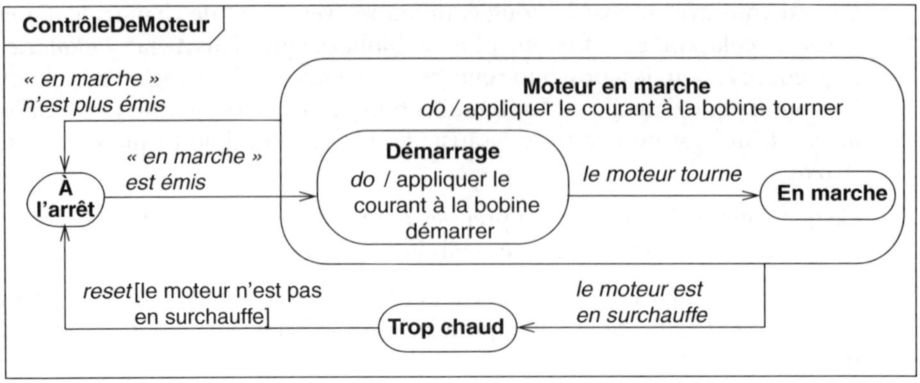

Figure S6.4 • Diagramme d'états pour une commande de moteur avec états imbriqués.

6.4 La figure S6.5 est une révision du diagramme d'états. Notez qu'une transition de *À l'arrêt* soit vers *Marche avant* soit vers *Marche arrière* provoque également une transition implicite vers *Démarrage*, l'état initial par défaut du sous-diagramme du bas. Une requête d'arrêt provoque une transition sortant des deux sous-diagrammes d'états concurrents pour revenir à l'état *Arrêt*.

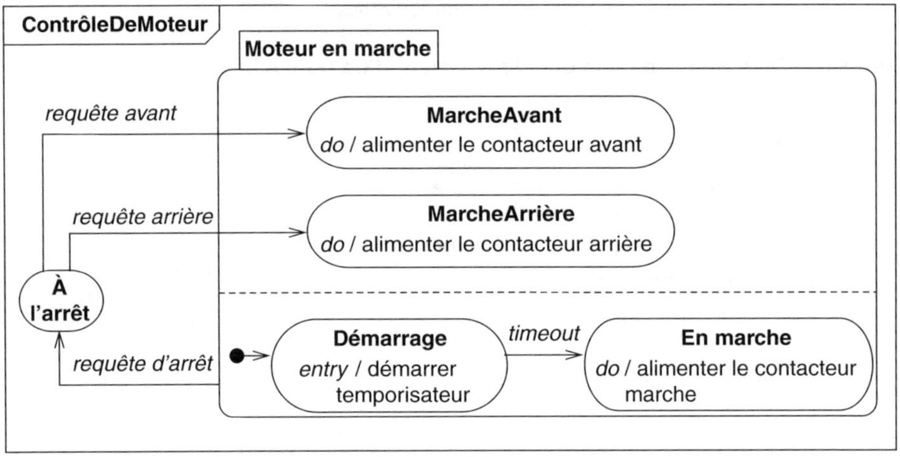

Figure S6.5 • Diagramme d'états révisé pour la commande d'un moteur à induction.

7.1 Voici les réponses pour une librairie physique.

a. Acteurs :

- **Client.** Une personne à l'origine de l'achat d'un article.
- **Caissier.** Un employé autorisé à faire encaisser des achats à une caisse.
- **Vérificateur de paiement.** Le système distant qui approuve l'utilisation d'une carte de débit ou de crédit.

b. Cas d'utilisation :

- **Acheter des articles.** Un client présente des articles à la caisse et règle ces articles.
- **Retourner des articles.** Un client rapporte des articles précédemment achetés et obtient un remboursement.

c. La figure S7.1 représente un diagramme de cas d'utilisation.

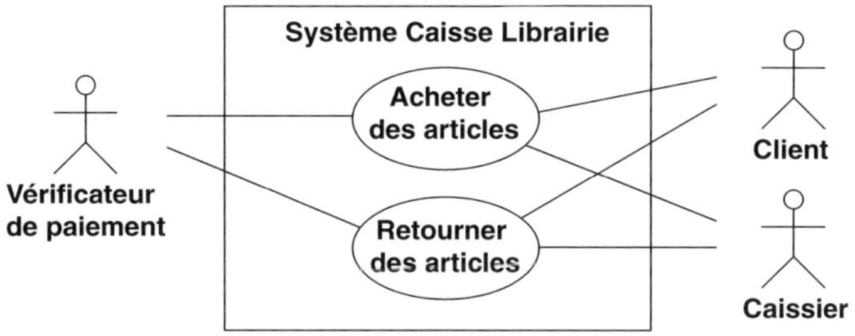

Figure S7.1 • Diagramme d'utilisation pour un système de règlement en caisse d'une librairie physique.

d. Voici un scénario standard pour chaque cas d'utilisation. Il y a de nombreuses réponses possibles.

- **Acheter des articles**

  Le client présente des articles au comptoir.

  Le caissier scanne chaque article du client.

  Le caissier totalise le montant des articles, TVA comprise.

  Le caissier demande le mode de paiement.

  Le client présente une carte de crédit.

  Le vérificateur confirme que le paiement par carte de crédit est acceptable.

  Le client signe la facturette.

- **Retourner des articles**

  Le client rapporte au comptoir des articles précédemment achetés.

  Le client a le reçu de son achat précédent.

  Le caissier note que le règlement était en espèces.

  Le caissier accepte les articles et rembourse le client en espèces.

e. Voici un scénario d'exception pour chaque cas d'utilisation. Il y a de nombreuses réponses possibles.

- **Acheter des articles**

  Le client présente des articles au comptoir.

  Le caissier scanne chaque article du client.

  Un article n'est pas reconnu et le caissier se rend au rayon correspondant pour vérifier son prix.

- Rendre des articles

  Le client présente des articles au comptoir.

  Le client rapporte au comptoir des articles précédemment achetés.

  Le client n'a pas le reçu de son achat précédent.

  Le client reçoit un avoir, mais n'est pas remboursé

f. La figure S7.2 représente un diagramme de séquence pour le premier scénario de (d). La figure S7.3 représente un diagramme de séquence pour le second scénario de (d).

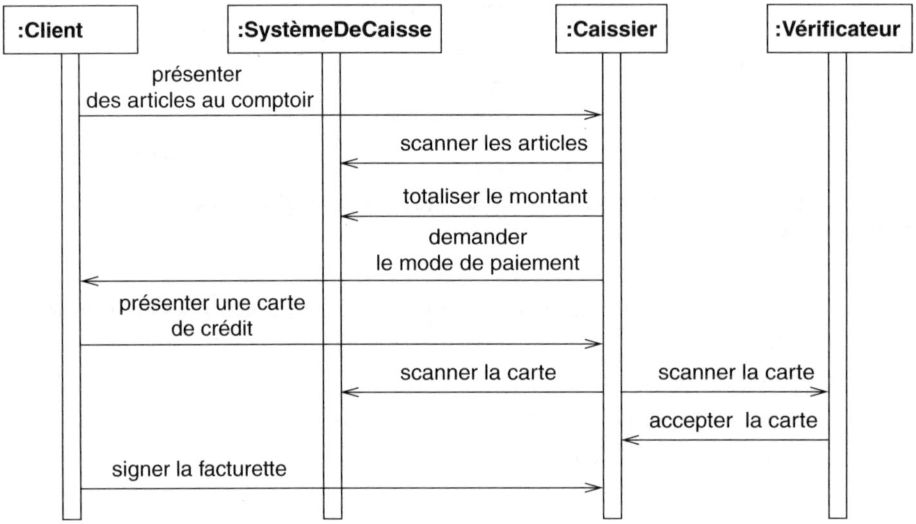

Figure S7.2 • Diagramme de séquence d'un achat d'articles.

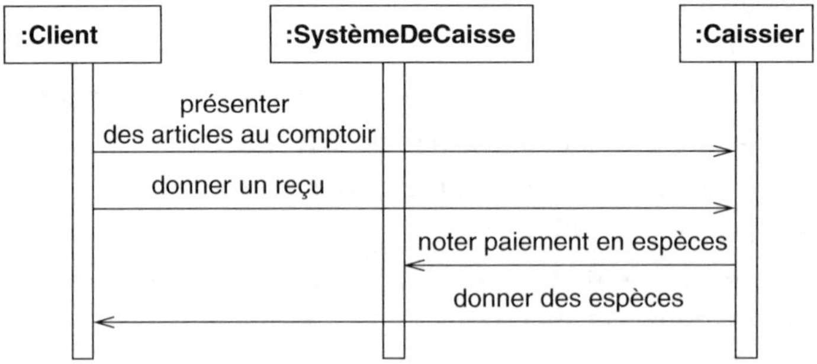

Figure S7.3 • Diagramme de séquence d'un retour d'articles.

7.8 La figure S7.12 représente un diagramme d'activité pour calculer une note de restaurant.

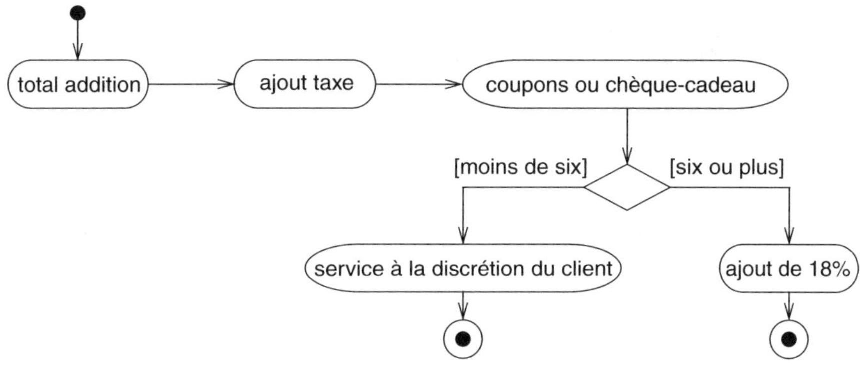

Figure S7.12 • Diagramme d'activité pour calculer une note de restaurant.

8.1 Voici les réponses pour le problème de la pompe à essence électronique.

a. La figure S8.1 représente un diagramme de cas d'utilisation.

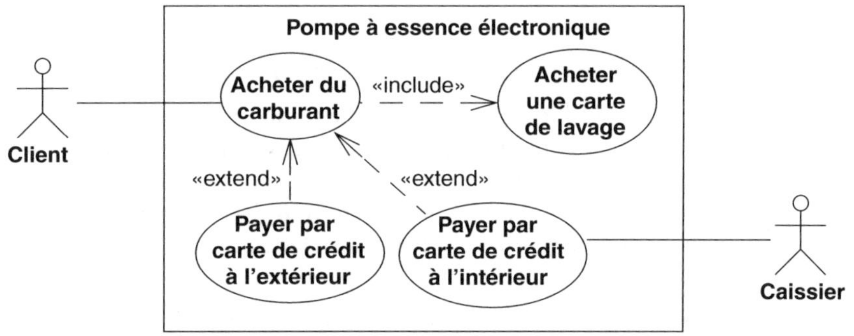

Figure S8.1 • Diagramme de cas d'utilisation pour une pompe à essence électronique.

b. Il y a deux acteurs :

- **Client.** Une personne à l'origine de l'achat de carburant.
- **Caissier.** Une personne qui gère les paiements par carte de crédit manuellement et surveille la vente de carburant.

c. Il y a quatre cas d'utilisation.

- **Acheter du carburant.** Prendre du carburant à la pompe électronique et le régler en espèces.
- **Acheter une carte de lavage.** Un client décide également d'acheter une carte de lavage et règle cash.
- **Payer par carte de crédit à l'extérieur.** Au lieu de régler cash, régler le carburant et éventuellement la carte de lavage avec une carte de crédit lue directement par le système.

- **Payer par carte de crédit à l'intérieur.** Au lieu de régler cash, régler le carburant et éventuellement la carte de lavage avec une carte de crédit traitée manuellement par le caissier.

8.6 La figure S8.6 représente le calcul du contenu d'un portefeuille d'actions.

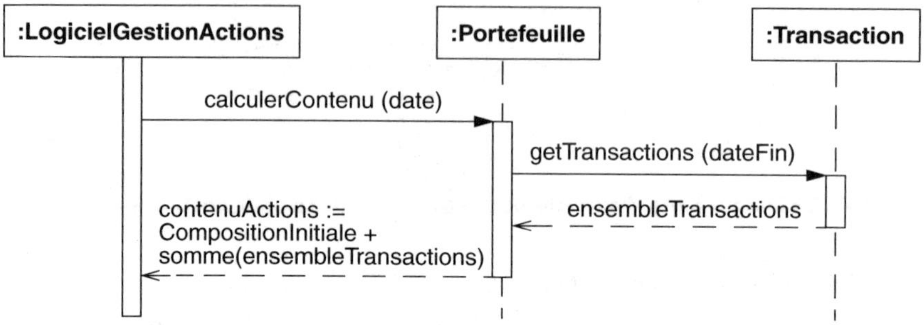

Figure S8.6 • Diagramme de séquence pour calculer le contenu d'un portefeuille d'actions.

11.1 Voici les détails d'un système de freinage antiblocage d'une automobile.

a. Un système d'antiblocage des freins peut cibler un marché de masse. Si ce système était peu coûteux et plus sûr que la technologie actuelle, il pourrait faire l'objet d'une réglementation et être installé sur tous les véhicules. (Une étude complémentaire serait nécessaire pour déterminer ce que signifierait « peu coûteux » et ce qui serait une amélioration « significative » du point de vue de la sécurité.)

Il y aurait plusieurs parties prenantes. Les automobilistes attendraient une meilleure sécurité sans que cette amélioration porte préjudice à la manœuvrabilité. Les constructeurs voudraient minimiser le coût et quantifier les avantages pour pouvoir vanter la technologie dans leurs publicités. L'administration rechercherait une amélioration significative de la sécurité sans compromettre le rendement énergétique.

Si le nouveau système était bon marché, fonctionnait bien et ne compromettait pas la manœuvrabilité, tous les propriétaires d'automobiles seraient des clients potentiels. Un système antiblocage plus coûteux serait une option sur les véhicules haut de gamme.

b. Les fonctionnalités souhaitables seraient les suivantes : prévention efficace du blocage des freins, capacité à détecter une usure excessive des freins et acquisition de données pour faciliter l'automaintenance. Certaines fonctionnalités indésirables seraient : réduction du rendement énergétique, réduction de la manœuvrabilité et augmentation de la complexité de la maintenance.

c. Un système d'antiblocage doit fonctionner avec les freins, la direction et le système électronique.

d. Il y aurait un risque que le système antiblocage tombe en panne, entraînant un accident et une action en justice. Il pourrait également être difficile de comprendre pleinement comment le système antiblocage interagirait avec les freins.

12.9 Les classes candidates suivantes doivent être éliminées.

- **Classes redondantes.** *Enfant, Individu, Inscrit, Participant, Personne* (toutes sont redondantes avec *Concurrent*).
- **Classes vagues ou non pertinentes.** *BalletNautique, Coin, Dos, Essai, FinRencontre, Pancarte, Piscine, Prix, PrixCollectif, PrixIndividuel.*
- **Attributs.** *adresse, âge, coefficientDifficulté, date, nomEnfant, nomÉquipe, note, noteBrute, noteMoyenne, noteNette.*
- **Artefacts d'implémentation.** *fichierMembresÉquipe, groupe, listeÉvénementsProgrammés, numéro.*
- **Classe dérivée**[1]**.** *catégorieDÂge est déjà calculée à partir de l'âge d'un concurrent.*
- **Opérations.** *calculMoyenne, inscription.*
- **Hors périmètre.** *routine.*

Après que nous avons éliminé les classes impropres, il nous reste : *Championnat, Concurrent, Épreuve, Équipe, Événement, Figure, Juge, Marqueur, Rencontre, Saison* et *Zone.*

12.12 Nous utilisons une combinaison d'OCL et de pseudocode pour exprimer nos requêtes.

[Certaines de nos réponses à ces problèmes traversent une série de liens. Le chapitre 5 explique que chaque classe doit avoir une connaissance limitée d'un modèle de classes et que les opérations pour une classe ne doivent pas traverser les associations qui ne lui sont pas directement connectées. Nous avons enfreint ce principe ici pour simplifier nos réponses. Une solution plus robuste consisterait à définir des opérations intermédiaires afin d'éviter ces longues traversées.]

a. Trouver tous les membres d'une équipe donnée.

```
Équipe::trouverMembresÉquipe ()
retourne ensembleConcurrents
  retourner self.concurrent;
```

c. Trouver la note nette d'un concurrent à une figure donnée lors d'une rencontre donnée. Il y a plusieurs façons de répondre à cette question, notamment :

```
Concurrent::trouverNoteNette (figure, rencontre)
retourne noteNette
  événement:= rencontre.événement intersection figure.événement;
```

1. Autrement dit calculée ; ne pas confondre avec les classes dérivées de C++ qui sont des sous-classes NdT.

```
    /* Le code ci-dessus doit retourner exactement un */
    /* événement (sinon il y a une erreur d'implémentation)*/
    /* C'est une contrainte implicite dans l'énoncé du*/
    /* problème qui n'est pas exprimée dans */
    /* le modèle de classes. */
  épreuve := événement.épreuve intersection self.épreuve;
  si épreuve == NIL  alors retourner ERROR
  sinon retourner épreuve.noteNette;
  fin si
```

e. Trouver la note moyenne d'un concurrent à toutes les figures d'une rencontre donnée.

```
Concurrent::trouverMoyenne (rencontre) retourne noteMoyenne
  épreuves:= rencontre.événement.épreuve intersection
    self.épreuve;
  si épreuves == NIL alors retourner ERROR
  sinon
    /* calculer moyenne comme pour la question (d)*/
    retourner moyenne;
  fin si
```

g. Trouver l'ensemble des individus ayant participé à un événement lors d'une saison donnée.

```
Saison::trouverConcurrentsTousÉvénements ()
retourne ensemble de concurrents
  retourner self.rencontre.événement.épreuve.concurrent;
```

12.14 Les diagrammes révisés sont représentés dans les figures S12.7 à S12.10. La figure S12.7 est un meilleur modèle que le ternaire parce que *dateHeure* est réellement un attribut. La figure S12.8 est également un meilleur modèle que le ternaire parce que *CoursUniversité* est susceptible d'être une classe avec des attributs, des opérations et des relations. La troisième association ternaire n'est pas atomique parce que la combinaison de *Concert* et de *Siège* détermine la *Personne*. La quatrième association ternaire n'est pas non plus atomique : on peut la reformuler au moyen de deux associations binaires.

13.14 L'application gère des données concernant des compétitions durant un championnat de natation. Le système mémorise les notes attribuées par les juges et calcule les différentes statistiques récapitulatives.

13.15 Les acteurs sont : *concurrent*, *marqueur*, *juge* et *équipe*.

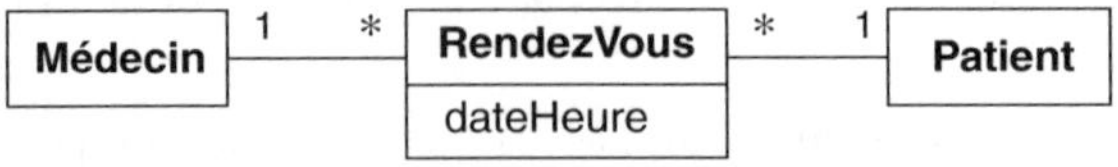

Figure S12.7 • Diagramme de classes pour des rendez-vous.

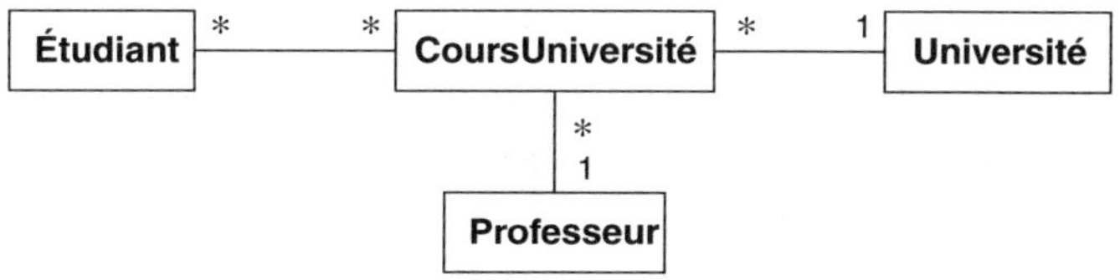

Figure S12.8 • Diagramme de classes pour des cours universitaires.

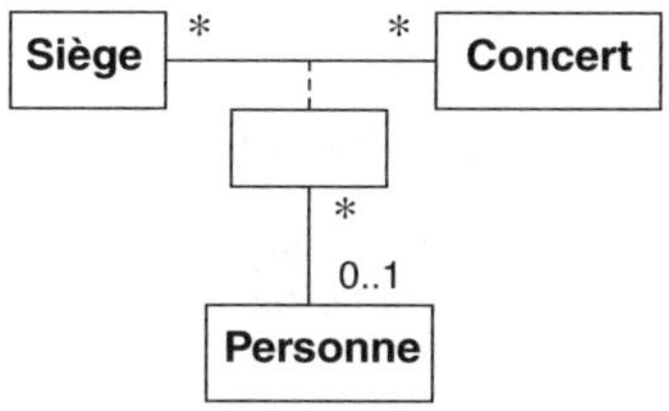

Figure S12.9 • Diagramme de classes pour des réservations.

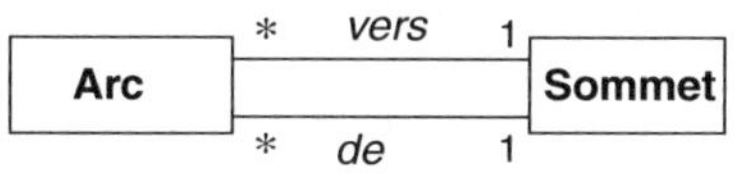

Figure S12.10 • Diagramme de classes pour des graphes orientés.

13.6 Voici les définitions pour les cas d'utilisation. La figure S13.12 représente le diagramme de cas d'utilisation.

- **Inscrire un enfant.** Ajouter un nouvel enfant au système de notation et enregistrer son nom, son âge, son adresse et le nom de son équipe.
- **Programmer une rencontre.** Affecter des concurrents aux figures et déterminer leur heure de début. Affecter des juges et des marqueurs aux zones.
- **Programmer une saison.** Déterminer les rencontres qui composent une saison. Pour chaque rencontre, déterminer la date, les figures qui seront réalisées et les équipes participant à la compétition.
- **Noter une figure.** Un marqueur observe la réalisation d'une figure par un concurrent et affecte ce qu'il considère comme la note brute appropriée.
- **Juger une figure.** Un juge reçoit les notes brutes attribuées par les marqueurs à la réalisation d'une figure par un participant et détermine la note nette.
- **Calculer les statistiques.** Le système calcule les informations récapitulatives pertinentes, telles que les meilleures notes individuelles pour une figure ou la note collective globale d'une équipe pour une rencontre.

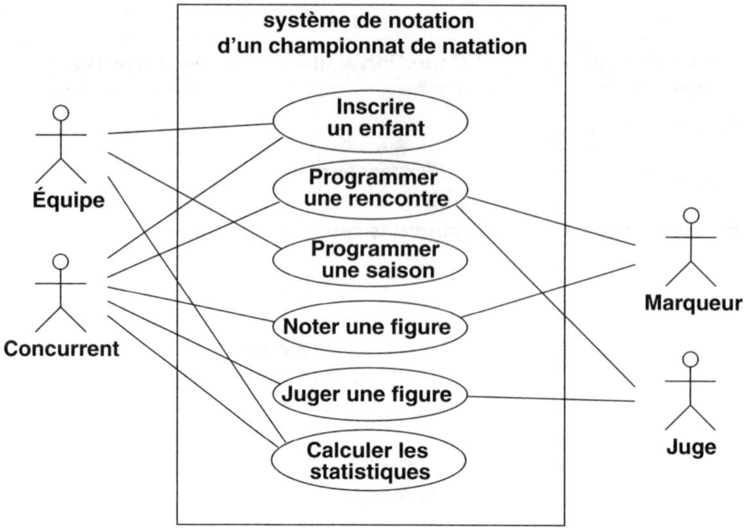

Figure S13.12 • Diagramme de cas d'utilisation pour le système de notation d'un championnat de natation.

13.21 La figure S13.14 est une liste partielle des opérations « aide-mémoire ».

14.6 La figure S14.1 représente un partitionnement possible.

14.7 Un programme unique permet de détecter et de corriger rapidement les erreurs et élimine la nécessité d'implémenter une interface entre deux programmes. Avec un programme unique, toute erreur que le système détecte dans le processus de conversion du diagramme de classes en schéma de base de données peut être rapidement communiquée à l'utilisateur afin qu'il la corrige. De plus, les portions d'édition et de conversion du programme peuvent partager les mêmes données, éliminant ainsi la nécessité d'une interface telle qu'un fichier pour transférer le diagramme de classes d'un programme à un autre.

La scission des fonctionnalités en deux programmes réduit les besoins en mémoire et découple le développement du programme. Les besoins en mémoire d'un seul programme seraient approximativement égaux à la somme des besoins de deux programmes séparés. Puisque deux programmes sont susceptibles d'utiliser beaucoup de mémoire, des problèmes de performances pourraient se poser s'ils étaient combinés. Utiliser deux programmes séparés simplifie également le développement. Les deux programmes peuvent être développés indépendamment, de sorte que les changements apportés à l'un risquent moins d'impacter l'autre. Par ailleurs, deux programmes sont plus faciles à déboguer qu'un seul programme monolithique. Si l'interface entre deux programmes est bien définie, les problèmes du système global sont rapidement identifiables dans l'un ou l'autre des deux programmes.

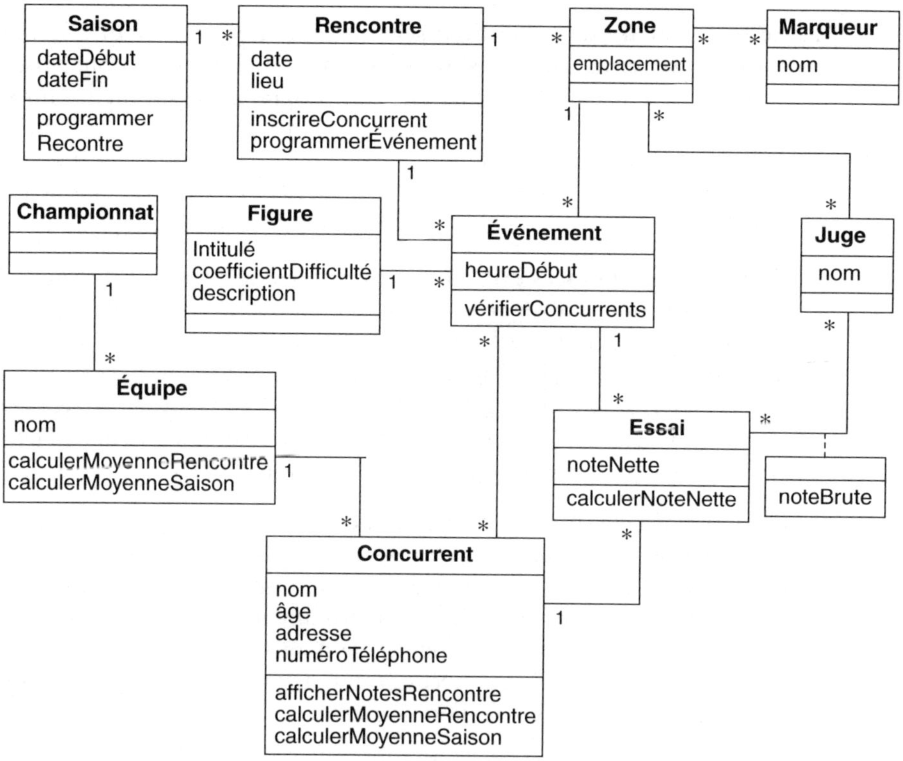

Figure S13.14 • Diagramme de classes partiel pour un système de notation comprenant des opérations.

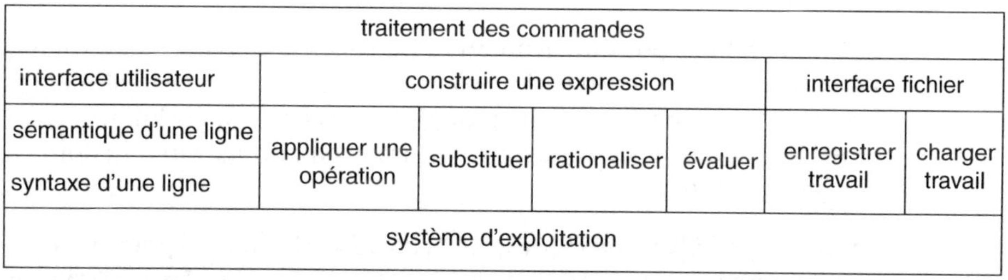

Figure S14.1 • Diagramme en briques pour un système interactif de manipulation symbolique de fonctions polynomiales.

Un autre avantage de la scission d'un système en deux programmes est la souplesse accrue qui en découle. L'éditeur peut être utilisé avec d'autres systèmes dorsaux, par exemple pour la génération des déclarations du code dans un langage. Le générateur de schémas de bases de données relationnelles peut être adapté à d'autres frontaux graphiques.

14.10 Voici une évaluation de chaque solution.

a. **Ne rien faire du tout. Réinitialiser toutes les données chaque fois que le système est remis sous tension**. C'est l'approche la moins onéreuse et la plus simple. Elle est relativement facile à programmer puisqu'il suffit d'une routine d'initialisation à la mise sous tension pour permettre à l'utilisateur de saisir des paramètres. Toutefois, cette approche ne doit pas être adoptée pour les systèmes qui doivent fournir un service continu ou qui ne doivent pas perdre de données pendant les coupures de courant.

c. **Conserver les données critiques sur disque magnétique. Effectuer périodiquement une sauvegarde complète et/ou incrémentale sur bande magnétique.** Cette approche est modérément coûteuse et laborieuse. En cas de panne de courant, le système cesse de fonctionner. Un système d'exploitation est nécessaire pour gérer le disque et le dérouleur de bande. Un opérateur doit s'occuper des changements de bandes, ce qui exclut les applications qui doivent fonctionner sans surveillance.

e. **Employer un composant mémoire spécialisé.** Cette approche est relativement bon marché, et elle est automatique. Toutefois, le système ne peut pas fonctionner lorsque le courant est coupé. Certaines restrictions peuvent s'appliquer, par exemple une limite au nombre de fois que des données peuvent être sauvegardées ou au volume de données pouvant être sauvegardé. Un programme peut être nécessaire pour sauvegarder les paramètres importants en cas de panne de courant.

14.11 a. **Calculatrice de poche à quatre fonctions**. Ne vous occupez absolument pas du stockage permanent des données. Toute autre option est trop coûteuse pour être envisagée. Ce type de calculatrice se vend quelques euros et sert typiquement à faire ses comptes. La mémoire nécessaire est de l'ordre de dix octets.

c. **Horloge système pour un ordinateur personnel.** Seuls quelques octets sont nécessaires, mais l'horloge doit continuer à fonctionner si l'alimentation principale est coupée. Une batterie de secours est une solution peu coûteuse. Il est possible de concevoir des circuits d'horloge qui fonctionneront cinq ans sur batterie.

e. **Unité de contrôle numérique et de protection thermique pour un moteur**. La mémoire nécessaire est de l'ordre de 10 à 100 octets. Le prix est important pour cette application. Un onduleur est trop coûteux pour être envisagé. Les lecteurs de bandes et de disques sont trop fragiles pour l'environnement exigeant de l'application. Utilisez une solution à base d'interrupteurs, de composants mémoire spéciaux et d'une batterie de secours. Les interrupteurs constituent une bonne façon d'entrer des paramètres, puisqu'une interface est requise dans tous les cas. Les composants mémoire spéciaux peuvent stocker les données calculées. Une batterie peut permettre au moteur de continuer à fonctionner si l'alimentation est coupée mais pose un problème de maintenance dans cette application. Nous remettrions en question la dernière exigence, en cherchant d'autres possibilités, en supposant que le moteur est chaud lorsqu'on le met en route pour la première fois ou en utilisant un capteur pour mesurer sa température.

14.12 **a.** Description du diagramme, en ignorant les tabulations, les espaces et les retours à la ligne :

```
(DIAGRAMME
  (CLASSE
    (NOM "Polygone"))
  (CLASSE
    (NOM "Point")
    (ATTRIBUT "x")
    (ATTRIBUT "y"))
  (ASSOCIATION
    (EXTRÉMITÉ(NOM "Polygone") UN)
    (EXTRÉMITÉ(NOM "Point") PLUSIEURS)))
```

14.13 L'approche matérielle est plus rapide, mais impose un surcoût de matériel. L'approche logicielle est moins coûteuse et plus souple, mais elle peut être trop lente. Adoptez l'approche logicielle chaque fois qu'elle est suffisamment rapide. Les systèmes généralistes privilégient l'approche logicielle en raison de sa souplesse. Les systèmes spécialisés intègrent généralement la circuiterie spécialisée avec le reste du matériel.

De fait, il existe une autre approche, à base de *firmware*, qui est utilisable dans les architectures matérielles. En général, dans cette approche, un contrôleur matériel calcule le CRC sous la direction d'un microcode stocké dans une mémoire permanente invisible de l'extérieur. Nous considérerons que cette approche fait partie des solutions matérielles.

a. **Contrôleur de lecteur de disquettes.** Choisissez une approche matérielle. La souplesse n'est pas nécessaire, puisqu'un contrôleur de lecteur de disquettes est un système spécialisé. La vitesse est nécessaire en raison du débit de données élevé.

c. **Carte mémoire pour la navette spatiale.** Utilisez un composant matériel pour tester la mémoire. Cela est un exemple d'application spécifique dans laquelle la fonction peut probablement être intégrée avec la circuiterie dans les puces mémoire. Le débit de données est très élevé.

e. **Validation d'un numéro de compte.** Choisissez une approche logicielle. Le débit de données est très faible. (Le système qui gère les numéros de compte réside probablement sur un ordinateur généraliste.)

15.6 La figure S15.1 applique une contrainte qui manque dans la figure E15.1 : chaque *BoîteEnglobante* correspond exactement à une *Ellipse* ou à un *Rectangle*. L'une des mesures de la qualité d'un modèle de classes est la façon dont sa structure capture les contraintes.

Nous avons également représenté la *BoîteEnglobante* comme un objet dérivé, parce qu'il pourrait être calculable à partir des paramètres de la figure graphique et ne fournirait pas d'information supplémentaire.

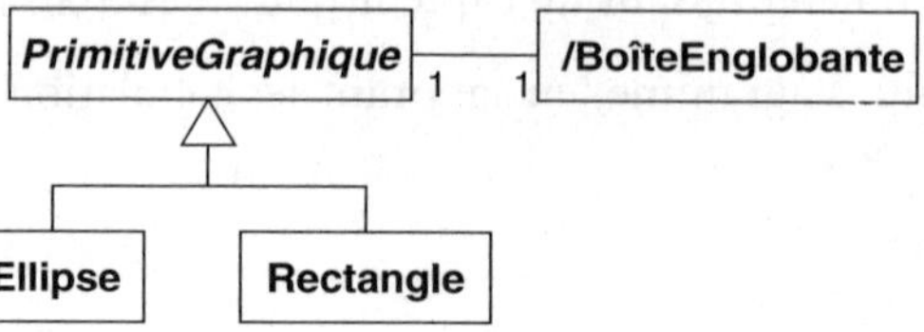

Figure S15.1 • Diagramme de classes révisé pour une boîte englobante.

15.9 L'association dérivée de la figure S15.3 supporte une navigation directe de *Page* vers *Ligne*. Les entités dérivées présentent des avantages et des inconvénients : elles accélèrent l'exécution de certaines requêtes mais imposent un coût de mise à jour pour que les données dérivées demeurent cohérentes avec les modifications dans les données de base. L'association *Page_Ligne* est la composition des associations *Page_Colonne* et *Colonne_Ligne*.

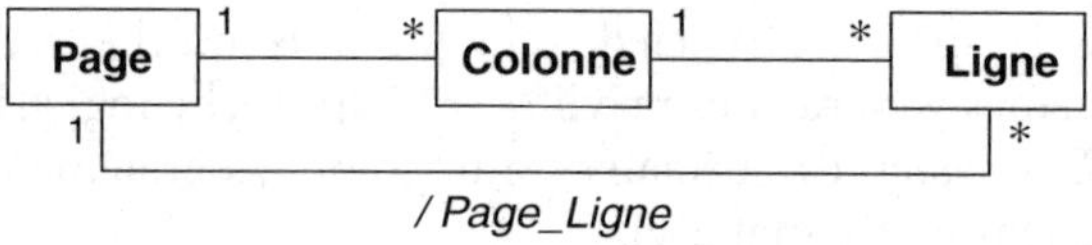

Figure S15.3 • Modèle révisé du journal qui permet de déterminer directement la page pour une ligne.

15.13 Le listing ci-après esquisse une solution. Ce code manque d'assertions internes qui seraient normalement incluses pour tester la correction. Par exemple, il faudrait inclure un code de gestion des erreurs pour traiter le cas dans lequel l'extrémité est une sous-classe et la relation n'est pas une généralisation. Quand le code interagit avec des utilisateurs ou des sources de données externes, il est généralement judicieux d'insérer un traitement des erreurs sous forme de clause *sinon* pour les conditions qui « doivent être vraies ».

```
tracerCheminHéritage (classe1, classe2): Chemin
{
  chemin := new Chemin;
// essayer de trouver un chemin de classe1 comme descendante de classe2
  classex := classe1;
  tant que classex n'est pas nulle faire
    ajouter classex au début du chemin;
    si classex = classe2 alors retourner chemin;
    classex := classex.getSuperClasse();
```

```
// pas trouvé de chemin de classe1 vers classe2
// essayer de trouver un chemin de classe2 comme descendant de classe1
  chemin.réinitialiser();
  classex := classe2;
  tant que classex n'est pas nulle faire
    ajouter classex au début du chemin;
    si classex = classe1 alors retourner chemin;
    classex := classex.getSuperClasse();
// les deux classes ne sont pas directement reliées
// retourner un chemin vide
  chemin.réinitialiser() ();
  return chemin;
}
Classe::getSuperClasse (): Classe
{
  pour chaque extrémité dans self.connexion faire:
    si extrémité est une Sous-Classe:
       relation := extrémitéextrémité.Relation;
       si relation est une instance de Généralisation alors:
          autresExtrémités := relation.extrémité;
          pour chaque autreExtrémité dans autresExtrémités faire:
             si autreExtrémité est une instance de SuperClasse alors:
               retourner autreExtrémité.Classe
  retourner null;
}
```

15.16 La figure S15.5 représente le modèle révisé. L'appartenance à un parti politique n'est pas une propriété intrinsèque d'un électeur mais une association modifiable. Le modèle révisé représente mieux les électeurs qui ne sont pas affiliés à un parti et permet de changer d'appartenance. Si les électeurs pouvaient appartenir à plusieurs partis, la multiplicité serait facile à modifier. Les partis sont des instances, non des sous-classes, de *PartiPolitique* et n'ont pas besoin de figurer explicitement dans le modèle. On peut ajouter de nouveaux partis sans modifier le modèle, et des attributs peuvent être attachés aux partis.

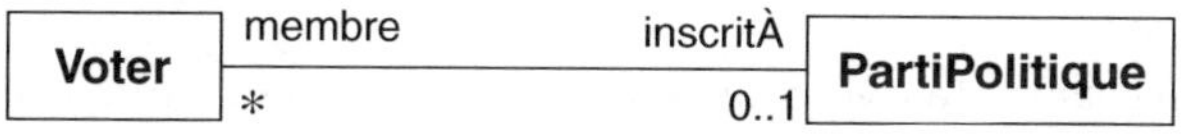

Figure S15.5 • Modèle révisé qui réifie un parti politique.

15.18 Le modèle de gauche de la figure S15.6 utilise un index sur les points employant une association doublement qualifiée. L'association est d'abord triée sur le qualificateur *x* puis sur le qualificateur *y*. Comme l'index est une optimisation, il contient des informations redondantes également mémorisées dans les objets *Point*.

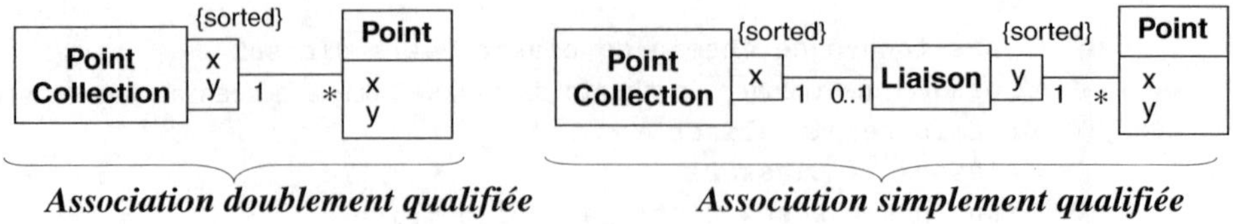

Figure S15.6 • Modèles pour des collections de points triées.

Le modèle de droite représente le même diagramme en utilisant des associations simplement qualifiées. Nous avons introduit une classe factice, *Liaison*, pour représenter tous les points ayant une coordonnée *x* donnée. Ce modèle serait plus facile à implémenter sur la plupart des systèmes, parce qu'il est très vraisemblable qu'une bibliothèque de classes disposerait d'une structure de données pour une clé de tri unique. L'implémentation réelle pourrait représenter l'association avec des arbres binaires, des listes chaînées ou des tableaux.

Le code listé ci-après spécifie les méthodes *chercher*, *ajouter* et *supprimer*.

```
CollectionDePoints::chercher(région: Rectangle): Ensemble de points
{
  créer un nouvel ensemble de points vide;
  parcourir les valeurs x dans l'association jusqu'à x ≥ région.xmin;
  tant que le qualificateur x ≤ région.xmax faire:
    parcourir les valeurs y pour la valeur x jusqu'à y ≥ région.ymin;
    tant que le qualificateur y ≤ région.ymax faire:
      ajouter (x,y) à l'ensemble de points;
      avancer à la valeur de y suivante;
    avancer à la valeur de x suivante;
  retourner l'ensemble de points;
}
CollectionDePoints::ajouter (point: Point)
{
  parcourir les valeurs x dans l'association jusqu'à x ≥ point.x;
  si x = point.x alors
    parcourir les valeurs y pour la valeur x jusqu'à y ≥ point.y
  insérer le point dans l'association à la position courante;
}
CollectionDePoints::supprimer(point: Point)
{
  parcourir les valeurs x dans l'association jusqu'à x ≥ point.x;
  si x = point.x alors
    parcourir les valeurs y pour la valeur x jusqu'à y ≥ point.y
    si y = point.y alors
      pour chaque point de la collection avec la valeur x,y courante
        si point de la collection = point
           alors supprimer et retourner
  afficher erreur point non trouvé et retourner
}
```

Notez que l'opération *parcourir* doit être implémentée par une recherche binaire afin d'obtenir des progressions logarithmique et non linéaire. *parcourir* passe à l'instruction suivante s'il n'y a plus de valeurs.

17.2 Une flèche indique que l'association est implémentée dans la direction spécifiée.

- **Texte** <-> **Boîte.** Comme l'utilisateur peut éditer le texte et que la boîte doit se redimensionner, il doit y avoir un pointeur du texte vers la boîte. Puisque le texte n'est autorisé que dans les boîtes, nous supposons que l'utilisateur peut sélectionner une boîte et la déplacer, ce qui déplace également le texte. Il doit donc y avoir un pointeur de la boîte vers le texte.
- **Connexion** <-> **Boîte.** Comme on peut faire glisser une boîte et déplacer ses connexions, il doit y avoir des pointeurs de la boîte vers les connexions. De même, comme on peut faire glisser un lien et déplacer ses connexions, il doit y avoir un pointeur de la connexion vers la boîte. Il n'y a pas d'ordre évident.
- **Connexion** <-> **Lien.** Comme pour le point précédent.
- **Collection** <-> **Boîte ordonnée.** Étant donné une collection, nous devons pouvoir trouver les boîtes. La navigation dans l'autre sens ne semble pas nécessaire. Les boîtes ont vraisemblablement un ordre, la visibilité imposant une hiérarchie avant-plan/arrière-plan.
- **Collection** <-> **Lien ordonné.** Comme pour le point précédent.

18.6 a. Voici le code Java pour implémenter une association bidirectionnelle de multiplicité un-à-un entre les classes *A* et *B*, en utilisant un pointeur (variable référence) dans chaque classe. Chaque classe maintient sa propre extrémité d'association et fait appel à l'autre classe pour maintenir l'autre extrémité. Chaque classe contient un attribut interne, *miseÀJourEnCours*, qui interrompt la récursion infinie potentielle.Nous ne représentons que les attributs et les méthodes nécessaires pour implémenter l'association.

Nous ne traitons que la classe *A*. La classe *B* contiendrait le même code, mais les classes *A* et *B* et les objets *a* et *b* seraient remplacés respectivement pas *B*, *A*, *b* et *a*. Le champ *private B b* deviendrait donc *private A a* et la méthode *A.setB(B nouveauB)* deviendrait *B.setA(A nouveauA)*. Notez que nous avons minimisé le traitement des erreurs, et que nous avons également omis les retours booléens ou énumérés et le traitement des exceptions.

Ce code suppose le contrôle d'accès le plus rigide. Chaque classe est supposée résider dans un package séparé et ne peut donc accéder qu'aux éléments publics de l'autre.

```
// en Java
// classe A avec une association un-à-un à la classe B

import BPackage.*;

public class A {
  private B b = null;
  private boolean _miseAJourEnCours = false;
```

```
   // Vérifier si A a un B
   public boolean hasB () {
      return b != null;
   }

   // Étant donné un A, le lier à nouveauB avec
   // une association un-à-un.
   public void setB (B nouveauB) {
      if (nouveauB == null) return; // ne pas "associer" à null;
         // l'appelant doit appeler supprimerB à la place !
      if (_miseAJourEnCours) return; // briser la récursion mutuelle
      if (b == nouveauB) return; // ce A est déjà lié à nouveauB
      if (nouveauB.hasA()) return;
         // nouveauB ne doit pas être déjà associé
      if (hasB()) supprimerB();
         // supprimer le b courant, s'il y en a un ; seul 1:1 est permis

      _miseAJourEnCours = true;
      nouveauB.setA(this);
        // demander nouveauB de mettre à jour son extrémité d'association
      b = nouveauB; // mettre à jour cette extrémité d'association
      _miseAJourEnCours = false;
   }
   // Supprimer le seul B qui peut être associé.
   // Notez qu'1 assoc 1-to-1 n'a pas besoin d'argument pou supprimer.
   public void supprimerB() {
      if ( hasB() == false ) return; // pas de B à supprimer !
      if (_miseAJourEnCours) return; // briser la récursion mutuelle

      _miseAJourEnCours = true;
      b.supprimerA();
         // demander à B de supprimer son extrémité d'association
      b = null; // supprimer cette extrémité d'association
     _miseAJourEnCours = false;
   }
};
```

Les classes qui se mentionnent mutuellement dans leurs interfaces sont souvent packagées ensemble et peuvent ainsi avoir une connaissance plus extensive et privilégiée l'une de l'autre. Dans de tels cas, il peut être raisonnable pour un côté ou l'autre de l'association de prendre la responsabilité de maintenir les deux extrémités d'association. Ce procédé peut permettre d'optimiser, de centraliser le code de mise à jour et d'éviter aux unités (voir *_miseAJourEnCours* dans le code) de devoir mettre fin à la récursion. Toutefois, il peut impliquer un plus haut degré de dépendance du code entre les classes associées.

Cela n'est pas nécessairement « mauvais » ni ne « viole l'encapsulation ». Une dépendance logique existe déjà, exprimée dans la ou les interfaces. La capacité de restreindre les opérations à des appelants sélectionnés peut aboutir à un code plus sûr, plus exact et plus encapsulé (à la vue publique), quand bien même elle expose des éléments internes sélectionnés à une classe associée. Considérez le cas dans lequel la faculté de déclencher l'interruption d'un lien doit être réservée à l'objet lié lui-même. En Java, les méthodes *remove()* disposant de l'accessibilité publique devraient avoir à la place l'accessibilité package. En plaçant *A* et *B* dans le même package, l'invocation de ces méthodes serait réservée aux appels par l'intermédiaire du lien et se révélerait impossible depuis l'extérieur du package.

Sinon, *A* et *B* pourraient exposer sélectivement leurs pointeurs et autoriser une extrémité de l'association à effectuer toutes les opérations de mise à jour. Nous proposons l'essentiel d'une telle solution en C++.

```
//en C++
class B; // déclaration en avant

class A {

  friend class B; // ou par fonction si B a été déclarée:
    // friend void B::setA(A&);
    // friend void B::supprimerA();
  B* b;

  void supprimerB(); //B peut demander à A de supprimer B; les autres non

public:
  bool hasB() { return b != 0; }
  void setB (B& nouveauB);
    // ou employer un paramètre pointeur afin d'autoriser b nul
  };

void A::setB(B& nouveauB)
{
  if (b == &nouveauB) return; // ce A est déjà lié à nouveauB
  if (nouveauB.hasA()) return; // nouveauB ne doit pas être déjà associé
  if (hasB()) supprimerB();
     // supprimer le b courant, s'il y en a un ; seul 1:1 est permis

  b = &nouveauB; // mettre à jour cette extrémité de l'association
  b->a = this;
}

void A::supprimerB()
{
  if ( !hasB() ) return; // pas de B à supprimer !
  if (b->a != this) return; // ouille - non bidirectionnel !

  b->a = 0; // supprimer l'ancien pointeur de b vers ce A
  b = 0; // supprimer cette extrémité de l'association
}
```

19.13 Nous inférons que *Route* a deux *Villes* à partir de l'énoncé du problème. Nous ne pouvons pas le déduire du code SQL seul.

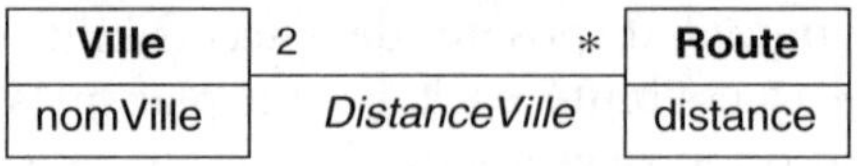

Figure S19.12 • Modèle de classes pour la figure E19.6.

19.14 Code SQL pour déterminer la distance entre deux villes pour la figure E19.6.

```
SELECT distance
FROM Route R, Ville V1, Ville V2,
     Distance_Ville DV1, Distance_Ville DV2
WHERE V1.ID_ville = DV1.ID_ville AND
     DV1.route_ID = R.route_ID AND
     R.route_ID = DV2.route_ID AND
     DV2.ID_ville = V2.ID_ville AND
     V1.nom_ville = :unNomVille1 AND
     V2.nom_ville = :unNomVille2;
```

19.15 Le diagramme de classes est représenté à la figure S19.13.

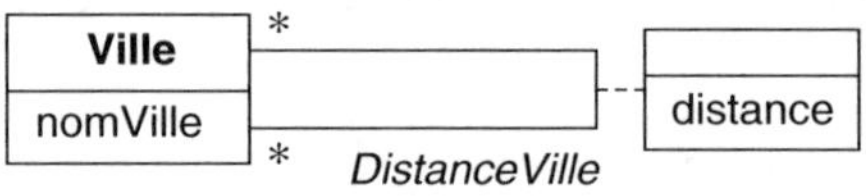

Figure S19.13 • Diagramme de classes pour la figure E19.7.

19.16 Code SQL pour déterminer la distance entre deux villes pour la figure E19.7. Nous ne savons pas quel nom est 1 et quel nom est 2, et le code SQL autorise les deux possibilités.

```
SELECT distance
FROM Ville V1, Ville V2, Distance_Villes DV
WHERE V1.ID_ville = DV.ID_ville1 AND
      DV.ID_ville2 = V2.ID_ville AND
      ((V1.nom_ville = :unNomVille1 AND
      V2.nom_ville = :unNomVille2) OR
      (V1.nom_ville = :unNomVille2 AND
      V2.nom_ville = :unNomVille1));
```

19.17 Les figures S19.12 et S19.13 nous amènent aux observations suivantes :

- La figure S19.12 a une table de plus. Ce modèle permettrait de mémoriser plusieurs routes entre les mêmes villes avec différentes distances. Étant donné l'absence d'explication sur une route dans l'énoncé du problème (s'agit-il d'une série de routes avec des distances différentes ou de la distance à vol d'oiseau ?), cela peut être ou non un inconvénient.

- La figure S19.13 est maladroite à cause de la symétrie entre *ville1* et *ville2*. Soit les données doivent être stockées deux fois avec un gaspillage d'espace de stockage, un délai de mise à jour et possiblement des problèmes de cohérence, soit une logique applicative spéciale doit faire respecter une contrainte arbitraire.

20.3 **a.** Cette fonction est un exemple de mauvais style de programmation. Les hypothèses selon lesquelles les arguments sont légaux et les fonctions appelées se comportent correctement occasionneront des problèmes durant les tests et l'intégration du programme.

Les instructions suivantes provoqueront un plantage si l'argument transmis à *strlen* est zéro :

```
longueurRacine = strlen(nomRacine);
longueurSuffixe = strlen(suffixe);
```

L'instruction suivante affectera zéro à *nomPage* si le programme épuise la mémoire, provoquant un plantage durant l'appel de *strcopy* plus loin dans la fonction :

```
    nomPage = malloc(longueurRacine + longueurSuffixe + 1);
```

Les instructions suivantes provoqueront un plantage si l'un quelconque des arguments est zéro :

```
    nomPage = strcpy(nomPage, nomRacine);
    nomPage = strcat(nomPage, suffixe);
```

Index

A

B

C

D

E

F

G

H

I

J

L

M

N

O

P

Q

R

S

T

V

W

Dépôt légal : juillet 2005
IMPRIMÉ EN FRANCE

Achevé d'imprimer le 8 juillet 2005
sur les presses de l'imprimerie «La Source d'Or»
63200 Marsat
Imprimeur n° 9884